金融学译丛
F I N A N C E

金融市场与金融机构（第8版）

Financial Markets and Institutions (Eighth Edition)

弗雷德里克 · S. 米什金（Frederic S. Mishkin）
斯坦利 · G. 埃金斯（Stanley G. Eakins）／著
杜惠芬／译

中国人民大学出版社
· 北 京 ·

出版说明

作为世界经济的重要组成部分，金融在经济发展中扮演着越来越重要的角色。为了加速中国金融市场与国际金融市场的顺利接轨，帮助中国金融界相关人士更好、更快地了解西方金融学的最新动态，寻求建立并完善中国金融体系的新思路，促进具有中国特色的现代金融体系的建立，中国人民大学出版社精心策划了这套“金融学译丛”，该套译丛旨在把西方，尤其是美国等金融体系相对完善的国家最权威、最具代表性的金融学著作，被实践证明最有效的金融理论和实用操作方法介绍给中国的广大读者。

该套丛书主要包括以下三个方面：

（1）理论方法。重在介绍金融学的基础知识和基本理论，帮助读者更好地认识和了解金融业，奠定从事深层次学习、研究等的基础。

（2）实务案例。突出金融理论在实践中的应用，重在通过实务案例以及案例讲解等，帮助广大读者将金融学理论的学习与金融学方法的应用结合起来，更加全面地掌握现代金融知识，学会在实际决策中应用具体理论，培养宏观分析和进行实务操作的能力。

（3）学术前沿。重在反映金融学科的最新发展方向，便于广大金融领域的研究人员在系统掌握金融学基础理论的同时，了解金融学科的学术前沿问题和发展现状，帮助中国金融学界更好地认清世界金融的发展趋势和发展前景。

我们衷心地希望这套译丛的推出能够如我们所愿，为中国的金融体系建设和改革贡献一份力量。

中国人民大学出版社

2004 年 8 月

前 言

弗雷德里克·S. 米什金的一席话

2006 年 9 月，当我离开哥伦比亚大学到美国联邦储备委员会担任委员时，我从未想象过这份工作是这么令人兴奋和紧张。我又怎么知道世界经济会遭遇 2007—2009 年的全球金融危机？正如艾伦·格林斯潘所说，它是“百年一遇的金融海啸”。当我 2008 年 9 月返回哥伦比亚大学时，随着信贷市场冻结以及一些大型金融机构纷纷陷入困境，金融危机已经到了非常危险的境地。作为大萧条后全球经历的最严重的经济危机，它完全改变了金融市场以及金融机构的本质。

鉴于所发生的一切，我和我的合作者对研究修订《金融市场与金融机构》很激动。我希望阅读这本书的学生们也会和我们写书时一样收获乐趣。

弗雷德里克·S. 米什金
2013 年 8 月

第 8 版的新颖之处

除了尽可能地将所有数据更新至 2013 年外，书中的每一部分还有大量的最新资料。

金融市场与金融机构的新资料

鉴于不断进行的研究以及金融市场和金融机构的变化，我们增加了以下资料使本书能反映新近所发生的一切：

新增小案例“证明假说的例外：拉杰·拉贾拉特南和帆船集团”（第 6 章）

新增一节内容“为什么有效市场假说并不意味着金融市场是有效的”（第 6 章）

新增小案例“债务抵押证券”（第 8 章）

新增全球视野“欧洲主权债务危机”（第 8 章）

新增一节内容“宏观审慎监管与微观审慎监管”（第 18 章）

新增一节内容“‘大而不倒’与未来监管”（第 18 章）

新增网络章节“新兴市场经济体的金融危机”

货币政策的新资料

在金融危机之后，央行在实施货币政策方面发生了重大变化。这使得需要对第 10 章进行很大程度的调整，调整后加入了如下新资料，包括：

新增讨论“新型货币政策工具即准备金利率的变动”（第 10 章）

新增内容“为什么美联储需要对准备金支付利息”（第 10 章）

新增内容“非常规性货币政策工具和量化宽松”（第 10 章）

新增内容“全球金融危机期间美联储的贷款便利”，见美联储内幕专栏（第 10 章）

新增内容“本·伯南克主席和通货膨胀目标制”，见美联储内幕专栏（第 10 章）

更深入地讨论“中央银行是否应该对泡沫做出反应”（第 10 章）

新增内容“货币政策的三元悖论”（第 16 章）

新增内容“货币联盟”（第 16 章）

新增小案例“欧元会继续存在吗?”

网络附录

通过输入网址（www. pearsonhighered. com/mishkin _ eakins），我们可以获得为本书补充的新资料即网络附录，包括：

第 4 章：资产定价模型

第 4 章：把资产市场法应用于商品市场——以黄金为例

第 4 章：可贷资金理论

第 4 章：货币市场中的供给与需求——流动性偏好理论

第 10 章：美联储的资产负债表和基础货币

第 16 章：国际收支平衡表

第 18 章：评价《联邦存款保险公司改进法》及其他关于银行监管体系改革的建议

第 18 章：世界范围内的银行危机

第 24 章：更多关于利用金融衍生工具进行套期保值的资料

教师可以在课堂中使用它们来补充课本中的内容，或者把它们推荐给那些想进一步扩展金融市场和金融机构知识的学生。

本书的特点

尽管本书进行了重要修订，但它仍然保留了本书的基本特征，使其成为有关金融市场和金融机构的畅销书。《金融市场与金融机构（第8版）》是对当今金融市场和金融机构研究成果的实用介绍。《金融市场与金融机构（第8版）》超越了该领域其他书的描述和定义，它鼓励学生们去理解理论概念与现实世界应用的关系。这本书通过提高学生的分析能力和解决实际问题的能力，为在金融服务行业取得职业成功，或者想更好地与金融机构打交道的学生提供了知识准备，无论他们今后从事什么具体工作。

为使学生为将来的工作做好准备，《金融市场与金融机构（第8版）》还有如下特征：

- 运用一些基本原理和一个完整的分析框架引导学生进行分析思考。这些原理包括：

  信息不对称问题

  利益冲突

  交易成本

  供给和需求理论

  资产市场均衡理论

  有效市场理论

  风险衡量和监管理论

- “执业经理”部分包括了近20个实际应用，强调了金融从业者在金融市场和金融机构中的操作。
- 模型的一步步推导使学生能更容易地掌握这些内容。
- 很强的灵活性使教授们能够按自己喜欢的方式讲授这门课程。
- “全球视野”贯穿于整本教材。
- “追踪财经新闻”鼓励读者阅读财经报刊，是本书的一个特点。
- 大量案例有助于激发学生把理论运用于实践的兴趣。
- 教材关注电子技术（计算机和电信）对金融系统的冲击。教材广泛利用网络练习、网络图表资源以及网络参考文献。教材还利用“网络金融”专栏来解释科技的变化如何影响金融市场和金融机构。

本书的灵活性

有多少教师，就有多少种讲授金融市场与金融机构的方式。因此，迫切需要一本很灵活的教科书来满足教师们的各种需求，这也是作者写作本书的主要目的。本书的灵活性主要体现在以下几点上：

- 本书的核心章节提供了基本的分析方法，其他章节的内容可以根据教师的偏好灵活安排或删除。例如，第2章介绍了金融体系以及交易成本、逆向选择、道德风险等基本概念。讲完第2章后，教师可以使用课本第三部分的章节或是第四部分、第五部分关于金融市场或金融机构的特定章节来进一步详细讲解金融结构和金融危机。同样，教师也可以跳过这些章节并采取其他不同的方法。

● 为了体现国际化的需要，教材中的某些章节标明了国际内容，外汇市场和国际金融体系独立成章，这种安排不仅使教材内容全面，而且很灵活。很多教师会讲授这些国际性的资料，但有的教师会选择不讲。不侧重于国际专题的教师可以跳过第 15 章（外汇市场）和第 16 章（国际金融体系）。

●“执业经理”的应用内容和关于金融机构管理的第七部分独立成篇，可以跳过且不失连续性。因此，不想过多讲授管理内容的教师，可以关注公共政策问题，大胆地跳过这部分，或者在第 17 章银行管理之后紧接着介绍第七部分。

下面是一个学期教学计划的课程大纲，它展示了针对不同的侧重点应该如何使用本书。在教师手册中，还有本书在课程组织中灵活运用的更多详细信息。

《金融市场与金融机构（第 8 版）》的重点章节包括：第 1～5 章，第 7～8 章，第 11～13 章，第 17～19 章，其他章节再选 5 章。

侧重于国际化的重点章节包括：第 1～5 章，第 7～8 章，第 11～13 章，第 15～19 章，其他章节再选 3 章。

侧重于管理的重点章节包括：第 1～5 章，第 17～19 章，第 23～24 章，其他章节再选 8 章。

侧重于公共政策的重点章节包括：第 1～5 章，第 7～10 章，第 17～18 章，其他章节再选 7 章。

教学辅助

教材是一个重要的引导工具，为此，我们在本书中运用了许多有特点的教辅手段。

1. **开篇预览**　在每章开头，告诉学生该章的脉络，为什么有些话题很重要，它们与书中其他内容有什么联系。

2. **案例**　展示了书中的理论分析如何被用于解释现实世界中的问题。

3. **“执业经理”**　是一系列专门的案例，向学生介绍金融机构的从业人员需要解决的现实问题。

4. **大量例题**　引导学生使用公式、时间轴及计算器解决金融问题。

5. **“追踪财经新闻”专栏**　向学生介绍财经新闻每天报道的相关文章和数据，并解释如何阅读。

6. **“美联储内幕”专栏**　让学生了解与联邦储备体系的运作和结构相关的重要内容。

7. **“全球视野”专栏**　涵盖了有关国际化的有趣资料。

8. **“网络金融”专栏**　阐述了科技进步是如何影响金融市场和金融机构的。

9. **“利益冲突”专栏**　概括了不同金融服务领域的利益冲突。

10. **“小案例”**　强调了引人注目的历史事件，或用理论解释现实数据。

11. **总结表**　是非常有用的复习已学内容的辅助手段。

12. **重点陈述**　用黑体字标出，以便学生在复习时可以很容易地找到。

13. **插图**　有 60 多幅，带有说明，帮助学生理解所绘变量与分析原理之间的相互关系。

14. **本章小结** 列出了每章的主要知识点。

15. **重要专业术语** 是重要的词或短语，它们在初次被定义时都会以黑体字被标出，并在每章后被列出。

16. **课后习题** 帮助学生运用经济学概念学习课本内容，把相近的问题归为一类，名为“预测未来”。

17. **定量问题** 总计 250 多道定量问题有助于学生提高定量分析能力。

18. **网络练习** 鼓励学生从网上搜集信息，或者使用网上资源来提高他们的学习能力。

19. **网络资源** 提供了用于创建图表或数据的网络链接资源。

20. **网络参考文献** 在页面的通栏中给出了网址，引导学生上网搜寻信息和数据来补充学习资料。

21. **术语表** 定义了所有重要专业术语。

22. **习题和定量问题的答案** 在教师手册和网上教师资源库（www.pearsonhighered.com/irc）中有完整的解答。教师可以根据情况灵活地与学生交流答案。

补充资料*

《金融市场与金融机构（第 8 版）》包括了该领域教材最全面的补充资料。这些资源对符合条件的国内使用者来说是可以得到的，但在某些情况下，国外使用者可能无法获得。包括以下部分：

教师资料

近年来，商学院对高质量教学的需求急剧增加。为了满足这些需求，《金融市场与金融机构（第 8 版）》涵盖了其所在领域最全面的补充资料，以使教学过程变得更加方便。教师通过登录 www.pearsonhighered.com/irc 就可以在网上教师资源库获得这些资源。

1. 教师手册：该手册由作者提供，包括章节大纲、概要、教学提示、书中问题的完整解答。

2. PPT：由约翰·班科（John Banko，佛罗里达大学）提供。它包括课程信息、全部图表以及 1 000 多张幻灯片，全面概括了书中的主要知识点。

3. 题库：第 8 版的更新和校订由约翰·班科完成。题库包括 2 500 多道多选题、判断题以及问答题。在计算机模式下，题库中的所有问题都可用于 TestGen 软件。该软件适用于 Windows 和 Macintosh 系统。

4. 米什金/埃金斯共同的网页（http://www.pearsonhighered.com/mishkin_eakins）以网络章节为特色，这些章节中的一部分是关于新兴市场经济体的金融危机、储蓄贷款协会和信用社的，另一部分是关于金融公司、网络附录、生动图片以及相关数据资

* 中国人民大学出版社并未购买该部分资料的版权，使用本书的读者请填写书后的“教学支持服务表”，从培生公司直接申请。——编辑注

源和美联储网页的链接的。

学生资料

1. 学习指导：第 8 版的学习指导经过更新和修订，主要提供章节总结、练习、自测以及练习和自测题的答案。

2. 米什金/埃金斯共同的网址（http：//www. pearsonhighered. com/mishkin_eakins）包括关于新兴市场经济体的金融危机、储蓄贷款协会和信用社的网络章节，也包括关于金融公司、网络附录、生动图片、术语卡、网络练习、吉姆·伊顿（Jim Eaton，布里奇沃特大学）和里克·米什金（Rick Mishkin）所编写的金融市场与金融机构相关数据以及教材的链接信息。

致谢

完成如此巨大的工作量，总是有很多人需要感谢。我们要特别感谢 Bruce Kaplan（HarperCollins 出版社的前经济学编辑）、Donna Battista（我的前任金融主编）；Adrienne D'Ambrosio（培生出版社中我的现任金融主编）以及 Jane Tufts 和 Amy Fleischer（我们的前任推广策划主编）。在哥伦比亚大学，我的同事和学生的评论也给了我们很大的帮助。

此外，在修订本版和之前各版的过程中，我们也得到了外界评论者和来函者富有启发的帮助。他们的建议使本书得到完善，在此一并感谢！

最后，我要感谢我的妻子 Sally、我的儿子 Matthew 和我的女儿 Laura，他们为我提供了温暖和愉快的环境来完成我的工作。我还要感谢我已故的父亲 Sydney，是他在很久之前就把我引上了创作此书之路。

弗雷德里克·S. 米什金

我要感谢弗雷德里克·S. 米什金对我的工作给予的高度评价。在与弗雷德里克一起编写本书的过程中，我不仅掌握了很多写书的技巧，更获得了一位朋友。我还要感谢我的妻子 Laurie，她认真阅读了本书的手稿，并使这本书成为我最好的作品。在这些年，是她的帮助和支持，使著书立说成为我的职业。

斯坦利·G. 埃金斯

目录

第一部分 概览

第二部分 金融市场基础

第三部分　金融机构基础

第四部分 中央银行和货币政策的实施

第五部分　金融市场

第六部分 金融产业

第七部分　金融机构管理

 金融学译丛·金融市场与金融机构（第8版）

第一部分
概　览

第 1 章　为什么要研究金融市场和金融机构

开篇预览

如果你从晚间新闻中听到目前债券市场正处于繁荣时期，这个消息是否意味着利率会下降，从而你能够比较容易地为你的小零售公司筹集资金，以购买新的计算机系统呢？经济在将来是否也会不断趋好，现在是建仓或者补仓的合适时机吗？你是否应该尝试通过发行股票或者债券，而不是通过银行贷款筹集资金呢？如果你要从国外进口商品，是否考虑到这些商品会变得更加昂贵呢？

本书将通过研究金融市场（如债券市场、股票市场以及外汇市场）和金融机构（如银行、保险公司、共同基金以及其他金融机构）的运作，为这些问题提供答案。金融市场和金融机构不仅会影响人们的日常生活，同时还涉及整个经济的巨大资金流动——数以万亿计的美元，会影响公司利润以及商品的生产和服务，甚至会影响包括美国在内的其他国家的经济福利。政治家们对金融市场和金融机构发生的情况极为关注，这些情况也会影响大选。学习金融市场和金融机构的相关知识会使你更好地理解很多有趣的问题。本章将列出这些有趣的问题，并深入研究，同时给大家提供本书的学习脉络。

1.1　为什么要研究金融市场

本书的第二部分和第五部分关注**金融市场**（financial markets）。在金融市场中，资金能够在资金盈余者和资金亏绌者之间转移。通过这种流动，闲置资金转移到需要进行生产的人手中，提高了资金使用效率。在这里，诸如股票市场和债券市场这样的金融市场是资金流转的关键环节。事实上，有效的金融市场是经济高速增长的关键因素，而金融市场的低效率是至今世界上很多国家仍极度贫困的原因之一。金融市场活动还对个人财富、企业和消费者行为以及经济周期状况有直接影响。

1.1.1 债务市场和利率

证券（security）也称金融工具，是对其发行人未来收入或**资产**（asset）（任何金融索取权或隶属于所有权的财产权）的索取权。**债券**（bond）是一种债务凭证，它是承诺在特定时期内定期向持有者支付利息，并到期偿付本金的一种权利凭证。[①] 债务市场通常也称债券市场，它在经济活动中非常重要。公司和政府在债券市场为其经济活动融资，同时利率由债券市场决定。**利率**（interest rate）是借款的成本，或者是为借入资本支付的价格（通常以一年借入 100 美元所支付价格的百分数表示）。经济活动中有很多类型的利率——抵押利率、汽车贷款利率以及很多不同种类债券的利率。

在 http://research.stlouisfed.org/fred2/上可以获得所选的每日、每周、每月、每季度和年度利率、汇率等数据资料。

利率的重要性表现在多个层面。对个人而言，高利率使人们购置房产或汽车的成本增大，从而使购买化为泡影。但是，高利率鼓励个人储蓄，通过将收入的一部分存入银行，个人能赚取更多的利息收入。在宏观层面，利率对经济的整体运行产生影响，它不仅影响消费者的消费或储蓄意愿，还会影响企业的投资决策。例如，高利率可能会使一个公司延迟建设新厂房，而这本来能够创造更多的就业机会。

由于利率的变化对于个人、金融机构、企业乃至整个经济都具有极其重要的影响，因此解释过去 20 年利率持续波动的原因非常重要。例如，在 1981 年，3 个月期国库券利率超过了 16%；在 1992 年年末和 1993 年，该利率又跌至 3%；在 20 世纪 90 年代中后期，该利率又超过了 5%；而后，在 2004 年跌至 1%以下；在 2007 年涨至 5%；仅在 2008—2013 年下降至接近 0。

各种不同的利率都会按照同一趋势变化，经济学家通常是将各种不同的利率统称为利率。但是，不同种类债券的利率具有相当大的差别，如图 1-1 所示。例如，平均而言，3 个月期国库券的利率水平较低，但其波动率要大于其他类型的债券。Baa 级（中等质量）公司债券的利率水平较高，在 20 世纪 70 年代，该利率与其他利率水平的利差变大；在 20 世纪 90 年代，尤其是在 2005 年左右，这种差距变小了；不料，这种差距在 2007—2009 年的金融危机中显著扩大，之后逐步变小。

在第 2 章、第 11 章、第 12 章和第 14 章中，我们将会研究债券市场在经济中的作用。从第 3 章到第 5 章，我们将考察利率究竟是什么，利率的趋势性变化是如何产生的，为什么不同债券的利率之间会存在差异。

---

① 书中使用的“债券”是在学术界广泛使用的广义概念，包括短期债务工具和长期债务工具。然而，一些金融市场中的从业人员所说的债券就是特定的长期债务工具，比如公司债和美国国债。

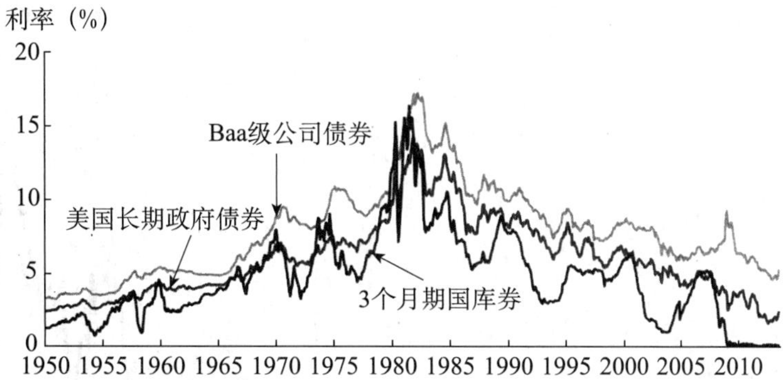

图 1-1　1950—2013 年所选债券的利率变化

说明：虽然各种债券的利率趋势相近，但每种债券的利率经常变动不一，且利差波动巨大。

资料来源：Federal Reserve Bank of St. Louis，FRED database：http：//research. stlouisfed. org/fred2/.

1.1.2　股票市场

普通股（common stock），通常简称**股票**（stock），代表了对公司所有权的参股份额。股票是一种证券，是对公司收益和资产的索取权。发行股票并将其售给公众是公司为其经济活动筹集资金的一种重要途径。对公司收益的索取权（即股票）可以在股票市场上进行交易。股票市场是各国最受关注的金融市场。正因为如此，股票市场通常简称市场。股票市场上股票价格的大幅波动经常成为晚间新闻的主题。人们通常喜欢对股市的变化趋势发表意见，他们会兴奋地吹嘘自己最近大赚了一把，也会因遭受巨大损失而无比沮丧。对于股市的一个形象描述是：能使人们迅速发家致富或者倾家荡产的场所。

股票价格的波动性非常大，如图 1-2 所示。在经历了 20 世纪 80 年代股价的普遍上涨后，"黑色星期一"（1987 年 10 月 19 日）使股市遭受了有史以来最严重的单日暴跌，当日道琼斯工业平均指数的跌幅达到 22%。此后，直至 2000 年，股票市场一直走在历史上最好的牛市行情中，道琼斯指数一路走到 11 000 点。随着 2000 年高科技股泡沫的破裂，股票市场再次大幅下跌，2002 年年末的下跌幅度超过 30%。随后，股市再度复苏，在 2007 年道琼斯指数达到 14 000 点，而后在 2009 年下跌了 50%，跌至 7 000 点以下。之后股市又开始进入另一个牛市，2013 年道琼斯指数达到新高，超过 15 000 点。股票价格的大幅波动对人们的财富规模产生了影响，也影响了人们的消费意愿。

股市波动是影响企业投资决策的一个重要因素。企业通过发行股票筹集资金，股票的发行价格会影响筹资总额。公司的股票价格高意味着企业能够筹集更多的资金，这些资金可用于购买生产工具和设备。

在第 2 章，我们将会探究股票市场在金融体系中的作用；在第 6 章和第 13 章，我们将会探究股票价格如何变化以及股价如何对市场信息做出回应等问题。

1.1.3　外汇市场

由于资金会从一个国家转移到另一个国家，因而货币形式必须由资金流出国的货币（比如美元）转换为流入国的货币（比如欧元）。这种转换就发生在**外汇市场**（foreign ex-

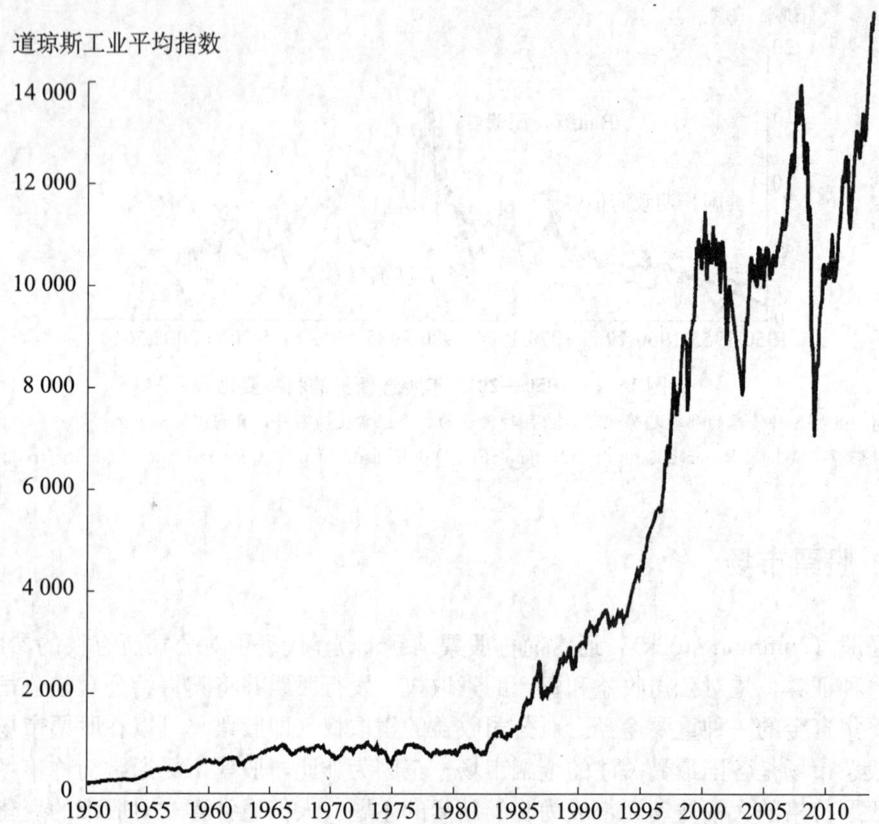

图 1-2　1950—2013 年用道琼斯工业平均指数表示的股票价格

说明：股票价格是极不稳定的。

资料来源：Federal Reserve Bank of St. Louis，FRED database：http：//research. stlouisfed. org/fred2/.

change market)。外汇市场帮助资金在国与国之间转移。这一市场很重要，**外汇汇率**(foreign exchange rate) 即一国货币与其他国家货币的兑换价格，就是由这一市场决定的。

图 1-3 展示了 1970—2013 年美元汇率（用美元价值同一篮子主要外汇的比率衡量）的变化。外汇市场的价格波动幅度非常大：美元于 1978—1980 年降至低点，之后大幅升

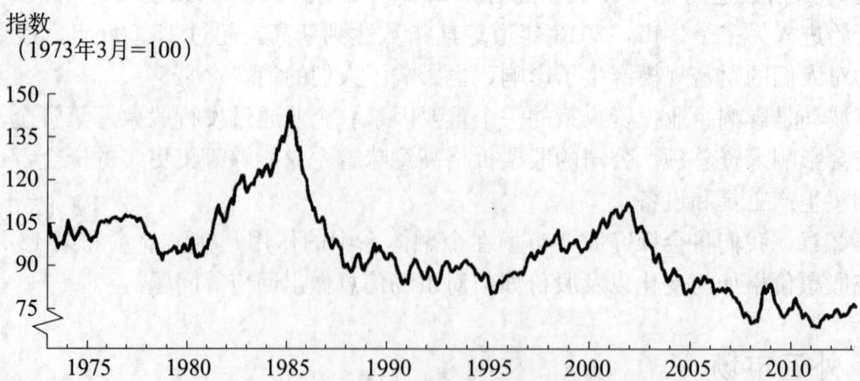

图 1-3　1970—2013 年美元汇率

说明：多年来，美元相对于其他货币的价值大幅波动。

资料来源：Federal Reserve Bank of St. Louis，FRED database：http：//research. stlouisfed. org/fred2/.

值，直到 1985 年年初。此后美元贬值，1995 年又降至低点，但在 1995—2000 年间美元回升。2000—2013 年美元呈大幅贬值态势，仅在 2008 年和 2009 年短暂回升。

汇率的波动对美国公众和企业意味着什么？汇率的变动通过影响进口商品的成本对美国消费者产生直接影响。在 2001 年，100 欧元相当于 85 美元，价值 100 欧元的商品（比如法国葡萄酒）花费 85 美元。美元走弱后，1 欧元可以兑换 1.5 美元，同样的 100 欧元的葡萄酒将会花费 150 美元。因此，美元贬值导致外国商品变得昂贵，去国外度假的成本也变得很高。当美元贬值时，美国人将会减少购买外国商品并增加对本国商品的消费，比如选择在美国境内旅游或者购买美国生产的葡萄酒。

相反，美元走强意味着美国出口商品在外国变得昂贵，因此，外国人将减少对其的购买。例如，1980—1985 年和 1995—2001 年美元升值，美国的钢铁出口额大幅减少。坚挺的美元使美国消费者受惠，美国企业受损。同时，由于美国生产的产品在国外的销量大幅减少，因而减少了国内的就业机会。1985—1995 年和 2001—2013 年美元贬值，外国商品变得昂贵，美国人增加了对国内商品的消费，国外工业订单增加，使得美国经济更具竞争力。外汇市场的波动对美国经济产生重要影响。

在第 15 章，我们将会研究外汇市场如何通过买入美元、卖出外汇来决定汇率。

1.2 为什么要研究金融机构

本书关注的第二个重点是金融机构。金融机构帮助金融市场运作，没有金融机构，金融市场就无法将资金从储蓄者手中转移到有生产性投资机会的人手中。因此，金融机构对提高经济效率起着至关重要的作用。

1.2.1 金融体系的结构

金融体系很复杂，由许多不同种类的私营部门的金融机构组成，包括银行、保险公司、共同基金、金融公司以及投资银行，它们都受到政府部门的严格监管。例如，如果你想贷款给 IBM 公司或者通用汽车公司，你不会直接到这些公司总裁面前贷款给他。实际上，你会通过**金融中介机构**（financial intermediaries）为其提供信贷服务。金融中介机构就是诸如商业银行、储蓄贷款协会（简称储贷协会）、互助储蓄银行、信用社、保险公司、共同基金、养老金和金融公司这样的机构，它们能从储蓄者手中借入资金，然后将其贷给其他人。

为什么金融中介机构对于金融市场的良好运作如此重要？为什么它们将资金贷给一方而不是另一方？当追加贷款时，为什么通常要制定复杂的法律文件？为什么它们是被实施最为严格监管的行业？

我们将在第 7 章通过构建一个适用于美国以及其他国家金融机构的分析框架来回答以上问题。

1.2.2 金融危机

有时，金融体系会失灵并发生**金融危机**（financial crises）。金融市场被扰乱的主要表现是资产价格的急剧下降和金融公司、非金融公司的失败。数百年来，金融危机一直是资本主义经济的特征，通常接踵而来的是严重的商业周期性衰退。从 2007 年到 2009 年，美国经济遭受了大萧条以来最严重的经济危机。次级住房抵押贷款的违约导致了金融机构的巨额损失，不仅使大量银行倒闭，而且导致了贝尔斯登和雷曼兄弟公司的倒闭，它们是美国最大的投资银行中的两家。这次危机导致了二战以来最严重的经济衰退，如今被称为大萧条。

我们将在第 8 章讨论这些危机为什么会发生，它们为什么会给经济带来如此大的危害。

1.2.3 中央银行及其货币政策的实施

在金融体系中，最重要的金融机构是**中央银行**（central bank），它是负责货币政策实施的政府机构。在美国，中央银行就是**联邦储备体系**（Federal Reserve System），简称**美联储**（the Fed）。**货币政策**（monetary policy）包括对利率和货币数量的管理。**货币**（money）也称**货币供给**（money supply），被定义为被广泛接受的、能为购买商品和服务提供支付或者偿还债务的任何东西。货币政策影响利率、通货膨胀和商业周期，会对金融市场和金融机构产生重大影响。我们将在第 9 章和第 10 章研究美国以及国外中央银行是如何实施货币政策的。

可在 http：//www.federalreserve.gov/上查阅美联储的一般信息及其货币政策、银行体系、研究报告和经济数据等资料。

1.2.4 国际金融体系

国家间资本流动的急剧增长意味着国际金融体系对国内经济的影响正在不断加强。一个国家是否采取固定汇率是货币政策制定的重要决定因素。资本在国与国之间流动时是否存在资本控制，对一国的金融体系和经济运行有很大影响。像国际货币基金组织这样的国际金融机构应该在国际金融体系中扮演什么角色是极具争议的。所有这些问题将在第 16 章探讨。

1.2.5 银行和其他金融机构

银行（banks）是吸收存款并向外发放贷款的金融机构。银行包括商业银行、储蓄贷款协会、互助储蓄银行和信用社。银行是普通人接触得最频繁的金融中介机构。通常当一个人需要借钱购买房屋或者汽车时，他会到当地银行申请贷款。大部分美国人将金融资产的很大一部分以支票账户、储蓄账户或其他银行存款的形式存入银行。银行是经济中最大的金融中介机构，值得我们仔细研究。然而，银行不是唯一重要的金融机构。事实上，最近几年来，其他一些金融机构（如保险公司、金融公司、养老金、共同基金和投资银行）迅速发展，并对银行的发展产生了一定的影响。我们同样需要研究这些金融机构。我们将在第六部分和第七部分对银行和其他金融机构进行研究。

1.2.6 金融创新

过去，当你从银行取现或者想要对账时，你需要到银行柜台办理。如今，在取现时，你有可能与自动柜员机打交道。你也可以从自家的电脑上查到账户余额，并办理相关业务。**金融创新**（financial innovation）——新金融产品与金融服务的发展——是提高金融体系效率的重要力量。然而，正如我们将在第 8 章所看到的那样，金融创新也有黑暗的一面：它可以引发毁灭性的金融危机，正如最近我们所经历的那次金融危机。为了了解这些金融服务及其发展，我们将在第 19 章研究为什么会发生金融创新，这些新型金融服务是如何实现的。探究的重点在于信息技术的飞速发展如何激发新的金融产品，并促进以电子手段提供金融服务，也就是我们通常所称的**电子金融**（e-finance）。金融机构的创新活动为其带来了丰厚的盈利，但有时也会带来金融灾难。我们通过追寻金融机构的创新实践，展望金融机构未来的创造力，探索金融体系如何随着时间的推移而变化，紧跟“新金融”的步伐。

1.2.7 金融机构的风险管理

最近几年，经济环境中的风险不断增加。由于利率大幅波动，国内外股票市场都曾出现崩盘。外汇市场也发生了不少投机性危机。金融机构的亏损情况达到自大萧条以来前所未有的水平。为了避免这种由环境引起的盈利水平的大幅波动，金融机构必须考虑如何应对不断增长的风险。我们将在第 23 章研究金融机构的风险管理技术。在第 24 章，我们将研究新型金融风险管理工具（如金融期货、期权、互换）的应用。

1.3 应用管理视角

研究金融机构的另一个原因是，金融机构作为企业，是最大的雇主之一，它们为雇员支付高薪。大家学习金融可能出于很实际的原因——在金融部门找到一份好工作。即使你的兴趣在其他领域，你依然需要了解金融机构的运作。不管是作为个人、雇员还是一家公司的老板，你在日常生活中都经常需要与这些金融机构打交道。当你需要向金融机构贷款或者为它们提供资金时，了解它们的运营管理会有很大的帮助。

本书强调以一种应用管理的视角来教授关于金融市场和金融机构的知识。书中纳入了以培养“执业经理”为目标的实务案例，这些案例能使你了解金融机构的从业人员在现实世界中通常面对的以及在日常工作中需要解决的问题。例如，一家金融机构的从业人员如何提供一种能够带来利润的新型金融产品？金融机构的从业人员如何管理由利率、股价或汇率波动带来的风险？是否应该雇用一位熟悉美联储政策制定的“美联储观察员”来帮助金融机构洞悉货币政策的未来走势？

这些案例可以让你了解在金融机构的职业生涯所需要的一些专门分析工具，也能让你亲身感受金融机构从业人员的工作内容。

1.4 如何研究金融市场和金融机构

本书不关注枯燥且过时的故事，而是强调一种统一的、系统的金融市场和金融机构分析框架。在这一框架中，我们要用一些基本概念和关系把资产价格决定、金融市场结构、银行管理以及货币政策等内容组织起来。这些基本概念和关系包括均衡、用基本的供求分析解释金融市场的行为、利润的获取以及基于交易成本和信息不对称的金融结构理论。

本书使用的统一分析框架不仅可以保证你所掌握的知识不会很快过时，而且不会让你死记硬背考试后转眼就忘掉的东西。这个框架还会提供一些工具，这些工具有助于学生理解金融市场的变化和诸如利率、汇率等术语。

为了有助于学生理解并使用这种统一的分析框架，我们构建了一些简单的模型。这些模型推导的每一步都被清楚地列出，当分析某一时刻特定变量的变化时，我们保持其他变量不变，这些模型可以解释各种变量之间的关系和现象。

为了强化这些模型的应用，本书强调理论分析和实证分析相结合，通过大量数据解释现实生活中的事件。为了更好地理解金融市场和金融机构，除了"执业经理"的案例外，本书还收录了大量其他的案例，这些案例可以充分展示本书的分析方法在解决现实问题中的应用。

为了在课堂以外更好地学习和掌握这些知识，你需要关注在权威财经出版物以及网站上的财经新闻。为了帮助及鼓励大家阅读报纸的金融版面，本书有两个特色部分：第一个是标题为"追踪财经新闻"的特别专栏，这些专栏为你提供在分析问题过程中所需的详细信息和定义。本书还附加了约 400 道章末习题，便于学生运用学到的概念来解决实际问题。特别是一组标题为"预测未来"的问题，可以让学生有机会回顾和运用书中给出的很多重要的金融概念和工具。

1.4.1 网页检索

对于金融研究而言，互联网是一种极具价值且方便的资源。我们要强调这种工具在以下几个方面的重要性。第一，在书中使用网页寻找信息并绘制各种图形和表格时，我们列出了资料来源网站的 URL。这些网站通常包括额外的信息并会经常更新。第二，我们在每章的结尾处加了网络练习。这些练习提示你登录与本章相关的一些网站，它们会对实时数据和信息进行更新。同样，我们也在每章末列出了相关网站的 URL。登录这些网站可以深入探究你特别感兴趣的主题。网站的 URL 经常会发生变动。我们选择的都是比较稳定的网址，但即使是政府的 URL 也会发生变化。出版商的网站（www.pearsonhighered.com/mishkin_eakins）将会持续更新相关网站的 URL。

1.4.2 搜集数据与制图

下面的网络练习展示了如何从网站导出数据并转化为 Excel 表格形式，以便用于进一步的分析。建议你独自解决问题，在此后章节的网络练习中反复训练。

1.5 网络练习

假设你是 Risky Ventures 股份有限公司的雇员，你的工作是作为顾问帮助公司分析2012 年年初至今的利率水平变化趋势。你的雇主最初对确定长期利率和短期利率的历史关系很感兴趣。你需要马上着手进行的最重要的任务是搜集市场利率数据，而获得这些信息最好的途径是网络。

1. 你认为最好的长期利率指标是 10 年期美国中期国债的利率。第一项任务是搜集历史数据。登录圣路易斯联邦储备银行的美联储经济在线数据数据库（Federal Reserve Bank of St. Louis FRED database），即 http：//research. stlouisfed. org/fred2/，这是一个非常棒的经济信息数据库。在右上角搜索框内输入“10-year”（10 年期），在下拉框中点击“10 - Year Treasury Constant Maturity Rate”（10 年期固定期限国债收益率），之后在 10 年期固定期限国债收益率下查询日月信息，如图 1 - 4 所示。

图 1 - 4　圣路易斯联邦储备银行的美联储经济在线数据数据库

资料来源：Http：//research. stlouisfed. org/fred2/.

2. 你已经找到了历史利率数据的准确来源，下一步是选择样本数据并将其导入数据表。将样本开始日期更改为 2012 年 1 月，之后点击“Add Data Series”（添加数据系列），接着在底端搜索栏内输入“1-year”（1 年期），点击“1 - Year Treasury Constant Maturity Rate”（1 年期固定期限国债收益率），将样本开始日期改为 2012 年 1 月 1 日，并点击“Redraw Graph”（重新画图），然后点击图标上的“Download Data in Graph”（下载图中数据），就会出现如图 1 - 5 所示的界面。

A	B	C	D	E
FRED Graph Observations				
Federal Reserve Economic Data				
Link: http://research.stlouisfed.org/fred2				
Help: http://research.stlouisfed.org/fred2/help-faq				
Economic Research Division				
Federal Reserve Bank of St. Louis				
GS10	10-Year Treasury Constant Maturity Rate (GS10), Percent, Monthly, Not Seasonally Adjusted			
DGS1	1-Year Treasury Constant Maturity Rate (DGS1), Percent, Monthly, Not Seasonally Adjusted			
Frequency: Monthly				
observation_date	GS10	DGS1		
2012-01-01	1.97	0.12		
2012-02-01	1.97	0.16		
2012-03-01	2.17	0.19		
2012-04-01	2.05	0.18		
2012-05-01	1.80	0.19		
2012-06-01	1.62	0.19		
2012-07-01	1.53	0.19		
2012-08-01	1.68	0.18		
2012-09-01	1.72	0.18		
2012-10-01	1.75	0.18		
2012-11-01	1.65	0.18		
2012-12-01	1.72	0.16		
2013-01-01	1.91	0.15		
2013-02-01	1.98	0.16		
2013-03-01	1.96	0.15		
2013-04-01	1.76	0.12		
2013-05-01	1.93	0.12		
2013-06-01	2.30	0.14		

图 1－5　利率数据的 Excel 数据表

资料来源：本使用获得了微软公司的授权。

3. 接下来你想要通过图表方式分析利率。将标题例如"10－Year Interest Rate"（10 年期利率）以及"1－Year Interest Rate"（1 年期利率）放入每列数据的顶端，并连标题一起将你刚才在 Excel 中创建的两列利率突出选中，点击工具栏中的"Insert"（插入）。选择左上角的线形图。现在图已经画好，在每列利率底端加入一些描述性的统计资料。点击 Excel 工具栏中的 f_x 图标，接着点击插入函数对话框中的"Average"（平均），之后点击"OK"，选择 2012 年 1 月至今的日期序列，最后点击"OK"。类似地，对这一期间的每种利率选最大值、最小值以及标准差函数。完成之后你将会看到图 1－6。

FRED Graph Observations		
Federal Reserve Economic Data		
Link: http://research.stlouisfed.org/fred2		
Help: http://research.stlouisfed.org/fred2/help-faq		
Economic Research Division		
Federal Reserve Bank of St. Louis		
GS10	10-Year Treasury Constant Maturity Rate (GS10), Percent, Monthly, Not Seasonally Adjusted	
DGS1	1-Year Treasury Constant Maturity Rate (DGS1), Percent, Monthly, Not Seasonally Adjusted	
Frequency: Monthly		
observation_date	10-year Interest Rate	1-Year Interest Rate
2012-01-01	1.97	0.12
2012-02-01	1.97	0.16
2012-03-01	2.17	0.19
2012-04-01	2.05	0.18
2012-05-01	1.80	0.19
2012-06-01	1.62	0.19
2012-07-01	1.53	0.19
2012-08-01	1.68	0.18
2012-09-01	1.72	0.18
2012-10-01	1.75	0.18
2012-11-01	1.65	0.18
2012-12-01	1.72	0.16
2013-01-01	1.91	0.15
2013-02-01	1.98	0.16
2013-03-01	1.96	0.15
2013-04-01	1.76	0.12
2013-05-01	1.93	0.12
2013-06-01	2.30	0.14
Average	1.86	0.16
Maximum	2.30	0.19
Minimum	1.53	0.12
Standard Deviation	0.201420608	0.025205042

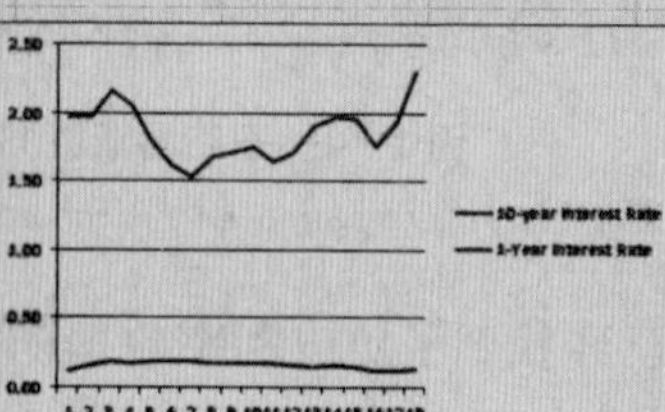

图 1－6　利率数据的 Excel 图

资料来源：本使用获得了微软公司的授权。

1.6 总结

金融市场和金融机构是非常令人兴奋的研究领域。你不仅能获得对自己职业生涯非常有价值的技能，还能更清楚地理解经常从新闻媒体中听到的关于金融市场和金融机构的相关信息。另外，本书将介绍目前热议的与金融有关的政治话题。

本章小结

1. 金融市场中的各种活动对个人财富、商业行为以及经济效率有直接影响。有三类金融市场需要予以特别注意：债券市场（该市场决定利率水平）、股票市场（该市场影响人们的财富以及公司的投资决策）、外汇市场（汇率的波动对美国经济有重要影响）。

2. 货币政策影响利率、通货膨胀以及商业周期，而这些都对金融市场和金融机构有重要的影响，我们需要了解美国国内外中央银行货币政策的实施和传导。

3. 银行和其他金融机构将资金从储蓄者手中转移到用于生产性用途的投资者手中，它们在提高经济运行效率的过程中起着至关重要的作用。

4. 理解金融机构的管理非常重要。无论是个人、雇员还是一家公司的所有者，在一生中都有很多机会与各种金融机构打交道。“执业经理”案例不仅为你提供在金融机构开始职业生涯所需的一些专门分析工具，同时也让你了解金融机构工作人员的工作内容。

5. 通过运用一些基本概念构建了对金融市场和金融机构进行研究的统一框架，本书强调以分析师的思考方式认识问题。本书同样强调理论分析和实证分析的结合。

重要专业术语

资产	联邦储备体系（美联储）	外汇市场
银行	外汇汇率	债券
金融危机	利率	中央银行
金融创新	货币政策	普通股（股票）
金融中介机构	货币（货币供给）	电子金融
金融市场	证券	

习题

1. 为什么金融市场对于经济健康运行很重要？
2. 当利率提高时，商业活动和消费者的经济行为会发生怎样的变化？
3. 利率变化如何影响金融机构的获利能力？
4. 当利率提高时，是否每个人的经济状况都会变坏？
5. 股票价格下跌对商业投资有什么影响？
6. 股票价格上涨对消费者的消费行为有什么影响？
7. 英镑价值的下降会对英国消费者产生怎样的影响？
8. 英镑价值的上升会对美国商业活动产生怎样的影响？
9. 汇率变化会对金融机构的盈利能力产生怎样的影响？
10. 观察图 1－3，你会选择在哪些年份到位于亚利桑那州的大峡谷而不是伦敦塔旅游？
11. 银行的基本功能是什么？
12. 除了银行以外，经济中其他的重要金融中介机构有哪些？
13. 在过去 10 年内，有哪些金融创新影响了你的个人生活？这些创新使你的生活得到改善还是恶化？它们以何种方式对你产生影响？

14. 金融机构面临哪些类型的风险？

15. 为什么金融机构的管理人员非常关心联邦储备体系的活动？

定量问题

下表是 4 月份美元和英镑之间的汇率。哪一天最适合将 200 美元兑换为英镑？哪一天兑换最不合算？其中，可兑换英镑的差额为多少？

日期	美元/英镑
4 月 1 日	1.956 4
4 月 4 日	1.929 3
4 月 5 日	1.914 0
4 月 6 日	1.937 4
4 月 7 日	1.961 0
4 月 8 日	1.892 5
4 月 11 日	1.882 2
4 月 12 日	1.855 8
4 月 13 日	1.796 0
4 月 14 日	1.790 2
4 月 15 日	1.778 5
4 月 18 日	1.750 4
4 月 19 日	1.725 5
4 月 20 日	1.691 4
4 月 21 日	1.672 0
4 月 22 日	1.668 4
4 月 25 日	1.667 4
4 月 26 日	1.685 7
4 月 27 日	1.692 5
4 月 28 日	1.720 1
4 月 29 日	1.751 2

网络练习

用金融市场数据解决问题

1. 在这个练习中，我们将学习从网页中搜集数据并用 Excel 画图。用前面“网络练习”一节中的例子做指导。登录 www. forecasts. org/data/index. htm，点击页面顶端的“Data”（数据），然后点击“Stock Index Data”（股票指数数据）并选择“U. S. Stock Indices—Monthly”（美国股票指数——月度）。最后，选择“Dow Jones Industrial Average”（道琼斯工业平均指数）。

（1）用本章展示的方法，将数据导入 Excel 电子表格。

（2）用（1）中的数据做一张表格。以表格为向导给你的坐标轴选择合适的刻度。

2. 搜集道琼斯工业平均指数的数据并作图。网站报告了道琼斯工业平均指数的预测值。登录 www. forecasts. org/data/index. htm，点击位于“6 Month Forecasts”（6 个月预测）下面的道琼斯工业平均指数链接。

（1）预测的 6 个月内的道琼斯工业平均指数是多少？

（2）预测的接下来 6 个月的增长百分比是多少？

第 2 章 金融体系总览

开篇预览

假设你想创立一家企业来生产一种刚刚发明的、生产成本很低的、能够清扫房屋（甚至能擦窗户）、整理草坪、清洗汽车的机器人，但是，你没有资金将这种奇妙的发明投入生产。正好沃尔特刚刚继承了一大笔遗产，如果你与沃尔特合作，他就能为你提供资金，你的机器人制造公司就能看到成功的曙光。这样一来，你、沃尔特以及整个经济都会受益。沃尔特因为投资获得了高额回报；你从机器人生产中发家致富；我们能享受更加干净的房屋、光鲜的汽车以及更加漂亮的草坪。

金融市场（债券市场和股票市场）以及金融中介机构（银行、保险公司、养老金）的基本功能就是通过将资金从资金盈余者手中转移到资金亏绌者手中，使得像你和沃尔特这样的普通大众能够走到一起。再比如，当苹果公司发明了一种功能更好的音乐播放器时，就需要从市场上借入资金，以便将发明推向市场。类似地，当当地政府需要修路或建学校时，单纯的财政资金可能无能为力，此时就需要借助于金融市场和金融机构实现融资。运作良好的金融市场与金融中介机构对经济的健康发展至关重要。

为了研究金融市场和金融中介机构对经济的影响，我们需要了解它们的整体结构和运作情况。在本章，我们将学习主要的金融中介机构以及金融市场中的金融工具。

本章为研究金融市场和金融机构提供了一个基本的概览。本书在第三部分到第七部分将更加详细地介绍金融市场和金融机构的监管、结构以及发展。

2.1 金融市场的功能

金融市场履行的基本经济功能是使资金从那些因为支出少于收入而积蓄了盈余资金的

一方（家庭、企业和政府）手中，转移到那些由于支出超过收入而陷入资金短缺的一方（家庭、企业和政府）手中。图 2－1 反映了该经济职能的运行流程。图 2－1 左边是那些有积蓄并贷出资金的人，即贷款—储蓄者；右边是需要借入资金为自己的支出活动融资的人，即借款—支出者。主要的贷款—储蓄者是家庭，但是企业和政府（尤其是州政府或地方政府）以及外国人和外国政府有时也会有资金剩余以供借贷。最重要的借款—支出者是企业和政府（特别是联邦政府），家庭和外国人也会为购买汽车、家具以及房屋而贷款。图中的箭头显示资金通过两条路径从贷款—储蓄者流向借款—支出者。

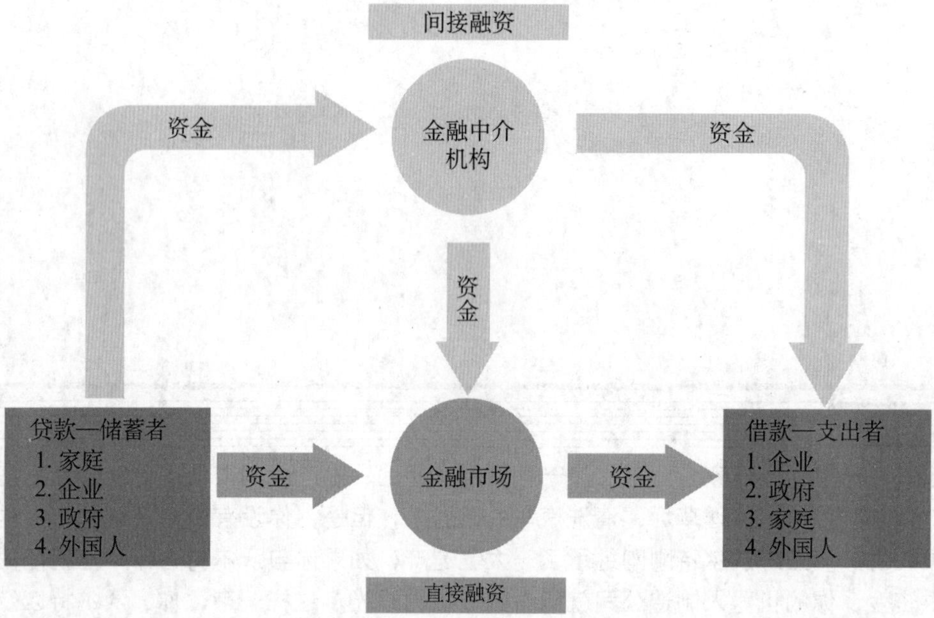

图 2－1　金融体系的资金流动

说明：这些箭头表示资金通过两条路径由贷款—储蓄者向借款—支出者流动：第一条路径是直接融资，借款者通过在金融市场上销售证券直接借入资金；第二条路径是间接融资，金融中介机构从贷款—储蓄者手中借入资金，再将这些资金贷给借款—支出者。

借助于直接融资（图 2－1 底部的路径），借款者通过在金融市场上出售他们的证券（也称金融工具），直接从贷款者手中借入资金，这些证券是对借款者未来收入或资产的索取权。对于购买资产的人来说，证券是他们的资产；对于出售（或发行）证券的个人或企业来说，证券是**负债**（liabilities，IOUs 或 debts）。例如，通用汽车公司需要借入资金建造一座新厂来生产电动汽车，它可以通过向储蓄者出售债券（承诺在某一特定的时期进行定期支付）或者出售股票（股票所有者有权分享公司的收益和资产）来借入资金。

为什么这种从储蓄者到投资者的资金转移渠道对经济如此重要呢？答案是，储蓄者通常都不是那些能够获得有利可图的投资机会的企业家。首先，我们从个人层面来考虑这个问题。假设你有 1 000 美元的盈余，但由于没有金融市场，人们既不能借入也不能贷出。如果你没有利用储蓄赚取收益的投资机会，那么你只能把这 1 000 美元放到自己的口袋中，并且无法获得任何收益。但是，木匠卡尔能够将你的 1 000 美元用于生产，他能用这笔钱购置工具，该工具能够缩短修建房屋的时间，因此他每年能够多赚 200 美元。如果能够与卡尔合作，你就能以每年 100 美元的租金（利息）将 1 000 美元借给他，这样你们双方都能获利。

你能改变一无所得的情况，每年利用这 1 000 美元赚得 100 美元；而卡尔每年也能多获得 100 美元的收入（每年 200 美元的额外收益减去使用该资金的 100 美元利息费用）。

如果没有金融市场，你与木匠卡尔永远都不会合作，也无法获得收益。若没有金融市场，资金就很难从没有投资机会的人手中转移到拥有投资机会的人手中。因此，金融市场对于提高经济效率至关重要。

即使借款者的目的不是提高企业效率，金融市场的存在也仍然是有益的。例如，刚刚结婚的你拥有一份好工作，并打算购置一处房产。你的薪水不错，但是因为刚刚参加工作，并没有太多积蓄。随着时间的推移，你可以有足够的储蓄购买理想的房屋，但到那个时候，你也许已经年迈而无法享有它。没有金融市场，你无法购买房屋而只能继续住在小公寓中。

如果建立起金融市场，储蓄者会借钱给你购买房屋，你会乐于支付利息。这样，年轻的你就能拥有一处房产并享受大房子。此后，你用工资偿还借款，而为你提供贷款的人同样能够获益。

我们可以看出为什么金融市场在经济中如此重要。它能够使资金从缺乏生产性投资机会的人手中转移到拥有生产性投资机会的人手中。金融市场对于**资本**（capital）的有效配置非常重要，这种配置能够帮助总体经济获得更高的产出和效率。事实上，正如我们在第 8 章将要探讨的那样，当金融市场在金融危机如最近的全球金融危机中崩溃时，会产生严重的经济后果，甚至导致政治不稳定。

运作良好的金融市场允许消费者选择更好的时机来购买，从而直接提高消费者的福利。它们为年轻人提供资金，让他们购买即时消费且以后偿还的物品，而不用等到储存足够的资金时再购买这些物品。有效运作的金融市场能够使社会中每个人的经济福利都得到改善。

2.2 金融市场的结构

我们了解了金融市场的基本功能，下面需要了解金融市场的结构。对金融市场的几种分类描绘了这些市场的基本特点。

2.2.1 债务市场和股权市场

企业或个人能够以两种方法从金融市场获得资金。最常见的方法是发行像债券或者抵押票据这样的债务工具，这种债务工具是一种契约性协定，借款者承诺定期向债务工具的持有者支付固定金额（利息和本金偿付），到了特定日期（到期日），支付最后一笔金额。债务工具的**到期期限**（maturity）是该工具在到期日之前的年数（期限）。如果债券的到期期限在 1 年以下，就是**短期**（short-term）债券；如果到期期限为 10 年或更长的时间，那么该债券就是**长期**（long-term）债券。到期期限在 1～10 年之间的债务工具称为**中期**（intermediate-term）债券。

第二种筹集资金的方法是发行**股票**（equities），如普通股，这是对一家公司的净收入（扣除费用和税款之后的收入）和资产的索取权。如果你在一家发行了 100 万股普通股的公司中拥有 1 股，那么你就能获得该公司百万分之一的净收入以及百万分之一的公司资产。股票通常向其持有者定期支付**股息**（dividends），而且由于没有到期期限，它被看成长期债券。另外，拥有股票意味着你拥有公司的一部分所有权，拥有公司重要事项的表决权，并有权选举公司董事。

与持有债券相比，拥有公司股票的主要不足之处在于，股票持有者是剩余权益的索取者，也就是公司必须先偿付债券持有者，然后才对股票持有者进行支付。拥有股票的好处在于，股票持有者会从公司获利能力或价值的提高中直接受益。股票给予其持有者所有权。债券持有者不能分享这种收益，因为对债务人偿付的金额是固定的。我们将在第7章详细探究债券工具相对于股票工具的优缺点，并提供对金融结构的经济学分析。

20世纪90年代初期，美国股票的总市值在4万亿～20万亿美元之间波动。尽管相对于其他金融市场，每个人都更加关注股票市场，但债券市场的规模通常大于股票市场。截至2012年年末，债务工具的市值约为38.2万亿美元，股票的市值只有18.7万亿美元。

2.2.2 一级市场和二级市场

一级市场（primary market）是新发行证券并将其出售给初始购买者以获取资金的金融市场。**二级市场**（secondary market）是交易已发行证券的金融市场。

公众对证券的一级市场并不了解，因为将证券出售给初始购买者通常都是在内部进行的。在一级市场上协助证券初始销售的金融机构是**投资银行**（investment bank）。投资银行通过**承销**（underwriting）证券实现证券销售，以特定价格将证券出售给公众。

登录www.nyse.com，查阅纽约证券交易所的上市公司、行情、公司历史数据和实时市场数据等资料。

在二级市场中进行交易的公司债券和美国政府发行的债券的交易量很大。但是，纽约证券交易所和全美证券交易商协会自动报价系统（NASDAQ）才是最有影响的二级市场，在这两个交易平台，人们对已经发行的股票进行交易。其他的二级市场还有外汇市场、期货市场和期权市场等。证券经纪人和经销商对于二级市场的良好运行起着至关重要的作用。**经纪人**（brokers）是投资者的代理人，他们为买方寻找合适的卖方；**经销商**（dealers）通过在给定价格下买卖证券，将买卖双方联系起来。

当某人在二级市场上购买证券时，出售证券的人会获得货币，发行证券的公司不会因此获得新资金，只有当公司在一级市场上发行证券时，才能获得新资金。虽然如此，二级市场还是有两个重要功能。首先，更加便利、快速地卖出金融工具以筹集资金，也就是说，二级市场能够提供**流动性**（liquidity）。提高金融工具的流动性有利于金融工具价值的实现，从而便于发行人在一级市场销售证券。其次，通过二级市场发现证券价格，给一级市场销售证券提供价格参照。一级市场的证券投资者对特定证券的出价不会高于他们判定的这些证券在二级市场上的交易价格。证券在二级市场上的价格越高，发行公司在一级市场上出售新证券的价格就越高，因此能够筹集到越多的资金。证券发行公司最关注二级市场的表现。因此，本书将更多地关注二级市场的经济行为。

2.2.3 交易所和场外交易市场

二级市场有两种组织形态：一种是**交易所**（exchanges）形式，证券的买卖双方（或其代理人和经纪人）在交易所集中交易。进行股票交易的纽约证券交易所、美国证券交易所和进行商品交易（小麦、玉米、白银以及其他原料）的芝加哥商品交易所是这种组织形式的代表。

登录 www.nasdaq.com，查阅纳斯达克场外交易市场的详细市场和证券信息。

二级市场的另一种组织形式是**场外交易市场**（over-the-counter market，OTC market）。在不同地点的经销商手中有证券存货，这些经销商随时准备与愿意接受其报价的买方在场外进行证券交易。场外经销商通过计算机网络联系，在网络平台上各自开出证券的买卖价格。场外交易市场有很强的交易竞争力，与有组织的交易所不相上下。

尽管大多数大公司的股票是在有组织的证券交易所中实现交易，但也有很多普通股在场外进行交易。例如，交易规模大于纽约证券交易所的美国政府债券市场就是场外交易市场。大约 40 家做市商随时为美国政府债券买卖提供报价而形成了这个“市场”。场外交易市场还包括进行其他金融工具交易如可转让存单、联邦基金、银行承兑汇票和外汇交易的市场。

2.2.4 货币市场和资本市场

另一种市场分类方式是按照市场中所交易证券的到期期限进行划分。**货币市场**（money market）是交易短期债务工具（到期期限通常在 1 年以下）的金融市场；**资本市场**（capital market）是交易长期债务工具（到期期限通常为 1 年或 1 年以上）或股权工具的金融市场。货币市场工具的交易量大、频繁，比长期债券的交易具有更强的流动性。我们在第 3 章中会发现，短期债券的价格波动比长期债券小，是比较安全的投资。因此，企业和银行通常将临时性的盈余资金投资于货币市场以赚取利息收入。保险公司和养老金由于未来给付的资金流非常确定，会更多地参与股票市场和长期债券市场。

2.3 金融市场的国际化

金融市场的国际化已成为必然趋势。在 20 世纪 80 年代之前，美国金融市场的规模比国外金融市场的规模大得多。近年来，美国金融市场的这种统治地位已经消失。（见全球视野“美国资本市场锋芒不再吗?”）国外金融市场这种非同寻常的发展是两种因素共同作用的结果：一是诸如日本等国的国民储蓄额大幅增加；二是国外金融市场放松管制，使得国外市场的经济行为得以扩展。美国的公司和银行现在更倾向于从国际资本市场筹集资金，美国的投资者通常也会在国外寻找投资机会。与此同时，外国公司和银行也会到美国来筹集资金，外国人也成为美国的投资者。国际债券市场和世界股票市场的发展呈现出了金融市场国际化的轨迹。

2.3.1 国际债券市场、欧洲债券和欧洲货币

国际债券市场的传统工具也称外国债券。**外国债券**（foreign bonds）是在外国发行的并以该国货币计价的债券。例如，德国的汽车制造商保时捷汽车公司在美国销售美元债

券，这种债券就是外国债券。几个世纪以来，外国债券一直是国际资本市场上的一种重要工具。19 世纪美国修建的大部分铁路都是通过在英国销售外国债券来融资的。

近期，国际债券市场中的一种创新是**欧洲债券**（Eurobond）。这种债券不是以发行地的货币为面值，比如在伦敦销售的美元债券。目前，在国际债券市场中，超过 80%的新发行债券是欧洲债券，欧洲债券市场得到了飞速发展，其规模已经超过了美国公司债券市场。

欧洲债券的另一种形式是**欧洲货币**（Eurocurrencies），是一国存在母国之外银行中的本国货币。最重要的欧洲货币是**欧洲美元**（Eurodollars），这是存在美国以外的银行或者美国银行海外分行中的美元。这些短期存款能够获得利息收入，与短期欧洲债券很相似。美国银行从外国银行或者美国银行海外分行那里借入欧洲美元存款，因而欧洲美元成了美国银行获得资金的重要来源。欧洲货币体系中的国家使用欧元。说到欧元，要注意不要混淆欧洲债券、欧洲货币和欧洲美元等术语。以欧元为货币单位的债券，只有当其在不使用欧元的国家销售时，才被称为欧洲债券。实际上，大部分欧洲债券不是欧元形式的，而是美元形式的。同样，欧洲美元与欧元也没有任何联系，欧洲美元只是存在美国境外银行中的美元。

全球视野 2—1　　美国资本市场锋芒不再吗？

在过去的几十年中，随着其他国家在全球市场上变得越来越有竞争力，美国的许多制造业产品包括汽车和消费性电子产品失去了国际主导地位。最近，有证据表明，金融市场正在经历相似的变化：正如福特汽车和通用汽车已经在全球市场份额上败给了丰田和本田。在美国股票和债券市场上，公司新发行债券的销售出现了下滑。伦敦证券交易所和香港证券交易所均比纽约证券交易所控制更多的首次公开发行（IPOs）的份额。2000 年以前，纽约证券交易所的 IPO 市值还一直占据主要地位。此外，在美国交易所上市的股票数量一直在下降，而在海外上市的股票数量快速增加，在美国之外上市的股票数量比在国内上市的十倍还多。同样地，世界范围内新发行公司债券的售卖份额已经被欧洲债券市场超越，这些债券原来大多在美国资本市场售卖。

现在，公司更多地选择在欧洲或亚洲金融市场上进行初始融资，为什么？造成这种趋势的主要因素有：外国金融市场更迅速地利用技术创新；2001 年恐怖袭击后，美国严格控制移民；有说法称，美国交易所使外国证券发行人面临更大的法律诉讼风险。有人认为，"严酷"的金融监管是主要的原因，特别是 2002 年的《萨班斯-奥克斯利法案》。在大量的美国公司和审计它们的会计师事务所爆出财务丑闻后，议会通过了这项法案。这项法案旨在加强审计过程的完整性，以及公司财务报表信息的质量。公司遵从新规则和程序的成本提高，尤其是对小公司而言。但是，如果公司选择在美国以外的金融市场发行证券，则可以在很大程度上避免这些成本。基于此，许多人支持修改《萨班斯-奥克斯利法案》，以减少被指证的不利影响，并使更多的证券发行人重回美国金融市场。然而，还没有令人信服的证据证明《萨班斯-奥克斯利法案》是引起美国金融市场相对衰退的主要原因。

对美国金融市场相对衰退的讨论，以及关于引起这种衰退的原因的争论还会持续。第 7 章将详细地讨论《萨班斯-奥克斯利法案》及其对美国金融体系的影响。

2.3.2 世界股票市场

到目前为止，美国股票市场还是世界上最大的股票市场，但是外国股票市场的地位一直在不断增强，美国老大的地位并不稳固。对外国股票的持续关注促进了专门进行外国股票市场交易的美国共同基金的发展。现在，美国投资者并不是只关注道琼斯工业平均指数，他们也会关心外国股票市场的股票指数，如日经300股票平均指数（东京）和金融时报100指数（伦敦）。

> 登录 http://stockcharts.com。上面有世界各国股票市场的历史指数及图表。
> 登录 http://quote.yahoo.com/m2?u，查阅世界主要股票指数的图表、新闻和指数成分情况。

金融市场的国际化对美国有深远的影响。外国人尤其是日本投资者，不仅为美国的公司提供资金，还会帮助美国联邦政府融资。如果没有这些外国资金，美国经济在过去20年内的增长速度会大为减缓。金融市场的国际化引领了更加一体化的世界经济，商品和技术在国家间的流动变得更为普遍。在后面的几章中，我们将会有很多例子说明国际因素在美国经济中所起的重要作用（见后面的“追踪财经新闻”专栏）。

2.4 金融中介机构的职能：间接融资

资金可以沿第二条路径从贷款者流向借款者，这被称为间接融资，如图2-1所示。这里需要一个金融中介机构在贷款—储蓄者和借款—支出者之间帮助转移资金。金融中介机构从贷款—储蓄者处借入资金，然后将这些资金作为贷款借给借款—支出者。例如，银行可以通过储蓄存款（公众的资产）的形式获得负债资金；然后，将这些资金以贷款的形式借给通用汽车公司或者在金融市场购买美国国债从而获得资产。最终的结果是资金在金融中介机构（银行）的帮助下，从公众（贷款—储蓄者）手中转移到通用汽车公司（借款—支出者）手中。

利用金融中介机构进行的间接融资过程，称为**金融中介**（financial intermediation）活动，这是资金从贷款者手中转移到借款者手中的主要途径。事实上，尽管媒体的关注主要集中在证券市场尤其是股票市场，但对公司而言，金融中介机构是更为重要的融资要素。不仅美国如此，其他工业化国家也是这样（参见“全球视野2—2”）。为什么金融中介机构和间接融资对金融市场如此重要？为了回答这个问题，我们需要理解金融市场中交易成本、风险分担和信息成本的影响。

2.4.1 交易成本

交易成本（transaction costs）是进行金融交易所花费的时间和金钱，它是资金盈余者贷出资金所面临的主要问题。如前所述，木匠卡尔需要1 000美元用来购买新工具，你知道这是一个非常好的投资机会。你手中有钱想借给他，为了保护投资，你将雇用一位律师来起草一份契约，以明确规定卡尔需要支付的利息、何时支付利息以及何时偿还本金1 000美元。为此，你需要花费500美元。在将这笔交易成本计入贷款后，你意识到从这笔交易中你无法获得收益（花费500美元的交易成本，只能得到100美元利息），于是你无奈地放弃了这一投资机会。

这个例子说明，小储户以及像卡尔这样的潜在借款者可能会被排除在金融市场之外，因此，他们不能从市场中获利。这个问题能解决吗？是的，金融中介机构可以。

金融中介机构具有降低交易成本的专业能力，而且，金融中介机构的规模庞大，能够获得**规模经济**（economies of scale）效益：随着交易规模的扩大，平摊在每一美元中的交易成本减少。例如，银行知道该如何找到一位优秀的律师来拟定一份无懈可击的贷款合约，而这份合约可以在银行的贷款交易中反复使用，因此，每笔交易的法律成本就能降低。银行可以用 5 000 美元雇一位一流的律师来起草一份滴水不漏的贷款合约，而不是花 500 美元获得一份合约（这样的合约可能并不完善）。这份合约能够供 2 000 笔贷款交易使用，因此，每笔贷款只花费了 2.50 美元。由于每笔贷款的成本仅为 2.50 美元，因此，对金融中介机构而言，为卡尔提供 1 000 美元的贷款就变得有利可图了。

由于金融中介机构能够明显削减交易成本，因此，它们能让储户间接地将资金提供给像卡尔这样具有生产性投资机会的人。此外，金融中介机构的低交易成本意味着它能为顾客提供**流动性服务**（liquidity services），这种服务能使顾客比较容易地进行各种交易。例如，银行会为存款者提供支票账户，方便顾客支付各种账单。另外，存款者可以从支票账户和储蓄账户中获得利息收入，还能用这些账户随时购买各种商品和服务。

追踪财经新闻 2—1

外国股票市场指数

报纸和网站（如 www.finance.yahoo.com）每天都会公布外国股票市场指数。

最重要的外国股票市场指数有：

道琼斯工业平均指数（DJIA）：该指数涵盖美国 30 家最大的上市公司，由道琼斯公司负责编制并发布。

标准普尔 500 指数（S&P 500）：是记录美国最大 500 家上市公司的股票指数，由标准普尔创建并维护。

纳斯达克综合指数（Nasdaq Composite）：该指数记录了所有在纳斯达克股票市场上市的公司，美国大多数科技股在纳斯达克市场交易。

伦敦金融时报 100 指数（FTSE 100）：是记录在伦敦证券交易所上市的英国 100 家大公司的股票指数。

德国 DAX 指数（DAX）：是记录在法兰克福证券交易所上市的德国最大的 30 家公司的股票指数。

法国 CAC 40 指数（CAC40）：是记录在巴黎证券交易所上市的法国最大的 40 家公司的股票指数。

恒生指数（Hang Seng）：是记录在中国香港证券交易所上市的大公司的股票指数。

海峡时报指数（Strait Times）：是记录在新加坡证券交易所上市的最大的 30 家公司的股票指数。

全球视野 2—2　金融中介机构对证券市场的重要性：一种国际比较

不同国家的融资方式各不相同，然而，一个关键的事实是：对包括美国、加拿大、英国、日本、意大利、德国和法国这些主要发达国家的研究显示，当企业寻找投资资金时，它们通常是通过金融中介机构间接获得资金，而不是直接从证券市场融资。即使是拥有世界上最发达证券市场的美国和加拿大，从金融中介机构获得的贷款也远比公司从证券市场获得的资金规模大。德国和日本是对证券市场依赖最少的两个国家，这两个国家通过金融中介机构筹集资金的数额比从证券市场获得的资金多10倍。近年来，随着日本证券市场放松管制，公司通过金融中介机构获得的筹资相对于证券市场融资的份额逐渐下降。

在所有的国家中，金融中介机构的统治地位都十分明显。但是，债券市场与股票市场的相对重要性在每个国家各不相同。在美国，债券市场是更加重要的一种公司融资渠道。平均而言，新公司使用债券筹集的资金是股票融资的10倍。相反地，法国和意大利则更多地使用股票市场而非债券市场来筹集资本。

资料来源：例如，参见 Colin Mayer，"Financial Systems，Corporate Finance，and Economic Development，" in *Asymmetric Information*，*Corporate Finance*，*and Investment*，ed. R. Glenn Hubbard（Chicago：University of Chicago Press，1900），pp. 307－332。

2.4.2 风险分担

金融机构较低的交易成本能够带来的另一个好处是降低投资者面临的**风险**（risk），即投资者凭借资产获取收益的不确定性。金融中介机构能够通过**风险分担**（risk sharing）过程来达到目的：金融中介机构创造并出售人们觉得风险适中的各种资产，然后将出售这些资产所获得的资金用于购买其他一些风险性更高的资产。由于金融中介机构的交易成本很低，它们能够以低成本达到风险分担的目的，从而可以从购买风险性资产获得的收益率和售出资产偿付的利率的差额中获利。这种风险分担过程有时也被称为**资产转换**（asset transformation）过程。从某种意义上说，在该过程中，投资者的风险资产被转换为更加安全的资产。

金融中介机构还通过多样化投资帮助个人降低风险以实现风险分担。**投资多样化**（diversification）是投资于一组资产（portfolio，**资产组合**，又称**投资组合**），这些资产的收益率通常并不同步变化，因此，资产组合的整体风险比其中单个资产的风险要小。多样化是古老的谚语"不要把所有的鸡蛋都放在一个篮子里"的另一种表达方式。较低的交易成本使金融中介机构可以通过将一组资产组合成一种新资产并出售给个人投资者，从而使个人投资者实现投资的多样化。

2.4.3 信息不对称：逆向选择和道德风险

金融市场中交易成本的出现能够部分解释金融中介机构和间接融资在金融市场中的重要作用。另一个原因是，在金融市场上进行决策时，交易一方通常并不了解另一方的行为，这种不平等性称为**信息不对称**（asymmetric information）。例如，对于借贷资金的潜在收益率和与投资项目相关的风险情况，借款者通常比贷款者了解得更多一些。缺乏信息会在金融体系的两个阶段引起问题：交易发生之前和交易发生之后。[①]

逆向选择（adverse selection）是由于信息不对称而在交易发生之前所产生的问题。通常说来，最有可能产生信贷风险的借款人是那些拼命寻找贷款的人，他们有更大的机会得

① 信息不对称、逆向选择和道德风险等也是保险业面临的严重问题。

到贷款。此时，金融市场上就出现了逆向选择。市场的逆向选择将带来较大的信贷风险，贷款者因此不敢再发放任何贷款，风险小的借款人也无法获得贷款——劣币驱逐良币。

为什么会出现逆向选择？假设你有两个姑妈：希拉姑妈和路易丝姑妈，她们想从你手中借钱，但你只能借给一个人。路易丝姑妈是保守派，只有当她确信所做投资能够获得回报并偿还贷款时，她才会去借款。相反，希拉姑妈是冒险派，她刚好碰到一个可以快速致富的投资项目，如果她能借到1 000美元进行投资，就有可能成为百万富豪。遗憾的是，与大部分快速致富的投资项目一样，这项投资很可能失败，因此，希拉姑妈会损失1 000美元而无法还钱给你。

这两个姑妈谁更有可能向你要求贷款呢？当然是希拉姑妈，因为她的投资项目如果成功，她就能获得大笔收益。然而，你却不愿借钱给她，因为她的投资计划极有可能失败，从而无法还钱。

如果你对这两个姑妈都很了解，即信息对称，你就不会遇到问题，因为你知道希拉姑妈是一个爱冒险的人，因而不会选择借钱给她。然而，假设你不太了解你的姑妈，就更有可能把钱借给希拉姑妈而不是路易丝姑妈，因为希拉姑妈会缠着你要求贷款。由于有可能出现逆向选择，你可能决定对两个姑妈都不提供贷款，即使路易丝姑妈这位贷款风险很小的贷款者也借不到钱。

道德风险（moral hazard）是由于信息不对称而在交易发生之后所产生的问题。金融市场上的道德风险是指借款者可能从事一些对贷款者不利（不道德）的活动，因而很可能造成贷款无法偿还。由于道德风险降低了偿还贷款的可能性，贷款者可能因此决定不发放任何贷款。

这里列举道德风险的一个例子。假设你将1 000美元借给另一个亲戚梅尔文叔叔，他需要这笔钱购买一台电脑，这样他就可以开办一家为学生打印学期论文的打印社。然而，一旦你将钱借给他，梅尔文叔叔很可能不是去买电脑，而是去赌马。如果他用你的钱购买一手1赔20的赌注并赢得赌注，他就会偿还给你1 000美元，并用剩下的19 000美元过个好日子。但是，结果很可能是他赌输了，还不了借你的钱，他失去的不过是一个可靠叔叔的声誉。由此看来，梅尔文叔叔有去赌马的动机，如果他赌赢了，他得到的收益（19 000美元）远远超过他赌输所承担的成本（他的声誉）。如果你了解梅尔文叔叔的动向，你会阻止他带着这笔钱去赛马场，他就不会出现道德风险问题。事实是，你很难了解他的行踪——信息不对称。道德风险使你不会为梅尔文叔叔提供这1 000美元的贷款，即使他会用这笔钱开办打印社并归还贷款。

逆向选择和道德风险带来的问题是影响金融市场有效运作的一个重大障碍。此时，金融中介机构可能会缓解这些矛盾。

经济生活中有了金融中介机构，小储户就能将所持的资金借给一家值得信赖的金融中介机构，比如具有诚信的约翰银行，资金进入金融市场。获得资金的银行通过放贷或购买股票和债券将这些资金贷出去。成功的金融中介机构能够从所进行的投资上获得较高的收益率。与个人投资者相比，金融中介机构在甄别贷款风险、防范由逆向选择造成的损失方面，相关的经验和方法很丰富。此外，金融中介机构通过对借款人进行监督，可使由道德风险造成的损失减少。

金融中介机构在经济生活中扮演着重要角色，它们能提供流动性服务、促进风险分担并解决信息不对称问题，使小储户和小额借款者都能在金融市场中受益。例如，大多数美国人都会将储蓄投资于金融中介机构，也从金融中介机构获得贷款。金融中介机构在促进经济效率提高方面起到非常重要的作用，它们通过金融市场把资金从贷款—储蓄者手中融通到具有生产性投资机会的人手中。如果没有一系列功能完备的金融中介机构，经济就很难发挥应有的作用。我们将在第五部分和第六部分进一步探究金融中介机构在经济中的作用。

2.4.4 范围经济和利益冲突

金融中介机构可以为其客户提供丰富多样的金融服务，例如向客户提供银行贷款或者卖出债券，这就是金融中介机构之所以在经济中扮演重要角色的另一个原因——实现**范围经济**（economies of scope）。也就是说，它们可以通过将某一信息应用于很多不同的服务，从而降低每一服务的信息生产成本。比如说，一个投资银行在贷款给公司时，可以评估这个公司的信用风险水平，然后这又进一步帮助银行决定承销该公司债券再卖给大众是不是一件容易的事情。

尽管范围经济可以使金融中介机构获得收益，但也会带来潜在代价，比如**利益冲突**（conflicts of interest）。利益冲突是道德风险问题的一种，当一个人或一个机构有许多个目标（利益），而这些目标之间又存在冲突时，利益冲突就产生了。利益冲突尤其可能在金融机构提供多种服务时出现。这些相互竞争的服务目标可能导致个人或公司隐瞒信息或者传播错误信息。金融市场信息质量的下降会增加信息不对称问题，并会阻碍金融市场将资金引入最有效的投资机会。金融市场以及整个经济会因此变得低效。这就是为什么我们要关注利益冲突。我们将在第三部分和第六部分探讨更多关于金融市场利益冲突的细节。

2.5 金融中介机构的类型

我们已经认识到金融中介机构为什么在经济中如此重要了。现在我们来了解主要的金融中介机构有哪些，以及它们如何发挥中介作用。有三种类型的金融中介机构：存款机构（银行）、契约类储蓄机构以及投资中介机构。表 2-1 对金融中介机构的主要负债（资金来源）和主要资产（资金运用）进行了说明，从这个角度探究上述三类金融中介机构。表 2-2 展示了美国金融中介机构的相对规模，表中列示了这些机构在 1980 年、1990 年、2000 年和 2012 年各年年底的资金余额。

表 2-1　金融中介机构的主要资产和负债

金融中介机构的类型	主要负债（资金来源）	主要资产（资金运用）
存款机构（银行）		
商业银行	存款	商业贷款和消费者贷款、抵押贷款、美国政府债券和市政债券
储蓄贷款协会	存款	抵押贷款
互助储蓄银行	存款	抵押贷款
信用社	存款	消费者贷款

续前表

金融中介机构的类型	主要负债（资金来源）	主要资产（资金运用）
契约类储蓄机构		
人寿保险公司	保费	公司债券和抵押贷款
火灾和意外伤害保险公司	保费	市政债券、公司债券和股票、美国政府债券
养老金、政府退休基金	雇主和雇员缴费	公司债券和股票
投资中介机构		
金融公司	商业票据、股票、债券	消费者贷款和商业贷款
共同基金	股份	股票、债券
货币市场共同基金	股份	货币市场工具

资料来源：Federal Reserve Flow of Funds Accounts：www. federalreserve. gov/release/Z1/.

表 2-2　　主要金融中介机构的资产价值

金融中介机构的类型	资产价值（10 亿美元，年末数）			
	1980 年	1990 年	2000 年	2012 年
存款机构（银行）				
商业银行	1 481	3 334	6 469	11 343
储蓄贷款协会和互助储蓄银行	792	1 365	1 218	918
信用社	67	215	441	905
契约类储蓄机构				
人寿保险公司	464	1 367	3 136	5 999
火灾和意外伤害保险公司	182	533	862	1 443
养老金（私人）	504	1 629	4 355	6 584
政府退休基金	197	737	2 293	3 047
投资中介机构				
金融公司	205	610	1 140	1 533
共同基金	70	654	4 435	9 284
货币市场共同基金	76	498	1 812	2 650

资料来源：Federal Reserve Flow of Funds Accounts：www. federalreserve. gov/releases/Z1/.

2.5.1 存款机构

存款机构（本书以银行为例）是接受个人和机构的存款并发放贷款的金融中介机构。这些机构包括商业银行以及**储蓄机构**（thrift institutions，thrifts）：储蓄贷款协会、互助储蓄银行以及信用社。

（1）商业银行。这种金融中介机构主要通过发放支票存款（这些存款可以用来签发支票）、储蓄存款（这些存款可以根据储户需要随时提取，但不允许储户签发支票）以及定期存款（有固定期限的存款）来筹集资金。银行用这些资金发放商业贷款、消费者贷款以及抵押贷款，或者用于购买美国政府债券以及市政债券。美国有 6 000 多家商业银行，从整体上来说，它们是规模最大的金融中介机构，并拥有最多样化的资产种类。

（2）储蓄贷款协会和互助储蓄银行。大约有 800 家这样的存款机构，它们主要通过储蓄存款（通常称为股份）、定期存款和活期存款获得资金。过去，这些机构的经营范围很有限，主要是为居民购买住房提供抵押贷款。随着时间的推移，对这些机构的管制逐渐放松，这些存款机构和商业银行之间的区分逐渐模糊。这些金融中介机构越来越相似，因此，它们之间的竞争也越来越强。

(3) 信用社。大约有 7 000 家这样的金融机构，它们的规模较小，是由特殊群体组成的互助性贷款机构。这些群体包括合作社的会员、特定公司的雇员等，它们通过存款途径获得资金，通常称为股金，这些资金主要用于发放消费者贷款。

2.5.2 契约类储蓄机构

诸如保险公司和养老金这样的契约类储蓄机构，是在契约基础上定期获得资金的金融中介机构。由于预计未来年度向受益人支付的保险费金额能够被相当精确地计算出来，所以，这些机构不用像存款机构那样担心资金的快速支取。对这类机构而言，针对资金的流动性管理就不如它对存款机构那么重要，它们的资金主要投向公司债券、股票和抵押贷款等长期证券。

(1) 人寿保险公司。人寿保险公司提供保险，以防他人因保险人死亡而遭受财务损失。人寿保险公司也出售年金产品（向退休者每年支付的收入）。人寿保险公司从保单的保费中获得资金，并将这些资金主要用于购买公司债券和发放抵押贷款。人寿保险公司也购买股票，但是，购买量必须在限定的范围内。目前，人寿保险公司的资产达到 5.6 万亿美元，是规模最大的契约类储蓄机构。

(2) 火灾和意外伤害保险公司。这些公司向其保单持有人提供保险，防止他们因被盗、火灾和事故而遭受损失。这类公司与人寿保险公司一样，都是从保单的保费中获得资金。但是，如果发生了重大灾害，它们遭受损失的可能性更大。因此，相对于人寿保险公司，火灾和意外伤害保险公司将购买流动性大的资产。市政债券是这类公司持有比重最大的资产。火灾和意外伤害保险公司也会持有公司债券、股票以及美国政府债券。

(3) 养老金和政府退休基金。私人养老金以及联邦和地方政府退休基金以年金的形式向参加养老金计划的雇员提供退休收入。这些基金通过雇主或雇员的缴费获得资金，雇员可以通过两种途径来缴费：一种是直接从工资中扣除；另一种是自愿缴纳。在养老金持有的资产中，所占份额最大的是公司债券和股票。联邦政府通过制定关于养老金计划的法令以及税收激励，有效地鼓励养老金的建立。

2.5.3 投资中介机构

这类金融中介机构包括金融公司、共同基金、货币市场共同基金和投资银行。

(1) 金融公司。金融公司通过出售商业票据（一种短期债务工具）以及发行股票和债券筹集资金，它们将这些资金借给需要购买家具、汽车或修葺房屋的消费者和小型企业。有的金融公司由一家母公司组建，目的是帮助其出售资产。例如，福特汽车信贷公司就向购买福特汽车的消费者发放贷款。

(2) 共同基金。这些金融中介机构通过向社会公众出售基金份额来获取资金，然后用这些资金购买多样化的股票和债券组合。共同基金使股份持有者将零星资源汇集起来购买股票或债券，降低了交易成本。共同基金有能力实现最大限度的资产组合多样化。股份持有者可以随时出售（赎回）持有的股份，股份的价值由共同基金所持有证券的价值决定。

由于证券的价值波动很大，因此，共同基金的价格波动也比较大，所以，投资于共同基金的风险比较大。

(3) 货币市场共同基金。这类金融机构既有共同基金的特征，在一定程度上又能发挥存款机构的功能，它们也能提供存款账户。与大多数共同基金一样，它们通过出售股份获取资金，然后将这些资金用于购买既安全又有流动性的货币市场工具，并将所得利息收入支付给基金份额持有者。

这类基金的主要特点是基金份额持有者可以根据其持有股份的价值签发支票。货币市场共同基金的基金份额和支票存款账户一样，都向持有者支付利息。货币市场共同基金产生于1971年，从那时起就开始高速增长，到2012年末，其资产已经达到近2.7万亿美元。

(4) 投资银行。投资银行并不是普通意义上的银行或金融中介机构。它不能吸收存款，而是帮助公司发行证券。首先，它为公司发行何种证券提供建议，然后以一个事先约定好的价格从公司"批发"债券并向公众出售。投资银行经常表现得像商人——帮助公司通过收购或兼并获得其他公司的控制权，并从中获取巨额酬金。

2.6 金融体系的监管

在美国经济中，接受监管最严格的部门之一是金融部门。政府监管金融市场的原因有两个：增加投资者可获得的信息量和确保金融体系健全可靠。下面，我们研究监管环境的形成。表2-3列示了美国金融体系的主要监管机构。

表2-3　　美国金融体系的主要监管机构

监管机构	监管对象	监管内容
证券交易委员会(SEC)	有组织的交易和金融市场	要求公开披露信息，禁止内部交易
商品期货交易委员会(CFTC)	期货市场交易	监管期货交易过程
货币监理署(OCC)	联邦注册的商业银行	发放执照，检查账目，监管银行资产
全国信用社管理局(NCUA)	联邦注册的信用社	发放执照，检查账目，监管信用社的资产
州立银行和保险委员会	州注册的存款机构	发放执照，检查账目，监管银行和保险公司及其分支机构的资产
联邦存款保险公司(FDIC)	商业银行、互助储蓄银行、储蓄贷款协会	对每个银行账户提供最高25万美元的保险，检查被保险机构的账目及其资产运营情况
联邦储备体系(FED)	全部存款机构	检查成员银行的账目，设立存款准备金要求

登录美国证券交易委员会网站www.sec.gov，该网站有大量关于美国证券交易委员会的资料、法律和监管信息、投资者信息和诉讼案例。

2.6.1 增加投资者可获得的信息量

金融市场信息不对称意味着投资者可能面临逆向选择和道德风险，从而妨碍金融市场的有效运行。高风险企业和诈骗者最急于向易受骗的投资者售卖各种证券，由此引发的逆向选择问题可能会使投资者逃离金融市场。一旦投资者购买了证券，也就是为公司提供了贷款，借款公司有可能参与风险活动或者涉足金融诈骗。这种道德风险问题的出现会迫使投资者离开金融市场。政府管制会减少金融市场中这种逆向选择和道德风险问题的发生，从而净化市场、提高效率。

1929 年股票市场的崩盘和随后出现的大量金融欺诈导致在政治层面上，对金融管制的需求达到顶峰，由此出台了 1933 年《证券法》并建立了证券交易委员会。证券交易委员会要求发行证券的公司必须向公众披露关于公司销售、资产和收益情况的相关信息，并限制公司最大股东（所谓的内部知情者）对本公司股票的买卖交易。通过要求披露信息以及限制可能用于控制证券价格的内幕交易，证券交易委员会希望投资者能够获得更多的信息，免受 1933 年之前金融市场的那种欺诈的伤害。近年来，证券交易委员会一直非常积极地致力于揭露内幕交易。

2.6.2 确保金融中介机构健全可靠

由信息不对称引起的金融中介机构大规模倒闭称为**金融恐慌**（financial panic）。向金融中介机构提供资金的人无法辨别这些机构是否健全可靠。如果他们对金融中介机构的总体运作情况产生怀疑，不管这些机构是否健全可靠，都会将其资金从金融机构撤出。这样一来，可能的结果就是产生金融恐慌，这会使公众损失惨重并严重危害经济。为了保护大众和经济免受金融恐慌的危害，政府推行了六种管制策略：

（1）限制进入。州立银行和保险委员会以及货币监理署（一个联邦政府机构）对被允许设立的金融中介机构施加非常严格的管制。想要设立一家金融中介机构（如银行或保险公司）的个人或团体必须获得州政府或联邦政府的许可。只有确认申请者是具有完美的信用记录和大量启动资金的正直公民时，申请者才能获得政府授予的许可证。

（2）披露信息。对金融中介机构制定了严格的信息报告制度。这些机构的账目必须服从严格的会计准则，账簿要接受定期审核，而且必须向公众公布必要信息。

（3）对资产和业务的限制。对金融中介机构可以开展的业务以及可持有的资产有严格的限定。我们在将资金存入银行或其他金融机构之前，一定想了解资金是否安全，以及银行或金融机构能否满足我们对资产的权益。要做到这一点：一是要限制金融中介机构参与风险活动。1933 年通过的法案（在 1999 年废止）将商业银行从证券业中分离出来，银行不能再从事与证券业相关的风险投资活动。二是要限制金融中介机构持有的风险资产，或者保证持有的风险资产数量不超过审慎安全的水平。例如，因为股票的价格波动性较大，因此，商业银行和其他存款机构不允许持有股票。虽然保险公司能够持有股票，但是其持有量在总资产中所占的份额不能超过某一比重。

（4）存款保险。政府可以为人们的存款提供保险。如果持有这些存款的金融中介机构不幸倒闭，储户也不会遭受很大的财务损失。提供这种保险的最重要的政府机构是联邦存款保险公司（FDIC），它为商业银行、储蓄贷款协会、互助储蓄银行的储户提供不超过 25 万美元的存款损失保险。这些金融中介机构支付的保险费进入 FDIC 的存款保险基金，如果有银行破产，这笔资金可用来偿付给存款人。1930—1933 年大量银行相继破产，这些银行的储户的存款也因此荡然无存。在此之后，FDIC 于 1934 年创立。全国信用社股份保险基金（NCUSIF）为信用社提供类似的存款保险。

（5）限制竞争。政客们通常宣称金融中介机构之间不加约束的竞争会加剧银行倒闭，进而危害公众。尽管有证据显示，这种竞争造成的危害程度微乎其微，但是，这并不能停止州政府以及联邦政府限制增设营业场所（分支机构）。过去，政府不允许银行在其他州开设分支机构；有的州还会限制银行增设新的营业场所。

（6）利率约束。对存款利率做限制性规定，抑制了银行之间的竞争。在1933年后的几十年里，均禁止银行对支票账户支付利息。此外，直到1986年，根据Q条例的规定，联邦储备体系有权设定银行对储蓄存款支付利率的上限。人们普遍认为，如果不对利率竞争加以约束，大萧条时期的银行倒闭情况将会更严重。但是，这种观点没有得到充分验证。尽管对公司持有的支票账户支付利息的限制性规章依然存在，但Q条例最终还是被取消了。

在后面的章节中，我们将进一步考察政府对金融市场的管制，并分析这些管制对金融市场功能的改善。

2.6.3 国外的金融监管

美国的经济体系与日本、加拿大以及西欧各国都很相似，因此，这些国家的金融管制情况与美国的金融管制情况非常相似。它们都通过要求发行证券的公司报告关于公司资产负债、收益和股票销售的详细信息，及禁止内幕交易来改进对信息的管理。通过发放许可证、定期核查账目和存款保险条款（尽管覆盖范围比美国的小，而且其存在也有意不引起关注）确保这些中介机构的健全可靠。

美国的金融管制与其他国家的区别是对银行的管制。过去，美国是唯一对银行开设分行进行限制的发达国家，它限制银行的规模并规定这些银行只能在一定的地域范围内经营（这些限制在1994年通过立法废除）。在可持有的资产方面，美国的银行受到的约束最多。国外银行通常都持有商业公司的股份，在日本和德国，这种份额相当大。

本章小结

1. 金融市场的基本功能是作为流通渠道，使资金从那些积蓄了盈余资金的储蓄者手中转移到那些陷入资金短缺的投资者手中。金融市场可以通过直接融资，由借款者向贷款者出售证券，直接从贷款者手中取得资金；或者通过间接融资，由金融中介机构帮助贷款—储蓄者和借款—支出者实现资金转移。这种资金渠道能够使社会中每个人的经济福利得到改善。它使资金从缺乏生产性投资机会的人手中转移到拥有这些投资机会的人手中，因而有助于经济整体效率的提高。除此之外，通过借贷消费者的消费需要能够得到及时满足。

2. 金融市场可以分为债务市场和股权市场、一级市场和二级市场、交易所和场外交易市场以及货币市场和资本市场等。

3. 近年来，一个重要的发展趋势是金融市场国际化。目前，欧洲债券是国际债券市场的主要证券形式，并超过美国公司债券成为一种新的融资来源。欧洲美元是指存在外国银行中的美元存款，也是美国银行一种重要的融资来源。

4. 金融中介机构是指通过发行债务工具获得资金，并用这笔资金购买证券以获得资产或发放贷款的金融机构。金融中介机构在金融体系中发挥着重要的作用，它们能降低交易成本、允许风险分担以及解决由逆向选择和道德风险引发的问题。金融中介机构使得小储户和小额借款者可以从金融中介机构获益，从而提高经济效率。范围经济可以使金融中介机构更为成功，但与此同时，也会导致利益冲突从而降低经济效率。

5. 主要的金融中介机构可以分为三类：第一，银行——包括商业银行、储蓄贷款协会、互助储蓄银行和信用社；第二，契约类储蓄机构——人寿保险公司、火灾和意外伤害保险公司及养老金；第三，投资中介机构——金融公司、共同基金、货币市场共同基金和投资银行。

6. 政府出于两个原因对金融市场和金融中介机构实施管制：增加投资者可获得的信息量和确保金融体系健全可靠。政府的管制方式包括：要求向公众公开信息，对开设金融中介机构的资格进行审查，限制金融中介机构可持有的资产，提供存款保险，限制竞争，以及对利率的管制。

重要专业术语

逆向选择	欧洲债券	到期期限
资产转换	欧洲货币	货币市场
信息不对称	欧洲美元	道德风险
经纪人	交易所	场外交易市场
资本	金融中介	资产组合
资本市场	金融恐慌	一级市场
利益冲突	外国债券	风险
经销商	中期	风险分担
投资多样化	投资银行	二级市场
股息	负债	短期
规模经济	流动性	储蓄机构
范围经济	流动性服务	交易成本
股票	长期	承销

习题

1. 为什么 1 股微软公司的普通股对于所有者是一种资产，对于微软公司却是一种负债？

2. 如果我现在能以 5 000 美元购买一辆汽车，这有助于我得到一份铁砧推销员的工作，这样我在第二年就能获得 1 万美元的额外收入。如果没有其他贷款，我是否应该向高利贷放款者拉里借取利率为 90%的贷款？在这种情况下，我的经济状况是改善还是恶化了？你能不能举出高利贷合法化的论据？

3. 有的经济学家怀疑，发展中国家经济增长缓慢的原因之一是它们缺乏发达的金融市场。该观点是否有道理？

4. 在 19 世纪，美国从英国借入大笔资金建造铁路系统，那时，所用的主要债务工具是什么？为什么它会让两个国家都获得好处？

5. “因为公司实际上并没有在二级市场上筹集到任何资金，因此，二级市场对经济的重要性不如一级市场。”试对这一说法进行评价。

6. 如果你怀疑某公司在第二年会破产，那么，比较起来，你愿意持有由该公司发行的债券还是股票？为什么？

7. 如何用逆向选择问题解释你愿意向家庭成员而非陌生人发放贷款的原因？

8. 举一个你不得不去处理逆向选择问题的例子。

9. 与其他贷款者相比，为什么高利贷放款者相对不关心借款者的道德风险？

10. 如果你是一位雇主，你会担心雇员带来哪种道德风险？

11. 如果借款者和贷款者都不存在信息不对称问题，是否还会存在道德风险？

12. “在一个没有信息传递和交易成本的世界中，金融中介机构将无法存在。”该说法是正确的、错误的还是不确定的？对你的答案给予解释。

13. 你愿意将资金存入银行储蓄账户并获得 5%的利息收入，并且你知道银行将该资金以 10%的利率借给你的邻居，你为什么不选择自己直接贷款给你的邻居呢？

14. 风险分担如何能使金融中介机构和个体投资者都获益？

15. 讨论资本市场全球化的若干表现。

网络练习

金融体系

1. 金融机构信息的最好来源之一是由美联储提供的《美国资金流量报告》。该报告囊括了大多数金融中介机构的数据。登录 www. federalreserve. gov/releases/Z1/网站可以获得该报告。点击最新发布的消息。如果你的电脑上没有 Acrobat 阅读软件，首先需要安装该软件。在该网站上有免费版本的链接。选择“Level Tables”并回答下列问题：

（1）在商业银行的资产中，发放贷款的资产占比有多大？其中，抵押贷款的比例有多大？

（2）在储蓄贷款协会的资产中，抵押贷款资产的比重有多大？

（3）在信用社的资产中，抵押贷款以及消费者贷款资产的比重有多大？

2. 世界上最著名的金融市场是美国纽约证券交易所，访问其网站 www. nyse. com。

（1）纽约证券交易所的职能是什么？

（2）公司为了在纽约证券交易所上市交易，必须向纽约证券交易所支付一笔费用。如果一家公司公开发行了 500 万股普通股，它向纽约证券交易所支付的费用总额应该是多少？

金融学译丛·金融市场与金融机构（第8版） 金融学译丛·金融市场与金融机构（第8版）

第二部分

金融市场基础

第 3 章 利率的含义及其在定价中的作用

开篇预览

利率是人们最关注的经济变量之一，它直接影响我们的日常生活，对经济的健康运行有重要影响。新闻媒体几乎每天都会涉及利率波动的报道。利率影响储蓄和消费，以及人们的购房、购买债券、储蓄等决策。利率还影响企业的经济决策，比如是否进行新项目投资或将资金存入银行。

研究金融市场，必须准确理解利率的含义。本章将引入到期收益率的概念，它是对利率最精确的度量指标。金融经济学家所说的利率就是指到期收益率。下面讨论如何用信贷市场工具来衡量到期收益率，以及它是如何给这些工具定价的。我们还要说明，债券的利率高低并不表明投资于该债券是否明智，投资收益率并不一定是其利率。最后，我们将讨论价格水平调整后的实际利率和不考虑价格调整的名义利率。

理解定义很枯燥，但这里列出的概念很重要，它们在本书中频繁出现。更重要的是，理解并掌握这些概念有助于学生深刻理解利率在整个经济生活中扮演的角色。

在 www. bloomberg. com/markets/网站上的“Rates & Bonds”栏目下，你能获得关于美国国债、政府债券和市政债券的利率信息。

3.1 利率的计算

不同的债务工具在不同的时间为其持有者提供了不同的现金支付金额，这一现金额称为**现金流**（cash flows）。为了衡量利率，需要比较不同债务工具的价值。为此，我们引入现值概念。

3.1.1 现值

现值（present value）或**折现值**（present discounted value）是一个常识性概念：一年以后支付给你的 1 美元的价值要低于现在支付给你的 1 美元的价值。这是因为，如果你现在将这 1 美元存入银行并收取利息，那么 1 年后你得到的偿付将高于 1 美元。下面讨论经济学家们给出的现值定义。

首先，考察一种最简单的债务工具——我们称之为**普通贷款**（simple loan）。在这种贷款中，贷款者为借款者提供一笔资金（本金），借款者必须在到期日将这笔资金偿还给贷款者并额外支付利息。例如，你借给朋友简 100 美元，要求她一年后归还 100 美元的本金并额外支付 10 美元的利息。在这种普通贷款的例子中，用支付的利息除以贷款总额就得到利率，这个简单利率 i 可以表示为：

$$i=\frac{10}{100}=0.10=10\%$$

如果你贷出 100 美元，在年底你将获得 110 美元，记为：

$$100\times(1+0.10)=110(\text{美元})$$

如果你再贷出这 110 美元，在第二年年底你将获得：

$$110\times(1+0.10)=121(\text{美元})$$

或者

$$100\times(1+0.10)\times(1+0.10)=100\times(1+0.10)^2=121(\text{美元})$$

继续放贷，在第三年年底你将获得：

$$121\times(1+0.10)=100\times(1+0.10)^3=133(\text{美元})$$

据此，我们可以得知，在第 n 年年底，你的 100 美元将变成：

$$100\times(1+0.10)^n$$

将 100 美元用于贷款，在每年年底你能获得的金额如下：

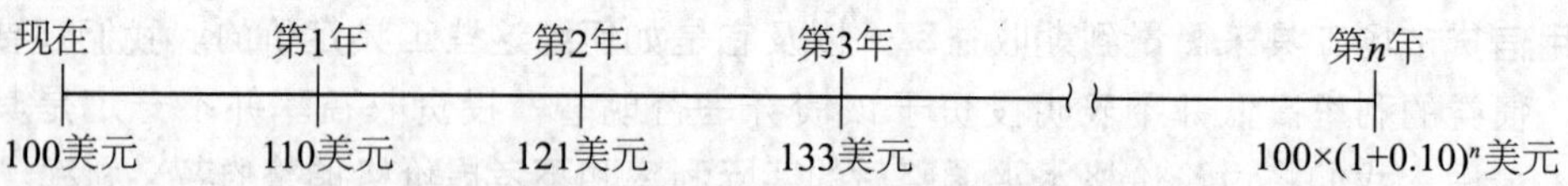

该时间轴表明，现在拥有 100 美元，如果一年后简肯定会把这笔钱还给你，你就可以得到 110 美元。不难看出，你现在拥有 100 美元相当于两年后拥有 121 美元、三年后拥有 133 美元、n 年后拥有 $100\times(1+0.10)^n$ 美元。该时间轴说明，我们可以通过未来值倒推得到现值。例如，3 年后 $133=100\times(1+0.10)^3$ 美元的现值为 100 美元，故

$$100=\frac{133}{(1+0.10)^3}$$

计算未来收入现值的过程，叫做对未来的贴现。概括而言，把 100 美元现值记为 PV，把未来 133 美元的价值记为 CF，把利率 10%记为 i，可得：

$$PV=\frac{CF^{*}}{(1+i)^n} \tag{3—1}$$

直觉告诉我们，公式（3—1）的含义是：十年后所获得的 1 美元不如今天的 1 美元值钱，因为，如果你今天获得 1 美元，你可以进行投资，在十年后得到的价值要多于 1 美元。

【**例 3—1**】简单现值

如果利率为 15%，两年后支付 250 美元的现值是多少？

解：

现值为 189.04 美元，使用公式（3—1），有

$$PV=\frac{CF}{(1+i)^n}$$

式中：

CF——两年以后的现金流，为 250 美元；

i——年利率，为 0.15；

n——年数，为 2 年。

故

$$PV=\frac{250}{(1+0.15)^2}=\frac{250}{1.3225}=189.04(\text{美元})$$

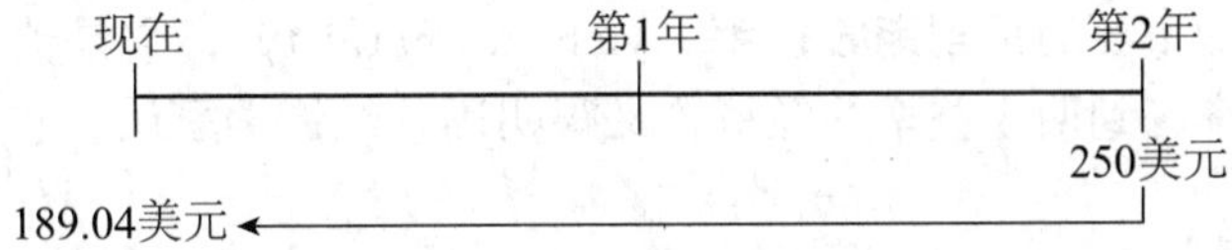

现值的概念很有用。在给定的简单利率 i 下，通过加总所有未来现金流的现值，可以计算出信贷市场工具当前的价值。现值概念的引入使我们能够对现金流偿付时间不等的两种金融工具的价值进行比较。

3.1.2 四种类型的信贷市场工具

根据现金流的时间特点，信贷市场工具可分为以下四种基本类型：

（1）普通贷款。我们已经讨论过这种工具，贷款者为借款者提供一笔资金，借款者必须在到期日向贷款者偿还该资金并支付利息。很多货币市场工具都属于这种类型，比如商业贷款。

（2）**固定支付贷款**（fixed-payment loan），也称**分期偿还贷款**（fully amortized loan）。贷款者为借款者提供一笔资金，在若干年内，借款者需要定期（比如每个月）等额偿付一定的本金和利息。例如，你借了 1 000 美元，固定支付贷款要求你在 25 年内每年支付 126 美元。分期贷款（比如汽车贷款）以及抵押贷款通常都是这种类型。

（3）**附息债券**（coupon bond）。在到期日之前，附息债券将每年向债券持有者支付定额利息（按息票利率支付），在到期日偿还本金——**面值**（face value），或称**票面价值**（par value）。息票利息支付通常是债券持有者剪下债券上所附的息票并将其交给债券发行人，然后，债券发行人据此向债券持有者支付利息。现在，不用凭息票取得利息了。例如，面值为 1 000 美元的附息债券，在今后 10 年每年支付 100 美元的利息，在到期日偿还 1 000 美元的债券面值（债券面值通常以 1 000 美元为单位）。

附息债券有三个识别要素：第一，发行债券的公司或者政府机构；第二，债券的到期日；第三，债券的**息票利率**（coupon rate），即以债券面值百分比表示的每年息票利息支付金额。在我们的例子中，附息债券的面值为 1 000 美元，每年支付 100 美元年息，那么

息票利率就是 100/1 000=0.10，即 10%。美国中长期国债和公司债券等资本市场工具都以附息债券的形式发行。

(4) **贴现债券**［discount bond，也称**零息债券**（zero-coupon bond）］以低于面值的价格（贴现）发行，在到期日按照面值支付。与附息债券不同，贴现债券不进行利息偿付，只支付面值。例如，面值 1 000 美元的贴现债券的价格为 900 美元；1 年后，债券持有者将获得 1 000 美元。美国国库券、美国储蓄债券和长期零息债券都属于贴现债券。

上述四种类型的信贷市场工具要求的偿付时间不同：普通贷款和贴现债券的偿付日就是到期日，而固定支付贷款和附息债券在到期日之前有定期支付。如何判断这四种工具中的哪一种能为你带来更多的回报？由于偿付时间不同，它们看起来差别很大。为了解决这个问题，我们将使用前面提到的现值概念来计算不同种类信贷市场工具的收益。

3.1.3 到期收益率

收益率计算中最重要的是**到期收益率**（yield to maturity），它是债券收益流的现值等于当期价值时的利率。到期收益率的经济含义很明确，经济学家认为它是对利率最精确的测度指标。

为了更好地理解到期收益率的概念，现在看看这四种信贷市场工具的到期收益率是如何计算的。在所有的例子中，计算到期收益率的关键是使债务工具的当期价值和它未来所有现金支付的现值之和相等。

(1) 普通贷款。使用现值的概念，普通贷款的到期收益率很容易计算。对于前面讨论过的 1 年期贷款，今天的价值是 100 美元，而 1 年后的收益流是 110 美元（偿还 100 美元加上 10 美元利息）。当未来支付的现值等于贷款时的价值时，我们可以得到到期收益率 i。

【例 3—2】 普通贷款

如果皮特从他姐姐那里借了 100 美元，1 年后她希望皮特偿还 110 美元。这笔贷款的到期收益率是多少？

解：

到期收益率为 10%，由于

$$PV=\frac{CF}{(1+i)^n}$$

式中：

PV——借款金额，为 100 美元；

CF——1 年后的现金流，为 110 美元；

n——年数，为 1 年。

因此，有

$$100=\frac{110}{(1+i)}$$

$$(1+i)\times100=110(\text{美元})$$

$$1+i=\frac{110}{100}$$

$$i=1.10-1=0.10=10\%$$

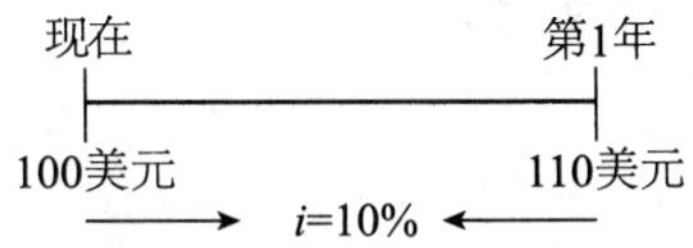

到期收益率的计算方法看起来很眼熟。它相当于 10 美元的利息除以 100 美元的贷款总额，也就是等于贷款的单利。对普通贷款而言，单利等于到期收益率，因此 i 既可用来表示单利，也可用来表示到期收益率。

（2）固定支付贷款。这种类型的贷款在整个贷款期中每年都要偿付相同金额的现金流。例如，在一种固定利率抵押贷款中，借款者在到期日前每个月都要向银行支付相同的金额，直到到期日还清所有款项。在计算这种固定支付贷款的到期收益率时，我们使用与计算普通贷款相同的方法——使贷款当前的价值等于其未来收益流的现值。定额分期支付贷款包括不止一次的现金流支付，在计算其现值时，我们要将所有现金流的现值相加。

假设贷款为 1 000 美元，今后 25 年内每年的现金偿付金额为 85.81 美元。其现值的计算过程如下：在第一年年底，偿还金额 85.81 美元的现值为 $85.81/(1+i)$ 美元；在第二年年底，再偿还 85.81 美元，其现值为 $85.81/(1+i)^2$ 美元；这样一直到第 25 年年底，最后一笔 85.81 美元偿还金额的现值为 $85.81/(1+i)^{25}$ 美元。令当前的 1 000 美元贷款等于所有年偿付金额现值的总和，可得：

$$1\,000=\frac{85.81}{1+i}+\frac{85.81}{(1+i)^2}+\frac{85.81}{(1+i)^3}+\cdots+\frac{85.81}{(1+i)^{25}}$$

对于任何固定支付贷款，有

$$LV=\frac{FP}{1+i}+\frac{FP}{(1+i)^2}+\frac{FP}{(1+i)^3}+\cdots+\frac{FP}{(1+i)^n} \tag{3—2}$$

式中：

LV——贷款价值；

FP——每年固定的现金偿付金额；

n——到期前的贷款年限。

对于固定支付贷款来说，固定年偿付金额和到期前的贷款年限是已知的，只有到期收益率是未知的，我们可以求解该方程得到到期收益率 i。由于计算过程烦琐，很多袖珍计算器都带有可以在给定贷款 LV、FP 和 n 的条件下求取对应 i 的程序。例如，对于 25 年期的贷款，其年偿付金额为 85.81 美元，根据公式（3—2）解出到期收益率为 7%。房地产经纪人手边都有这样一个袖珍计算器，方便他们为采用抵押贷款筹资方式购房的购房人计算每年（或每月）需要偿付的金额。

【例 3—3】 固定支付贷款

你决定购买一处新房产，需要 100 000 美元抵押贷款，你以 7%的利率从银行贷款。在今后 20 年内，你每年需要偿还的金额是多少？

解：

每年付给银行 9 439.29 美元。

$$LV=\frac{FP}{1+i}+\frac{FP}{(1+i)^2}+\frac{FP}{(1+i)^3}+\cdots+\frac{FP}{(1+i)^n}$$

式中：

LV——贷款总额，为 100 000 美元；

i——年利率，为 0.07；

n——贷款年数，为 20 年。

因此，有

$$100\,000=\frac{FP}{1+0.07}+\frac{FP}{(1+0.07)^2}+\frac{FP}{(1+0.07)^3}+\cdots+\frac{FP}{(1+0.07)^{20}}$$

为了计算出该贷款每年需要支付的金额，使用金融计算器：

n——贷款年数，为 20 年；

PV——贷款金额（LV），为−100 000 美元；

FV——20 年后的贷款金额，为 0 美元；

i——年利率，为 0.07。

然后，按计算器上的 PMT 键，得出每年固定的现金偿付额（FP）为 9 439.29 美元。

(3) 附息债券。计算附息债券的到期收益率需要使用与计算固定支付贷款相同的方法：使债券现在的价值等于其未来收益流的现值。附息债券的现金偿付也不止一期，该债券的现值计算等于所有息票利息支付的现值之和加上最后对债券面值偿付的现值。

例如，到期年限为 10 年、面值为 1 000 美元、年息票利息支付金额为 100 美元（息票利率为 10%）的附息债券的现值计算过程如下：在第 1 年年底，100 美元的息票利息支付金额的现值为 $100/(1+i)$ 美元；在第 2 年年底，又要支付 100 美元的息票利息，其现值为 $100/(1+i)^2$ 美元；这样一直到第 n 年年底，最后一笔 100 美元的息票利息支付金额的现值为 $100/(1+i)^{10}$ 美元。令债券当前的价值（现在的价格，用 P 表示）等于该债券所有年份偿付现金流的现值总和，可得：

$$P=\frac{100}{(1+i)}+\frac{100}{(1+i)^2}+\frac{100}{(1+i)^3}+\cdots+\frac{100}{(1+i)^{10}}+\frac{1\,000}{(1+i)^{10}}$$

对于任何附息债券，都有①

$$P=\frac{C}{(1+i)}+\frac{C}{(1+i)^2}+\frac{C}{(1+i)^3}+\cdots+\frac{C}{(1+i)^n}+\frac{F}{(1+i)^n} \tag{3—3}$$

式中：

P——附息债券的价格；

C——每年息票利息支付金额；

F——附息债券的面值；

n——到期年限。

在公式（3—3）中，息票利息、面值、到期年限和附息债券的价格都是已知的，只有到期收益率是未知的，我们可以求解该方程得到到期收益率 i。② 与固定支付贷款一样，这个计算过程也很烦琐，一般商用软件和计算器的内置程序可以解出等式。

【例 3—4】 附息债券

计算息票利率为 10%、面值为 1 000 美元、到期收益率为 12.25%、到期年限为 8 年

① 大部分附息债券是半年付息一次，而不是这里假设的每年付息一次。两者的计算结果差距不大，所以忽略不计。

② 在其他地方，也称内在收益率。

的附息债券的价格。

解：

使用金融计算器：

n——到期年限，为 8 年；

FV——债券的面值，为 1 000 美元；

i——年利率，为 12.25%；

PMT——每年息票利息支付金额，为 100 美元。

然后，按 PV 键得到债券的价格为 889.20 美元。

表 3-1 列出了与不同债券价格相对应的到期收益率，从中可以发现三个有趣的现象：

1）当附息债券的价格等于面值时，到期收益率等于息票利率。

2）附息债券的价格与到期收益率负相关：到期收益率提高，债券价格下降；到期收益率下降，债券价格提高。

3）当债券价格低于其面值时，债券的到期收益率大于息票利率。

表 3-1　10 年期、息票利率为 10%的附息债券的到期收益率（面值=1 000 美元）

债券价格（美元）	到期收益率（%）
1 200	7.13
1 100	8.48
1 000	10.00
900	11.75
800	13.81

这三个现象对所有的附息债券都成立。如果思考一下计算到期收益率的原理，你就不会感到惊讶。如果你在银行账户中存入 1 000 美元且利率为 10%，则你每年可以提取 100 美元的利息收入，在第 10 年年底你可以获得 1 000 美元的本金。这与表 3-1 中分析的购买1 000美元、息票利率为 10%的债券很相似，这种债券每年支付 100 美元的息票利息，在第 10 年年底偿还 1 000 美元的本金。如果以票面价值 1 000 美元的价格购买该债券，其到期收益率应该等于 10%。以面值购买附息债券，到期收益率与息票利率相等。

很明显，债券的价值与到期收益率成反比。当到期收益率 i 提高时，债券价格公式中所有的分母项必定随之增大。如果以到期收益率表示的利率上升，意味着债券的价值和价格都会下降。下面从另一个角度解释利率提高、债券价格下降，更高的利率意味着未来的息票利息支付金额和最终偿付额贴现为现值的数值变小，也就是债券价格降低。

当债券价格低于面值时，到期收益率高于息票利率，这是第三个现象，它与前两个现象直接相关。当到期收益率等于息票利率时，债券价格就是面值；当到期收益率上升到息票利率以上时，债券价格随之下降，而且必定低于债券面值。

在 www.teachmefinance.com 网站上查阅资金的时间价值、年金和永续年金等主要的金融概念。

有一个关于附息债券的特例值的讨论。这种债券称为**永续年金**（perpetuity）或者**公债**（consol），这是一种永久债券，没有到期日，也不需要偿付本金，即每年永久性地支付

固定息票利息 C。依公式（3—3），永续年金的价格 P_c 可简化为①：

$$P_c=\frac{C}{i_c} \tag{3—4}$$

式中：

P_c——永续年金的价格；

C——每年息票利息支付金额；

i_c——永续年金的到期收益率。

从永续年金可以看出：当 i_c 提高时，债券价格会降低。例如，一个永续年金永久性地每年偿付 100 美元，利率为 10%，其价格为 1 000 美元（=100 美元/0.10）。如果利率升至 20%，则债券价格将降为 500 美元（=100 美元/0.20）。我们可将该公式改写为：

$$i_c=\frac{C}{P_c} \tag{3—5}$$

【例 3—5】 永续年金

一种价格为 2 000 美元、永久性地每年偿付 100 美元的债券，到期收益率为多少？

解：

到期收益率为 5%。

$$i_c=\frac{C}{P_c}$$

式中：

C——每年息票利息支付金额，即 100 美元；

P_c——永续年金的价格，即 2 000 美元。

因此，有

$$i_c=\frac{100}{2\,000}$$

$$i_c=0.05=5\%$$

永续年金到期收益率的计算公式（3—5）同样是一种对附息债券到期收益率的近似计算。如果附息债券的期限很长（比如 20 年或者更长），就与进行永久性息票利息支付的永续年金很相似。20 年以上的现金流贴现后的现值很小，长期附息债券的价值与具有相同息票利率的永续年金的价值很接近。每年息票利息支付金额除以债券价格所得到的 i_c 被称

① 永续年金的价格公式为：

$$P_c=\frac{C}{1+i_c}+\frac{C}{(1+i_c)^2}+\frac{C}{(1+i_c)^3}+\cdots$$

可以写成：

$$P_c=C(x+x^2+x^3+\cdots)$$

其中，根据高中所学的代数知识，无穷序列的和为：

$$1+x+x^2+x^3+\cdots=\frac{1}{1-x} \quad 当\ x<1\ 时$$

因此，有

$$P_c=C\left(\frac{1}{1-x}-1\right)=C\left[\frac{1}{1-1/(1+i_c)}-1\right]$$

经过运算得到：

$$P_c=C\left(\frac{1+i_c}{i_c}-\frac{i_c}{i_c}\right)=\frac{C}{i_c}$$

为**当期收益率**（current yield），并经常用来表示长期债券利率的近似值。

（4）贴现债券。贴现债券到期收益率的计算方法与普通贷款很相似。考虑一种贴现债券的例子，比如 1 年期的国债，1 年后将支付 1 000 美元的面值。如果现在购买这种国债的价格为 900 美元，令该价格等于 1 年后所得的 1 000 美元现值，可得：

$$900=\frac{1\ 000}{1+i}$$

解出 i 为：

$$(1+i)\times 900=1\ 000$$

$$900+900i=1\ 000$$

$$900i=1\ 000-900$$

$$i=\frac{1\ 000-900}{900}=0.111=11.1\%$$

对于任何 1 年期的贴现债券，到期收益率可以记为：

$$i=\frac{F-P}{P} \tag{3—6}$$

式中：

F——贴现债券的面值；

P——贴现债券的现值。

到期收益率等于这 1 年内价格的增值 $F-P$ 除以初始价格 P。在通常情况下，投资者持有这些证券能够获得正收益。售价为贴现价格，意味着当前的债券价格比面值低。$F-P$ 应为正值，所以，到期收益率也是正值。然而，实际情况并非总是如此，比如日本的极端例子（参见“全球视野 3—1”）。

公式表明，贴现债券的到期收益率与当前的债券价格负相关。这与我们从附息债券中得到的结论一致。正如公式（3—6）所示，当债券价格从 900 美元提高到 950 美元时，在到期日之前，债券价格小幅提升，其到期收益率从 11.1%降到 5.3%。类似地，到期收益率的降低意味着贴现债券的价格上升。

（5）总结。现值的概念告诉我们，未来的 1 美元没有现在的 1 美元值钱，这是因为你能从这 1 美元上获取利息。具体说来，n 年后获得的 1 美元的现值仅为 $1/(1+i)^n$ 美元。债务工具一系列未来现金偿付的现值等于每一未来偿付额的现值之和。债务工具的到期收益率是使该工具未来偿付额的现值等于当前值的利率。到期收益率的计算有合理的经济学原理做依据，所以，经济学家认为，到期收益率是对利率最精确的计量指标。

对各种债券到期收益率的计算过程揭示了一个事实，即**当前的债券价格与利率负相关：当利率提高时，债券价格降低；反之亦然。**

全球视野 3—1　有负利率国债吗？

我们通常假设利率总是正值，负利率意味着你现在为债券支付的金额多于未来所能获得的金额。似乎不可能出现负利率，因为即使你持有现金，它的未来价值与现在相同，也比购买国债的情况要好。

20 世纪 90 年代末日本的情况及 2008 年金融危机期间美国的情况却对上述理论提出了挑战。在 1998 年 11 月，日本 6 个月期国库券的利率为－0.004%。2008 年 9 月，美国 3 个月期国库券的到期收益率也曾短暂地降到略低于零。负利率是一个极端不寻常的例子。

为什么会发生负利率？

我们将在第4章看到，金融危机中经济的疲软和资本避险将促使利率维持在一个较低的水平，但是，这也不能解释负利率的出现。答案是：这些国债的特点是大额且以电子记账的形式储存，大投资商更愿意持有国债而不是持有现金作为价值贮藏手段。由于国债是负利率的，从货币角度看，投资者就算持有现金，其境况也比购买国债好。但是，由于日本国债具有上述提到的特点，因而一些投资者愿意持有它们。显而易见，由于国债投资的广泛便利性，到期收益率只会略低于零。

3.2 实际利率与名义利率的区别

迄今为止，我们对利率的讨论都忽略了通货膨胀对借贷成本的影响。我们所使用的利率概念都没有考虑通货膨胀。准确地说，应该称其为**名义利率**（nominal interest rate），它有别于**实际利率**（real interest rate）。实际利率减去价格水平的预期波动（通货膨胀），成为能精确反映借贷成本的利率指标。我们可以更准确地称之为"事前实际利率"，经过预期调整的实际利率对经济决策至关重要。一般来说，当金融经济学家提到"实际"利率时，就是指这个利率。针对价格水平的实际变化调整后的利率被称为"事后实际利率"，它描述了以不变价格计算的贷出方的实际收益。

该利率在以20世纪伟大的货币学派经济学家欧文·费雪（Irving Fisher）的名字所命名的费雪方程式中得到了更精确的定义。费雪方程式表明，名义利率i等于实际利率i_r加上预期通货膨胀率π^e。①

$$i=i_r+\pi^e \tag{3—7}$$

实际利率等于名义利率减去预期通货膨胀率：

$$i_r=i-\pi^e \tag{3—8}$$

为了说明该定义的意义，我们首先考虑一种情况：你以5%的利率借出一笔1年期的普通贷款（$i=5\%$），你预期在这一年里价格水平会上升3%（$\pi^e=3\%$）。由于发放该贷款，在年末按照**实际价格**（real terms）计算，你实际获得了2%的收益率。也就是说，以你能购买的商品和服务计算，你能够赚2%。

在这种情况下，你从实际商品和服务中能获取的利率为：

$$i_r=5\%-3\%=2\%$$

正如费雪方程式的定义所示。

---

① 费雪方程式更精确的形式为：

$$i=i_r+\pi^e+i_r\times\pi^e$$

由于

$$1+i=(1+i_r)(1+\pi^e)=1+i_r+\pi^e+i_r\times\pi^e$$

两边同时减去1，可以得到上面的第一个方程。对于很小的i_r与π^e来说，$i_r\times\pi^e$可以忽略不计，正如本书的做法。

【**例 3—6**】实际利率和名义利率

如果在 1 年内，名义利率为 8%，预期通货膨胀率为 10%，那么实际利率为多少？

解：

尽管到年底你将多获得 8%的美元，但是你需要为购买商品多支付 10%的美元，结果就是你在年底能购买的商品会减少 2%。因此，以实际价格计算，你损失了 2%。

$$i_r = i - \pi^e$$

式中：

i——名义利率，为 0.08；

π^e——预期通货膨胀率，为 0.10。

因此，有

$$i_r = 0.08 - 0.10 = -0.02 = -2\%$$

如果你是一个贷款者，你肯定不愿意发放这笔贷款。因为以实际商品和服务价格计算，你实际上赚取的是－2%的负利率。如果你是借款者，情况则正好相反。在年末，按照实际价格计算，你需要为购买商品和服务支出的费用减少了 2%，你少支付了 2%。**当实际利率很低时，借款者借钱的动力很大，贷款者愿意贷出的动力变小。**

我们要特别注意实际利率和名义利率的区别。实际利率反映了借款的真实成本，是反映借贷动机的更好指标，能够更好地说明信贷市场上发生的事件对人们的影响程度。图 3－1展示了从 1953 年到 2013 年 3 个月期美国国库券名义利率和实际利率的估计值。由该图可知，名义利率和实际利率通常不是同步波动的（在其他国家，名义利率和实际利率也显示出同样的特征）。特别地，在 20 世纪 70 年代，当美国的名义利率很高时，实际利率却很低，经常为负值。以名义利率为标准，你会认为该时期信贷市场的银根紧缩，借款成本高。然而，从实际利率的估计值看，你可能误解了，因为以不变价格计算，借款成本实际上已经很低了。①

此前，美国的实际利率无法计算，因为美国只发布名义利率的数据。但是，这种情况在 1997 年 1 月发生了改变。美国财政部开始公布**指数债券**（indexed bonds），这种债券的利率和本金支付额都随着价格水平的波动而调整（参见“小案例 3—1”）。

---

① 因为美国的大多数利息收入都需要缴纳联邦所得税，所以，从持有的债务工具中获得的以实际价格计算的真实收益，并不是由费雪方程式定义的实际利率反映的，而是由税后实际利率反映的。该利率等于税后名义利率减去预期通货膨胀率。对于负担 30%税率的人而言，从利率为 10%的债券上获得的实际利率是 7%，因为利息的 30%要付给国内税务局。因此，当预期通货膨胀率为 20%时，该债券的税后实际利率为－13%（＝7%－20%）。通常说来，税后实际利率可写成：

$$i(1-\tau) - \pi^e$$

式中，τ 为所得税税率。

对美国的很多公司和个人来说，这个税后实际利率的公式提供了一个更好地计量贷款有效成本的方法，因为它在计算应税额时，把贷款利息从收入中扣掉了。假如你的税率为 30%，抵押贷款利率为 10%，你可以将 10%的利息支出扣除，因此，你的税收总额能减少上述利息支付额的 30%，也就是税后的实际借款成本为 7%（10%减去 10%乘以 30%的利息支出）。当预期通货膨胀率为 20%时，以实际价格计算的借款的有效成本为－13%（＝7%－20%）。

如该例（公式）所示，税后实际利率总是低于费雪方程式定义的实际利率。对税后实际利率的进一步讨论，可参见 Frederic S. Mishkin，“The Real Interest Rate：An Empirical Investigation，” *Carnegie-Rochester Conference Series on Public Policy* 15（1981）：151－200。

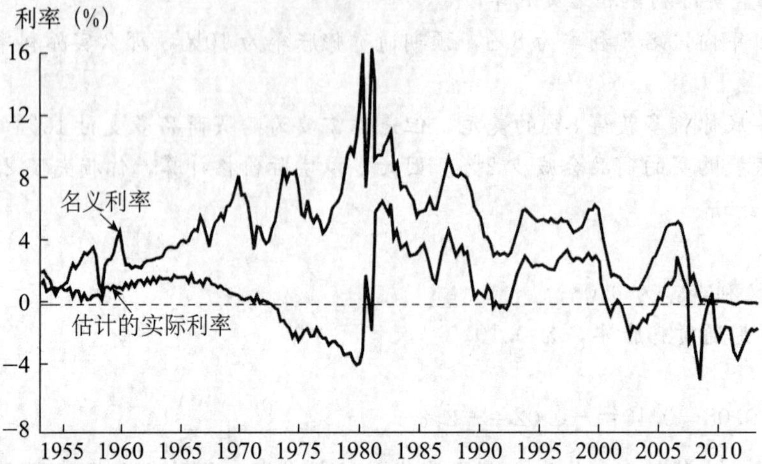

图 3-1　1953—2013 年 3 个月期国库券的实际利率和名义利率

说明：名义利率和实际利率通常不是同步波动的，在 20 世纪 70 年代，当美国的名义利率很高时，实际利率却很低——它们通常反向变动。

资料来源：名义利率源自 Federal Reserve Bank of St. Louis FRED database：http：//research. stlouisfed. org/fred2/。实际利率的构建步骤来自 Frederic S. Mishikin，"The Real Interest Rate：An Empirical Investigation，" *Carnegie-Rochester Conference Series on Public Policy* 15（1981）：151－200。在此，过去的利率、通货膨胀率和时间变量是预期通货膨胀率的函数，从名义利率中减去预期通货膨胀率，得到估计的实际利率曲线。

小案例 3—1　TIPS 使得美国的实际利率成为可以观测的变量

TIPS（通货膨胀指数化债券）是一种指数化附息债券，当美国财政部决定发行 TIPS 时，已经有点晚了。英国、加拿大、澳大利亚和奥地利等国早就发行了这种国债。（1998 年 9 月，美国财政部也开始发行系列Ⅰ储蓄债券，为小投资者提供抵御通胀的保护。）

这些指数化国债成功地在债券市场中分得了一杯羹，政府能够借此筹集到更多的资金。除此之外，这些债券的利息和本金会随着价格水平的波动而调整，债券的利率提供了对实际利率水平的一种直接测度途径。这些指数化债券对政策制定者非常有用，通过用名义利率水平减去这些债券的利率，政策制定者可以更深入地洞察预期通货膨胀水平，因而这种信息很有价值。例如 2013 年 6 月 28 日，10 年期长期国债的利率水平为 2.52%，而 10 年期 TIPS 的利率仅为 0.53%。因此，通过将两种利率相减，推断出在今后 10 年内，预期通货膨胀率为 1.99%。一些私人部门也发现 TIPS 能提供有用的信息：很多商业银行以及投资银行会定期发布利用这些国债利率推算出的美国预期通货膨胀水平的估计结果。

3.3　利率与回报率的区别

很多人认为，债券的利率反映了持有债券的收益情况。假设投资人欧文购买了收益率为 10%的长期债券，后来利率水平提高到了 20%。欧文认为可以获得 10%的收益，但我们很快发现，他亏本了！对一定时期内投资者持有债券或其他证券的收益的准确计量，即**回报**（return）或**回报率**（rate of return）。回报率这个概念很重要，本书中会经常出现。搞清楚回报率的计算以及回报率和利率的区别，有助于更好地理解教材内容。

回报率是证券持有者所获得的利息加上价格的变动占购买价格的百分比。例如，一种面值为 1 000 美元、息票利率为 10%、购买价格为 1 000 美元、在持有一年后以 1 200 美元的价格售出的附息债券，其回报率是多少？对该债券持有者的息票利息支付为每年 100 美元，债券的价格变动为 1 200－1 000＝200 美元。将两项相加并除以 1 000 美元的购买价格，即可得到该债券在一年持有期内的回报率：

$$\frac{100+200}{1\,000}=\frac{300}{1\,000}=0.30=30\%$$

对于这个回报率，你会觉得有点奇怪：它等于 30%。然而，如表 3－1 所示，到期收益率最初仅为 10%。这说明债券的回报率并不一定等于该债券的利率。对于很多证券而言，利率和回报率密切相关，但两者的区别显而易见。

一般来说，持有债券从时间 t 到时间 $t+1$ 所获得的收益率为：

$$R=\frac{C+P_{t+1}-P_t}{P_t} \tag{3—9}$$

式中：

R——持有债券从时间 t 到时间 $t+1$ 所获得的回报率；

P_t——在时间 t 债券的价格；

P_{t+1}——在时间 $t+1$ 债券的价格；

C——息票利息支付金额。

【例 3—7】 回报率

如果一种债券的购买价格为 1 000 美元，在 1 年后，它以 800 美元的价格卖掉，那么，该债券的回报率为多少？债券的面值为 1 000 美元，息票利率为 8%。

解：

债券持有 1 年的回报率为－12%。

$$R=\frac{C+P_{t+1}-P_t}{P_t}$$

式中：

C——息票利息支付金额，为 1 000×0.08＝80 美元；

P_{t+1}——1 年后的债券价格，为 800 美元；

P_t——现在的债券价格，为 1 000 美元。

因此，有

$$R=\frac{80+(800-1\,000)}{1\,000}=\frac{-120}{1\,000}=-0.12=-12\%$$

改写公式（3—9），将回报率公式分解为两项：

$$R=\frac{C}{P_t}+\frac{P_{t+1}-P_t}{P_t}$$

第一项是当期收益率 i_c（息票利息除以购买价格）：

$$\frac{C}{P_t}=i_c$$

第二项是**资本增值率**（rate of capital gain），即相对于初始购买价格，债券价格的变动率：

$$\frac{P_{t+1}-P_t}{P_t}=g$$

式中，g 为资本增值率。公式（3—9）可以表示为：

$$R=i_c+g \tag{3—10}$$

这表明：债券的回报率等于当期收益率 i_c 加上资本增值率 g。对于某种债券来说，当期收益率是对到期收益率的精确测量，回报率可能与利率水平相差甚远。特别是，当债券价格大幅波动时，会造成可观的资本增值或损失，回报率与利率之间的差异将更为明显。

为了进一步说明这一点，我们考察一下当利率水平提高时，具有不同到期期限的债券的回报率会发生怎样的变化。表 3－2 计算出了几种以面值购买、息票利率为 10%的债券当利率从 10%上升至 20%时的 1 年期回报率。从该表可得到如下观察结果：

（1）当债券的到期期限等于持有期时，回报率等于最初的到期收益率（参见表 3－2 中的最后一种债券）。

（2）利率上升导致债券价格下降，对于那些到期期限长于持有期的债券来说，会产生资本损失。

（3）债券的到期期限越长，利率上升所导致的债券价格的变动幅度就越大。

（4）债券的到期期限越长，利率上升所导致的债券回报率降低的程度就会越大。

（5）即使债券具有相当高的票面利率，其回报率也可能随着利率的上升而变为负数。

表 3－2　具有不同到期期限、息票利率为 10%的债券当利率从 10%提高到 20%时的 1 年期回报率

（1） 购买债券后 的到期期限（年）	（2） 初始收益率 （%）	（3） 初始价格 （美元）	（4） 下一年的价格* （美元）	（5） 资本增值率 （%）	（6） 回报率 （2）＋（5）（%）
30	10	1 000	503	－49.7	－39.7
20	10	1 000	516	－48.4	－38.4
10	10	1 000	597	－40.3	－30.3
5	10	1 000	741	－25.9	－15.9
2	10	1 000	917	－8.3	＋1.7
1	10	1 000	1 000	0.0	＋10.0

* 用金融计算器，借助公式（3—3）进行计算。

首先，利率上升可能意味着债券投资失败。理解这一点的关键在于认识下述关系：利率提高，债券价格下降。因此利率提高意味着会产生资本损失，如果这种资本损失足够大，债券的确是一种失败的投资。我们从表 3－2 可以看出，当利率从 10%提高到 20%时，购买时距离到期还有 30 年的债券，其资本损失为 49.7%，超过了 10%的当期收益率，导致了－39.7%的负回报（损失）率。如果欧文不出售债券，该资本损失通常称为“账面损失”。账面损失也是一种损失，如果欧文没有购买债券，而是将钱存入银行，那么他就有机会以较低的价格购买更多的债券。

3.3.1 到期期限与债券回报率的波动：利率风险

长期债券的价格受利率变化的影响更加显著，这一发现有助于解释有关债券市场行为的一个重要事实：**长期债券的价格和回报率较之短期债券来说更不稳定。**对于到期期限还有 20 多年的债券而言，一年之内其价格变化幅度为上下 20%，从而引起回报率的变动。

我们看到，利率波动使长期债券投资产生更大的风险。由利率变动导致的资产回报率风险就是**利率风险**（interest-rate risk）。控制利率风险是金融机构管理人员和投资者的主要关注点，后面几章将会介绍（另见“小案例 3—2”）。

长期债务工具具有较高的利率风险，短期债务工具则不然。事实上，到期期限与持有期限一样长的债券没有任何利率风险。[①] 我们可以从表 3-2 底部的附息债券上看到这一点。当回报率等于到期收益率时，这一回报率在购买债券时就确定了。为什么债券的到期期限和持有期相同时不存在利率风险呢？理解这一点的关键在于，持有期结束时，债券持有人可以得到面值偿付，其价值已经“固定”在面值上了。利率变动对这些债券在持有期结束时的价格不会产生任何影响。因此，回报率等于购买债券时的到期收益率。

小案例 3—2　帮助投资者选择合适的利率风险

投资者希望了解投资的利率风险，共同基金公司进行投资者风险教育，希望投资者了解利率风险的危险性，同时也给投资者提供能够满足其风险偏好的替代性投资方案。

例如，先锋集团（Vanguard Group）提供了八种高等级债券基金。在说明书中，先锋集团按债券的平均到期期限分类，并明示利率提高或降低 1%所引起的债券价格变动的百分比。三种基金投资于平均到期期限为 1～3 年的债券，先锋集团把这类基金评为最小利率风险的基金。三种基金投资于平均到期期限为 5～10 年的债券，先锋集团把这类基金评为中等利率风险的基金。两种基金投资于长期债券，这些债券的到期期限为 15～30 年，先锋集团将其评为高利率风险的基金。

通过提供这样的信息，先锋集团力求提高债券基金的市场份额。所以，先锋集团能成为最成功的共同基金公司之一就不足为奇了。

3.3.2 再投资风险

到目前为止，我们一直假设所有债券都将持有至到期，因此，没有任何利率风险。然而，如果投资者持有债券的期限比债券的到期期限长，投资者就会面临一类被称为**再投资**

---

① 从理论上说，任何到期期限和持有期相同的债券都没有利率风险，只对在期满之前，不做任何期中现金支付的贴现债券和零息债券而言是成立的。如果是附息债券，在期满之前，要进行现金支付，就要求这些支付的金额在未来某个时候进行再投资。由于可以用于再投资的现金支付所对应的利率是不确定的，即使债券的到期期限与持有期一样长，从该附息债券中获得的回报也是不确定的。但由于附息债券所获利息的再投资风险通常很小，因此可以认为，到期期限与持有期相同的附息债券没有利率风险的基本判断是正确的。

风险（reinvestment risk）的利率风险。再投资风险是由于将短期债券及其收入在未来利率水平不确定的条件下进行再投资而产生的风险。

为了理解再投资风险，假设投资者欧文可以进行为期 2 年的投资，他决定以面值购买 1 000 美元的 1 年期债券，然后在第 1 年年底再购买同样的债券。如果初始利率水平为 10%，欧文将在第 1 年年底得到 1 100 美元。如表 3－2 所示，在第 1 年年底，1 年期债券的利率水平提高到 20%。欧文发现，通过购买 1 100 美元的另一种 1 年期债券，在第 2 年年底，他将获得 1 100×(1＋0.20)＝1 320 美元。因此，欧文的两年回报率将为（1 320－1 000)/1 000＝0.32＝32%，即年利率为 14.9%。在这种情况中，欧文购买 1 年期债券所获得的收益比他一开始就购买利率为 10%的 2 年期债券所获得的收益要多。因此，当债券的持有期比到期期限长时，欧文将从利率的提高中获益。相反，如果在第 1 年年底，1 年期债券的利率水平跌到 5%，欧文在第 2 年年底只能得到 1 155 ［＝1 100×(1＋0.05)］美元。因此，他的两年回报率将为（1 155－1 000)/1 000＝0.155＝15.5%，即年利率为 7.2%。当持有期长于债券的到期期限时，欧文则从利率的下降中遭受损失。

我们发现，当持有期长于债券的到期期限时，由于将来再投资的利率不确定，因而回报率水平也就无法确定，即存在再投资风险。如果持有期长于债券的到期期限，投资者会因利率上升而获利，因利率下降而受损。

3.3.3 总结

债券的回报率可以使你了解在持有期内债券的投资效果。当债券的持有期和到期期限相等时，回报率等于债券的到期收益率。如果债券的到期期限比持有期长，投资者就会面临利率风险：利率变化所引致的资本增值或损失使实际回报率与购买债券时的到期收益率之间存在较大的利差。对长期债券来说，利率风险尤为重要，因为期限越长，利率波动带来的资本增值或损失就越大。正因为如此，长期债券通常被看作风险资产。到期期限比持有期短的债券会面临再投资风险，再投资风险是短期债券的到期收益以未来不确定的利率水平进行再投资时可能产生的损失。

执业经理 3—1

计算久期来度量利率风险

从前面对利率风险的讨论中可知，当利率变动时，到期期限越长，债券的价格波动越大。因此，其利率风险比到期期限短的债券要大。为了度量利率风险，金融机构的管理人员需要关于利率变动对资产价值影响的确切信息。为了得到这些信息，需要利用**久期**（duration）的概念，即债券支付流的平均期限。

两种债券有相同的到期期限并不意味着它们就具有相同的利率风险。一种长期贴现债券距离到期日 10 年，即所谓的零息债券将在第 10 年年底进行全部现金偿付；另一种距离到期日 10 年、息票利率为 10%的附息债券，会在到期日之前按息票利率定期以现金偿付利息。附息债券的支付流早于零息债券，我们可以直观地推测出附息债券的有效到期期限。该到期期限比零息贴现债券的到期期限短，以此来度量利率风险，见例 3—8。

【**例 3—8**】资本增值率

如果利率从 10%提高到 20%，计算 10 年期零息债券的资本增值率或损失率。债券的面值为 1 000 美元。

解：

资本增值率为−49.7%。

$$g=\frac{P_{t+1}-P_t}{P_t}$$

式中：

P_{t+1}——从现在起 1 年以后债券的价格，即

$$\frac{1\,000}{(1+0.20)^9}=193.81(\text{美元})$$

P_t——债券的当前价格，即

$$\frac{1\,000}{(1+0.10)^{10}}=385.54(\text{美元})$$

所以，有

$$g=\frac{193.81-385.54}{385.54}=-0.497=-49.7\%$$

从表 3-2 可见，息票利率为 10%的 10 年期附息债券的资本增值率为−40.3%。可见，10 年期附息债券的利率风险比 10 年期零息债券的利率风险要小一些。因此，附息债券的有效到期期限短于零息债券的有效到期期限。

3.3.4 久期的计算

为了计算债券的有效到期期限，也称久期，美国国家经济研究局的研究员弗雷德里克·麦考利（Frederick Macaulay）在半个多世纪以前创造出久期的概念。由于零息债券在债券到期之前没有现金支付，定义其有效到期期限等于实际到期期限没有意义。随后，麦考利意识到他可以通过将附息债券看作一系列零息贴现债券，对附息债券的有效到期期限进行度量。一种 10 年期、息票利率为 10%、面值为 1 000 美元的附息债券的现金支付等同于以下一系列零息债券：一种 100 美元的 1 年期零息债券（与面值为 1 000 美元、10 年期、息票利率为 10%的附息债券一样，在第 1 年年底支付 100 美元的息票利息），一种 100 美元的 2 年期零息债券（在第 2 年年底，支付与 100 美元息票利息等价的金额），…，一种 100 美元的 10 年期零息债券（在第 10 年年底，支付与 100 美元息票利息等价的金额），一种 1 000 美元的零息债券（相当于偿还附息债券 1 000 美元的面值）。这一系列的零息债券如下图所示：

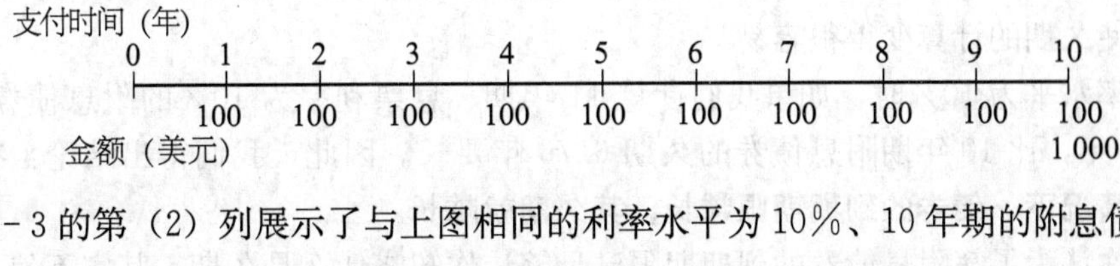

表 3-3 的第（2）列展示了与上图相同的利率水平为 10%、10 年期的附息债券。

表 3-3　当利率为 10%时，计算一个面值为 1 000 美元、息票利率为 10%的 10 年期附息债券的久期

(1) 年份	(2) 现金支付额 （零息债券）（美元）	(3) 现金支付额的现值 （$i=10\%$）（美元）	(4) 现值占总现值的比重 $=PV/1\,000$（%）	(5) 加权平均到期日 [(1)×(4)]/100(年)
1	100	90.91	9.091	0.090 91
2	100	82.64	8.264	0.165 28
3	100	75.13	7.513	0.225 39
4	100	68.30	6.830	0.273 20
5	100	62.09	6.209	0.310 45
6	100	56.44	5.644	0.338 64
7	100	51.32	5.132	0.359 24
8	100	46.65	4.665	0.373 20
9	100	42.41	4.241	0.381 69
10	100	38.55	3.855	0.385 50
10	1 000	385.54	38.554	3.855 00
总计		1 000.00	100.000	6.758 50

为了得到这一系列零息债券的有效到期期限，我们以每个零息债券的价值占这些零息债券价值总额的百分比为权重，对这些零息债券的有效到期期限进行加权求和。换言之，这一系列零息债券的久期应该等于每个零息债券有效到期期限的加权平均，而权重为每个零息债券的价值占所有零息债券总价值的比重。计算步骤如下（见表 3-3）：首先，计算出当利率水平为 10%时每种零息债券的现值，见第（3）列；然后，将这些现值都除以 1 000美元——这一系列零息债券的总现值，得到每种债券的现值在所有债券总现值中所占的百分比，见第（4）列；注意，各权重的总和必须等于 100%，见第（4）列底部；最后，将第（5）列中所有加权后的到期期限相加，得 6.76 年，这就是这一系列零息债券的有效到期期限，即息票利率为 10%的 10 年期附息债券的久期。附息债券等价于一系列零息债券。简言之，**久期就是一系列现金支付期限的加权平均值。**

久期的计算过程表示如下：

$$DUR = \sum_{t=1}^{n} t \frac{CP_t}{(1+i)^t} \Big/ \sum_{t=1}^{n} \frac{CP_t}{(1+i)^t} \tag{3—11}$$

式中：

DUR——久期；

t——现金支付之前的年数；

CP_t——在时刻 t 的现金支付金额（利息加上本金）；

i——利率；

n——债券的到期期限（年数）。

上式的计算并不像表 3-3 中那么直观，但它的优势是可以直接在计算机中编写程序，这样就会使久期的计算变得很容易。

当利率水平为 10%时，如果我们计算 11 年期、息票利率为 10%的附息债券的久期，可得 7.14 年，比 10 年期附息债券的久期 6.76 年要长。因此，我们得出结论：**在其他条件相同的情况下，债券的到期期限越长，其久期就越长。**

也许你认为了解附息债券的到期期限已足够让你知晓什么是久期，其实不然。为了探

究久期并让你多练习一下久期的计算，下面再考察一种 10 年期、息票利率为 10%的附息债券的久期。此时，当期利率为 20%，不同于表 3-3 中的 10%，见表 3-4。计算结果表明，在较高的利率水平下，附息债券的久期从 6.76 年缩短为 5.72 年。当利率水平较高时，未来的现金支付会贴现得更加厉害。现值在支付金额总现值中的比重变小，即现金支付项的相对权重将会下降，因此，债券的有效到期期限会缩短。由此，我们得到一个重要的结论：**当其他条件相同时，利率提高，附息债券的久期将会缩短。**

表 3-4　当利率水平为 20%时，计算一个面值为 1 000 美元、息票利率为 10%的 10 年期附息债券的久期

(1) 年份	(2) 现金支付额 (零息债券)(美元)	(3) 现金支付额的现值 (i=20%)(美元)	(4) 现值占总现值的比重 =PV/580.76 (%)	(5) 加权平均到期日 [(1)×(4)]/100(年)
1	100	83.33	14.348	0.143 48
2	100	69.44	11.957	0.239 14
3	100	57.87	9.965	0.298 95
4	100	48.23	8.305	0.332 20
5	100	40.19	6.920	0.346 00
6	100	33.49	5.767	0.346 02
7	100	27.91	4.806	0.336 42
8	100	23.26	4.005	0.320 40
9	100	19.38	3.337	0.300 33
10	100	16.15	2.781	0.278 10
10	1 000	161.51	27.808	2.781 00
总计		580.76	100.000	5.722 04

附息债券的久期也会受到利率的影响。例如，当利率水平为 10%时，考虑一种 10 年期、息票利率为 20%的附息债券。使用上述步骤，我们发现：在较高的 20%的息票利率水平下，计算出的久期为 5.98 年，息票利率为 10%时的久期为 6.76 年。可见，较高的息票利率意味着相对较大的现金支付金额将在债券生命初期产生，债券的有效到期期限将会缩短。由此可得久期的第三个特性：**当其他条件相同时，债券的息票利率越高，久期越短。**

事实上，在将久期应用于投资组合管理时，久期的概念变得非常有用。上例已经证明了久期等于一系列现金支付的期限的加权平均，即相应的零息债券的有效到期期限。如果我们计算两种不同债券的久期，应该很容易看出，由两种债券组成的投资组合的久期等于这两种债券久期的加权平均，其权重反映了投资组合投资于每种债券的比例。

【例 3—9】 久期

在金融机构管理者的投资组合中，一种久期为 5 年的债券占比为 25%，另一种久期为 10 年的债券占比为 75%。该投资组合的久期是多少？

解：

投资组合的久期是 8.75 年。

$$0.25\times5+0.75\times10=1.25+7.5=8.75(\text{年})$$

我们可以看出，**债券投资组合的久期等于该投资组合中每种债券久期的加权平均值，而权重则反映了对每种债券的投资比重。**这就是久期的可加性。根据每种债券的久期，我们可以很容易算出债券投资组合的久期。

总结一下，附息债券的久期有四个特性：

(1) 其他条件保持不变，债券距离到期期限的时间越长，久期越长。

(2) 其他条件保持不变，利率水平提高，附息债券的久期将会缩短。

(3) 其他条件保持不变，债券的息票利率越高，久期越短。

(4) 久期具有可加性：债券投资组合的久期等于其中每种债券久期的加权平均值，其权重反映了债券投资组合对每种债券的投资比重。

3.3.5 久期和利率风险

我们希望了解金融机构的管理人员如何使用久期来度量利率风险。久期是一个非常有用的概念，如公式（3—12）所示，它给出了当利率发生微小变动时，所引起的债券价格变化幅度的一个近似结果。

$$\%\Delta P \approx -DUR \times \frac{\Delta i}{1+i} \tag{3—12}$$

式中：

$\%\Delta P = (P_{t+1} - P_t)/P_t$——从 t 期到 $t+1$ 期债券价格的变化幅度，即资本增值率；

DUR——久期；

i——利率。

【例 3—10】 久期和利率风险Ⅰ

一位养老金管理人员在基金投资组合中持有一种 10 年期、息票利率为 10%的附息债券，当前的利率水平为 10%。如果利率水平明天提高到 11%，该基金将面临何种损失？

解：

债券价格的近似变动为－6.15%。

如表 3-3 所示，息票利率为 10%的 10 年期附息债券的久期为 6.76 年。

$$\%\Delta P \approx -DUR \times \frac{\Delta i}{1+i}$$

式中：

DUR——久期，为 6.76 年；

Δi——利率变化，为 $0.11-0.10=0.01$；

i——当前利率，为 0.10。

因此，有

$$\%\Delta P \approx -6.76 \times \frac{0.01}{1+0.10}$$

$$\%\Delta P \approx -0.061\,5 = -6.15\%$$

【例 3—11】 久期和利率风险Ⅱ

现在，这位养老金管理人员可以选择持有一种息票利率为 20%、10 年期的附息债券来取代息票利率为 10%的附息债券。如前所述，当利率为 10%时，息票利率为 20%的附息债券的久期为 5.98 年。当利率从 10%提高到 11%时，计算债券价格变动的近似结果。

解：

债券价格大致变动了－5.4%，债券价格的这种变动远低于久期长的附息债券。

$$\%\Delta P \approx -DUR \times \frac{\Delta i}{1+i}$$

式中：

DUR——久期，为5.98年；

Δi——利率变化，为0.11－0.10＝0.01；

i——当前利率，为0.10。

因此，有

$$\%\Delta P \approx -5.98\times\frac{0.01}{1+0.10}$$

$$\%\Delta P \approx -0.054=-5.4\%$$

养老金管理人员意识到这种息票利率为20%的附息债券的利率风险要小于息票利率为10%的附息债券，因此，他会将资金从息票利率为10%的附息债券中抽出并投入息票利率为20%的附息债券。

在上述两个例子中，养老金管理人员得出了一个关于久期和利率风险关系的重要结论：**在给定利率变动值的情况下，债券的久期越长，其市场价格变动的百分比越大。因此，债券的久期越长，利率风险就越大。**

上述原理对于债券投资组合同样适用。通过计算基金的债券投资组合的久期，养老金管理人员可以很容易了解基金面临的利率风险。正如我们将在第23章所看到的那样，久期是利率风险管理中一个非常有用的概念，被银行和其他金融机构的管理人员广泛使用。

本章小结

1. 到期收益率是反映利率的最精确的度量指标，它是使债券现金流的现值等于当期价值时的利率。债券的价格与利率水平负相关：当利率水平提高时，债券价格下降，反之亦然。

2. 实际利率被定义为名义利率减去预期通货膨胀率。实际利率能比名义利率更好地反映借款和贷款的动机，也能比名义利率更好地说明信贷市场的紧缩程度。

3. 债券的回报率是持有债券一定时间后所能获得的收益。回报率可能与由到期收益率表示的利率水平存在较大的差异：当利率水平发生变动时，长期债券的价格会发生较大幅度的波动，由此产生较大的资本增值和损失，这就是利率风险。因此，长期债券被看作风险资产。到期期限比持有期短的债券会面临再投资风险，因为短期债券的收益会以一个不确定的未来利率进行再投资。

4. 久期是一种债券支付流的平均期限，这是有效到期期限的度量指标。有效到期期限是度量利率风险的指标。在其他条件保持不变时，一种债券距离到期期限的时间越长，久期越长；利率水平降低或债券的息票利率降低时，其久期变长。投资组合的久期等于其中每种债券久期的加权平均值，其权重是投资组合中每种债券所占的比重。一种债券的久期越长，对于给定的利率变动，债券市场价值的百分比变动相应就越大。因此，债券的久期越长，其利率风险就越大。

重要专业术语

现金流	固定支付贷款（分期偿还贷款）	实际利率
附息债券	指数债券	实际价格
息票利率	利率风险	再投资风险
当期收益率	名义利率	回报（回报率）
贴现债券（零息债券）	永续年金（公债）	普通贷款
久期	现值（折现值）	到期收益率
面值（票面价值）	资本增值率	

习题

1. 写出用于计算 20 年期、息票利率为 10%、以 2 000 美元售出的面值为 1 000 美元的附息债券的到期收益率的公式。

2. 如果利率下降，你愿意持有长期债券还是短期债券？为什么？哪种债券的利率风险更大？

3. 金融顾问给你以下建议："长期债券是很好的投资，因为你能获得超过 20%的利率。"这位金融顾问所做的建议一定对吗？

4. 如果抵押利率从 5%升至 10%，但是预期房屋价格上涨率从 2%增至 9%，人们是否更愿意购买房屋？

定量问题

1. 计算 5 年期、到期收益率为 6%的 1 000 美元零息债券的现值。

2. 一种彩票的头奖为 1 000 万美元，每年偿付 50 万美元，20 年付清。如果马上开始第一笔偿付，这份头奖的实际价值为多少？使用 6%的贴现率。

3. 考虑一种年息票利率为 7%、面值为 1 000 美元的附息债券，完成下表。

到期年数	到期期限	当前价格
3	5	
3	7	
6	7	
9	7	
9	9	

你观察到的到期期限、贴现率和现值的关系是什么？

4. 考虑一种票面价值为 1 000 美元的附息债券，其息票利率为 10%，该债券现在的售价为 1 150 美元，到期期限为 8 年。债券的到期收益率为多少？

5. 你现在愿意支付 15 625 美元去购买一种永续年金，该年金将每年向你支付（在你去世后，将继续向你的后代支付）1 250 美元现金，该年金将于今年年底开始生效。如果你所要求的回报率不变，你愿意为一种 20 年期、每年进行偿付的普通年金支付多少金额？

6. 如果一种永续年金每年的息票利息为 50 美元、到期收益率为 2.5%，其价格为多少？如果该年金的到期收益率翻倍，价格将会发生什么变化？

7. 迪卡尔布郡的财产税大约为每年价格水平的 2.66%。如果你刚刚购买了一处价值为 10 万美元的房产，所有未来财产税支付额的现值为多少？假设该房产的价值永远保持为 10 万美元，财产税税率也不发生变动，贴现率为 9%。

8. 假设你刚刚将 1 000 美元存入银行账户。当前的实际利率水平为 2%，预测下一年的通货膨胀率为 6%，你会要求银行在下一年为你提供的名义利率是多少？在年底你将有多少钱？如果你存钱是为了购买一台当前价格为 1 050 美元的立体音响，你是否有足够的钱来购买？

9. 一种 10 年期、息票利率为 7%、面值为 1 000 美元的附息债券的当前售价是 871.65 美元。如果你在第 2 年将该债券以 880.10 美元的价格出售，请计算该债券的回报率。

10. 你为一种将在 5 年后到期、息票利率为 8%、面值为 1 000 美元的附息债券支付了 980.30 美元。你计划持有该债券 1 年。如果你希望从该投资中获得 9%的回报率，应该以何种价格将该债券售出？这现实吗？

11. 计算一种距离到期日还有 3 年、面值为 1 000 美元、息票利率为 6%的附息债券的久期。假设市场利率是 7%。

12. 考虑第 11 题中的债券。如果利率水平跌至 6.75%，使用久期的近似计算结果，计算预期价格的变动。使用贴现现金流计算实际价格变动。

13. 一种价值为 1 亿美元的投资组合的久期为 10 年。由于价值 4 000 万美元的新债券被加入该投资组合，将该投资组合的久期提高到 12.5 年。这 4 000 万美元新债券的久期为多少？

14. 一家银行有两种 3 年期商业贷款，其现值为 7 000 万美元。第一种是价值为 3 000 万美元的贷款，它要求在 3 年内一次性还款 3 780 万美元，然后就不用再进行任何支付了。第二种贷款的价值为 4 000 万美元，它要求每年支付利息 360 万美元，本金 4 000 万美元在 3 年后到期支付。

(1) 银行商业贷款投资组合的久期为多少？

(2) 如果利率由 8%提高到 8.5%，该投资组合的价值将会发生什么变化？

15. 考虑一种进行如下现金流支付的债券（见下表），要求的贴现率为 12%。

年	0	1	2	3	4
承诺的支付额	160	160	170	180	230

你计划购买这种债券，将其持有 2.5 年，然后售出。

(1) 在 2.5 年后，你将从该债券中获得的现金总额为多少？假设定期的现金流将以 12%的利率进行再投资。

(2) 如果在购买这种债券之后，市场利率跌至 11%（包括你的再投资利率），这对 2.5 年后你的总现金流有何影响？同（1）进行比较。

(3) 假设市场利率为 12%，债券的久期是多少？

网络练习

了解利率

1. 在联邦储备体系的网站 http：//research. stlouisfed. org/fred2/上查询数据，然后回答下列问题。

(1) 金融公司商业票据的利率和非金融公司商业票据的利率有何区别？

(2) 在 1971 年年末，1 个月期欧洲美元的利息是多少？

(3) 10 年期美国中期国债的最新利率是多少？

第 4 章　利率的变化

开篇预览

在 20 世纪 50 年代早期，3 个月期国债的名义年利率为 1%；到 1981 年，利率升至 15%；到 2003 年降至接近 1%，到 2007 年又上涨到超过 5%，2008—2013 年跌近 0。对利率水平如此大幅度的变动如何进行解释？我们通过对金融市场和金融机构进行探究来寻找问题的答案。

本章将研究为什么名义利率（简称利率）的整体水平会发生变化和影响利率的因素。我们从第 3 章了解到，利率水平与债券价格负相关。如果我们能够解释债券价格变化的原因，就能解释为什么利率会发生波动。我们将运用供求分析方法探究债券价格和利率水平变化的原因。

4.1　资产需求的决定因素

资产（asset）是一种具有价值贮藏功能的财产，像货币、债券、股票、艺术品、土地、房屋、农场设备以及制造业的机械设备等都属于资产。当人们决定是否购买并持有某种资产或者在几种资产中进行选择时，都会考虑下面几个因素：

（1）**财富**（wealth），个人拥有的所有资源，包括拥有的资产。

（2）**预期回报率**（expected return），一种资产相对于替代性资产的预期收益水平。

（3）**风险**（risk），一种资产相对于替代性资产的收益水平的不确定性。

（4）**流动性**（liquidity），一种资产相对于替代性资产兑现的难易程度和速度。

4.1.1 财富

当财富增加时，我们将拥有更多可用于购买资产的资源，对资产的需求就会增加。[①]因此，财富的变动对某种资产需求量的影响可归纳为：**当其他条件保持不变时，财富的增加会相应增加对某种资产的需求。**

4.1.2 预期回报率

在第 3 章中，我们知道了一种资产（比如债券）的回报率可以用来衡量持有该种资产所获得的收益。当决定是否购买某种资产时，我们会受到该资产预期回报率的影响。例如，如果埃克森-美孚石油公司（Exxon-Mobil Corporation）债券的回报率有一半的可能是 15%、有一半的可能是 5%，那么，其预期回报率（也可视为平均回报率）为 10%。一般来说，某种资产的预期回报率是所有可能回报率的加权平均值，权重为相应的每种回报率发生的可能性。

$$R^e = p_1R_1 + p_2R_2 + \cdots + p_nR_n \qquad (4\text{—}1)$$

式中：

R^e——预期回报率；

n——可能的结果数（状态数）；

R_i——第 i 种状态的回报率；

p_i——回报率 R_i 发生的可能性。

【例 4—1】 预期回报率

如果埃克森-美孚石油公司债券的预期回报率有 2/3 的可能为 12%、有 1/3 的可能为 8%，那么，其预期回报率是多少？

解：

预期回报率是 10.68%。

$$R^e = p_1R_1 + p_2R_2$$

式中：

p_1——第 1 种回报率发生的可能性为 $\frac{2}{3}$，约为 0.67；

R_1——第 1 种状态的回报率为 12%，即 0.12；

p_2——第 2 种回报率发生的可能性为 $\frac{1}{3}$，约为 0.33；

R_2——第 2 种状态的回报率为 8%，即 0.08。

因此，有

$$R^2 = 0.67\times0.12+0.33\times0.08=0.106\,8=10.68\%$$

如果其他条件保持不变，埃克森-美孚石油公司债券的预期回报率相对于替代性资产

① 尽管对某些资产（如不良资产）的需求并不随财富的增加而增加，但是这样的资产不具有代表性。因此，我们总是假定：如果财富增加，对某种资产的需求也会增加。

的预期回报率上升，那么，它的吸引力将增大，因而需求量就会增加。只要满足下面的任一条件，这种情况就会发生：(1) 埃克森-美孚石油公司债券的预期回报率上升，而某种替代性资产（比如 IBM 公司股票）的预期回报率保持不变；(2) 埃克森-美孚石油公司债券的预期回报率不变，而某种替代性资产（比如 IBM 公司股票）的预期回报率下降。总之，**在其他条件保持不变的情况下，一种资产的预期回报率相对于替代性资产的预期回报率提高，会增加对该资产的需求量。**

4.1.3 风险

资产回报率的风险程度或不确定性同样会影响对该资产的需求。考虑如下两种资产：夜航航空公司（Fly-by-Night Airlines）和地行公共汽车公司（Feet-on-the-Ground Bus Company）的股票。假设夜航航空公司股票的回报率有一半的可能是 15%、有一半的可能是 5%，则其预期回报率为 10%，而地行公共汽车公司股票的回报率确定为 10%。由于夜航航空公司股票的回报率具有不确定性，因而其风险比具有确定性回报率的地行公共汽车公司股票的风险更大一些。

为了进一步说明这个问题，我们用**标准差**（standard deviation）来计量风险。某种资产回报率的标准差可以通过下述步骤计算：首先，计算预期回报率 R^e；其次，将每个回报率分别减去预期回报率，获得相应的离差；再次，将每个离差的平方乘以相应的概率；最后，将所有这些加权平方离差相加再取其平方根。因此，标准差 σ 的计算公式为：

$$\sigma = \sqrt{p_1(R_1 - R^e)^2 + p_2(R_2 - R^e)^2 + \cdots + p_n(R_n - R^e)^2} \tag{4—2}$$

标准差 σ 越大，该资产的风险就越大。

【例 4—2】 标准差

根据前面给出的回报率和概率条件，夜航航空公司股票回报率的标准差和地行公共汽车公司股票回报率的标准差各是多少？这两种股票的风险哪个更大？

解：

夜航航空公司股票回报率的标准差为 5%。

$$\sigma = \sqrt{p_1(R_1 - R^e)^2 + p_2(R_2 - R^e)^2}$$

$$R^e = p_1R_1 + p_2R_2$$

式中：

p_1——第 1 种回报率发生的可能性，为 0.50；

R_1——第 1 种状态的回报率，为 0.15；

p_2——第 2 种回报率发生的可能性，为 0.50；

R_2——第 2 种状态的回报率，为 0.05；

R^e——预期回报率。

$$R^e = 0.50 \times 0.15 + 0.50 \times 0.05 = 0.10$$

因此，有

$$\sigma = \sqrt{0.50 \times (0.15 - 0.10)^2 + 0.50 \times (0.05 - 0.10)^2}$$

$$= \sqrt{0.50 \times 0.0025 + 0.50 \times 0.0025} = \sqrt{0.0025} = 0.05 = 5\%$$

地行公共汽车公司股票回报率的标准差为 0。

$$\sigma=\sqrt{p_1(R_1-R^e)^2}$$
$$R^e=p_1R_1$$

式中：

p_1——第 1 种回报率发生的可能性，为 1.0；

R_1——第 1 种状态的回报率，为 0.10；

R^e——预期回报率，为 1.0×0.10＝0.10。

因此，有

$$\sigma=\sqrt{1.0\times(0.10-0.10)^2}=\sqrt{0}=0=0\%$$

显然，夜航航空公司股票的风险更大，其回报率的标准差为 5%，大于地行公共汽车公司股票的零回报率标准差。

尽管两种股票的预期回报率都是 10%，但相对于夜航航空公司的股票（风险更大的资产），风险厌恶型投资者更加偏好地行公共汽车公司的股票（回报率确定的资产）。相反，风险偏好型投资者偏好风险。大多数人都属于风险厌恶者，特别是在做金融决策的时候。在其他条件相同时，他们偏好持有风险更小的资产。因此，**在其他条件保持不变的情况下，如果一种资产相对于替代性资产的风险增大，则对该资产的需求量将会下降。**①

4.1.4 流动性

影响某种资产需求量的另一个因素是将该资产以较低的成本转换成现金的速度，即流动性。如果某种资产有很多买者和卖者，其交易市场有一定的深度和广度，那么，该资产就具有流动性。房屋的流动性不强，因为它很难迅速出售。如果为了还债而草草出售，价格就会很低，而且交易成本（经纪人的佣金、律师费等）就会很高。相反，美国国债是一种高流动性资产，它能够在组织完善、买主众多的市场上以较低的价格迅速出售。**在其他条件保持不变的情况下，一种资产相对于替代性资产的流动性越大，就越受欢迎，其需求量也就越大。**

4.1.5 投资组合选择理论

上面讨论的决定债券需求量的因素共同构成**投资组合选择理论**（theory of portfolio choice）。投资组合选择理论告诉我们在投资组合中持有多少特定资产。投资组合选择理论指出，在其他条件保持不变的情况下：

（1）对某种资产的需求量通常与财富正相关，奢侈品对财富变化的反应比必需品大。

（2）对某种资产的需求量同该资产相对于替代性资产的预期回报率正相关。

（3）对某种资产的需求量同该资产相对于替代性资产的风险程度负相关。

（4）对某种资产的需求量同该资产相对于替代性资产的流动性正相关。

---

① 多样化投资，即在一个投资组合中持有多种风险资产，将会降低投资者面临的整体风险。如果你对多样化投资如何降低风险及其对资产价格的影响感兴趣，可以登录 www.pearsonhighered.com/mishkin_eakins，参考本章附录中关于资产定价模型的描述。

以上结论如表 4-1 所示。

表 4-1　　资产需求量对财富、预期回报率、风险和流动性变化的反应

变量	变量的变化	需求量的变化
财富	↑	↑
相对于其他资产的预期回报率	↑	↑
相对于其他资产的风险	↑	↓
相对于其他资产的流动性	↑	↑

说明：该表只列出了变量增加的影响，变量减少对需求量的影响与表中右列所示的变动方向正好相反。

4.2　债券市场的供给和需求

我们通过研究债券市场的供求来分析利率决定机制。不同债券的利率一般都呈现出变动的同一性。本章假定经济中只有一种债券和一种利率。在第 5 章，我们的分析将扩展到为什么不同债券的利率不同。

首先，通过对资产需求决定因素的分析得到一条**需求曲线**（demand curve）。该曲线表明了当其他经济变量保持不变（即将其他变量的值视为既定）时需求量和价格之间的关系。根据以前学过的金融和经济学课程，我们可能知道其他经济变量保持不变的假设可称为“*ceteris paribus*”，拉丁语意为“其他事物相同”。

4.2.1　需求曲线

为了方便分析，假设现有 1 年期贴现债券，这种债券不支付息票利息，只在到期时向债券持有者支付 1 000 美元的面值。如果持有期是 1 年，则该债券的回报率等于用到期收益率计量的利率，即该债券的预期回报率等于利率 i，根据第 3 章的公式（3—6），有

$$i=R^e=\frac{F-P}{P}$$

式中：

i——利率或到期收益率；

R^e——预期回报率；

F——贴现债券的面值；

P——贴现债券的初始购买价格。

该公式表明，每个特定的利率值都对应一个债券价格。如果以 950 美元的价格购买债券，那么利率或预期回报率为：

$$\frac{1\,000-950}{950}=0.053=5.3\%$$

5.3%的利率或预期回报率对应的债券价格是 950 美元。假设债券的需求量为 1 000 亿美元，在图 4-1 中标为 A 点。

当价格为 900 美元时，利率或预期回报率为：

$$\frac{1\,000-900}{900}=0.111=11.1\%$$

可见，在其他经济变量（如财富、其他资产的预期回报率、风险和流动性）保持不变的条件下，该债券的预期回报率比较高，所以正如投资组合选择理论所预测的那样，债券的需求量上升。图 4-1 中的 B 点表明，在债券价格为 900 美元时，其需求量增至 2 000 亿美元。如果债券价格是 850 美元（利率或预期回报率为 17.6%），债券在 C 点的需求量大于在 B 点的需求量。类似地，在较低的价格 800 美元（利率为 25%）和 750 美元（利率为 33.3%）处，债券的需求量更大（D 点和 E 点）。将这些点连接起来，可以得到曲线 B^d，这就是债券的需求曲线。该曲线通常是向下倾斜的，表明债券价格越低（其他条件相同），债券的需求量就越大。[①]

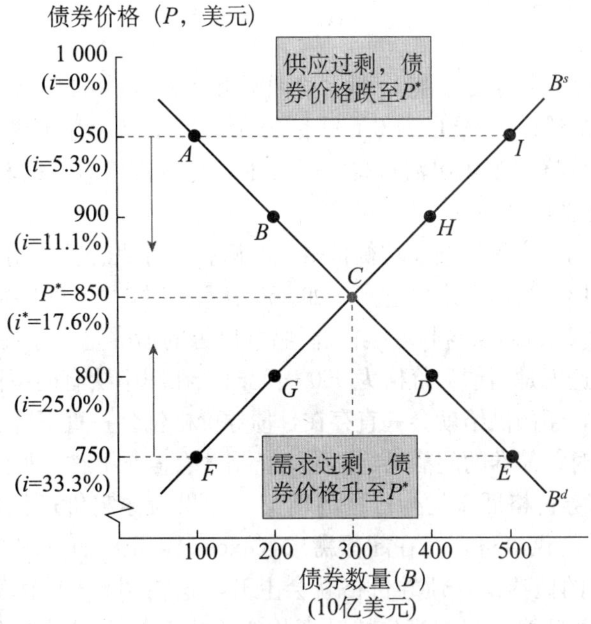

图 4-1 债券的供给和需求

说明：债券市场的均衡发生在 C 点，即债券需求曲线 B^d 和供给曲线 B^s 的交点。均衡价格 $P^*=850$ 美元，均衡利率 $i^*=17.6\%$。

4.2.2 供给曲线

在图 4-1 的需求曲线中隐含着一个重要的假设，即除了债券的价格和利率外，其他所有经济变量都保持不变。我们在同样的假设下推导**供给曲线**（supply curve），也就是在其他变量保持不变的情况下供给量和价格之间的关系。

在上例中，当债券的价格是 750 美元（利率为 33.3%）时，F 点的供给量为 1 000 亿美元。如果债券的价格是 800 美元，利率降到 25%。在该利率下，通过发行债券筹资的成本降低了，公司更愿意通过发行债券筹集资金，债券的供给量将达到更高的 2 000 亿美元的水平（G 点）。更高的价格 850 美元对应于更低的利率水平 17.6%，债券的供给量增加

① 尽管分析表明，需求曲线并不是一条向下倾斜的直线，但为了便于阐述，我们把需求曲线和供给曲线画成直线。

至 3 000 亿美元（C 点）。当债券的价格分别提高至 900 美元和 950 美元时，债券的供给量将进一步增大（H 点和 I 点）。将这些点连接起来，可以得到曲线 B^s，这就是债券的供给曲线。该曲线通常是向上倾斜的，表明当债券价格提高时（其他条件相同），供给量会增加。

4.2.3 市场均衡

在经济学中，对于某一价格，当人们愿意购买的数量（需求）和愿意出售的数量（供给）相等时，就实现了**市场均衡**（market equilibrium）。在债券市场中，当债券的需求量等于供给量时就达到了均衡：

$$B^d = B^s \tag{4—3}$$

在图 4-1 中，均衡发生在 C 点，即供给曲线和需求曲线的交点，此时的债券价格为 850 美元，利率为 17.6%，供给量为 3 000 亿美元。当需求量等于供给量时，价格 $P^* =$ 850 美元，称为均衡价格或市场出清价格。类似地，与该价格对应的利率 $i^* = 17.6\%$，称为均衡利率或市场出清利率。

市场总会趋向均衡，市场均衡、均衡价格或均衡利率等概念很有用。首先，考虑债券价格高于均衡价格的情形。当债券定价过高（如 950 美元）时，I 点的供给量要大于 A 点的需求量，存在**超额供给**（excess supply）。当人们愿意出售的债券量大于愿意购买的债券量时，债券价格就会下降，这就是当债券价格为 950 美元时，在图中绘有向下箭头的原因。只要债券价格高于均衡价格，超额供给就会一直存在，债券价格就会一直下降。只有当债券价格达到均衡价格 850 美元时，债券的超额供给消失，价格才会停止下跌，见图 4-1。

接下来，看看债券价格低于均衡价格的情形。如果债券定价过低，比如 750 美元，E 点的需求量大于 F 点的供给量，存在**超额需求**（excess demand）。现在，人们愿意购买的债券量大于愿意出售的债券量，债券价格就会上升，这在图 4-1 中表现为当债券价格为 750 美元时存在向上的箭头。只有当价格升至均衡价格 850 美元时，价格不再上升，超额需求才会消失。

由此可以看出，均衡价格是一个很重要的概念，它表明了市场将稳定在什么样的价格水平上。在图 4-1 中，纵轴上的每一个价格都对应一个利率值，表明利率趋于 17.6%的均衡利率。当利率低于均衡利率时，比如 5.3%，债券的价格高于均衡价格，将产生超额供给，债券价格会下降，使利率回到均衡利率水平。类似地，当利率高于均衡利率时，比如 33.3%，将产生超额需求，债券价格会上升，促使利率下降至 17.6%的均衡水平。

4.2.4 供求分析

图 4-1 是传统意义上的供求关系图，即以纵轴表示价格，以横轴表示数量。由于与债券价格相对应的利率反映在纵轴上，同时标出了均衡利率，因此，该供求关系图展示了利率决定模型。不管是贴现债券还是附息债券，利率和价格总是负相关的。对任何种类债券的供求关系都可以用图 4-1 反映的关系加以呈现。

在此，供求量用资产存量（在给定时点的数量）表示，而不是用流量表示。这里分析的一个重要特点是，供给和需求分析用的是资本存量（在给定点的既定数量），而不是流量的概念。理解金融市场行为的**资产市场法**（asset market approach）——在确定资产价格时强调资产的存量——是经济学家采取的主要分析方法。正确使用流量分析非常复杂，尤其是当我们遭遇通货膨胀时。[①]

4.3 均衡利率的变动

我们现在运用债券的供求理论框架来分析利率为什么变动。为了避免混淆，有必要区分沿着需求（或供给）曲线的变动和需求（或供给）曲线的移动。当需求量（或供给量）的变动是由债券价格的变动（或者等水平的利率变动）引发的，我们称其为沿着需求（或供给）曲线的变动。举例说明，在图 4-1 中，从 A 点到 B 点再到 C 点的需求量变动就是沿着需求曲线的变动。相应地，需求（或供给）曲线的移动是指债券的需求量（或供给量）在每一个给定的价格（或利率）上由于债券价格或利率外的其他因素变动而产生的变动。当这些因素中的任何一个发生变动从而引起需求（或供给）曲线的移动时，就会产生新的均衡利率。

下面考察供给曲线和需求曲线如何随着预期通货膨胀率及财富等变量的变动而发生移动，以及这些变动对均衡利率的影响。

4.3.1 债券需求曲线的位移

本章开头所讲到的投资组合选择理论为探索引起债券需求曲线移动的因素提供了理论框架，具体包括下列四个因素：

（1）财富。

（2）债券相对于替代性资产的预期回报率。

（3）债券相对于替代性资产的风险。

（4）债券相对于替代性资产的流动性。

为了探究每种因素的变动（在其他因素不变的条件下）如何引起需求曲线的位移，下面考察几个例子。表 4-2 总结了这些因素的变动对债券需求曲线的影响。

表 4-2　引起债券需求曲线移动的因素

变量	变量的变化	需求量的变化	需求曲线的移动
财富	↑	↑	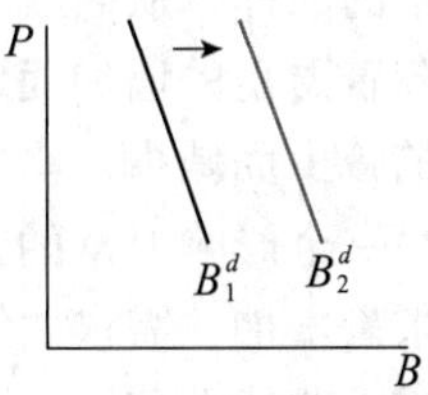

---

① 在理解利率行为和资产价格的决定时，资产市场法非常有用。登录本书的网站 www.pearsonhighered.com/mishkin_eakins，在本章附录 2 中，我们把资产市场法运用于分析商品市场（尤其是黄金市场）的行为。通过运用可贷资金供求的不同分析技术和框架，对这里进行的债券市场分析做了另一种诠释。可贷资金分析框架在本章附录 3 中讨论，同样须登录本书网站查阅。

续前表

变量	变量的变化	需求量的变化	需求曲线的移动
预期利率	↑	↓	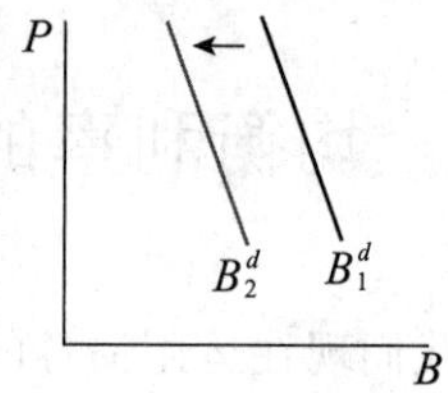
预期通货膨胀率	↑	↓	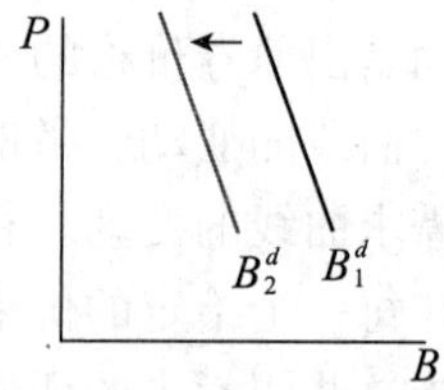
债券相对于其他资产的风险	↑	↓	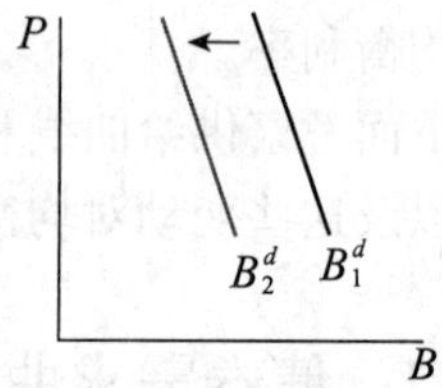
债券相对于其他资产的流动性	↑	↑	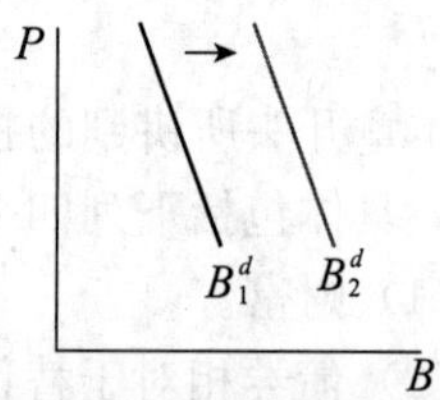

说明：这里只列出了变量增加（↑）的情况。变量减少对需求的影响与表中最后一列的情况正好相反。

（1）**财富**。当经济在商业周期的扩张期快速发展时，财富增加，在每个债券价格（或利率）下，债券的需求量都会相应增加，如图 4-2 所示。为了研究这种情况的发生过程，首先看位于初始需求曲线 B_1^d 上的 B 点。随着财富的增加，在这个价格下，债券需求量将增加到 B' 点的位置。类似地，对于 D 点，更多的财富将导致债券的需求量在同一价格下增加到 D' 点的位置。初始需求曲线 B_1^d 上的每一点都是如此。我们看到，需求曲线如箭头所指示的那样，从曲线 B_1^d 向右移动到曲线 B_2^d 。结论是：**在商业周期的扩张期，债券的需求量随着财富的增加而增加，需求曲线右移。同理，在衰退期，债券的需求量随着收入和财富的减少而减少，需求曲线左移。**

另一个影响财富的因素是公众的储蓄倾向。如果家庭增加储蓄，财富就会增加，债券的需求量增加，需求曲线右移。相反，如果人们减少储蓄，财富和债券的需求量就会减少，需求曲线左移。

（2）**预期利率**。对于一个持有期为 1 年的 1 年期贴现债券，预期回报率和利率相等，所以只有当前的利率会影响预期收益。

对于到期期限超过 1 年的债券，预期回报率与利率可能不相等。例如，在第 3 章的表 3-2 中，长期债券的利率从 10%上升到 20%，将导致债券价格大幅下跌，产生负的回报率。因此，如果人们认为明年的利率比他们最初预计的水平高，那么当前的长期债券的预

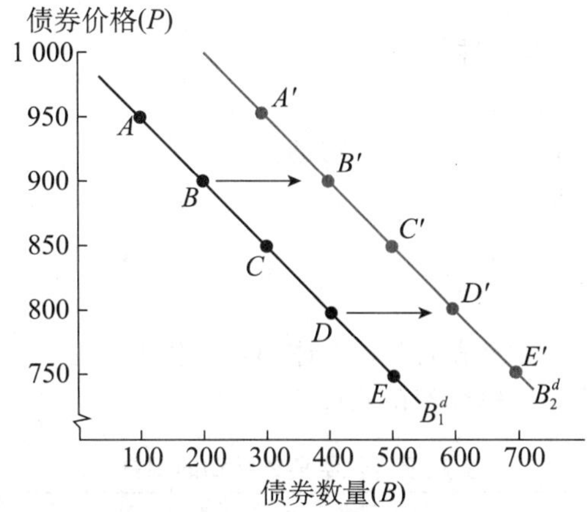

图 4-2 债券需求曲线的位移

说明：如图所示，债券的需求量增加，需求曲线向右移动。

期回报率将下降，在每个利率水平上的债券需求量也会减少。**未来的预期利率越高，长期债券的预期回报率越低，需求减少，使需求曲线向左移动。**

相反地，预期未来利率下降意味着预期长期债券价格的上升幅度增大，预期回报率上升，在每个价格或利率水平上的债券需求量增加。**较低的预期利率将增加对长期债券的需求，使需求曲线向右移动**，如图 4-2 所示。

其他资产预期回报率的变动也会使债券需求曲线发生位移。如果人们突然对股票市场持乐观态度，预计未来股票价格会上涨，那么，预期资本利得和预期回报率都会提高。当债券的预期回报率保持不变时，债券相对于股票的预期回报率将会下降，其需求也随之减少，需求曲线向左移动。

预期通货膨胀率的变动会影响诸如汽车和房屋等实物资产（也称不动产）的预期回报率，因此，也会影响债券需求。预期通货膨胀率上升，比如从 5%上升到 10%，会提高汽车和房屋的价格，因此，名义资本利得也会相应提高。这些实物资产的预期回报率上升，引起债券相对于这些实物资产的预期回报率降低，从而减少对债券的需求。或者，我们也可以这样理解：预期通货膨胀率升高相当于降低了债券的真实利率，债券相对预期回报率的下降导致了债券需求量的减少。**预期通货膨胀率上升，引起债券需求量减少，需求曲线左移。**

(3) **风险**。如果债券市场的价格波动性增强，那么，与债券相关的风险会增加，债券的吸引力就会下降。**债券的风险上升，将减少债券的需求量，使得需求曲线左移。**

相反地，其他资产市场的价格波动性增强，比如股票市场，将增强债券的吸引力。**替代性资产的风险上升，将增加债券的需求量，使得需求曲线右移。**

(4) 流动性。如果债券市场上的交易者增加，出售债券就更快捷，债券流动性的增强会增加每一利率水平上的债券需求量。**提高债券的流动性使债券需求量增加，债券需求曲线右移。类似地，替代性资产的流动性增强使债券需求量减少，需求曲线左移。**例如，在 1975 年，当固定费率佣金制度被废止时，普通股票的交易佣金减少，使得股票相对于债券的流动性增强，降低了债券的需求量，导致债券需求曲线左移。

4.3.2 债券供给曲线的位移

下面这些因素会导致债券供给曲线的移动：

（1）投资机会的预期盈利能力。

（2）预期通货膨胀率。

（3）政府预算。

我们考察在其他因素不变的情况下，上述因素发生变动后，供给曲线的移动轨迹。表 4－3 总结了这些因素对债券供给曲线的影响。

表 4－3　　引起债券供给曲线移动的因素

变量	变量的变化	供给量的变化	供给曲线的移动
投资机会的预期盈利能力	↑	↑	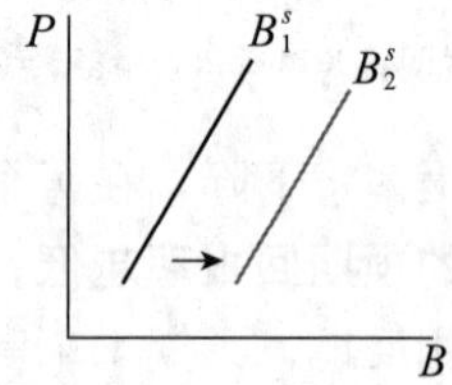
预期通货膨胀率	↑	↑	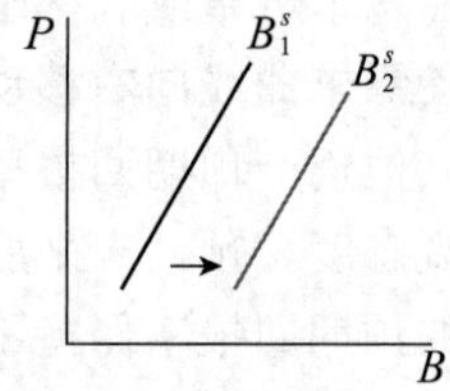
政府赤字	↑	↑	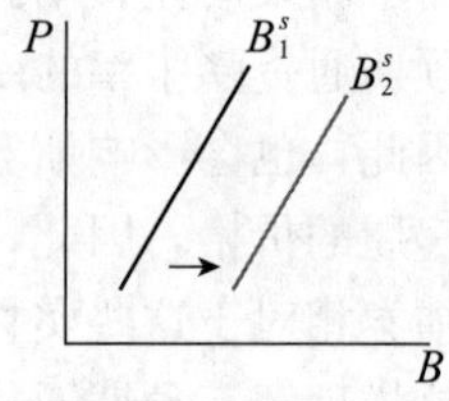

说明：这里只列出了变量增加（↑）的情况。变量减少对供给的影响与表中最后一列的情况正好相反。

（1）**投资机会的预期盈利能力。**公司预期盈利的投资机会越多，就越倾向于通过借贷筹资。当经济快速发展时，如在商业周期的扩张期，有大量预期盈利的投资机会，因而，在任何给定的债券价格和利率水平上，债券的供给量均增加，见图 4－3。因此，**在商业周期的扩张期，债券供给量增加，供给曲线右移。同样，在商业周期的衰退期，预期能盈利的投资机会减少，债券的供给量减少，供给曲线左移。**

（2）**预期通货膨胀率**。正如第 3 章所讲，实际利率能准确地计量借贷的实际成本，它等于（名义）利率减去预期通货膨胀率。对于给定的利率，当预期通货膨胀率提高时，借贷的实际成本降低，因此，在任意给定的债券价格和利率水平上，债券的供给量增加。**预期通货膨胀率提高将引起对债券的供给增加，供给曲线向右移**，见图 4－3。

（3）**政府预算**。政府活动会以几种方式影响债券供给。美国财政部通过发行债券为政府赤字融资。当政府赤字增大时，财政部会发行更多的国债，在每个价格和利率水平上的债券供给量都会增加。**政府赤字越高，债券的供给量越大，供给曲线右移**，如图 4－3 所示。相反，政府盈余（如 20 世纪 90 年代那样）会减少债券的供给量，债券供给曲线左移。

州政府和地方政府以及其他政府机构也会发行债券为其支出融资，同样会影响债券的供给量。我们利用对供求曲线移动的相关认识来分析均衡利率的波动，考察以下实例，记住两点：

1）当考察一个变量变动的影响时，我们总是假设其他变量保持不变，即运用“其他事物相同”的假设。

2）利率与债券价格负相关。当债券的均衡价格上升时，均衡利率下降。相反地，如果均衡价格下降，均衡利率上升。

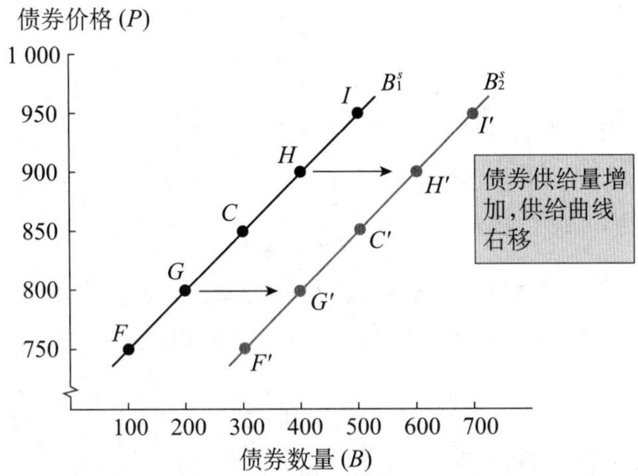

图 4-3　债券供给曲线的位移

说明：如图所示，债券的供给量增加，供给曲线将向右移动。

案例 4—1

预期通货膨胀引发的利率变动：费雪效应

我们在分析预期通货膨胀率的变动使供求曲线发生移动时，已经讨论了预期通货膨胀率的变动对名义利率的影响。图 4-4 说明了预期通货膨胀率的上升对均衡利率的影响。

在 ftp：//ftp. bls. gov/pub/special. requests/cpi/cpiai. txt 上可以查询有关通货膨胀的历史资料。

假设初始的预期通货膨胀率为 5%，初始的供给曲线 B_1^s 和需求曲线 B_1^d 相交于点 1。此时，债券的均衡价格为 P_1，均衡利率为 i_1。如果通货膨胀率上升到 10%，对于每个给定的债券价格和利率水平，债券相对于实物资产的预期回报率将会下降。因此，对债券的需求会减少，需求曲线从 B_1^d 左移到 B_2^d。预期通货膨胀率的上升也会使供给曲线移动。在每个给定的债券价格和利率水平处，借款的实际成本下降，债券供给量增加，债券供给曲线从 B_1^s 右移到 B_2^s。

当需求曲线和供给曲线随着预期通货膨胀率的变动发生移动时，均衡点从点 1 移动到点 2，即需求曲线 B_2^d 和供给曲线 B_2^s 的交点，均衡价格从 P_1 下降到 P_2。由于债券价格与利率负相关，利率会有所升高。注意，在图 4-4 中，债券的均衡数量在点 1 和点 2 处保持不变。然而，当预期通货膨胀率提高时，根据供给曲线和需求曲线的位移幅度的不同，均衡处的债券数量可能上升或下降。

从供求分析中，我们得到一个重要的结论：**当预期通货膨胀率上升时，利率水平也会上升。**这个结论称为**费雪效应**（Fisher effect），经济学家欧文·费雪第一个指出了这种联系，故以他的名字命名。图 4－5 证实了这一预测的准确性。3 个月期国库券的利率通常和预期通货膨胀率一起变化。因此，我们也很容易理解，为什么很多经济学家提到，为了降低利率，必须降低通货膨胀率。

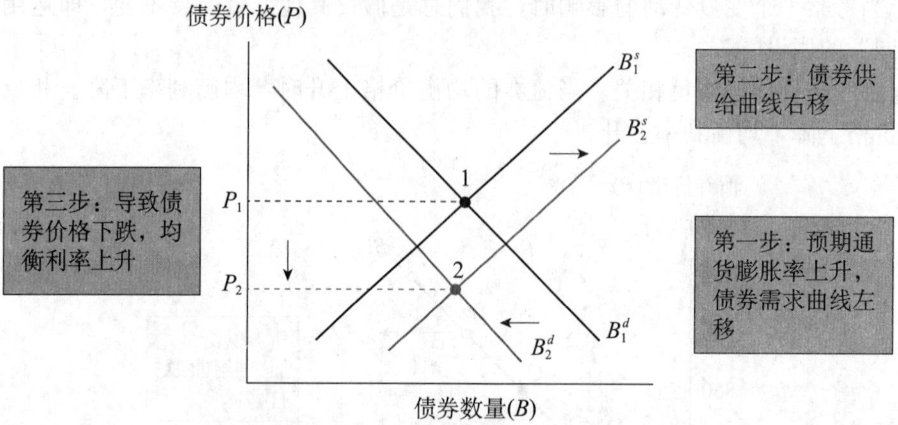

图 4－4　对预期通货膨胀率变动的反应

说明：当预期通货膨胀率上升时，供给曲线从 B_1^s 右移到 B_2^s，需求曲线从 B_1^d 左移到 B_2^d。均衡点从点 1 移动到点 2，均衡价格从 P_1 下降到 P_2，均衡利率上升。

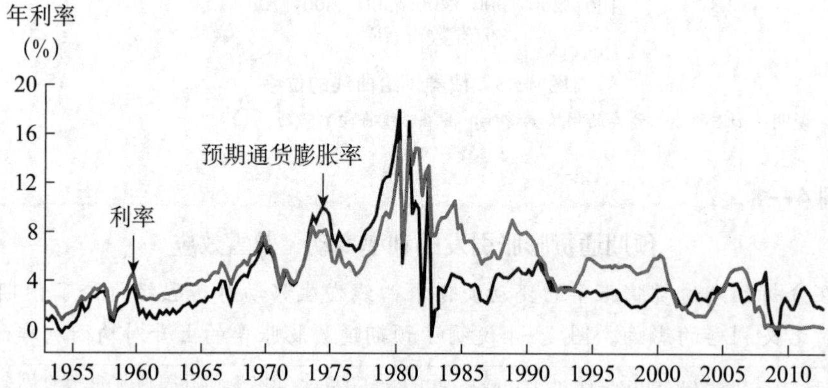

图 4－5　1953—2013 年预期通货膨胀率和利率（3 个月期国库券）

说明：正如费雪所预测的，3 个月期国库券的利率通常和预期通货膨胀率一起变化。

资料来源：对预期通货膨胀率的估计参见 S. Mishkin,"The Real Interest Rate: An Empirical Investigation," *Carnegie-Rochester Conference Series on Public Policy* 15（1981）：151－200。在这一估计过程中，预期通货膨胀率是过去的利率、通货膨胀率和时间的函数。3 个月期国库券的名义利率数据来自 http://research.stlouisfed.org/fred2/。

案例 4—2

商业周期扩张引起的利率波动

图 4－6 分析了商业周期扩张对利率的影响。在商业周期的扩张期，经济中商品和服务的数量都会增加，因此国民收入随之增加。由于能够获利的投资机会很多，企业更愿意通过借款为这些投资机会融资。因此，在给定的债券价格和利率水平上，企业愿意出售的债券数量（即债券的供给量）增加。这意味着在商业周期的扩张期，债券供给曲线从 B_1^s 右移到 B_2^s。

扩张的经济还会影响债券的需求量。通过对资产需求决定因素的讨论，我们发现：当经济扩张时，财富增加，从而债券的需求量也会增加，需求曲线从 B_1^d 右移到 B_2^d，如图 4－6 所示。

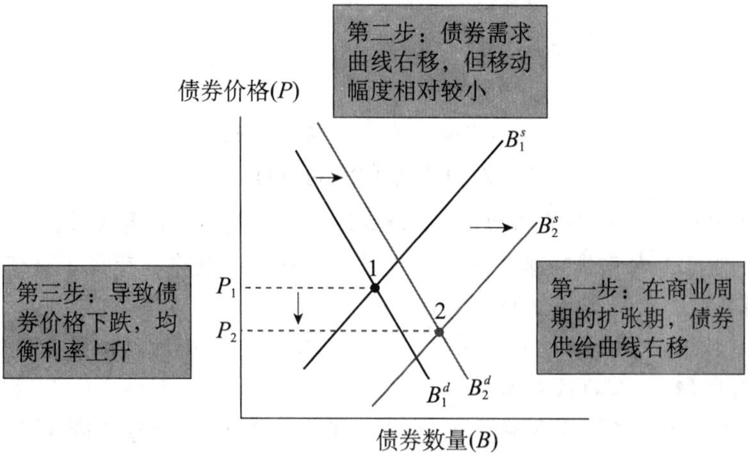

图 4－6　对商业周期扩张的反应

说明：在商业周期的扩张期，收入和财富均会增加，需求曲线从 B_1^d 右移到 B_2^d，供给曲线也从 B_1^s 右移到 B_2^s。如果供给曲线右移的幅度大于需求曲线右移的幅度，则均衡价格从 P_1 下降到 P_2，均衡利率上升。

由于供给曲线和需求曲线都向右移动，因此，新的均衡点为 B_2^d 和 B_2^s 的交点。然而，根据供给曲线相对于需求曲线的移动幅度，新的均衡利率可能上升或下降。

对于利率在商业周期的扩张期如何变动的问题，供求分析只给出了一个模糊的答案。在图 4－6 中，供给曲线的移动幅度要比需求曲线的移动幅度大，导致均衡价格从 P_1 下降到 P_2，均衡利率上升。根据资料，这是我们通常会见到的实际情形，即在商业周期的扩张期，利率随着收入的提高而上升。图 4－7 描述了 3 个月期美国国库券的利率在 1951—

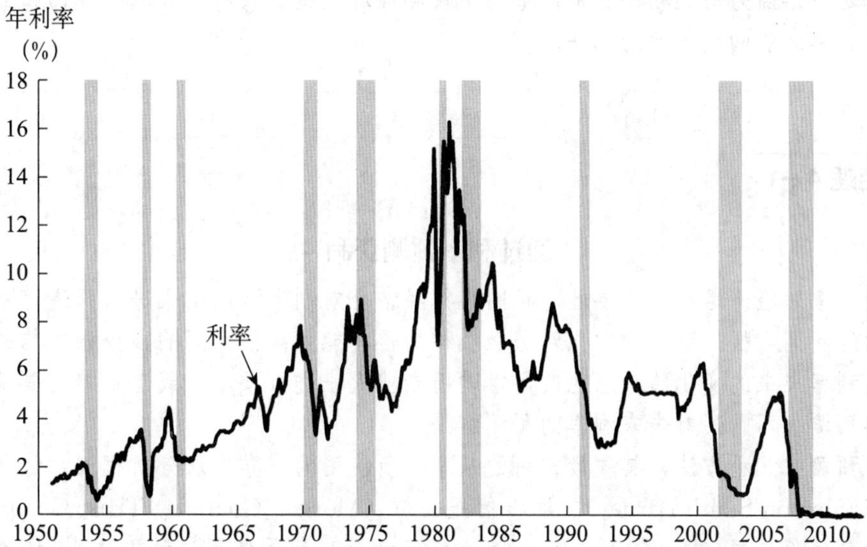

图 4－7　1951—2013 年的商业周期和利率（3 个月期国库券）

说明：阴影区域是衰退期。该图显示，在商业周期的扩张期，利率会上升，而在商业周期的衰退期，利率会下降。

资料来源：Federal Reserve Bank of St. Louis FRED database：http：//research. stlouisfed. org/fred2/.

2013年的变动情况，图中还标出了商业周期的衰退期（阴影区域）。可见，利率在商业周期的扩张期提高，在商业周期的衰退期下降。

案例4—3

对日本低利率的解释

在20世纪90年代和21世纪初，日本的利率水平是全世界最低的。事实上，1998年11月发生了一件很出人意料的事：日本6个月期国库券的利率竟变成了负值（见第3章）。为什么日本的利率会跌至如此低的水平呢?

在20世纪90年代后期和21世纪初期，日本经历了漫长的经济衰退，通货膨胀率为负值。这就可以解释日本的低利率。

负的通货膨胀率降低了实物资产的预期回报率，因此，提高了债券的相对预期回报率，债券的需求量增加，使得需求曲线右移。负的通货膨胀率同样会提高利率。对于任意给定的名义利率，借贷的实际成本会上升，债券供给量减少，使得供给曲线左移。结果与图4-4给出的情况正好相反：需求曲线右移，供给曲线左移，导致债券价格提高，利率降低。

日本商业周期的衰退期也呈现较低的利率。这是因为可获利投资机会的匮乏减少了债券供给量，使得供给曲线向左移动。尽管此时财富减少会使需求曲线也向左移动，但正如前面案例中所分析的那样，需求曲线的移动幅度小于供给曲线的移动幅度，使得债券价格提高、利率下降，与图4-6的结果正好相反。

我们通常认为低利率是件好事，因为它会降低借款成本。日本的例子说明了格言“钱越多越好，人越瘦越美”的谬误——也许你不能变得很富有，但肯定能变得很瘦，而这样会损害你的健康。因此，低利率未必是好事。在日本，低利率甚至负利率表明日本经济正处于困境之中，因为与之相伴的是价格的下跌和经济衰退。只有当日本经济回归到健康的轨道时，利率才能回到正常的水平。

执业经理4—1

通过利率预测获利

鉴于利率对经济运行的重要性，新闻媒体经常会对利率预测结果进行报道，例如下面的追踪财经新闻专栏。利率的变化对金融机构的盈利能力有很大影响，金融机构的经理们非常关注利率未来的变化趋势。他们通常聘用专业人士进行预测，或者直接向其他金融机构、经济预测公司购买对未来利率的预测结果。

利率预测有几种方法，其中最常用的是本章所使用的债券供求分析框架，像所罗门美邦公司（Salomon Smith Barney）、摩根信托公司（Morgan Guaranty Trust Company）以及信诚人寿保险公司（Prudential Insurance Company）都是使用这种方法。[①] 使用这种方

① 另一种预测利率的理论框架是由约翰·梅纳德·凯恩斯（John Maynard Keynes）发展起来的，这种理论用于分析货币供求，称为流动性偏好理论。在本书网站 www.pearsonhighered.com/mishkin _ eakins 上的本章附录4中可以找到相关内容。

法，分析者首先要预测对债券供求产生影响的诸因素的变动情况，主要包括经济状况、投资机会的盈利能力、预期通货膨胀率、政府赤字和借贷规模。然后，用本章介绍的供求分析方法得到利率的预测结果。使用该方法的不同之处是利用美联储编制的资金流量账户，其中的数据显示了美国经济各部门资金的来源和用途。预测者试图通过观察不同部门之间的信贷供求情况来预测利率未来的变化。

运用这种方法做出的预测通常不使用理论模型，主要是依靠预测者的判断或“感觉”。另一种预测利率的方法是使用**计量模型**（econometric models）。在模型中使用历史数据，采取统计步骤对模型的方程进行估计。模型中的变量相互关联，当输入诸如政府支出和货币政策行为这样的变量值时，就能同时得到包括利率在内的很多变量的预测结果。这些预测模型最根本的假设是，变量之间的关系在未来将保持不变。考虑到这个假设，预测者首先需要对投入变量的未来变化路径进行预测，然后运用模型得到诸如利率等变量的预测结果。

追踪财经新闻 4—1

利率预测

利率预测是一个历史悠久的职业。有时金融专家会被高薪雇来预测利率，因为企业需要知道利率走势以预算未来的支出，银行和投资者需要预测利率以决定购买什么资产。他们预测那些影响债券和货币供求的因素，比如经济状况、投资机会的盈利能力、预期通货膨胀率以及政府预算赤字和借贷规模等。然后，用本章的供求分析方法得出利率预测结果。

《华尔街日报》每年 1 月初和 7 月初（每年两次）在网站上公布领先的预言家对利率的预测。

你可以在网站 www. pearsonhighered. com/mishkin _ eakins 上找到预测利率。除了查阅预测利率，还可以参考主流经济学家对 GDP、通货膨胀率、失业率和房价的预测。

很多计量模型包括数百个甚至上千个方程，通常是通过计算机获得预测结果。大量的私人部门使用这些大型计量模型，比较有名的有沃顿经济计量预测协会（Wharton Econometric Forecasting Associate）和宏观经济顾问公司（Macroeconomic Advisors）。联邦储备委员会（Board of Governors of the Federal System）使用它们自己的计量经济学模型来预测利率，同时，也使用主观判断协助预测。

金融机构的经理们依靠这些预测结果决定应该持有哪些资产。如果经理们认为，未来的长期利率会下降，他们会选择购入长期债券。就像我们在第 3 章中提到的那样，利率的下降会产生可观的资本利得。相反地，如果预测认为利率在未来会上升，经理们更倾向于在投资组合中持有短期债券或贷款，以规避持有长期债券可能遭受的潜在资本损失。

对利率的预测会帮助经理们做出进行长期借款还是短期借款的决策。如果预测利率上升，金融机构的经理们将会通过长期借款把借款利率锁定在目前较低的水平；如果预测利率下降，经理们会进行短期借款，以享受未来低利率带来的好处。

显然，准确预测未来利率对金融机构的经理们非常有价值。毫无疑问，他们愿意为精确预测支付高额费用。遗憾的是，利率预测的难度非常大，最好的专家预测出的结果经常与实际情况相去甚远。

本章小结

1. 投资组合选择理论指出资产的需求量：①与财富正相关；②与特定资产相对于替代性资产的预期回报率正相关；③与该资产相对于替代性资产的风险负相关；④与该资产相对于替代性资产的流动性正相关。

2. 多元化（持有多于一种资产）有利于投资者。因为它可以降低投资者面临的风险，当组合中的证券发生波动时，各种证券回报率之间的相互独立性越强，对投资者就越有利。

3. 债券的供求分析提供了一种利率决定理论。它指出，当债券需求随着收入（财富）、预期回报率、风险或者流动性的变动而变动时，或者当债券的供给由于投资机会的预期回报率、借款的实际成本或者政府活动的改变而变动时，利率会相应变动。

重要专业术语

资产	超额供给	风险
资产市场法	预期回报率	标准差
需求曲线	费雪效应	供给曲线
计量模型	流动性	投资组合选择理论
超额需求	市场均衡	财富

习题

1. 在以下各种情况中，你购买宝丽来公司股票的意愿会增强还是减弱？并解释原因。

(1) 你的财富减少。

(2) 你预计它的价值升高。

(3) 债券市场流动性增强。

(4) 你预计黄金会升值。

(5) 债券市场的价格波动性增强。

2. 在以下各种情况中，你购买房产的意愿会增强还是减弱？并解释原因。

(1) 你刚刚继承了 10 万美元财产。

(2) 房地产佣金从销售价格的 6%下降到 4%。

(3) 你预计宝丽来公司的股票价格在明年会翻倍。

(4) 股票市场价格的波动性增强。

(5) 你预计房价会下跌。

3. “越厌恶风险的人，越愿意进行分散投资”，该说法是正确的、错误的还是不确定的？请对你的答案进行解释。

4. 我拥有一支职业足球队，我希望通过购买职业篮球队或者医药公司的股票进行多样化投资。这两个投资中哪一个更有可能降低我所面临的总体风险？为什么？

5. “没有一个风险厌恶者会购买比其他证券预期回报率低、风险大、流动性差的证券。”这句话正确、错误还是不能确定？请对你的答案进行解释。

通过画出正确的供求曲线回答第 6～13 题。

6. 联邦储备体系减少货币供给的一种重要方法是向公众发售债券。运用债券供求分析说明该举措对利率的影响。

7. 运用债券供求分析框架解释为什么利率是顺周期变化的（在经济扩张期，利率上升；在经济萧条期，利率下降）。

8. 黄金价格波动的突然加剧对利率会有什么影响？

9. 人们对未来房地产价格的预期突然上升会如何影响利率？

10. 解释大额联邦政府赤字对利率有什么影响。

11. 在全球金融危机的余波中，美国政府预算赤字急剧增加，然而，美国国债利率却大幅下跌，这合理吗？为什么？

12. 运用债券的供求分析来说明债券风险提高将会对利率产生什么影响。

13. 如果股票的交易佣金降低，对利率水平有影响吗？为什么？

预测未来

14. 美国总统在一次新闻发布会上宣布，他将执行一项新的反通货膨胀计划来应对高通货膨胀水平。预测这对利率将会产生什么影响。

15. 美联储主席宣布明年利率将大幅上升，而且市场会相信他。那么，2022 年到期的、息票利率为 8.125%的美国电话电报公司（AT&T）债券的当前利率会发生什么变化？

16. 如果公众突然预期股票价格会有大幅上升，预测利率将如何变动。

17. 如果债券市场价格的波动性增强，预测利率将发生怎样的变动。

定量问题

1. 你拥有一种面值为 1 000 美元的零息债券，距离到期日还有 5 年。你计划在 1 年后出售该债券，并估计明年可能的债券必要收益率的概率分布如下表所示：

可能性	必要收益率（%）
0.1	6.60
0.2	6.75
0.4	7.00
0.2	7.20
0.1	7.45

（1）当你出售该债券时，预期价格是多少？

（2）债券价格的标准差是多少？

2. 一种 2 年后到期的、面值为 1 000 美元的垃圾债券，年息票利率为 12%。今年，发行公司有 20%的可能性会违约，如果确实如此，该债券将没有任何支付。如果该公司第一年能挺住，向持有者支付了年息票利息。在第二年，它还有 25%的违约可能性，从而无法支付息票利息和面值。

（1）如果投资者期望获得 10%的到期收益率，将以什么价格购买该债券？

（2）在该价格上，预期持有期回报率及其标准差是多少？假设周期性现金流的再投资率为 10%。

3. 上个月，公司以市场平均利率 11.8%向投资者发行了价值 2 500 亿美元的 1 年期贴现债券；本月又推出了价值 250 亿美元的 1 年期贴现债券，但是，市场利率上升到 12.2%。假设需求曲线保持不变，用价格代替利率，推导线性债券需求方程。

4. 经济学家认为，在均衡点附近，可以用下列方程估计 1 年期贴现债券的需求曲线和供给曲线：

B^d：价格＝−0.4×数量＋940

B^s：价格＝数量＋500

（1）在这个市场中，债券的预期均衡价格和数量是多少？

（2）根据（1）中的结果，市场的预期利率是多少？

5. 用下列方程估计 1 年期贴现债券的需求方程和供给方程：

B^d：价格＝−0.4×数量＋940

B^s：价格＝数量＋500

由于股票市场的价值剧增，很多退休者都将资金从股票市场转移到债券市场，使债券的需求曲线发生了移动，与每个需求量相对应的债券价格都提高了 50 美元。假设债券的供给曲线未发生变化，新的均衡价格和需求量是多少？新的市场利率是多少？

6. 用下列方程估计1年期贴现债券的需求方程和供给方程：

B^d：价格＝－0.4×数量＋990

B^s：价格＝数量＋500

随着股票市场价格的不断攀升，美联储觉得有必要提高利率水平，因此，新的市场利率上升到19.65%，但是均衡货币量保持不变。新的需求方程和供给方程是什么？假定这些方程都是平行移动的。

网络练习

利率和通货膨胀

1. 通货膨胀是对利率水平影响最大的因素之一。很多网站上都有关于通货膨胀水平的报告。登录ftp：//ftp. bls. gov/pub/special. requests/cpi/cpiai. txt并参阅上面提供的数据。注意，报告的最后一列给出了各种平均值。从1950年、1960年、1970年、1980年和1990年开始的平均通货膨胀率分别是多少？哪一年的通货膨胀水平最低？哪一年最高？

2. 不断提高的价格水平会侵蚀美元的购买力。用经过通货膨胀调整的价格计算过去某一时点的商品价格。登录http：//minneapolisfed. org/Research/data/us/calc/。现在价格为22 000美元的汽车在你出生那一年的价格是多少？

3. 本章树立的一个观点是：通货膨胀会侵蚀投资回报率。登录www. moneychimp. com/articles/econ/inflation _ calculator. htm并分析通货膨胀率如何改变了你的投资回报率。如果发生了下列情况，经通货膨胀调整后的价值和调整前的价值差会如何变化？

（1）通货膨胀率上升；

（2）投资期限延长；

（3）预期回报率提高。

网络附录

请登录本书的网站www. pearsonhighered. com/mishkin _ eakins，阅读第4章的网络附录：

附录1：资产定价模型

附录2：把资产市场法应用于商品市场——以黄金为例

附录3：可贷资金理论

附录4：货币市场中的供给与需求——流动性偏好理论

第 5 章　风险和期限结构对利率的影响

开篇预览

在第 4 章对利率行为的供求分析中，我们研究的只是单一利率的决定。然而，市场中存在着种类繁多的债券，它们的利率不同。在本章中，我们通过分析各种利率之间的关系，以形成完整的利率体系。理解各种债券具有不同利率的原因有助于企业、银行、保险公司以及私人投资者决定购买或出售哪些债券。

首先研究有相同到期期限的债券具有不同利率的原因。尽管风险、流动性和所得税等因素在这个过程中起着重要的作用，但我们仍将利率之间的这种关系称为**利率的风险结构**（risk structure of interest rates）。债券的到期期限也同样会影响它的利率，具有不同到期期限的债券之间的利率关系称为**利率的期限结构**（term structure of interest rates）。本章将考察引起利率相对波动的各种因素，并介绍解释这些波动的理论。

5.1　利率的风险结构

图 5－1 给出了 1919—2013 年几种不同种类的长期债券的到期收益率。该图揭示了期限相同的债券的利率行为的两个重要特征：在任何一年内，不同种类的债券的利率各不相同，各种债券利率之间的差额（利差）随时间而变化。例如，在 20 世纪 30 年代后期，美国市政债券的利率水平高于美国联邦政府长期债券（国债）的利率，但随后一直低于国债的利率。此外，在 1930—1933 年的大萧条期间，Baa 级公司债券（风险水平比 Aaa 级公司债券高）与美国国债之间的利差非常显著，在随后的 40—60 年代逐渐缩小，而后又重

新扩大。是什么因素导致了这种现象呢?

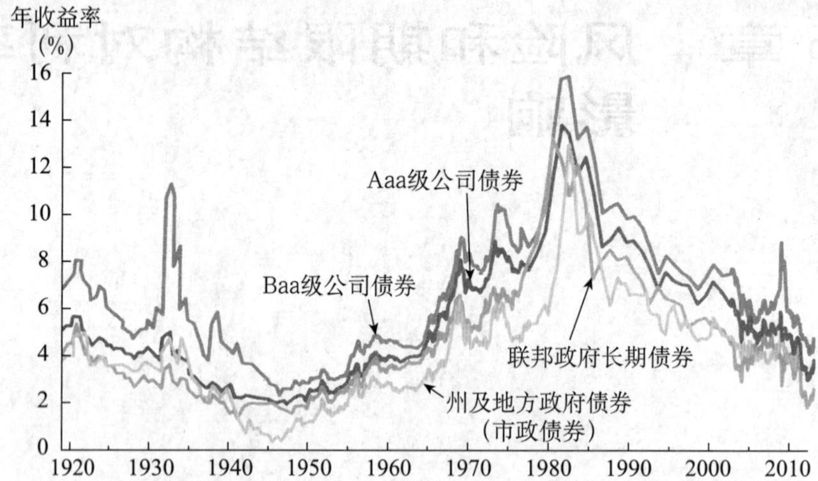

图 5-1　1919—2013 年长期债券的收益率

说明:在任何一年内,不同种类的债券的利率各不相同,各种债券利率之间的差额(利差)随时间而变化。

资料来源:Board of Governors of the Federal Reserve System, *Banking and Monetary Statistics*, *1941—1970*; Federal Reserve Bank of St. Louis FRED database: http://research.stlouisfed.org/fred2/.

5.1.1　违约风险

影响债券利率的一个债券本身的内在特征是它的**违约**(default)风险。当债券发行人不能或者不愿按事先约定的承诺支付利息并在债券到期偿还本金时,就会产生违约风险。如果一个公司遭受了巨额损失,就很可能停止支付利息,如 20 世纪中期的美国联合航空公司、美国达美航空公司、全美航空公司和美国西北航空公司等大型航空公司,这些公司债券的违约风险很高。相反地,美国国债通常被认为没有违约风险,因为联邦政府总是可以通过增加税收甚至是发行货币来偿还它的债务。像这种没有违约风险的债券,我们称之为**无违约债券**(default-free bonds)。(然而,在 1995—1996 年以及后来的 2011—2013 年美国国会预算谈判中,共和党威胁要让国债违约,这对债券市场产生了一定的影响。)具有相同期限的有违约风险的债券和无违约债券之间的利差,称为**风险溢价**(risk premium),它表示人们持有高风险债券所需额外获得的利息。我们用第 4 章中学到的债券市场的供求分析就可以解释为什么具有违约风险的债券的风险溢价总为正值,以及为什么违约风险越高,风险溢价越大。

为了考察违约风险对利率的影响,我们先看图 5-2 中无违约债券(美国国债)和长期公司债券的供求关系图。为了简化分析,我们假设公司债券如同美国国债一样最初也不存在违约风险。在本例中,两种债券具有相同的特征,即相同的风险和期限。其初始均衡价格和利率也相等($P_1^C=P_1^T$ 以及 $i_1^C=i_1^T$),相对于国债,公司债券的风险溢价($i_1^C-i_1^T$)为零。

如果公司遭受了巨额损失,违约的可能性提高,则该公司债券的违约风险将增大,其预期回报率就会降低，且该公司债券的回报率变得更加不确定。投资组合选择理论表明，相对于无违约国债来说，公司债券的预期回报率较低、风险较大，所以，公司债券的吸引力下降（假定其他条件不变）、需求减少。也就是说，投资者将会持有更少的公司债券。因此，在图 5－2（a）中，公司债券的需求曲线从 D_1^C 移至 D_2^C。

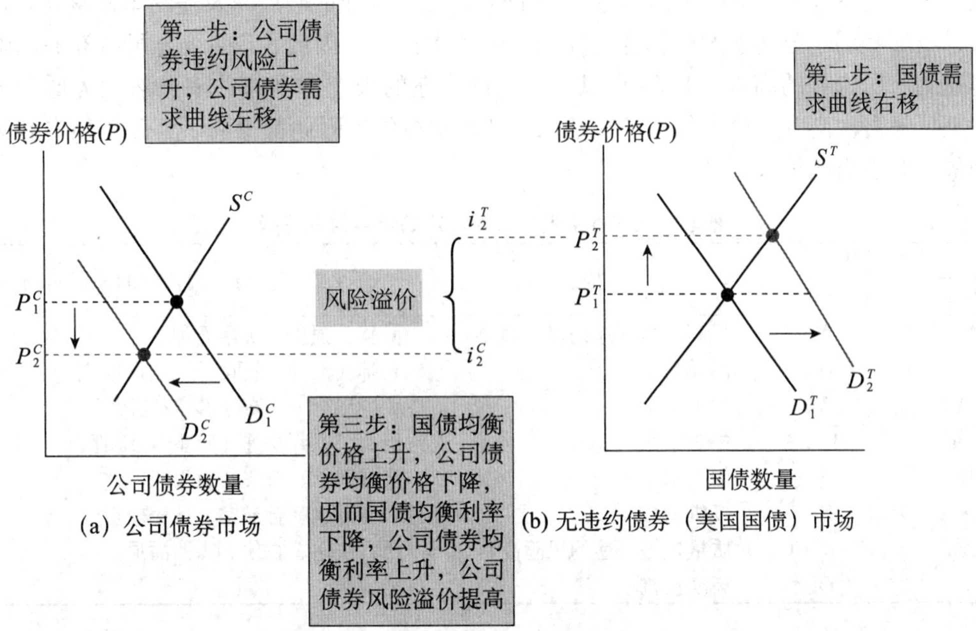

图 5－2　公司债券违约风险上升后的反应

说明：最初 $P_1^C=P_1^T$，风险溢价为零。公司债券违约风险上升，使得公司债券的需求曲线从 D_1^C 移至 D_2^C；同时，使得国债的需求曲线从 D_1^T 移至 D_2^T。公司债券的均衡价格从 P_1^C 降至 P_2^C，均衡利率上升到 i_2^C。在国债市场，均衡价格从 P_1^T 上升至 P_2^T，均衡利率下降到 i_2^T。括号表示 i_2^C 和 i_2^T 之间的差额以及公司债券的风险溢价。（注意：由于 $P_2^C<P_2^T$，$i_2^C>i_2^T$。）

公司债券的均衡价格从 P_1^C 降至 P_2^C，而债券的价格与利率负相关，均衡利率上升到 i_2^C，如图 5－2 所示。与此同时，国债的均衡价格从 P_1^T 升至 P_2^T，均衡利率下降到 i_2^T。公司债券与无违约债券的利差（即公司债券的风险溢价）从零提高到 $i_2^C-i_2^T$。我们现在可以得出这样的结论：**具有违约风险的债券总是具有正的风险溢价，而且违约风险的上升将导致风险溢价提高。**

登录 www.federalreserve.gov/Releases/h15/update/，了解美联储是如何报告不同质量债券的收益率的，观察最下面列出的 AAA 级和 BBB 级债券的利率。

违约风险对风险溢价的规模有重要影响，债券购买者需要了解债券发行公司是否会违约。该信息由**信用评级机构**（credit-rating agencies）提供。这种机构是根据违约概率对公司债券和市政债券的质量进行评估的投资咨询公司。表 5－1 给出了两家最大的信用评级机构——穆迪投资者服务公司（Moody's Investor Service）和标准普尔公司（Standard and Poor's Corporation）做出的评级及描述。具有较低违约风险的债券被称为投资级证券，其级别为 Baa（或 BBB）及以上。级别在 Baa（或 BBB）以下的债券具有较大的违约风险，被贴切地称为**垃圾债券**（junk bonds）。

再回到本章开头的图 5－1，看看能否对公司债券利率和国债利率之间的关系加以解释。公司债券总是具有一定的违约风险，而国债不存在这一问题。因此，前者的利率水平要高于后者。Baa级公司债券的违约风险比信用等级较高的Aaa级债券大，其风险溢价也大。因此，Baa级公司债券的利率水平总是比Aaa级债券的利率水平高。我们考察美国1930—1933年大萧条时期Baa级公司债券的风险溢价大幅提高以及在1970年后风险溢价再次升高（见图5-1）的原因。在大萧条期间，工商企业的破产率及违约率非常高，这些因素导致那些弱小公司所发行债券的违约风险大大提高。因此，Baa级公司债券的风险溢价也达到前所未有的高度。1970年以来，工商企业的破产率和违约率虽然大大低于大萧条时期，却再次高升。公司债券的违约风险和风险溢价也因此都提高了，公司债券和国债之间的利差也由此扩大。

表5-1　　穆迪公司和标准普尔公司评定的债券信用等级

信用等级		描述	2013年发行公司债券的公司实例
穆迪	标准普尔		
Aaa	AAA	最高质量（违约风险最小）	微软、强生、美孚石油
Aa	AA	高质量	壳牌润滑油、赛诺菲、通用电气
A	A	中上水平	美国银行[①]、英特尔、麦当劳
Baa	BBB	中等水平	惠普、联邦快递、哈雷-戴维森
Ba	BB	中下水平	特许通信、奈飞、百思买
B	B	投机型	来德爱、联合航空、达美航空
Caa	CCC，CC	质量较差（违约风险高）	西方快递、睿侠、杰西潘尼
C	D	高度投机型	美国航空

案例5—1

次贷危机以及Baa级债券与国债的利差

从2007年8月开始的次级抵押债券市场的崩溃给美国的金融机构带来了巨额损失（我们将在第8章进行深入讨论）。作为次贷危机的后果，很多投资者开始怀疑低信用等级（如Baa级）公司的财务健康，甚至评级机构本身的可信度也遭到了质疑。当人们觉察到Baa级债券的违约风险上升时，在任何给定的利率下，这些债券的吸引力都会下降，使得需求量减少，Baa级债券的需求曲线向左移动。如图5-2（a）所示，Baa级债券的利率应该上升，事实也确实如此。Baa级债券的利率从2007年7月底的6.63%上升到2008年10月中旬（危机尖峰时刻）的9.43%，共上升了280个基点（即2.80个百分点）。次贷危机后，Baa级债券的违约风险明显上升，无违约风险的美国国债大受欢迎，其需求曲线向右移动——被许多分析家描述为“飞升的品质”。国债利率从2007年7月底的4.78%下降到2008年10月中旬的3.98%，共下降了80个基点。Baa级债券和国债之间的利差从危机前的1.85%上升到危机后的5.45%，上升了360个基点。

① 2002年8月以前，中文名为美洲银行（Bank of America），2002年8月中文名改为美国银行，本书统一译为美国银行。——编辑注

5.1.2 流动性

影响债券利率的另一个因素是流动性。正如第 4 章所学，流动性资产是那些在需要时可以快速、低成本变现的资产。资产的流动性越强，就越受欢迎（其他条件保持不变）。美国国债在各种长期债券中的流动性最强，因为它们的交易非常广泛，可以非常容易地迅速卖出，而且交易成本非常低。公司债券的流动性要差一些，因为任何一家企业发行的债券均不如国债的交易广泛。需要在紧急情况下迅速出售这些公司债券的代价会非常大，因为在短时间内很难找到买主。

相对于美国国债而言，公司债券较低的流动性会如何影响其利率呢？相对于国债，较低的流动性扩大了公司债券与国债的利差。我们仍假设最初公司债券与国债的流动性相同，其他特征也相同。其初始均衡价格和利率也相等：$P_1^C=P_1^T$ 以及 $i_1^C=i_1^T$，如图 5-2 所示。公司债券因为交易不及国债广泛，因而其流动性低于国债，公司债券的需求将会下降，其需求曲线将从 D_1^C 移至 D_2^C，如图 5-2（a）所示。国债的流动性相对增大，需求增加，其需求曲线从 D_1^T 移至 D_2^T，如图 5-2（b）所示。图 5-2 中曲线的移动表明，对于流动性较差的公司债券来说，其价格将下降，利率将会提高；对于流动性较强的国债而言，其价格将上升，利率水平将会下降。

结果是，两种债券之间的利差将会扩大。因此，公司债券与国债之间的利差（即风险溢价）不仅反映了公司债券的违约风险，还反映了其流动性风险。这就是将风险溢价称为风险和流动性溢价更准确的原因，但习惯上，仍将其称为风险溢价。

5.1.3 所得税因素

回到图 5-1，我们还有一个疑问——市政债券的利率行为。市政债券肯定会有违约风险。此前，州政府和地方政府都有过不履行其所发债券还款义务的行为，特别是在大萧条时期，这种现象更为常见。近期甚至发生在加利福尼亚州的圣贝纳迪诺、马默斯湖、斯托克顿，亚拉巴马州的杰斐逊郡，宾夕法尼亚州的哈里斯堡，罗得岛州的森特勒尔福尔斯，以及爱达荷州的博伊西郡。市政债券的流动性也不及美国国债。

为什么这些债券的利率在至少 40 年内都比美国国债的利率低？如图 5-1 所示，因为市政债券的利息收入可以免缴联邦所得税，这使其预期收益上升，从而加大了投资者对该类债券的需求量。

假设你是适用 35%所得税税率的纳税阶层，即每额外获得 1 美元的收入，都需要向联邦政府缴纳 35 美分的所得税。如果你持有一张面值为 1 000 美元的国债，售价为 1 000 美元，票面利息为 100 美元。那么在税后，你只能获得 65 美元的票面利息。尽管债券的年利率为 10%，但你实际的税后利率是 6.5%。

假设你把储蓄投资于一种面值为 1 000 美元的市政债券，其价格也为 1 000 美元，息票利息为 80 美元。尽管债券的利率仅为 8%，但由于该债券免税，你不用为这 80 美元的息票利息缴税，因此，你能得到 8%的利率。显然，你能从市政债券中获得更多的税后收益。因此，即使市政债券的利率低于美国国债，人们仍然愿意持有这种风险相对较大、流动性相对较差的市政债券。（第二次世界大战之前的情况并非如此，那时的所得税税率较低，市政债券的免税待遇并没有太大优势。）

【例 5—1】 所得税因素

假设你有机会购买一种市政债券或一种公司债券，两者的面值和买价都是 1 000 美元。市政债券的息票利息为 60 美元，即票面利率为 6%。公司债券的息票利息为 80 美元，即票面利率为 8%。如果所得税税率是 40%，你会购买哪种债券？

解：

选择购买市政债券。因为市政债券不用纳税，你能由此获得 60 美元的息票利息，税后利率为 6%。购买公司债券所获利息需要纳税，你只能获得 80 美元息票利息收入的 60%，其他 40%是纳税额。你能获得的息票利息收入为 48 美元，税后利率仅为 4.8%。显然，购买市政债券能获得更高的收益。

另一种理解市政债券利率比国债利率低的思路是运用供求分析，见图 5-3。假设市政债券和国债具有相同的特征。在图中，两者的价格相同：$P_1^m = P_1^T$，$i_1^m = i_1^T$，利率也相同。一旦市政债券具有税收优势，其预期回报率相对于国债将会提高，对市政债券的需求将增加，其需求曲线将从 D_1^m 右移至 D_2^m，均衡价格将从 P_1^m 上升至 P_2^m，均衡利率下降。相反地，相对于市政债券，国债的受欢迎程度下降，其需求曲线从 D_1^T 移至 D_2^T，均衡价格从 P_1^T 降至 P_2^T，均衡利率上升。结果是，市政债券的利率降低，国债的利率上升。这就解释了为什么市政债券的利率低于国债的利率。①

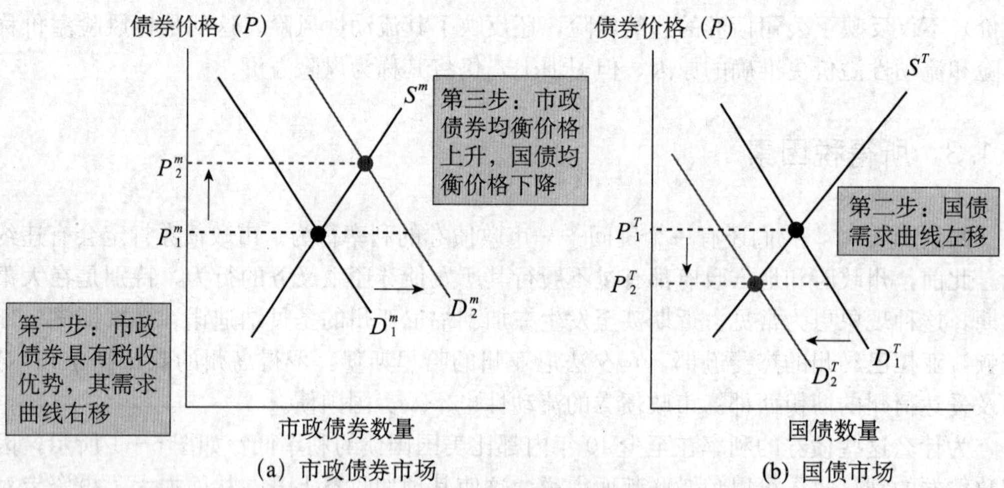

图 5-3 市政债券和国债的利率

说明：如果市政债券免于征税，其需求曲线从 D_1^m 右移至 D_2^m，同时，国债的需求曲线从 D_1^T 左移至 D_2^T。市政债券的均衡价格从 P_1^m 上升至 P_2^m，均衡利率下降。国债的均衡价格从 P_1^T 降至 P_2^T，均衡利率上升。结果，市政债券的利率低于国债的利率。

① 相对于公司债券，国债可以免除州或地方政府的收入所得税。用课本中的分析原理，可以理解为什么公司债券要比具有该特征的国债具有更高的利率。

5.1.4 总结

利率的风险结构（具有相同到期期限的各种债券利率之间的关系）可以用下面三个因素来解释：违约风险、流动性和对债券利息收入的所得税政策。随着债券违约风险的提高，其风险溢价（某债券的利率与无风险债券的利率之间的利差）也会相应上升。国债较高的流动性也能解释为什么其利率低于流动性较差的债券。此外，如果一种债券能像市政债券那样利息收入免予缴纳联邦所得税，其利率也会较低。

案例 5—2

布什政府的税收削减计划以及奥巴马政府的税收增加计划对债券利率的影响

2001 年布什削减税率的议案获得通过，计划在 10 年内将最高级别的所得税税率从 39%削减至 35%。降低所得税税率对市政债券市场相对于国债市场的利率有什么影响？

我们的供求分析给出了答案。对富人而言，降低所得税税率意味着，免税的市政债券的税后预期回报率相对于国债的税后预期回报率降低了。由于市政债券的受欢迎程度下降，其需求曲线左移、价格降低、利率上升。相反地，较低的所得税税率使国债变得更受欢迎，因此，其需求曲线将向右移动、价格提高、利率下降。

我们的分析表明，布什的减税政策提高了市政债券相对于国债的利率。

奥巴马 2013 年废除了布什对富人的税收削减政策，采取税收增加计划。分析结果截然相反。奥巴马采取的高税收政策提高了免予征税的市政债券相对于国债的税后预期回报率，市政债券的需求量增加，使其需求曲线右移、价格上升、利率下降。相反地，更高的税率会使国债的受欢迎程度下降，使其需求曲线左移、价格下降、利率上升。因此，更高的所得税税率降低了市政债券相对于国债的利率。

5.2 利率的期限结构

登录 http://stockcharts.com/charts/YieldCurve.html，查看从 1995 年开始的每一时间点的动态收益率曲线。

我们已经了解了违约风险、流动性和税收因素（即风险结构）对利率的影响。另一个影响债券利率的因素是其到期期限：具有相同违约风险、流动性及税收特征的债券，也可能因为剩余到期期限的差异而具有不同的利率水平。对具有相同违约风险、流动性和税收特征的债券，根据其到期期限与对应收益率之间的关系绘制的曲线称为**收益率曲线**（yield curve），它描述了某种特定类型债券（如政府债券）的利率期限结构。下面的追踪财经新闻 5—1 专栏列出了《华尔街日报》发布的几种国债的收益率曲线。收益率曲线可以分为向上倾斜、水平及向下倾斜三种类型，第三种通常称为**倒挂的收益率曲线**（inverted yield curve）。当收益率曲线向上倾斜时，如专栏 5—1 所示，长期利率高于短期利率，这种情况最常见；当收益率曲线水平时，短期利率和长期利率相等；当收益率曲线倒挂时，长期利率低于短期利率。收益率曲线还有很多复杂的形状，如先向上倾斜再向下倾斜或正好相反等。为什么我们经常看到向上倾斜的收益率曲线，有时又有其他形状的收益率曲线呢？

追踪财经新闻 5—1

收益率曲线

许多报纸和网站例如 www. finance. yahoo. com 每天都会刊登美国国债的收益率曲线图，这里给出一个 2013 年 6 月的例子（见下图）。纵轴上的数字表示国债的利率水平，横轴表示到期期限。

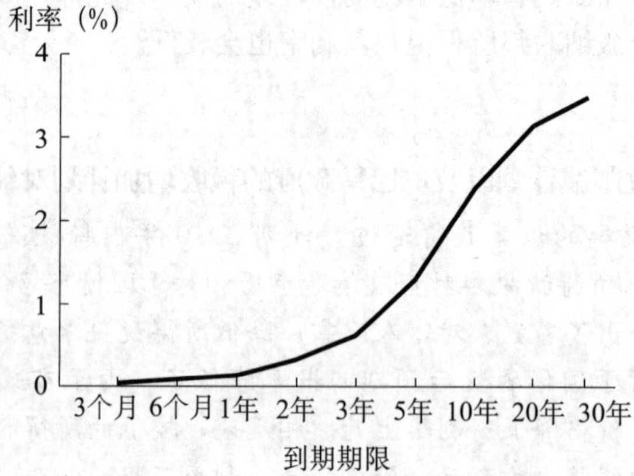

完善的利率期限结构理论除了要解释收益率曲线在不同时间具有不同形状的原因外，还需对下面三个重要现象给予解释：

（1）具有不同到期期限的债券的利率会随着时间的推移同步变化，如图 5－4 所示。

（2）当短期利率较低时，收益率曲线倾向于向上倾斜；当短期利率较高时，收益率曲线倾向于向下倾斜，即是倒挂的形状。

（3）如追踪财经新闻 5—1 专栏所显示的那样，收益率曲线几乎都是向上倾斜的。

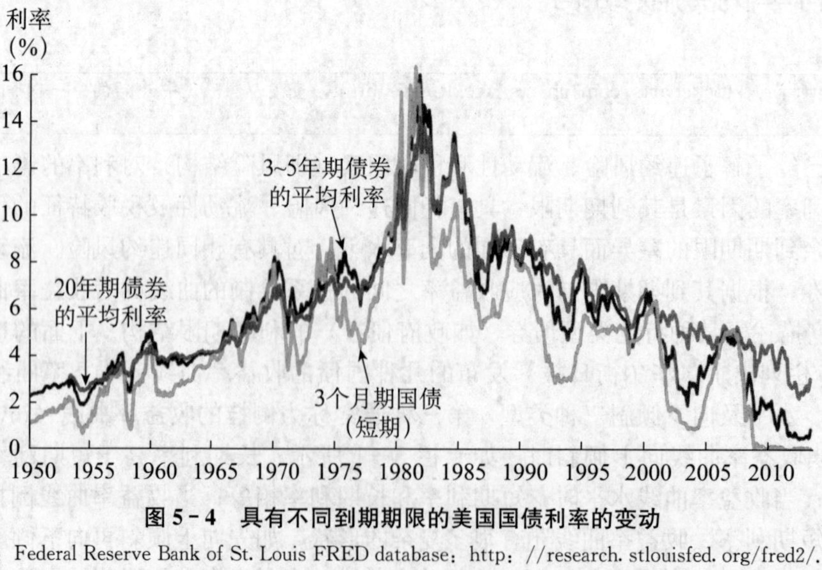

图 5－4　具有不同到期期限的美国国债利率的变动

资料来源：Federal Reserve Bank of St. Louis FRED database：http：//research. stlouisfed. org/fred2/.

有三种理论可用来解释债券的期限结构，即反映具有不同到期期限的债券利率之间的关系：（1）预期理论；（2）市场细分理论；（3）流动性溢价理论。预期理论可以很好地解释上面三个现象中的前两个现象，但不能解释第三个现象。市场细分理论可以解释第三个现象，但不能解释前两个现象。这两种理论都不能解释所有的现象。因此，很自然地，寻求对利率期限结构更好的解释方法是将这两种理论加以合并，从而得到能够解释上述三个现象的理论，即流动性溢价理论。

如果流动性溢价理论能够很好地解释上述现象并被广泛接受，为什么还要花时间讨论另外两种理论呢？原因有两个：首先，前两种理论的观点是流动性溢价理论的基础；其次，通过讨论前两种理论，可以了解在发现预测结果与经验数据不一致时，金融学家是如何对理论进行修正的，这一点很重要。

5.2.1 预期理论

债券期限结构的**预期理论**（expectations theory）给出了一个常识性的命题：长期债券的利率等于在该长期债券的到期期限内，短期债券预期利率的平均值。如果预期在未来5年内，短期利率的平均值为10%，预期理论预计到期期限为5年的债券利率也是10%。如果预计短期利率在5年之后上升，在未来20年内，预期短期利率的平均值为11%，那么20年期债券的利率将等于11%，高于5年期债券的利率。可见，预期理论认为，到期期限不同的债券利率的差别取决于短期利率的预测值。

该理论的关键假设是：债券的购买者对到期期限不同的债券没有偏好，因此债券的购买者不会选择预期回报率低、到期期限不同的其他债券，具有这种特征的债券是完全替代品。这意味着，如果到期期限不同的债券是完全替代品，那么，这些债券的预期回报率就必须相等。

为了考察基于到期期限不同的债券是完全替代品这一假设的预期理论，我们考虑以下两种投资策略：

（1）购买一种1年期债券，到期后再购买另一种1年期债券。

（2）购买一种2年期债券，并持有至到期。

如果人们同时持有1年期和2年期债券，则2年期债券的利率必定等于两个1年期债券利率的平均值。

【例5—2】预期理论

1年期债券的当期利率为9%，预计1年后的利率为11%。两年的预期回报率为多少？2年期债券的利率应该为多少时才能等于两个1年期债券的平均利率？

解：

在两年内，债券预期回报率的平均值为10%［=（9%+11%）/2］。只有当2年期债券的预期回报率为10%时，债券投资人才愿意同时持有1年期和2年期债券。因此，2年期债券的利率等于10%，即两个1年期债券利率的平均值，如下图所示。

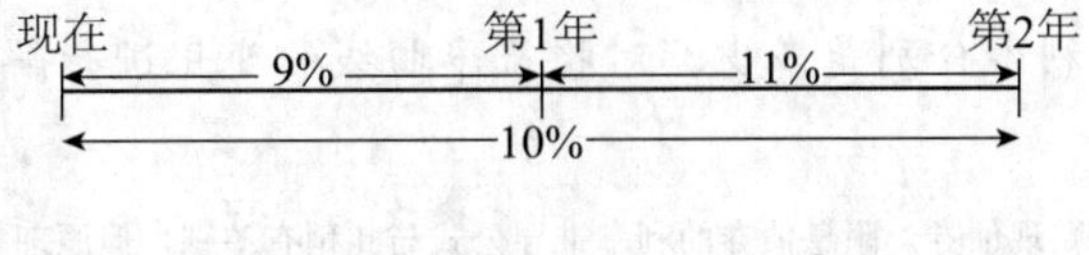

推而广之，我们可以考虑两种两期内的投资策略，一种是将 1 美元投资于两期并持有至到期；另一种是用 1 美元买入一期债券然后持有两期，定义如下：

i_t——一期债券当前（时刻 t）的利率；

i_{t+1}^e——预期下期（时刻 $t+1$）的一期债券的利率；

i_{2t}——两期债券当前（时刻 t）的利率。

将 1 美元投资于两期债券并持有至到期，则两期内的预期回报率计算如下：

$$(1+i_{2t})(1+i_{2t})-1=1+2i_{2t}+(i_{2t})^2-1=2i_{2t}+(i_{2t})^2$$

在两期后，1 美元投资的价值是 $(1+i_{2t})(1+i_{2t})$，从该数额中扣除 1 美元的初始投资额，再除以 1 美元的初始投资，就可以得到利用上述方程计算出来的回报率。由于 $(i_{2t})^2$ 非常小，如果 $i_{2t}=10\%=0.10$，则 $(i_{2t})^2=0.01$，因此，我们将持有两期债券至到期的预期回报率简化为

$$2i_{2t}$$

使用另一种投资策略，买入一期债券，经过两期后，1 美元投资的预期回报率为：

$$(1+i_t)(1+i_{t+1}^e)-1=1+i_t+i_{t+1}^e+i_t\,i_{t+1}^e-1=i_t+i_{t+1}^e+i_t\,i_{t+1}^e$$

在一期后，1 美元的投资变为 $1+i_t$，然后将其再投资于一期债券，得到金额 $(1+i_t)(1+i_{t+1}^e)$。从该数额中扣除 1 美元的初始投资额，再除以 1 美元的初始投资，就可以得到利用上述方程计算出来的回报率。由于 $i_t i_{t+1}^e$ 非常小，如果 $i_t=i_{t+1}^e=10\%$，则 $i_t i_{t+1}^e=0.01$。因此，我们可以将持有两期债券至到期的预期回报率简化为

$$i_t+i_{t+1}^e$$

只有当这两个预期回报率相等即 $2i_{2t}=i_t+i_{t+1}^e$ 时，投资者才会选择任意持有两种债券。

我们可以用一期债券的利率表示两期债券当前（时刻 t）的利率，即

$$i_{2t}=\frac{i_t+i_{t+1}^e}{2} \tag{5—1}$$

由此可知，两期债券的利率等于两个一期债券利率的平均值，如下图所示：

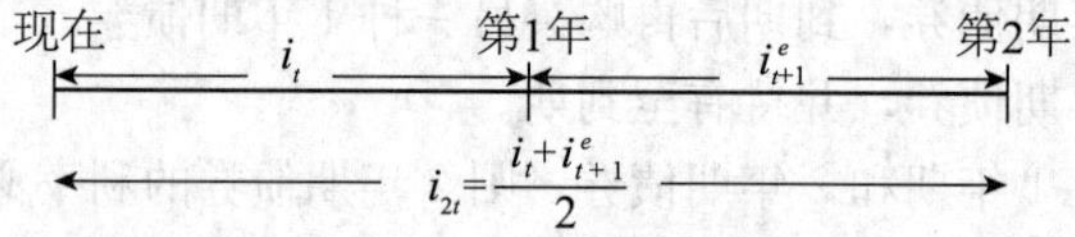

同理，我们可以推导出期限较长的债券，从而得到完整的利率期限结构。自此，我们发现 n 期债券的利率 i_{nt} 的表达式为：

$$i_{nt}=\frac{i_t+i_{t+1}^e+i_{t+2}^e+\cdots+i_{t+(n-1)}^e}{n} \tag{5—2}$$

公式（5—2）表明，n 期债券的利率等于在这 n 期内出现的一期债券利率的平均值。这是对预期理论更完整的表述。[①]

【例 5—3】 预期理论

预计在今后 5 年内，1 年期债券的利率分别为 5%、6%、7%、8%和 9%。据此确定 2 年期和 5 年期债券的利率分别是多少？对收益率曲线的变化进行解释。

① 这里的分析运用的是贴现债券，附息债券的利率推导公式与此稍有差别，但原理相同。

解：

2 年期债券的利率为 5.5%。

$$i_{nt}=\frac{i_t+i^e_{t+1}+i^e_{t+2}+\cdots+i^e_{t+(n-1)}}{n}$$

式中：

i_t——第 1 年的利率，为 5%；

i^e_{t+1}——第 2 年的利率，为 6%；

n——年数，为 2。

因此，有

$$i_{2t}=\frac{5\%+6\%}{2}=5.5\%$$

5 年期债券的利率为 7%。

$$i_{nt}=\frac{i_t+i^e_{t+1}+i^e_{t+2}+\cdots+i^e_{t+(n-1)}}{n}$$

式中：

i_t——第 1 年的利率，为 5%；

i^e_{t+1}——第 2 年的利率，为 6%；

i^e_{t+2}——第 3 年的利率，为 7%；

i^e_{t+3}——第 4 年的利率，为 8%；

i^e_{t+4}——第 5 年的利率，为 9%；

n——年数，为 5。

因此，有

$$i_{5t}=\frac{5\%+6\%+7\%+8\%+9\%}{5}=7.0\%$$

用上述公式计算 1 年期、3 年期以及 4 年期债券的利率，可以得到 1～5 年期债券的利率分别为 5.0%、5.5%、6%、6.5%以及 7.0%。短期利率的上升趋势使得收益率曲线向上倾斜，且期限越长，利率水平越高。

预期理论很好地解释了为什么利率的期限结构在不同时期会发生变化。如前所述，当收益率曲线向上倾斜时，预期理论认为短期利率会上升。当长期利率高于短期利率时，预期未来短期利率的平均值将高于当前的短期利率水平。不过，这种情况只有在预期短期利率上升时才会发生，正如我们在上例中看到的那样。当收益率曲线倒挂（即向下倾斜）时，预期未来短期利率的平均值将低于当前的短期利率，这意味着预期短期利率会下跌。预期理论认为，当收益率曲线为水平的时，预期未来短期利率总体上不会发生变化。

预期理论可以解释前面提到的第一个现象，即具有不同到期期限的债券的利率会随着时间的推移同步变化。从历史经验来看，短期利率具有当前上升则未来趋于更高的特征，因此，短期利率上升将会提高人们对未来短期利率的预期。由于长期利率等于预期未来短期利率的平均数，因此，短期利率的上升也会提高长期利率，使得短期利率和长期利率同步变化。

预期理论也可以解释第二个现象，即如果短期利率低，则收益率曲线倾向于向上倾斜；如果短期利率高，则收益率曲线倾向于向下倾斜。当短期利率水平较低时，人们普遍预期它们在未来会提高，将回到某一正常水平。预期未来短期利率的平均值相对于当前的短期利率要高一些，所以，长期利率会高于当前的短期利率，收益率曲线将向上倾斜。相反地，如果短期利率较高，人们通常预期它们将会回落。由于预期未来短期利率的平均值将低于当前的短期利率，长期利率将低于当前的短期利率，故收益率曲线向下倾斜，形成倒挂。[①]

预期理论对利率期限结构的变化提供了一种简明、有力的解释。但是，它不能解释第三个现象，即收益率曲线通常是向上倾斜的。收益率曲线向上倾斜意味着，预期未来的短期利率将会上升。实际上，短期利率既有可能上升，也有可能下降。预期理论认为，典型的收益率曲线应该是水平的，而不应该是向上倾斜的。

5.2.2 市场细分理论

期限结构的**市场细分理论**（market segmentation theory）认为，到期期限不同的债券的市场是完全独立和分割的。因此，到期期限不同的债券的利率仅与它自身的供求状况有关，而与其他债券的预期回报率无关。

市场细分理论的关键性假设是：各种到期期限不同的债券完全不能互相替代，因此，持有一种到期期限债券的预期收益，不影响其他到期期限债券的需求。这一期限结构理论与预期理论不同，后者认为到期期限不同的债券可完全替代。

市场细分理论认为，投资者对于某一种到期期限的债券具有偏好，因此，他们所关心的只是具有所偏好期限的债券的预期回报率。在这种情形下，投资者希望通过持有一定期限的债券，以获得特定的回报。[②]（从第 3 章可知，如果到期期限等于持有期，那么回报率正好等于确定的收益率，因而没有利率风险。）例如，有短期持有偏好的人喜欢购买短期债券。与之相反，如果你要为子女将来上大学准备一笔资金，你的持有时间会很长，所以你希望持有长期债券。

根据市场细分理论，不同的收益率曲线是由到期期限不同的债券的供求关系决定的。如果投资者一般来说偏好期限较短、利率风险较小的债券（这很合理），则市场细分理论可以解释第三个现象，即收益率曲线通常是向上倾斜的。因为在一般情况下，市场对短期债券的需求大于对长期债券的需求，因此，长期债券的价格较低且利率较高，收益率曲线通常向上倾斜。

尽管市场细分理论可以解释为什么收益率曲线通常向上倾斜，但它不能解释第一个现象和第二个现象。因为市场细分理论认为，到期期限不同的债券的市场是完全分割的，所以就无法解释为什么一种债券利率的变化会影响到与它到期期限不同的另一种债券的利

---

① 预期理论还解释了关于短期利率和长期利率之间关系的另一个重要现象，如图 5-4 所示。短期利率比长期利率的波动性更强。如果利率是均值回归的，即如果利率处于不正常的高水平，利率会趋于下降并回到正常水平；如果利率处于不正常的低水平，利率会趋于提高并回到正常水平。短期利率的平均值一定会比短期利率的波动性小。因为预期理论表明，长期利率是未来短期利率的平均值，这就意味着长期利率的波动性将会小于短期利率。

② 当到期期限等于持有期时，回报率就不存在不确定性。但是，这一说法只适用于贴现债券。对于持有期较长的附息债券，在债券到期前，息票利息需要进行再投资，由此也会产生风险。然而，通过上述分析可知，当持有期与到期期限一致时，附息债券的再投资风险很小。

率，也不能解释为什么到期期限不同的债券的利率会同步变化（第一个现象）。另外，它没有明确短期利率的高低与短期债券和长期债券的市场供求之间的关系，因此，它也不能解释为什么短期利率较低时收益率曲线向上倾斜，而短期利率较高时收益率曲线会倒挂（第二个现象）。

这两种理论都不能很好地解释以上三个现象，据此，引出了流动性溢价理论。

5.2.3 流动性溢价理论

期限结构的**流动性溢价理论**（liquidity premium theory）认为，长期债券的利率等于该债券到期前预期短期利率的平均值加上该债券受供求影响的流动性溢价。

流动性溢价理论的关键假设是，到期期限不同的债券是可以相互替代的。这就意味着，一种债券的收益率会影响到期期限不同的其他债券。同时，该理论也承认投资者对到期期限不同的债券的偏好。换句话说，到期期限不同的债券是可以相互替代的，但并非完全相互替代。因为短期债券的利率风险较低，所以投资者偏好短期债券。对于长期债券的投资者，必须给出一个正的流动性溢价，他们才甘心持有。这就得出了流动性溢价理论的公式，即通过修正预期理论的公式，在它后面加一个正的流动性溢价，来描述长期债券和短期债券之间的利率关系：

$$i_{nt}=\frac{i_t+i_{t+1}^e+i_{t+2}^e+\cdots+i_{t+(n-1)}^e}{n}+l_{nt} \tag{5—3}$$

式中，l_{nt}为n年期债券在时刻t的流动性溢价。它总是正的，且随着n的增大而增大。[①]

预期理论与流动性溢价理论的关系如图5-5所示。我们看到，流动性溢价总是正的，且随着到期期限的延长而提高。因此，流动性溢价理论的收益率曲线总在预期理论的收益率曲线上方，并且斜率越来越大。（这里需注意，为简便起见，我们假设预期理论的收益率曲线是水平的。）

【例5—4】 流动性溢价理论

类似于例5—3，假设在今后5年内，预计1年期债券的利率分别为5%、6%、7%、8%和9%，投资者偏好持有短期债券，1～5年期债券的流动性溢价分别为0%、0.25%、0.5%、0.75%和1.0%，那么，2年期债券和5年期债券的利率分别是多少？将得到的结果与例5—3中用预期理论得到的结果进行比较。

解：

2年期债券的利率为5.75%。

$$i_{nt}=\frac{i_t+i_{t+1}^e+i_{t+2}^e+\cdots+i_{t+(n-1)}^e}{n}+l_{nt}$$

式中：

i_t——第1年的利率，为5%；

---

① 与流动性溢价理论密切相关的是**优先聚集地理论**（preferred habitat theory）。优先聚集地理论采用一种相对间接的方式对预期理论进行修正，但所得出的结论是类似的。它假设相对于其他债券，投资者更偏好具有某种到期期限（即优先聚集地）的债券，并且他们更愿意投资于具有这种到期期限的债券。因为他们更偏好具有某种到期期限的债券，因此，仅当可以获得更高的预期回报时，他们才愿意购买具有其他到期期限的债券。因为相对于长期债券，投资者更喜欢短期债券，因此只有当可拥有更高的预期回报时，他们才愿意持有长期债券。这种推理过程同样可以得到流动性溢价理论的公式（5—3），其中期限溢价通常随着到期期限的延长而提高。

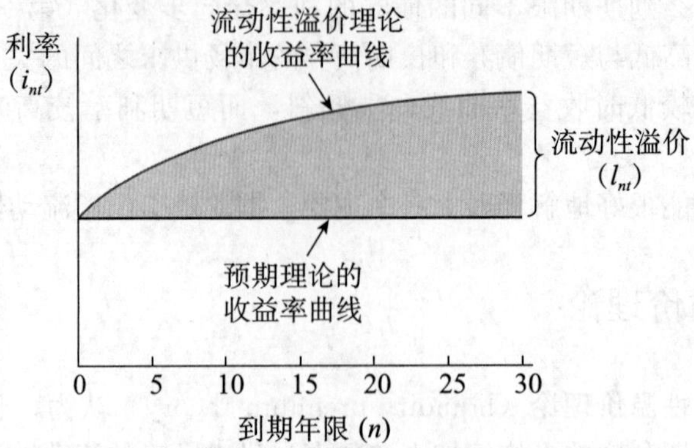

图 5-5　流动性溢价理论和预期理论之间的关系

说明：流动性溢价总是正值，并随着到期期限的延长而提高。根据流动性溢价理论得到的收益率曲线总是高于根据预期理论得到的收益率曲线，且斜率更大。为了简化分析，假设根据预期理论得到的收益率曲线未来一年期的利率保持不变，即收益率曲线是水平的。

i^e_{t+1}——第 2 年的利率，为 6%；

l_{nt}——流动性溢价，为 0.25%；

n——年数，为 2。

因此，有

$$i_{2t}=\frac{5\%+6\%}{2}+0.25\%=5.75\%$$

5 年期债券的利率为 8%。

$$i_{nt}=\frac{i_t+i^e_{t+1}+i^e_{t+2}+\cdots+i^e_{t+(n-1)}}{n}+l_{nt}$$

式中：

i_t——第 1 年的利率，为 5%；

i^e_{t+1}——第 2 年的利率，为 6%；

i^e_{t+2}——第 3 年的利率，为 7%；

i^e_{t+3}——第 4 年的利率，为 8%；

i^e_{t+4}——第 5 年的利率，为 9%；

l_{nt}——流动性溢价，为 1.0%；

n——年数，为 5。

因此，有

$$i_{5t}=\frac{5\%+6\%+7\%+8\%+9\%}{5}+1\%=8.0\%$$

用同样的公式计算 1 年期、3 年期及 4 年期债券的利率，就能得到 1～5 年期债券的利率分别为 5.0%、5.75%、6.5%、7.25%和 8.0%。将这些结果与由预期理论得到的结果进行比较，可以发现：由于投资者偏好短期债券，因此流动性溢价理论所得到的收益率曲线更加陡峭地向上倾斜。

流动性溢价理论是否可以解释前面所讨论的现象呢？它解释了第一个现象，即具有不同到期期限的债券的利率会随着时间的推移而同步变化，短期利率提高意味着短期利率水平在未来将会更高，而公式（5—3）表明长期利率将会随之一起变动。

流动性溢价理论也解释了第二个现象，即当短期利率较低时，收益率曲线向上倾斜；当短期利率较高时，收益率曲线向下倾斜。当短期利率较低时，人们一般预期短期利率会在将来上涨到一个正常水平，预期未来短期利率的平均值要高于当前的短期利率。由于加入了正的流动性溢价，因此，长期利率会高于当前的短期利率，收益率曲线将陡峭地向上倾斜。与之相反，当短期利率较高时，人们一般预期它会回落。即使存在正的流动性溢价，预期未来短期利率的平均值也会低于当前的短期利率，因此，长期利率会低于当前的短期利率，收益率曲线将向下倾斜。

流动性溢价理论还可以解释第三个现象，即收益率曲线通常是向上倾斜的。投资者偏好短期债券，因此随着债券到期期限的延长，流动性溢价也会相应提高；即使预期短期利率的平均水平保持不变，长期利率仍然高于短期利率，因此，收益率曲线通常是向上倾斜的。

如果流动性溢价为正值，那么，流动性溢价理论如何解释偶然出现的收益率曲线的倒挂现象呢？有时，人们预期未来的利率会下降，因此预期未来短期利率的平均值将低于当前的短期利率。即使加上一个正的流动性溢价，得到的长期利率仍然低于当前的短期利率。

我们的讨论表明，流动性溢价理论最引人注目的地方在于，人们通过观察收益率曲线的斜率就可以知道目前市场对未来短期利率的预测。如图 5-6（a）所示，陡峭向上的收益率曲线表明预期短期利率在将来会上升；图 5-6（b）中平缓向上的收益率曲线表明，预期短期利率在将来不会大幅提高或下降；图 5-6（c）中水平的收益率曲线表明，预期短期利率在将来会轻微下降；图 5-6（d）中倒挂的收益率曲线表明，预期短期利率在将来会急剧下降。

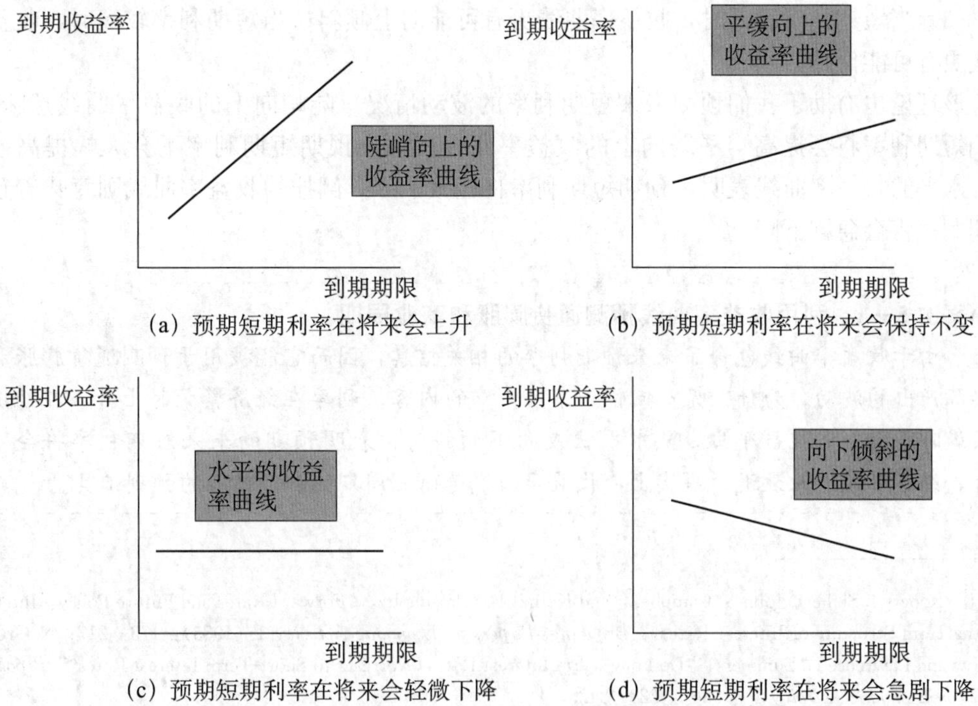

图 5-6　收益率曲线及市场对未来短期利率的预测

说明：如图（a）所示，陡峭向上的收益率曲线表明，预期短期利率在将来会上升；如图（b）所示，平缓向上的收益率曲线表明，预期短期利率在将来不会大幅提高或下降；如图（c）所示，水平的收益率曲线表明，预期短期利率在将来会轻微下降；如图（d）所示，倒挂的收益率曲线表明，预期短期利率在将来会急剧下降。

5.2.4 期限结构的实证研究

20世纪80年代，研究人员在考察了利率期限结构之后提出质疑：收益率曲线的斜率能否提供关于未来短期利率走势的信息?① 他们发现，长期利率和短期利率之间的利差并不总是有助于预测未来的短期利率，可能是因为长期债券流动性（期限）溢价的波动幅度很大。近期的许多研究运用更为精细复杂的试验方法得出了不同的结论：债券的期限结构确实能够提供短期（几个月）和长期（几年）内关于利率的信息，但在预测中期（时间介于前两者之间）利率时非常不可靠。② 研究还表明，收益率曲线有助于预测未来的通货膨胀和商业周期（参考本章的小案例专栏）。

5.2.5 小结

由于流动性溢价理论能够更好地解释期限结构的主要现象，因而它成为了被广泛接受的利率期限结构理论。该理论结合了预期理论和市场细分理论的主要特征，认为长期利率等于流动性溢价加上债券到期期间预期短期利率的平均值。

流动性溢价理论解释了如下现象：

(1) 到期期限不同的债券的利率随时间同步变动。

(2) 收益率曲线通常是向上倾斜的。

(3) 当短期利率较低时，收益率曲线更有可能向上倾斜；当短期利率较高时，收益率曲线更有可能倒挂。

该理论也有助于我们预测未来短期利率的波动情况。陡峭向上的收益率曲线意味着，预期短期利率将会提高；平缓向上的收益率曲线表明，预期短期利率不会大幅提高或下降；水平的收益率曲线表明，预期短期利率将轻微下降；倒挂的收益率曲线则意味着预期短期利率将会急剧下降。

小案例 5—1 利用收益率曲线预测通货膨胀和商业周期

由于收益率曲线包含了未来预期利率的相关信息，因而它能被用于预测通货膨胀和实际产出的波动。为什么呢？回忆一下第4章的内容，利率在经济繁荣时上升，在经济衰退时下降。当收益率曲线呈水平状或向下倾斜时，表明预期的未来短期利率将会下降，经济可能进入衰退。事实上，收益率曲线是商业周期的一个精准的预测工具。[a]

---

① Robert J. Shiller, John Y. Campbell, and Kermit L. Schoenholtz, "Forward Rates and Future Policy: Interpreting the Term Structure of Interest Rates," *Brookings Papers on Economic Activity* 1 (1983): 173 - 217; N. Gregory Mankiw and Lawrence H. Summers, "Do Long-Term Interest Rates Overreact to Short-Term Interest Rates?" *Brookings Papers on Economic Activity* 1 (1984): 223 - 242.

② Eugene Fama, "The Information in the Term Structure," *Journal of Financial Economics* 13 (1984): 509 - 528; Eugene Fama and Robert Bliss, "The Information in Long-Maturity Forward Rates," *American Economic Review* 77 (1987): 680 - 692; John Y. Campbell and Robert J. Shiller, "Cointegration and Tests of the Present Value Models," *Journal of Political Economy* 95 (1987): 1062 - 1088; John Y. Campbell and Robert J. Shiller, "Yield Spreads and Interest Rate Movements: A Bird's Eye View," *Review of Economic Studies* 58 (1991): 495 - 514.

在第 3 章中，我们已经了解到名义利率由实际利率和预期通货膨胀率构成，这意味着，收益率曲线同时包含了未来名义利率和通货膨胀的信息。一条陡峭向上的收益率曲线表明，未来通货膨胀率将会上升；相反地，一条水平的或向下倾斜的收益率曲线预示未来通货膨胀率将会下降。[b]

由于收益率曲线可用来预测商业周期和通货膨胀，因此，收益率曲线的斜率成为很多经济预测家的工具之一，而且成为衡量货币政策立场的指示灯。向上倾斜的收益率曲线表明货币政策比较宽松；水平的或向下倾斜的收益率曲线表明货币政策收紧。

a. 例如，参见 Arturo Estrella and Frederic S. Mishkin，"Predicting U. S. Recessions：Financial Variables as Leading Indicators，" *Review of Economics and Statistics* 80（February 1998）：45 - 61。

b. Frederic S. Mishkin，"What Does the Term Structure Tell Us About Future Inflation?" *Journal of Monetary Economics* 25（January 1990）：77 - 95；and Frederic S. Mishkin，"The Information in the Longer-Maturity Term Structure About Future Inflation，" *Quarterly Journal of Economics* 55（August 1990）：815 - 828.

案例 5—3

对 1980—2013 年间收益率曲线的解释

图 5-7 给出了近年来几种美国国债的收益率曲线。这些收益率曲线包含公众对未来短期利率走势预期的哪些信息呢？

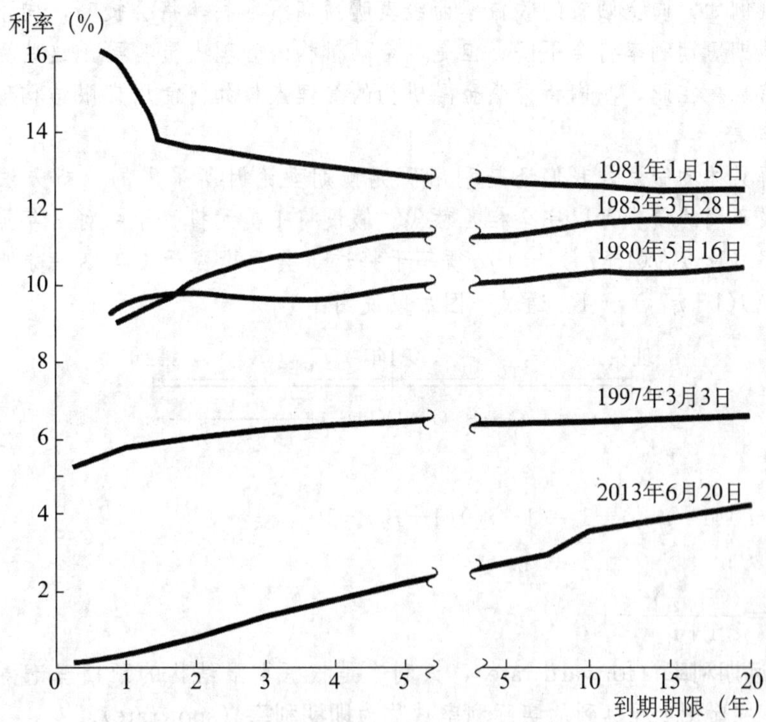

图 5-7　美国国债的收益率曲线

说明：1981—2013 年不同时期美国国债的收益率曲线。

资料来源：Federal Reserve Bank of St. Louis；FRED database：http：//research. stlouisfed. org/fred2/；*Wall Street Journal*，various dates.

1981 年 1 月 15 日陡峭地向下倾斜的收益率曲线表明，人们预期未来短期利率将急剧下降。长期利率总会有一个正的流动性溢价，由此可知，短期利率下降的幅度非常大，才会使整条收益率曲线陡峭地向下倾斜。事实上，公众对于未来短期利率严重下降的预期不久就被证实了，到 3 月份，3 个月期国库券的利率从 16%下降到了 13%。

陡峭地向上倾斜的收益率曲线出现在 1985 年 3 月 28 日和 2013 年 6 月 20 日，表明未来短期利率会急剧上升。当预期短期利率将会升高时，短期利率的平均值加上流动性溢价将高于当前的短期利率，因此长期利率会高于短期利率。1980 年 5 月 16 日和 1997 年 3 月 3 日的收益率曲线平缓地向上倾斜，表明近期内短期利率既不会上升也不会下降。在这种情况下，短期利率的平均值和当前的短期利率相同，较长期限债券的正的流动性溢价会使收益率曲线平缓地向上倾斜。

执业经理 5—1

利用期限结构预测利率

从第 4 章中我们了解到，利率预测对金融机构的管理人员极其重要，利率的未来波动对金融机构的盈利水平有重要影响。在金融机构确定客户的贷款利率时，也需要进行利率预测。前面我们对利率期限结构的讨论表明，收益率曲线的斜率可以被用来预测市场利率的未来走势。例如，向上倾斜的收益率曲线表明预期短期利率将会提高，向下倾斜的收益率曲线表明预期短期利率将会下降。但是，金融机构的管理人员需要比这些更具体的关于利率预测的信息。在此，我们将说明金融机构的管理人员如何使用期限结构理论获得具体的利率预测结果。

为了了解具体的做法，我们还是利用研究预期理论时所采用的分析方法。该理论认为，到期期限不同的债券可以完全相互替代。假设将 1 美元投资于一种 2 年期债券，获得的预期回报率 $(1+i_{2t})(1+i_{2t})-1$ 必须等于将这 1 美元投资于 1 年期债券所获得的预期回报率 $(1+i_t)(1+i_{t+1}^e)-1$。通过下图加以说明：

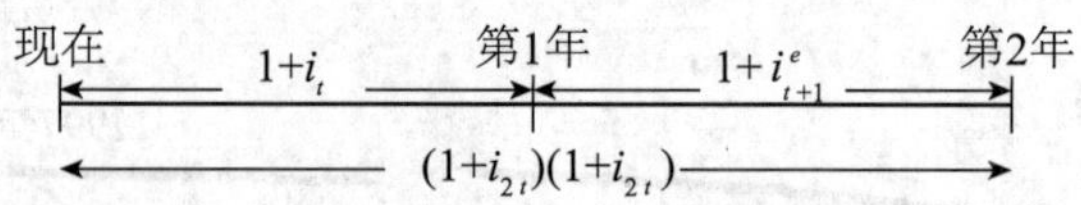

即

$$(1+i_t)(1+i_{t+1}^e)-1=(1+i_{2t})(1+i_{2t})-1$$

可以解出 i_{t+1}^e 为：

$$i_{t+1}^e=\frac{(1+i_{2t})^2}{1+i_t}-1 \tag{5—4}$$

i_{t+1}^e 称为**远期利率**（forward rate），该利率是根据期限结构的预期理论得到的下一期的预期利率。在时刻 t 观察到的实际利率被称为**即期利率**（spot rate）。

回到本章前面讨论预期理论时的例 5—3。在时刻 t，1 年期债券的利率是 5%，2 年期债券的利率是 5.5%。将这些数据代入公式（5—4），可以估计出下一期的远期利率：

$$i_{t+1}^e=\frac{(1+0.055)^2}{1+0.05}-1=0.06=6\%$$

毫不奇怪，这里得出的 6%的远期利率与例 5—3 所用的预期 1 年后的 1 年期债券的利率完全一样。可以说，这里使用的计算方法是从另一个角度对预期理论的求证。

将持有3年期债券与持有一系列1年期债券相比较，可得到下列关系：

$$(1+i_t)(1+i^e_{t+1})(1+i^e_{t+2})-1=(1+i_{3t})(1+i_{3t})(1+i_{3t})-1$$

将公式（5—4）所得到的 i^e_{t+1} 的估计值代入上式，可以解出 i^e_{t+2} 为：

$$i^e_{t+2}=\frac{(1+i_{3t})^3}{(1+i_{2t})^2}-1$$

重复上面的步骤，可以得到未来 n 期的远期利率为：

$$i^e_{t+n}=\frac{(1+i_{(n+1)t})^{n+1}}{(1+i_{nt})^n}-1 \tag{5—5}$$

预期理论并不尽如人意，投资者必须得到流动性溢价，才愿意持有长期债券。因此，还需要对上式进行修正，即在对未来利率预测值的估计中考虑流动性溢价。

回忆一下，投资者乐于持有短期债券而不乐于持有长期债券，n 年期长期债券的利率与预期理论所得到的利率之差称为流动性溢价 l_{nt}。考虑流动性溢价因素后，我们只需在得到的公式中从 i_{nt} 中减去 l_{nt}，即可得到：

$$i^e_{t+n}=\frac{(1+i_{(n+1)t}-l_{(n+1)t})^{n+1}}{(1+i_{nt}-l_{nt})^n}-1 \tag{5—6}$$

计算出的 i^e_{t+n} 称为调整后的远期利率。

在 i^e_{t+1} 的情况下，利用公式（5—6）可得出下述公式：

$$i^e_{t+1}=\frac{(1+i_{2t}-l_{2t})^2}{1+i_t}-1$$

我们使用例5—4的资料，在时刻 t，2年期债券的流动性溢价为0.25%，1年期利率为5%，2年期利率为5.75%，把这些数字代入上式，可以计算出1年后远期利率的预测值：

$$i^e_{t+1}=\frac{(1+0.057\,5-0.002\,5)^2}{1+0.05}-1=0.06=6\%$$

与例5—3中得到的预期利率一样，这正是我们希望得到的结果。

对期限结构的分析，为金融机构的管理人员提供了一种相当直接的利率预测方法，即首先估计出时刻 t 的流动性溢价 l_{nt}，然后运用公式（5—6）获得对未来利率水平的预测值。

【例5—5】远期利率

一位客户询问银行，能否在一年以后借给他一笔利率为8%的1年期贷款。如果银行希望盈利，那么，银行的贷款利率必须比到期期限相同的国债的利率高1个百分点。如果银行经理估计流动性溢价为0.4%，1年期国债的利率为6%，2年期国债的利率为7%，银行经理是否同意此项贷款？

解：

银行经理不同意此项贷款，因为这笔业务对银行来讲无利可图。

$$i^e_{t+n}=\frac{(1+i_{(n+1)t}-l_{(n+1)t})^{n+1}}{(1+i_{nt}-l_{nt})^n}-1$$

式中：

$i_{(n+1)t}$——2年期债券的利率，为0.07；

$l_{(n+1)t}$——流动性溢价，为0.004；

i_{1t}——1 年期债券的利率，为 0.06；

l_{1t}——流动性溢价，为 0；

n——年数，为 1。

因此，有

$$i_{t+1}^{e}=\frac{(1+0.07-0.004)^2}{1+0.06}-1=0.072=7.2\%$$

可见，1 年后，1 年期国债的利率预测值为 7.2%。为了使贷款获利，银行必须在国债的利率水平上加 1%，也就是要从该笔贷款中获利，银行的贷款利率必须在 8.2%以上。

我们会在第 6 章看到，债券市场对利率的预期可能是最准确的。如果确实如此，运用这里给出的简单方法估计出的未来利率可能是金融机构管理人员能够得到的最佳预测结果。

本章小结

1. 具有相同到期期限的债券的利率之间存在差异，影响因素有三：违约风险、流动性和所得税因素。债券的违约风险越高，债券的利率就越高；债券的流动性越强，债券的利率就越低；债券享有的税收优惠越大，债券的利率就越低。由这三个因素引起的、具有相同到期期限的债券利率之间的关系，就是利率的风险结构。

2. 关于期限结构的几种理论解释了具有不同到期期限的债券利率之间的关系。预期理论认为，长期债券的利率等于在此期限内预期未来短期利率的平均值。与此相反，市场细分理论认为，到期期限不同的债券的利率仅由市场供求关系决定。这两种理论都不能解释到期期限不同的债券的利率随着时间的推移同步变化及收益率曲线通常向上倾斜这些现象。

3. 流动性溢价理论综合了上述两种理论，能够解释所有现象。它认为，长期利率等于债券到期之前预期未来短期利率的平均值，加上该债券受供求状况变化影响的流动性溢价。这些理论使我们能够根据收益率曲线的形态预测未来短期利率的走势。陡峭向上的收益率曲线表明未来短期利率将上升；平缓向上的收益率曲线表明未来短期利率基本保持不变；水平的收益率曲线表明未来短期利率会有所下降；倒挂的收益率曲线表明未来短期利率会急剧下降。

重要专业术语

信用评级机构	倒挂的收益率曲线	风险溢价
违约	垃圾债券	利率的风险结构
无违约债券	流动性溢价理论	即期利率
预期理论	市场细分理论	利率的期限结构
远期利率	优先聚集地理论	收益率曲线

习题

1. 根据穆迪公司的评级，Baa 级公司债券和 C 级公司债券，哪个的风险溢价大？为什么？

2. 为什么美国国库券的利率要低于大额可转让存单的利率？

3. 公司债券的风险溢价通常都是反周期的，即在商业周期的扩张期，风险溢价降低；在商业周期的衰退期，风险溢价反而会上升。这是为什么？

4. “如果到期期限不同的债券是相近的替代品，它们的利率就更有可能随时间同步变动。”这种说法对吗？解释其原因。

5. 如果收益率曲线总体上是水平的，则这对期限结构的流动性溢价意味着什么？你是否更愿意接受预期理论？

6. 如果收益率曲线如下图所示，市场对未来短期利率波动的预测是怎样的？收益率曲线所表明的市场对未来通货膨胀的预期是怎样的？

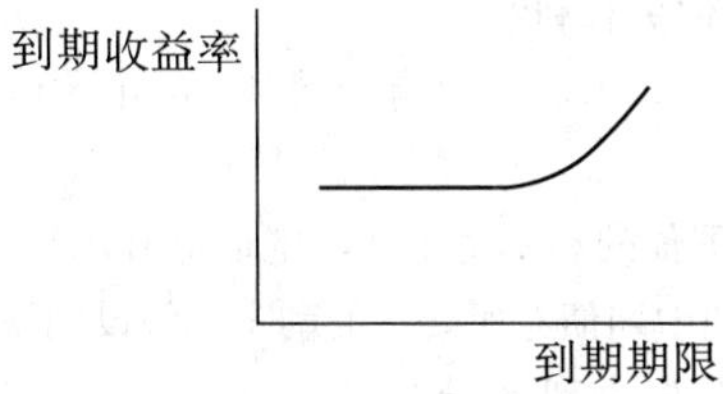

7. 如果收益率曲线如下图所示，市场对未来短期利率波动的预测是怎样的？收益率曲线所表明的市场对未来通货膨胀的预期是怎样的？

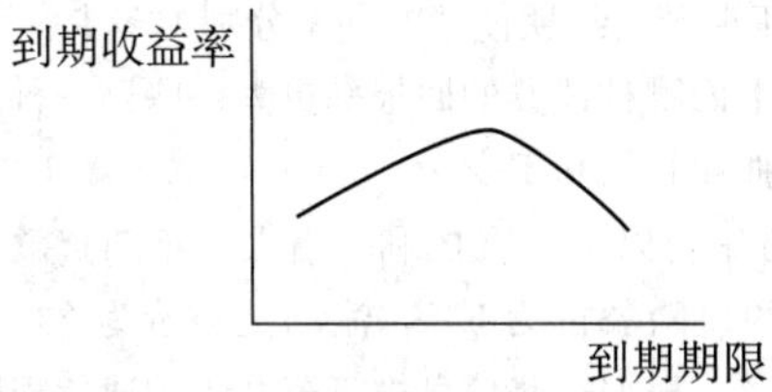

8. 降低所得税税率对市政债券的利率将会产生何种影响？美国国债会受其影响吗？如果有影响，影响如何？

预测未来

9. 如果联邦政府保证，一旦某家公司破产，它将对债权人负清偿责任，请预测公司债券利率和国债利率将会发生什么变化。

10. 如果降低公司债券市场的经纪人佣金，请预测公司债券的流动性溢价将会发生什么变化。

11. 如果取消对市政债券免征所得税的规定，这些债券的利率将会发生什么变化？对美国国债利率将会产生什么影响？

定量问题

1. 假设预期理论是正确的期限结构理论，计算 1～5 年期债券的利率，并根据下面给出的今后 5 年内的 1 年期债券利率绘制收益率曲线。

(1) 5%，7%，7%，7%，7%。

(2) 5%，4%，4%，4%，4%。

如果相对于长期债券人们更偏好短期债券，上述收益率曲线将发生何种变动？

2. 经济学家预测在随后的 5 年内，1 年期国债的利率如下表所示：

到期期限	1 年期债券利率（%）
1	4.25
2	5.15
3	5.50
4	6.25
5	7.10

在随后 2 年内，流动性溢价为 0.25%，此后将变成 0.50%。你是否愿意以 5.75%的利率水平购买一种 4 年期国债？

3. 一种面值为 100 万美元的市政债券，其息票利率为 8%，利息每年支付一次，其税后收益率是多少？将其与一种面值为 100 万美元、息票利率为 10%、每年付息的公司债券的税后收益率进行比较，假设税率是 25%。

4. 考虑一种 5 年期公司债券和一种 5 年期市政债券。公司债券的面值为 1 000 美元，息票利率为 12%，当期收益率为 11.5%。市政债券的面值也为 1 000 美元，息票利率为 8.5%，当期收益率为 7%。假设边际税率是 35%，哪种债券对你更有利?

5. 东南公司发行债券的当期利率为 12%，具有相同风险的市政债券的利率为 8%。当边际税率为多少时，这两种债券是无差异的?

6. 预测在未来 6 年内，1 年期国债的利率每年会稳定地上升 150 个基点。如果当期 1 年期债券的利率是 7.5%，请确定 3 年期和 5 年期中期债券所要求的利率。假设利率期限结构的预期理论是正确的。

7. 在未来 10 年内，1 年期债券的利率分别为 3%、4.5%、6%、7.5%、9%、10.5%、13%、14.5%、16%及 17.5%。根据预期理论，3 年期、6 年期及 9 年期债券的利率分别为多少?

8. 根据上题的信息，假设投资者偏好持有短期债券，并要求在债券到期期限中的每一年内，流动性溢价都为 10 个基点。3 年期、6 年期及 9 年期债券的利率分别为多少?

9. 如果预期理论是正确的，下面哪种债券的回报率更大一些：一种是利率为 15%的 2 年期债券，另一种是两个 1 年期债券，利率分别为 13%和 17%?

10. Little Monster 公司从北方银行以 11.5%的利率借入 2 年期贷款 100 万美元。当前的无风险利率为 2%，Little Monster 公司的违约风险溢价为 3%，流动性溢价为 2%。2 年期贷款的到期风险溢价为 1%，预测明年的通货膨胀率为 3%。根据这些信息推算第 2 年的通货膨胀率。

11. 1 年期国债的当期利率为 2%。如果预期在今后 3 年内，该债券的利率每年将提高 2%，那么，今天发行的 10 年期债券要求的利率应为多少? 假设预期理论是正确的。

12. 预期在今后 4 年内，1 年期国债的利率分别为 3%、4%、5%及 5.5%。如果 4 年期国债的收益率为 4.5%，该债券的流动性溢价为多少?

13. 你最喜欢的债券 R-Us 有下面几种价格：

(1) 1 年期、面值为 100 美元的零息债券，售价为 90.19 美元。

(2) 3 年期、息票利率为 10%、面值为 1 000 美元的附息债券，售价为 1 000 美元。

(3) 2 年期、息票利率为 10%、面值为 1 000 美元的附息债券，售价为 1 000 美元。

假设利率期限结构的预期理论是正确的，且不存在流动性溢价，所有债券的风险程度均相同，由此推算出 1 年期债券的利率水平是多少?

14. 你观测到借款和贷款的市场利率如下所示：

(1) 1 年期债券的利率为 5%。

(2) 2 年期债券的利率为 6%。

(3) 1 年后的 1 年期债券的利率为 7.25%。

你应该如何利用这些利率获得无风险收益? 假设利率期限结构的预期理论是正确的。

15. 如果 1～5 年期债券的当期利率分别为 4%、5%、6%、7%及 8%，1～5 年期债券的期限溢价分别为 0%、0.25%、0.35%、0.40%及 0.50%。预测 2 年后的 1 年期债券的利率水平。

网络练习

风险和利率的期限结构

1. 由于各种风险溢价随时间变化，投资者能够获得额外的利息收入。有时，风险溢价会比较高。在 20 世纪 90 年代末期，经济状况非常健康，企业倒闭的情况很罕见，违约风险溢价非常小。但是，在衰退期，违约风险溢价增大。登录圣路易斯联邦储备银行的美联储经济在线数据数据库即 http://research.stlouisfed.org/fred2/，找到 AAA 级和 Baa 级债券在 3 个时点的利率：最近的时点、1995 年 6 月 1 日以及 1992 年 6 月 1 日。绘图显示这 3 个时点的利率水平（参见本章的图 5-1）。风险溢价是稳定的还是随时间变化的?

2. 本章的图 5-7 给出了几个不同时点的一系列收益率曲线。登录 www.bloomberg.com，点击页面顶端的“Markets Data”（市场数据），找到国债的收益率曲线。当前的收益率曲线比图 5－7 列出的最新收益率曲线高还是低？当前的收益率曲线比图 5－7 列出的最新收益率曲线平缓还是陡峭？

3. 投资公司力图向投资者解释购买投资公司所发售的共同基金份额时面临的风险特征。登录 https：//personal. vanguard. com/us/funds/vanguard/all?sort＝name&sortorder＝asc。

（1）选出一种债券基金，推荐给风险容忍度低且投资时间短的投资者，说明你的理由。

（2）选出一种债券基金，推荐给风险容忍度高且投资时间长的投资者，说明你的理由。

第6章 金融市场效率

开篇预览

在金融市场的运作中，期望的概念很重要。预期回报率、预期风险和预期流动性是决定资产需求的重要因素；预期通货膨胀率是债券价格和利率的主要影响因素；预期违约概率是确定利率风险结构最重要的因子；预期未来短期利率在确定利率的期限结构中具有重要作用。期望不仅对理解金融市场行为非常重要，而且对了解金融市场运作很重要。

预期是如何形成的？证券价格如何随着时间的推移而变化？有效市场假说试图给出答案。我们将探究有效市场假说背后的基本理论，以解释在金融市场运行中出现的困惑。例如，为什么股票价格的波动无法预测？为什么从股票经纪人口中得到的内幕消息并不“可靠”？

从理论上说，有效市场假说是分析金融市场行为的有力工具。为了使其具有应用价值，需要对理论进行实证数据检验。实证证据是否形成对理论的支持？尽管获得的检验结果很庞杂，但它们表明该理论是分析预期的一个好起点。

6.1 有效市场假说

为了充分理解预期如何影响证券价格，我们需要考察市场中的信息如何影响证券价格。首先，我们研究**有效市场假说**（efficient market hypothesis），也称**有效资本市场理论**（theory of efficient capital markets）。该假说认为，金融市场中的证券价格完全反映了所有可以获得的信息。这意味着什么呢？

从第 3 章可知，持有一种证券的回报率等于从该证券获得的资本利得（价格的变化）加上现金回报再除以该证券的初始购买价格：

$$R=\frac{P_{t+1}-P_t+C}{P_t} \tag{6—1}$$

式中：

R——持有证券从时刻 t 到时刻 $t+1$ 所获得的回报（如从 2014 年年底到 2015 年年底）；

P_{t+1}——时刻 $t+1$（持有期末）证券的价格；

P_t——时刻 t（持有期初）证券的价格；

C——在时刻 t 到时刻 $t+1$ 期间发生的现金支付金额（息票利息或红利支付）。

考察在持有期初时刻 t 回报率的期望值。在期初，当期价格和现金支付额 C 是已知的。在回报率的定义中，唯一不确定的变量是未来一期的价格 P_{t+1}。[①] 定义持有期末证券价格的期望值为 P^e_{t+1}，则预期回报率 R^e 为：

$$R^e=\frac{P^e_{t+1}-P_t+C}{P_t}$$

有效市场假说认为，期望等于利用所有可得信息得到的最优预测结果。这意味着什么呢？最优预测是利用所有可得信息对未来进行的最好预测，这并不意味着预测结果是完全正确的，只是在给定可得信息的条件下得到的最可能结果，可以表述为：

$$P^e_{t+1}=P^{of}_{t+1}$$

证券的预期回报率等于对回报率的最优预测结果，可以表述为：

$$R^e=R^{of} \tag{6—2}$$

遗憾的是，我们无法观测到 R^e 和 P^e_{t+1}。因此，上述公式并不能揭示更多金融市场行为。但是，如果有方法可以度量 R^e，上述公式就能很好地说明金融市场中证券价格的变化机理。

第 4 章对债券市场的供求分析表明：一种证券的预期回报率（比如债券的利率）具有向均衡利率靠拢的趋势。根据供求分析，我们可以运用下面的均衡条件来确定证券的预期回报率：证券的预期回报率 R^e 等于均衡回报率 R^*，在该回报率水平上，证券的需求量等于供给量，即

$$R^e=R^* \tag{6—3}$$

研究影响证券均衡回报率的因素（如风险和流动性）是金融学术领域的事。我们要做的是确定均衡回报率，并运用均衡条件确定预期回报率。

根据均衡条件，用 R^* 替换 R^e，见公式（6—2），推导出能够描述有效市场定价行为的公式：

$$R^{of}=R^* \tag{6—4}$$

该公式告诉我们，在当前价格下，根据所有可得信息预测的证券最优回报率等于证券的预期回报率。此时，证券的价格充分反映了有效市场上所有可获得的信息。

【例 6—1】 有效市场假说

假设微软公司股票昨天的收盘价是 90 美元，但在收市后，公司发布了新消息，使得

① 有时，期初支付的金额 C 是未知的，但这不会对分析结果产生重要影响。在这种情况下，我们可以假定期望价格和期望支付金额 C 都是借助于所有可得信息获得的最优预测结果。

对第 2 年股价的预测值调整为 120 美元。如果微软公司的年均衡回报率是 15%，那么，根据有效市场假说，今天开盘后，该股票价格将会变成多少？假设微软公司不支付红利。

解：

开市后，股价将上升到 104.35 美元。

$$R^{of}=\frac{P_{t+1}^{of}-P_t+C}{P_t}=R^*$$

式中：

R^{of}——回报率的最优预测值，为 15%；

R^*——均衡回报率，为 15%；

P_{t+1}^{of}——对明年价格的最优预测值，为 120 美元；

P_t——今天开市后的价格；

C——现金（红利）支付额，为 0。

因此，有

$$0.15=\frac{120-P_t}{P_t}$$

$$P_t\times0.15=120-P_t$$

$$P_t\times1.15=120$$

$$P_t=104.35$$

6.1.1 有效市场假说的依据

为了说明有效市场假说的合理性，我们需要用到**套利**（arbitrage）的概念。在套利过程中，市场参与者（即套利者）会消除**未被利用的获利机会**（unexploited profit opportunity），意味着从某证券上获得的回报大于该证券内在的回报。套利有两种类型：纯套利，即无风险地消除未被利用的获利机会；另一种套利就是我们在这里讨论的，套利者需要承担一定的风险。为了说明套利是如何引致有效市场假说的，假设给定一种证券的风险特征，如埃克森公司的股票，其正常年回报率为 10%，当前价格 P_t 低于明天价格 P_{t+1}^e 的最优预测值，回报率的最优预测值是每年 50%，大于 10%的均衡回报率。现在可以预计，埃克森公司的回报率水平将会异常高，因此，存在未被利用的获利机会。因为 $R^{of}>R^*$，你能够从埃克森公司的股票中获得相当高的回报率，你当然会大量购入该股票。这样就会使该股票的当前价格相对于预期未来价格 P_{t+1}^e 提高，从而降低 R^{of}。当前价格进一步提高，使 R^{of} 等于 R^*，有效市场条件［公式（6—4）］得以满足，此时你才会停止购买埃克森公司的股票，这种未被利用的获利机会也就不复存在了。

与之类似，如果某种证券回报率的最优预测值为−5%，而均衡回报率为 10%（$R^{of}<R^*$），投资该证券就不太明智。因为平均而言，回报率的最优预测值低于均衡回报率。在这种情况下，你会出售该证券，使得当前价格相对于预期价格下降，直到 R^{of} 提高到与 R^* 相等的水平。于是，有效市场假说再次得以满足。我们的分析可以归纳如下：

$$\left.\begin{array}{l}R^{of}>R^*\rightarrow P_t\uparrow\rightarrow R^{of}\downarrow\\ R^{of}<R^*\rightarrow P_t\downarrow\rightarrow R^{of}\uparrow\end{array}\right\}\text{直到 } R^{of}=R^*$$

对有效市场假说的另一种表述是：**在有效市场中，所有未被利用的获利机会都将消失。**

需要说明的是，**不是金融市场的所有参与者都能充分获得某种证券的信息，进而将其价格推向有效市场条件成立时的水平**。金融市场是结构性的，因而才会有众多参与者参与其中。只要一小部分人（通常被称为“精明的投资者”）发现了这种未被利用的获利机会，他们就将利用这些机会获利，并使这些获利机会不复存在。有效市场假说的意义在于，它并不要求市场中的每个参与者都能及时了解每种证券的情况。

6.2 有效市场假说的实证

对有效市场假说的早期实证都是支持它的。但是，近年来，对这些实证更深入的分析发现，该假说并非总能得到证实。我们首先考察支持该假说的早期实证，然后再探究对该假说表示怀疑的近期实证。

6.2.1 支持有效市场假说的实证研究

支持有效市场假说的实证研究主要围绕以下方面展开：投资分析师和共同基金的表现、股票价格能否反映公众可获得的信息、股票价格的随机漫步行为以及所谓技术分析的成功。

（1）**投资分析师和共同基金的表现**。我们知道，有效市场假说的含义之一是不能期望购买的证券获得异常的高回报（即超过均衡回报），意味着人不可能战胜市场。很多研究旨在揭示投资顾问和共同基金（有的基金向购买者收取很高的销售佣金）能否战胜市场。常用的一种检验方法是从一组投资顾问和共同基金处获得买卖推荐意见，并对这些推荐股票的表现和市场整体情况进行比较。有时，对顾问选出的股票与随意一组股票的市场表现进行比较，通常是将报刊金融板块中的股票列在一个圆靶上，然后，随意掷飞镖进行选择。例如，《华尔街日报》中有个常规板块，叫做“投资之靶”专栏，该专栏对投资顾问选出的股票和随意掷飞镖选出的股票的市场表现进行比较。投资顾问能赢得这个比赛吗？尴尬的是，两者获胜的比例各占一半。此外，即使是曾经成功预测股票市场的投资顾问做出的选择，也不一定能经常战胜飞镖的选择。

与有效市场假说一致，共同基金也不能战胜市场。共同基金的表现不仅不会优于市场平均水平，而且人们发现，如果根据共同基金在某时段的表现将其分成不同的组别，那些表现优秀的共同基金在接下来的比赛中也赢不了大盘。[①]

通过研究投资顾问和共同基金的表现，我们得出结论：**过去表现良好的投资顾问和共同基金，在未来不一定仍表现良好**。对投资顾问而言，这可不是好消息。但是，这就是有

---

① 早期的研究发现，共同基金并不能跑赢大盘，见 Michael C. Jensen，“The Performance of Mutual Funds in the Period 1945—64，” *Journal of Finance* 23（1968）：389－416。近期对共同基金表现所做的研究见 Mark Grimblatt and Sheridan Titman，“Mutual Fund Performance：An Analysis of Quarterly Portfolio Holdings，” *Journal of Business* 62（1989）：393－416；R. A. Ippolito，“Efficiency with Costly Information：A Study of Mutual Fund Performance，1965—84，” *Quarterly Journal of Economics* 104（1989）：1－23；J. Lakonishok，A. Shleifer，and R. Vishny，“The Structure and Performance of the Money Management Industry，” *Brookings Papers on Economic Activity*，*Microeconomics*（1992）；and B. Malkiel，“Returns from Investing in Equity Mutual Funds，1971—1991，” *Journal of Finance* 50（1995）：549－572。

效市场假说所推定的结果。有的投资顾问比较幸运，有的就不那么幸运了。但是，这并不意味着幸运的投资顾问就能战胜市场。下面的小案例 6—1 将讨论该假说的特例。

小案例 6—1　证明假说的例外：拉杰·拉贾拉特南和帆船集团

有效市场假说表明，投资顾问并不具有战胜市场的能力。然而，在 2009 年以前，拉杰·拉贾拉特南（Raj Rajaratnam）和他的帆船集团具有这种能力，但他被美国证券交易委员会以依靠内幕交易获取不正当收益（估测其收益达到 6 000 万美元）的罪名起诉。2011 年 5 月，拉贾拉特南因内幕交易被定罪，被判入狱 11 年，被处以 1.5 亿美元罚款。如果股票市场是有效的，美国证券交易委员会是否可以合理地宣称拉贾拉特南能战胜市场呢？答案是可以。

通过投资于那些据称得到内幕消息的公司，拉杰·拉贾拉特南和他的帆船集团为自己和顾客赚取了数以百万计的利润。这些关于特定公司境外投资活动的消息源自麦肯锡公司的拉雅·古普塔（Rajat Gupta）和阿尼尔·库马尔（Anil Kumar）、IBM 的罗伯特·莫法特（Robert Moffat）以及英特尔投资的拉吉夫·戈埃尔（Rajiv Goel）和鲁米·汉（Roomy Khan）。在 21 世纪，拉杰·拉贾拉特南和他的帆船集团每年都能赚取数百万美元。这是证明金融分析人员不能持续战胜市场的一个特例。但是，它能够支持有效市场假说的某些观点，即只有市场无法得到的信息才能使投资者战胜市场，拉杰·拉贾拉特南和他的帆船集团能在市场之前获得该信息。

（2）**股票价格能反映公众可获得的信息吗？**有效市场假说认为，股票价格可以反映所有公众可获得的信息。因此，如果公众已经获得关于某公司的信息，那么发布一则对该公司有利的正面消息，平均而言，并不会提高该公司的股票价格，因为这些信息已经在股价中得到了反映。早期的实证研究也验证了根据有效市场假说得到的下述结论：有利的公司收益报告或拆股报告（将一股拆分成几股，通常会带来高收益），平均而言，都不会提高股价。[①]

（3）**股票价格的随机漫步行为。随机漫步**（random walk）描述的是一个变量的变动情况。在当前值给定的情况下，该变量值既有可能上升也有可能下降，我们无法预测该变量未来的变化情况。有效市场假说的一个重要隐含意义是：股票价格应该是随机漫步的。**从现实角度看，股票价格的未来变化应该是无法预测的。**有效市场假说所包含的随机漫步含义经常在新闻中出现，因为公众最容易理解随机漫步。事实上，当人们提到“股价的随机漫步理论”时，指的就是有效市场假说。

可以证明股票价格随机漫步的情况。假设人们预测到 Happy Feet 公司（HFC）股票的价格将在下周上涨 1%。预测的 HFC 股票的年资本增值率和回报率将会超过 50%，很有可能远高于 HFC 股票的均衡回报率（$R^{of}>R^*$）。有效市场假说认为，人们会立刻购买该股票，抬高当前股价。只有当预测的股价变动趋近于 0，使 $R^{of}=R^*$ 时，这种行为才会停止。

类似地，如果人们预测 HFC 股票的价格将会下跌 1%，预测的回报率为负值且小于均衡回报率（$R^{of}<R^*$），人们就会立刻卖出该股票。当前的股价会一直下跌，直到预测

① Ray Ball and Philip Brown, “An Empirical Evaluation of Accounting Income Numbers,” *Journal of Accounting Research* 6 (1968): 159 - 178; Eugene F. Fama, Lawrence Fisher, Michael C. Jensen, and Richard Roll, “The Adjustment of Stock Prices to New Information,” *International Economic Review* 10 (1969): 1 - 21.

的股价变动趋近 0。此时，有效市场假说的条件再次成立。有效市场假说认为，股票价格的预测变动将接近 0，从而得出结论：股票价格通常服从随机漫步。[①]

金融学家用两种检验探究股价服从随机漫步的假说。第一种检验是分析股票市场的记录，看股票价格的变化与过去的变化是否系统相关，说明是否可以根据过去的股价变动对未来的股价进行预测。第二种检验是数据分析，看看除了股票历史价格以外的其他公开可用信息能否被用于预测股价变动。这些检验方法要求严格，因为其他信息（如货币供给增加、政府支出、利率及公司利润）对预测股票回报都有影响。两种检测方法早期的结果大体上都证实了有效市场假说的观点：股票价格不可预测，是随机漫步的。[②]

（4）**技术分析。**有一种非常流行的用来预测股票价格的方法，称为技术分析。技术分析就是研究过去的股票价格数据，寻找股票价格的变化趋势和规律性变动模式，然后在此基础上建立何时买卖股票的规则。有效市场假说认为，进行技术分析是在浪费时间。从有效市场假说得到了随机漫步的结果，也就是说，过去的股票价格数据无助于预测未来股票价格的变动。依赖这些数据进行的技术分析不可能成功预见股价的变动。

有两种检验方法直接向技术分析的价值提出了挑战。第一种方法用前面的实证分析评价金融分析师的业绩。其结果正如有效市场假说所推定的那样：技术分析并不比其他的金融分析好。平均来看，它们并不比市场更出色，过去预测的成功并不意味着它们在未来市场中的表现也会出色。第二种检验利用在技术分析中得出的买卖股票的选时规则，分析新数据。[③] 最后，评估运用该技术所获的绩效。这些检验的结果同样对技术分析提出了质疑：它们的业绩并不优于市场。

案例 6—1

外汇汇率是否遵循随机漫步原理

有效市场假说也被用来说明汇率变动，在通常情况下，与股票价格一样，遵循随机漫步原理。如何理解呢？假如人们能够预测某一货币将在下周升值 1%，将会发生什么呢？买进这一货币，可以获得超过 50%的年回报率，远高于持有该货币的均衡回报率。结果是，人们会立即买进该货币，并抬高它现在的价格，同时降低其预期回报率。这一

---

① 注意，股票价格的随机漫步行为只是从有效市场假说推出的近似结论。只有当一只股票在不变股价下获得均衡回报率时，这一结论才会精确成立。此时，股票价格的预测变动正好为 0，即 $R^{of}=R^*$。

② 第一种检验只使用了股票市场数据，被称为弱式有效性检验，因为用于预测股票价格的信息只限于过去的价格数据。第二种检验被称为半强式有效性检验，因为信息集扩展到包括所有公开可获得的信息，而不仅仅是过去的股票价格。第三种检验被称为强式有效性检验，因为信息集还包括了只被公司所有者知道的内幕信息，如计划何时宣布公司的高股息。强式有效性检验有时确实表明内幕信息可被用于预测股价的变动，但这与有效市场假说并不矛盾。因为公众是无法获得这些信息的，因此这些信息不能反映在股票的市场价格中。事实上，法律严格禁止在金融市场上进行内幕交易。对于三种检验的早期研究，参见 Eugene F. Fama，“Efficient Capital Markets：A Review of Theory and Empirical Work，” *Journal of Finance* 25（1970）：383 - 416。

③ Sidney Alexander，“Price Movements in Speculative Markets：Trends or Random Walks?” *Industrial Management Review*，May 1961，pp. 7 - 26；and Sidney Alexander，“Price Movements in Speculative Markets：Trends or Random Walks? No. 2” in the *Random Character of Stock Prices*，ed. Paul Cootner（Cambridge，MA：MIT Press，1964），pp. 338 - 372. 更多近期的研究表明技术分析不可靠，见 F. Allen and R. Karjalainen，“Using Genetic Algorithms to Find Technical Trading Rules，” *Journal of Financial Economics*（1999）51：245 - 271。但是，有一些研究得出了对技术分析有利的结论，见 P. Sullivan，A. Timmerman，and H. White，“Data-Snooping，Technical Trading Rule Performance and the Bootstrap，” Centre for Economic Policy Research Discussion Paper No. 1976，1998。

过程只有当汇率的预期变化降到接近零时才会停止。这时，回报率的最优预测值不再与均衡回报率存在差异。同样，如果人们能够预测到某一货币将在下周贬值 1%，他们将卖出该货币，直到汇率的预期变化再一次接近零。从现实意义来说，有效市场假说意味着汇率的未来波动无法预测。换言之，汇率遵循随机漫步。实证检验结果支持了这一推定。*

* 参见 Richard A. Meese and Kenneth Rogoff，“Empirical Exchange Rate Models of the Seventies：Do They Fit Out of Sample?” *Journal of International Economics* 14（1983）：3 - 24。

6.2.2 反对有效市场的实证研究

所有支持有效市场假说的早期证据看上去都具有压倒性的优势。金融学家尤金・法马（Eugene Fama）在他 1970 年关于有效市场假说实证研究的著名报告中写道：“支持有效市场模型的证据非常多，而（在经济学里是有些特别的）反对的证据很少。”[①] 然而，近年来，这一理论出现了一些缺陷，被称为“异象”。实证研究结果表明，有效市场假说并不总是普遍适用的。

（1）**小公司效应**。最早报道的有关股票市场并非有效的一个异象被称为小公司效应。许多实证研究已经表明，尽管小公司的高风险已被考虑到价格中，但小公司在很长时期内都具有非正常的高回报。[②] 最近几年，小公司效应已经逐渐减小，但是，它对有效市场假说仍然是一个挑战。有许多不同的理论可被用来解释小公司效应。这些理论认为，小公司效应是由机构投资者证券组合的重新平衡、税收问题、小公司股票的低流动性、评价小公司昂贵的信息成本以及对小公司股票风险的错误估计等因素引起的。

（2）**一月效应**。在很长的一段时间内，人们可以预测到股价倾向于在 12 月到次年 1 月之间经历非正常的价格提升，这与股价的随机漫步行为不符。这种所谓的**一月效应**（January effect）最近几年在大公司股票上似乎已经消失，但是小公司的股票仍会出现这种特征。[③] 一些金融学家认为，一月效应是由税收因素引起的。投资者有动机在 12 月底之前将股票卖出，这样可以获得资本损失的税收返还，从而减轻税务负担。然后，在 1 月，即新一年的开始，他们又购回股票，从而股票价格上涨，得到极高的非正常回报。这个解释看上去合理，却无法解释为什么像私人养老金这样不需要缴纳所得税的机构投资者不去

① Eugene F. Fama，“Efficient Capital Markets：A Review of Theory and Empirical Work,” *Journal of Finance* 25（1970）：383 - 416.

② 例如，参见 Marc R. Reinganum，“The Anomalous Stock Market Behavior of Small Firms in January：Empirical Tests of Tax Loss Selling Effects,” *Journal of Financial Economics* 12（1983）：89 - 104；Jay R. Ritter，“The Buying and Selling Behavior of Individual Investors at the Turn of the Year,” *Journal of Finance* 43（1988）：701 - 717；and Richard Roll，“Vas Ist Das? The Turn-of-the-Year Effect：Anomaly or Risk Mismeasurement?” *Journal of Portfolio Management* 9（1988）：18 - 28。

③ 例如，参见 Donald B. Keim，“The CAPM and Equity Return Regularities,” *Financial Analysts Journal* 42（May-June 1986）：19 - 34。

利用1月异常的高额回报机会，而是在12月购买股票，从而抬高价格，消除非正常回报。①

（3）**市场过度反应**。最近的研究表明，股票价格对新公告存在过度反应现象，而且这种价格错误只能慢慢得到纠正。② 当公司宣布其收益将发生很大变动（比如大幅下降）时，其股票价格将会过度调整。在最初的猛烈下跌后，会在几周后回到一个更正常的水平，这就违背了有效市场假说。一般来说，投资者能在公司宣布其业绩不佳后立刻购买该公司的股票，并且在几周后股价回升到正常水平时再卖出，以赚取超高回报。

（4）**过度波动性**。一种与市场过度反应密切相关的现象是股票市场的过度波动性，也就是股票价格的波动远远大于由其基础价值决定的波动。耶鲁大学的罗伯特·希勒（Robert Shiller）在一篇重要的论文中指出，标准普尔500（S&P 500）股票指数的波动无法通过组成这一指数的股票的后续股利波动来判断。随后，有很多技术性研究成果都对此结论提出了批评。但是，席勒研究发现，股票价格在股票市场收市时有一个较小波动的研究结果得到了一致的验证支持，即股票市场的价格似乎会受到基本面以外的其他因素影响。③

（5）**均值回归**。一些研究人员还发现，股票回报表现出**均值回归**（mean reversion）的特征：现在回报率低的股票在未来将有高的回报，反之亦然。那些在过去表现不好的股票更可能在未来表现良好。均值回归表明，未来股票价格会有一个可预测的正面变化，而不是随机漫步。研究人员还发现，在第二次世界大战以后，在数据分析上应用均值回归不再具有说服力，因此怀疑该现象的存在。与均值回归相关的证据仍然具有争议。④

（6）**新信息并不总能迅速反映在股票价格中**。尽管很多研究表明，正如有效市场假说所预计的那样，股票价格会根据新信息进行调整，但是股票价格不会立即随着收益报告的发布而调整。实际情况是，在公司宣布获得一种出乎意料的高利润之后，股价将在一段时间内持

---

① 另一个证明证券市场不那么有效的异象是，一家最著名的投资推荐刊物《价值线调查》（*Value Line Survey*）推荐的股票获得了异常高的平均回报率。参见 Fischer Black，"Yes，Virginia，There Is Hope：Tests of the Value Line Ranking System，" *Financial Analyst Journal* 29（September-October 1973）：10－14，and Gur Huberman and Shmuel Kandel，"Market Efficiency and Value Line's Record，" *Journal of Business* 63（1990）：187－216。价值线调查公司能否在未来有好的表现，当然还是个未知数。

② Werner F. M. De Bondt and Richard Thaler，"Further Evidence on Investor Overreaction and Stock Market Seasonality，" *Journal of Finance* 62（1987）：557－580.

③ Robert Shiller，"Do Stock Prices Move Too Much to Be Justified by Subsequent Changes in Dividends?" *American Economic Review* 71（1981）：421－436，and Kenneth R. French and Richard Roll，"Stock Return Variances：The Arrival of Information and the Reaction of Traders，" *Journal of Financial Economics* 17（1986）：5－26.

④ 对均值回归的实证研究可参见 James M. Poterba and Lawrence H. Summers，"Mean Reversion in Stock Prices：Evidence and Implications，" *Journal of Financial Economics* 22（1988）：27－59；Eugene F. Fama and Kenneth R. French，"Permanent and Temporary Components of Stock Prices，" *Journal of Political Economy* 96（1988）：246－273；and Andrew W. Lo and A. Craig MacKinlay，"Stock Market Prices Do Not Follow Random Walks：Evidence from a Simple Specification Test，" *Review of Financial Studies* 1（1988）：41－66。但是，Myung Jig Kim，Charles R. Nelson，and Richard Startz，"Mean Reversion in Stock Prices? A Reappraisal of the Evidence，" *Review of Economic Studies* 58（1991）：515－528 对这些研究发现提出了质疑。对相关研究发现最好的总结见 Charles Engel and Charles S. Morris，"Challenges to Stock Market Efficiency：Evidence from Mean Reversion Studies，" *Federal Reserve Bank of Kansas City Economic Review*，September-October 1991，pp. 21－35。另外，研究发现均值回归现象也发生在个股上，相关研究见 N. Jegadeesh and Sheridan Titman，"Returns to Buying Winners and Selling Losers：Implications for Stock Market Efficiency，" *Journal of Finance* 48（1993）：65－92。

续飙升；在公司宣布其利润水平大幅下跌之后，股价也将在一段时间内持续下降。[①]

6.2.3 有效市场假说的实证研究概述

关于有效市场假说的争论远不止这些。上述实证研究说明，有效市场假说是评估金融市场行为的一个合理起点。违背有效市场假说的实证结果说明，有效市场假说并非完全正确。因此，不能用有效市场假说概括所有的金融市场行为。

执业经理 6—1

股市投资操作指南

有效市场假说在现实生活中应用广泛，它涉及金融机构经理们非常关注的（一般公众也同样关心的）问题：如何在股票市场中盈利？这里的股市投资操作指南有助于我们更好地理解有效市场假说的含义及其应用。

1. 投资顾问发布的研究报告有多大价值？

假设你刚读完《华尔街日报》的"华尔街见闻"专栏，投资顾问预测，由于石油短缺逐步加剧，石油类企业的股票将会暴涨。你会从银行取出所有的血汗钱，将它们都投资在石油股上吗？

有效市场假说告诉我们，当购买一种证券时，我们无法从中获得高于均衡回报的异常回报。报刊上的新闻以及投资顾问公开发表的报告，市场参与者都可以轻易获取，这些信息已经反映在股票价格中了。因此，根据这些信息采取行动通常并不能获得额外的高回报。实际上，大部分实证研究结果证实，投资顾问的建议并不能使我们有更出色的市场表现。正如下面的小案例 6—2 所说的那样：平均来说，旧金山的投资顾问在金融市场中的表现并不见得比大猩猩好。

小案例 6—2　你会聘请猿猴做你的投资顾问吗？

《旧金山纪事报》(*San Francisco Chronicle*) 用一种有趣的方法来评价投资顾问在挑选股票上所下的功夫。他们请八位分析家在年初挑选出五种股票，然后将这些股票与卓林——一只生活在加利福尼亚州瓦列霍市"海底世界"的大猩猩所挑选的股票加以比较。结果与《华尔街日报》特色专栏"投资之靶"中所预计的情况一样，卓林和投资顾问打了个平手。鉴于这样的结果，你聘请一只大猩猩来做你的投资顾问与聘请某位专业人士是一样的！

这样的结论令学生们大受打击。我们常听说，某人是股票市场上多年的赢家。这就奇怪了，如果市场是不能预测的，这些人怎么能取得一贯的成功呢？看看下面新闻媒体报道的故事，就知道是怎么回事了。

---

① 例如，参见 R. Ball and P. Brown，"An Empirical Evaluation of Accounting Income Numbers，" *Journal of Accounting Research* (1968) 6：159 - 178；L. Chan，N. Jegadeesh，and J. Lakonishok，"Momentum Strategies，" *Journal of Finance* (1996) 51：1681 - 1713；and Eugene Fama，"Market Efficiency，Long-Term Returns and Behavioral Finance，" *Journal of Financial Economics* (1998) 49：283 - 306。

一个快速致富专家想出了一个计策：每周他写两封信。在A信中，他预测A队会赢得某一场足球比赛；在B信中，他预测B队会赢。邮件地址被他分为两组，他把A信寄给一组人，把B信寄给另一组人。在第二周，他做同样的事情，不过他只把信寄给那些所收到的第一封信预测正确的人。他这样做了十场比赛以后，只有很少一部分人接到了每场比赛预测都正确的信。他给他们发了最后一封信，信中声明他是一个可以预测足球比赛结果的专家（他可以连续10周预测出胜利的球队），并且接到他的预测的那些赌球的人都从中获利了，只有向他支付可观的费用，他才会继续发出他的预测。后来，有客户发现了他的诈骗诡计，他遭到了起诉并被送进监狱。

这个故事的教训是什么？即使没有人能够对市场做出精准的预测，也总会有人预测成功。在过去一直做得很好的人，不能保证在将来也能做得好。注意，同样也有一些人始终都是失败的预测者，只不过人们很少会听到他们吹嘘自己失败的预测。

2. 热门投资秘诀要追捧吗？

设想一下，你的股票经纪人打电话给你，推荐你购买Happy Feet公司（HFC）的股票，因为该公司刚刚开发出一种能非常有效地治疗运动员脚伤的产品，所以，其股票价格肯定会上涨。你是否应该接受这个建议，购买HFC股票呢？

有效市场假说表明，你应该对这种消息持怀疑态度。如果股票市场是有效的，那么该信息已经反映在股票的价格中了，预期回报将与均衡回报一致。这个投资秘诀就不值钱了，不能给你带来异常的高回报。

假如这个投资秘诀是基于最新信息，那么它就能让你在市场中更有优势。如果其他市场参与者比你先得到该消息，答案可想而知。一旦该消息传开，由它带来的未被利用的获利机会将迅速消失。股票价格已经反映了这些信息，你能得到的只有预期的均衡回报。如果你是最先得到该消息的人（就像前面小案例中的拉杰·拉贾拉特南那样），它就能给你带来好处。只有这样，你才能成为那些通过购买HFC股票而获得高回报的幸运儿之一。

3. 好消息一定会使股票价格上涨吗？

如果你一直关注股票市场，一定会发现一个令人迷惑的现象：当公司发布了一条关于其股票的好消息时，如特别利好的收益报告，股票价格通常不会上涨。有效市场假说和股票价格随机漫步的行为可以解释这一现象。

由于股票价格的变化是不可预测的，当市场已经预料到的信息被宣布的时候，股票价格将保持不变。该公告并不包含任何可以导致股票价格变化的新信息。如果情况不是这样的，信息的公布导致了股票价格的变化，那么就意味着这一变化是可以预测的。由于这种情况被排除在有效市场之外，所以，**只有当那些被宣布的信息是最新的且未被预测到时，股票价格才会对此消息做出反应。**如果该信息已经被预测到，则股票价格将不会有任何波动。正如前面的实证研究所表明的——股票价格反映了公众所能获得的信息。

有时，当利好消息宣布时，股票价格反而会下跌。尽管这种情况看上去多少有些奇怪，但它与有效市场的运作完全一致。假设宣布的消息是正面的，但是没有预期的那么好。比如HFC的收益可能会提高15%，如果市场预期它会上升20%，那么这则新消息实际上不是利好消息，股票价格将会下降。

4. 有效市场对投资者的启示

有效市场假说对投资股票市场有何指导意义呢？它告诉我们，投资秘诀、投资顾问的公开推荐、技术分析（这些运用的都是公众能够获得的信息）都不能帮助投资者战胜市场。实际上，如果任何人都没法获得比其他参与者更好的信息，都别想战胜市场，那么，投资者应该怎么做呢？

有效市场假说得出结论：普通投资人（几乎我们所有的人都属于这一类）不可能因为猜透了市场而不断通过买入或抛出股票获利。这个过程除了会提高收取每笔交易佣金的股票经纪人的收入外，没有其他意义。* 相反地，投资者应该采取一种“购买并持有”策略——购买股票并持有一段较长的时间。平均来看，这样得到的回报与采取持续买卖操作策略时相同，但投资者的净利润会更高，因为需要支付的经纪人佣金更少。**

通常说来，小投资者管理资产组合的成本相对较高，因为他们的投资规模较小。对他们而言，购买共同基金而不是单只股票是一个理智的选择。根据有效市场假说，共同基金不可能持续战胜市场，投资者不应该购买管理费用高或者需要付给经纪人销售佣金的基金，而应该购买管理费用低的免佣（不收佣金）基金。

尽管存在有效市场假说的例外，即有极端精明的投资者（比我们大部分人都强的人）的表现可能会比采取“购买并持有”策略的表现更出色，但要想持续击败上述策略的业绩表现，并不是很容易的事情。

* 投资者对卖出证券所取得的盈利，要向美国政府支付资本利得税，这是持续买卖操作不可取的另一个原因。

** 投资者也可通过持有多样化资产组合来最小化风险。通过购买多样化资产组合或者投资于具有多样化资产组合的共同基金并持有，投资者的境况可以变得更好。

6.3 为什么有效市场假说并不意味着金融市场是有效的

在对金融市场的分析中，金融学家不断拓展有效市场假说。他们不仅将有效市场定义为能使期望值等于利用所有可获得信息确定的最优预测值的场所，而且附加了一个条件，即有效市场是能使证券价格反映其基础价值（或内在价值）的场所。因此，有效市场中的所有价格总是正确的，并且能反映**市场基本面**（market fundamentals），即那些直接影响证券未来收入流的因素，这样，金融市场是有效的。

对有效市场的严格表述在金融学术层面具有重要含义。首先，它意味着在有效资本市场中，投资不存在优劣之分，因为所有证券的价格都是正确的。其次，它表明某种证券的价格反映了所有关于该证券内在价值的可获得信息。最后，它意味着金融和非金融机构的管理人员都能运用证券价格来准确评估证券成本（为某项投资进行融资的成本）。因此，证券价格能够帮助他们正确决断某具体投资是否可行。这种对市场效率的严格表述是金融分析中的重要指导原则。

然而，有效市场假说可能名不副实。有效市场假说并不意味着市场效率是被严格界定的，而只是意味着市场价格（例如股票市场价格）是不可预测的。实际上，如案例6—2所示，市场崩溃和**泡沫**（bubbles）破裂（此时资产价格明显高于其自身价值）的存在，使得人们对金融市场是否严格有效产生严重怀疑，却较少探讨有效市场假说的基本原理。

案例 6—2

股灾告诉了我们关于有效市场假说的什么?

1987 年 10 月 19 日被称为“黑色星期一”。那一天，道琼斯工业平均指数下跌了超过 20%，这是美国历史上的单日最大跌幅。2000 年 3 月，高科技公司的股价从峰值迅速下跌，造成主要由高科技股组成的纳斯达克指数从 2000 年 3 月的接近 5 000 点跌至 2001 年和 2002 年的 1 500 点左右，跌幅超过了 60%。这两次股灾使很多经济学家对有效市场假说的有效性提出了质疑。他们不相信在一个有效市场中，股价会有如此大的波动。股灾在何种程度上会使我们对有效市场假说的有效性产生质疑呢?

有效市场假说并没有排除股票价格大幅波动的可能性。股票价格的大幅波动可能源自公司发布的新信息，该信息会大幅降低公司未来估值的最优预测结果。然而，经济学家很难在经济基本面的变化中找到解释“黑色星期一”和高科技股泡沫破裂的因素。从这些股灾中得到的一个教训是：市场基本面以外的一些因素也有可能对股票价格产生影响。实际上，正如第 8 章和第 9 章将要探讨的那样，我们有充分的理由相信，存在许多障碍会阻碍金融市场良好运作。因此，这些股灾使得很多经济学家确信，强式有效市场假说认为的资产价格反映了证券真实内在价值的观点是不正确的。他们认为，在证券价格的决定过程中，市场心理学和市场的组织结构起了非常重要的作用。然而，这种观点并不与弱式有效市场假说背后的基本原理矛盾，即市场参与者消除了未被利用的获利机会。即使股市价格不是一直反映市场基本面的情况，也并不意味着有效市场假说不成立。只要股灾是无法预测的，理性预期理论的基本原理就是正确的。

然而，其他经济学家相信，股灾意味着可能存在未被利用的获利机会，因此有效市场假说可能根本就是错误的。围绕有效市场假说的论战至今仍在继续。

6.4 行为金融学

在 1987 年股灾之后，对有效市场的质疑将该领域的研究导向一个新领域——**行为金融学**（behavioral finance）。行为金融学运用来自其他社会科学如人类学、社会学和心理学的成果解释证券价格的表现。①

有效市场假说认为，“精明的投资者”将会消除那些未被利用的获利机会。但是，精明的投资者能否成为市场主导，让金融市场变得有效率呢？特别地，有效市场假说认为，当股价出现非理性上升时，精明的投资者应该会出售股票，因为股票价格最终还是会回落到正常的价格水平。然而，要实现价格回归，精明的投资者必须能够进行**卖空**（short sale）。在这种交易中，他们从证券经纪人手中借入股票并将其在市场上卖出，希望在股价

① 该领域的研究成果参见 Hersh Shefrin，*Beyond Greed and Fear*：*Understanding of Behavioral Finance and the Psychology of Investing*，Boston：Harvard Business School Press，2000；Andrei Shleifer，*Inefficient Markets*，Oxford：Oxford University Press，2000；and Robert J. Shiller，“From Efficient Market Theory to Behavioral Finance，” Cowles Foundation Discussion Paper No. 1385（October 2002）。

回落后再买进该股票（对冲空头头寸）而获利。但是，心理学家的研究表明，人们都有厌恶损失的倾向，即人们在遭受损失时的不愉快程度要高于在获利时的愉快程度。如果股价在卖空价位以上迅速攀升，卖空可能会导致超过投资者初始投资额的损失（如果股价无限攀升，这种损失也是无限的）。损失厌恶可以解释一个重要的现象：卖空交易实际上很少发生。各种规章制度也对卖空行为进行限制。在这种操作中，有些人会因他人的不幸而获得利益，十分不光彩。卖空交易很少发生可以说明股票价格为什么有时会被高估。原因就是缺乏足够的卖空交易，那些精明的投资者无法推动股票价格回归其基础价值。

心理学家还发现，人们趋于对自己的判断过度自信（就像“乌比冈湖”，每个人都觉得自己高于平均水平）。因此，投资者倾向于相信自己比其他投资者更聪明也就不足为奇了。这些“聪明”的投资者不但相信市场通常并不是按照正确的轨道运行，而且他们会按照自己的信念进行买卖，并使证券市场交易量增大，这正是有效市场假说无法解释的现象。

过度自信和社会传染为股票市场的泡沫提供了一种解释。当股票价格提高时，投资者会将其获得的利润归结于自身的智慧，并对股票市场褒扬有加。这些口头上的吹嘘加上媒体的推波助澜营造了一个使更多投资者认为股价将会继续上涨的氛围，即所谓的股价继续上涨的正反馈循环，投机泡沫由此产生。当股价过高而与基本面大相径庭时，泡沫就会破裂。①

行为金融学是一个新兴的研究领域，它为不能被有效市场假说解释的证券市场异象提供了一种解释。

本章小结

1. 有效市场假说认为，证券当前的价格完全反映了所有可得信息。在一个有效市场中，不存在未被利用的获利机会。金融市场的有效性并不要求所有的市场参与者都了解所有信息。

2. 有效市场假说的实证研究非常丰富。关于投资分析师和共同基金的表现、股票价格能否反映公众可获得的信息、股票价格的随机漫步行为以及所谓技术分析的成功等方面的早期实证都非常支持有效市场假说。但是，近年来，有关小公司效应、一月效应、市场过度反应、过度波动性、均值回归以及新信息并不总能迅速反映在股票价格中的实证研究都说明有效市场假说可能并不完全正确。但是，有效市场假说可能是评价金融市场行为的一个合理起点，只是它可能无法解释金融市场的所有行为。

3. 有效市场假说表明，投资秘诀、投资顾问的公开推荐和技术分析都不能帮助投资者战胜市场。对投资者的建议是采取“购买并持有”策略——购买股票并长期持有。实证证据通常比较支持股票市场的有效市场假说。

4. 股灾使很多经济学家确信，强式有效市场假说认为的资产价格反映证券真实内在价值的观点是不正确的。股灾并未明显说明有效市场假说是错误的。即使股票市场由除了基本面以外的其他因素驱动，只要这些股灾不能被预测，有效市场假说的基本原理就还是有效的。

5. 新的研究领域——行为金融学运用来自其他社会科学（如人类学、社会学）尤其是心理学的研究成果解释证券价格的表现。损失厌恶、过度自信和社会传染等可以解释股票市场交易量如此庞大、股价被高估以及投机型股票泡沫等现象出现的原因。

重要专业术语

套利	一月效应	卖空
行为金融学	市场基本面	有效资本市场理论

① 参见 Robert J. Shiller，Irrational Exuberance（New York：Broadway Books，2001）。

泡沫　　均值回归　　未被利用的获利机会

有效市场假说　　随机漫步

习题

1. “预测者对通货膨胀的预测是出了名的不准，因此，他们不可能对通货膨胀做出最佳预测。”你觉得这句话是正确的、错误的还是不确定的？解释你的答案。

2. “只要乔·康米特起床的时候是在下雪，他对开车上班时间的预计就是错误的。除此之外，他对开车时间的预期完全准确。假设在乔居住的地方每十年才下一次雪，那么他的预期几乎是完全准确的。”乔的预期是最优的吗？原因何在？

3. 一个预测者通过每天花几个小时研究数据来预测利率，但是，他的预言的准确性还不如直接说明天的利率将和今天的相同那样准确。他的预期是最优的吗？

4. “如果股票价格不是随机漫步的，市场上就会有未被利用的获利机会。”你觉得这句话是正确的、错误的还是不确定的？解释你的答案。

5. 假设货币供给的增加将会引起股价上涨。这是否意味着当你发现过去一周的货币供给急剧增加时，你就应该去买股票？原因何在？

6. 如果我在《华尔街日报》上阅读到华尔街精明的投资者预测股价将下跌，我是否应该相信该新闻并卖出所有的股票？

7. 如果我的股票经纪人前五次关于买入还是卖出股票的建议都是正确的，我应该继续听她的建议吗？

8. 具有最优预期的人能否预期谷歌的股票将会在下个月上涨10%？

9. “如果股票市场的大部分参与者都不关注货币总量的变化，那么，普通股的价格将不会充分反映与其有关的信息。”你觉得这句话是正确的、错误的还是不确定的？解释你的答案。

10. “在一个有效市场中，没有人能通过获得比其他人更好的信息来获利。”你觉得这句话是正确的、错误的还是不确定的？解释你的答案。

11. 如果高货币供给增长率伴随着未来的高通货膨胀，宣布的货币供给增长率非常高，但低于市场预期，你认为这对长期债券的价格有什么影响？

12. “汇率应该像股票价格一样，是随机漫步的。”你觉得这句话是正确的、错误的还是不确定的？解释你的答案。

13. 如果我们的预期是最优的，我们能否预期美元下周会升值2%？

14. “人类的恐惧是股票市场崩盘的根源，这些崩盘说明对股市的预期不是最优的。”你觉得这句话是正确的、错误的还是不确定的？解释你的答案。

定量问题

1. 一家公司刚刚宣布会将其股票由1股拆分成3股，拆股计划即将生效。在拆股之前，公司有1亿股流通股，其市值为50亿美元。假设拆股计划并没有传递任何关于公司的新消息，那么在拆股后，公司的价值为多少？在外流通的股数是多少？每股股价是多少？如果在拆股后实际的市场价格为17美元/股，这能告诉我们有关市场效率的什么事实？

2. 假设公众预期某公司股票的价格在本季度将会下跌5美元，但实际上只下跌了4美元，并且这是该公司有史以来的最大跌幅。根据有效市场假说，当每股下跌4美元的消息发布时，股价将会如何变化？

网络练习

有效市场假说

1. 访问 http：//research. stlouisfed. org/fred2/，点击“Categories”（类别），之后点击“Financial Indicators”（金融指标），“the Stock Market Indexes”（股票市场指数）。回顾道琼斯工业平均指数、标准普尔500指数以及威尔逊5000指数。哪种指数的波动性最强？如果允许复利一直累积到现在，1985年你愿意投资哪种指数？

2. 在互联网上可以获得很多有关股票价格和股价波动的信息。登录 http://finance.yahoo.com，点击“Investing”（投资），接着点击“Market Overview”（市场概况），然后看道琼斯股票行情图，观察道琼斯工业平均指数当前的数据，并点击图表查看不同的指标，观察不同时间范围内的股价变化趋势。在过去的 1 天、1 周、1 个月以及 1 年内，股票价格是上涨还是下跌？

 金融学译丛·金融市场与金融机构（第8版）

第三部分

金融机构基础

第 7 章　金融机构的存在

开篇预览

一个健康有活力的经济需要金融体系将资金从储蓄人群手中转移到具有生产性投资机会的人群手中。但是，金融体系如何保证将你辛辛苦苦积攒下来的钱有效地转移到那些有生产性投资机会的人手中呢？

本章首先解释为什么金融机构的存在可以提高经济效率。我们借助于一些简单却很重要的经济概念进一步解释金融市场的特性，比如金融合约的拟定，为什么对于借款人来说金融中介机构比证券市场更重要。

7.1　世界各国金融结构的基本事实

世界各国金融体系的结构和功能非常复杂，有很多不同类型的机构：银行、保险公司、共同基金、股票和债券市场等，所有这些机构都受政府的管制。每年金融体系都将数万亿美元的资金从储蓄者手中转移到具有生产性投资机会的人手中。如果我们仔细观察全世界的金融结构，我们需要解释八个基本事实，以便理解金融体系的运作。

图 7－1 中的柱状图说明了在 1970—2000 年期间，美国的工商企业如何使用外部资金（企业以外的资金）为其经营活动筹集资金，并将美国的数据与德国、日本和加拿大的同期数据进行对比。银行贷款类主要由存款机构提供的贷款组成；非银行贷款类主要由其他金融中介机构提供的贷款组成；债券类包括公司债券和商业票据等可交易的债务证券；股票类由新发行的股票（股票市场份额）组成。

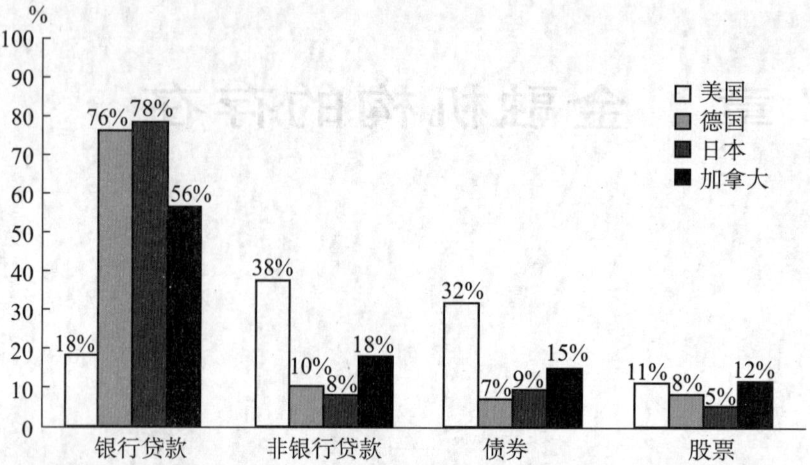

图 7-1　非金融企业外部融资来源：美国与德国、日本、加拿大的比较

资料来源：Andreas Hackethal and Reinhard H. Schmidt，"Financing Patterns：Measurement Concepts and Empirical Results，" Johann Wolfgang Goethe-Universitat Working Paper No. 125，January 2004. 数据为 1970—2000 年间各资金流占总量的百分比，其中不包含贸易融资和其他信贷的数据，这些数据难以获取。

现在，我们来探讨这八个基本事实。

(1) **股票不是工商企业最重要的外部融资来源**。各种媒体密切关注股票市场，使得很多人有这么一种印象，即股票是美国企业最重要的融资来源。然而，正如我们从图 7-1 中所看到的那样，1970—2000 年股票市场在美国企业外部融资来源中所占的比重很小，仅为 11%。[①] 与此类似，图 7-1 中展示的其他国家的该数据比例也很小。为什么在美国和其他国家，股票市场不如其他融资来源重要呢？

(2) **发行可交易的债券和权益证券不是工商企业为其经营活动融资的主要方式**。在美国，与股票相比，债券是更重要的融资来源（32%∶11%），见图 7-1。然而，股票和债券加在一起（43%）构成有价证券融资，不到公司为其经营活动融资金额的一半。发行有价证券不是最重要的融资来源，其他国家也是如此。其他国家通过有价证券提供的外部融资所占的比例比美国还要小。为什么企业不广泛地采用有价证券为其经营活动融资呢？

(3) **间接融资（即有金融中介机构参与的融资活动）的重要性远远大于直接融资（工商企业在金融市场上直接从贷款者手中筹集资金）**。直接融资包括向家庭出售诸如股票、债券等有价证券。在美国工商企业的外部融资来源中，股票和债券融资 43%的份额实际上极大地高估了直接融资在金融体系中的作用。自 1970 年以来，只有不到 5%的新发行的公司债券和商业票据以及不到 1/3 的股票是直接销售给美国家庭的，这些证券的其余部分主要由保险公司、养老金以及共同基金等金融机构购买。这些数据表明，美国工商企业的外部资金只有不到 10%是采用直接融资方式筹集的。在大多数国家，有价证券在融资来源中

① 外部融资中的股票融资占 11%，这一数字是根据企业外部资金的流量数据得出的。这个流量数据容易误导大家，因为发行股票会永久性地增加资金。但是，发行债券只是在到期还款前暂时性地增加资金。假设一个公司通过发行股票筹集 1 000 美元，同时发行 1 年期的债券再筹集 1 000 美元。当发行股票的时候，公司可以获得以这种方式筹集的 1 000 美元。但是，要获得以债务形式筹集的 1 000 美元，公司必须每年发行 1 000 美元的债券。如果我们观察公司在 30 年间（如图 7-1 所示的年份）的资金流量，公司可以通过发行股票在 30 年期间一次性地筹集 1 000 美元，而通过发行债券则需要筹集 30 次——30 年内每年一次。在本例中，通过这两种途径筹集的资金额相等，但是，债务筹资的重要性似乎是股票的 30 倍。

的占比远不如美国。所以，世界上其他国家直接融资的重要性远不如间接融资。在金融市场上，为什么金融中介机构和间接融资更重要？近几年，间接融资的重要性开始下降。为什么会发生这种情况？

（4）**金融中介机构（尤其是银行）是工商企业最重要的外部融资来源**。正如我们在图7-1中所看到的那样，世界各国企业外部融资的主要来源是由银行以及诸如保险公司、养老金和金融公司等非银行金融机构提供的贷款（在美国占56%；在德国、日本和加拿大超过了70%）。在发达国家，银行贷款是外部融资最重要的来源（德国和日本超过了70%；加拿大超过了50%）。这些数据说明，这些国家的银行在工商企业融资中扮演着重要的角色。与发达国家相比，银行在发展中国家金融体系中扮演着更加重要的角色。但是，近几年来，银行在工商企业外部融资来源中所占的比重开始下降，原因是什么？

（5）**金融体系是经济体中受到最为严格监管的部门之一**。美国和其他发达国家的金融体系受到严格监管。政府对金融市场进行管制主要是为了促进信息的公开披露，以保证金融体系的稳定性。为什么在全球范围内金融市场如此广泛地受到监管呢？

（6）**只有大型知名公司能轻易地在证券市场为其经营活动融资**。个人和不出名的小企业不太可能通过发行有价证券筹集资金，它们大多通过银行获得资金。为什么只有大型知名企业才能比较容易地在证券市场上筹资呢？

（7）**抵押物是家庭和工商企业债务合约的普遍特征**。抵押物是指在借款者不能归还债务时，用来向债权人保证支付的财产。抵押债务也称**有担保债务**（secured debt），与**无担保债务**（unsecured debt）相对，后者指不需要抵押物的债务，如信用卡债务。抵押债务是家庭债务的主要形式，同时也被广泛用于商业借款。美国的大多数家庭债务都由抵押贷款组成：汽车是汽车贷款的抵押物；房产是住房抵押贷款的抵押物。商业和农业将财产作为保证支付的抵押物，这类贷款占非金融工商企业借款总额的1/4；公司债券和其他银行贷款通常都需要有作为支付保证的抵押物。为什么抵押物在债务合约中如此重要？

（8）**债务合约是约束借款者行为的、极其复杂的典型法律文本**。很多人把债务合约看成一份简单地写在纸上的美元借据。债务合约与美元借据不同。债券或者贷款合约通常是由各种条款［也称**限制性条款**（restrictive covenants）］构成的法律文本，这些合约限制和规定了借款者的具体活动内容。约束性只是企业债务合约的特征之一，比如个人汽车贷款和住房抵押贷款合约的约束性条款要求借款者为其利用贷款购买的汽车或者房产购买足额保险。为什么债务合约如此复杂并具有约束性？

从第2章我们了解到，金融市场的一个重要特征就是巨大的交易成本和信息成本。对这些交易成本和信息成本影响金融市场的过程进行理论分析，有助于解释这八个基本事实，从而让我们更深入地理解金融体系的运作机理。下面研究交易成本对金融体系的影响以及信息成本对金融结构的影响。

7.2 交易成本

交易成本是金融市场的主要问题，下面我们用一个例子来清楚地解析这一点。

7.2.1 交易成本如何影响金融结构

假设你有 5 000 美元并希望将其投资到股票市场。你的 5 000 美元只能购买少量的股票，而且你向经纪人支付的佣金在股票购买价格中占有不小的份额。如果不购买股票，而是购买债券，那么问题就更加严重，因为你要购买的某种债券的最小面额为 1 万美元，你达不到必要的资金门槛。对此，你可能感到很失望，并且发现你没有办法用自己的血汗钱在金融市场上获得回报。然而，让你略感欣慰的是，事实上有很多人为了完成交易而承担高昂的交易成本。在美国，只有大约一半的家庭拥有证券。

由于交易成本的存在，你还面临另一个问题：因为次数过多的小规模的投资会产生较高的交易成本，这使得拥有有限资金的你只能进行有限次数的投资。也就是说，你不得不将所有的鸡蛋都放在一个篮子里，没有办法进行多样化投资，从而使你暴露在较高的风险之下。

7.2.2 金融中介机构如何降低交易成本

上述交易成本的例子和第 2 章关于法律成本阻挠你向木匠卡尔发放贷款的例子，说明小额储蓄者无法进入金融市场，从而也就无法从金融市场获利。幸运的是，作为金融体系的一个重要组成部分，金融中介机构能够降低交易成本，并为小额储蓄者和借款者提供从金融市场获利的通道。

（1）规模经济。解决高额交易成本的一个方法是将众多投资者的资金聚集起来，利用规模经济，即随着交易数量（规模）的增加，减少单位美元投资的交易成本。将投资者的资金聚集在一起可以减少个人投资者的交易成本。随着交易规模的不断扩大，金融市场中每笔交易的平均成本变得更小，这是规模经济存在的原因。比如，购买 10 000 股股票的成本并不比购买 50 股股票的成本多多少。

由于金融市场中规模经济的存在，金融中介机构不断发展，并成为金融结构的重要组成部分。最突出的事例就是共同基金。共同基金是将股份出售给个人投资者，然后将集中起来的资金投资于债券或股票的金融中介机构。共同基金投资于股票和债券的规模很大，交易成本很低。在共同基金扣除客户的账户管理费后，这些成本节约的收益就被转移给了个人投资者。对个人投资者来说，共同基金带来的另外一个好处是，它们的资金规模庞大，足以购买高度多样化的证券组合，从而可以降低投资者的风险。

规模经济在降低其他成本方面也起着重要的作用，例如，金融机构为了完成交易而使用的计算机技术。一旦共同基金投入巨资建成电子通信系统，就能够以较低的单位交易成本完成大量交易。

（2）专业技能。金融中介机构利用其专业技能更有效地为客户提供服务。利用在计算机技术方面的专业技能，金融中介机构能够为客户提供服务便利。例如，金融机构提供免费电话，让客户通过电话查询投资状况以及签发支票账户。

金融中介机构通过为客户提供流动性服务，方便客户，从而降低交易成本。例如，货币市场共同基金不仅能使股东获得较高的利息收益，而且能使股东方便地签发支票来支付账单。

7.3 信息不对称：逆向选择和道德风险

金融市场中交易成本的存在部分解释了金融中介机构的存在和间接融资的重要性（事实 3）。要洞悉金融结构，首先需要了解信息在金融市场中的作用。

信息不对称——交易的一方对另一方缺乏充足的信息，在进行交易时，将影响其做出正确决策——是影响市场交易决策的重要因素。通常说来，公司的管理者比股东更了解公司的业务情况。信息不对称会导致逆向选择和道德风险，这一点我们在第 2 章讨论过。

逆向选择是一种在交易之前发生的信息不对称问题：那些可能产生信贷风险的潜在借款者正是那些最积极寻求贷款的人，即交易中最可能造成不利结果的一方就是最希望参与交易的人。例如，喜欢冒险的人或商业骗子可能就是最希望获得贷款的人，因为他们从来就不打算偿还贷款。由于逆向选择会增大出现信贷风险的机会，因此即使市场上的确存在风险很低的贷款机会，贷款者也可能决定不发放任何贷款。

道德风险是在交易之后发生的信息不对称问题：借款者可能从事一些在贷款者看来对其不利的活动，这些活动很可能导致贷款无法偿还，使贷款者承担风险。例如，某些借款者使用贷款从事高风险活动（这些活动可能获得高回报率，但需要承担很大的风险）。用借来的钱冒险投资，这种道德风险降低了归还贷款的可能性，也打击了贷款者的放贷意愿。

研究信息不对称问题如何影响经济行为的理论被称为**代理理论**（agency theory）。我们可以用代理理论解释金融结构采取目前这种形式的原因和前面谈到的几个基本事实。下一章将用代理理论解释金融危机。

7.4 次品车问题：逆向选择如何影响金融结构

> 可登录 http://www.nobelprize.org/nobel_prizes/economic-sciences/laureates/2001/，找到对应的诺贝尔经济学奖获得者对次品车问题的完整讨论。

关于逆向选择如何影响市场有效运行的论述可以参见诺贝尔经济学奖得主乔治·阿克洛夫（George Akerlof）的一篇著名论文。由于这与二手车市场中的次品问题类似，因而被称为"次品车问题"。[①] 二手车的潜在买主常常无法获知汽车的质量，也就是说，他们无法确知这辆二手车究竟是可以正常运转的好车，还是会不断出麻烦的次品车。因此，买主购买汽车的出价肯定是反映市场上所有二手车平均质量的价格，它介于次品车的低价和好车的高价之间。

与之相反，二手车的所有者比买者更了解该车是好车还是次品车。如果是次品车，车主

① George Akerlof, "The Market for 'Lemons': Quality, Uncertainty and the Market Mechanism," *Quarterly Journal of Economics* 84 (1970): 488 - 500. 有两篇论文曾经将次品车市场的分析方法用于分析金融市场，它们是 Stewart Myers and N. S. Majluf, "Corporate Financing and Investment Decisions When Firms Have Information That Investors Do Not Have," *Journal of Financial Economics* 13 (1984): 187 - 221; and Bruce Greenwald, Joseph E. Stiglitz, and Andrew Weiss, "Information Imperfections in the Capital Market and Macroeconomic Fluctuations," *American Economic Review* 74 (1984): 194 - 199。

很高兴以买者的出价售出二手车，该价格高于次品车的实际价值。但是，如果该车是好车，车主就认为买者的出价低估了该二手车的价值，车主就不愿意出售该车。由于存在逆向选择问题，所以很少会有好车进入市场交易。市场上可供交易的二手车的平均价格降低，同时也很少有人愿意购买次品车，所以，市场交易量小，二手车市场也就很难有效运作。

7.4.1 股票市场和债券市场中的“次品车”

在证券市场（即债券市场和股票市场）也产生了类似的“次品车”问题。假设投资者欧文是普通股的潜在利润购买者，他无法区别具有较高预期利润和较低风险的优质公司与具有较低预期利润和较高风险的劣质公司。在这种情况下，欧文愿意支付的价格只能与反映证券发行公司平均质量的价格水平相当——这一价格介于劣质公司与优质公司发行的证券的价值之间。如果优质公司的所有者或管理者比欧文掌握更多关于公司的信息，知道自己的公司是一家优质公司，他们公司的证券被低估了，当然不会以欧文的出价出售证券。愿意出售证券给欧文的就只有劣质公司了（因为该价格比证券的实际价值要高）。欧文并不傻，他不愿持有劣质公司的证券，因此，他放弃在证券市场购买证券。与二手车市场的结果类似，由于优质公司不愿意在证券市场上出售被低估了的证券来筹集资金，聪明的投资者也不愿意投资于劣质公司的证券，因此，证券市场将无法有效运作。

如果欧文不进行股权投资，而是考虑在债券市场上购买公司债券，分析的结果类似。只有当债券的利率水平高到足以补偿试图销售债务的优质公司与劣质公司的平均违约风险时，欧文才会考虑购买这种债券。优质公司意识到它们支付的利率高于其应支付的水平，因而不愿意在这样的市场上借款，只有劣质公司愿意。像欧文这样的投资者不愿意购买劣质公司发行的债券，或者根本就不购买任何债券。在这个市场上，很少有债券被出售，这样的市场自然无法成为一个好的融资渠道。

上述分析解释了事实 2——为什么有价证券并不是世界各国工商企业融资的主要来源，也能部分地解释事实 1——为什么股票不是美国工商企业最重要的融资来源。次品车问题的存在使得证券市场无法成为实现资金转移的有效途径。

7.4.2 解决逆向选择问题的办法

如果不存在信息不对称，次品车问题就不会存在。如果买者和卖者都知道二手车的质量，参与交易的双方就能分辨出好车与次品车，买者就会愿意为好车支付足额的价值。因为二手好车车主能够得到一个公平的价格，因而就愿意在市场上出售二手车。市场交易活跃，从而实现将好车转移到希望购车的人手中这样一个职能。

类似地，如果证券的购买者能够区分优质公司和劣质公司，他们就会为优质公司发行的证券支付足额的价值，优质公司就愿意在市场上发行证券。这样证券市场就能将资金转移到那些拥有最多生产性投资机会的优质公司中。

（1）**私人生产和销售信息**。解决金融市场中逆向选择问题的办法是，通过向资金供应者提供关于寻求资金的个人或企业的详细情况，来消除信息不对称问题。向储蓄—贷款者提供这类资料的一种方式是，由私人公司搜集、生产区分优质公司与劣质公司的信息，并将其销售出去。在美国，像标准普尔、穆迪和价值线这样的公司都搜集关于公司资产负债以及投资活动的信息，发布这些信息，并向用户（个人、图书馆和参与证券购买的金融中介机构）出售这些资料。

但是，由于**搭便车问题**（free-rider problem）的存在，私人生产和销售信息的机制并不能完全解决证券市场的逆向选择问题。当有人可以免费利用其他人付款获得的信息时就产生了搭便车问题。搭便车问题说明私人销售信息只能部分地解决次品车问题。假如你刚购买了一则信息，该信息告诉你哪些公司是优质公司、哪些公司是劣质公司。你认为花钱购买该信息很值得，你能够通过购买价值被低估的优质公司所发行的证券获益并弥补信息成本。然而，当精明的投资者（搭便车者）欧文发现你购买了这些证券时，就会跟随你购买同样的证券，欧文并未付款购买任何信息。如果很多其他投资者都像欧文这么做，那么被低估的优质证券的需求就会迅速增加，从而使该证券的价格马上升到反映其真实价值的水平。由于存在这些搭便车者，你不能再以低于其真实价值的价格购买证券。现在，你无法从购买信息中获益，也就不会再花钱购买信息。如果大家都这么想，私人公司和个人就不能通过出售足够的信息来弥补其搜集和生产信息的成本。私人公司出售信息的盈利能力下降，意味着市场上提供的信息将会减少。因此，逆向选择（次品车问题）仍将妨碍证券市场的有效运行。

（2）**旨在增加信息的政府监管**。搭便车问题使私人市场不能通过提供足够的信息来消除信息不对称问题。政府干预能使金融市场获益吗？例如，政府能够提供信息，帮助投资者区分优质企业和劣质企业，并将其免费提供给公众。然而，这种方法可能会使政府发布一些对公司不利的消息，有可能造成一定的政治影响。第二种解决方法（被美国和大多数其他国家的政府采用）是政府对证券市场进行监管，鼓励企业披露其真实信息，以帮助投资者分辨企业的优劣。在美国，证券交易委员会（SEC）是一家政府机构，它要求出售证券的企业保证拥有独立的**审计**（audits），其中会计师事务所会出具独立审计意见，证实公司遵守标准会计准则，并且披露了关于公司销售收入、资产和盈利的准确信息。其他国家也有类似的监管规定。然而，信息披露的要求并不总是得到有效执行，安然公司的破产和其他公司如世通公司和帕玛拉特公司（一家意大利公司）的会计丑闻就说明了这一点（参见小案例 7—1“安然倒闭事件”）。

在金融市场上逆向选择的信息不对称问题可以解释为什么金融机构是经济中受到最严格监管的部门之一（事实 5）。政府旨在加强对投资者的信息披露的监管措施，减少妨碍证券市场有效运行的逆向选择问题。

尽管政府监管减少了逆向选择问题，但却不能完全消除它。即便公司向公众提供了销售收入、资产和盈利等信息，它们仍比投资者拥有更多的信息：全面了解一家公司的情况不是仅凭一些统计资料就能实现的。劣质公司有足够的动机使其看上去更像优质公司，这会让其证券获得较高的价格。劣质公司会粉饰发布的信息，投资者很难将优质公司从劣质公司中区分出来。

小案例 7—1　安然倒闭事件

直到 2001 年，安然公司（一家专门在能源市场交易的公司）看上去都非常成功。在 2000 年 8 月，也就是距离该公司倒闭只有一年多一点的时间，该公司在能源交易市场中占有 1/4 的份额，市值高达 770 亿美元，是当时美国的第七大公司。然而，到 2001 年年底，安然公司就已濒临倒闭了。2001 年 10 月，安然公司宣布其在第三季度亏损了 6.18 亿美元，同时披露了其会计操作的“失误”。紧接着，美国证券交易委员会在安然公司前财务主管的协助下，开始对其与合伙人的财务交易进行正式调查。调查结果表明，安然公司参与了一系列复杂的交易，借此在其资产负债表中隐瞒了大量的债务和财务合约信息，掩盖了安然公司的财务困难。尽管在2001年12月，它从摩根大通和花旗集团获得了15亿美元的资金担保，公司最终还是被迫宣告破产，这也是美国历史上规模最大的破产事件。

安然公司的倒闭表明，政府监管可以减少但无法消除信息不对称问题。公司管理者有强烈的隐瞒公司问题的动机，投资者因此很难知道企业的真正价值。

安然公司的倒闭不仅加剧了金融市场上公众对于公司所提供的会计信息质量的担忧，也使安然公司的大量前雇员陷入困境，他们发现他们的养老金已经变得一文不值。安然公司管理层的欺诈行为令人发指，部分高管已经被判刑并予以收监。

(3) **金融中介机构**。迄今为止，我们发现，私人提供信息以及政府监管都能减少却无法消除金融市场上的逆向选择问题。那么，当存在信息不对称时，金融结构应该如何促使资金流向具有生产性投资机会的人手中呢？二手车市场的结构提供了一条线索。

二手车市场的一个重要特征是，大部分二手车并不是直接从一个人手中转售到另一个人手中。购买二手车的买主通过订阅诸如《消费者报告》(*Consumer Reports*) 这样的杂志，获取私人提供的信息，查询某种型号汽车的维修记录。但是，阅读《消费者报告》并不能解决逆向选择问题。即使某种型号的汽车声誉良好，别人试图出售给你的汽车也可能是一个次品。未来的买者也可能会让汽车维修工对二手车进行一次全面检修。但是，如果未来的买者不认识可以信赖的汽车维修工，或是汽车维修工为评估二手车的价值索取高额费用，情况又会如何呢？

由于存在这些障碍，个人难以获得有关二手车的足够信息。因此，大部分二手车并不是从一个人手中转售到另一个人手中，而是通过中介机构，即二手车交易商来销售。这些交易商从个人手中买入二手车，再将其转售给其他人。二手车交易商成为了鉴别二手车优劣的专家，从而为市场提供信息。如果二手车交易商了解到车的质量良好，在销售时，它们就会提供某种形式的保证：直接提供保证书；间接提供信誉担保。有了交易商的担保，人们将更愿意购买二手车。交易商通过生产关于汽车质量的信息，能够以高于购入价的价格水平将二手车售出，从而获利。如果交易商在生产信息的基础上购买和转销二手车，就可以防止其他人在信息生产上的搭便车问题。

正如二手车交易商能够在汽车市场上帮助解决逆向选择问题一样，金融中介机构在金融市场上扮演着同样的角色。像银行这样的金融中介机构成为了生产有关公司信息的专业机构，能够分辨出公司信贷风险的高低。银行可以从存款人处获得资金，再将这些资金贷给信用记录良好的公司。这样，银行贷款大部分借给了优质公司，银行获得利息差。为此，银行有动力从事信息生产活动。

银行之所以有能力从信息生产中获利，一个重要的因素在于，它主要从事私人贷款业务，而不是购买在公开市场上交易的证券，从而可以避免搭便车问题。因为私人贷款无法交易，其他投资者看不到银行的交易信息，这使得贷款价格可被提高到银行信息费用补偿额之上一个更高的价格水平。作为中介机构，银行能够掌握大多数非交易性贷款，这是其在金融市场中能够成功减少信息不对称的关键因素。

逆向选择的理论分析表明，整体而言，金融中介机构（尤其是银行，因为其拥有大量的非交易性贷款）在将资金融通给企业的过程中，可以发挥比证券市场更大的作用。因此，上述分析能够解释事实 3 和事实 4：为什么间接融资的重要性远远大于直接融资？为什么银行是工商企业最重要的外部融资来源？

这一分析还能解释另一个重要事实：在发展中国家，银行在金融体系中的重要性更为突出。如前所述，如果有关公司的信息质量较好，所引发的信息不对称问题就不严重，公司也易于发行证券。在发展中国家，搜集私人公司的信息比在发达国家困难得多，因此，证券市场所起的作用较小，像银行这样的金融中介机构变得更加重要。由此得出如下推论：随着公司信息变得更容易获得，银行的重要性也会相应降低。在过去的 30 年间，信息技术在美国得到了巨大发展，因此，银行这种贷款机构的作用开始减弱（参见第 18 章）。

我们对逆向选择的分析还能解释事实 6，即为什么大公司更可能通过证券市场这种直接途径而不是通过银行和金融中介机构这种间接途径获取资金。公司越知名，在市场上就有越多关于公司活动的信息，投资者就越容易对公司的质量进行评估，并确定公司的好坏。由于投资者对知名公司产生逆向选择问题的担忧较少，因此他们愿意直接投资于这些公司所发售的证券。逆向选择问题的分析表明：公司发行证券有一个融资优先顺序。企业的规模越大、越成熟，越有可能通过发行证券筹集资金，这种观点被称为**优序融资理论**（pecking order hypothesis）。该理论得到了充分的市场数据的支持，也是事实 6 所描述的内容。

（4）**抵押物和净值**。当借款人不能归还贷款，从而引发违约问题，使贷款人遭受损失时，逆向选择才会阻碍金融市场的正常运作。**抵押物**（collateral）是借款人承诺在发生违约时交由贷款人支配的财产，它能减弱由逆向选择带来的不利后果。如果借款人违约，贷款人可以卖掉抵押物，并用出售所得的款项弥补损失。例如，你不能支付抵押贷款的分期偿还款项，贷款人就会拍卖你所抵押的房产，用所得款项偿还贷款。因此贷款人更愿意发放有抵押物担保的贷款，而借款人也愿意提供抵押物，因为贷款人承担的风险降低了，借款人就可以得到优惠利率，并优先得到贷款。对贷款市场中逆向选择问题的分析，解释了为什么抵押物是债务合约的重要特征（事实 7）。

净值（net worth）也称**股权资本**（equity capital，也称权益资本），是指公司资产（所有的或应收的）和其负债（所欠的）的差额，它的作用与抵押物类似。如果一家公司的净值较大，即使它参与了导致亏损的投资而在贷款偿付上发生违约，贷款者还是可以获得公司净值的所有权，并将其出售，用所得款项弥补贷款损失。公司的净值越大，发生违约的可能性就越小，因为公司的资产是用于偿还贷款的缓冲物。借款公司的净值越大，逆向选择问题的后果就越不严重，贷款者就越愿意发放贷款。我们常听到这样的说法："只有不需要钱的人才能借到钱！"

（5）**总结**。我们用逆向选择理论解释了前面引入的关于金融结构 8 个事实中的 7 个。前 4 个事实强调了金融中介机构在公司融资过程中的重要性，以及证券市场的相对次要性；事实 5 表明，金融市场是经济中受到最严格监管的部门之一；事实 6 告诉我们，只有大型的知名公司才能进入证券市场；事实 7 指出，抵押物是债务合约的重要特征。在下面的内容中，我们将引入信息不对称的另一个概念即道德风险，对金融中介机构在公司融资过程中的重要性和证券市场的相对次要性、政府管制的普遍性以及抵押物在债务合约中的重要性等事实，从另一个角度提供解释。此外，可以用道德风险的概念来解释最后一个基本事实（事实 8），即为什么债务合约是对借款者行为实施约束的复杂的法律文本。

7.5 道德风险如何影响债务合约和股权合约的选择

道德风险是在金融交易发生之后产生的信息不对称问题，证券销售者有掩盖信息的动机，并有动机从事对证券购买者不利的活动。公司使用债务合约是否比使用股权合约更容易筹集到资金呢？道德风险在其中会产生重要影响。

7.5.1 股权合约中的道德风险：委托—代理问题

股权合约（如普通股）是对一家公司利润和资产的索取权。股权合约易于受**委托—代理问题**（principal-agent problem）这种特殊道德风险的影响。当管理者只拥有所在公司的小部分股权时，他们（即公司所有者的代理人）与拥有公司大部分股权的股东（称为委托人）之间就产生了所有权和控制权的分离，由此产生的道德风险表现为，掌握控制权的管理者（代理人）可能会按照他们自己的利益而非股东（委托人）的利益行事，因为管理者缺乏与股东相同的利润最大化动机。

为了更全面地理解委托—代理问题，下面举个例子。假设你的朋友史蒂夫想让你成为他的冰淇淋商店的合伙人。这个冰淇淋店需要投资 10 000 美元，但是史蒂夫只有 1 000 美元。因此，你购买了 9 000 美元的权益股份（相当于股票），这样你拥有了 90%的所有权，史蒂夫只拥有 10%的所有权。如果史蒂夫努力工作，制作可口的冰淇淋、保持店面整洁、给顾客提供微笑服务、手脚麻利地收拾餐桌，那么，扣除所有费用（包括史蒂夫的薪水）后，冰淇淋店每年能获利 50 000 美元。其中，史蒂夫能得到 10%（5 000 美元），你将得到 90%（45 000 美元）。

但是，如果史蒂夫并不卖命地工作，还用 50 000 美元的收入装饰自己的办公室，甚至在本应该工作时偷偷溜到海边度假，冰淇淋店就不会有盈利。如果史蒂夫工作努力并放弃非生产性的投资（如为办公室购买装饰品），他只能在薪水之外多挣 5 000 美元（利润的 10%）。史蒂夫可能认为，为了这 5 000 美元努力工作并成为一个出色的经营者不值得。他认为，多挣 10 000 美元还差不多。如果史蒂夫这么想，他就没有足够的动机去成为一个好的经营者，结果就是他会拥有一间漂亮的工作室、拥有一身古铜色的皮肤，而冰淇淋店不会有利润。由于冰淇淋店没有利润，史蒂夫的决定并没有服从你的利益，这样导致你损失了 45 000 美元（如果史蒂夫选择成为一个好的经营者，所赚取的利润的 90%）。

如果史蒂夫不诚实，那么，由委托—代理问题引发的道德风险将更加严重。因为冰淇淋店采取现金交易，史蒂夫有动机私藏 50 000 美元的现金，然后告诉你冰淇淋店没有盈利。现在，他获得了 50 000 美元的回报，而你却分文未得。

在安然公司和泰科国际公司（Tyco International）等公司的丑闻中，公司管理者被指控非法挪用公款，这一公款私用的丑闻说明了由股权合约引发的委托—代理问题的严重性。除了追求个人利益，管理者还可能通过公司战略（如合并其他企业）来提高其对公司的控制力，而非谋求提高公司的盈利能力。

如果公司的所有者能够完全了解管理者的行为，并能防止管理者的支出浪费或欺诈行为，那么，委托—代理问题就不会发生。史蒂夫掌握了比股东更多的关于公司经营活动的信息，即存在信息不对称，才会发生委托—代理问题，这是道德风险的一个例子。如果史蒂夫独自拥有冰淇淋店，所有权和控制权合一，委托—代理问题就不会发生。在这种情况下，史蒂夫将努力工作并避免进行非生产性投资，他会有 50 000 美元的盈利以及额外的收入。他一定努力做一个好的经营者。

7.5.2 解决委托—代理问题的手段

（1）**信息生产：监督**。委托—代理问题的产生是因为管理者比股东更了解公司的运营活动和盈利状况。减少这种道德风险的方法之一是进行信息生产，即监督公司的活动：经常对公司进行审计，并检查公司管理层的行为。问题在于，这种监督需要付出大量的时间和金钱，经济学家称之为**昂贵的状态检验**（costly state verification）。这种昂贵的代价使股权合约变得不那么吸引人，也部分说明了为什么股票在金融结构中并不是最重要的东西。

与逆向选择问题一样，搭便车问题会减少旨在减轻道德风险问题的信息生产量。在本例中，搭便车问题使监督弱化。如果你知道其他股东付钱对你所持股的公司的活动进行监督，你就可以搭他们的便车。你可以用不参与监督活动而省下来的钱去加勒比海度假。你能这么做，其他股东也能这么做。可能所有的股东都指望别人，结果是没有人会花费资源对公司进行监督。此时，普通股的道德风险问题会变得非常严重，公司很难通过发行股票来融资（这是对事实 1 的另一种解释）。

（2）**旨在增加信息的政府监管**。政府有动机减少由信息不对称造成的道德风险问题。这也从另一个角度解释了为什么金融体系要受到严格的监管（事实 5）。各国政府都制定了法律，要求公司遵守标准会计准则，使人们便于评估公司的利润水平。各国还推出了法律，对实施利润隐瞒和欺骗等欺诈行为的当事人施以严厉的刑事处罚。然而，上述措施的作用有限。要发现这种欺诈行为并不容易。实施欺诈的管理者有动机制造障碍和假象，使政府机构很难发现或证实这些欺诈行为。

（3）**金融中介机构**。金融中介机构有能力避免道德风险所面临的搭便车问题，这也是间接融资十分重要的另一个原因（事实 3）。**风险投资公司**（venture capital firm）就是一种有助于减少由委托—代理问题引发的道德风险的金融中介机构。风险投资公司将所有合伙人的资源聚合在一起，用这些资金帮助新成立的公司启动事业。风险投资公司将风险资本投放到新公司，然后得到新公司的股份。由于确认收益和利润对于消除道德风险十分重要，风险投资公司通常要委派几个自己的人员加入被投资公司的管理层，成为董事会成员，这样他们就能密切监督公司的活动。当风险投资公司为某公司提供启动资金后，该公司就不能将其股份转售给其他任何人，而只能出售给风险投资公司。因此，当风险投资公司进行监督和管理活动时，其他投资者就不能搭其便车。这种安排使风险投资公司获得了全部监督收益，因而风险投资公司有减少道德风险问题的动力。在美国，风险投资公司在高新技术产业部门的发展中起着十分重要的作用，从而促进了就业、经济增长与国际竞争力的提升。

（4）**债务合约**。道德风险是伴随股权合约而产生的，股权合约是在任何情况下（无论公司是盈利还是亏损）对公司利润的索取权。如果一种合约安排可以把道德风险限制在特定的情况下，就能降低对管理者监督的成本，这种合约比股权合约更有吸引力。债务合约正好具有这种特性，因为它是一种规定借款人必须定期向贷款人支付固定金额的契约性安排。当公司有较高的利润时，贷款人能够获得契约还款额，而且不需要确切了解公司的盈利状况。如果管理者隐瞒利润，或从事对自己有益但并不增加公司利润的活动，那么，只要这些活动不影响公司按时还债的能力，贷款人就不会介意。只有当公司不能偿付债务而处于违约状态时，贷款人才需要考察公司的利润状况。在这种情况下，债务合约的贷款人的行为才更像股东。

这种不需要经常监督公司，从而降低状态检验成本的优点，有助于解释为什么在筹资活动中，人们会更多地使用债务合约而不是股权合约。因此，道德风险能够对事实 1 给出解释，即为什么股票并不是企业最重要的融资来源。[①]

7.6 道德风险如何影响债务市场中的金融结构

即使存在上述优点，债务合约还是容易受到道德风险的影响。债务合约要求借款人偿付固定数额的利息，在此数额之上，借款人才能获得利润，因而借款人有动机从事一些贷款人不愿意从事的风险较大的投资项目。

例如，假定你认为很难搞清楚史蒂夫的冰淇淋店有多少盈利，你决定不与他合伙开公司，转而借给史蒂夫 9 000 美元开冰淇淋店。你们签署了一份债务合约，该合约承诺向你支付 10%的利率。在这种情况下，你认为这是一项可靠的投资，因为周围地区对冰淇淋有较大且稳定的需求。然而，一旦史蒂夫得到了资金，他就可能将这些钱投资于其他用途。史蒂夫可能将你借给他的 9 000 美元投资于新产品研发，因为他觉得有 1/10 的可能性发明出一种味道与名牌冰淇淋不相上下但不含脂肪和卡路里的减肥冰淇淋。

显然，这是一项风险很大的投资。但史蒂夫一旦成功，他就会成为百万富翁。他有很强烈的动机将你的钱用于这项冒险的投资，因为一旦成功，他的回报就是巨大的。但你不愿意！如果他投资失败（这是很有可能的），你借给他的钱将会遭受损失；同时，即使他成功了，你也不能分享他的成功——你还是只能从这笔贷款中获得 10%的回报。由于存在潜在的道德风险，即史蒂夫可能会用你的钱进行风险很大的投资，尽管这个项目不错，你可能也不会给史蒂夫提供贷款。

7.6.1 解决债务合约中道德风险问题的手段

（1）**净值和抵押物**。当借款人的净值（资产和负债的差额）很高或者向贷款人提供的抵押物价值很高时，产生道德风险的可能性就会降低，即借款人违背贷款人意愿行事的诱惑将会大为减弱，因为借款人首先要承担更大的损失。换言之，当借款人的净值或抵押物的价值很高时，如果出现风险，首先由借款人承担损失，贷款人只承担较低的风险。回到史蒂夫和冰淇淋店的例子，假设开设冰淇淋店或购买研究设备的成本是 100 000 美元，而不是 10 000 美元。因此，除了你提供的 9 000 美元，史蒂夫还需要将自己的 91 000 美元（而非 1 000 美元）投入其中。如果史蒂夫没有开发出这种不含卡路里和脂肪的冰淇淋，他将损失惨重，会失去 91 000 美元的净值（100 000 美元的资产减去从你这里获得的

① 在美国，免税是鼓励人们使用债务合约而非股权合约的另一个因素。美国的债务利息支出是企业的一项可扣税支出，而支付给股东的红利则不能在税前扣除。

9 000 美元的贷款)。他对这种高风险的投资将三思而行，更有可能投资于更加确定的冰淇淋店。因此，史蒂夫自己投入的钱（净值）越多，你就越有可能向他提供贷款。同样地，如果史蒂夫拿自己的房子作抵押，他就不可能去拉斯维加斯并输光你当月的盈利，否则，他有可能因无法支付抵押贷款而失去自己的房屋。

高净值有助于解决道德风险问题。这种方法使得债务合约具有**激励相容**（incentive compatible）机制，即高净值使借款人和贷款人的动机紧密地结合在一起。借款人的净值和抵押物的价值越高，按照贷款人的期望和意愿行事的动力就越大，债务合约中的道德风险问题就越小，公司或居民就越容易获得贷款。相反，借款人的净值和抵押物的价值越低，道德风险问题就越大，从而也就越难获得贷款。

（2）**限制性条款的监督和执行**。如上例所示，如果你能确认史蒂夫不会投资于比冰淇淋店风险更大的项目，就值得向他提供贷款。你可以在债务合约中注明限制该公司活动的条款（限制性条款），用于保证史蒂夫将你的钱用于你所希望的用途。通过监督史蒂夫的行为，观察他是否遵守限制性条款。如果他不遵守，就强迫他执行，你就能确保他不会以你的利益为代价去冒险。限制性条款旨在通过约束不合意行为或鼓励合意行为来减少道德风险。有四种类型的限制性条款可以达到此目的。

1）**阻止不合意行为的限制性条款**。可以将限制性条款设计成能阻止借款人从事不合意愿的风险投资项目，以降低道德风险。有一些这样的限制性条款要求发放的贷款只能用于为特定的活动提供资金，如购买特定设备或存货。其他的限制性条款限制借款人从事某些风险经营活动，如收购其他公司。

2）**鼓励合意行为的限制性条款**。限制性条款可以鼓励借款人参与合乎贷款人意愿的活动，以使贷款更有可能得到偿还。一种该类型的限制性条款要求家庭内负担家计的人必须购买人身保险，以便在其死亡后能保证抵押贷款的偿付。对于工商企业而言，这种类型的限制性条款关注的焦点在于，鼓励借款公司将其净值保持在较高水平，这样贷款人蒙受损失的可能性会减小。这种限制性抵押贷款通常都会规定公司必须保持与公司规模相适应的某种资产的最低持有量。

3）**保持抵押物价值的限制性条款**。抵押物是保护贷款人权益的一种重要资产，限制性条款可以鼓励借款人使抵押物保持良好的状态，并确保这些抵押物作为借款人的财产而存在。这是普通人最常遇到的一种条款类型。例如，汽车贷款要求汽车所有者对该车交投某一最低金额的碰撞保险和偷窃保险，并在贷款被清偿前，防止车主将该车出售。类似地，住房抵押贷款的借款人必须对该房屋投保足够的金额，且必须在该财产被变卖前清偿抵押贷款。

4）**提供信息的限制性条款**。限制性条款还要求借款企业通过定期提交季度会计报表和收入报表等与自身活动有关的信息，以便贷款人更易于监督企业，降低道德风险。这种类型的契约也可以规定贷款人有权在任何时间对公司的账簿进行审计和检查。

我们现在了解了为什么债务合约通常是对借款人行为加以实质性约束的复杂法律文本（事实 8）：债务合约需要复杂的限制性条款来降低道德风险。

（3）**金融中介机构**。尽管限制性条款有助于减少道德风险问题，但无法完全消除该问题。因为不可能通过制定限制性条款，将所有的风险活动都排除在外。此外，借款人可能非常聪明，可以找到这些限制性条款的漏洞，使其形同虚设。

限制性条款的另一个问题是条款的监督和强制执行。如果借款人知道贷款人不会核查条款或不愿支付法律诉讼费用，从而违背合约条款，限制性条款就会失去意义。通常说来，监督和执行限制性条款的成本非常大，与股票市场一样，在债券市场上也会产生搭便车问题。如果你知道其他的债券持有者会监督和执行限制性条款，你就会搭其便车。可能的结果就是没有足够的资源被投入到对限制性条款的监督和执行中。因此，道德风险对可交易债务而言仍然是一个严重的问题。

正如我们在前面了解到的，只要金融中介机构尤其是银行提供的是私人贷款，就有能力避免搭便车问题。私人贷款不能被交易，因此没有人能够借助于金融中介机构监督和执行限制性条款的便利搭其便车。于是，提供私人贷款的金融中介机构就可以获得监督和执行条款的全部好处，它们的工作可以减少债务合约中的道德风险问题。道德风险概念为我们提供了其他的解释，即为什么金融中介机构在引导资金从储蓄者向借款人流动的过程中发挥的作用比可交易证券更大，这就是事实 3 和事实 4。

7.6.2 总结

金融市场中出现的信息不对称会导致逆向选择和道德风险问题，并阻碍市场的有效运作。解决这些问题的手段包括私人生产和销售信息、旨在增加金融市场信息的政府监管、债务合约中抵押物和净值的重要性，以及监督和限制性条款的使用。通过分析，我们发现：在可交易的股票市场和债券市场上存在搭便车问题。在企业融资活动中，金融中介机构（如银行）发挥着比证券市场更大的作用。对逆向选择和道德风险问题的经济学分析有助于解释在本章开头列出的金融结构的 8 个基本事实。

为了帮助你了解全部可用于解决信息不对称问题的手段，表 7－1 汇总了信息不对称问题及其解决手段。此外，它还说明了这些手段和信息不对称问题如何解释了本章开始提到的金融结构的 8 个事实。

表 7－1　　信息不对称问题及其解决手段

信息不对称问题	解决手段	所能解释的事实序号
逆向选择	私人生产和销售信息	1、2
	旨在增加金融市场信息的政府监管	5
	金融中介机构	3、4、6
	抵押物和净值	7
股权合约中的道德风险（委托—代理问题）	信息生产：监督	1
	旨在增加信息的政府监管	5
	金融中介机构	3
	债务合约	1
债务合约中的道德风险	抵押物和净值	6、7
	限制性条款的监督和执行	8
	金融中介机构	3、4

金融结构的事实清单：
1. 股票不是最重要的外部融资来源。
2. 可交易证券不是融资的主要来源。
3. 间接融资比直接融资更重要。
4. 银行是最重要的外部融资来源。
5. 金融体系受到非常严格的监管。
6. 只有大型知名公司才能进入证券市场。
7. 抵押物在债务合约中很普遍。
8. 债务合约有很多限制性条款。

案例 7—1

金融发展和经济增长

最近的研究发现，很多发展中国家都经历了低经济增长，一个重要的原因是，这些国家的金融体系都不发达。[①] 对金融结构的理论分析有助于解释不发达的金融体系如何导致了较低水平的经济发展和经济增长。

发展中国家的金融体系面临很多困难，无法有效运作。如前所述，抵押物和限制性条款是解决信贷市场逆向选择及道德风险问题的手段。在很多发展中国家，产权制度（法律规则、政府征用限制、消除腐败）不健全，很难运用这些手段解决逆向选择和道德风险问题。在这些国家，破产程序烦琐且缓慢。例如，在很多国家，**债权人**（creditors，债务持有者）必须首先对违约的债务人提起诉讼，这可能要花上几年的时间。然后，一旦债权人获得有利的审判结果，还须再次提起诉讼以获得对抵押物的所有权。整个过程可能要超过 5 年。有时，即使贷款人获得了抵押物，这些物品也可能没什么价值了。此外，政府通常会在政治力量强大的部门诸如农业部门，依靠政治力量阻止贷款人停止发放贷款。在无法有效使用抵押物的市场，逆向选择问题将变得更加严重。因为贷款人为了甄别贷款质量的好坏，需要更多关于借款人的信息，结果就是贷款人更难为具有生产性投资机会的借款人融通资金。这样一来，投资的生产性就会减弱，经济增速也会减慢。类似地，不发达的法律体系也让贷款人很难执行限制性条款，因此，他们减少由借款人所造成的道德风险问题的能力非常有限，结果是不愿意提供贷款，从而抑制了经济增长。有效的法律体系在促进经济增长中的重要性表明，律师在经济中扮演着更加积极的角色（参见小案例 7—2“我们要杀掉所有律师吗?”）。

发展中国家的政府经常借助于本国的金融体系实现贷款指导，这些贷款被发放给政府或者经济中受到优待的部门。贷款指导的方式是：人为设定较低的贷款利率；设立专门的金融发展机构来发放特定种类的贷款；指示现存金融机构为某些实体部门发放贷款。我们知道，私人机构有动机解决逆向选择和道德风险问题，并为拥有最具生产性投资机会的借款人提供贷款。但是，政府没有这种动机，因为政府没有盈利诉求。政府的贷款指导计划可能无法将资金融通到那些能为经济带来高增长的部门，结果还是使投资的效率降低、经济增速减缓。

此外，在很多发展中国家，银行归国家所有。由于不存在盈利压力，这些**国有银行**（state-owned banks）并没有太大动力将其资本投到最优的生产性投资用途中。毫不奇怪，这些国有银行最主要的贷款客户通常是政府，而政府却不能使这些资金物尽其用。

我们知道，政府监管会增加金融市场中的信息数量，能促使金融市场更加有效地运作。很多发展中国家的监管机构都很不发达，妨碍了向金融市场提供足够的信息。例如，这些国家的会计准则通常都不完善，很难确认借款人资产负债表的质量。因此，信息不对称问题更加严重，金融体系为最具生产性的投资机会融通资金的功能遭到严重削弱。

不健全的法律体系、不完善的会计准则、政府监管不到位、政府通过引导信贷项目所进行的干预以及银行国有化等制度环境的差异有助于解释为什么有些国家依然贫困而有些国家却日渐富裕。

---

① 参见 World Bank, *Finance for Growth*: *Policy Choices in a Volatile World*, World Bank and Oxford University Press, 2001，其中有对金融发展和经济增长的文献综述以及一系列补充参考文献。

小案例 7—2　我们要杀掉所有律师吗？

律师通常是喜剧演员嘲笑的对象。大量笑话是针对趁火打劫的律师和大量琐碎的诉讼的。对律师的敌意不是近期的事。16 世纪末，莎士比亚在《亨利四世》中写道："屠夫建议，我们要做的第一件事就是杀死所有的律师。"这是莎士比亚笔下屠夫的权利吗？

实际上，大多数法律工作并不是关于交通事故损害赔偿、刑事法律以及琐碎的诉讼的。相反地，它包括合约的拟订与执行，通过此建立财产权利。财产权利对保护投资十分重要。一个好的法律体系自身并不提供投资动机，财产权利才是核心。这正是律师的作用之所在。当有人侵犯你的领土或是在未经允许的情况下使用你的财产时，律师就可以阻止他或她。若没有律师制度的保护，你将不愿意进行投资。不投资或只进行有限的投资，将不会有快的经济增长。

与世界上其他国家相比，美国每单位资本的律师占比高得多。拥有完善金融体系的发达国家会把资本运用到新的生产性用途中，如科技部门。这是巧合吗？美国的法律体系对其经济有益吗？近期的研究显示，基于盎格鲁-撒克逊法律体系的美国立法体系对美国经济是有利的。*

* 参见 Rafael La Porta，Florencio Lopez-de-Silanes，Andrei Shleifer，and Robert W. Vishny，"Legal Determinants of External Finance，" *The Journal of Finance* 52，3（July 1997），1131－1150；and Rafael La Porta，Florencio Lopez-de-Silanes，Andrei Shleifer，and Robert W. Vishny，"Law and Finance，" *Journal of Political Economy* 106，6（December 1998），1113－1155。

案例 7—2

中国是金融发展重要性的反证吗？

中国正以其自有的方式成为强有力的经济增长体，但是，它的金融发展还处于初级阶段。中国的法律体系还不健全，一些金融合约的执行存在困难；同时，会计准则也不够严密，以致关于债权人的高质量信息较难获得。银行监管体系尚处于形成阶段，大型国有银行主导了银行部门。中国经济在过去的 20 多年里经历了世界上最快的经济增长，在相对低水平的金融发展下，中国怎样保持了这么快速的增长呢？

如前所述，中国尚处于发展初期，人均收入不超过 10 000 美元，仅相当于美国人均收入的 1/5。中国的储蓄率很高，在过去 20 年中，平均达到 40%。借助于高储蓄，中国很快建立起资本存量，并把大量劳动力从生产效率低的温饱型农业中转移到生产率高的生产活动中。即使可用储蓄没有被分配到最佳的生产性用途上，资本的大量增加以及把劳动力从低生产率领域转移到高生产率领域，也极大地促进了经济增长。

随着中国的发展，上述效应可能消失。苏联就是一个例子。在 20 世纪五六十年代，苏联与现在的中国有很多相同的特点：高储蓄引导高增长、巨额资本积累以及把大量利用率低的劳动力从温饱型农业中转移到制造业中。在这一高增长阶段，苏联没有很好地发展高效的资金配置系统。一旦大量可持续供应的劳动力出现短缺，苏联的经济增长就迅速下降，无法赶超西方经济体。时至今日，没有人认为苏联是一个经济成功的案例，这个超级大国解体的一个重要原因是，它没有建立起支持金融发展和增长的机制。

为了进一步扩大发展成果，中国需要改善金融体系，以便更有效地分配资金。中国的领导人很好地意识到了这种挑战：政府积极致力于国有银行的产权改革。此外，政府也致力于立法改革，以提高金融合约的执行力。新的破产法保障贷款者在贷款合约出现违约后接管借款企业的资产。中国政府能否建立一流的金融体系，以使中国迈入发达国家的行列，我们拭目以待。

7.7 利益冲突

在本章开头，我们了解了金融机构在金融体系中如何扮演重要的角色。特别是金融机构在捕捉消费者反应和搜集信息方面的专长，这使它们在信息生产上具有成本优势。金融机构具备搜集、生产和分配信息的优势，它们可以重复使用这些信息，从而达到规模经济。通过向顾客提供多重金融服务，比如，向他们提供银行贷款或者向他们出售债券，金融机构实现了**范围经济**（economies of scope）。金融机构可以把同一信息来源用于很多不同的服务上，从而降低每一服务所分摊的信息成本。例如，一家银行在向一家公司提供贷款时需要评估该公司的信贷风险状况，这一评估信息又是银行判别该公司向社会公众发行债券的能力的依据。另外，通过向顾客提供多重金融服务，金融机构会和企业达成广泛而持久的联系。这种关系可以减少信息生产成本并扩大范围经济。

7.7.1 利益冲突的概念和意义

尽管范围经济的存在给金融机构带来了很大的好处，但它也会产生潜在成本，即**利益冲突**（conflicts of interest）。利益冲突是一种道德风险。当一个人或者机构有多重目标（利益）时，这些目标间就会存在冲突。当金融机构提供多重服务时，很可能会出现利益冲突。服务利益的潜在竞争会导致个人或企业隐瞒信息或者散布虚假信息。我们用信息不对称理论来分析为什么出现利益冲突，以及我们对此能做些什么。

我们关注利益冲突，因为在金融市场上，信息质量的急剧降低会增加信息不对称问题，从而阻止金融市场把资金引向最具生产性投资机会的活动。如果是这样，金融市场和经济就会变得缺乏效率。

7.7.2 为何产生利益冲突

近些年，在金融市场上，有三种类型的金融服务导致了重大的利益冲突：投资银行的承销和调查、会计师事务所的审计和咨询以及信用评级机构的评级和咨询。为什么这些活动经常会产生利益冲突呢?

（1）**投资银行的承销和调查**。投资银行主要完成两项工作：研究上市公司发行的证券并承销，以发行公司的名义将其出售给公众。投资银行经常会把不同的金融服务结合起来，以便进行信息合成和共享。为一项服务生产的信息可能会为另一项服务提供便利。经纪业务和承销业务之间会产生利益冲突。银行想同时为两类客户群体服务——证券发行企业和证券投资者。这些客户群体有不同的信息需求。发行人乐于看到乐观的调查结果并从中获益，而投资者却期望调研的客观公正。然而，范围经济为两类群体提供了同样的信息。当承销的潜在收入大大超过出售股票的交易佣金时，投资银行就会有强烈的动机改变向投资者提供的信息，以最大限度地满足发行企业的意愿，否则就会被其他投资银行抢走生意。例如，在1992年7月14日的《华尔街日报》上，有一篇摩根士丹利的内部备忘提道："我们的目标是采纳一项企业上下达成共识的政策，包括研发部门在内，按照商业惯例，我们不会发表对我们客户不利的言论。"

由此，投资银行的分析师可能就会歪曲研究事实来取悦发行人，而且这的确在20世纪90年代的高科技股市泡沫期间发生过。这些行为破坏了投资者做出金融决定所依据信息的可靠性，因此，降低了金融市场的效率。

导致利益冲突的另一种普遍的行为是**违规派送新股**（spinning）。在富有吸引力的股票**首次公开发行**（initial public offering，IPO）中，承销商将部分股票按优惠条件分配给其他公司的管理层，以便获得他们的投资银行业务。热门股票在首次公开发行后通常会产生溢价，违规派送新股就是一种回扣手段，管理层据此决定使用哪家投资银行。当管理者计划发行自己公司的股份时，他们就很可能找曾分配给他们热门股票的投资银行。这家投资银行给出的发行价不一定是公司证券的最高价格。这种做法会提高企业的资金成本，从而降低资本市场的效率。

（2）**会计师事务所的审计和咨询**。一般来说，审计员会核查公司的账册，并监督企业提供的信息的质量，以减少公司管理者和股东之间不可避免的信息不对称问题。在审计中，一些潜在的利益冲突会对真实报告产生威胁。当会计师事务所为其客户提供审计服务和非审计咨询服务时，如在税收、会计、管理信息系统和经营策略等方面提供意见，受到媒体密切关注的利益冲突问题就会出现。为客户提供多重服务可以获得规模经济和范围经济，但会产生两种潜在的利益冲突。首先，审计员可能会曲解他们的判断和意见以迎合客户，从而获得客户的咨询业务。其次，审计员审计信息系统、税收以及由公司非审计同行推出的企业财务计划，为此，他们不愿意给出批评建议。两种冲突均会导致非公平审计，因此，在金融市场上就很难得到可用信息，投资资金很难得到有效配置。

审计员提供过度有利的审计意见以拉拢或留住客户，利益冲突就会产生。曾是美国五大会计师事务所之一的安达信会计师事务所的不幸倒闭说明这种利益冲突可能是最危险的（参见小案例7—3"安达信会计师事务所的倒闭"）。

小案例7—3　安达信会计师事务所的倒闭

1913年，一位名叫亚瑟·安达信（Arthur Andersen）的年轻会计师指责公司愚弄大众的草率和欺骗行为，他成立了自己的企业。直到20世纪80年代早期，审计一直是该公司的最主要盈利来源。然而，到了20世纪80年代末，该公司的咨询业务以很高的边际收益获得了高速增长，而审计盈利因市场竞争激烈而大幅下降。咨询业务合伙人在公司中获得了更大的权力，潜在的利益冲突将该公司一分为二。在2000年，亚瑟·安达信（审计服务）和安达信咨询成为两家独立的公司。

在拆分前的利益冲突期间，安达信的审计合伙人面临着提高审计服务盈利和收入的很大压力。像后来倒闭的安然公司、世通公司、奎斯特公司（Qwest）以及环球电讯公司（Global Crossing）等都是亚瑟·安达信的区域大客户。安达信审计获得的大量收入和利润来自这些客户，这些大客户反过来又掌控了安达信的区域办事处，因此区域办事处的管理者有为这些客户提供审计支持的动机。像安然公司和世通公司这样的大客户的缺失对于区域办事处及其合伙人来说是一个灾难，即使该客户只占安达信全部收入和利润的很小比例。

例如，安达信的休斯敦办事处忽视了安然公司报表的问题。在 2002 年 3 月，安达信因阻碍证券交易委员会对安然公司破产进行调查而被起诉。2002 年 6 月被定为“阻碍司法调查”的罪名。安然涉诉首次牵涉到大型会计师事务所，安达信无法再为上市公司进行审计。随着事件的不断升级，安达信倒闭。

（3）**信用评级机构的评级和咨询**。投资者运用表明违约可能性的信用等级（如 Aaa、Baa）来判定特定债券的信誉。因此，债务评级在债券定价以及监管过程中扮演着重要的角色。当不同利益群体的使用者（至少在短期）依靠信用评级时就会产生利益冲突。投资者和监管者寻求关于信用质量的客观评价和深入研究；而发行人需要一个被认可的级别水平。在信用评级产业中，证券的发行人会向标准普尔或是穆迪这样的信用评级机构付费以对其证券进行评级。由于发行人向信用评级机构付费，投资者和监管者就会担心这些评级机构有可能倾向于虚抬信用评级，从而获得发行人的更多信用评级业务。

当信用评级机构也提供附属咨询业务时，另一种利益冲突就会出现。债务发行人经常要求信用评级机构对它们如何安排自己的债务发行提供意见，主要目的是获得一个被认可的评级级别。在这种情况下，信用评级机构会面对与提供审计和咨询服务的会计师事务所一样的问题。信用评级机构通过提供有利的评级为附属咨询业务争取新客户。信用评级机构发布的信用评级质量的下降会增加金融市场上的信息不对称，从而降低金融市场分配信贷资金的能力。在 2007—2009 年金融危机期间，由于信用评级机构的不良声誉，利益冲突出现了（参见小案例 7—4“信用评级机构和 2007—2009 年的金融危机”）。

小案例 7—4　信用评级机构和 2007—2009 年的金融危机

在 2007—2009 年的金融危机期间，信用评级机构因扮演的角色受到了严厉的批评。信用评级机构一方面推荐客户投资于复杂的金融产品，用以支付次级抵押贷款的现金流；另一方面，它们同时对这些产品提供评级，导致了严重的利益冲突。特别地，它们向客户建议如何安排由其评级的结构化产品，由此获得了大量收费，这意味着信用评级机构没有强烈动机去保证其评级的正确性。

当住房价格开始下降、次级抵押贷款出现违约时，很明显，信用评级机构做了一件很可怕的事，就是对其帮助进行结构化的次级产品进行风险评估。很多 AAA 级的产品被一再降低评级，直至成为垃圾债券。随着经济的全面崩溃，这些资产大幅贬值，很多持有这些资产的金融机构陷入困境。

面对大众对信用评级机构的指责，证券交易委员会在 2008 年提出了全面的改革措施。证券交易委员会得出结论：对次级产品进行评级的信用评级机构的发展模式不完善，且利益冲突在导致不正确的评级中起到了重要作用。为解决利益冲突问题，证券交易委员会禁止信用评级机构对其评级的产品进行结构化、禁止参与信用级别评定的任何人洽谈发行人支付的费用、禁止债券发行人赠与评级者任何超过 25 美元的礼物。为使信用评级机构更具问责性，证券交易委员会的新规则要求信用评级机构披露评级级别是如何决定的。例如，信用评级机构被要求披露历史的评级情况，包括降低和提高评级级别的日期、信用评级机构用于评级的潜在资产产品的信息和用于决定评级级别的调研类型。此外，证券交易委员会要求信用评级机构将结构化产品与债券的评级区分开来。希望这些改革会使评级过程更加透明，减少在次贷危机中起重要作用的利益冲突问题。

7.7.3 缓解利益冲突的办法

为了解决利益冲突问题，美国实行了两项主要的政策措施：《萨班斯-奥克斯利法案》(Sarbanes-Oxley Act) 以及《全球法律清算条例》(Global Legal Settlement)。

(1) **2002 年《萨班斯-奥克斯利法案》**。公众对公司及其会计丑闻提出强烈抗议，直接导致了 2002 年出台了《公众公司会计改革和投资者保护法案》，也称《萨班斯-奥克斯利法案》。该法案增加了对监管者的监督以及避免利益冲突：

- 它成立了一个上市公司会计监管委员会（PCAOB)，由证券交易委员会监管，监督会计师事务所以保证其审计的独立性和质量。
- 它增加了证券交易委员会监督证券市场的预算。

《萨班斯-奥克斯利法案》直接致力于减少利益冲突：

- 注册会计师事务所向客户提供非审计服务，或者同时进行未经许可的审计，将是违法的（正如 PCAOB 所规定的那样）。

《萨班斯-奥克斯利法案》使投资银行有了规避利益冲突的动机：

- 它加强了对白领犯罪和妨碍官方调查的刑事处罚。

《萨班斯-奥克斯利法案》采取措施改善金融市场中的信息质量：

- 它要求公司的首席执行官（CEO）和财务总监（CFO）以及审计员提供关于企业阶段性财务状况（尤其是关于表外交易）的报告，并保证披露均是真实的。
- 它要求审计委员会的官员（董事会小组委员会）保持“独立”，也就是说，他们不能是公司的管理者或者接受来自公司的任何咨询或建议费。

(2) **2002 年《全球法律清算条例》**。第二项主要的政策措施是由纽约大律师艾略特·斯皮策（Eliot Spitzer）对最大的 10 家投资银行的诉讼引出的。这 10 家银行分别是贝尔斯登（Bear Stearns)、瑞士信贷第一波士顿（Credit Suisse First Boston)、德意志银行(Deutsche Bank)、高盛（Goldman Sachs)、J. P. 摩根（J. P. Morgan)、雷曼兄弟（Lehman Brothers)、美林（Merrill Lynch)、摩根士丹利（Morgan Stanley)、所罗门美邦(Salomon Smith Barney) 和瑞银华宝（UBS Warburg)。美国证券交易委员会、纽约律师事务所、全美证券交易商协会（NASD)、北美证券管理者协会（NASAA)、纽约证券交易所（NYSE）及各州监管机构与这些投资银行在 2002 年 12 月 20 日达成了一项全球性决议。与《萨班斯-奥克斯利法案》一样，该决议也致力于减少利益冲突：

- 它要求投资银行切断研发和证券承销之间的联系。
- 它禁止违规派送新股。

《全球法律清算条例》也为投资银行提供了避免引发利益冲突的动机：

● 它对被起诉的投资银行处以 14 亿美元的罚金。

《全球法律清算条例》采取以下措施改善金融市场上的信息质量：

● 它要求投资银行将其投资分析公之于众。

● 在五年的时间内，投资银行需要和至少 3 家独立的研究机构订立合约，为其经纪业务客户提供研究服务。

评价《萨班斯-奥克斯斯利法案》和《全球法律清算条例》的影响还为时尚早。但是，最具争议的就是业务功能分割（把研发与承销分开，把审计与非审计咨询分开）。功能分割会减少利益冲突，也可能会消除范围经济，并因此导致金融市场信息的大量减少。此外，这些措施尤其是《萨班斯-奥克斯斯利法案》的实施成本很高，也可能导致美国资本市场的衰退（参见小案例 7—5 “《萨班斯-奥克斯斯利法案》是否导致了美国资本市场的衰退?”）。

小案例 7—5　《萨班斯-奥克斯斯利法案》是否导致了美国资本市场的衰退?

近几年，在美国，关于《萨班斯-奥克斯斯利法案》的影响，尤其是涉及美国资本市场的第 404 节，引发了广泛的讨论。第 404 节要求管理者和公司审计人员保证其财务状况意见的正确性。毫无疑问，《萨班斯-奥克斯斯利法案》导致企业成本增加，尤其是收入不到 1 亿美元的小公司，其实施成本估计超过了收入的 1%。高成本会导致小企业到国外注册融资，造成美国 IPO 融资萧条，引发了美国资本市场的震荡。然而，会计准则的改进可以鼓励股市登记和 IPO 融资，因为优质信息会提高普通股的股价。

《萨班斯-奥克斯斯利法案》的批评者指出，该法案会导致很高的诉讼率以及股东权利的弱化，从而造成美国股票登记及 IPO 的减少，但是可能也有其他因素起了作用。在 20 世纪 90 年代，欧洲金融体系经历了一个自由化的过程，且引入欧元加速了金融市场的一体化和效率提升。因此，欧洲企业很容易在国内上市登记。欧洲企业在国内上市登记的比例从 1995 年的 60%上升到如今的超过 90%。由于其他经济体的重要性开始上升，美国在世界经济中的重要性趋于下降，美国资本市场的主导地位开始动摇。这一过程在公司债券市场中更加明显。1995 年美国公司债券的发行是欧洲的 2 倍，现在欧洲的债券发行量却超过了美国。

本章小结

1. 关于金融结构有 8 个基本事实。前 4 个事实强调了对于公司融资来说，金融中介机构非常重要，而证券市场的重要性相对次要；事实 5 指出，金融市场是受到最严格监管的经济部门之一；事实 6 认为，只有大型知名公司才能进入证券市场融资；事实 7 表明，抵押物是债务合约的重要特征；事实 8 说明，债务合约是对借款人行为施加诸多约束的复杂法律文本。

2. 交易成本使很多小额储蓄者和借款人无法直接参与金融市场。金融中介机构可以利用规模经济以及专业化服务来降低交易成本，使金融机构的储蓄者和借款人都能从金融市场中获益。

3. 信息不对称会引发两个问题：发生于交易之前的逆向选择问题，以及发生于交易之后的道德风险问题。逆向选择是指贷款风险高的人往往是最积极寻求贷款的那些人；道德风险是指借款人往往会进行违背贷款人意愿的活动。

4. 逆向选择会影响金融市场的有效运作。减少逆向选择问题的手段包括私人生产和销售信息、旨在增加信息的政府监管、金融中介机构、抵押物和净值。当人们利用别人付钱所获得的信息为自己服务时就产生了搭便车问题。该问题能够解释为什么金融中介机构尤其是银行会在企业融资活动中发挥比证券市场更重要的作用。

5. 股权合约中的道德风险被称为委托—代理问题。管理者（代理人）追求利润最大化的动力不如股东（委托人）大。委托—代理问题能够解释为什么在金融市场中债务合约比股权合约更普遍。减少委托—代理问题的手段包括监督、旨在增加信息的政府监管和金融中介机构。

6. 有助于减少债务合约中的道德风险问题的手段包括抵押物和净值、限制性条款的监督和实施以及金融中介机构。

7. 当金融服务的提供者或其雇员有多重利益，并且有动机滥用或者隐瞒金融市场有效运行所必需的信息时，就会产生利益冲突。我们关心利益冲突，是因为它可以明显减少金融市场中可用信息的数量，从而妨碍金融市场把资金导向最具生产性投资机会的部门。三种金融服务活动很可能导致利益冲突：投资银行的承销和调查、会计师事务所的审计和咨询、信用评级机构的评级和咨询。可以先采取两种主要的政策措施解决利益冲突问题，即由纽约大律师对最大的 10 家投资银行的诉讼所引出的 2002 年的《萨班斯-奥克斯利法案》和 2002 年的《全球法律清算条例》。

重要专业术语

代理理论	股权资本	限制性条款
审计	搭便车问题	有担保债务
抵押物	激励相容	违规派送新股
利益冲突	首次公开发行	国有银行
昂贵的状态检验	净值	无担保债务
债权人	优序融资理论	风险投资公司
范围经济	委托—代理问题	

习题

1. 规模经济是如何解释金融中介机构的存在的？

2. 请说明金融中介机构有助于降低经济中的交易成本的两种方法。

3. 如果信息是对称的，金融市场中还会出现逆向选择和道德风险问题吗？请解释。

4. 标准会计准则如何帮助金融市场有效运行？

5. 在纽约证券交易所交易的股票和在场外交易市场交易的股票，哪个的次品车问题更加严重？请解释。

6. 哪些公司更有可能通过银行而非发行债券和股票来为其经营活动筹集资金？为什么？

7. 信息不对称问题的存在是如何为政府管理金融市场提供理论基础的？

8. 一个人将其一生的积蓄投入到他的公司中，而另一个人未必这样做，那么，你更愿意向哪个人提供贷款？为什么？

9. 富人常常担心对方只是因为他有钱才想跟他结婚。这是一个逆向选择问题吗？

10. “支持贷款的抵押物越多，贷款人就越不担心逆向选择问题。”该说法是正确的、错误的还是不确定的？对你的答案进行解释。

11. 搭便车问题如何加剧了金融市场中的逆向选择和道德风险问题？

12. 请解释美国公司的所有权和经营权分离是如何导致管理不善的。

13. 为什么由一家公司提供几种金融服务会导致很低的信息生产成本？

14. 由一家公司提供几种金融服务是如何导致利益冲突的？

15. 利益冲突为什么会使金融服务企业缺乏效率？

16. 阐述当一家投资公司进行承销和调查时所产生的利益冲突。

17. 违规派送新股怎样导致金融体系的低效率？

18. 阐述在会计师事务所中出现的利益冲突。

19. 你认为《萨班斯-奥克斯利法案》的哪些条款是有益的？哪些不是有益的？

20. 你认为《全球法律清算条例》的哪些条款是有益的？哪些不是有益的？

定量问题

1. 你现在进入了二手车市场。你愿意为购买汽车支付的总价为 20 000～24 000 美元。如果你相信汽车交易商对汽车的了解和你一样多，你愿意为买车支付多少钱？为什么？假设你只关心所购买汽车的预期价值，而且汽车价值是对称分布的。

2. 如果你相信汽车交易商对汽车的了解比你多，你愿意为买车支付多少钱？为什么？在一个竞争性的市场中，该问题是如何解决的？

3. 你希望雇用里奇帮你管理达拉斯公司。管理公司所能获得的利润由里奇的努力程度决定，如下表所示。

情形	可能性	
	利润＝10 000 美元	利润＝50 000 美元
懒惰	60％	40％
勤奋工作	20％	80％

如果里奇很懒惰，他整天上网，他将其视为零机会成本。里奇认为勤奋工作的“个人成本”是 1 000 美元。假设里奇只关心他的预期收入减去“个人成本”，你会将利润中的多大比例分给里奇？

4. 你拥有一处位于河边的房子，价值 400 000 美元。如果河水泛滥引发洪灾，这处房子将被完全毁坏，这种情况大概 50 年出现一次。如果你修建了一处河堤，严重的洪灾才能毁灭你的房子，这种情况大概 200 年才会发生一次。提供全额保险的保单需要每年交纳多少钱的保费？对于赔偿房屋价值 75％的保单，你在修筑河堤和不修河堤的情况下，预期成本各为多少？两种保单的差异会使你有动机去修建河堤来保护房屋以让它更安全吗？

网络练习

金融机构的存在

1. 本章讨论了次品车问题及其对市场有效运作的影响。该理论最初是由乔治·阿克洛夫发展起来的。登录 http://www.nobelprize.org/nobel_prizes/economic-sciences/laureates/2001/。该网站对 2001 年获得诺贝尔经济学奖的阿克洛夫、斯宾塞（Spence）和斯蒂格利茨（Stiglitz）进行了介绍。请阅读其中关于乔治·阿克洛夫的介绍。用一页纸对他的研究思路进行总结。

2. 本章讨论了对逆向选择和道德风险的理解如何有助于我们更好地了解金融危机。美国面临的最严重的金融危机发生于 1929—1933 年的经济大萧条时期。登录 http://www.amatecon.com/greatdepression.html。该网站上有对引发这次经济萧条的因素的简要讨论。用一页纸进行总结，解释逆向选择和道德风险在这次经济萧条中所起的作用。

第 8 章　金融危机的产生及其危害

开篇预览

金融危机是金融体系的严重混乱，其特点是资产价格急剧下跌以及企业破产。始于 2007 年 8 月的抵押贷款市场中次级借款者（有很差信用记录的借款者）的违约引发了整个金融市场的动荡，进而演变成自大萧条以来美国最严重的金融危机。美联储前主席艾伦·格林斯潘（Alan Greenspan）把 2007—2009 年的金融危机比作“百年一遇的金融海啸”。华尔街的公司和商业银行遭受了数千亿美元的损失。家庭和企业要对借款支付高利率，而且获得贷款变得十分困难。随着美国股市跌到了 2007 年 10 月顶峰的一半，世界股市也全面下跌。许多金融企业包括商业银行、投资银行以及保险公司纷纷破产倒闭。从 2007 年 12 月经济步入萧条到 2008 年秋季，经济始终处于下降通道。这场结束于 2009 年 6 月的金融危机是二战以来最为严重的一次危机。

为什么会产生金融危机？为什么金融危机在美国和很多其他国家的历史中如此普遍？金融危机的启示是什么？为什么金融危机总是发生在合约破裂之后？本章将构建一个分析框架来探究金融危机的动态发展过程及后果。在第 7 章的基础上，本章将运用代理理论和信息不对称（逆向选择和道德风险）理论对金融市场及其经济影响进行经济学分析，考察为什么金融危机会发生以及为什么会对经济造成如此大的影响。最后，我们用这种分析来解释全世界过去发生的大量金融危机，包括最近发生的次贷危机。

8.1　什么是金融危机

在第 7 章中，我们曾提到运转良好的金融体系对一个充满活力的经济十分重要。金融体系具有把资金导向具有生产性投资机会的个人或企业手中的基本职能。如果资本使用不当或者失去流动性，经济就会低效运行或者引发经济衰退。

8.1.1 代理理论和金融危机的定义

信息不对称引起逆向选择和道德风险的机制分析被称为代理理论（agency theory）。代理理论为定义**金融危机**（financial crisis）提供了基础。信息不对称问题阻碍金融市场有效地将资金从储蓄者手中转移到具有生产性投资机会的人手中，这被经济学家们描述成**金融摩擦**（financial frictions）。当金融摩擦增加时，贷款人确定借款者的信用状况变得更加困难。为了弥补借款者无法偿还贷款的风险，贷款人需要收取更高的利率，这就导致了一个更高的利差（商业贷款的利率与无风险资产的利率之间的差额）。

当金融市场中的信息流动受到巨大阻碍时，金融摩擦剧增且信贷利差迅速上升，金融市场失效，进而出现金融危机，随后经济也会出现崩溃。

8.2 发达经济体金融危机的动态过程

最近发生的金融危机，如同地震和头条新闻一样，只是美国历史上多次金融危机中的一次。对危机发展过程的考察有助于经济学家解释现今的经济混乱。

发达经济体的金融危机通常经历两个或三个阶段，为了了解金融危机的进程，我们探寻了发达经济体中危机的发展阶段及事件的发展顺序，如图 8-1 所示。

8.2.1 阶段一：金融危机的源起

金融危机的源起有几种表现：信用激增和资产价格泡沫的形成与破裂、主要金融机构的失误所引发的不确定性增加。

（1）信贷繁荣和泡沫破裂。当国家实施**金融自由化**（financial liberalization）以消除对金融市场和机构的限制，或是引入新型贷款或其他金融产品［被称为**金融创新**（financial innovation）］时，就播下了金融危机的种子。从长期来看，金融自由化促进了金融的发展，有助于金融体系有效地分配资金。然而，金融自由化也会产生负面影响。短期来看，它激发了金融机构的放贷热情，被称为**信贷繁荣**（credit boom）。遗憾的是，贷款者有时无力且没有足够的激励去很好地管理新的业务线的风险。即便能够管理，信贷繁荣最终也会超过机构的放贷能力和政府监管者监管信贷风险的能力，从而引发更大的贷款风险。

政府的安全网（如存款保险）弱化了市场纪律，增加了银行过度冒险的道德风险，银行愿意冒超过自身承受力的风险。因为存款者知道由政府担保的保险制度会对其损失给予保护，会为“纪律较差”的银行提供资金。而银行愿意发放高风险、高利率的贷款，以获得可观的收益。如果贷款恶化、银行陷入困境，则可以让纳税人为其买单。监管缺失使银行承担的风险进入了监管真空。

最终，潜在的风险成真。贷款损失开始增加，贷款（资产负债表的资产方）相对于负

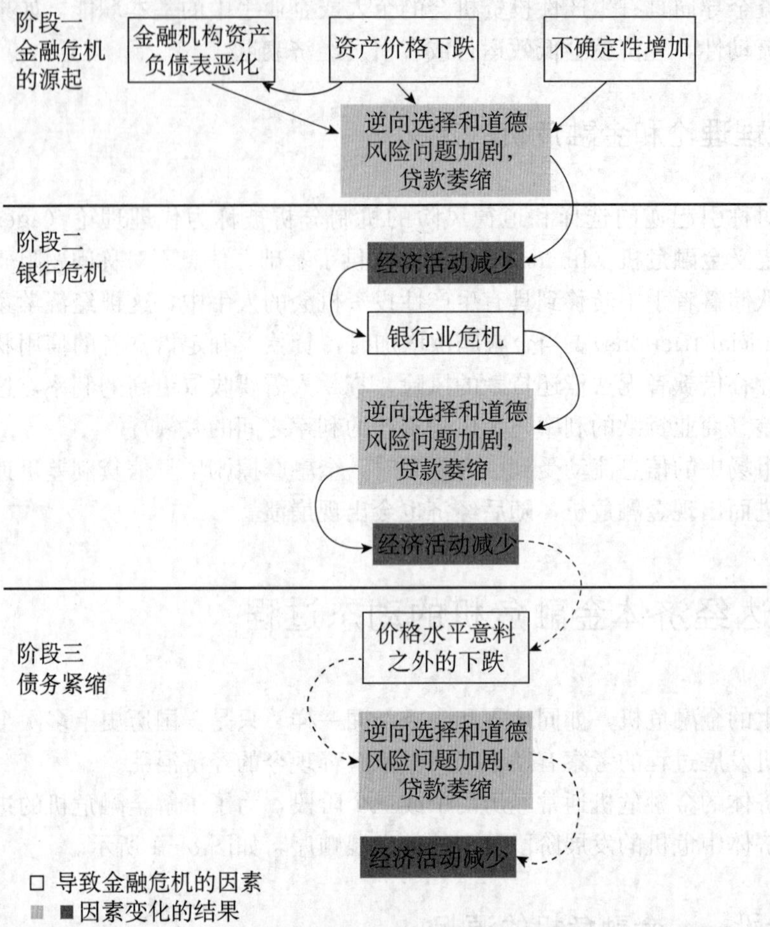

图 8-1 发达经济体金融危机的传导过程

说明：实线箭头探寻了一个典型的金融危机的事件发展顺序；虚线箭头表示如果危机进入债务萎缩阶段所发生的情况。由水平实线分隔开来的各部分表示金融危机的各个阶段。

债的价值开始下降，从而银行和其他金融机构的净值（资本）下降。随着资本的减少，这些金融机构开始削减它们的贷款，这一过程被称为**去杠杆化**（deleveraging）。随着资本的减少，银行和其他金融机构面临更大的风险，存款者从银行抽走其资金。资金的减少意味着更少的贷款供应和信贷冻结。贷款激增变成了贷款紧缩。

当金融机构不再搜集信息和发放贷款时，金融摩擦增加，金融体系处理逆向选择和道德风险等信息不对称问题的能力受到限制（见图 8-1 中第一个因素——金融机构资产负债表恶化所指出的箭头）。由于贷款稀缺，企业无法为其有吸引力的投资机会筹集资金，只得缩减开支，导致经济活动萎缩。

(2) 资产价格急剧上涨和下跌。受投资者心理的影响，像股权和房地产这样的资产的价格会被拉升到其**基础经济价值**（fundamental economic value）之上。这种现象被美联储前主席艾伦·格林斯潘称为"非理性繁荣"。资产价格上升到其基础经济价值之上就是**资产价格泡沫**（asset-price bubble）。例如，20 世纪 90 年代末的高科技股票市场泡沫和近期的房地产价格泡沫。资产价格泡沫通常由信贷扩张引起，信贷大量增加，用以购买资产，从而推动价格上升。

当泡沫破裂、资产价格回归到其基础经济价值时，股价就会暴跌，公司净值（资产与负债的差额）开始下降，公司所提供的抵押物的价值也会下跌。贷款者发现企业几近亏掉已投入的钱，这些企业更可能进行高风险投资——这是道德风险问题。因此，金融机构会提高对借款人贷款的要求以及贷款合同的要求（见图 8-1 中最上面一列的第二个因素——资产价格下跌所指出的向下的箭头）。

资产价格下跌也会恶化金融机构的资产负债表（见图 8-1 中从第二个因素向第一个因素指出的箭头），从而引起金融机构去杠杆化以及经济活动的持续萎缩。

（3）不确定性增加。美国的金融危机通常始于不确定性非常强的时期，比如刚刚进入经济衰退、股市受挫或者主要金融机构倒闭。1857 年俄亥俄人寿保险和信托公司、1873 年杰伊·库克公司、1884 年格兰特和沃德公司、1907 年尼克伯克信托公司、1930 年美国银行以及 2008 年贝尔斯登公司、雷曼兄弟和美国国际集团倒闭之后均发生了金融危机。一个阶段的高度不确定性使得信息很难获得，逆向选择和道德风险就会增加，进而贷款减少，阻碍经济发展（见图 8-1 中最上面一列的最后一个因素——不确定性增加所指出的箭头）。

8.2.2 阶段二：银行危机

资产负债表和企业状况的恶化会导致金融机构破产，此时金融机构的净值为负数。一些银行因无力向存款者或其贷款者支付资金而倒闭。如果情况严重，会引发**银行恐慌**（bank panic），即多家银行同时倒闭。这种传染性产生的原因是信息不对称。在银行恐慌中，存款者担心其存款的安全（缺乏存款保险或者存款保险数额有限），也不清楚银行贷款资产的质量状况，他们会取出他们的存款，致使银行倒闭。银行体系健康状况的不确定性会导致对好银行和坏银行的同时挤兑，这会强制银行变卖资产以获得所需要的资金支持。这种资产的**抛售**（fire sales）使得资产价格大幅下跌，银行倒闭，随之而来的连锁反应会导致大量银行倒闭和全面的银行恐慌。

大量银行倒闭，正常经营的银行减少，意味着无法找到关于借款者信用的信息。信贷市场上的逆向选择和道德风险问题变得十分严重，金融危机恶化，资产价格进一步下跌，由于企业的生产性投资机会得不到资金支持，经济体中破产的企业数目增加。见图 8-1，阶段二显示了这种发展进程。银行恐慌成为 19 世纪和 20 世纪美国所有金融危机的一个特征，在第二次世界大战之前，大约每 20 年就会发生一次金融危机——1819 年、1837 年、1857 年、1873 年、1884 年、1893 年、1907 年以及 1930—1933 年。（1933 年建立的联邦存款保险制度使存款免受损失，成功阻止了美国的银行恐慌的蔓延。）

最后，公共部门和私人部门经历了银行体系的崩溃，关闭破产企业，将资产变现。金融市场中的不确定性减少，股市逐步恢复，企业资产负债状况逐步改善。金融摩擦减少，金融危机告一段落。随着金融市场能够重新发挥作用，经济体也进入复苏时期。

8.2.3 阶段三：债务紧缩

如果经济衰退导致价格骤降，经济恢复就会昙花一现。在这种情况下，经济就会进入第三个阶段即**债务紧缩**（debt deflation）阶段，如图 8-1 所示。价格水平意料之外的大幅下跌导致企业的债务负担加重，引起企业净值的进一步恶化。

很多发达国家存在适度的通货膨胀，通常很多固定利率的债务合约到期期限很长——10年或者更长。债务利息是按照合同事先约定的金额支付的，价格水平意料之外的下跌实际上提高了借款企业负债的实际价值（相对增加了债务负担），但没有提高企业资产的实际价值，结果就是实际净值（资产和负债实际价值的差额）的下降。

为了更好地理解这个净值下降的过程，我们假设有这样一家公司：在2015年该公司有1亿美元资产和9 000万美元长期债务，其净值（资产价值与负债价值之差）为1 000万美元。如果2016年的价格水平下降10%，以2015年的美元价值计算的债务水平将会上升到9 900万美元，然而资产的价值仍然保持1亿美元不变。最终的结果是企业的净值从1 000万美元下降到100万美元（1亿美元减9 900万美元）。

价格水平的急剧下跌会引起借款企业实际净值的大幅下降，贷款者面临的逆向选择和道德风险问题就会加剧，贷款和总体经济活动在长期呈现萎缩状态。随着债务紧缩而来的最严重的金融危机是大萧条，这是美国历史上最严重的一次经济衰退。

案例8—1

金融危机的源头：大萧条

利用我们理解金融危机的框架，我们将会分析在大萧条期间金融危机是如何发生的，以及金融危机如何导致了美国历史上最严重的经济下滑。

1. 股市大跌

在1928年和1929年，美国股票市场的价格上升了一倍。美联储官员把股市的繁荣看成过度投机。为了治理这一问题，他们采取了提高利率的紧缩的货币政策以抑制股票价格的上升。1929年10月，股市重挫，到1929年年底，股市跌幅达40%，这远大于政府的预期，见图8-2。

2. 银行恐慌

到1930年中期，股票市场反转上升并几近收复跌去的半数损失，而且信贷市场的状况也趋于稳定，然而，原本是一次正常的经济衰退出现了迥然不同的结果。当时美国中西部的严重干旱导致农业产量大幅下降，农民们无法偿还银行贷款，由此带来的农场抵押贷款违约使得银行在农业领域遭受巨大的贷款损失。经济的疲软以及农业领域银行的大量迅速挤兑的出现，使得美国在1930年11月和12月出现了全面的恐慌，同时股市大跌。在两年多的时间里，美联储在一次又一次银行危机中无所作为，这是美国历史上最严重的恐慌。在1933年3月恐慌的最后时期，罗斯福总统宣布了一个银行假日，所有银行都暂时关门。罗斯福告诉国人："我们唯一需要恐惧的就是恐惧本身。"然而，危机所带来的破坏已经无法避免：美国超过三分之一的商业银行最终倒闭。

3. 股价继续下跌

股票价格持续下跌，到1932年中期，股票价格降到了1929年峰值的10%，如图8-2所示。经济紧缩带来的不确定性恶化了金融市场上的逆向选择和道德风险问题。金融机构的数量大量减少，逆向选择和道德风险问题继续加剧。金融市场尽力为具有生产性投资机会的借款者提供资金。正如我们的分析所预测的那样，在1929—1933年间，商业贷款余额下降了一半，同时投资支出数额剧减，与1929年相比下降了90%。

贷款者开始向借款的工商企业索要更高的利率以免遭受信贷损失，这也是金融摩擦增

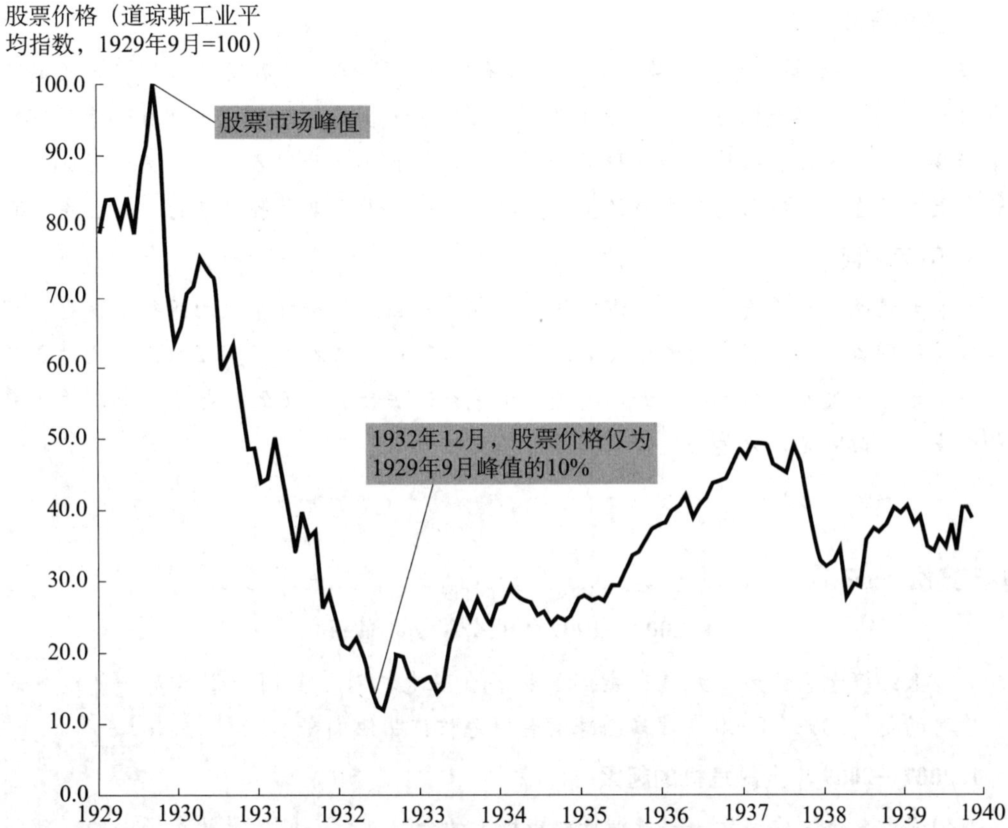

图 8-2　大萧条时期的股票价格数据

说明：1929 年股票价格出现下跌，到年底跌幅超过 40%，之后继续下跌，到 1932 年跌到了峰值的 10%。

资料来源：Dow-Jones Industrial Average (DJIA). Global Financial Data. www.globalfinancialdata.com/index_tabs.php?action=detailedinfo&id=1165.

加的一种体现。图 8-3 中用 Baa 级（中等质量）公司债券和期限相当的国债之间的利差代表**信贷利差**（credit spread，家庭和企业贷款利率与美国国债等肯定可以偿付的安全资产的利率之间的差额），可以看出该利差显著上升。

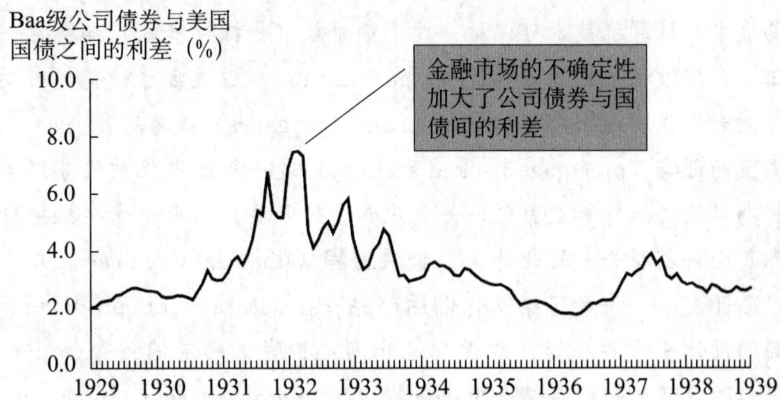

图 8-3　大萧条时期的信贷利差

说明：信贷利差（Baa 级公司债券与美国国债之间的利差）在大萧条时期急剧上升。

资料来源：Federal Reserve Bank of St. Louis FRED database: http://research.stlouisfed.org/fred2/categories/22.

4. 债务紧缩

始于1930年的持续紧缩最终导致价格水平下降了25%，这种紧缩破坏了萧条的正常恢复过程。由于价格大幅下降，企业的净值下降，导致企业的债务负担增加。净值下降及信贷市场上逆向选择和道德风险问题的加剧，导致失业率上升到25%，引发了长期的经济衰退。大萧条是美国经历的最严重的金融危机，它是美国历史上最严重的一次经济衰退。

5. 国际方面

尽管大萧条开始于美国，但受影响的不仅仅是美国。美国所发生的银行恐慌也传播到了世界其他国家，美国经济的紧缩大大降低了其对国外商品的需求。世界范围内的萧条导致成百上千万人失业，由此引起的不满进一步导致了法西斯主义的兴起以及第二次世界大战的爆发。由此可见，大萧条所带来的后果是灾难性的。

案例8—2

2007—2009年的全球金融危机

大多数经济学家认为，大萧条期间经历的金融危机对于美国来说只是一件过去的事情。遗憾的是，2007—2009年席卷全球的金融危机证明他们错了。

1. 2007—2009年金融危机的起因

我们通过三个主要因素——抵押贷款市场上的金融创新、抵押贷款市场上的代理问题以及信用评级过程中的信息不对称来分析2007—2009年的金融危机。

(1) 抵押贷款市场上的金融创新。在2000年之前，只有信用状况最好的借款者才能获得住房抵押贷款。然而，随着计算机技术的进步和最新数据技术如数据挖掘的应用，信用风险评估实现了数量化，住房抵押贷款扩大并游走于信用风险的边缘。现在，有信用记录的家庭会被评估，并得到一个信用分数，即一个FICO评分［以发明者费埃哲（Fair Isaac Corporation）这一公司的名称命名］，从而预测家庭对于还贷的违约可能性。此外，通过降低交易成本，计算机技术可以把一些小额贷款（如抵押贷款）捆绑在一起，变成标准化的债务证券，该过程被称为**证券化**（securitization）。这些因素使得银行向信用记录不尽如人意的借款者提供**次级抵押贷款**（subprime mortgages）成为可能。

抵押贷款支持证券（mortgage-backed security）是一种标准化的债务证券，它可以以较低的成本将高风险的抵押贷款打包，并量化其违约风险，从而为这些抵押贷款提供一种新的融资来源。金融创新并未就此停止。**金融工程**（financial engineering）——最新发展的高端金融产品开发——导致了**结构化信用产品**（structure credit products）的产生。结构化信用产品的设计基于潜在资产的现金流和满足投资者的不同细分偏好的特定风险特征。其中最著名的产品之一就是**债务抵押证券**（collateralized debt obligation，CDO）（将在小案例——“债务抵押证券”中详细讨论）。

小案例 8—1　债务抵押证券

债务抵押证券产品的创造需要特殊目的机构（SPV）的参与，这些特殊目的机构购买包含公司债券、贷款、商业不动产债券以及抵押贷款支持证券的资产组合。随后特殊目的机构将资产组合产生的现金流分为一系列板块。评级最高的板块被称作优先级，这个板块最先得到偿付，所以风险最低。优先级债务抵押证券是向投资者支付该板块现金流的债券，因为其风险最低，所以利率也最低。下一板块被称作次优先级，其现金流排在优先级之后偿付，风险要略高于优先级债券，所以利率也更高。再下一个板块被称作夹层级，其现金流在优先级和次优先级之后偿付，所以其承受了更高的风险和更高的利率。底层的板块叫作股权级，如果基础资产出现违约，现金流不能够得到偿付，那么股权级首先承担损失。股权级有最高的风险，通常是不可交易的。

(2) 抵押贷款市场上的代理问题。发起贷款的抵押贷款经纪人由于能够很快地将贷款以证券的形式出售给投资者，所以他们并不去努力评估借款者是否能够偿还贷款。事实上，在某些情况下，抵押贷款经纪人会发放超出借款人偿还能力的贷款。这种**发起并出售**(originate-to-distribute) 的商业模式会面临**委托—代理问题**（principal-agent problems），也被简称为**代理问题**（agency problems）。抵押贷款经纪人担任投资者（委托人）的代理人，但是他并不是一心为了投资者的利益。一旦抵押贷款经纪人赚取了费用，怎么会再担心借款者是否按时付款呢？经纪人发起的贷款数量越多，就赚得越多。

毫无疑问，逆向选择变成了一个主要问题。如果房产价格上涨，购房有利可图，风险偏好型投资者就会排队贷款买房。在存在委托—代理问题时，经纪人也有动机鼓励家庭申请其无法负担的抵押贷款，或者为了满足抵押贷款的条件，铤而走险，篡改借款申请人的资料。对发起者疏于监管会使这个问题变得更加严重。监管者没有要求发起人向借款人披露相关信息，来帮助借款人评估自己是否能负担这笔贷款。

代理问题甚至更加严重。商业银行和投资银行通过承销抵押贷款支持证券和类似债务抵押证券这样的结构化信用产品赚取大量佣金，它们同样也没有很强烈的动机来保证证券的最终持有者能够获得偿付。金融机构从承销金融保险合约——也称**信用违约互换**（credit default swaps)，保证债券持有者在债券违约时获得偿付——中也可收取可观的费用，这驱使一系列像美国国际集团这样的保险公司承销数千亿美元的风险合约。

(3) 信息不对称和信用评级服务。信用评级机构在一定的违约可能性下评估债券的质量，这是金融市场上信息不对称问题的另一个制造者。信用评级机构建议客户如何安排其复杂的金融工具如债务抵押证券，同时，它们也会评估这些产品。因此，信用评级机构出现了利益冲突，它们向客户就投资自己负责评级的证券提供建议，并从中赚取可观的费用，这意味着它们没有强烈的动机保证其评级的正确性。其结果必然是充分提高信用级别，这就会使投资者在面对复杂的金融产品时并没有意识到其高风险。

2. 2007—2009 年金融危机的影响

2007—2009 年的金融危机同样对消费者和工商企业产生了冲击。这种冲击明显反映在 5 个关键领域：美国住房市场、金融机构的资产负债表、影子银行体系、全球金融市场以及金融业中主要企业引人注目的破产。

(1) 居民住房价格。泡沫积聚与破裂。像中国和印度这些国家的大量现金流入美国，为其注入了流动性，加上住房抵押贷款的低利率，使得次级抵押贷款市场在 2001 年萧条后开始复苏。到 2007 年，它的市场规模已经超过了万亿美元。经济学家和政治家高度赞扬次级抵押贷款市场的发展，它带来了“信贷民主化”，并把美国人拥有房产的比例提到了历史最高水平。[①] 2000—2001 年萧条结束后开始的房屋资产价格上涨也推动了次级抵押贷款市场的发展，如图 8－4 所示。超高的住房价格意味着次级借款者在房屋升值时可以融到更多的贷款。次级借款者也不会违约，因为他们能够出售房屋来偿还贷款，并且次级抵押贷款的现金流所支持的证券有很高的收益，投资者也很高兴。次级抵押贷款市场的发展反过来增加了对房屋的需求，进一步推动了住房价格的上涨，导致了房地产价格泡沫（美联储内幕 8—1“楼市泡沫是美联储之过吗?”讨论了美联储所犯的错误）。

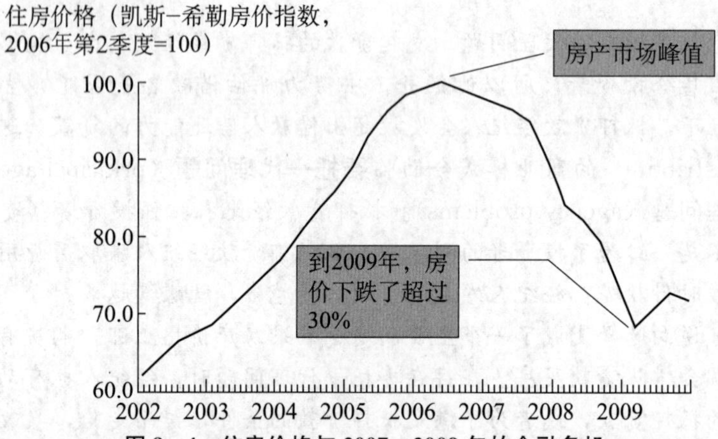

图 8－4　住房价格与 2007—2009 年的金融危机

说明：2002—2006 年，住房价格上涨，助推了次级抵押贷款市场的增长，资产价格泡沫开始积聚。2006 年，住房价格开始下降，跌幅超过 30％，导致了次级抵押贷款的违约。

资料来源：Case-Shiller 20 - City Home Price Index in Federal Reserve Bank of St. Louis，FRED database：http：//research. stlouisfed. org/fred2/.

随着住房价格的上涨和抵押贷款发起者及贷款者收益的增加，次级抵押贷款的承销标准降得越来越低。高风险的借款者能够获得抵押贷款，抵押贷款额与房屋价值之比即贷款成数（LTV）开始上升。借款者经常能够获得附加贷款，即在获得第一笔贷款成数为 80％的原始贷款的基础上通常还能申请到第二笔与第三笔抵押贷款，因此，买房人实际上没有投入任何资金。然而，当资产价格上升到超出基础价值太多时，资产价格一定会降下来，并最终导致房地产价格泡沫的破裂。到 2006 年，住房价格达到巅峰，之后下降，见图 8－4。金融体系的缺陷显现出来。住房价格的下降使次级借款者发现他们的抵押贷款正“处于水下”，也就是房屋价值跌到了抵押贷款的价值之下。此时，房屋所有者会把房屋钥匙交给贷款者——供房贷已经没有意义了。抵押贷款的违约骤然增加，最终导致数百万笔抵押贷款的借款人被取消抵押品赎回权。

① 关于政府在推动房价上涨和泡沫破裂中的作用的讨论参见 Thomas Sowell，*The Housing Boom and Bust*，Revised Edition（New York，Basic Books，2010）。

美联储内幕 8—1

楼市泡沫是美联储之过吗？

一些很有名的经济学家——如斯坦福大学的约翰·泰勒（John Taylor）——认为，美联储在 2003—2006 年实行的低利率政策导致了房地产价格泡沫。* 在此期间，美联储采取宽松的货币政策，使得利率大大低于泰勒准则（在第 16 章会讨论到）建议的合适的水平。泰勒认为，联邦基金的低利率导致了抵押贷款的低利率，刺激了住房需求，促进了次级抵押贷款的发行，上述因素共同作用导致了住房价格的上升和房地产价格泡沫。

在 2010 年 1 月的一次讲话中，美联储主席本·伯南克（Ben Bernanke）反驳了这一论断。** 他认为，房地产价格泡沫怪不着货币政策。联邦基金利率低于泰勒准则建议的合适利率这一点并不能得到十分清楚的证明。当现价而不是预期价格被用于计算泰勒准则下的产量和通货膨胀时，利率只是看上去很低。罪魁祸首是偿付水平较低的新型抵押贷款产品的激增，宽松的贷款标准使很多购买者进入住房市场，并且引起了诸如中国、印度这样的新兴市场国家的资本的流入。伯南克的讲话很有争议，关于房地产价格泡沫是否该责怪货币政策的讨论一直延续至今。

* John Taylor, "Housing and Monetary Policy," in Federal Reserve Bank of Kansas City, *Housing, Housing Finance and Monetary Policy* (Kansas City: Federal Reserve Bank of Kansas City, 2007), 463 - 476.

** Ben S. Bernanke, "Monetary Policy and the Housing Bubble," speech given at the annual meeting of the American Economic Association, Atlanta, Georgia, January 3, 2010, http://www.federalreserve.gov/newsevents/speech/bernanke20100103a.htm.

(2) 金融机构资产负债表的恶化。美国住房价格的下降导致抵押贷款的违约增加。因此，抵押贷款支持证券和债务抵押证券的价值下降，银行和其他金融机构的资产价值下降，导致净值下降。随着资产负债表的恶化，这些银行和其他金融机构开始去杠杆化，变卖资产或者限制家庭和工商企业的贷款。由于没有人去搜集信息并发放贷款，所以，银行贷款的减少意味着金融市场中的金融摩擦增加。

(3) 影子银行体系的运行。抵押贷款和其他金融资产价值的大幅下跌诱发了**影子银行体系**（shadow banking system）的运行，它由对冲基金、投资银行和其他非存款类金融机构组成，这些机构并没有受到像银行那样严格的监管。来自影子银行的资金在金融体系中流动，很多年来，一直支撑低利率的抵押贷款和汽车贷款。

这些证券主要是由**回购协议**（repurchase agreement, repo）提供资金，该协议是一种短期借款协议，利用像抵押贷款支持证券这样的资产作为抵押物。对金融机构资产负债表的担忧使贷款者要求提供大量的抵押物作保证，称为**折让**（haircuts）。例如，如果借款者通过回购协议获得了 1 亿美元的贷款，可能要提供 1.05 亿美元的抵押贷款支持证券作为抵押物，因而折让就是 5%。

随着抵押贷款违约的增加，抵押贷款支持证券的价值下降，从而导致折让的上升。在危机开始时，折让几乎为零，最终上升到近 50%。[①] 结果就是，金融机构只能借到相当于抵押物价值一半的贷款。因此，为了筹集资金，金融机构必须变卖资产。资产变卖导致资

① 参见 Gary Gorton and Andrew Metrick, "Securitized Banking and the Run on Repo," *Journal of Financial Economics* 104 (2012): 425 - 451。

产价值的进一步下降，更降低了抵押物的价值，提高了折让，从而迫使金融机构疯狂争夺流动性。结果是出现了与大萧条时期类似的银行体系的运行问题，引发了贷款的限制和经济活动的衰退。

股市资产价格从2007年10月到2009年3月下降了超过50%（见图8-5），居民住房价格的降幅超过了30%（见图8-4），由影子银行体系运行导致的低价出售资产，恶化了企业和家庭的资产负债表。信息不对称使问题变得更糟，信贷利差扩大，导致家庭和企业的贷款成本提高，贷款标准收紧。贷款减少意味着消费支出和投资支出双双下降，引起经济的大幅衰退。

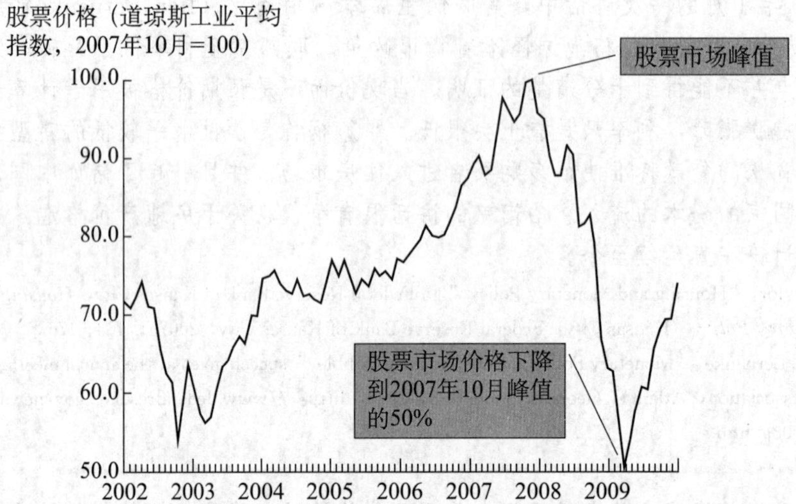

图8-5 股票价格与2007—2009年的金融危机

说明：从2007年10月到2009年3月，股票价格下跌了50%。

资料来源：Dow-Jones Industrial Average（DJIA）. Global Financial Data，www.globalfinancialdata.com/index_tabs.php?action=detailedinfo&id=1165.

（4）全球金融市场。尽管次贷危机源于美国，但在欧洲敲响了警钟，显示了金融全球化的巨大影响。在惠誉国际和标准普尔宣布降低对总计多达100亿美元的抵押贷款支持证券和债务抵押证券的信用评级后，资产支持商业票据市场开始萎缩，法国巴黎银行在2007年8月7日暂停赎回其货币市场基金所持有的股权。影子银行体系的运作开始不断恶化。尽管欧洲中央银行和美联储向金融体系注入了大量流动性，但是银行开始囤钱惜贷。北岩银行（Northern Rock）是一家主要依赖大宗短期借款而非通过存款获取资金的银行，它于2007年9月宣布倒闭。紧接着，欧洲一系列其他金融机构也纷纷倒闭；其中，爱尔兰、希腊、葡萄牙、西班牙和意大利受到的冲击尤其严重，由此引发了欧债危机（见全球视野8—1“欧洲主权债务危机”）。

（5）知名公司的倒闭。金融危机对企业资产负债表形成了巨大冲击，迫使金融市场上的主要参与者采取应急措施。美国第五大投行贝尔斯登大量投资于与次贷相关的证券，2008年3月它被迫执行了回购资金协议，按一年前资产价值5%的价格将次级证券卖给了J.P.摩根。为达成交易，美联储必须接管贝尔斯登300多亿美元价值难以评估的资产。房利美和房地美是两家私人所有的政府资助企业，共有5万多亿美元抵押贷款或抵押贷款支持证券获得了政府担保。房利美和房地美持有的次级证券出现了巨额损失。2008年7

月，它们获得了美国财政部和美联储的救助。2008 年 9 月初，它们被政府接管。

全球视野 8—1　欧洲主权债务危机

2007—2009 年的金融危机不仅导致了全球范围的经济衰退，同时也导致了动摇欧洲整体稳定的主权债务危机。到 2007 年，所有欧元区国家都意识到它们的利率水平到了一个非常低的水平；随着全球金融危机的到来，其中有些国家受到了极大的冲击，经济活动的衰退导致了税收收入的减少，但同时政府对破产的金融机构进行援助却需要额外的政府支出。这些受到巨大冲击的国家政府财政赤字激增，由此，市场预期这些国家的债务将会出现违约。结果导致利率快速上升并进入失控境地。*

希腊是最先倒下的多米诺骨牌。经济衰退导致税收收入减少，同时，财政支出的需求增加，希腊政府在 2009 年 9 月出现 6%的预算赤字，同时债务与 GDP 的比率达到 100%。然而，在 2009 年 10 月新政府上台后，政府披露因为前任政府公布了误导性的预算数据，预算状况远比想象的要糟糕得多。实际上，预算赤字至少是 12%，政府的债务比之前报道的要高出 10 个百分点。尽管希腊采取了紧缩性财政政策来大量削减财政支出并提高税收，但希腊债务的利率依然猛升，最终上升到将近 40%，且债务与 GDP 的比率在 2012 年也爬升到 160%。欧洲其他国家对希腊提供了援助，同时欧洲央行也提供了流动性支持。即使如此，希腊还是被迫减记私人持有的债务的价值，减记幅度超过一半。由于经济受到巨大打击、首相辞职等原因，希腊社会也动荡不安。

主权债务危机从希腊蔓延到爱尔兰、葡萄牙、西班牙和意大利，这些国家的政府都采取紧缩性财政政策以支撑财政运转，然而利率都上升到了两位数的水平。欧洲央行行长马里奥·德拉吉（Mario Draghi）在 2012 年 7 月的一次讲话中指出，欧洲央行准备采取一切措施去挽救欧元区，此后整个市场才逐渐平静下来。然而，尽管这些国家的利率出现了大幅下降，但是，这些国家还是出现了严重的经济衰退，失业率达到了两位数，例如当时西班牙的失业率已经超过了 25%。

欧债危机对欧元区产生的压力引起了人们对欧元存亡的担忧，我们将在第 15 章讨论这个问题。

* 关于主权债务危机和欧洲债务危机的讨论参见 David Greenlaw, James D. Hamilton, Frederic S. Mishkin, and Peter Hooper, "Crunch Time: Fiscal Crises and the Role of Monetary Policy," *U. S. Monetary Policy Forum* (Chicago: Chicago Booth Initiative on Global Markets, 2013)。

2008 年 9 月 15 日，星期一，资产超过 6 000 亿美元、雇员达 25 000 人的美国第四大投行雷曼兄弟在经历了次贷市场上的巨额损失后登记破产，雷曼兄弟成为美国历史上最大的登记破产公司。前一天，也是由于持有大量次级证券而遭受损失的第三大投行美林，宣布以比一年前低 60%的价格被美国银行收购。9 月 16 日，星期二，资产超过 1 万亿美元的保险业巨头美国国际集团（AIG）在信用评级机构降低其评级后遭遇了严重的流动性危机。它签署了超过 4 000 亿美元被称为信用违约互换的保险合约，约定其在次级抵押贷款证券出现可能损失的情况下进行赔付。美联储紧接着介入并注入 850 亿美元来保持美国国际集团的流动性（全部政府贷款稍后增加到了 1 730 亿美元）。

3. 2007—2009 年金融危机的强度

美国众议院担心对华尔街进行救助会引发议员的愤怒，于是投票否决了布什政府提出的 7 000 亿美元的救助计划。金融危机在 2008 年 9 月达到顶峰。一周之后，国会最终通过了《紧急经济稳定法案》。股市急剧下跌，从 2008 年 10 月 6 日开始的一周是美国股市有史以来下跌幅度最大的一周。信贷利差在接下来的三周达到了顶峰，Baa 级公司债券与美国国债之间的利差超过了 550 个基点（5.5 个百分点），参见图 8－6。

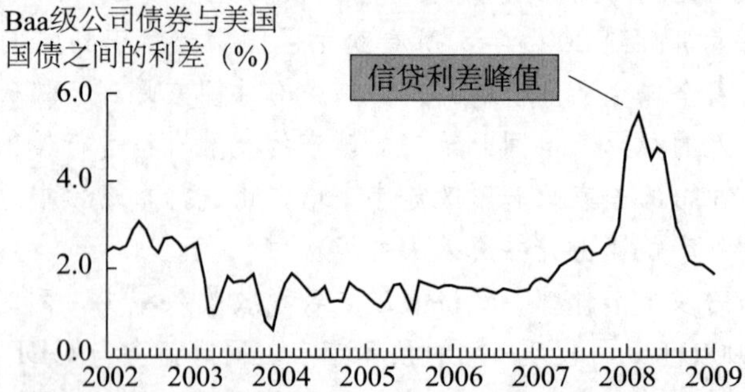

图 8－6　信贷利差和 2007—2009 年的金融危机

说明：在危机期间，信贷利差（Baa 级公司债券与美国国债之间的利差）上升了 400 多个基点（4 个多百分点）。对救助计划的争论和股市的暴跌是 2008 年 12 月信贷利差达到峰值的原因。

资料来源：Federal Reserve Bank of St. Louis FRED database：http：//research. stlouisfed. org/fred2/.

受了伤的金融市场以及借款者面临不断上升的利率，大幅收缩了消费支出和投资支出。实际 GDP 急剧下降，2008 年第三季度的增长率为－1.3%，在接下来的两个季度又分别下降了 5.4%和 6.4%。失业率急剧上升，2009 年年末失业率超过了 10%。始于 2007 年 12 月的经济萧条变成了第二次世界大战以来美国最严重的经济衰退，因此，现在也被称作"大衰退"。

从 2009 年 3 月开始，股市进入了牛市周期（见图 8－5），信贷利差开始下降（见图 8－6）。① 随着金融市场的逐渐恢复，经济也开始复苏，但是复苏的过程缓慢。

本章小结

1. 当金融市场中信息流动受到巨大干扰时，金融危机就会发生，导致金融摩擦剧增且信贷利差迅速上升，随后金融市场不能将资金配置到具有生产性投资机会的居民和企业中，因此导致经济活动急剧收缩。

2. 在像美国这样的国家，金融危机的发生有几种可能的方式：信贷繁荣和资产价格泡沫破裂，或主要金融机构破产引起的不确定性增加。结果就是逆向选择和道德风险问题加剧，从而导致贷款下降和经济活动的收缩。企业生产和银行资产负债表的恶化将危机推向第二个阶段：很多银行机构同时倒闭，即银行危机。银行业的衰退导致信息生产萎缩以及经济增长的逐渐回落。在某些情况下，经济下降会导致价格大幅下降，这提高了企业的实际负债水平，从而降低了净值，导致债务紧缩。企业净值的进一步下降使逆向选择和道德风险问题更加严重，以致贷款、投资以及总体经济活动出现长期萧条。

3. 作为美国历史上最严重的金融危机，大萧条的发生包括几个阶段：股市大跌、银行恐慌、信息不对称问题的恶化以及最终的债务紧缩。

---

① 2009 年 2 月，美国财政部要求被选中的 19 家大型银行业金融机构进行所谓的银行压力测试［监管资本评估计划（Supervisory Capital Assessment Program，SCAP）］，以帮助金融市场复苏。压力测试是对这些银行的资产负债状况进行的一项监管评估，由美联储、美国货币监理署、联邦存款保险公司联合实施，以确保银行持有足够的资本缓冲来应对不良的宏观经济后果。财政部在 5 月初宣布了评估结果，并被市场参与者所认可，这些银行因此可以从私人资本渠道募集足够数额的资本金。压力测试有助于增加市场信息、减少信息不对称以及逆向选择和道德风险问题。

4. 2007—2009 年的全球金融危机由涉及次级住房抵押贷款的金融创新的监管缺失和房地产价格泡沫的破裂引起。随着银行和其他金融机构资产负债表的恶化、影子银行体系的运行以及诸多知名企业的倒闭，危机开始向全球蔓延。

重要专业术语

资产价格泡沫	金融危机	发起并出售
银行恐慌	金融工程	委托—代理问题
债务抵押证券	金融摩擦	回购协议
信贷繁荣	金融创新	证券化
金融自由化	影子银行体系	信用违约互换
抛售	结构化信用产品	信贷利差
基础经济价值	次级抵押贷款	债务紧缩
折让	去杠杆化	抵押贷款支持证券

习题

1. 如何用信息不对称这个概念诠释金融危机？
2. 股市资产价格泡沫的破裂是如何引起金融危机的？
3. 价格水平意料之外的下降如何引起贷款的减少？
4. 房地产价格的下降是如何导致去杠杆化和贷款减少的？
5. 金融机构资产负债表的恶化以及这些机构的同时破产如何导致了经济活动的收缩？
6. 由主要金融机构破产导致的不确定性增加如何强化了逆向选择和道德风险问题？
7. 什么是信贷利差？在金融危机期间信贷利差为什么会扩大？
8. 银行恐慌是由什么导致的？
9. 为什么银行恐慌加剧了信贷市场的信息不对称问题？
10. 金融自由化如何引发金融危机？
11. 政府财政失衡如何引发金融危机？
12. 描述美国在大萧条以及 2007—2009 年全球金融危机期间经历的两个相同点和两个不同点。
13. 什么技术创新会导致次级抵押贷款市场的发展？
14. 为什么发起并出售的商业模式容易产生委托—代理问题？
15. “金融工程总会导致金融体系的效率提高。”这种说法是正确的、错误的还是不确定的？
16. 住房价格的下降如何引发了 2007 年的次贷危机？
17. 什么是影子银行体系？为什么它是 2007—2009 年全球金融危机的重要因子？
18. 在金融危机中，为什么抵押物的折让明显上升？它怎样引发资产的抛售？
19. 为什么无法把更多资源用于对金融体系的审慎监管，从而抑制过大的风险？何时需要通过监管来抑制金融危机？
20. 全球融危机如何引发了欧洲主权债务危机？
21. 主权债务危机如何导致经济衰退？

网络练习

1. 本章讨论了如何通过对逆向选择和道德风险问题的理解，进一步理解金融危机。美国经历的最严重的金融危机就是 1929—1933 年的大萧条。登录 www.amatecon.com/greatdepression.html，该网站有对引起大萧条的因素的讨论。写一页的总结，解释逆向选择和道德风险是如何引发金融危机的。

2. 登录国际货币基金组织（IMF）关于金融危机的网页，www.imf.org/external/np/exr/key/finstab.htm，它报道了 IMF 向三个国家提供援助贷款以应对危机。根据 IMF 的报道，总结各国金融危机的诱因。

网络参考文献

www. amatecon. com/gd/gdtimeline. html

大萧条发展的时间线路。

www. imf. org

国际货币基金组织是由 185 个成员组成的机构，它致力于全球政策协调（包括货币和贸易政策）、稳定而持久的经济繁荣以及消除贫困。

 金融学译丛·金融市场与金融机构（第8版）

第四部分

中央银行和货币政策的实施

第 9 章　中央银行和联邦储备体系

开篇预览

在世界范围内的各金融市场中，最重要的一个参与者就是中央银行，它是制定货币政策的政府部门。中央银行的举措会影响利率、信贷量和货币供给，所有这些不仅会对金融市场产生直接影响，还会对总产出和通货膨胀产生直接影响。为了了解中央银行在金融市场和整个经济中所起的作用，我们需要明白该机构是如何运作的。谁控制着中央银行并决定着它的活动？中央银行行为的动机是什么？谁又掌握着决策权的缰绳？

本章将介绍中央银行主要的组织机构，重点关注全球最重要的中央银行——美国联邦储备体系。首先考察决定美国联邦储备体系内部权力关系的组织结构。通过了解决策制定者，我们可以更好地理解这些决策是如何制定出来的。接下来，我们看一下其他一些主要的中央银行，特别是欧洲中央银行，并了解它们的组织方式。由此，我们会更好地理解下一章货币政策实施的传导机制。

9.1　联邦储备体系的起源

在世界上所有的中央银行中，美国联邦储备体系可能具有最不寻常的结构。为了了解这种结构产生的原因，我们必须追溯到 1913 年联邦储备体系产生之时。

20 世纪以前，美国政治的一个重要特征是对集权的担忧，关于这一点从宪法的各种制约和平衡以及对各州权利的保护中略见一斑。这种对中央集权的恐惧是美国抵制建立中央银行的一个原因。另一个原因是美国人对金融业的不信任，而中央银行是金融业最显著的象征。美国公众对中央银行公开的敌视导致最初两次建立以监管银行体系为目的的中央银行的尝试均以失败告终：1811 年，美国第一银行被解散；1832 年，美国第二银行延长经营许可证期限的要求被时任总统安德鲁·杰克逊（Andrew Jackson）否决，在 1836 年因为许可证期满，美国第二银行宣告停业。

1836 年美国第二银行停业后，美国金融市场产生了一个严重的问题——没有了能向银行体系提供准备金以避免银行恐慌的最后贷款人。因此，在 19 世纪和 20 世纪早期，全国性的银行恐慌成为经常性事件，每 20 年左右就发生一次，并在 1907 年达到高峰。1907 年的恐慌造成全国范围内的银行破产，存款人大量流失。公众最终确信他们需要一个中央银行来防止类似恐慌的再次发生。

但是，美国公众对银行和中央集权的敌视，使得建立一个类似英格兰银行的单一制中央银行的构架遭到大力反对。人们普遍担心，如果只是单独设立一家中央银行，华尔街的金融业（包括大公司和银行）有可能通过中央银行达到控制整个经济的目的，并且联邦政府掌管中央银行的操作可能导致政府对私人银行的过多干预。围绕中央银行应该是私人银行还是政府机构的问题出现了严重分歧。针对这些问题的争论很激烈，最后产生了一个折中方案。根据美国的传统，美国国会将一套经过精心设计的带有制约和平衡的制度体系写进了 1913 年的《联邦储备法》中，也因此创立了拥有 12 家地区联邦储备银行的美国联邦储备体系（见美联储内幕 9—1“联邦储备体系创建者的政治天赋”）。

美联储内幕 9—1

联邦储备体系创建者的政治天赋

美国的历史可以被看成公众对银行尤其是中央银行敌视的历史。创建美联储的政治家如何设计出这样一套体系，使其成为美国最具声誉的机构之一呢？

答案就是：创建者们认识到，如果权力过于集中于华盛顿或者纽约——这些美国人惯于产生不满的城市，这样一家中央银行可能没法获得公众的足够支持，使其有效运作。因此，他们决定建立一种分散化的银行体系，由 12 家遍及全国各地的联邦储备银行组成，这样可以确保美国所有地区在货币政策制定中都有代表的声音。另外，他们将各联邦储备银行设成准私人机构，分别由各地区的私人部门董事们监督，这些董事可以传达该区域的观点并与联邦储备银行行长密切联系。联邦储备体系这种不同寻常的结构能够促使美联储关注区域性问题，这些内容在美联储的刊物中明显地体现了出来。如果不是采取了这样一种非同寻常的结构，联邦储备体系可能远不会受到公众的如此欢迎，也远不及现在这样运行有效。

9.2 联邦储备体系的结构

联邦储备体系的结构体现了《联邦储备法》制定者的意图：在地区之间、私人部门和政府之间以及银行家、商人和公众之间实行分权。最初的分权导致联邦储备体系演变成以下实体机构：**联邦储备银行**（Federal Reserve Banks）、**联邦储备委员会**（Board of Governors of the Federal Reserve System）、**联邦公开市场委员会**（Federal Open Market Committee，FOMC)、联邦咨询委员会以及大约 2 000 家成员银行。图 9－1 概括了这些实体机构彼此之间的相互关系以及与第 10 章将要讨论的美联储三大政策工具（公开市场操作、贴现率和法定准备金要求）之间的关系。

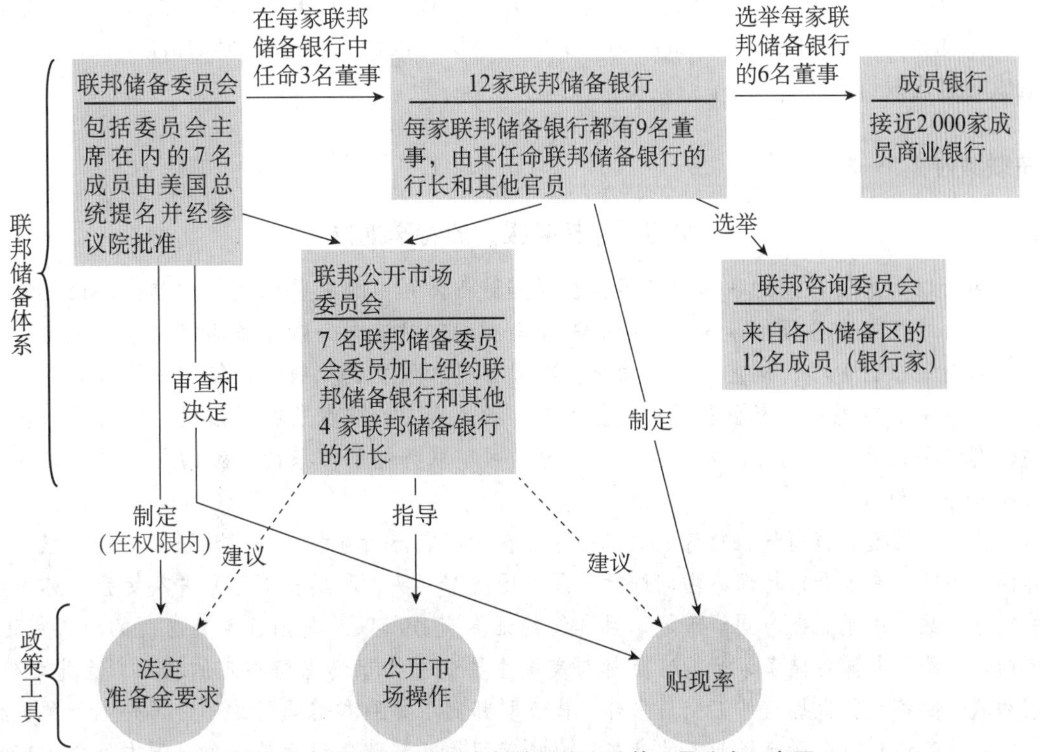

图 9－1　联邦储备体系内部的结构和政策工具分布示意图

说明：该图表明了联邦储备银行、联邦储备委员会以及联邦公开市场委员会和三大政策工具之间的关系。虚线表示联邦公开市场委员会对法定准备金要求和贴现率提出“建议”。

在 http://www.federalreserve.gov/pubs/frseries/frseri.htm 上可以获得关于联邦储备体系结构的信息。

9.2.1　联邦储备银行

美国设有 12 个联邦储备区，各区均有一个联邦储备银行，并可在本储备区的其他城市设立分支机构。纽约、芝加哥和旧金山联邦储备银行是 3 家资产规模最大的联邦储备银行，其资产（贴现贷款、证券和其他资产）合计占联邦储备体系总额的 50%以上。纽约联邦储备银行的资产大约占所有资产的 1/4，是最重要的一家联邦储备银行（参见美联储内幕 9—2“纽约联邦储备银行的特殊地位”）。

每家联邦储备银行都是一个准公共（部分私有、部分政府所有）机构，由该联邦储备区内作为联邦储备体系成员的私有商业银行所有。这些成员银行购买该联邦储备区联邦储备银行的股份（这是成员身份的要求），根据法律规定，每年股息的支付被限制在 6%以内。各成员银行为本储备区的联邦储备银行选举 6 名董事，另外 3 名董事由联邦储备委员会指定。每个储备区内联邦储备银行的董事可以分为 A、B、C 三类：A 类董事 3 名（由成员银行选出），都是职业银行家；B 类董事 3 名（也由成员银行选出），由工商界、劳工界、农业或者消费者群体的杰出领袖担任；3名C类董事由联邦储备委员会任命，他们代表了公众的利益，因此不得由银行官员、雇员或股东担任。这些董事监督所在储备区银行的活动，但他们最重要的工作是任命联邦储备银行行长（经由联邦储备委员会同意），截至2010年，9名董事全部参与这一决定。但是，2010年7月的《多德-弗兰克法案》取消了A类董事参与任命银行行长的权力。美国国会认为银行家参与任命联邦储备银行行长会造成对这些银行的监督失察。

美联储内幕 9—2

纽约联邦储备银行的特殊地位

由于以下原因，纽约联邦储备银行在联邦储备体系中具有特殊地位。首先，该区域有美国最大的几家商业银行，该区域的金融安全和稳定对美国金融体系的健康至关重要。纽约联邦储备银行管理、核查本区域的银行持股公司和州立成员银行，使得该银行成为美国金融体系中最重要的几家金融机构的监管者。考虑到它的职责所在，该银行的监管部是纽约联邦储备银行最大的部门之一，同时它也是目前联邦储备体系内最大的一个银行监管部门也就不足为奇了。

纽约联邦储备银行地位特殊的第二个原因在于，它与债券和外汇市场联系密切。纽约联邦储备银行设有公开市场部，由它进行公开市场操作（买入和卖出债券）并决定银行体系中的储备总额。由于它参与国债市场，且和纽约证券交易所以及美国证券交易所的距离很近，因此，纽约联邦储备储备银行的官员都与美国主要的国内市场保持稳定的联系。除此之外，纽约联邦储备银行也拥有外汇交易平台，代表联邦储备体系和美国财政部进行外汇干预。纽约联邦储备银行对金融市场业务的参与，意味着纽约联邦储备银行是一个对国内外金融市场所发生事件提供信息的重要渠道，尤其是在发生危机的时候，比如我们经历的2007—2009年金融危机。同时，它也是联邦储备体系官员与金融市场私人参与者之间联系的一个纽带。

纽约联邦储备银行具有显著地位的第三个原因在于，它是联邦储备银行中唯一一家成为国际清算银行（BIS）会员的银行。因此，纽约联邦储备银行行长和联邦储备委员会主席一起作为联邦储备体系的代表，与国际清算银行中其他主要中央银行的管理层每月召开会议。这种与外国中央银行的密切联系，以及与外汇市场的关系，意味着纽约联邦储备银行在与其他中央银行行长和私人金融市场参与者的国际交往中具有重要作用。除了在国际领域的重要地位，在纽约联邦储备银行中还贮存了价值超过1 000亿美元的黄金储备，比在诺克斯堡贮存的黄金储备数量还要多。

最后，纽约联邦储备银行行长是联邦储备银行行长中唯一的一名联邦公开市场委员会的永久成员，在该委员会中任副主席。因此，纽约联邦储备银行行长、联邦储备委员会主席和副主席组成了联邦储备体系中最重要的三名成员。

12家联邦储备银行以下列方式参与货币政策：

● 董事“制定”贴现率（尽管每个联邦储备区的贴现率均由联邦储备委员会核查并决定）。

● 决定哪些银行——包括成员银行和非成员银行——能够从联邦储备银行获得贴现贷款。

● 董事从每个联邦储备区内选出 1 名商业银行家进入联邦咨询委员会任职，该委员会有责任向联邦储备委员会提供咨询并为货币政策的传导提出建议。

● 12 名银行行长中的 5 名在负责管理**公开市场操作**（open market operation，买卖政府证券以影响利率和银行体系的准备金数量）的联邦公开市场委员会中各拥有 1 票表决权。正如在美联储内幕 9—2 "纽约联邦储备银行的特殊地位"中所解释的，纽约联邦储备银行行长在联邦公开市场委员会中拥有固定的一票，使得该行成为最重要的一家联邦储备银行，其他 4 票投票权轮流分配给其余的 11 家联邦储备银行的行长。

12 家联邦储备银行要履行以下职责：

● 支票清算。

● 发行新的通货并回收流通中损坏的通货。

● 管理和办理在本储备区银行的贴现贷款业务。

● 评估银行为了扩展其业务所提出的合并提议。

● 充当商业界和联邦储备体系之间的联系纽带。

● 核查银行持股公司和州立成员银行。

● 搜集关于当地商业状况的资料。

● 组织内部经济学家从事与货币政策传导相关的课题研究。

9.2.2 成员银行

所有的全国性银行（经货币监理署许可设立的商业银行）都是联邦储备体系的成员。经各州许可设立的商业银行则不必是联邦储备体系的成员，但它们可以选择加入联邦储备体系。目前，大约三分之一的美国商业银行是联邦储备体系的成员，相比 1947 年顶峰时期 49%的比例有所下降。

在 1980 年以前，成员银行必须在联邦储备银行存款作为准备金，非成员银行的准备金要求则由各州规定。通常允许非成员银行将其持有的有息证券作为准备金的主要形式。由于存在联邦储备银行的准备金是不需要支付利息的，因此，作为联邦储备体系成员的成本非常高。另外，当利率提高的时候，相对的成员成本也会提高，于是，越来越多的银行脱离了这个体系。

联邦储备体系成员的减少引起了联邦储备委员会的关注。一个原因在于，这削弱了美联储对于货币供给的控制力，加大了联邦储备体系执行货币政策的难度。委员会主席不停地呼吁制定新的法令，要求所有的商业银行都成为联邦储备体系的成员。由于联邦储备体系对国会施加压力，因此，1980 年《存款机构放松管制和货币控制法》规定：到 1987 年，所有的存款机构都必须以存款的形式向美联储缴纳准备金。对于准备金的要求，成员银行和非成员银行之间没有区别。除此之外，所有的存款机构都可以平等地享有联邦储备体系提供的各种便利，如贴现窗口（将在第 10 章中讨论）和美联储支票清算。这些规定阻止了美联储成员数量的下降，缩小了成员银行和非成员银行之间的区别。

9.2.3 联邦储备委员会

在 www.federalreserve.gov/bios/boardmembership.htm 上，可以找到自联邦储备委员会成立以来的所有成员列表。

在联邦储备体系中，权力集中在由 7 名成员组成的联邦储备委员会手中，其总部位于华盛顿，每名委员都由美国总统任命并经参议院批准。为了限制总统对于美联储的控制，并使美联储不受其他政治压力的影响，每名委员的任期都长达 14 年，在期满后不得连任。在每年 1 月，都有一名委员会委员的任期到期。[①] 这些委员必须来自不同的联邦储备区，以防止某个区域的利益过分突出。联邦储备委员会主席要从 7 名委员中选出，任期为 4 年。一旦新的主席被选出，原任主席就应当从联邦储备委员会中辞职，即使距离其委员任期还有若干年。

联邦储备委员会积极参与有关货币政策执行的决策，主要通过以下途径：

● 7 名委员都是联邦公开市场委员会的成员，并对公开市场操作的实施具有表决权。在联邦公开市场委员会中只有 12 名成员具有表决权——7 名委员和 5 名联邦储备银行行长。因此，联邦储备委员会具有大多数表决权。

● 联邦储备委员会还可规定法定准备金的水平（在立法规定的限度以内），通过"审查和决定"环节有效地控制贴现率，即对由联邦储备银行"制定"的贴现水平给出同意或不同意的意见。

● 联邦储备委员会就经济政策问题向美国总统提出建议，参加国会听证，并通过传媒为联邦储备体系做代言人。

通过立法，联邦储备委员会还被赋予与执行货币政策并无直接关系的各种职责。

● 联邦储备委员会需要制定保证金标准，规定在购买证券的价格中必须使用现金而不是借入资金支付的比例。

● 制定每家联邦储备银行的行长和所有官员的薪金待遇标准，并审查每家银行的预算。

● 联邦储备委员会还拥有大量的银行监管职能：批准银行的合并和开展新业务的申请；规定银行持股公司的许可经营范围；监管在美国境内的外国银行的活动。

● 联邦储备委员会中有一批经济学家（远多于每家联邦储备银行的经济学家的数量），他们为联邦储备委员会进行决策提供经济分析（见美联储内幕 9—3"研究员的作用"）。

美联储内幕 9—3

研究员的作用

不但在美国，而且在世界范围内，联邦储备体系都是经济学家最大的雇主。联邦储备体系大约有1 000名研究员，半数都是经济学家。在这 500 名经济学家中，250 名任职于联邦储

① 尽管委员在理论上无法连任，但是，委员可以在任期到期之前辞职然后由总统指派。这也能解释其中一名委员小威廉·麦克切斯尼·马丁（William McChesney Martin, Jr.）是如何在联邦储备委员会中任职长达 28 年之久的。实际上，自马丁 1951—1970 年任联邦储备委员会主席，并在 1970 年退休后，再没有人连任两期，故 2006 年格林斯潘在 14 年任期届满后不得不从联邦储备委员会退休。

备委员会，100 名在纽约联邦储备银行工作，其余在其他联邦储备银行工作。这些经济学家的工作是什么呢？

美联储的经济学家最重要的任务是根据政府机构和私人部门提供的经济数据，为政策制定者提供有关经济发展方向以及货币政策对经济影响的指导性意见。在每次联邦公开市场委员会会议召开之前，各联邦储备银行的研究员要为行长和银行的高级管理层做出关于美国经济的基本预测，并简明列出可能在会议上讨论的议题。研究员还会提供关于银行所在地区经济概况的基本材料或正式简报，这是每名联邦储备银行行长将在联邦公开市场委员会会议上讨论的议题。同时，在联邦储备委员会中，经济学家们建立了一个大型的经济计量模型（运用统计程序估计出各方程的参数），该模型能帮助他们对国家的经济情况进行预测，他们也会向各位委员简述国家经济的走势。

银行和联邦储备委员会的研究员们还帮助银行的监管人员追踪银行部门和其他金融市场与金融机构的发展情况，为银行业研究人员提供在其研究过程中可能需要的技术性建议。因为是由联邦储备委员会决定是否批准银行合并，当发生银行兼并时，联邦储备委员会和兼并发生区内的联邦储备银行的研究人员还要提供计划兼并案将会对竞争环境产生何种影响的相关信息。为了保证满足《社区再投资法案》的规定，经济学家们还要分析银行在不同社区的借贷活动的绩效。

外国对美国经济的影响不断加强，美联储的研究员尤其是纽约联邦储备银行以及联邦储备委员会的研究员会提供一些重要的外国经济情况报告。由于外汇市场的发展对货币政策制定过程的影响越来越重要，他们还会对外汇市场的发展进行研究。这样的工作会为外汇市场部的活动提供支持。经济学家还通过预测准备金增长和货币总量增长的情况，对公开市场操作提供支持。

经济学家们同时参与有关货币政策对产出和通货膨胀、劳动力市场、国际贸易、国际资本市场、银行和其他金融机构、金融市场和区域经济的影响以及其他一些课题的基础研究。这些研究成果被广泛地发表于各类学术期刊和联邦储备银行的刊物上。（联邦储备银行的评论对金融专业的学生而言是一个非常好的补充资料来源。）

研究员在联邦储备银行中的另一项很重要的基本活动是参与公共教育。这些人员经常被邀请向其所在联邦储备银行的董事会作报告或在其所在区域内进行公开演讲。

9.2.4 联邦公开市场委员会

联邦公开市场委员会通常每年举行 8 次会议（大约 6 周一次），并就公开市场操作的执行制定政策，同时设定官方利率——**联邦基金利率**（federal funds rate），该利率是银行间隔夜拆借的利率（联邦公开市场委员会如何制定政策将会在美联储内幕“联邦公开市场委员会会议”中讨论，该会议所产生的文件可以参见另一个美联储内幕“绿皮书、蓝皮书、蓝绿皮书和褐皮书：这些颜色对美联储意味着什么?”）。在媒体报道中，联邦公开市场委员会通常被称为“美联储”，比如媒体称美联储正在召开会议，实际上是指联邦公开市场委员会正在召开会议。联邦公开市场委员会由 7 名联邦储备委员会成员、纽约联邦储备银行行长以及4名其他联邦储备银行行长组成。联邦储备委员会主席也作为联邦公开市场委员会主席出席会议。尽管只有5名联邦储备银行行长在联邦公开市场委员会中具有表决权，但其他7名联邦储备银行行长也会参加联邦公开市场委员会会议并参与讨论，他们对委员会的决策也有一定的影响。

由于公开市场操作是美联储用于调控利率和货币供给的一种最重要的政策工具，同时，联邦公开市场委员会也是**紧缩的货币政策**（tightening of monetary policy）（提高联邦基金利率）以及**宽松的货币政策**（easing of monetary policy）（降低联邦基金利率）的制定者，因此，联邦公开市场委员会必然是联邦储备体系内部政策制定的焦点所在。尽管法定准备金要求和贴现率不是由联邦公开市场委员会制定的，但与这些政策工具有关的决策是在这里做出的，见图9-1中用虚线表示的联邦储备委员会对法定准备金要求和贴现率提供建议。联邦公开市场委员会并没有实际执行证券的购买活动，而是向纽约联邦储备银行的交易平台发出指令。在那里，负责国内公开市场操作的经理监督从事政府或机构证券买卖的工作人员进行实际的操作。每天，经理都要和联邦公开市场委员会成员及其职员对交易平台的活动情况进行沟通。

美联储内幕9—4

联邦公开市场委员会会议

联邦公开市场委员会会议在华盛顿联邦储备委员会大厦主楼二层的会议室召开。联邦储备委员会的7名委员、12名联邦储备银行行长、联邦公开市场委员会秘书、联邦储备委员会中研究和统计部门的主管及其副手、货币事务部和国际金融部的主管，环坐在一张巨大的会议桌旁。尽管12名联邦储备银行行长中只有5名在联邦公开市场委员会中有表决权，但他们都积极参与各项事务的讨论。就座于房间四周的是来自每个联邦储备银行的研究主管、其他的高级委员和联邦储备银行官员；根据传统，这些人在会议上是没有发言权的。

会议首先快速审阅联邦公开市场委员会上次会议的记录。第一个重要议程是由联邦储备体系管理外汇公开市场操作和国内公开市场操作的经理就与此相关的议题做报告。在各委员和联邦储备银行行长结束提问及讨论这些报告之后，会举行一轮表决来决定是否批准这些议题。

会议的下一个议程是由联邦储备委员会中研究和统计部门的主管就研究员所做的国家经济预测做陈述报告。当各名委员和联邦储备银行行长向部门主管询问有关预测的相关问题之后，就开始所谓的“轮流发言”环节：每家银行的行长陈述其主管地区的经济情况，以及该行对国家经济走势的评价；除了主席以外的每名委员也都要对国家经济情况进行展望。传统上，这一环节要避免对货币政策主题的评价。

然后，议程转向当前的货币政策以及国内政策方针。由联邦储备委员会中管理货币事务部的主管主持讨论，该主管会概述在蓝皮书中列出的不同货币政策行为，还会描述关于货币政策如何执行的相关议题。在提问和回答阶段之后，每名联邦公开市场委员会成员包括没有表决权的联邦储备银行行长都会表达他对于货币政策和货币政策陈述的看法，主席会对讨论进行总结，并为被传递到公开市场交易平台的联邦基金利率目标指令和货币政策声明的措辞提供建议。联邦公开市场委员会的秘书会正式宣读拟议的报告，联邦公开市场委员会的成员对此进行表决。* 关于货币政策声明的公告将在下午 2：15 发布。**

* 发布的决策也许并不是一致性意见，分歧的意见也会公开发布。然而，除了极少数情况以外，主席这一票总是在占多数的一方。

** 半数会议有一些不同安排，像其他会议一样，不是从星期二早上 9：00 开始，而是从星期二下午开始，并一直延续到星期三，并于下午大约 2：15 公布报告。这些持续较长的会议通常也会讨论长期的经济展望和一些专门议题。

美联储内幕 9—5

绿皮书、蓝皮书、蓝绿皮书和褐皮书：这些颜色对美联储意味着什么？

在货币政策制定的过程中，联邦公开市场委员会会议的三份研究报告非常重要。一直到 2010 年，由联邦储备委员会的研究和统计部门提供的对今后三年国家经济情况的详细预测都是一本具有绿色封皮的小册子，故被称为“绿皮书”。“蓝皮书”是一本具有蓝色封皮的小册子，内容包括由联邦储备委员会货币事务部提供的对货币总量的预计，通常还有可供选择的三个代表性的货币政策方案（以 A、B、C 标记）。这些小册子将会被分发给所有联邦公开市场委员会会议的与会者。从 2010 年开始，绿皮书和蓝皮书合并为拥有蓝绿色封皮的“蓝绿皮书”：蓝绿色是绿色和蓝色的组合色。* 拥有褐色封皮的“褐皮书”由联邦储备银行提供，详细介绍了各联邦储备区的经济情况。其内容来自调查报告，以及与重要企业和金融机构的谈话。褐皮书是三本小册子中唯一公开发布的一本，在新闻界广受关注。

* 这些联邦公开市场委员会文件在 5 年后公布，其内容可在 www.federalreserve.gov/monetarypolicy/fomc.htm 上找到。

9.2.5 为什么联邦储备委员会主席控制一切

第一眼看上去，联邦储备委员会主席只是联邦公开市场委员会 12 名投票成员中的一员，并不拥有对美联储实施控制的法律权威。为什么媒体如此关注联邦储备委员会主席所讲的每一句话呢？在美联储中是由联邦储备委员主席真正做主吗？如果是这样，联邦储备委员会主席为什么会拥有如此大的权力？

实际上，联邦储备委员会主席控制着一切。他是美联储的代言人，并与国会和美国总统谈判。他还通过制定联邦储备委员会和联邦公开市场委员会会议议程实施控制。联邦储备委员会主席还会通过职位权力和人格魅力影响委员会。联邦储备委员会主席［包括马里纳·S. 埃克尔斯（Marriner S. Eccles）、小威廉·麦克切斯尼·马丁、阿瑟·伯恩斯（Arthur Burns）、保罗·沃尔克（Paul Volcker）、艾伦·格林斯潘和本·伯南克］通常都有很强大的人格魅力并拥有很大的权力。

委员会主席还会通过监管委员会研究员中的专业经济学家和顾问行使权力。因为这些人为委员会搜集信息并进行分析，这些分析将被用于委员会的决策制定。这会对货币政策产生一定的影响。另外，在过去，委员会的一些主席人选来自它的专业研究团队，这使得主席的影响比四年的任期更为深远和持久。主席的风格也有影响，见美联储内幕 9—6“伯南克风格与格林斯潘风格的不同之处”。

美联储内幕 9—6

伯南克风格与格林斯潘风格的不同之处

每位联邦储备委员会主席都有一种不同的风格，这种风格会影响美联储政策的制定。这里有很多关于两任美联储主席伯南克与格林斯潘不同风格的讨论，格林斯潘曾在 1987—2006 年的 19 年间担任联邦储备委员会主席。

格林斯潘对美联储的管理不像以前其他任何一位美联储主席。格林斯潘的背景和伯南克有很大的不同，伯南克学术方面的职业生涯大部分在普林斯顿大学度过。格林斯潘是艾茵·兰德（Ayn Rand）的学生，是一个自由放任资本主义的坚定倡导者，他经营了一家非常成功的经济咨询公司——汤森-格林斯潘公司。* 格林斯潘从来都不是一个经济理论家，却因极度关注数据而出名。他在一天开始时就在浴缸里做这些事情了，经常透过十分隐晦的数据进行他的预测。在政策制定过程中，他并不简单地依靠联邦储备委员会专业人员的预测。有一个很典型的例子：1997 年，当时的委员会做出了通货膨胀的预判，这将要求实行紧缩的货币政策。但是，格林斯潘相信不会发生通货膨胀，并说服联邦公开市场委员会不要实行紧缩的货币政策。格林斯潘被证明是正确的，并被媒体誉为“大师”。

伯南克在 2002 年是联邦储备委员会的一名委员，2005 年任总统经济顾问委员会主席，2006 年又回到联邦储备委员会出任主席。在他来华盛顿之前，他一直是一名教授，起先在斯坦福大学商学院研究生部，后来在普林斯顿大学经济学系。因为伯南克没有作为一个经济预测者而出名，所以委员会研究员的预测在联邦公开市场委员会的决策制定中发挥了更大的作用。与格林斯潘相比，伯南克作为顶级学术经济学家的背景意味着他在做决定时注重分析，结果是在指导政策讨论时更多地运用模型模拟。

随着主席的更换，政策研究的风格也改变了。格林斯潘在联邦公开市场委员会的讨论中实施了更强大的控制。在格林斯潘时代，讨论十分正式，联邦公开市场委员会秘书拟定发言的参会者名单。在伯南克时代有更多的参与机会，伯南克鼓励所谓的“两手干预措施”。当参会者想要随机问问题或者对其他参会者刚才所讲的内容发表观点时，他只要举起双手并得到主席的许可后就可以发言。

联邦公开市场委员会的讨论顺序也发生了微妙的变化，这是一个非常重要的改变。在格林斯潘时代，当其他的联邦公开市场委员会会议参会者发表了他们对经济的看法后，格林斯潘就会阐述他对经济情况的看法，并对货币政策应该如何实施提供建议。其他参会者在接下来的关于货币政策的讨论中只能对此表示同意或者不同意。相比之下，伯南克在其他的联邦公开市场委员会会议的参会者发表他们对经济的看法之后，通常并不会立即对货币政策提出建议。他会总结他所听到的其他参会者的意见，给出自己的评论，然后等到所有的参会者都对货币政策发表了观点后，他才会提出自己的政策建议。在格林斯潘时代，主席更多地决定了政策的制定；伯南克的会议程序则更加民主，使得参会者对主席的投票有更多的影响。

透明度是风格上的另一个大的不同点。格林斯潘以隐晦闻名，并曾在国会听证会上打趣说，“我想我应该提醒你，如果我变得非常清晰，你可能误解了我所说的。”伯南克主张公开透明，他认为，美联储应宣布通货膨胀目标，并在2006年提出了一项重大举措，研究联邦储备体系的外部交流，这使得美联储的透明度在2007年有了更大的提高，见美联储内幕9—7“美联储沟通策略的演变”。

* 为了得到格林斯潘的传记资料，可以查看他的自传，*The Age of Turbulence：Adventures in a New World* (New York：Penguin Press，2007)。

9.3 联邦储备体系的独立性

下一章将考察货币政策的实施，我们想知道美联储采取某一政策行动的动机。在来自总统和国会的压力下，美联储的自由度有多大？它的行为是否为经济、官僚或者政治等方面的考虑所左右？美联储是否真的独立于外部压力？

斯坦利·费希尔（Stanley Fischer）曾是麻省理工学院教授，现在是以色列银行的行长。他定义了中央银行独立性的两种不同类型：**工具独立性**（instrument independence），中央银行制定货币政策工具的能力；**目标独立性**（goal independence），中央银行制定货币政策目标的能力。联邦储备体系具有这两种独立性，很明显不为那些对其他政府部门具有影响的政治压力所左右。不仅因为联邦储备委员会委员的任期都是14年，且该职务不能被剥夺，还因为法律规定委员不得连任，这也使得各位委员都没有取悦总统和国会的动机。

也许还有一个原因是，联邦储备体系从其持有的证券中获得大量的收入，较少通过向银行贷款获得收入。例如，在2012年，美联储在扣除880亿美元的费用后仍能获得净收入，这也是一种不错的状况。当然，美联储要把这些收益中的大部分返还给财政部，并不会因此变得富有。但是，这种收入使其优于其他政府机构，即美联储通常不受国会拨款的支配。实际上，联邦政府的审计机构即审计总署（GAO）不能对联邦储备体系的货币政策或外汇市场的操作进行审计。控制钱袋的权力通常是全面控制权的同义词，联邦储备体系控制货币政策的这一特点是其拥有独立性的根本所在。

然而，联邦储备体系仍会受国会的影响。因为确定联邦储备体系结构的立法是由国会制定的，而且随时可以修改。当立法者对美联储实施的货币政策不满时，他们就会经常威胁要削弱美联储的独立性。最近有一个例子，2009年众议员罗恩·保罗（Ron Paul）提出了一项法案，要求美联储的货币政策行动接受审计总署的审计。这种来自权力机构的声音使联邦储备体系不至于太过于偏离国会的意愿。

国会还通过立法，要求联邦储备体系对其行动负有更大的责任。在1978年《汉弗莱-霍金斯法》（Humphrey-Hawkins Act）中，美联储被要求每半年向国会提交一份货币政策报告，还要有联邦储备委员会主席的证词来解释货币政策的实施如何与《联邦储备法》

规定的目标相一致。

总统也能影响联邦储备体系。首先，国会立法能直接影响美联储及其实施货币政策的能力，而总统对国会能产生强有力的影响。其次，虽然从表面上看，总统在其每届任期内都只能任命一到两名联邦储备委员会委员，但实际上，总统任命的联邦储备委员会委员往往不止此数。原因之一是，大多数委员并不能任满 14 年任期（委员的薪水要远远低于他们在私营部门的薪水，甚至低于大学工作所能获得的薪酬水平，他们有动机在任职到期之前回到学术界或者到私人部门工作）。另外，总统能够每四年任命一名新的联邦储备委员会主席，如果原主席没有重新得到任命，则会辞去其在联邦储备委员会中的职务，这样又需要任命一名新的委员。

然而，总统通过对联邦储备委员会的任命所获的权利是有限的。因为委员会主席的任期并不一定与总统的任期一致，总统可能必须与前任政府任命的联邦储备委员会主席共事。例如，艾伦·格林斯潘在 1987 年被时任总统罗纳德·里根（Ronald Reagan）任命为主席，在 1992 年被共和党总统乔治·H. W. 布什（George H. W. Bush）重新任命为新一届主席。当民主党人比尔·克林顿（Bill Clinton）在 1993 年成为美国总统时，格林斯潘离其任期到期还有好几年。当格林斯潘任期届满时，克林顿承受了再次任命格林斯潘的巨大压力，并在 1996 年和 2000 年两度任命格林斯潘，即使格林斯潘是一名共和党人。[①] 乔治·W. 布什（George W. Bush）是一名共和党人，他在 2004 年再次任命格林斯潘。

可见，作为一家政府机构，联邦储备体系具有超乎寻常的独立性。然而，联邦储备体系并不是完全不受政治的影响。要理解联邦储备体系的作为，我们必须承认，公众对联邦储备体系运作的支持发挥着重要的作用。[②]

9.4 联邦储备体系是否应该独立

如前所述，联邦储备体系大概是美国最独立的政府机构。每隔几年，国会总会提出关于美联储的独立性是否应该被削弱的问题。强烈反对美联储政策的政治家们总想置美联储于他们的控制之下，以便美联储的政策更符合他们的口味。联邦储备体系是否应该独立？联邦储备体系在总统或国会的控制之下会更好一些吗？

9.4.1 支持独立的观点

支持美联储具有独立性的最强有力的观点是：美联储受到更大的政治压力，将会导致

① 与此相似，1951—1970 年的联邦储备委员会主席小威廉·麦克切斯尼·马丁由杜鲁门总统（民主党人）任命，后来又被艾森豪威尔总统（共和党人）、肯尼迪总统（民主党人）、约翰逊总统（民主党人）和尼克松总统（共和党人）重新任命。同样，1979—1987 年的联邦储备委员会主席保罗·沃尔克被卡特总统（民主党人）任命，后又被里根总统（共和党人）重新任命。伯南克被布什总统（共和党人）任命，后又被奥巴马总统（民主党人）重新任命。

② 在 Bob Woodward, *Maestro: Greenspan's Fed and the American Boom* (New York: Simon and Schuster, 2000)，以及 David Wessel, *In Fed We Trust* (New York: Random House, 2009) 中可以从美联储内部的视角看到美联储与公众和政客之间的互动。

货币政策更易引发通货膨胀。在很多观察家的眼里，民主社会的政治家们都目光短浅，因为他们都被诸如赢得下届选举这样的需要所驱使。根据该诉求，他们不太可能着眼于诸如促进物价稳定这样的长期目标。相反地，他们只会寻找解决高失业率、高利率等问题的短期方案，即使这种短期方案会带来不利的长远后果。例如，高货币增长最初会引起利率下降，紧接着会引发通货膨胀，之后利率又会提高。如果联邦储备体系在国会和总统的控制下，在利率很高的时候，它是否更有可能实施过度宽松的货币政策，即使这样的政策最终会在未来导致通货膨胀和更高的利率水平？支持联邦储备体系独立性的人回答：是这样的。他们相信，一个与政治隔离的联邦储备体系将更有可能考虑长远目标，因此会成为健全的美元和稳定物价水平的保护者。

前面这种观点的另一种说法是，美国的政治过程导致了所谓的**政治性商业周期**（political business cycle）：在选举之前，为了降低失业率和利率，政客们会采取扩张性政策；在选举之后，这些政策的负面效应——高通货膨胀和高利率——开始浮现。这需要实施相反的紧缩的货币政策，政客们则希望在下次选举之前公众会忘记紧缩的货币政策。证据表明，美国存在这样的政治性商业周期，而处于国会和总统控制下的联邦储备体系将会强化这种商业周期。

使联邦储备体系处于财政部的控制之下（使其受到总统更大的影响）同样被认为很危险，因为美联储可以通过财政部发行的债券进行大额预算赤字融资。① 要求美联储帮助“解决”财政问题的压力会导致经济更易于趋向通货膨胀。独立的联邦储备体系会更好地抵制来自财政部的压力。

支持美联储独立性的另一个论点是，控制货币政策十分重要，不能让政客们操控。事实一再证明，政客们缺乏制定诸如削减预算赤字或者改革银行体系等这样重大决策所需的专业知识。该论点的另一种论证方式是我们在第 7 章提到的委托—代理问题。联邦储备体系和政治家都是公众（委托人）的代理人。政治家和美联储都有为了自己的利益而不是公众利益采取行动的动机。支持联邦储备体系独立性的论点是，政客们的委托—代理问题比美联储更严重，因为政客们更不会为了公众利益而采取行动。

事实上，一些政客更加偏好一个独立的美联储，因为它可以作为应对公众的“替罪羊”，从而减轻政客肩上的压力。很可能某位政客私下反对导致通货膨胀的货币政策，但因为害怕无法连任而被迫公开支持这样的政策。一个独立的联邦储备体系能够为公众利益服务，实施一些在政治圈不受欢迎的货币政策。

9.4.2 反对独立的观点

支持联邦储备体系应该由总统或国会控制的人们认为，由一群不对任何人负责的精英团体控制货币政策（它会影响经济中的所有人）是不民主的。联邦储备体系不需要对公众负责会引起严重的后果。即使联邦储备体系的工作成效很差，也没有更换其成员的规定。

① 《联邦储备法》明令禁止联邦储备体系直接从财政部购买国债（替代到期债券的新债券除外），而只能在公开市场上购买。实施该禁令的一个原因和前述论点一致：美联储会发现为财政部的巨额预算进行赤字融资很难。

联邦储备体系需要追求长期目标，但选举出的国会官员也会对长期事务投票表决（外交政策就是一个例子）。如果我们进一步引申，由像联邦储备体系这样的精英团体做出的决策总是好的，那么，将得到这样的结论：参谋长联席会议应该制定军备预算或者美国国税局应该制定税收政策而不受总统或国会监管。对于具有这种独立程度的参谋长联席会议和美国国税局，你是否会支持？

公众支持总统或国会对国家的经济福利负责，但他们缺乏对政府机构的控制，而政府机构很可能是决定经济健康运行的一个最重要的因素。另外，为了形成促进经济稳定发展的协调方案，货币政策必须与财政政策（政府支出和税收管理）相互配合。政治家只有同时控制货币政策和财政政策，才能防止这两种政策发生冲突。

另一种反对联邦储备体系独立性的论点是，一个独立的美联储并不总是成功地运用这种独立性。在大萧条时期，美联储在履行其所宣称的最后贷款人的职能方面很失败。这种独立性并没有阻止美联储在 20 世纪 60 年代和 70 年代执行过度扩张的货币政策，该政策引发了当时高通货膨胀的发生。

前面的讨论同样表明联邦储备体系未能免于政治压力，其独立性反而可能鼓励其追求狭隘的自身利益而不是公众利益。

尽管无论是在美国还是在其他国家，公众对于中央银行的支持都在逐步加强，但对于联邦储备体系的独立性究竟是否有益仍没有达成共识。那些支持美联储政策的人们更有可能支持独立性，而那些不支持美联储政策的人则会支持削弱其独立性。

9.4.3 全球中央银行的独立性和宏观经济表现

我们发现，支持中央银行独立性的人们相信，如果中央银行具有更强的独立性，就会改善该国的宏观经济。最近的研究似乎支持该假说：按照独立性从弱到强对各国中央银行进行排序，可以发现，最具独立性的中央银行应对通货膨胀的表现最好。尽管更具独立性的中央银行会引致较低的通货膨胀率，但这种低通货膨胀并没有以低增长为代价。有独立中央银行的国家并不比那些中央银行独立性较差的国家更有可能导致高失业率和较大的产出波动。

9.4.4 对中央银行行为的解释

关于政府官僚行为的一种观点是，官僚行为能为公众利益服务（这是公众利益观）。另一些经济学家发展出所谓的官僚行为理论，认为其他因素也能影响官僚机构的运作方式。官僚行为理论认为，官僚的行为目标就是最大化自己的福利，正如消费者行为由最大化个人福利目标所推动、企业行为由最大化利润目标所推动一样。官僚的福利是同其权力和声望密切相关的。该理论认为，影响中央银行行为的一个重要因素是它试图扩大权力和声望。

这些观点的基本推论是什么呢？第一，联邦储备体系将为了维护其自治权而奋力斗争。这一预言在美联储不断地为控制预算而反击国会上得到验证。事实上，美联储在其独立性受到威胁时，能有效地动员银行家和商人来维护其独立性。

第二，联邦储备体系试图避免同权威组织发生冲突，以免受到权力削减和自治权减弱的威胁。美联储的行为有几种不同的表现形式。一个解释美联储减缓提高利率的速度的可能因素是它为了避免与总统和国会就利率的提高产生冲突。美联储不愿与国会和总统产生冲突，也能解释为什么过去美联储的行动并不透明，现在也不完全透明，见美联储内幕9—7“美联储沟通策略的演变”。

美联储希望掌控尽可能多的权力，这也能解释为什么它要极力开展一场旨在控制更多银行的运动。到1987年，法律规定联邦储备体系法定准备金的管辖范围扩大到全部银行(不仅是成员商业银行)，该运动达到顶峰。

看起来，官僚行为理论似乎对联邦储备体系所有的行动都适用。但是，我们必须认识到，这种认为联邦储备体系只关心自身利益的观点过于极端。最大化个人福利并不排除利他行为（你也许会慷慨地投入一项慈善事业，因为这能让你感到满足。在这个过程中，你是在做一项有价值的事业）。联邦储备体系当然意识到它是为了公众利益而实施货币政策。[1] 然而，对于应该采取何种货币政策还存在许多不确定性和分歧。当不确定什么符合公众利益的时候，其他动机就可能影响联邦储备体系的行为。在这种情况下，官僚行为理论对于预测美联储和其他央行的行为可能会有一定的指导作用。

美联储内幕 9—7

美联储沟通策略的演变

正如官僚行为理论所推理的那样，美联储出于避免同公众和政治家们发生冲突的考虑，会对其隐瞒所采取的行动。过去，出于这种目的，联邦储备体系内部要求保密。关于这一点，一位美联储前官员评论道：“很多工作人员承认设计这种保密机制是为了保护美联储不受政治监管的影响。”* 例如，美联储为了应付国会和公众，一直拖延公开联邦公开市场委员会的指令。然而，正如我们所见，1994年美联储开始在每次联邦公开市场委员会会议之后发布联邦公开市场委员会指令。1999年，美联储开始马上宣布其对货币政策走势的“立场”。2002年，美联储开始公布在联邦公开市场委员会会议上对联邦基金利率目标的记名表决结果。从2004年12月起，美联储将联邦公开市场委员会会议日程纪要的发布时间提前，由之前的在联邦公开市场委员会会议后6周发布变为现在的3周。

近几年，联邦储备体系逐步提高其行为的透明度，但是其速度要比其他许多中央银行慢。一个迈向更高透明度的重要趋势性标志是，央行公布通货膨胀的具体数值目标，即通常所说的通货膨胀目标，具体内容见下一章。艾伦·格林斯潘强烈反对中央银行向更大透明度的方向发展，然而，伯南克主席是通货膨胀目标制的倡导者，而且在2012年1月，2%的通货膨胀目标最终被采纳。

在伯南克主席任职期间，美联储采纳了提高货币政策透明度和及时性的其他措施。美联储现在会宣布所有来自联邦公开市场委员会的有关通货膨胀、GDP增长、失业率以及联邦基金利率的“适当政策”。现在美联储主席会在每年1月、4月、6月和11月召开的联邦公开市场委员会会议之后举行新闻发布会，对联邦公开市场委员会会议的决定进行简

---

① 经济学家对于如何更好地度量货币数量并不确定。即使经济学家认为，控制货币数量是实行货币政策的有效途径（在第10章，我们将会看到相反的观点），美联储也不确定它应该控制哪种统计口径的货币总量。

要说明。

* 引自"Monetary Zeal: How the Federal Reserve Under Volcker Finally Slowed Down Inflation," *Wall Street Journal*, December 7, 1984, p.23。

9.5 欧洲中央银行的结构和独立性

就重要性而言，联邦储备体系在世界中央银行中无可匹敌。但是，这种情形在1999年1月随着欧洲中央银行（ECB）和欧洲中央银行体系（ESCB）的建立而改变了。欧洲中央银行体系目前的职责是为欧洲货币联盟的成员国执掌货币政策。这些国家的人口加起来超过了美国，拥有的GDP与美国相当。《马斯特里赫特条约》建立了欧洲中央银行和欧洲中央银行体系，并模仿联邦储备体系的设计结构，每一个国家的中央银行（被称为国家中央银行，National Central Banks，NCBs）都与联邦储备银行具有相似的作用。欧洲中央银行坐落在德国法兰克福，拥有一个与联邦储备委员会结构相似的执行委员会，该执行委员会由主席、副主席和其他四位成员组成，他们的任期为8年，不能连任。理事会（Governing Council）包括执行委员会的成员和国家中央银行的行长，与联邦公开市场委员会相似，负责制定货币政策。尽管国家中央银行的行长由各国政府任命，但执行委员会的成员由欧洲货币联盟中所有国家的政府首脑所组成的委员会任命。

在www.ecb.int上可以找到关于欧洲中央银行的详细信息。

9.5.1 欧洲中央银行体系与联邦储备体系的不同

在大众媒体中，欧洲中央银行体系通常被称为欧洲中央银行，也许将它称为欧元体系更准确，就像联邦储备体系比美联储的称谓更加确切一样。尽管欧元体系的结构与联邦储备体系的结构相似，但两者有明显的差别。第一，联邦储备银行的预算由联邦储备委员会控制，而国家中央银行控制自己的预算和在法兰克福的欧洲中央银行的预算。因此，欧元体系中的欧洲中央银行比联邦储备体系中的联邦储备委员会拥有更少的权力。第二，欧元体系的货币操作由各国的国家中央银行执行，货币操作不像联邦储备体系那么集中。第三，与联邦储备体系相比，欧洲中央银行并不参与监管金融机构，这些任务只能由欧洲货币联盟中的各成员国承担。

9.5.2 理事会

就像在美国会关注联邦公开市场委员会会议一样，在欧洲会关注理事会会议，该会议每月在法兰克福的欧洲中央银行召开，并负责做出货币政策决策。目前，有17个国家是欧洲货币联盟的成员，这17个国家的国家中央银行的行长在理事会各拥有一票，六个执行委员会成员也各拥有一票。在美国联邦储备体系中，联邦储备委员会和各个联邦储备银行的一些职员可以参加联邦公开市场委员会会议；而在欧洲，只有理事会的23名成员可以参加理事会会议，其他人员不能出席。

理事会成员拥有选举权，但他们不进行正式的投票表决。理事会的运作基于共识。理事会决定不投票表决的一个原因是，担心个人投票会导致各国国家中央银行行长支持一个适合个别国家而不是整个欧洲货币联盟的货币政策。这对联邦储备体系来说并不是问题：虽然联邦储备银行散布在国家的不同地区，但它们拥有相同的国籍，在货币政策决定中更加倾向于从国家层面考虑，而非单单考虑地区利益。

就像联邦储备体系在联邦公开市场委员会会议一结束就立刻发布联邦公开市场委员会对官方利率（联邦基金利率）的决定一样，欧洲中央银行也在理事会会议一结束就立刻宣布一个相似的银行间贷款的短期利率目标。但是，美联储只是发布对货币政策工具制定的声明，欧洲中央银行则会举办一场新闻发布会。在此期间，主席和副主席会接受新闻媒体的提问。如今理事会成员数量众多导致了一个尴尬的局面。理事会现在的规模（23名投票成员）比联邦公开市场委员会的规模（12名投票成员）大得多。在会议结束后如此快地举行新闻发布会是很荒谬的，这要求主席和副主席非常迅速地应对媒体。一些评论员怀疑理事会是不是太臃肿了，随着更多国家加入欧洲货币联盟，这种情形会变得更糟。为了解决这个潜在的问题，理事会已经决定建立一个复杂的运作系统：在该系统中，较大国家的国家中央银行比较小国家的国家中央银行拥有更多的投票权，这有点像联邦公开市场委员会的体系。

9.5.3 欧洲中央银行的独立性

联邦储备体系是一个高度独立的中央银行，但《马斯特里赫特条约》建立了欧元体系，并使之成为世界上最独立的中央银行。与理事会一样，执行委员会的成员有长达8年的任期，国家中央银行行长被要求至少有5年的任期。欧元体系与美联储一样，可以自行决定预算，并且不允许成员国的政府向欧洲中央银行发布指令。《马斯特里赫特条约》的这些规定使得欧洲中央银行高度独立。

《马斯特里赫特条约》明确规定，价格稳定是欧洲中央银行最重要的长期目标。这意味着欧元体系的目标比联邦储备体系更加明确。但《马斯特里赫特条约》没有明确价格稳定的准确含义，欧元体系定义货币政策的数量目标是拥有一个略低于2%的通货膨胀率。从这方面看，欧洲中央银行的目标独立性不如联邦储备体系。欧元体系的目标独立性在另一方面又比联邦储备体系要强得多。欧元体系的章程不能通过立法机关修改，只能通过重新修订《马斯特里赫特条约》来修改。这是很困难的，因为任何一个修改都要获得所有条约签署国的同意。

9.6 其他外国中央银行的结构和独立性

下面对其他三家重要的外国中央银行的结构和独立性程度进行考察，它们是加拿大银行、英格兰银行和日本银行。

9.6.1 加拿大银行

加拿大在建立中央银行上起步较晚，其中央银行创立于1934年。政府任命其董事会成员，董事的任期为3年，再由董事会任命中央银行行长，任期为7年。理事会由行长和4名副行长组成，与制定货币政策的联邦公开市场委员会类似，该机构负责制定货币政策。

1967年修订的《银行法》将制定货币政策的最终责任赋予了政府。因此，在名义上，加拿大银行不像美联储那样具有工具独立性。然而，在实际操作中，加拿大银行控制着货币政策。当央行和政府发生分歧的时候，财政部长可以发布相关指示，央行必须服从。但是，到目前为止，这样的指示从来没有发布过。货币政策目标——控制通货膨胀——是由加拿大银行和政府联合制定的，因此，加拿大银行的目标独立性要低于美联储。

在 www.bank-banque-canada.ca/上可以找到关于加拿大银行的详细信息。

9.6.2 英格兰银行

英格兰银行建于1694年，是世界上第二古老的中央银行（瑞典央行是最古老的）。1946年的《银行法》给予政府控制英格兰银行的法律地位。英格兰银行理事会（相当于董事会）由任期为5年的行长和2名副行长以及16名任期为3年的非执行董事组成。

到1997年为止，英格兰银行是本章介绍的几家中央银行中最不具独立性的一个。因为提高或降低利率的决策权不归英格兰银行，而是掌握在财政大臣（相当于美国的财政部长）手中。1997年5月，新的工党政府上台后，这一切都改变了。当时，新任财政大臣戈登·布朗（Gordon Brown）发布了一项令人吃惊的公告，宣布英格兰银行从此以后有权设定利率水平。然而，中央银行并没有获得完全的工具独立性：政府能够驾驭央行，并且能在“极端经济形势下”“特定的时期内”设定利率。虽然如此，但像加拿大一样，政府对央行的控制行为非常公开，并且只在极不寻常的情况下阶段性地操作，因此，政府不太可能控制英格兰银行。

英国并不是欧洲货币联盟的成员，因此英格兰银行能够独立制定货币政策。制定利率的权力归货币政策委员会，该委员会由1名行长、2名副行长、2名由行长与财政大臣磋商后选定的成员（一般为央行官员）以及4名由财政大臣任命的银行外经济专家组成。[令人吃惊的是，最初任命的4名货币政策委员会的银行外经济专家中有2名虽然是英国的居民，但不是英国公民——一名是荷兰人，而另一名是美国人。随后的一些任命也不是英国人，包括现任的行长马克·卡尼（Mark Carney）就是一名加拿大人。] 英格兰银行的通货膨胀目标由财政大臣制定，因此，英格兰银行的目标独立性要低于美联储。

在 www.bankofengland.co.uk 上可以找到关于英格兰银行的详细信息。

9.6.3 日本银行

日本银行（Nippon Ginko）在明治维新时期的1882年创立。货币政策由政策委员会决定，该委员会由1名行长、2名副行长和由内阁任命、议会同意的6名银行外成员组成，他们的任期都是5年。

直到最近，日本银行都没有正式地独立于政府，其最终权力仍在财务省手中。然而，根据1998年4月生效的《日本银行法》，55年来，日本银行的权力首次发生了重大变化。该法律除了规定货币政策的目标在于保证价格的稳定性之外，还授予日本银行更大的工具和目标独立性。在此之前，政府在政策委员会中有2名拥有投票权的代表：一名来自财务省，另一名来自经济企划厅。现在，政府能够从这些机构派出2名代表参与政策委员会会议，但这些代表不再拥有投票权，他们有权要求延迟实施货币政策决议。除此之外，财务大臣失去了监督日本银行许多业务的权力，尤其是辞退高级官员的权力。财务大臣仍然拥有控制日本银行与货币政策无关的预算的权力，同时，最近安倍政府给日本银行施加压力，促使其采纳2%的通货膨胀目标，这与日本银行行长的意愿相悖，该行长随后辞职，这些都说明日本银行的独立性是受到限制的。

在 www.boj.or.jp/en/index.htm 上可以找到关于日本银行的详细信息。

9.6.4 独立性增强是大势所趋

我们对主要中央银行的结构和独立性的研究表明，近年来，央行呈现出独立性不断增强的显著趋势。过去，美联储的独立性要强于除德国央行和瑞士央行以外的大部分中央银行。现在，最新创建的欧洲中央银行的独立性远胜于美联储。为了同美联储的独立性保持一致，更大的独立性也被赋予了英格兰银行、日本银行以及其他国家如新西兰、瑞典和一些欧元区国家的中央银行。理论和实践都证明，强大的中央银行制定的货币政策更有效，这也推动了该趋势的发展。

本章小结

1. 联邦储备体系创建于1913年，成立的目的是减少银行恐慌事件。由于公众对中央银行和中央集权的敌视，美国创建了目的在于分散权力、具有诸多制约和平衡机制的联邦储备体系。

2. 联邦储备体系的结构由12家区域联邦储备银行、大约2 000家成员商业银行、联邦储备委员会、联邦公开市场委员会和联邦咨询委员会组成。

3. 名义上，联邦储备体系是权力分散的机构。实际上，它作为一家由联邦储备委员会特别是联邦储备委员会主席控制的统一的中央银行来行使职能。

4. 联邦储备体系比大多数美国政府机构都要独立，但仍受到很多政治压力的影响。因为规范其机构的法令由国会制定，而且随时可能被修改。

5. 官僚行为理论表明，美联储行动的动机之一是提高其权力和声望。这一理论可以很好地解释美联储的很多行动。这些行动也并不违背公众利益。

6. 支持联邦储备体系独立性的观点认为，削弱美联储的独立性并使其面临更多政治压力将会引致高通胀的货币政策。一个独立的联邦储备体系具有较为长远的眼光，能够避免那些可能导致扩张性货币政策和政治性商业周期的短视行为。反对联邦储备体系独立性的观点认为，由一个不对公众负任何责任的精英阶层控制货币政策是不民主的。独立的联邦储备体系同样会使货币政策和财政政策之间的协调性受到考验。

7. 欧洲中央银行体系和联邦储备体系有相似的结构，它的每个成员国都有一个中央银行，欧洲中央银行执行委员会位于德国的法兰克福。理事会由执行委员会的6名成员（包括欧洲中央银行的行长）和各国中央银行的行长组成。理事会负责制定货币政策。根据《马斯特里赫特条约》创建的欧洲中央银行体系比联邦储备体系具有更大的独立性，因其系统章程凌驾于立法之上。事实上，它是世界上最独立的中央银行。

8. 世界上一个明显的趋势是，中央银行的独立性不断增强。近年来，这被许多中央银行所证实，比如英格兰银行、日本银行以及其他国家（如新西兰、瑞典等）的中央银行。理论和实践都证明，独立性更强的中央银行制定的货币政策更有效。

重要专业术语

联邦储备委员会	联邦储备银行	公开市场操作
宽松的货币政策	目标独立性	政治性商业周期
联邦基金利率	工具独立性	紧缩的货币政策
联邦公开市场委员会		

习题

1. 为什么美国联邦储备体系建立了 12 个地区性的联邦储备银行，而不像其他国家那样建立一个中央银行？

2. 从政治角度解释，为什么 1913 年《联邦储备法》在密苏里州设置了两个联邦储备银行？

3. “联邦储备体系同美国宪法很相似，对其的设计体现了制约和均衡。”试对这一观点进行讨论。

4. 地区性的联邦储备银行以何种方式影响货币政策的实施？

5. 在联邦储备体系中，哪些实体控制着贴现率、法定准备金要求和公开市场操作？

6. 你认为，14 年不可连任的委员任期能否有效地使联邦储备委员会不用面对政治压力？

7. 比较联邦储备体系和欧洲中央银行体系的结构和独立性。

8. 美联储是美国最具独立性的政府机构。它与其他政府机构在独立性上有哪些区别？

9. 国会对联邦储备体系实施某些控制的基本手段是什么？

10. 在 20 世纪六七十年代，联邦储备体系迅速失去了一些成员银行。官僚行为理论如何解释美联储发起要求所有的商业银行成为其成员银行的运动？美联储在这次运动中成功了吗？

11. “官僚行为理论表明，美联储永远不会为了公众利益行事。”这种说法是正确的、错误的还是不确定的？对你的答案进行解释。

12. 为什么说取消美联储的独立性会导致更加显著的政治性商业周期？

13. “美联储的独立性使其完全不用对其行为负责。”这种说法是正确的、错误的还是不确定的？对你的答案进行解释。

14. “联邦储备体系的独立性意味着它具有长期而不是短期眼光。”这种说法是正确的、错误的还是不确定的？对你的答案进行解释。

15. 美联储不向国会和公众即时发布联邦公开市场委员会会议记录以增加其保密性。讨论该政策的优缺点。

网络练习

联邦储备体系的结构

1. 登录 http：//www.federalreserve.gov/aboutthefed/，点击“The Federal Reserve System”（联邦储备体系），选择“Structure”（结构）。对联邦储备体系而言，联邦储备委员会最重要的职责是什么？

2. 在同一网站，点击“Monetary Policy”（货币政策），找到褐皮书。根据最新发布的报告，经济是在衰退还是在复苏？

第 10 章 货币政策实施：工具、目标、战略和策略

开篇预览

货币政策的执行非常重要，它不仅对货币供给和利率水平有影响，还会影响经济活动，进而影响人民的福利水平。为了研究这一问题，首先，要了解美联储的资产负债表以及货币政策如何影响货币供给和利率。其次，探究美联储如何运用政策工具以及美联储和其他国家的中央银行使用这些工具所要实现的目标。再次，研究货币政策执行策略。最后，对中央银行货币政策的实施进行评价，以获得关于货币政策未来可能走向的线索。

10.1 联邦储备体系的资产负债表

美联储在执行货币政策时，会对自身的资产负债表（所持有的资产和负债）产生影响。下面讨论简化的资产负债表（见下表）。[①]

联邦储备体系

资产	负债
政府证券	流通中的货币
贴现贷款	银行准备金

① 关于美联储的资产负债表以及影响银行准备金和基础货币因素的详细讨论见本章附录，也可以参见本书的网站 www.pearsonhighered.com/mishkin _ eakins。

10.1.1 负债

一般将资产负债表中的两项负债包括流通中的货币和银行准备金称为美联储的货币性负债，它们是货币供给的重要组成部分。在其他因素不变的情况下，这两项负债中一项或两项的增加都会造成货币供给的增加。美联储的货币性负债（流通中的货币和银行准备金）和美国财政部的货币性负债（流通中的国库现金，主要是铸币）被称为**基础货币**（monetary base）。我们讨论基础货币时，只关注美联储的货币性负债，因为财政部的货币性负债在基础货币中所占的份额不到10%。①

（1）流通中的货币。美联储可以发行货币［你钱包中标有“美钞”（Federal Reserve Note）字样的灰绿色纸张］。流通中的货币是指公众（银行除外）持有的通货——这是货币供给的重要组成部分。存款机构所持有的通货也是美联储的负债，但被计入银行准备金项中。

美钞是美联储发给持有者的借款凭证，也是美联储的负债，但与大部分负债项目不同，美钞只承诺以美元对持有者进行偿付，即以美元借据清偿美元借据。因此，如果你将100美元存入美联储，在要求偿还的时候，你将获得两张50美元、5张20美元、10张10美元或100张1美元的钞票。

人们更愿意接受由美联储发行的美元借据而不是个人提供的借据，因为美钞是被大众认可的交易媒介，也就是人们接受美钞作为支付工具，行使货币职能。而个人开具的借据不会比用来写借据的纸张更值钱。②

（2）银行准备金。所有银行都在美联储开设存款账户。**银行准备金**（reserves，简称准备金）包括银行在美联储的存款和由银行持有的通货（称为库存现金，它存放于银行保险库中）。银行准备金是银行的资产项目，却是美联储的负债项目。银行可以在任何时候向美联储要求支付，而美联储有义务通过支付美元来满足这种偿付要求。银行准备金的增加会引起存款水平的提高，从而导致货币供给的增加。

银行准备金可以分为两类：美联储要求银行持有的银行准备金，即**法定准备金**（required reserves）以及银行选择额外持有的准备金，即**超额准备金**（excess reserves）。例如，美联储要求存款机构每获得1美元的存款就必须存入一定份额（比如10美分）作为准备金。该份额（10%）被称为**法定准备金率**（required reserves ratio）。

10.1.2 资产

美联储资产负债表上有两项资产非常重要，原因有二：首先，资产项目的变化将导致

---

① 当讨论基础货币时，忽略财政部的货币性负债不会有影响，因为根据立法限制，财政部不能有效地向经济体提供货币性负债。

② 美联储资产负债表中的货币项仅指流通中的货币，即公众手中持有的货币。美国的铸印局所印制的货币并非自然形成美联储的负债。例如，考虑你自己印制了价值100万美元的美钞。借给他人100美元，另外999 900美元留在手中。这999 900美元既不能让你变得更加富有，也不会影响你的负债。你只关心流通中的100美元负债。同样，这一推理适用于美联储发行的美钞。货币供给的通货部分，不管是以何种方式定义的，都仅包括流通中的货币。该项不包括任何公众手中持有的额外通货。印制出来却没有流通的货币意味着它不是任何人的资产或者负债，所以，不会影响任何人的行为。因此，有理由不将其纳入货币供给。

银行准备金的变化，从而引起货币供给的变化。其次，由于这些资产（政府证券和贴现贷款）能够获得利息收入，而负债项目（流通中的货币和银行准备金）则不能，因此，美联储每年都能赚取数十亿美元。美联储拥有的资产能够赚取收入，而负债项目却几乎没有费用支出。尽管美联储收入的大部分都被返还给了联邦政府，但它确实能将很多收入用于“有价值的事业”，比如支持经济研究等。

（1）政府证券。这类资产包括美联储持有的由美国财政部发行的证券和其他特殊证券。美联储通过购买证券的方式向银行体系提供准备金。美联储增持政府证券，会导致货币供给增加。

（2）贴现贷款。通过向银行和其他金融机构提供贴现贷款的方式，美联储能够向银行体系提供准备金。对于这些机构来说，它们借入的贷款被记作来自美联储的借款或者借入储备，这些贷款在金融机构的资产负债表中属于负债。贴现贷款总额的增加也会导致货币供给的增加。在正常情况下，美联储仅对银行类金融机构提供贷款，向银行收取的利率叫做**贴现率**（discount rate）。（我们将在本章后面的内容中提及，在最近的金融危机中，美联储向其他金融机构提供了贷款。）

10.1.3 公开市场操作

公开市场操作（open market operation）是指中央银行在公开市场上对债券进行购买或出售的操作，这是最重要的一项货币政策工具，是银行体系中的银行准备金和利率变化的最基本的决定因素。美联储主要通过**一级交易商**（primary dealer）买卖债券，一级交易商是指在公开市场进行交易的政府证券做市商。为了了解它们是如何运作的，我们运用T型账户来说明，当美联储进行一次公开市场购买时，将会发生什么。这次操作是从一级交易商手中买入1亿美元的债券。

当一级交易商向美联储出售1亿美元债券，并将其存入一级交易商的存款账户时，银行体系的准备金增加了1亿美元。交易后的银行体系T型账户如下：

银行体系

资产		负债	
证券	−1亿美元		
银行准备金	+1亿美元		

这种操作带给美联储资产负债表的影响是：在其资产栏中增加了价值为1亿美元的证券，在其负债栏中增加了1亿美元的银行准备金。

联邦储备体系

资产		负债	
证券	+1亿美元	银行准备金	+1亿美元

可见，美联储公开市场购买的一个结果是，使银行体系内银行准备金与存款的数量扩张。我们从另一个角度来看，对债券的公开市场购买会使银行准备金的数量增加。中央银行要用银行准备金来购买这些债券。由于基础货币等于通货加上银行准备金，我们已经证明了公开市场购买会使基础货币增加相同的数量。由于存款也是货币供给的一个重要组成

部分，因此，公开市场购买所带来的另一个结果是货币供给量的增加。我们得到如下重要结论：**公开市场购买会导致银行体系内银行准备金和存款数量的扩张，因此，基础货币和货币供给的数量也会增加。**

同理，当中央银行进行公开市场出售时，公众会通过签发支票购买债券，这将使银行体系内的存款和银行准备金数量减少。**公开市场出售会导致银行体系内银行准备金和存款数量的紧缩，因此，基础货币和货币供给也会减少。**

10.1.4 贴现贷款

公开市场操作并不是美联储影响银行准备金的唯一途径。当美联储向银行借出贷款时，银行准备金的数量同样会发生变化。例如，假设美联储对第一国民银行发放1亿美元的贴现贷款，即美联储向银行的准备金账户贷入1亿美元。我们通过下面的T型账户说明该操作对银行体系以及美联储资产负债表的影响。

银行体系

资产		负债	
银行准备金	+1亿美元	贴现贷款（向美联储借款）	+1亿美元

联邦储备体系

资产		负债	
贴现贷款（向美联储借款）	+1亿美元	银行准备金	+1亿美元

由此可知，**贴现贷款的增加引起准备金的扩张，而准备金贷出会引起基础货币和货币供给的增加。**类似地，**当银行偿还贴现贷款、减少贴现贷款总量时，银行准备金的数量将会减少，基础货币和货币供给也会相应减少。**

10.2 准备金市场和联邦基金利率

刚才我们讨论了公开市场操作和贴现贷款是如何影响美联储的资产负债表和准备金的。现在分析银行准备金市场，了解银行准备金的变化如何影响**联邦基金利率**（federal funds rate）。联邦基金利率是银行同业隔夜拆借贷款的利率。联邦基金利率在货币政策实施过程中有特别重要的作用，因而，美联储力图直接影响这一利率。该利率对美联储的货币政策立场具有指示性作用。

公开市场操作和贴现政策是美联储用于影响联邦基金利率的主要工具。另外，还有第三个工具，即**法定准备金要求**（reserve requirements），法律规定储蓄机构必须保留一定比例的存款作为存在美联储的准备金。下面分析准备金制度如何对银行准备金市场产生影响，进而影响联邦基金利率。

10.2.1 银行准备金市场的供给和需求

对银行准备金市场的分析与我们在第4章关于债券市场的分析相似。我们推导出准备金的供给曲线与需求曲线，并找出银行准备金需求量与供给量相等的市场均衡，从而决定联邦基金利率，即准备金贷款的利率。

（1）**需求曲线**。为了获得银行准备金的需求曲线，需要了解当其他条件不变时，随着联邦基金利率的变动，银行准备金需求将发生何种变化。前面提到，银行准备金分成两部分：①法定准备金，等于法定准备金率乘以需要缴纳准备金的存款总额；②超额准备金，这是银行选择持有的额外准备金。银行准备金的需求量等于法定准备金加上超额准备金。超额准备金是应对存款支付的保证，持有这些超额准备金的成本是机会成本，即把这些超额准备金借贷出去所能赚取的利率减去这些超额准备金所得的利率 i_{or}。

2008 年以前，联邦储备体系不对银行准备金支付利息。从 2008 年秋开始，美联储以低于联邦基金利率目标的一个固定数额的水平对准备金支付利息。随着利率目标的变动，准备金的利率也在变动。当联邦基金利率高于对超额准备金支付的利率 i_{or} 时，随着联邦基金利率的下降，持有超额准备金的机会成本就会下降。当其他条件（包括法定准备金的数量）不变时，准备金的需求量就会增加。因此，当联邦储备基金利率高于 i_{or} 时，银行准备金的需求曲线 R^d 向右下方倾斜，见图 10－1。但是，当联邦基金利率低于对超额准备金支付的利率 i_{or} 时，银行就不会向隔夜拆借市场拆出资金，它们会不断地增持超额准备金。结果是，需求曲线 R^d 在 i_{or} 处呈水平状（具有无限弹性），见图 10－1。

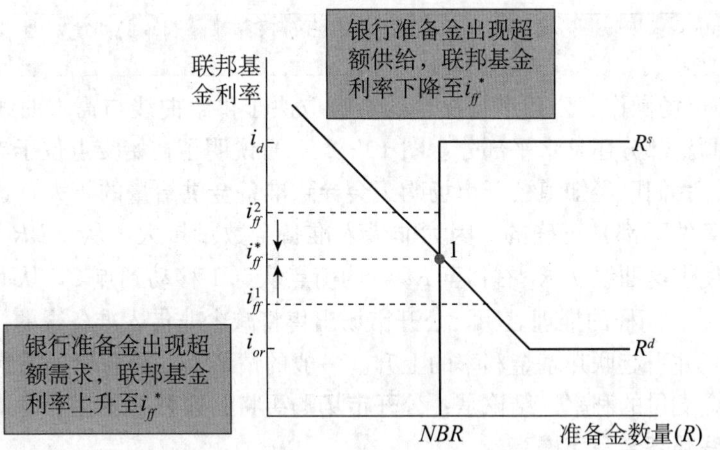

图 10－1　银行准备金市场的均衡

说明：均衡产生于供给曲线 R^s 和需求曲线 R^d 的交点 1 处，此时的利率为 i_{ff}^*。

（2）**供给曲线**。银行准备金的供给 R^s 可以分为两部分：美联储公开市场操作所供给的准备金，被称为非借入准备金（*NBR*）；从美联储借入的准备金，被称为借入准备金（*BR*）。从美联储借贷的成本主要是美联储对这些贷款收取的利率，即贴现率 i_d。因为从其他银行借入资金是从美联储借入贴现贷款的替代，所以，当联邦基金利率 i_{ff} 低于贴现率 i_d 时，银行就不会向美联储借款，借入准备金就是零，此时，从联邦基金市场借贷的成本更低。因此，只要 i_{ff} 低于 i_d，准备金的供给就等于由美联储提供的非借入准备金的数量 *NBR*，此时的供给曲线是垂直的，见图 10－1。随着联邦基金利率升高至高于贴现贷款的利率，银行将会以 i_d 的利率水平向美联储借入更多的资金，然后将所获资金在联邦基金市场上以更高的利率 i_{ff} 借出。结果是供给曲线在 i_d 处变为水平状（弹性无限大），如图10－1所示。

（3）**市场均衡**。当准备金的供给量等于需求量时，市场实现均衡，即 $R^s = R^d$。市场均衡出现在供给曲线 R^s 和需求曲线 R^d 的交点1处，均衡的联邦基金利率为 i_{ff}^*。当联邦基金利率 i_{ff}^2 高于均衡利率时，银行准备金的供给量大于需求量（超额供给），联邦基金利率将降至 i_{ff}^*，如图中向下的箭头所示。当联邦基金利率 i_{ff}^1 低于均衡利率时，银行准备金的需求量大于供给量（超额需求），联邦基金利率将会提高，如图中向上的箭头所示。（注意，在图10－1中，i_d 之所以高于 i_{ff}^*，是因为美联储通常使贴现率远高于联邦基金利率的目标水平。）

www.economagic.com/提供综合性的网站列表，这些网站上有大量经济数据和图表。

10.2.2 货币政策工具的变化对联邦基金利率的影响

我们了解了联邦基金利率的决定，现在考察四种货币政策工具——公开市场操作、贴现贷款、法定准备金要求以及准备金利率——的变动如何影响银行准备金市场以及均衡的联邦基金利率。公开市场操作和贴现贷款这两个工具通过改变准备金的供给影响联邦基金利率，第三个工具通过改变准备金的需求影响联邦基金利率，第四个工具通过改变准备金利率来影响联邦基金利率。

www.federalreserve.gov/fomc/fundsrate.htm 上列出了联邦基金利率的历史数据，并对美联储的利率目标进行了讨论。

（1）公开市场操作。公开市场操作的影响取决于供给曲线与需求曲线最初相交于需求曲线的向下倾斜部分还是水平部分。图10－2（a）说明了初始交点位于需求曲线向下倾斜部分的情况。我们已经知道公开市场购买会导致准备金供给量的扩大，这在任何给定的联邦基金利率条件下都是正确的，因为非借入准备金数量扩大，从 NBR_1 增加到 NBR_2。公开市场购买使供给曲线从 R_1^s 右移至 R_2^s，均衡点从点1移动到点2，从而联邦基金利率从 i_{ff}^1 下降到 i_{ff}^2。同样的推理表明，公开市场出售将减少非借入准备金的供给量，使供给曲线向左移动，并引起联邦基金利率的上升。一般的情形是，美联储通常保持联邦基金利率高于对准备金支付的利率。结论是：**公开市场购买将会使联邦基金利率降低，而公开市场出售将会使联邦基金利率提高。**

然而，如果供给曲线与需求曲线最初相交于需求曲线的水平部分，如图10－2（b）所示，公开市场操作对联邦基金利率不产生影响。为了说明这一点，我们再观察使准备金供给量增加的公开市场购买，它使供给曲线从 R_1^s 移动到 R_2^s，但是现在初始利率 $i_{ff}^1 = i_{or}$。供给曲线的移动使均衡点从点1移动到点2，但是联邦基金利率保持不变，仍然是 i_{or}。**对准备金支付的利率 i_{or} 为联邦基金利率设定了一个底线。**

登录 www.frbdiscountwindow.org/，获得关于贴现窗口操作的信息以及当前和历史的利率水平。

（2）贴现贷款。贴现率变动的影响取决于供给曲线与需求曲线相交于供给曲线的水平部分还是垂直部分。图10－3（a）说明了交点位于供给曲线垂直部分的情况，此时没有贴现贷款，即 BR 为零。在这种情况下，美联储将贴现率从 i_d^1 降到 i_d^2，供给曲线的水平部分下降至 R_2^s，但供给曲线和需求曲线仍相交于点1。在这种情况下，均衡的联邦基金利

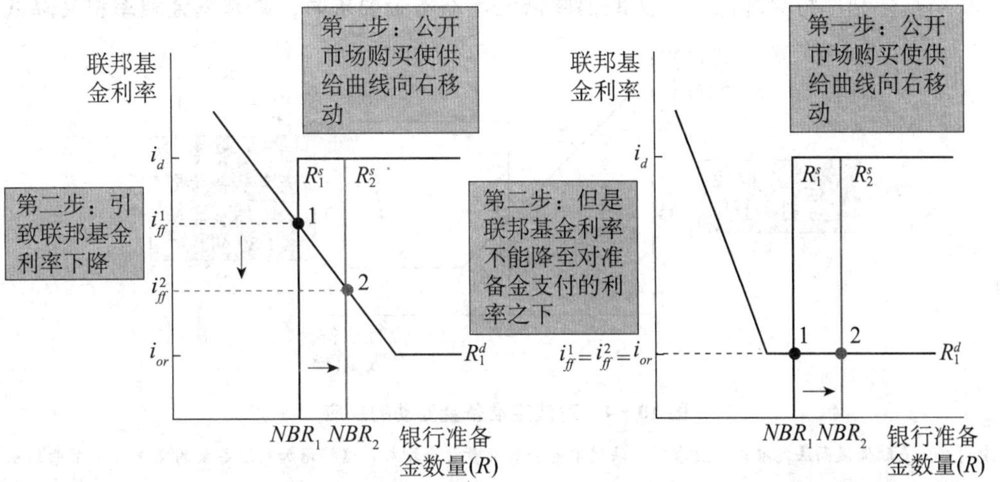

(a) 供给曲线与需求曲线最初相交于需求曲线的向下倾斜部分　　(b) 供给曲线与需求曲线最初相交于需求曲线的水平部分

图 10-2　对公开市场操作的反应

说明：公开市场购买增加了非借入准备金，因此增加了准备金的供给，使供给曲线从 R_1^s 向右移动到 R_2^s。在图（a）中，均衡点从点 1 移动到点 2，联邦基金利率从 i_{ff}^1 下降到 i_{ff}^2。在图（b）中，均衡点从点 1 移动到点 2，但联邦基金利率保持不变，$i_{ff}^1=i_{ff}^2=i_{or}$。

率没有变化，仍然保持在 i_{ff}^1。这是一般情形——美联储通常保持贴现率高于联邦基金利率目标。结论是，**大部分贴现率的变动对联邦基金利率没有影响。**

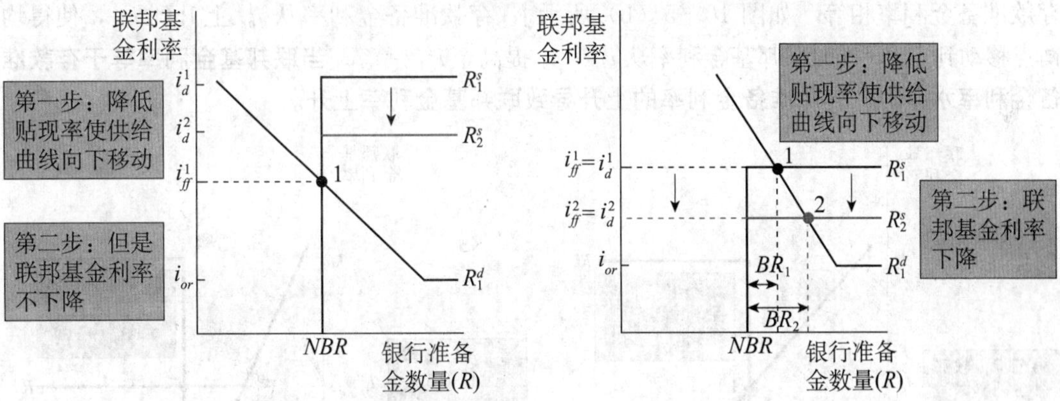

(a) 没有贴现贷款（$BR=0$）　　(b) 有贴现贷款（$BR>0$）

图 10-3　对贴现率变动的反应

说明：在图（a）中，当美联储将贴现率从 i_d^1 降到 i_d^2 时，供给曲线的水平部分下降至 R_2^s，均衡的联邦基金利率保持不变，仍然为 i_{ff}^1。在图（b）中，供给曲线 R_2^s 的水平部分下降，当借入准备金增加时，均衡的联邦基金利率水平从 i_{ff}^1 下降到 i_{ff}^2。

（3）法定准备金要求。当法定准备金率提高时，法定准备金增加，在任意的利率水平上，对银行准备金的需求量都增加。因此，法定准备金率提高将会使图 10-4 中的需求曲线从 R_1^d 移动至 R_2^d，均衡点从点 1 移动至点 2，并使联邦基金利率从 i_{ff}^1 提高至 i_{ff}^2。结论是，**当美联储提高法定准备金要求时，联邦基金利率将会提高。**

相反地，法定准备金率的降低将会减少对银行准备金的需求量，使需求曲线向左移动，联邦基金利率将会降低。**当美联储降低法定准备金要求时，联邦基金利率将会降低。**

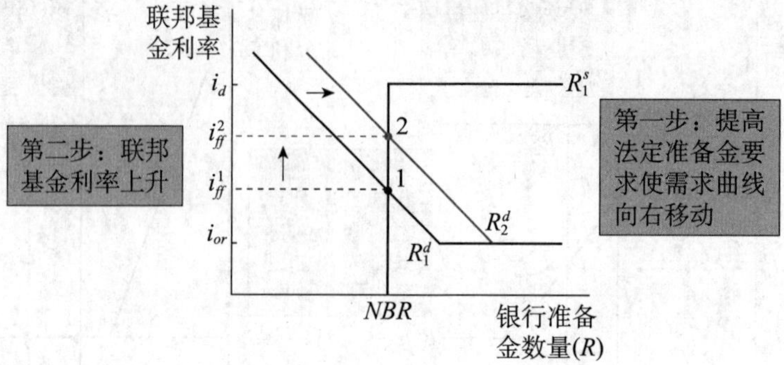

图 10-4　对法定准备金变动的反应

说明：当美联储提高法定准备金要求时，法定准备金的数量就会增加，这将增加对准备金的需求。需求曲线从 R_1^d 移动至 R_2^d，均衡点从点 1 移动至点 2，联邦基金利率从 i_{ff}^1 提高至 i_{ff}^2 。

登录 www.federalreserve.gov/monetarypolicy/reservereq.htm，有关于法定准备金的历史数据以及相关讨论。

（4）准备金利率。准备金利率对联邦基金利率的影响主要取决于供给曲线与需求曲线相交于需求曲线的水平部分还是向下倾斜部分。图 10-5（a）描绘了交点低于需求曲线的向下倾斜部分的情形，此时均衡的联邦基金利率高于准备金利率。在这种情况下，当存款准备金利率从 i_{or}^1 上升到 i_{or}^2 时，需求曲线的水平部分上升至 R_2^d，需求曲线和供给曲线的交点仍保持在点 1。但是，如果供给曲线与需求曲线的水平部分相交，此时联邦基金利率与存款准备金利率相等［如图 10—5（b）所示］，存款准备金利率从 i_{or}^1 上升到 i_{or}^2，使得均衡点移动到点 2，同时联邦基金利率从 $i_{ff}^1=i_{or}^1$ 提高至 $i_{ff}^2=i_{or}^2$。**当联邦基金利率等于存款准备金利率水平时，存款准备金利率的上升导致联邦基金利率上升。**

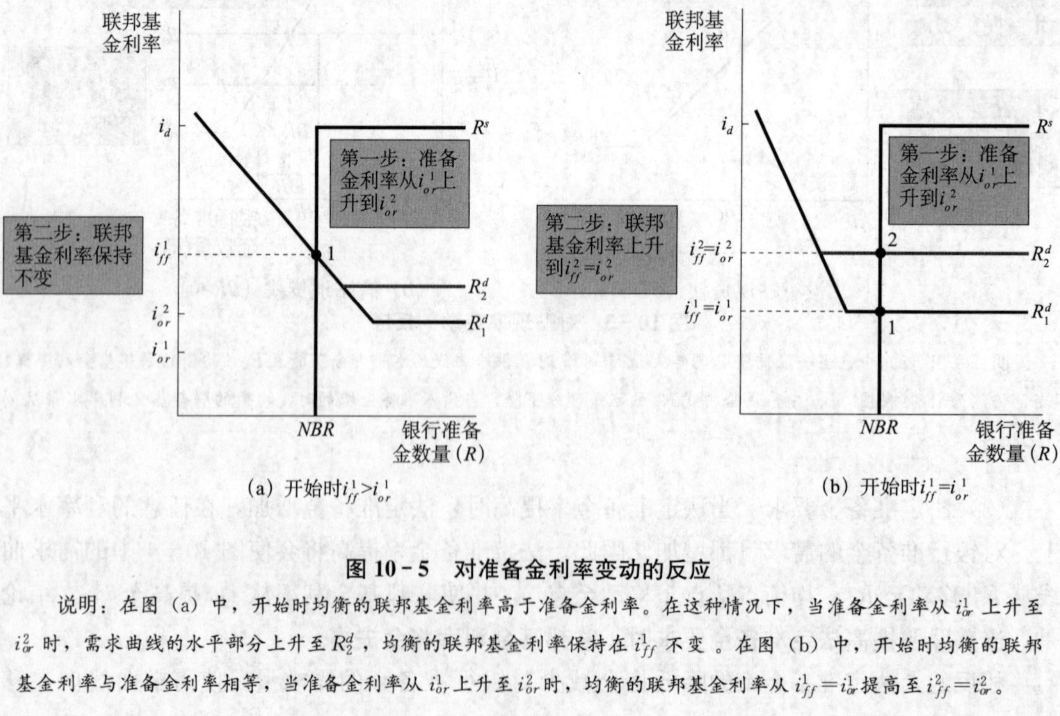

图 10-5　对准备金利率变动的反应

说明：在图（a）中，开始时均衡的联邦基金利率高于准备金利率。在这种情况下，当准备金利率从 i_{or}^1 上升至 i_{or}^2 时，需求曲线的水平部分上升至 R_2^d，均衡的联邦基金利率保持在 i_{ff}^1 不变。在图（b）中，开始时均衡的联邦基金利率与准备金利率相等，当准备金利率从 i_{or}^1 上升至 i_{or}^2 时，均衡的联邦基金利率从 $i_{ff}^1=i_{or}^1$ 提高至 $i_{ff}^2=i_{or}^2$。

案例 10—1

联邦储备体系的操作程序怎样限制联邦基金利率的波动?

美联储操作贴现窗口的程序和对准备金支付利息的一个重要好处是限制了联邦基金利率的波动。我们可以用银行准备金市场的供求分析来解释。

假设在图 10-6 中，初始的均衡联邦基金利率等于联邦基金利率目标 i_{ff}^*。如果准备金需求有一个意外的大幅提高，需求曲线将向右移动到 $R^{d''}$，并与供给曲线相交于银行准备金供给曲线的水平部分，此时均衡的联邦基金利率 i_{ff}'' 等于贴现率 i_d。无论需求曲线向右移动多远，均衡的联邦基金利率 i_{ff}'' 始终都等于 i_d，因为借入准备金会继续增加来满足需求的增长。同样，如果准备金需求有一个意外的大幅下降，需求曲线将向左移动到 $R^{d'}$，供给曲线与需求曲线将相交于需求曲线的水平部分，此时均衡的联邦基金利率 i_{ff}' 等于对准备金支付的利率 i_{or}。不论需求曲线向左移动多远，均衡的联邦基金利率 i_{ff} 始终都等于 i_{or}。因为超额准备金将会继续保持增长，以使准备金的需求量等于非借入准备金的供给量。*

分析表明，**联邦储备体系的操作程序将联邦基金利率的波幅限制在 i_d 和 i_{or} 之间**。如果 i_d 和 i_{or} 之间的距离足够小，利率目标的波动幅度就十分有限。

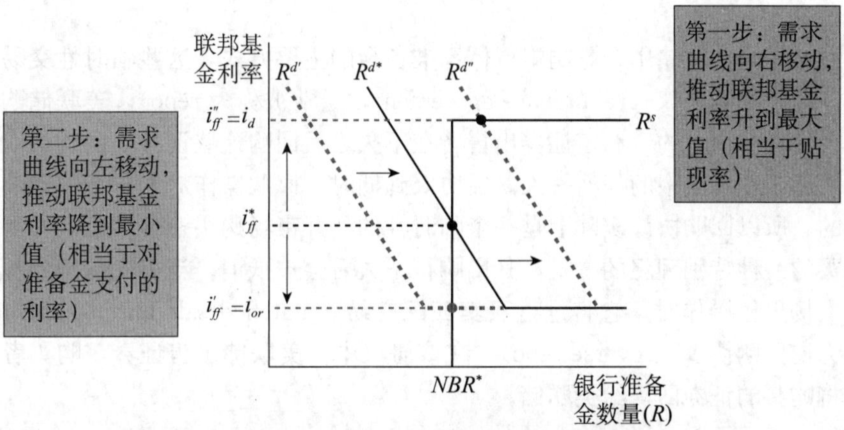

图 10-6 联邦储备体系的操作程序限制联邦基金利率的波动

说明：需求曲线向右移动到 $R^{d''}$ 将会使均衡的联邦基金利率升到最大值，即 $i_{ff}''=i_d$，而需求曲线向左移动到 $R^{d'}$ 将使联邦基金利率降到最小值，即 $i_{ff}'=i_{or}$。

* 有时会出现联邦基金利率低于准备金利率的情况。这种情况之所以会出现，是因为一些联邦基金市场的参与者不是银行机构，所以，其资金不能成为在美联储的准备金存款，尤其典型的是房地美和房利美。当有多余的资金时，它们无法通过美联储获得更高的准备金利率，只能被迫接受一个更低的利率。

10.3 常规性货币政策工具

在正常情况下，美联储使用三种货币市场工具——公开市场操作、贴现贷款和法定准备金要求来控制货币供给和利率，这三种工具被称为**常规性货币政策工具**（conventional monetary policy tools）。下面将依次研究每种货币政策工具，以便了解美联储如何在实践中运用这些工具以及每种工具的相对有效性。

登录 www.federalreserve.gov/fomc，可以找到关于联邦公开市场委员会、当前的成员列表、会议日期和其他当前的信息。

10.3.1 公开市场操作

公开市场操作是美联储用来设定利率的最重要的常规性货币政策工具。现有两种类型的公开市场操作：**能动性公开市场操作**（dynamic open market operations），被用来改变银行准备金和基础货币的水平；**防御性公开市场操作**（defensive open market operations），用于抵消其他因素变动对银行准备金和基础货币的影响。美联储对财政部和政府机构证券（尤其是美国国债）实施公开市场操作。美联储主要对国债实施公开市场操作，因为国债市场的流动性最强而且交易量最大，它能吸收美联储的巨额交易且不会造成破坏性的市场价格波动。

我们在第 9 章中提到，公开市场操作的决策者是联邦公开市场委员会，该委员会为联邦基金利率制定目标。但是，真正执行这些操作的是纽约联邦储备银行的交易平台。要了解这些操作是如何执行的，最好的办法是观察交易平台具有代表性的一天。交易平台坐落于纽约联邦储备银行大厦第九层新建的交易室里，具体操作将在美联储内幕“交易平台的一天”中讨论。

临时性交易是美联储用来影响银行体系准备金的主要方式，这些临时性交易有两种基本类型：一种是**回购协议**（repurchase agreement，通常被称为 repo），美联储购买证券时会与出售者签订一份合约，约定证券出售者在不久之后回购这些证券，回购的时间是在最初购买时间后 1～15 天中的任何一天。在协议到期时，回购操作对准备金的影响与最初是完全相反的，所以回购协议实际上是一个临时性的公开市场购买业务，也是开展防御性公开市场购买的一种特别理想的方式，其影响在不久后会被抵消。当美联储想要执行一项临时性公开市场出售操作时，它将进行**买卖匹配交易**（matched sale-purchase transaction），有时被称为**逆回购协议**（reverse repo），在该协议中，美联储出售证券，购买者承诺在不久的将来将购买的证券回售给美联储。

美联储内幕 10—1

交易平台的一天

为推动实现联邦基金利率目标，国内公开市场操作的主管对执行证券买卖的分析员和交易员进行监督。为了掌握当天联邦基金市场的情况，主管从早上大约 7：30 开始工作，她的职员会向她提供一份有关前一天联邦基金市场情况的研究报告以及更新至前一天的关于银行体系内实际准备金总量的报告。在当天早晨晚些时候，她手下的工作人员会发布最新报告，该报告包括对影响银行准备金供给和需求的短期影响因素变动情况的详细预测。

这些信息帮助公开市场操作主管及其助手们确定非借入准备金需要变动多大幅度来达到联邦基金利率目标。如果银行体系的准备金规模太大，很多银行就会拥有可贷的超额准备金，而其他银行的需求量有限，这样联邦基金利率将会下降。如果准备金水平太低，许多银行会向为数不多的拥有超额准备金的银行借款，这样可能会推动联邦基金利率高于期望的水平。同时，在上午，工作人员会监控联邦基金利率的变化情况，并与基金市场的主要参与者联系，这将为是否需要改变准备金的数量以达到联邦基金利率的期望水平提供独立信息。

在上午早些时候，主管手下的职员将与一级交易商中的几个代表取得联系。这些职员通过了解交易商们如何看待市场的情况来预测当天所交易证券的变化情况。他们还会与美国财政部联系，以获得关于财政部存放于美联储的资产余额期望水平的最新信息，根据这些信息来调整美联储对银行准备金供应量的估计结果。

随后，他们会联系联邦储备委员会的货币事务局，将纽约联邦储备银行对银行准备金供求的预测结果与联邦储备委员会做出的预测进行比较。根据这些预测以及观测到的联邦基金市场的情况，交易平台将制定和提议当天应该采取的一系列措施，包括通过公开市场操作注入银行准备金，或从银行体系抽取银行准备金。如果交易平台打算进行公开市场操作，就要对操作的类型、规模以及到期日进行讨论。

在上午 9：20，安排交易平台与联邦储备委员会货币事务局主任以及除纽约联邦储备银行行长之外的四名拥有投票权的其他联邦储备银行行长中的一名进行每日一次的电话会议。在电话会议中，公开市场操作部门的一名成员将列出交易平台计划当天采用的银行准备金管理策略。在该计划被批准后，要在上午 9：30 向市场公布，交易平台会接到指示，马上执行当天计划进行的临时性公开市场操作。

有时，交易平台可能会发现需要应对持久的准备金短缺或过剩的情况，并希望进行能对准备金的供给产生永久性影响的操作，这种操作被称为直接交易，主要是通过买卖证券来调节市场的流动性，不需要自我回购。传统上，这些操作只有在一天中没有实施临时性交易的时候进行。

10.3.2 贴现政策与最后贷款人

银行从联邦储备体系借出准备金的设施被称为**贴现窗口**（discount window），理解美联储如何影响借入准备金规模的最简单方法就是考察贴现窗口的操作。

（1）贴现窗口业务。美联储提供给银行的贴现贷款有三种类型：一级贷款、二级贷款和季节性贷款。[①] 一级贷款是在货币政策中发挥的作用最大的贴现工具。运行良好的银行可以通过一级贷款便利借入需要的任意数额的贷款（期限非常短，通常是隔夜贷款），被称为**经常性贷款便利**（standing lending facility）。这些贷款的利率就是贴现率。如前所述，该利率被定在高于联邦基金利率目标的水平，通常高 100 个基点（1 个百分点），美联储希望银行通过联邦基金市场进行资金借贷，这样银行之间可以相互监督信用风险。在大多数情况下，通过一级贷款便利发放的贴现贷款非常少。既然一级贷款的数额这么少，为什么美联储还要开展这项业务呢？

答案是，这个工具是运营稳健的银行用于保持流动性的支持性来源。这样，联邦基金利率就不会太多地高于联邦公开市场委员会设定的联邦基金利率目标。我们已经在图 10－

① 2003 年 1 月，美联储管理贴现窗口的程序发生了改变。一级贷款便利取代了调节性贷款便利。调节性贷款便利的贴现利率通常低于市场利率，因此，银行获得此项贷款便利受到一定的限制。相比之下，现在运行良好的银行可以通过一级贷款便利借入需要的任意数额的资金。二级贷款便利取代了展期贷款便利，后者更加注重较长期的展期贷款。季节性贷款便利基本保持不变。

6 中对这种情况进行了分析。当准备金需求意外地大幅上升时，无论需求曲线向右移动到何种程度，均衡的联邦基金利率 i_{ff}'' 都会维持在 i_d 的水平，因为借入准备金会持续增加，但联邦基金利率已经不能继续上升。因此，一级贷款便利使联邦基金利率的上限被控制在 i_d 的水平。

二级贷款被发放给有财务困难并面临严重流动性问题的银行。二级贷款的利率比贴现贷款的利率高 50 个基点（0.5 个百分点）。这些贷款的利率被制定得高一些，如同惩罚性利率，用来反映这些借款人不健康的运营状况。季节性贷款是为了满足有限的几家小银行的需要而发放的，这些银行位于度假区或农业区，其存款具有季节性特点。季节性贷款的利率水平被设定为与联邦基金利率和存单利率的平均值挂钩。由于信贷市场比较完善，联邦储备体系怀疑是否还有必要开展季节性贷款业务，故考虑今后将这种贷款形式取消。

（2）最后贷款人。除了作为一种影响准备金、基础货币和货币供给的工具外，贴现政策在防御和应对金融恐慌方面也表现出色。在联邦储备体系建立之初，最重要的作用是旨在充当**最后贷款人**（lender of last resort）。为了防止银行倒闭发展到无法控制的地步，当其他机构不会为银行提供准备金的时候，它将为银行提供准备金，从而防止金融恐慌。在银行危机中，贴现政策是为银行体系提供准备金的一种特别有效的方式。通过该渠道，准备金可以被立刻输送到最需要它的银行。通过最后贷款人将贴现工具用于避免金融恐慌，是制定成功的货币政策的一个极为重要的安排。金融恐慌会严重破坏经济，削弱金融机构和市场将资金转移到有生产性投资机会的人手中的能力（参见第 8 章）。

遗憾的是，美联储并不总使用贴现工具来阻止金融恐慌，像在大萧条时期，大量银行倒闭时，就没有使用贴现工具。美联储从那段时期所犯的错误中吸取了教训，从而在第二次世界大战之后的岁月里，令人满意地履行了最后贷款人的职责。美联储已经数次通过向处在困境中的银行机构以追加贷款的方式运用贴现贷款工具，避免和阻止了更多的银行倒闭。

乍看之下，有了联邦存款保险公司的存在，美联储作为最后贷款人的职能有点多余，联邦存款保险公司可以为因银行倒闭而遭受损失的存款人提供每个账户最高 25 万美元的保险。这里有两个原因说明情况并非如此。第一，联邦存款保险公司的保险基金总额仅占未清偿存款总额的 1%左右。如果有大量银行倒闭的情况发生，联邦存款保险公司将无力赔偿所有存款人的损失。在 20 世纪 80 年代和 90 年代早期，大量银行倒闭导致联邦存款保险公司的基金遭受大量损失和缩水（将在第 18 章中讨论），削弱了联邦存款保险公司赔偿存款人损失的能力。这一事实并未降低小额存款人对银行体系的信心，因为美联储随时准备作为银行的后盾，为其提供所需的任何数量的准备金，以防止金融恐慌的发生。第二，在银行体系中，有 1.1 万亿美元的大额存款由于超过了 25 万美元的限额，从而无法得到联邦存款保险公司的承保。因此，尽管有联邦存款保险公司的存在，但是，如果对银行体系失去信心，仍可能引起大额存款人向银行挤提存款，从而引起银行恐慌。20 世纪 80 年代和 90 年代早期以及 2007—2009 年金融危机期间出现了大量银行倒闭的风波，因此，现在美联储作为银行体系的最后贷款人的重要性进一步凸显。美联储不仅是银行体系的最后贷款人，而且是整个金融体系的最后贷款人。美联储贴现窗口的存在能够帮助预防和应对不是由于银行倒闭而引起的金融恐慌，例如 2007—2009 年的全球金融危机。

尽管美联储作为最后贷款人的作用有助于防止金融恐慌，但是这种作用也有成本。如果一个银行预期在它陷入困境时，美联储会为其提供贴现贷款，那么由于这种救助预期，该银行将会冒更大的风险。美联储作为最后贷款人的作用就引起了类似于存款保险的道德风险问题（将在第 20 章中讨论）：银行承担更多的风险，给存款保险机构以及纳税人带来更多的损失。对于大银行而言，这样的道德风险最为严重，它们可能相信美联储和存款保险公司认为它们“一旦倒闭，影响太大”，也就是说，每当陷入困境时，它们总能得到美联储的贷款，因为它们的倒闭很可能引起银行恐慌。

与此类似，美联储防止金融恐慌的行动也可能鼓励非银行金融机构冒更大的风险。它们同样也会预期，当金融恐慌蔓延时，美联储会保证它们得到贷款。所以，当美联储考虑用贴现工具阻止恐慌发生时，也需要在作为最后贷款人所带来的道德风险成本和防止金融恐慌的好处之间做出权衡。这种权衡解释了为什么美联储必须注意不能过于频繁地扮演最后贷款人的角色。

10.3.3 法定准备金要求

法定准备金要求的变动会对准备金的需求产生影响：法定准备金率的提高意味着银行必须持有更多的准备金，法定准备金率的降低则意味着银行持有的准备金数量将减少。1980 年《存款机构放松管制和货币控制法》为制定法定准备金要求提供了一个较为简单的方案。所有的存款机构包括商业银行、储蓄贷款协会、互助储蓄银行和信用社都要遵循相同的法定准备金要求：所有支票存款——包括不计息的支票账户、可转让支付命令（NOW）账户、超级可转让支付命令账户以及自动转账服务（ATS）账户，存款的前 1 070万美元的法定准备金率为 0；1 070 万～7 950 万美元的法定准备金率为 3%；超过 7 950万美元的法定准备金率为 10%[①]，并且这一初步制定的 10%的比率可以由美联储酌情在8%～14%之间调整，在特殊情况下，可以提高到 18%。

法定准备金要求很少被用作货币政策工具，因为提高法定准备金要求会迅速减少银行的超额准备金，引起流动性问题。当美联储在过去提高法定准备金要求时，通常借助于公开市场购买，或提供宽松的贴现窗口（借入准备金）给需要的银行，以缓冲该剧烈冲击。法定准备金要求的持续波动也会给银行带来更大的不确定性和流动性管理障碍。

10.3.4 准备金利率

因为美联储从 2008 年才开始对准备金付息，所以，这项货币政策实施的时间不长。美联储将贴现率规定在联邦基金利率目标之上（也就是鼓励在联邦基金市场进行借贷，银行之间能够相互监督）。出于同样的原因，美联储将准备金利率设置在联邦基金利率之下。在这种情况下，准备金利率没有被作为一种货币政策工具，而是给联邦基金利率提供了一个下限。然而，在全球金融危机的冲击下，银行体系积累了大量的超额准备金，在这种情形下，提升联邦基金利率需要进行大量的公开市场操作，从而将银行体系内的准备金转移出去。而准备金利率这个工具此时可以发挥作用，因为提高准备金利率可以反过来提高联邦基金利率，如图 10-5（b）所示。实际上，美联储可以广泛地使用这种货币政策工具来

---

① 7 950 万美元是 2013 年年初的规定。该数额每年都要按照美国支票存款前一年增长率（下降率）的 80%向上（向下）调整，见 www.federalreserve.gov/pubs/supplement/2007/02/200702statsup.pdf。

提高联邦基金利率，也可以通过保持准备金利率为零来退出操作，这种情形自从 2008 年年底以来已经持续了 5 年多。

10.4 非常规性货币政策工具和量化宽松

在正常情况下，采用常规性货币政策工具扩大货币供应并降低利率足以稳定经济，但是，当经济遭受全面的金融危机（例如我们最近经历的全球金融危机）时，常规性货币政策工具就不足以完成稳定经济这项任务。具体原因有两个：第一，整个金融体系的规模过大，以致不能够有效配置资本，投资支出和整个经济会按照我们在第 8 章中所描述的途径出现萎缩。第二，金融危机对经济的负面冲击可能导致**零下限问题**（zero-lower-bound problem），也就是由于利率存在零这个下限，中央银行无法进一步降低利率，2008 年就是如此。零下限问题之所以会出现，是因为人们通过持有债券获得的收益总是大于持有现金获得的收益，从而名义利率不会为负。[①] 由于这些原因，中央银行需要使用非利率类工具，也即**非常规性货币政策工具**（nonconventional monetary policy tools）去刺激经济。这些非常规性货币政策工具有三种形式：（1）流动性供应（liquidity provision），（2）资产购买（asset purchases），（3）对未来货币政策的承诺（commitment to future monetary policy actions）。

10.4.1 流动性供应

因为常规性货币政策工具不足以修复金融市场并控制金融危机，美联储前所未有地增加了贷款便利工具为金融市场提供流动性。

（1）贴现窗口扩大。在 2007 年 8 月中旬金融危机刚刚开始之时，美联储将贴现率（美联储借款给银行所收取的利率）从高于联邦基金利率 100 个基点降低到了高于联邦基金利率 50 个基点（0.5%）。在 2008 年 3 月，美联储将贴现率进一步降低到联邦基金利率目标加 25 个基点。然而，从贴现窗口借款有一种“负面效应”，这意味着借款银行因处于困境而急需资金，所以这种手段仅限于危机时期使用。

（2）定期拍卖工具。在 2007 年 12 月，美联储设立了定期拍卖工具（term auction facility，TAF）来鼓励借贷，TAF 通过竞标拍卖的方式来确定贷款利率。TAF 的使用要比贴现窗口广泛，因为它能够使银行以低于贴现率的利率借贷，同时，利率是竞争性的而不是被动接受的惩罚性利率。最初 TAF 的总量是 200 亿美元，但是随着金融危机的加深，美联储大大提高了其额度，最终的 TAF 余额达到了 4 000 亿美元。（欧洲中央银行也采取了类似的操作，在 2008 年进行了一笔超过 400 亿欧元的拍卖。）

（3）新贷款计划。美联储丰富了向银行机构提供流动性的方式，这已经远远超出了传统借贷的范畴。这些方式包括向投资银行发放贷款以及向商业票据、抵押贷款支持证券以及其他资产支持证券的购买活动发放贷款。除此之外，美联储成功地向 J. P. 摩根发放贷

① 第 3 章提到过，名义利率在某些时候会出现略微地低于零的现象，由于数字非常接近零，出于操作方便的考虑，我们采用零利率作为利率下限。

款以帮助其收购贝尔斯登、向美国国际集团发放贷款以防止其破产。美联储在2007—2009年金融危机期间扩大贷款项目十分引人注目，这使得2008年年末美联储的资产负债表扩张了1万亿美元以上，而其资产负债表在这之后依然保持扩张趋势。在金融危机期间出现的各种新工具的缩写如下：TAF，TSLF，PDCF，AMLF，CPFF，MMIFF，以及TALF。这些贷款便利将在美联储内幕“全球金融危机期间美联储贷款便利一览”中详细说明。

美联储内幕 10—2

全球金融危机期间美联储贷款便利一览

在全球金融危机期间，美联储使用新型贷款便利帮助恢复金融体系各部分的流动性，十分具有创造力。这些新的贷款便利的名称、推出日期以及它们的功能都在下表中列明。

贷款便利	推出日期	功能
定期拍卖工具（TAF）	2007年12月12日	使得从美联储借款的方式得到更加广泛的使用，增加了通过竞拍确定利率的定额贷款，而不是美联储设定利率的传统贴现贷款
定期证券借贷工具（TSLF）	2008年3月11日	在信贷市场中提供足够多的国债作为抵押物；向一级交易商出借期限长于大多数隔夜拆借的抵押物
互换额度	2008年3月11日	向外国中央银行发放美元贷款以兑换外国货币，以使这些中央银行可以向本土银行发放美元贷款
向J. P. 摩根发放贷款以帮助其收购贝尔斯登	2008年3月14日	通过向J. P. 摩根发放300亿美元贷款，为其收购贝尔斯登的资产提供便利
一级交易商信用便利（PDCF）	2008年3月16日	向一级交易商（包括投资银行）发放贷款，这样它们就可以获得跟通过传统贴现窗口贷款期限相同的贷款
向美国国际集团发放贷款	2008年9月16日	向美国国际集团发放850亿美元贷款
资产支持商业票据货币市场共同基金流动性便利（AMLF）	2008年9月19日	向一级交易商发放贷款，这样它们就可以从货币市场共同基金处购买资产支持票据，而这些基金就可以通过出售票据来满足投资者的赎回要求
商业票据融资便利（CPFF）	2008年10月7日	为从发行者处购买商业票据提供资金支持
货币市场投资者融资便利（MMIFF）	2008年10月21日	向特殊目的机构发放贷款，这样它们就可以购买大量的货币市场共同基金类资产
定期资产支持证券便利（TALF）	2008年11月25日	以资产支持证券做抵押向资产支持证券的发行者发放贷款，以提升市场功能

10.4.2 资产购买

美联储的公开市场操作在正常情况下只包含对政府证券的购买，尤其是短期证券。然而，在金融危机期间，美联储发起了三种新的资产购买项目，以降低特定种类信贷的利率。正如我们在本章前面所讨论的那样，因为美联储的资产购买导致了资产负债表以及基础货币的扩张，所以，资产购买项目也被称作**量化宽松**（quantitative easing，QE）。

（1）在 2008 年 11 月，美联储设立了一个政府发起的购买项目，该项目更多地被称为 QE1，美联储最终购买了由房地美和房利美担保的 1.25 万亿美元的抵押贷款支持证券（MBS）。美联储希望通过这些购买来支持抵押贷款支持证券市场同时降低住房抵押贷款的利率以刺激住房市场。

（2）在 2010 年 11 月，美联储宣布将以每个月 750 亿美元的速度购买 6 000 亿美元的长期国债。这个资产购买项目——被称为 QE2——的目的是降低长期利率。尽管在全球金融危机期间，国债短期利率已经达到零下限，但是长期利率还没有达到零下限。因为投资项目通常是长周期的，所以长期利率比短期利率与投资决策更加相关。美联储的长期国债购买计划降低了长期利率，因此，可以帮助刺激投资支出与经济。

（3）在 2012 年 9 月，美联储宣布了第三次资产购买计划——QE3，QE3 包括了 QE1 和 QE2 的成分——购买了 400 亿美元的抵押贷款支持证券和 450 亿美元的长期国债。QE3 与之前的 QE 最主要的区别在于，它没有一个固定额度限制，如果劳动力市场的状况没有显著改善，那么购买计划就会持续进行。

这些流动性供给以及资产购买最终导致美联储的资产负债表扩张了三倍，这是史无前例的（如图 10-7 所示）。

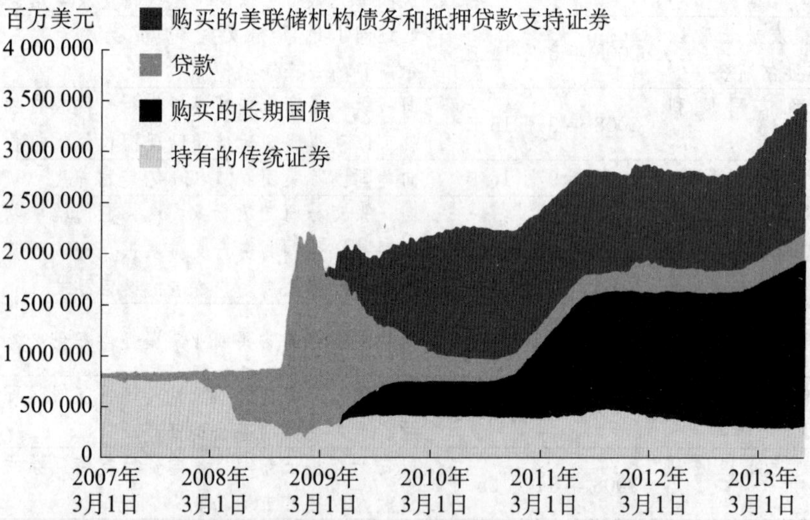

图 10-7　在全球金融危机期间及之后美联储资产负债表的扩张状况

说明：阴影部分展示了美联储所持有的四类资产：持有的传统证券、长期国债、贷款、机构债务和抵押贷款支持证券。美联储的贷款以及资产购买计划最终导致美联储的资产负债表扩张了三倍。

资料来源：Federal Reserve Bank of Cleveland，http：//www.clevelandfed.org/research/data/credit_easing/index.cfm.

10.4.3　量化宽松与信贷宽松

这些量化宽松项目导致了美联储的资产负债表前所未有地从大约 8 000 亿美元扩张到了 2013 年的 3 万亿美元。基础货币（也被称作高能货币）的增加通常会导致货币供给的扩大，这对经济是一种强有力的刺激，但可能会引发通货膨胀。

对此有一些怀疑，其理由如下。第一，当联邦基金利率跌到零时，已经触及了零下限，资产负债表以及基础货币的扩张不能够进一步降低短期利率，因此，就不能刺激经济。第二，基础货币的增长并没有导致贷款的增加，因为银行仅仅是增加了其超额准备金，并没有用其发放贷款。第三，美联储资产负债表以及基础货币的大规模扩张仅仅流入了超额准备金，并没有导致货币供应的增加。类似的问题也出现在日本，银行在股票市场和房地产市场泡沫破裂之后采取了量化宽松政策，不仅经济没有恢复，通货膨胀状况也变得更加糟糕。

对于量化宽松的质疑是否意味着美联储的非常规性货币政策不能有效地刺激经济呢？美联储主席伯南克对此的回答是否定的，因为美联储的政策方向不是扩大资产负债表，而是**信贷宽松**（credit easing），也就是通过调整美联储资产负债表的结构，以达到改善信贷市场中特定部分的功能的目的。事实上，伯南克主席坚称美联储的政策不应该被归类为量化宽松。

调整资产负债表的结构可以通过以下几种方式刺激经济。第一，美联储向已经崩溃的信贷市场的某一部分提供流动性，可以帮助解冻市场，使得市场能够将资本配置到生产性用途上，进而刺激经济。第二，当美联储购买某类特定证券时，就会增加该类证券的需求，进而降低该类证券相对于其他证券的利率，正如第5章所提到的。因此，即使短期利率达到了零利率的下限，资产购买也可以降低特定信贷市场中借款者的利率，以此来刺激支出。例如，购买抵押贷款支持证券导致该类证券的利率降低，同时，也会导致住房抵押贷款利率的大幅降低。购买长期政府证券也可以降低与之相关的短期利率，同时，因为长期利率与投资决策的相关性更强，这类资产购买可以促进投资支出。最近的研究也支持这个观点，研究估计美联储的资产购买计划导致长期利率大约下降了100个基点（1%）。①

10.4.4 预期管理：对未来政策的承诺

在全球金融危机的影响下，尽管短期利率不能低于零，但美联储可以采取其他方式降低长期利率以刺激经济，正如我们之前所提到的那样。该方式包括美联储承诺长期保持联邦基金利率等于零，以达到降低市场对未来短期利率的预期的目的，由此导致长期利率下降。这种策略被称为**预期管理**（management of expectations）。

在2008年12月16日的联邦公开市场委员会会议之后，美联储开始采取预期管理策略，这样做不仅能将联邦基金利率目标降低到0～0.25%，而且“联邦公开市场委员会预期，疲软的经济状况能够保证市场对联邦基金利率处于低位的预期持续一段时间”。美联储随后几年在联邦公开市场委员会的声明中继续保持相同的基调，而后在某些特定日期宣布，最终的声明是“对联邦基金利率处于低位的预期可能会持续到2015年中期”。尽管长期国债的利率随后便出现了下跌，但是我们不清楚这个下跌中有多少与美联储为了对抗经济疲软而进行的预期管理相关。

对未来政策行动的承诺包含两种类型：有条件的和无条件的。从2008年开始保持联

① 例如，参见 Joseph Gagnon，Mathew Raskin，Julie Remache，and Brian Sack，“Large Scale Asset Purchases by the Federal Reserve：Did They Work?” *Federal Reserve Bank of New York Economic Policy Review*，17，no.1 (May 2011)：41－59。

邦基金利率等于零的承诺是有条件的，因为这个决定基于经济持续疲软的前提。如果经济环境发生了改变，联邦公开市场委员会可能会放弃这个承诺。除此之外，美联储也可以仅仅宣布其将保持联邦基金利率为零，并且不说明这个承诺会根据经济状况的变化而调整。无条件的承诺要比有条件的承诺更具优势，因为它没有说明该承诺会被放弃，所以，对长期利率的影响更大。遗憾的是，无条件的政策承诺有一个不足：当经济环境发生改变以至需要放弃承诺时，美联储可能认为它不能违背承诺。

美联储在2003—2006年期间的经历能够说明无条件承诺存在的问题。在2003年美联储担忧通货膨胀过低，出现通货紧缩的可能性很高。2003年8月12日，在联邦公开市场委员会会议上，联邦公开市场委员会声明“在这种环境下，委员会相信在相当长的一段时间内，政策调节是适当的”。随后，当美联储在2004年6月30日的联邦公开市场委员会会议上开始采取紧缩性的货币政策时，它的声明变为“政策调节可逐步移除”。自此至2006年6月，在召开的十次联邦公开市场委员会会议上，美联储每次都将联邦基金利率目标上调0.25个百分点。市场将美联储的声明解读为无条件的政策承诺，这也是为什么美联储在每次联邦公开市场委员会会议上都严格地将联邦基金利率提高0.25个百分点。回过头来看，这个承诺导致了货币政策在较长的时期内宽松，通货膨胀上升到理想水平之上，正如第8章所说明的那样，这可能致使房地产泡沫的形成，而泡沫的破裂会对经济造成巨大伤害。

当美联储宣布在一个特定的日期退出超低利率时，许多市场参与者将这个公告看作一个无条件的承诺，尽管美联储不认为这是一个无条件的承诺。为了避免出现无条件承诺的问题，2012年12月，美联储改变声明为“只要失业率在6.25%以上，以及未来1～2年内的通货膨胀率不超出委员会所规定的2%的长期目标0.5个百分点，那么，维持联邦基金利率在超低水平就是合适的”，将其声明的条件性变得更加清晰。尽管美联储的固定日期承诺得到了改进，但是这种基于一定门槛的有条件的承诺也不是没问题。首先，它可能被看作一种美联储为了实现特定失业率而做出的承诺，忽略了达到这个目标所需要的货币刺激政策。使得美联储在20世纪70年代遭遇困境的就是这种承诺，它导致了通货膨胀的升级，也被称作“大通胀”。其次，这种方法可能被看作将通货膨胀目标从2%提高到2.5%，同时意味着美联储将通货膨胀稳定在低水平的可信度下降。正如我们在之后会看到的那样，这种可信度的缺失会对通货膨胀和经济活动的稳定产生负面影响。

10.5 欧洲中央银行的货币政策工具

与联邦储备体系一样，欧洲中央银行体系（通常被称为欧洲中央银行）通过制定**目标融资利率**（target financial rate）来表明自己的货币政策立场；反过来，这也为**隔夜资金利率**（overnight cash rate）设定了目标。类似于联邦基金利率，隔夜资金利率就是短期银行间贷款利率。欧洲中央银行使用的货币政策工具与联邦储备体系使用的工具类似，包括公开市场操作、向银行发放贷款和法定准备金要求。

在 http://www.federalreserve.gov/aboutthefed/上可以找到其他中央银行的网站链接。

10.5.1 公开市场操作

类似于联邦储备体系，欧洲中央银行将公开市场操作作为执行货币政策和将隔夜资金利率设定在目标融资利率水平的最主要的操作工具。**主要再融资操作**（main refinancing operations）是公开市场操作最主要的形式，与美联储的回购交易类似。它涉及每周的**反向交易**（reverse transaction），即以合格的资产为抵押，通过回购或信贷业务，购买或出售合格的资产，该交易在两周内进行反向操作。信贷机构提交投标，欧洲中央银行决定哪些投标将被接受。与联邦储备体系一样，欧洲中央银行将接受最诱人的价格投标，实施购买或销售操作直至达到理想的准备金供给量。联邦储备体系只在纽约联邦储备银行进行公开市场操作，相比之下，欧洲中央银行通过各国中央银行来执行公开市场操作，将公开市场操作分散化了。

第二类公开市场操作是**长期再融资操作**（longer-term refinancing operations），它是欧元区银行体系的一个较小的流动性来源。与美联储直接买卖证券的操作类似，这些操作每月进行一次，通常包括期限为三个月的证券买卖。它们并不用来表明货币政策立场，只是为欧元区银行提供额外的长期再融资。

10.5.2 向银行发放贷款

欧洲中央银行第二重要的货币政策工具是向银行机构发放贷款，将由各国中央银行执行，就像由各个联邦储备银行来执行贴现贷款业务一样。这种贷款通过经常性贷款便利进行，被称为**边际贷款便利**（marginal lending facility）。在此，银行可以以**边际贷款利率**（marginal lending rate）水平向国家中央银行进行隔夜拆借（对符合条件的抵押物）。边际贷款利率被设定在高于目标融资利率 100 个基点的水平，并在欧洲货币联盟内部为隔夜市场利率提供了一个上限，与美联储贴现率的作用一样。像美国、加拿大、澳大利亚和新西兰一样，欧元体系还有另一种经常性便利——经常性存款便利，该便利以低于贷款目标利率 100 个基点的固定利率水平向银行支付存款利息。事先明确利率的**存款便利**（deposit facility）为隔夜市场利率提供了一个下限，而边际贷款利率则为之设置了一个上限。

10.5.3 法定准备金要求

与联邦储备体系一样，欧洲中央银行规定了法定准备金要求：所有的存款机构都将支票存款以及其他短期存款总量的 2%存放于国家中央银行的准备金账户。所有受制于最低法定准备金要求的银行都可以参与欧洲中央银行的经常性贷款便利和公开市场操作。

10.6 价格稳定目标和名义锚

在过去的几十年，世界范围内的政策制定者越来越意识到通货膨胀的社会成本和经济成本，并更加注重将保持价格稳定作为经济政策目标之一。**价格稳定**（price stability）被中央银行定义为低且稳定的通货膨胀水平，它越来越被认为是最重要的货币政策目标。之所以希望保持价格稳定，是因为不断上涨的价格水平（通货膨胀）将给经济带来不确定性，这些不确定性可能会阻碍经济增长。例如，当总体价格水平变化时，商品和服务的价格所传达的信息更加难以解释，它使得消费者、企业和政府的决策变得更加复杂，从而导致了一个更加低效的金融体系。

不仅民意调查显示公众厌恶通货膨胀，而且越来越多的证据表明，通货膨胀导致了较低的经济增长率。[①] 价格不稳定最极端的例子是恶性通货膨胀，如阿根廷、巴西以及俄罗斯在最近所经历的情况，证明了恶性通货膨胀对经济运行的危害巨大。

通货膨胀使人们对未来进行规划变得更加困难。例如，在通货膨胀的环境中，我们很难决定应该为子女接受大学教育储蓄多少。此外，通货膨胀可能会使一个国家的社会结构变得紧张。社会中的每个利益集团都可能会和其他利益集团相竞争，以确保自己的收入跟上不断上涨的价格水平，因而可能导致冲突。

10.6.1 名义锚的作用

价格稳定对经济的长期健康运行很重要。货币政策成功的一个关键因素就是**名义锚**（nominal anchor）的使用。名义锚是一个名义变量，如通货膨胀率或货币供给量，它通过牵制价格水平来实现价格稳定。盯住名义锚（将名义量控制在一个狭窄的范围内）是通过直接促进稳定的低通货膨胀预期来推动价格稳定。名义锚之所以重要，一个更加微妙的原因是，它可以限制**时间不一致问题**（time-inconsistency problem），即货币政策在一个随意的逐日变化的基础上实施将导致一个坏的长期结果。[②]

10.6.2 时间不一致问题

时间不一致问题是我们在日常生活中经常要面临的问题。我们有时会有一个计划，并知道该计划在长期内将产生一个好的结果。但是，当明天到来时，我们禁不住违背了我们的计划，这样做可以带来短期收益。例如，我们制订了新一年的减肥计划，但很快会发现我们无法抗拒咬一口冰淇淋，再咬一口，一口接一口，体重开始回升。换句话说，我们发现自己不能随着时间的推移一成不变地执行一个好计划。这个好计划就有时间不一致问题，很难被坚定不移地执行下去。

货币政策制定者也面临时间不一致问题。他们制定的货币政策的扩张性远超企业和民众的预期，这样的政策在短期内可以增加经济的产出（或降低失业率）。然而，最好的政策并不是追求一个扩张性的政策，因为工资和价格决定反映了工人和企业对政策的预期。

---

① 例如，可以参见 Stanley Fischer，"The Role of Macroeconomic Factors in Growth，" *Journal of Monetary Economics* 32（1993）：485 - 512。

② 时间不一致问题是由诺贝尔经济学奖获得者芬恩·基德兰德（Finn Kydland）和爱德华·普雷斯科特（Edward Prescott）首先提出来的，参见 Finn Kydland and Edward Prescott，"Rules Rather Than Discretion：The Inconsistency of Optimal Plans，" *Journal of Political Economy* 85（1977）：473 - 491；Guillermo Calvo，"On the Time Consistency of Optimal Policy in the Monetary Economy，" *Econometrica* 46（November 1978）：1411 - 1428；and Robert J. Barro and David Gordon，"A Positive Theory of Monetary Policy in a Natural Rate Model，" *Journal of Political Economy* 91（August 1983）：589 - 610。

当工人和企业看到中央银行实施扩张性政策时，他们将会提高他们对通货膨胀的预期，从而推动工资和价格上涨。工资和价格的上涨又会导致更高的通货膨胀，绝不会带来更高的平均产出。

如果中央银行不试图采取出人意料的扩张性政策，而是将通货膨胀长期保持在可控的范围内，那么，通货膨胀的表现会更好。然而，即使中央银行认识到自由裁量的政策会导致一个坏的结果（无产量增加的高通货膨胀），它也仍可能在这条道上走下去，因为政客们会对中央银行施加压力，用过度扩张的货币政策达到增加产出的目的。

我们应该如何处理时间不一致问题呢？我们能从育儿知识方面得到一个启示：父母都知道，如果对孩子做出让步，会把孩子宠坏。当孩子发脾气时，有的父母就会顺从孩子，只是为了图清净。如果父母不坚持“绝不让步”原则，孩子总会通过“闹”得到他们想要的东西，结果是他们会不断地“闹”下去。育儿知识给出了解决时间不一致问题的建议——应该为孩子制定行为规则，并坚持遵守。

名义锚就像一个行为规则。规则帮助成年人抵制让步政策，防止育儿方面的时间不一致问题。名义锚通过为自由裁量政策提供一个预期约束来预防货币政策方面的时间不一致问题。

10.7 其他货币政策目标

价格稳定是大多数中央银行最重要的目标，其他五个目标也备受中央银行官员们的关注：(1) 充分就业；(2) 经济增长；(3) 金融市场稳定；(4) 利率稳定；(5) 外汇市场稳定。

10.7.1 充分就业和产出稳定

充分就业目标很重要，主要原因有两个：(1) 与充分就业相反，高失业率会导致人们生活困苦；(2) 当失业率很高时，有赋闲的工人，还有闲置的资源（工厂倒闭以及设备闲置），因此，产出水平会下降（更低的 GDP）。

尽管较高的就业率比较合意，但它应该达到多高的水平呢？在什么时点，我们可以说经济达到了充分就业的状态？起初，充分就业似乎是指没有工人失业的情况，也就是失业率为零。这一定义忽略了一个事实：有的失业被称为摩擦性失业，是指工人和企业之间相互搜寻合适匹配的情况，这样的失业对经济是有益的。例如，一个工人决定寻找一份更好的工作，在他寻找工作的过程中，可能会失业一段时间。工人有时决定暂时性地离开岗位从事其他活动（养儿育女、旅游、返回学校深造），当他们决定重新进入就业市场时，要找到合适的工作可能会花费一段时间。

经济达到充分就业的状态但失业率不为零的另一个原因是存在结构性失业，即工作的需要和工人的技能或可获得性不匹配。显然，我们不希望这种失业存在，但货币政策对此无能为力。

充分就业不等于失业率为零，而是与充分就业相一致的一个高于零的失业水平，此时，对劳动力的需求等于供给，该失业率水平被称为**自然失业率**（natural rate of unemployment)。

虽然这一定义听起来既简洁又权威，但它留下了一个未予解答的问题：什么样的失业率与充分就业是一致的？一方面，在某些情况下，失业率明显太高了，比如大萧条时期的失业率超过了20%，这明显太高了；另一方面，在20世纪60年代早期，政策制定者认为合理的目标是4%，该水平很可能太低了，因为它会加速通货膨胀。目前，据估计，自然失业率应该在4.5%～6%之间，但是，这一估计结果也不是很确定，而且存在争议。如果有合适的政府政策，比如提供更好的工作岗位空缺信息和工作培训项目，很可能会降低自然失业率水平。

我们可以从另外一个角度来考虑高就业目标。因为失业率水平与经济活动的状况密切相关，所以，自然失业率下的产出水平很自然地应该被称为**自然产出率**（natural rate of output）。实际上，我们更多地称之为**潜在产出**（potential output）。

因此，中央银行努力实现高的就业目标意味着它们试图使产出达到自然率水平。换句话说，中央银行试图将产出水平稳定在自然产出率附近。

10.7.2 经济增长

经济稳定增长的目标和充分就业是密切相关的。当失业率较低时，企业更愿意投资于资本设备来提高生产率和经济增长率；相反，如果失业率很高、设备闲置，企业不会扩大投资。可以通过直接鼓励企业投资或居民储蓄的政策，来达到促进经济增长的目的。实际上，这就是供给学派的经济政策主张。它利用税收优惠政策刺激企业的生产性投资，并使纳税人更多地储蓄以刺激经济增长。对于货币政策在促进经济增长中的作用仍在激烈的探讨中。

10.7.3 金融市场稳定

金融危机会削弱金融市场配置生产性资源的效率，由此导致经济活动的骤然紧缩。因此，促进金融体系稳定运行以避免金融危机也是中央银行的重要目标之一。事实上，联邦储备体系就是为应对1907年的银行恐慌以促进金融稳定而创立的（参见第9章）。

10.7.4 利率稳定

利率波动会给经济带来不确定性，使人们难以实现有效预期。例如，利率波动影响消费者的购房意愿，使得消费者难以决定何时购买房产；建筑公司难以计划应该建造多少住房。由于第9章我们所讨论的原因，中央银行可能希望减少利率的向上波动——利率向上波动会使人们对中央银行产生不满，从而引发削减中央银行权力的呼吁。

金融市场的稳定性也要通过利率的稳定来实现，因为利率的波动会给金融机构带来很大的不确定性。利率提高会造成长期债券和抵押贷款的巨额资产损失，这些损失又可能引起持有这些资产的金融机构倒闭。近年来，越来越明显的利率波动已成为储蓄贷款协会和互助储蓄银行面临的严重问题，其中很多机构在20世纪80年代和90年代早期陷入了严重的财务困境（参见第 18 章）。

10.7.5 外汇市场稳定

随着国际贸易在美国经济中的重要性不断增强，美元相对于其他货币的价值已经成为美联储必须着重考虑的事情。美元升值会使美国企业相对于外国企业的竞争力减弱，而美元贬值又会加剧美国的通货膨胀。阻止美元币值发生较大的波动，有利于公司和个人提前做出生产和消费计划。因此，稳定美元币值，使其在外汇市场不发生剧烈波动，也是货币政策的一个重要目标。对于其他外贸依存度较大的国家，外汇市场的稳定性就显得更加重要。

10.8 价格稳定是否应该成为货币政策的首要目标

从长远来看，价格稳定和之前提到的其他目标并不矛盾。持续的高通货膨胀率不会降低自然失业率，所以，长期内较高的通货膨胀率不会降低失业率或提高就业率。换句话说，在长期通货膨胀和就业之间不存在替代关系。从长期看，价格稳定、金融稳定和利率稳定促进经济增长。尽管在长期内，价格稳定的目标与前面提到的其他目标相一致，但是，在短期内，经济增长会与充分就业以及利率稳定目标发生冲突。例如，当经济处于扩张期、失业率下降时，经济可能变得过热，并导致通货膨胀上升。为了实现价格稳定的目标，中央银行会通过提高利率来阻止经济过热。这一举措在开始时会降低就业率并增加利率的不稳定性。中央银行应该怎样解决目标之间的冲突呢？

10.8.1 分层与双重授权

价格稳定对经济的长期健康运行十分重要，一些国家已经决定将价格稳定作为中央银行首要的长期目标。例如，创立欧洲中央银行的《马斯特里赫特条约》声明，“欧洲中央银行体系（ESCB）的首要目标应该是保持价格稳定。在不损害价格稳定的情况下，欧洲中央银行体系应该支持共同体的总体经济政策”，这包括诸如“高就业水平”和“无通货膨胀的持续增长”目标。将价格稳定作为首要目标，只有在实现价格稳定的情况下才能追求其他目标。这种类型的授权被称为**分层授权**（hierarchical mandates）。这是管理中央银行如英格兰银行、加拿大银行、新西兰储备银行以及欧洲中央银行的行为指令。

相比之下，界定联邦储备银行任务的法律声明：“为了与产量增长的长期潜力相适应，联邦储备委员会和联邦公开市场委员会应该保持货币和信贷总量的长期增长，以有效地促进充分就业、价格稳定和适度的长期利率水平。”如第 4 章所述，如果通货膨胀率很高，则长期利率也会很高。为了实现适中的长期利率，通货膨胀率必须保持在一个较低的水平。因此，美联储为实现两个同等重要的目标（价格稳定和充分就业），实际上将承担**双重授权**（dual mandate）职责。

对一个经济体来说，在分层体制或双重体制下运行，哪个更好呢？

10.8.2 价格稳定作为货币政策的首要长期目标

从长期来看，实现价格稳定和充分就业不会产生矛盾。如果将最大就业量定义为自然失业率水平，这两种类型的授权管理不存在很大差异。然而，实际上，这两种授权管理之间或许有一个本质的不同。公众和政客们可能认为，分层授权过于强调对通货膨胀的控制，而不太重视控制商业周期的波动。

不言而喻，稳定的低通货膨胀率可以促进经济增长，中央银行认识到价格稳定应该是货币政策首要的长期目标。此外，产出波动也应该是货币政策的关注点。价格稳定只有在长期才应该被看成最重要的目标。在短期内，试图将通货膨胀保持在同一水平，无论如何都可能导致产出的过分波动。

只要价格稳定被认为是长期目标，而不是短期目标，中央银行就可以通过允许通货膨胀在短期内背离长期目标，而专注于减少产出的波动。因此，可以在双重授权下运作。双重授权导致中央银行为追求提高产量和就业量而实行短期扩张性政策，这样做会带来通货膨胀的长期后果；此时，时间不一致问题将有可能产生。考虑到双重授权可能导致过分的扩张性政策，中央银行把追求价格稳定作为首要目标。分层授权也会产生问题，如果中央银行仅仅关注通货膨胀控制，甚至是短期的通货膨胀控制，将会执行导致产出大幅波动的政策，就像被称为“通货膨胀偏执狂”的英格兰银行行长默文·金（Mervyn King）所做的那样。哪种类型的授权对中央银行来说更好，将最终取决于它的实际作用。两种授权类型都可以接受，关键是如何使价格稳定成为长期的首要目标，而不是短期的首要目标。

在接下来的部分，我们将研究为了实现价格稳定，政策制定者目前所使用的货币政策战略——通货膨胀目标制。该战略强调名义锚的使用，并将价格稳定作为长期首要的货币政策目标。

10.9 通货膨胀目标制

对于价格稳定应该是货币政策首要的长期目标以及名义锚有助于实现此目标的认可，促进了通货膨胀目标制的货币政策战略的产生。**通货膨胀目标制**（inflation targeting）包括几个要件：（1）通货膨胀中期目标的公开发布；（2）将价格稳定作为重要的长期目标的制度性承诺，以及实现通货膨胀目标的承诺；（3）一个信息融合方法，其中的一些变量被用在货币政策决定过程中；（4）通过与公众和市场交流货币政策制定者的计划及目标，不断提高货币政策战略的透明度；（5）增强中央银行实现通货膨胀目标的责任。1990年，新西兰成为第一个正式确认采用通货膨胀目标制的国家；随后，加拿大在1991年、英国在1992年、瑞典和芬兰在1993年、澳大利亚和西班牙在1994年分别采用了通货膨胀目标制。以色列、智利、巴西以及其他一些国家随后也采用了通货膨胀目标制。①

① 为了进一步讨论通货膨胀目标制，特别是其他国家的经验，参见 Ben S. Bernanke，Thomas Laubach，Frederic S. Mishkin，and Adam S. Posen，*Inflation Targeting*：*Lessons from the International Experience*（Princeton：Princeton University Press，1999）。

全球视野“欧洲中央银行的货币政策战略”中写到，欧洲中央银行实施的是通货膨胀目标制的弱化版本。美国迟迟没有加入通货膨胀目标制的大家庭。但是，一切在2012年1月发生了改变，详见美联储内幕“本·伯南克以及通货膨胀目标制的采用”。

10.9.1 通货膨胀目标制的优点

通货膨胀目标制最主要的优点是它被公众真正所了解，因此高度透明。一个明确的量化的通货膨胀目标增加了对中央银行的问责，有了通货膨胀目标制就可能减少央行陷入时间不一致问题的可能性。通货膨胀目标制的一个主要优点是，它可以帮助政府把关注点聚焦在中央银行长期可以做什么——控制通货膨胀——而不是不能做什么上，通过扩张性的货币政策永久性地提高经济增长率和就业量。这样，就有可能减少中央银行实施导致通货膨胀的货币政策的政治压力，从而减少出现时间不一致问题的可能性。

通货膨胀目标制的表现非常好，似乎采取通货膨胀目标制的国家，其通货膨胀率和对通货膨胀的预期都有了明显的下降。进一步，一旦通货膨胀率降下来，这些国家就一直保持很低的通货膨胀水平；在制止通货膨胀之后，在接下来的经济的周期性扩张中，这些目标制国家的通货膨胀率并没有反弹。

10.9.2 通货膨胀目标制的缺点

通货膨胀目标制的批评者列举了这种货币政策战略的四种弊端：信号延迟、刚性太强、增加产出波动的可能性以及较低的经济增长率。我们一并考察这些批评的可信度。

（1）信号延迟。货币当局并不容易控制通货膨胀，而且，因为货币政策效果的长期滞后性，通货膨胀的后果只有在较长时间之后才会显现出来。这样，通货膨胀目标制就不能及时传达关于货币政策立场的信号。

（2）刚性太强。一些经济学家批评通货膨胀目标制，他们认为：该目标制给货币政策制定者强加了一个死板的规则，限制了他们对未预料到的情况的反应能力。然而，“好”的货币政策是存在的，其中包括前瞻性的行为，这些行为限制政策制定者通过系统性的干预出台可能带来不良长期后果的政策。这些政策避免了时间不一致问题，被称为“受限制的自由裁量权”。

实际上，通货膨胀目标制恰恰可以以这种方式来描述。在实践中，通货膨胀目标制绝不僵化，可以被更好地描述为“灵活的通货膨胀目标制”。首先，通货膨胀目标制并没有对中央银行应该如何实施货币政策做出指导，而是要求中央银行利用一切可用信息，决定哪些政策活动对实现通货膨胀目标制合适。与简单的政策规则不同，通货膨胀目标制从不要求中央银行仅仅关注单一重要变量。其次，通货膨胀目标制就像在实际操作中那样，拥有很大的政策自由度。通货膨胀目标随着经济环境的改变做出修正。此外，通货膨胀目标制下的中央银行通过多种手段给自己留下了相当大的空间来应对经济增长和波动。

（3）增加产出波动的可能性。对通货膨胀目标制的一个重要批评是，当通货膨胀率高于目标值时，仅关注通货膨胀可能导致货币政策过紧，进而导致更大的产出波动。然而，通货膨胀目标制并不局限于仅仅关注通货膨胀。实际上，经验表明，通货膨胀目标制下的决策者对产出波动表现出了相当大的关注。

所有的通货膨胀目标制定者都将他们的通货膨胀目标设定在零以上（往往为2%左右）。这反映了货币政策制定者担心太低的通货膨胀率可能会对实体经济活动产生负面影响。通货紧缩（负的通货膨胀率，价格水平实际在下降）尤其令人担心，它可能增加经济的不稳定性，并促成严重的经济紧缩（详见第8章）。日本近些年的通货紧缩是削弱日本金融体系和经济的一个重要因素。将通货膨胀目标定在零以上，缩短通货紧缩期，这是日本以及其他国家的一些经济学家一直呼吁日本银行采用2%或更高水平通货膨胀目标的一个重要原因，日本政府最终在2013年采用了该建议。

通货膨胀目标制并不忽视传统的稳定目标。实行通货膨胀目标制的国家，其中央银行持续关注产出和就业波动，而且通货膨胀目标制中实际上内嵌了短期稳定目标。所有实行通货膨胀目标制的国家都希望借助于中期目标逐渐达成长期目标，最小化产出波动。

(4) 较低的经济增长率。对通货膨胀目标制的另一个常见的担心是它将导致较低的产出和就业。尽管在通货膨胀目标制下的通货紧缩期间，通货膨胀的降低常与低于正常水平的产出联系在一起，但是，一旦实现了低的通货膨胀水平，产出和就业量就会回到至少和以前一样高的水平。一个保守的结论是，一旦低通货膨胀水平得以实现，通货膨胀目标制就不会损害实体经济。一些采用了通货膨胀目标制的国家，在经历了通货紧缩之后，表现出强劲的经济增长（如新西兰）。由此我们可以得出一个结论：除了控制通货膨胀之外，通货膨胀目标制还能促进实体经济的增长。

全球视野 10—1　　欧洲中央银行的货币政策战略

欧洲央行实行的混合的货币政策战略具有通货膨胀目标制的某些特征。* 与通货膨胀目标制一样，欧洲央行公布一个中期的"低于但接近2%"的通货膨胀目标。欧洲央行的战略有两个关键的"支柱"。第一，货币和信贷总量被用来评估"它们对未来通货膨胀和经济增长的影响"。第二，其他的一些经济变量被用来评估未来的经济前景。

欧洲央行的战略有些不明确，也因此受到批评。虽然欧洲央行为通货膨胀设定了一个"低于但接近2%"的目标，听起来好像是一个通货膨胀目标，但欧洲央行已经多次声明没有通货膨胀目标。欧洲央行似乎希望通过不需要严格承诺的通货膨胀目标制，达到"鱼与熊掌兼得"的目的。评价欧洲央行的战略所带来的困难有可能降低该机构的可信度。

* 访问欧洲中央银行网站 www.ecb.int，可以找到关于欧洲央行货币政策战略的介绍。

美联储内幕 10—3

本·伯南克以及通货膨胀目标制的采用

本·伯南克曾在普林斯顿大学任教授，2002—2005年间为联邦储备委员会委员，随后担任总统经济顾问委员会主席，2006年2月成为了美联储的新任主席。联邦储备委员会主席伯南克是世界知名的货币政策专家，当他还是一个学者的时候，就广泛研究通货膨胀目标制，发表了多篇论文并与本书作者合写了一本书。*

从伯南克的文章观点看，他是通货膨胀目标制和提高中央银行透明度的强烈支持者。2004年，在圣路易斯联邦储备银行举行的会议中，伯南克主席发表了重要讲话，他描述了美联储的通货膨胀目标制诉求：美联储应该有一个量化的通货膨胀目标。** 伯南克强调量化通货膨胀目标将与美联储同时实现价格稳定和充分就业的双重授权完全一致（见第13章），被称为“使命一致的通货膨胀目标”。为避免对就业量产生有害影响的通货紧缩，通货膨胀率将被设定在高于零的水平。这不是一个短期目标，因为短期目标有可能以过高的就业波动率为代价换取对通货膨胀的严格控制。

在担任美联储主席后，伯南克明确指出，任何实现通货膨胀目标的举措都必须在联邦公开市场委员会内部达成共识，同时要与国会对美联储的双重授权保持一致。伯南克主席成立了一个小组委员会，讨论美国联邦储备体系的信息沟通机制，其中包括讨论一个具体的量化的通货膨胀目标。此后，2007年11月联邦公开市场委员会在通货膨胀目标制的方向上向前迈进了一些。它宣布了一个新的沟通策略，即将联邦公开市场委员会成员对通货膨胀的预测期间延长至3年，2009年又增加了对通货膨胀的长期预测。在“适当的政策”下，通货膨胀目标将反映每一位联邦公开市场委员会成员的长期预测。因为所有联邦公开市场委员会成员对于长期通货膨胀的预测均接近2%，因此联邦公开市场委员会最终在2012年1月通过了一个2%的通货膨胀（个人消费支出平减指数）数值目标。同时，美联储也明确指出，它将追求与双重授权保持一致的灵活的通货膨胀目标制，美联储不仅会努力实现通货膨胀目标，而且会致力于实现最大程度的可持续就业。

* Ben S. Bernanke and Frederic S. Mishkin, “Inflation Targeting: A New Framework for Monetary Policy,” *Journal of Economic Perspectives*, 11, no. 2 (1997); Ben S. Bernanke, Frederic S. Mishkin, and Adam S. Posen, “Inflation Targeting: Fed Policy After Greenspan,” *Milken Institute Review* (Fourth Quarter, 1999): 48 - 56; Ben S. Bernanke, Frederic S. Mishkin, and Adam S. Posen, “What Happens When Greenspan Is Gone,” *Wall Street Journal* (January 5, 2000): A22; and Ben S. Bernanke, Thomas Laubach, Frederic S. Mishkin, and Adam S. Posen, *Inflation Targeting: Lessons from the International Experience* (Princeton, N.J.: Princeton University Press, 1999).

10.10 中央银行应对资产价格泡沫：从全球金融危机中吸取教训

在过去的几百年中，经济周期性地遭遇资产价格泡沫（asset-price bubbles），即资产价格远离基础价值而显著上升，泡沫最终会破裂。第8章讨论了2007—2009年的金融危机，表明这些泡沫带来了巨大的代价。房地产市场资产价格泡沫的破裂降低了金融市场的效率，带来了经济衰退、失业率上升，扰乱了社会生活，使那些丧失了抵押品赎回权而被迫离开家园的家庭面临困境。

资产价格泡沫的高昂代价对货币政策选择提出了挑战：中央银行是否应该进行干预？是否应该借助于货币政策消除泡沫？可以采取什么常规操作来制止泡沫的产生？为了回答这些问题，我们需要探讨不同类型的泡沫及其不同的应对措施。

资产价格会影响到企业以及家庭的支出，进而影响到经济活动，货币政策理应对资产价格做出反应以稳定经济。关于货币政策应该如何对资产价格变化做出反应的讨论已经不是关注货币政策是否应该做出反应，而是在考虑到稳定通胀和就业的目标的情况下，是否应该对其做出过度的反应。换一种说法，也就是货币政策是否应该加速或者减缓资产价格泡沫成长的过程，以达到最小化泡沫破裂对经济造成的伤害的目的。另外，货币当局是否应该在泡沫破裂之后再采取措施来稳定产出和通胀，而不是在可能存在资产价格泡沫时采取相应的措施？这两种对立的观点可以被概括为“事前预防”资产价格泡沫和泡沫破裂后的“事后治理”，从而对于应该如何应对资产价格泡沫的争论也被称为“事前预防还是事后治理”（lean versus clean）争论。

10.10.1 资产价格泡沫的两种类型

有两种类型的资产价格泡沫：一种由信贷驱动，另一种单纯由过度乐观的预期驱动（美联储的前任主席格林斯潘称之为“非理性繁荣”）。

（1）由信贷驱动的泡沫。当信贷繁荣开始时，它会蔓延并演变成资产价格泡沫。较为容易获得的信贷被用来购买特定的资产，提高了这些资产的价格。反过来，资产价值的升高又鼓励更多的人借款购买这些资产；资产价值的升高又提高了抵押品的价值，使之更容易得到贷款；金融机构的资产价值也随之提高，使金融机构更有能力发放贷款。为购买这些资产而发生的贷款进一步增加了对这些资产的需求，更进一步地提高了资产价格。这一反馈回路——信贷繁荣推动资产价格升高，反过来，资产价格升高又助长了信贷繁荣，继续推动资产价格上升，如此传递下去——使资产的价格远远高于它们的基础价值，产生了泡沫。

由信贷驱动的泡沫特别危险，有 2007—2009 年的金融危机为证。当资产价格回到原位时，泡沫就会破裂，资产价格的崩溃导致反馈环路的逆转，贷款价值缩水，贷款者减少贷款的供给，使投资者对资产的需求进一步下降，进而使资产价格有更大幅度的下降。这就是 2007—2009 年金融危机中房地产市场的真实写照。在次级抵押贷款信贷繁荣的推动下，房地产价格远远高于其基础价值。当房地产价格崩溃时，信贷萎缩，房地产价格暴跌。

次级贷款和证券的损失恶化了金融机构的资产负债表，导致信贷减少（去杠杆化）以及商业支出和家庭支出的锐减，使经济活动急剧疲软。在 2007—2009 年的金融危机中，在房地产价格泡沫破裂之后，房地产价格下滑与金融机构健康状况的恶化相互作用，危害到整个金融体系的运行，给经济带来了可怕的后果。

（2）单纯由非理性繁荣驱动的泡沫。仅仅由过度乐观的预期推动的**泡沫**（bubbles），如果并不伴随信贷繁荣，给金融体系带来的风险会小一些。例如，在第 6 章讲述的 20 世纪 90 年代后期发生的高科技股泡沫，它不是由过度信贷引起的，并且高科技股泡沫的破裂也没有造成金融机构资产负债表明显的恶化。因此，高科技股泡沫的破裂没有对经济产生十分严重的影响，接下来的经济衰退也相当温和。单纯由非理性繁荣推动的泡沫比由信贷驱动的泡沫造成的危害要小得多。

10.10.2 中央银行是否应该对泡沫做出反应

对于中央银行是否应该刺破泡沫这个话题存在激烈的争论，格林斯潘不主张对泡沫做出反应，在全球金融危机前他的观点在中央银行界颇具影响力。然而，金融危机使得人们重新评估这个观点，我们将在下面对这个观点的支持方和反对方的论证进行讨论。

反对方：为什么中央银行不应该刺破泡沫？格林斯潘提出中央银行不应该对泡沫做出反应，这被称作“格林斯潘教条”，他的观点有五个论据。

（1）资产价格泡沫几乎是不可察觉的。如果中央银行或者政府官员知道泡沫正在形成，市场参与者怎么会不知道呢？如果市场参与者知道，那么泡沫就不可能形成，因为市场参与者知道价格正在偏离其基本面。如果央行或政府官员不比市场参与者更聪明（如果市场参与者不聪明，就不可能拿到那么高的工资），他们就不可能发现这种类型的泡沫的存在。

（2）尽管一些经济分析表明，提高利率可以抑制资产价格的上涨，但提高利率在抑制资产泡沫方面的效果令人怀疑。因为市场参与者期待能从购买泡沫资产中获得更高的回报。此外，提高利率有时被发现会引起更严重的泡沫破裂，加大对经济的损害。另一种说法是，泡沫是对正常经济行为的严重偏离，期望常用的货币政策工具在不正常的条件下起效很不现实。

（3）这里有各类不同的资产价格，在任何时候，泡沫都可能只存在于一小部分资产上。在这种情况下，货币政策行为可能影响到所有的资产价格，而不是那些正在经历泡沫的特定资产。

（4）刺破泡沫的货币政策行为对经济总量会产生有害的影响。如果大幅提高利率以减少泡沫，经济将会放缓，人们会面临失业，通货膨胀会降到目标水平之下。事实上，前两个论据表明，刺破泡沫所要求的高利率需要劳动力和整体经济付出巨大代价。当然，并不是说货币政策不应该对资产价格泡沫做出反应。资产价格水平确实能影响居民和企业的支出，进而影响经济的发展。货币政策应该对资产价格波动做出反应，达到影响通货膨胀和经济活动的程度。

（5）只要货币政策反应及时，在资产价格泡沫破裂后采取宽松的货币政策，泡沫破裂所带来的负面影响就处在一个可控的范围内。事实上，格林斯潘时期的美联储在 1987 年股市崩盘以及 2000 年高科技股泡沫破裂之后就是按照这种方式行动的。在泡沫破裂后快速采取的宽松政策是十分成功的。在 1987 年股市崩盘后经济并没有衰退，而在 2000 年高科技股泡沫破裂后，经济的衰退也十分温和。

支持方：为什么中央银行应该刺破泡沫？近期的金融危机清晰地证明了由信贷驱动的泡沫破裂之后，不仅消耗巨大，而且事后很难清理，这与格林斯潘的看法相悖。因此，全球金融危机为中央银行刺破可能存在的泡沫提供了强有力的支持。

然而，两种类型泡沫之间的差别（由信贷驱动的泡沫要比另外一种更具破坏性）说明了“事前预防还是事后治理”这个争论可能存在错搭。有这样一个有力的观点：我们应该预防的不是包含信贷驱动型泡沫和非理性繁荣驱动型泡沫的潜在的资产价格泡沫，而是应该预防只包含信贷驱动型泡沫的资产价格泡沫（不包含由非理性繁荣驱动的泡沫）。另外，识别信贷泡沫要比识别资产价格泡沫更加容易。当资产价格泡沫迅速积聚与信贷繁荣同时发生时，资产价格就更有可能偏离其基础价值，因为宽松的信贷条件会推动资产价格上涨。在这种情况下，中央银行或者政府官员就更有可能判断出泡沫正在形成，美国的房地产市场泡沫期间就是这种情形。因为央行或政府官员发现贷款者放松了贷款标准以及抵押物市场上信贷异常扩张。

预防信贷泡沫的观点似乎很有力，但是什么样的政策能够有效地抑制信贷泡沫呢？

（1）**宏观审慎政策。**首先，我们要认识到制定有效的预防信贷泡沫政策的关键是减少过度冒险。只有当存在过度冒险现象时，信贷泡沫才有可能膨胀。所以，可以很自然地使用审慎监管措施去抑制信贷泡沫。影响信贷市场总体情况的监管政策——被称为**宏观审慎监管**（macroprudential regulation）——似乎是控制由信贷驱动的泡沫的理想工具。

由央行或其他政府机构实施的金融监管再加上一个运行良好的审慎监管体系可以阻止过度冒险，从而避免由过度冒险引致的信贷繁荣下的资产价格泡沫（见第 18 章）。这个监管体系的要素包括充分披露和资本金要求、即时纠正措施、对金融机构风险管理程序的严密监测，以及合规监管。更重要的是，监管应侧重于防止“杠杆周期”。全球金融危机表明，伴随着信贷繁荣的资产价格上升导致了金融机构更高的资本缓冲，在资本金不变的条件下，可以支持更多的信贷，从而会进一步推高资产价格，如此循环往复；在泡沫破裂后，资本价值将急剧下降，导致信贷减少。逆周期的资本金要求——将资本金要求在繁荣期向上调整、在萧条期向下调整——可以帮助消除有害的反馈回路，正是这些回路加剧了由信贷驱动的泡沫。

伴随信贷繁荣出现的资产价格的迅速上升，显示了这样一个信号：市场失灵或者不良的金融监管可能导致泡沫的形成。央行和其他政府监管者可以通过政策直接控制信贷增长或者保持较高的信贷标准。

（2）**货币政策。**2002—2005 年美联储的低利率政策导致了过度冒险，这也说明了过度宽松的货币政策可能加剧金融的不稳定性（见第 8 章）。尽管美联储是否应该对房地产泡沫负全责尚不清楚，但相关的研究确实说明，低利率会通过“货币政策冒险通道”鼓励过度冒险。低利率会增强金融机构资产管理者追求收益的动机，从而增加冒险行为。低利率也会增加对资产的需求，抬高资产价格，使抵押物的价值上升，从而会鼓励贷款者向冒险型借款人贷款。

货币政策冒险通道说明了货币政策应该被用来抵制信贷泡沫。然而，格林斯潘教条中反对用货币政策刺破泡沫的许多理由是正确的，所以，使用宏观审慎监管去抑制信贷泡沫，同时保持货币政策对价格和产出稳定的关注是否更好？

如果宏观审慎监管能够胜任这项工作，这将是一个强有力的观点。但是，对于这一点仍存在诸多怀疑。审慎监管相比于货币政策会面临更多的政治压力，因为它更直接地触及了金融机构的底线。所以，金融机构有更多的动机去贿赂政府官员，以限制在信贷泡沫期间的宏观审慎监管措施，在它们能够赚更多钱的信贷泡沫期间，这种动机尤为强烈。除此之外，金融机构十分擅长寻找监管漏洞以规避监管（见第 10 章），所以，宏观审慎监管可能不会有效。宏观审慎监管可能无法有效地抑制信贷泡沫，因此，就必须使用货币政策。

我们在全球金融危机中应该吸取的教训是，中央银行以及其他监管者不能让由信贷驱动的泡沫持续发酵而不做任何反应。事实上，想要做好这一点可不容易。

10.11 策略：政策工具的选择

我们了解了货币政策战略，下面进一步了解货币政策是如何执行的。央行直接控制货币政策工具——公开市场操作、法定准备金要求、贴现率以及准备金利率。货币政策是宽松还是从紧呢？**政策工具**（policy instrument）也被称为**操作工具**（operating instrument），是对中央银行工具做出反应的一个变量，并表明货币政策立场（是从紧还是宽松）。美联储有两种由其支配的基本货币工具类型：准备金总量（银行准备金、非借入准备金、基础货币和非借入基础货币）及利率（联邦基金利率和其他短期利率）。一些小国家的中央银行可以选择另一种货币政策工具——外汇。政策工具可能与**中介目标**（intermediate target）联系在一起，如货币总量（像 M2）或长期利率。中介目标是介于政策工具和货币政策目标（价格稳定、产出增长）之间的变量指标。中介目标不直接受到货币政策工具的影响，而可能与货币政策目标的联系更紧密。

举例说明，假设央行的就业率和通货膨胀目标与 5%的名义 GDP 增长率相一致。中央银行可能认为 5%的名义 GDP 增长率可以通过 4%的 M2 增长率（中介目标）实现，而这又可以通过 3%的非借入准备金增长率（政策工具）实现。另外，中央银行可能认为，实现目标的最好方式是将联邦基金利率（政策工具）设定在比如 4%的水平。中央银行可以同时选择非借入准备金和联邦基金利率作为政策工具吗？答案是不能。运用本章前面讨论过的对准备金市场的供求分析，可以解释为什么中央银行只能在两个目标中选择一个。

首先，我们考察为什么总量目标会引起利率失控。图 10－8 描述了准备金市场的供求关系。尽管中央银行预期准备金的需求曲线为 R^{d^*}，但由于存款的非预期波动（从而法定准备金产生变化），或者银行持有超额准备金的意愿发生变动，需求曲线在 $R^{d'}$ 和 $R^{d''}$ 之间变动。如果中央银行非借入准备金的目标为 NBR^*（也就是说，此时的货币供给增长率目标为 4%），预期联邦基金利率水平将为 i_{ff}^*。然而，正如图 10－8 所示，准备金需求曲线在 $R^{d'}$ 和 $R^{d''}$ 之间波动，将会引起联邦基金利率在 i'_{ff} 和 i''_{ff} 之间变动。追求总量目标就意味着利率波动。

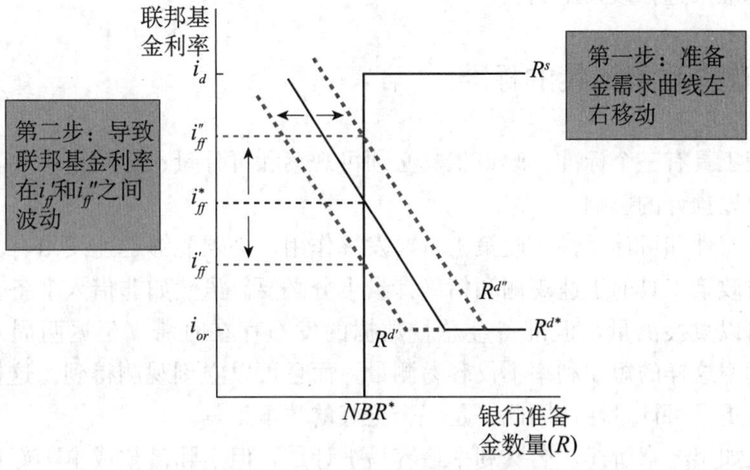

图 10－8　以非借入准备金为目标的结果

说明：将非借入准备金目标定为 NBR^*，如果准备金需求曲线在 $R^{d'}$ 和 $R^{d''}$ 之间波动，将导致联邦基金利率在 i'_{ff}和 i''_{ff}之间波动。

图 10－9 中的供求曲线表明，将利率目标定为 i_{ff}^*，中央银行预期准备金需求曲线为 R^{d^*}。由于储蓄或者银行持有超额准备金的意愿发生了非预期的改变，需求曲线将在 $R^{d'}$ 和 $R^{d''}$ 之间波动。如果需求曲线升至 $R^{d''}$，则联邦基金利率将开始升至并超过 i_{ff}^* 的水平，中央银行将参与债券的公开市场购买，直至非借入准备金的数量增加到 NBR''。此时，均衡的联邦基金利率又回到 i_{ff}^*。相反，如果需求曲线降低到 $R^{d'}$，使得联邦基金利率下降，中央银行将进行公开市场出售，直至非借入准备金的数量降低到 NBR'，联邦基金利率又回到 i_{ff}^*。因此，中央银行坚持利率目标将引起非借入准备金以及货币供给量的频繁波动。

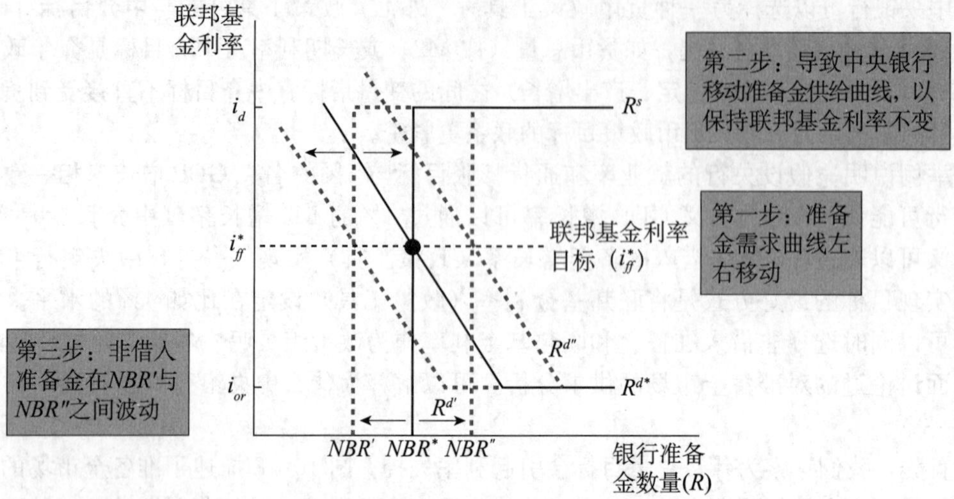

图 10－9　以联邦基金利率为目标的结果

说明：将联邦基金利率目标定为 i_{ff}^*，如果准备金需求曲线在 $R^{d'}$ 和 $R^{d''}$ 之间波动，将导致非借入准备金随之波动。

从供求分析得出的结论是：利率和准备金（货币）总量目标是不相容的。中央银行能实现其中一个目标，但不能同时实现两个目标。由于必须在它们之间做出选择，我们需要考虑用什么标准来选择政策工具。

10.11.1　选择政策工具的标准

选择政策工具有三个标准：政策工具必须可观察和可计量；必须由中央银行控制；必须对目标有可以预计的影响。

（1）可观察性和可计量性。政策工具要发挥作用，必须能够迅速发出有关政策立场的信号，因此对政策工具的迅速观测和精确计量十分必要。虽然如非借入准备金这样的准备金总量指标可以直接测量，但准备金总量数据的发布存在时滞（延迟两周）。相比之下，像联邦基金利率这样的短期利率不仅容易测量，而且可以立刻观测得到。这样看来，利率似乎比准备金更具可计量性，因此，是一个更好的政策工具。

然而，正如第 3 章所述，名义利率最容易被计量，但实际借款成本不好计量，而实际借款成本才能更准确地表达真实 GDP 的变化情况。实际借款成本可以由真实利率即经过预期通货膨胀调整的名义利率（$i_r = i - \pi^e$）更准确地度量。遗憾的是，真实利率很难计量，因为我们没有直接度量预期通货膨胀率的方法。考虑到利率和总量指标都存在可计量性问题，目前并不确定选择哪一个作为政策工具更适合。

（2）可控性。一个变量要成为有用的政策工具，中央银行必须能够对其实施有效的控制。如果中央银行不能控制政策工具，那么，即便知道它偏离了轨道也无济于事，中央银行没有办法使其重新步入正轨。

由于可以与现金相互转化，即使像非借入准备金这样的准备金总量指标也不是完全可控的。相反，美联储可以严密控制像联邦基金利率这样的短期利率。因此，根据可控性标准来衡量，似乎短期利率要优于准备金总量。然而，中央银行并不能直接制定真实的短期利率，因为中央银行不能控制预期通货膨胀率。这样还是无法得出明确的政策工具选择结论。

(3) 对目标有着可预计的影响。政策工具最重要的一个特征是它必须对目标有可预计的影响。如果中央银行可以精确并快速地计量中国茶叶的价格，且能完全控制其价格，这有什么好处呢？中央银行并不能利用中国茶叶的价格影响该国的失业率和价格水平。因为影响政策目标的能力对任何一个政策工具的有用性而言都十分关键，因此准备金或货币总量与政策目标（产出、就业和通货膨胀率）之间以及利率与政策目标之间联系的紧密程度存在很大争议。近年来，大多数中央银行得出结论：利率与政策目标如通货膨胀率之间的联系比总量与通货膨胀率之间的联系更加紧密。正因为如此，世界范围内的中央银行通常采用短期利率作为它们的政策工具。

访问 www.federalreserve.gov/pf/pf.htm，回顾关于美联储主要目标和作用的报告。

执业经理 10—1

使用美联储观察员

正如我们所看到的，美国货币供给和利率最重要的决策者是联邦储备体系。当美联储想要向金融体系注入准备金时，它就会执行债券的公开市场购买，这样至少会在短期内引起债券价格的上升和债券利率的下降。如果中央银行想从金融体系撤出准备金，则会出售债券，从而压低债券的价格并提高债券利率。从长期看，中央银行实行货币高速增长的政策，通货膨胀率会提高，利率会同时上升。紧缩性的货币政策很可能会在长期内降低通货膨胀率，并带来利率的下降。

了解美联储将会采取何种行动，能够帮助金融机构的管理人员更准确地预测利率的未来走势。利率变化对金融机构的盈利能力有重要的影响，金融机构的管理人员对考察美联储的行为非常感兴趣。为了达到目的，金融机构的管理人员雇用了所谓的美联储观察员，这些人可能曾经在联邦储备体系工作过，能从内部视角考察美联储的操作行为。

预测美联储将要采取的行动并不是一件容易的事。美联储要到联邦公开市场委员会会议结束的第三周才会披露会议记录的内容，该会议将决定货币政策走势。另外，美联储不提供某些交易总额的信息，而且会经常通过同时进行公开市场购买和出售操作，掩盖其向银行体系注入或吸纳准备金的行为。

美联储观察员们对美联储的各种活动有专业判断，他们仔细研究美联储官员发布的公开报告，以推测货币政策走向。他们还会仔细研究以前的美联储操作数据和债券市场的当前活动，以此判断美联储将要采取的行动。

如果美联储观察员告诉金融机构的管理人员，美联储担心通货膨胀率过高，将采取从紧的货币政策，并将在不久的将来提高利率，管理人员可能马上决定以当前较低的利率获取资金以规避资金成本的提高。如果金融机构从事外汇交易，利率的提高和美联储试图保持低通货膨胀率的努力将会使管理人员做出在外汇市场上买进美元的交易指示。因为美联储的上述行动将可能引起美元升值，见第 15 章，金融机构购买美元会带来丰厚的利润。

如果情况相反，美联储观察员认为美联储对经济疲软感到担忧，将采取扩张性的货币政策并降低利率，金融机构的管理人员将会采取相反的操作。此时，管理人员可能指示贷款管理人员尽可能多地发放贷款，在较高的利率水平锁定当前的盈利水平。或者，管理人员可能购买债券，以期从利率的下降和债券价格的提高中获得可观的利润。更加扩张的政策也很可能降低美元在外汇市场的价值，金融机构的管理人员可能会向外汇交易员发出购买外汇并卖出美元的指令，以在未来美元贬值时获得利润。

能够做出正确预测的美联储观察员对金融机构而言是个宝贝，金融机构会积极寻找成功的美联储观察员。为此，美联储观察员有很高的薪水，大概能达到六位数的水平。

本章小结

1. 货币政策的三个基本工具是公开市场操作、贴现政策和法定准备金要求。公开市场操作是美联储用来控制利率的主要工具。

2. 货币政策的执行将会影响美联储的资产负债表。公开市场购买将会导致银行体系准备金和存款的增加，因此，会带来基础货币和货币供给量的扩张。贴现贷款的增加将导致准备金的扩张，引起基础货币和货币供给量的扩张。

3. 对准备金市场的供求分析得出以下结论：(1) 当美联储进行公开市场购买或降低法定准备金要求时，联邦基金利率将下降。(2) 当美联储进行公开市场出售或提高法定准备金要求时，联邦基金利率将升高。(3) 贴现率的变动会对联邦基金利率产生影响。

4. 常规性货币政策工具包括公开市场操作、贴现政策、法定准备金要求、准备金利率。公开市场操作是美联储在正常状况下实施货币政策的主要工具，因为在美联储成立之时就有公开市场操作，它具有灵活、易对冲、可以迅速实施等特点。贴现政策可以使美联储发挥最后贷款人的作用，而通过提高准备金利率来提升联邦基金利率可以避免进行过多的公开市场操作，减少银行所积累的大量超额准备金。

5. 零下限问题的存在使得常规性货币政策不再有效。也就是由于利率存在着零这个下限，中央银行无法进一步地降低利率。在这种情况下，中央银行需要使用非常规性货币政策工具，包括流动性供应、资产购买、对未来货币政策的承诺。流动性供应、资产购买导致中央银行资产负债表的扩张，也被称作量化宽松。资产负债表扩张本身不会对经济起到显著的作用，但通过流动性供应、资产购买来改变资产负债表的结构可以改善信贷市场的功能，被称作信贷宽松。

6. 欧洲中央银行使用的货币政策工具与美联储使用的货币政策工具相似，包括公开市场操作、向银行发放贷款和法定准备金要求。欧洲中央银行将隔夜资金利率设定为目标融资利率，其主要工具是在回购市场进行公开市场操作，通常在两个星期内进行回购。欧洲中央银行还会通过经常性贷款便利来确保隔夜资金利率保持在目标融资利率上下 100 个基点的范围内。

7. 货币政策的六大基本目标是价格稳定（主要目标）、充分就业、经济增长、利率稳定、金融市场稳定以及外汇市场稳定。

8. 名义锚是货币政策战略的重要组成部分。它通过锁定通货膨胀预期和限制时间不一致问题来促进价格稳定。在时间不一致问题中，货币政策制定者着眼于短期目标、以自由裁量的方式实施货币政策可能会产生不良的长期后果。

9. 通货膨胀目标制有以下几个优点：(1) 它使货币政策专注于对国内的考量；(2) 货币和通货膨胀之间关系的稳定性不是通货膨胀目标制成功的关键；(3) 能够真正被公众所理解且高度透明；(4) 增加了对中央银行的问责；(5) 似乎改善了通货膨胀冲击的影响。通货膨胀目标制也存在一些缺点：(1) 货币当局不容易控制通货膨胀，通货膨胀目标也不能立刻向公众和市场传达信号；(2) 它可能给政策制定者施加硬性的规定，虽然实际操作中并非如此；(3) 仅关注通货膨胀可能会导致产出的更大波动，虽然在实际操作中尚未得到求证。

10. 我们可以从全球金融危机中吸取以下几点教训：(1) 金融领域的发展对经济的影响远超我们之前的想象；(2) 利率的零下限问题可能是一个严重的问题；(3) 金融危机过后的治理成本高昂；(4) 价格以及产出的稳定并不能保证金融稳定。

11. 因为利率和总量政策工具不兼容，央行必须根据以下三个标准在两者之间做出选择：可观察性和可计量性、可控性和对目标有着可预计的影响。中央银行通常将短期利率作为政策工具。

12. 预测联邦储备体系的行动有助于金融机构的管理人员预测未来利率的走向，并影响金融机构的盈利能力，因此，管理人员重视美联储观察员提供的服务。

重要专业术语

泡沫	长期再融资操作	隔夜资金利率
常规性货币政策工具	宏观审慎监管	政策工具
潜在产出	信贷宽松	主要再融资操作
价格稳定	防御性公开市场操作	预期管理
一级交易商	存款便利	边际贷款便利
量化宽松	贴现率	边际贷款利率
回购协议	贴现窗口	买卖匹配交易（逆回购协议）
法定准备金率	双重授权	基础货币
法定准备金	能动性公开市场操作	自然产出率
法定准备金要求	超额准备金	自然失业率
银行准备金	反向交易	联邦基金利率
名义锚	经常性贷款便利	分层授权
非常规性货币政策工具	互换额度	通货膨胀目标制
公开市场操作	目标融资利率	中介目标
操作工具	时间不一致问题	最后贷款人
零下限问题		

习题

1. “失业是件坏事，政府应该尽一切努力消除它。”你是否同意这样的说法？请解释。

2. 美联储的哪些目标之间经常发生冲突？

3. “如果对准备金的需求不发生波动，美联储就能同时实现非借入准备金目标和利率目标。”该说法是正确的、错误的还是不确定的？请解释。

4. 将下列目标划分为操作目标或中介目标，并解释原因。

(1) 3 个月期国库券的利率。

(2) 基础货币。

(3) M2。

5. 美联储可以运用哪些程序来控制 3 个月期国库券的利率？为什么对该利率的控制意味着美联储将失去对货币供给的控制？

6. 如果美联储设定利率目标，为什么对准备金需求的增加将导致货币供给的增加？

7. “与货币供给相比，利率可以被更加准确而快速地计量出来。因此，利率比货币供给更适合被作为中介目标。”你是否同意这样的说法？请解释。

8. 根据可控性和可计量性两个标准，比较基础货币和 M2。你更偏向于将哪一个作为中介目标？为什么？

9. “联邦存款保险公司的存在排除了发生银行恐慌的可能性，因此，不再需要贴现贷款。”这种说法是正确的、错误的还是不确定的？请解释。

10. 随着全球金融危机的开始，美联储资产负债表中的资产项目迅速扩大，从 2007 年的 8 000 亿美元扩大到 2013 年的超过 3 万亿美元。资产中许多是由于金融危机而设立的贷款项目所发行的长期证券，怎样通过有规律的逆回购（买卖匹配交易）来减少美联储的资产，并同时减少可能出现的通货膨胀问题？

11. 在全球金融危机期间，为什么金融机构对短期拍卖工具的使用要比贴现窗口更广泛？

12. 当短期利率等于零这个下限时，量化宽松政策相对于常规性货币政策有何优势和劣势？

13. 为什么在危机期间，美联储的资产负债表的构成是货币政策的一个重点关注的方面？

14. 无条件的政策承诺的主要优势和劣势是什么？

15. 利用美联储的贴现操作预防金融恐慌的好处显而易见，这样做的代价是什么？

16. 为执行货币政策而使用名义锚的好处是什么？

17. 举一个你在日常生活中经历的时间不一致问题的例子。

18. 是什么动机使中央银行落入追求过度扩张性的货币政策这个时间不一致陷阱？

19. 中央银行用什么方法增进与公众的交流并提高货币政策制定的透明度？

20. 为什么通货膨胀目标制有助于增进中央银行实施货币政策的独立性？

21. “因为通货膨胀目标制着重于通货膨胀目标的实现，这将带来过度的产出波动。”这种说法是正确的、错误的还是不确定的？请解释。

22. “分层授权将价格稳定放在首位，在长期内，双重授权的中央银行比分层授权的中央银行将实现更低的失业率。”这种说法是正确的、错误的还是不确定的？

23. “短期利率存在零下限并不是问题，因为中央银行可以利用量化宽松政策来降低中长期的利率。”这种说法是正确的、错误的还是不确定的？请解释。

24. 如果高通货膨胀是有害的，那么，为什么设定一个高的通货膨胀目标要比一个接近零的低通货膨胀目标要好？

25. 为什么大多数中央银行并不积极使用货币政策来消除资产价格泡沫？

26. 为什么对由信贷驱动的泡沫进行抑制、对其他类型的资产价格泡沫进行破裂后的清理更好？

27. 根据格林斯潘教条，在何种情况下中央银行会对察觉到的资产价格泡沫做出反应？

定量问题

1. 假如一家银行保持 12%的存款作为其银行准备金。这家银行当前有 1 000 万美元的存款，并持有 40 万美元的超额准备金。那么，在新增的 5 万美元存款中，法定准备金是多少？

2. 对明年失业率的估计结果如下表所示：

经济状况	出现的概率	失业率（%）
经济萧条	0.15	20
平均水平	0.50	10
经济良好	0.20	5
经济繁荣	0.15	1

预期失业率是多少？标准差是多少？

3. 联邦储备体系希望提高银行准备金的供应，因此，它从公众手中买入价值 100 万美元的债券。运用 T 型账户分析这项公开市场操作带来的效应。

4. 使用 T 型账户说明一家银行偿还美联储 50 万美元贴现贷款的效应。

5. 短期名义利率为 5%，预期通货膨胀率为 2%。经济学家预测明年的名义利率将会提高 100 个基点，通货膨胀率将降到 1.5%。实际利率预期变动多少？

回顾初级宏观经济学的内容：货币乘数＝1/法定准备金率，并回答第 6～8 题。

6. 如果法定准备金率为 10%，当银行获得 1 万美元新增存款时，能够向外提供多少贷款？这对货币供给的潜在影响是什么？

7. 一家银行现持有 15 万美元的超额准备金。如果当前的法定准备金率为 12.5%，货币供给将变动多少？这种变动是怎样产生的？

8. 美联储交易平台向公众出售了 1 亿美元国债。如果当前的法定准备金率是 8.0%，货币供给将变动多少？

网络练习

货币政策实施：工具、目标、战略和策略

1. 登录 www. federalreserve. gov/releases/h15/update/，现行的联邦基金利率是多少（该利率的定义是什么)？现行的贴现率是多少（该利率的定义是什么)？自 2005 年年底以来，短期利率是提高了还是下降了？

2. 联邦公开市场委员会每六周举行一次会议，对经济状况进行评估并决定中央银行应采取什么样的措施。会议记录在会议结束三周后发布。然而，在每次会议结束之后，将会立刻举行一个简短的新闻发布会。在 www. federalreserve. gov/fomc/上找到关于会议记录以及新闻发布会安排情况的信息。

3. (1) 上一次联邦公开市场委员会会议是何时召开的？下一次会议将在何时召开？

(2) 对上一次会议发布的新闻进行回顾。联邦公开市场委员会对短期利率的决定是什么？

(3) 回顾最近发布的会议记录。联邦公开市场委员会成员看起来最关注的经济领域有哪些？

4. 可以进入其他国家中央银行的网站了解它们的结构，比如欧洲中央银行。登录 www. ecb. int，在欧洲中央银行主页找到关于欧洲央行货币政策战略的信息。

5. 一些国家要求中央银行对它们国家的货币政策负责。访问 www. bis. org/cbanks. htm，查找其中一家中央银行（比如挪威的中央银行）。浏览该银行的网站，确定其有关货币政策的运用。该银行的政策和美国中央银行的政策相比如何？

网络附录

请登录本书的网站 www. pearsonhighered. com/mishkin _ eakins，阅读第 10 章的网络附录：

附录：美联储的资产负债表和基础货币

 金融学译丛·金融市场与金融机构（第8版）

第五部分
金融市场

第 11 章　货币市场

开篇预览

看一看苹果公司 2013 年的报表，你将发现，该公司拥有超过 110 亿美元的现金及等价资产。在公司资产清单中还有 180 亿美元短期证券。公司选择持有将近 300 亿美元具有高流动性的短期资产是为了便于抓住投资机会，以及避免公司面临其他类型投资所带来的一些风险。苹果公司将相当大的一部分资金投入了货币市场。回想一下，货币市场中都是期限较短、风险较低以及流动性非常高的证券。由于这些证券具有高度的安全性和流动性，所以，它们和货币很接近，货币市场也由此得名。

早在 19 世纪早期，货币市场就非常活跃，但从 20 世纪 70 年代开始，利率提高到历史最高水平之上，此时，货币市场的重要性就愈加凸显。实际上，短期利率的提高，伴随着对银行支付的存款利率上限的规定，导致在 20 世纪 70 年代晚期到 80 年代初期银行的资金迅速外流。这种资金外流造成了很多银行倒闭，致使存款和贷款无法得到偿付。直到对有关货币市场利率的银行管制进行了较大的调整之后，工业经济才逐渐恢复健康运行。

本章仔细探究货币市场以及在货币市场中交易的各种证券。除此之外，我们还将讨论为什么货币市场对金融体系如此重要。

11.1　货币市场的界定

货币市场这个术语其实属于误用。在货币市场中，并不对货币（即通货）进行交易。然而，在货币市场上交易的都是期限较短、具有高度流动性的证券，这些证券与货币非常接近。本章将详细讨论的货币市场证券具有三个基本的共同特征：

(1) 通常被大量出售。

(2) 具有较低的违约风险。

(3) 到期日距离初始发行日的期限为 1 年或 1 年以内。大部分货币市场工具的到期日都在 120 天以内。

货币市场交易并不在具体的地点进行。交易者往往通过电话来安排买卖双方之间的交易，并通过电子手段完成这些交易。由于该特点，货币市场证券一般都有一个活跃的二级市场。这意味着在证券初始发行后，很容易找到买者购买这种证券。活跃的二级市场使货币市场证券成为一种非常灵活的金融工具，并用于满足短期的金融需求。例如，微软的年报申明："我们将所有到期期限为 3 个月或 3 个月以内，具有高度流动性，且能够赚取利息的投资视为现金等价物。"

货币市场的另一个特点是，它们都是**批发市场**（wholesale market）。这意味着大多数交易都是大额买卖，交易规模通常超过 100 万美元，这种交易规模使得个人投资者无法直接参与货币市场。经销商和经纪人在大银行以及经纪行的交易办公室中进行操作，从而使客户能够集中起来相互交易。这些交易者会在短短数秒内进行价值 5 000 万美元或 1 亿美元的买卖——这是不适合胆小者的工作！

你可能回忆起第 2 章提到的流动性和创新性是任何一种金融市场最重要的两个特点，货币市场也不例外。货币市场具有大规模交易的特点，创新型的证券和交易方式都在不断发展，这样，小投资者就能交易货币市场证券。本章稍后将讨论这些证券以及它们的特点，第 20 章还会更加详细地对其进行介绍。

11.1.1 为什么需要货币市场

从理论上说，我们并不需要货币市场。银行业的存在主要是为了提供短期贷款并接受短期存款。银行在搜集信息方面具有效率优势，在这种优势下，人们不需要货币市场。由于银行和客户之间保持着长期的联系，与多元市场相比，银行应能以更低廉的成本为客户提供贷款。这是因为，当提供一种新证券时，多元市场必须对每位借款者进行评估，在货币市场上出售的短期证券都不如在银行和储蓄机构中的存款更具流动性及安全性。考虑到银行所具有的这些优势，为什么货币市场还要存在呢？

银行业的存在主要是为了缓和贷款—储蓄者和借款—支出者之间的信息不对称问题。在提供这些服务时，银行能够通过规模经济获取利润。然而，银行比货币市场受到更多的管制，并承担更多的管制成本。当然，在不对称问题并不严重的情况下，对于提供短期资金，货币市场同银行相比具有明显的成本优势。

11.1.2 货币市场的成本优势

银行必须将其存款的一部分以无法获取任何利息的银行准备金形式存放在联邦储备体系

中。因此，对于储户存入的每1美元，银行并不能将100%的存款用于投资。[①] 这意味着银行支付给存款者的利率要比它能完全使用这些存款进行投资的利率要低。

对于银行而言，利率管制是影响其竞争性的另一个障碍。在20世纪30年代，银行管制的主要目的之一是减少银行间的竞争。管制者认为，如果不存在竞争，银行就不太可能会倒闭。由于缺乏自由竞争，顾客支付的费用给银行带来了大量的收益，这使得一个健康的银行体系能给大经济体带来稳定。

保证银行获利的一种方法是对银行进行管制，给银行支付的资金利率设定一个上限。1933年《格拉斯-斯蒂格尔法案》禁止银行对支票账户支付利息，并限制它们为定期存款所支付利息的水平。在20世纪50年代后期，利率限制的影响不是特别大。但是，根据图11-1可以看出，在20世纪70年代末和80年代初，当通货膨胀将短期利率推高至银行能够支付的上限之上时，该限制变得特别棘手。投资者将资金从银行撤出，然后将其投入到许多投资公司所提供的货币市场证券账户中，这些新的投资者推动了货币市场的快速发展。直到1986年3月，商业银行利率限制才得以解除，但此时货币市场已经建立完备。

正如我们将在后面几章看到的，银行还将继续提供有价值的中介服务。然而，在一些情况下，银行在短期资金市场无法有效地与受到约束较少的货币市场展开竞争。

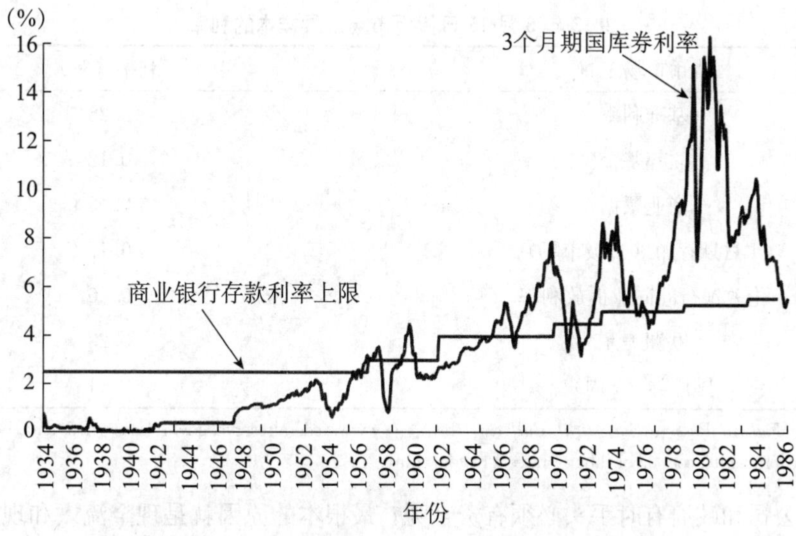

图11-1　3个月期国库券利率和商业银行存款利率上限

资料来源：http：//www.stlouisfed.org/default.cfm.

11.2　货币市场的目的

货币二级市场的良好发展使得货币市场成为公司或金融机构在需要使用资金之前“保存”盈余资金的理想场所。同样，货币市场也为需要注入短期资金的企业、政府和中介机构提供了一个低成本的资金来源。

① 1990年12月，到期期限不足1.5年的非个人定期存款的法定准备金要求从3%降为0。

大多数暂时将资金贮存在货币市场的投资者通常不会试图从货币市场的资金中赚取非常高的收益。他们只是将货币市场作为临时投资手段，货币市场所提供的回报率比持有现金或将资金存在银行要高。投资者可能觉得市场条件不适于购买股票，或者预计利率会提高，从而不愿意购买债券。记住这一点很重要，投资者持有闲置盈余资金的代价非常高，因为现金余额不能为其持有者带来收益。闲置的现金代表一种机会成本，即利息收入的损失。回忆第4章所提到的，资产的机会成本是指因未持有替代性资产而损失的利息。货币市场提供了对这些闲置资金进行投资的途径，从而降低了这种机会成本。

投资顾问通常将一部分资金投资于货币市场，这样，一旦发现投资机会，就能很快加以利用。大部分投资基金和金融中介机构也会持有货币市场证券，以满足投资和存款流出的需要。

货币市场证券的出售者发现，货币市场提供了一种低成本的暂时性资金来源。表11-1列出了公司和金融机构出售的各种货币市场工具的利率。例如，银行会发行联邦基金（我们将在本章稍后给出货币市场证券的定义），在货币市场上获得资金以解决短期法定准备金不足的问题。美国政府利用国债来为大部分债务融资。金融公司如美国通用汽车金融服务公司（GMAC）也会参与货币市场，为其发放的购车贷款融资。[①]

表11-1　　2013年5月15日货币市场工具样本的利率

货币市场工具	利率（%）
基准利率	3.25
联邦基金	0.12
商业票据	0.15
1月期存单（二级市场）	0.17
伦敦银行间同业拆放利率	0.20
欧洲美元	0.23
国库券（4周）	0.01

资料来源：*Federal Reserve Statistical Bulletin*，http：//www.federalreserve.gov/releases/h15/data.htm，and Libor：http：//www.fedprimerate.com/libor/libor_rates_history.htm.

为什么公司和政府有时手头必须有资金呢？最根本的原因就是现金流入和现金流出很少能够同步。例如，政府通常只能在年中的某个时间得到税收收入，但政府支出随时都有可能发生。政府可以借入短期资金，在得到税收收入后再还掉。工商企业也要面对这种收入和支出发生时间不一致的问题。货币市场提供了一种有效且低成本解决这些问题的方法。

11.3　货币市场的参与者

讨论货币市场参与者的一种简单的方法是列出市场中的借款者和贷款者。问题在于，大部分货币市场的参与者会在市场的买卖两方同时操作。例如，所有的大银行都会在货币市场

① 通用汽车金融服务公司曾是通用汽车（GM）的全资子公司，专门为通用汽车的购买者提供贷款。2008年12月，通用汽车金融服务公司成为独立的银行持股公司。

上通过出售大额商业存单来获得大量借款，同时，通过银行的商业贷款部门为企业提供短期资金。尽管如此，我们还是可以确定货币市场的主要参与者是美国财政部、联邦储备体系、商业银行、企业、投资公司、证券公司和个人。下面讨论他们在市场中的职能，见表11－2。

表 11－2　　货币市场的参与者

参与者	职能
财政部	出售国债为国家债务融资
联邦储备体系	购入或售出国债，并以此作为控制货币供给的手段
商业银行	购入国债；售出存单并提供短期贷款；为个人投资者提供能够投资于货币市场证券的账户
企业	购入或售出各种短期证券作为现金管理的常规部分
投资公司（证券经纪公司）	代表商业账户进行交易
金融公司（商业租赁公司）	为个人提供贷款资金
保险公司（财产和意外伤害保险公司）	保持流动性以满足意外需求
养老金	在货币市场积蓄资金，用来投资于股票或债券
个人	购买货币市场共同基金
货币市场共同基金	允许小投资者将其资金汇聚起来并投资于大额的货币市场证券，以参与货币市场

11.3.1　财政部

美国财政部在货币市场中的地位很独特：它始终是货币市场资金的需求者，从来不会提供货币市场资金。美国财政部是全世界最大的货币市场借款者，它发行国债以及货币市场参与者欢迎的其他证券。短期证券使政府能在获得税收收入之前筹集到资金。财政部还会发行国库券来替换已经到期的债券。

11.3.2　联邦储备体系

联邦储备体系代表财政部负责分配所有的政府证券。美联储持有大量的国债，当它认为货币供给需要紧缩时，会将这些证券售出；反之，如果美联储认为货币供给需要扩张，则购入国债。美联储具有管理货币供给的职能，因此，成为美国货币市场上最具影响力的参与者。第 9 章和第 10 章已经深入探讨过美联储通过公开市场操作以调控经济的职能。

11.3.3　商业银行

商业银行所持有的美国政府证券的比例仅次于养老金，部分原因是对银行的管制限制了银行所能获得的投资机会。特别地，这种管制禁止银行持有风险较高的证券，如股票或公司债券。由于国债风险低且具有流动性，故对于银行持有国债没有限制。

银行同时也是可转让存单、银行承兑汇票、联邦基金以及回购协议的主要发行人。除了使用货币市场证券来帮助管理银行的流动性外，很多银行还代其客户进行这种证券的交易。

并非所有银行都代表客户在二级市场上进行交易。只有规模较大的银行才能承担这种业务，它们通常被称为货币中心银行。美国最大的货币中心银行包括花旗银行、美国银行、J. P. 摩根以及富国银行。

11.3.4 企业

很多企业都会在货币市场上买卖证券。这样的运作涉及的金额很大，只有大企业才能进行这种交易。如前所述，企业广泛使用货币市场证券来贮存盈余资金以及筹集短期资金。本章稍后将讨论银行发行的几种特殊的货币市场证券。

11.3.5 投资公司和证券公司

参与货币市场的其他金融机构如表 11－2 所示。

(1) 投资公司。规模较大的各种证券经纪公司在货币市场上非常活跃。美国最大的投资公司包括美国银行、美林证券、巴克莱资本、瑞士信贷和高盛。这些经销商最基本的职能是通过组织购买或出售证券的投资交易为货币市场证券"做市"。这些公司对于货币市场的流动性非常重要，因为它们能够确保买卖双方快速实现交易。我们将在第 22 章讨论各种投资公司。

(2) 金融公司。金融公司主要是通过出售商业票据在货币市场上筹集资金，然后将资金借给客户用于购买耐用品，如汽车、船或者家装材料。金融公司以及相关公司将在第 27 章讨论（网址为：www. pearsonhighered. com/mishkin _ eakins）。

(3) 保险公司。财产和意外伤害保险公司需要面对无法预期的资金需求，因此，它们必须保持一定的流动性。例如在 2012 年，当台风袭击美国东北部地区时，保险公司需要为投保人支付数十亿美元的赔偿金。为了满足这种意外的资金需求，保险公司需要出售一些货币市场证券来筹集现金。第 21 章将会讨论保险公司。

(4) 养老金。养老金将现金的一部分投资于货币市场，伺机寻找投资于股票市场或债券市场的投资机会。与保险公司一样，养老金也必须具有足够的流动性来负担其义务。由于其支出是可以预计的，所以并不需要持有大量货币市场证券。养老金会在第 21 章讨论。

11.3.6 个人

在 20 世纪 70 年代末期，通货膨胀率开始上涨，银行为存款所提供的利率对于个人投资者而言不再具有吸引力。同时，经纪行开始推动货币市场共同基金的发展，这种基金能够提供更高的利率。

银行无法阻止大量现金撤离银行投向共同基金，因为管理当局对银行为存款支付的利率设定了一个上限。为了应对银行资金外撤的问题，政府修改了这些管制规定。银行迅速提高利率水平，重新吸引投资者的资金。这一举措阻止了资金快速外逃的趋势，但货币市场共同基金仍是一种很受个人投资者欢迎的投资选择。共同基金的优势在于，它允许投资者用很少的现金投资于大额证券。第 20 章将进一步深入讨论货币市场共同基金。

11.4 货币市场工具

有各种各样的货币市场工具可以满足市场参与者的不同需求。对一个投资者来说，某种证券也许是完美的投资工具，但对别的投资者而言，可能另一种证券才是最适合的。本节将深入了解货币市场工具的特点，以及货币市场参与者如何使用它们来对自己的现金进行管理。

11.4.1 国库券

美国财政部发行各种债务凭证为政府融资，大众持有最多、流动性最强的证券就是国库券。国库券的到期日分为 28 天、91 天和 128 天。2008 年之前，国库券的最小面值为 1 000美元。2008 年推出了面值为新的 100 美元的国库券。政府为个人投资者提供了一种直接购买国库券的工具，投资者通过互联网就能买到国库券。这种购买证券的方法是在 1998 年推出的，它表明了美国财政部为使国债更加广泛地被接受而做出的努力。

政府并不真正为国库券支付利息。替代的方法是，以一个面值（国库券到期时的价值）的折扣价格来发行国库券。投资者的收益来自国库券买入日和到期日之间的价差。

案例 11—1

对国债价格贴现以支付利息

大部分货币市场证券并不支付利息。替代的方法是，投资者为证券支付的价格比其到期时获得的面值少一些，这样就提供了一种回报率，称为**贴现**（discounting)。这种方法在短期证券中很普遍，因为这些证券通常在发行人汇出利息支票之前就到期了。（我们曾在第 3 章讨论过贴现。）

表 11 - 3 展示了典型的国债拍卖结果。在第一行中可以看到面值为 100 美元的 28 天期国债卖价为 99. 999 222 美元。这意味着 1 000 美元的国债折价为 999. 99 美元。表中也展示出了贴现率和投资收益率。贴现率的计算方法如下：

$$i_{\text{discount}} = \frac{F-P}{F} \times \frac{360}{n} \tag{11—1}$$

式中：

i_{discount}——年化贴现率（%）；

P——购买价格；

F——面值或到期价值；

n——距离到期日的天数。

注意上式的一些特点：第一，在计算回报率时，分母是面值。你支付的价格低于面值，所以，回报率被低估。第二，在计算年化回报率时，将一年看作 360（=30×12）天。相比于按照一年 365 天计算的回报率，此方法也低估了回报率。

投资收益率的计算方法为：

$$i_{investment} = \frac{F-P}{P} \times \frac{365}{n} \tag{11—2}$$

表 11-3　　近期国债的拍卖结果

债券类型	发行日期	到期日	贴现率	投资收益率	每 100 美元的价格	CUSIP 号码
28 天	2013-05-16	2013-06-13	0.01	0.01	99.999 222	912796AL3
91 天	2013-05-16	2013-08-15	0.045	0.046	99.988 625	912796AX7
182 天	2013-05-16	2013-11-14	0.08	0.081	99.959 556	912796AE9
28 天	2013-05-09	2013-06-06	0	0	100	912796AJ8
91 天	2013-05-09	2013-08-08	0.04	0.041	99.989 889	912796AV1

资料来源：http://www.treasurydirect.gov/RI/OFBills.

【例 11—1】 贴现率和投资收益率的计算

你在 2013 年 4 月购买面值为 1 000 美元的 28 天期国债，价格为 999.992 22 美元。那么，贴现率和投资收益率是多少？

解：

贴现率：

$$i_{discount} = \frac{1\,000 - 999.992\,22}{1\,000} \times \frac{360}{28}$$

$$i_{discount} = 0.01\%$$

投资收益率：

$$i_{investment} = \frac{1\,000 - 999.99\,222}{999.99\,222} \times \frac{365}{28}$$

$$i_{investment} = 0.01\%$$

计算结果和表 11-3 中对应的报告数据相同。

登录 www.treasurydirect.gov，研究国债是如何拍卖的。

(1) 风险。事实上，国库券的违约风险为零，即使政府用完现金，它还可以继续印发更多钞票，在这批国库券到期时将其赎回。国库券的到期期限非常短，并且预期通货膨胀变动所引发的风险也很小。国债市场极具深度和流动性，**深度市场**（deep market）是指同时拥有许多不同买方和卖方的市场。**高流动性市场**（liquid market）是指在该市场中，证券可以迅速以很低的交易成本买卖。在富有深度和流动性的市场中，不会出现投资者希望出售证券却不能出售的状况，因此，投资者面临的风险很小。

1996 年初出现的预算争议几乎导致政府无法偿还债务，尽管长期以来大家一直相信这样的情况不可能发生。国会试图借助于拒绝通过一项临时性一揽子政府支出计划来强迫克林顿总统签发预算案，如果僵局持续的时间更长一些，我们可能会看到有史以来美国政府证券第一次出现违约问题。2013 年 1 月发生了类似的状况，国会和总统在支出削减问题上无法达成共识，政府债务违约擦肩而过。如果市场决定对所有政府证券的价格加上一个违约风险溢价，我们可以设想它会对利率有怎样的长期影响。

(2) 国债拍卖。每周，美国财政部都会宣布将要出售的国债类型和数量。财政部接受最高报价，报价最高的购买者会得到优先购买权。购买者将根据收益率报价从低到高升序排列获得国债购买权，直到售完为止。每位购买者最终将以最高收益率对应的价格成交。

上面所描述的购买方式是**竞价招标**（competitive bidding），美国财政部也使用**非竞价招标**（noncompetitive bidding）作为竞价招标的替代方式。当政府采用竞价招标方式出售国债时，投资者会报出国债的数量以及愿意支付的价格。而在非竞价招标中，投资者只需报出需要的数量，其价格是根据所接受的竞价招标的价格制定的。这样，两种招标方式下的投资者购买国债的价格相同。两者最大的区别在于，参与竞价招标者最终可能无法购得证券，但是参加非竞价招标者一定可以购得证券。

1976 年，美国财政部将所有可以交易的联邦债券转换为**记账式债券**（book entry），用来代替凭证式债券。在记账体系中，财政部发行国债的所有权只记录在美联储的计算机中，实质上就是电子账簿代替了实际的证券凭证。该程序降低了发行国债的成本，也降低了债券在二级市场上交易时的转让成本。

美国财政部拍卖债券的过程应该是具有高度竞争性的，而且是公平的。为了确保具有合适的竞争程度，一个交易商的购买量不能超过发行总量的 35%，大约有 40 家主要的交易商会定期参加拍卖。所罗门美邦公司曾被发现违反了对交易商一次性能够购买的债券份额上限的规定，其后果非常严重（参见小案例“美国财政部国债拍卖出了问题”）。

小案例 11—1　美国财政部国债拍卖出了问题

每周四，美国财政部都会公布将要出售的 28 天期、91 天期、182 天期国债的数量。买主可以在下周一之前递交竞价，财政部在第二天早上会给出结果，接受最高报价。

美国财政部拍卖债券的过程应该是具有高度竞争性的，而且是公平的。为了确保具有合适的竞争程度，一个交易商的购买量不能超过发行总量的 35%，大约有 40 家主要的交易商会定期参加该拍卖。

1991 年，所罗门美邦公司违背购买国债的规定，从而形成对国债市场的垄断，情况一经揭露，立即引起对这种拍卖公正性的质疑。所罗门美邦公司通过提交一个比较高的报价，以公司的名义购买了 35%的国债，随后以其客户的名义又购买了许多，之后公司再从客户处购入。这些客户并不知情，或并未同意所罗门美邦公司这么做。由于存在这种交易，所罗门美邦公司获得了市场的垄断权，并得到垄断溢价。对所罗门美邦公司的调查显示，在 1991 年 5 月的一次交易中，该公司获得了 110 亿美元债券发行总量 94%的份额。在此内幕被揭露后所引发的丑闻中，所罗门美邦公司主席约翰·古特弗罗因德（John Gutfreund）以及其他几位高层相继退休。自那时起，为了保证市场具有足够的竞争性，财政部又制定了一些新的规章制度。

（3）国库券利率。国库券接近于是无风险的。由于被视为是无风险证券，国库券的利率在整个金融市场中是最低的。国库券投资者发现，几年后，他们获得的收益甚至不能弥补由通货膨胀引起的购买力下降。图 11 - 2 显示了 1973—2013 年的国库券利率以及通货膨胀率。正如第 3 章讨论过的那样，实际利率有时会小于零。自 1973 年以来，有一些时期通货膨胀率达到或超过了国库券的利率水平。很明显，国库券投资不是最好的选择，它只能被用于暂时性地贮存盈余资金，这种投资收益有时跑不过通货膨胀。

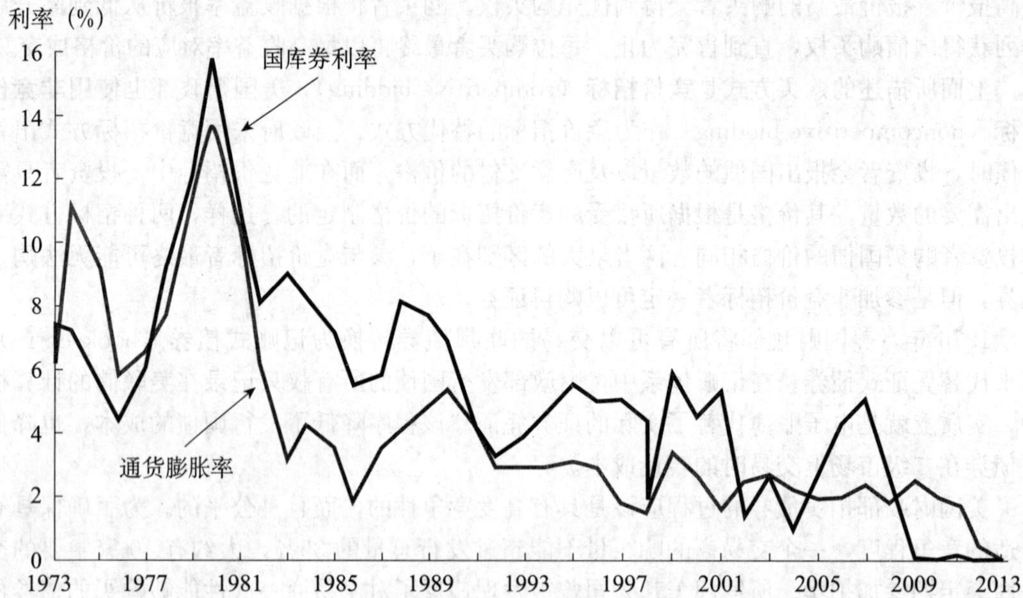

图 11-2　1973 年 1 月—2013 年 1 月国库券利率和通货膨胀率

资料来源：http：//www.federalreserve.gov/releases；消费品价格指数：ftp：//ftp.bls.gov/pub/special.requests/cpi/cpiai.txt。

11.4.2　联邦基金

联邦基金是金融机构之间互相转让（借入与贷出）的短期资金，期限通常只有一天。联邦基金这个名称带有一定的误导性，联邦基金和美国联邦政府一点关系都没有。该术语始于 20 世纪 20 年代联邦基金市场成立时，拥有超额准备金的银行可以将这些资金通过该市场借给有需要的其他银行，自那时起，该名称就沿用至今。借入这些资金的利率与美联储对贴现贷款收取的利率水平很接近。

（1）联邦基金的目的。美联储对所有银行制定了银行必须达到的最低法定准备金要求。为了满足这些法定准备金要求，银行必须将其总存款的一部分存入美联储。联邦基金的主要目的就是为准备金短缺的银行提供可即时拆入的资金。银行可以从美联储直接借款，但美联储不鼓励银行从美联储进行常规的借款。即使联邦基金的利率很低，它也能击败其他投资工具，成为许多银行的选择。联邦基金的受欢迎程度可以通过下列事实得以证实：在一天里，大约有 2 500 亿美元联邦基金被转手交易。

（2）联邦基金的期限。联邦基金通常是隔夜拆借。银行每天都会分析准备金状况，根据其有超额准备金或法定准备金不足的状况，决定拆出或拆入基金。如果某家银行发现自己有 5 000 万美元的超额准备金，它会通知其往来银行（具有往来账户的银行），询问对方在当天是否需要准备金，银行会将其超额准备金出售给提供最高利率的银行。一旦达成协议，具有超额准备金的银行就会将资金电汇给借款银行。在这个过程中，需要通过通信终端告知美联储，将资金从出售方在美联储的账户中转到借款方账户中。第二天资金就会划转回来，同样的程序会重复进行。

大多数联邦基金拆借是没有担保的。一般来说，拆借协议以买卖双方的口头协议为依据。

（3）联邦基金利率。联邦基金利率是由供需决定的。这是一个竞争性市场，分析人员会仔细观察短期利率的变化迹象。新闻报道的联邦基金利率被称为有效利率，在《美联储公告》（*Federal Reserve Bulletin*）中，该利率被定义为纽约经纪人进行交易的利率的加权平均值。

联邦储备体系不能直接控制联邦基金利率，但可以通过调整系统内银行可利用的准备金水平对该利率施加间接影响。正如第 10 章所提到的，美联储可以通过购买证券来增加金融体系中的货币总额。当投资者将证券出售给美联储时，所获得的资金被存在它们在美联储的银行账户中。这些存款提高了金融体系中的准备金供给量，使利率水平降低。如果美联储通过出售证券吸纳资金，联邦基金利率将会提高。美联储通常都会提前宣布其提高或降低联邦基金利率的意图。尽管这些利率不会对工商企业以及消费者产生大的直接影响，但分析人士仍将其视为表示美联储所期望的美国经济走势的重要指标。图 11－3 对联邦基金利率和国库券利率进行了比较。很明显，两种利率的变化趋势相同。

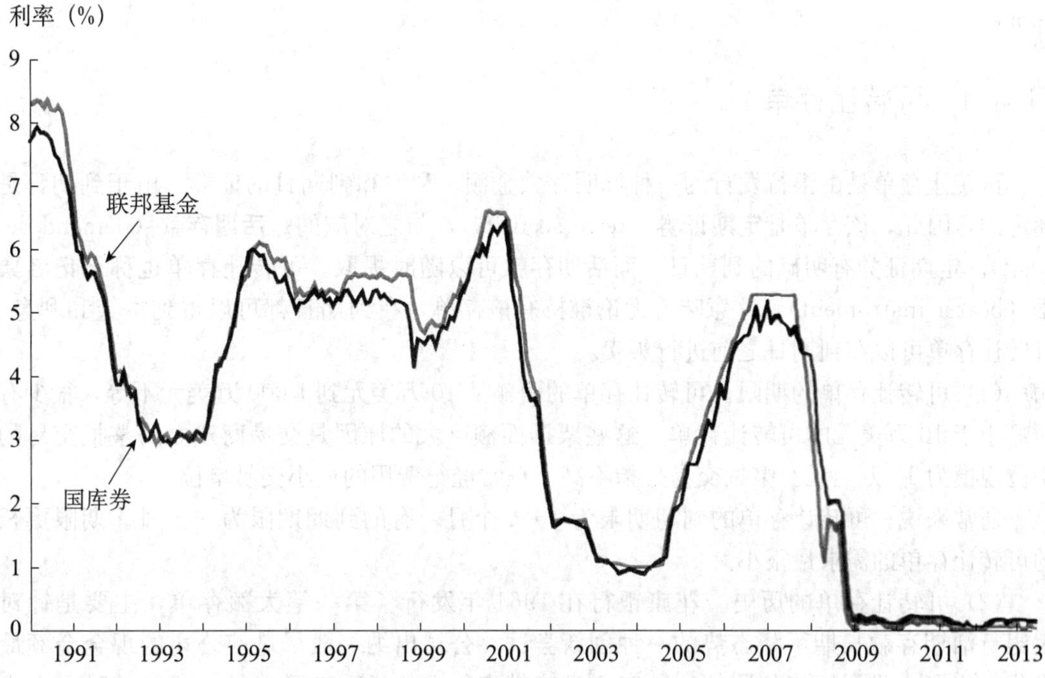

图 11－3　1990 年 1 月—2013 年 1 月联邦基金利率和国库券利率

资料来源：http：//www. federalreserve. gov /.

11.4.3　回购协议

非银行机构可以参与回购，除了这一点外，回购协议的工作原理和联邦基金很相似。企业可以通过回购协议出售财政部发行的国债，凭借该协议，企业同意在指定的未来某个时间回购这些证券。大部分回购协议的期限都很短，通常是 3～14 天。但是，也有交易 1～3个月回购协议的市场。

（1）回购协议的用途。政府证券的交易商经常参与回购协议的交易。交易商向银行出售证券，并承诺第二天回购这些证券，这使得回购协议实际上变成了短期抵押贷款。证券交易商利用回购协议进行流动性管理，并从预期利率变动中获得利润。

联邦储备体系使用回购协议来实施货币政策。我们在第 10 章讨论过货币政策的一些细节问题。货币政策的执行通常要求美联储临时性地调整银行准备金。为了完成这种调整，美联储将会在回购协议市场上购入或售出国债。美联储回购协议的到期期限不会超过 15 天。

(2) 回购协议的利率。回购协议用国债作为抵押物，这通常是一种风险很小的投资方式，故利率较低。该市场也会出现亏损，尽管这种情况很少发生。例如，1985 年 ESM 政府证券股份有限公司和毕维尔·布列斯勒公司相继宣告破产。这些公司用相同的证券为多笔贷款作抵押，使得购买超过 5 亿美元回购协议的市政当局遭受了巨大损失。该损失还造成俄亥俄州州立存款保险系统的崩溃。

更近一些的例子是，因为抵押证券价值降低到标准以下，因而 2007—2008 年的金融危机影响到回购市场。贷款者偿还短期债务的能力被快速削弱，在这段时期回购市场发展混乱。

11.4.4 可转让存单

可转让存单是由银行发行的一种标明存款金额、利率和到期日的证券。由于到期日是确定的，因此，该存单是**定期证券**（term security），与之对应的是**活期存款**（demand deposit）。定期证券有明确的到期日，而活期存款可以随时提取。可转让存单也称**无记名票据**（bearer instrument）。这意味着无论谁持有该存单，在到期日都可以得到本金和利息。可转让存单可以在到期日之前进行买卖。

(1) 可转让存单的期限。可转让存单的面额从 10 万美元到 1 000 万美元不等，很少有面额小于 10 万美元的可转让存单。这些票据面额巨大的原因是交易商建立的整批交易的单位规模为 10 万美元。整批交易是指不高于正常经纪费用的最小交易单位。

通常来说，可转让存单的到期期限为 1～4 个月，有的到期期限为 6 个月。期限更长的可转让存单的需求量很小。

(2) 可转让存单的历史。花旗银行在 1961 年发行了第一笔大额存单，主要是针对大银行活期存款长期下降态势的一种创新尝试。公司出纳一般尽量使公司的现金余额最小化，将资金投资于诸如国债这种安全且能带来收入的货币市场工具。存单的吸引人之处在于，它支付的是市场利率。但是，有一个问题，即银行为存单支付的利率水平受到 Q 条例的限制。只要大部分证券的利率水平都很低，Q 条例就不会对存单市场的需求产生影响。当利率水平提高到超过 Q 条例所允许的利率上限时，存单市场就不复存在了。作为应对，银行开始提供海外存单业务，这样就不用受到 Q 条例的限制。1970 年，国会修正了 Q 条例，取消了对超过 10 万美元存单的限制。到 1972 年为止，存单在银行存款总额中所占的比重大约为 40%。现在，存单仅次于国债，是第二大受欢迎的货币市场工具。

(3) 可转让存单的利率。图 11 - 4 绘出了可转让存单以及国库券的利率变化趋势。为可转让存单支付的利率是由银行和客户之间的协议确定的。存单的风险较低，其利率与为其他货币市场工具支付的利率水平接近。大的货币中心银行可以提供比其他银行更低的利率，投资者相信联邦政府不会允许本国规模最大的几家银行出现倒闭的情况。这种信念使得银行的还款风险更小。

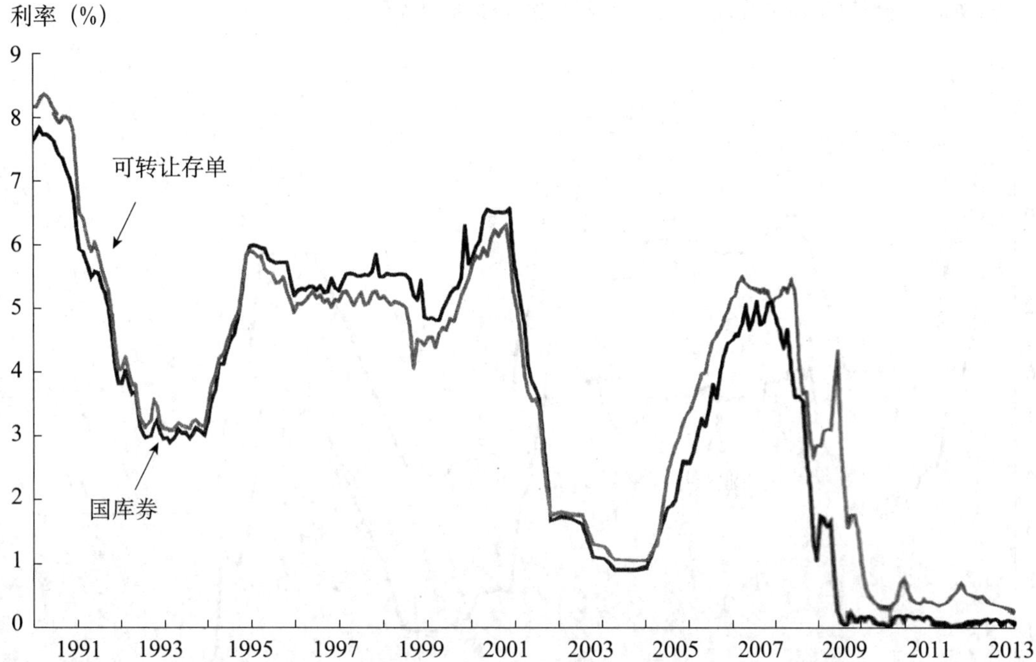

图 11-4　1990 年 1 月—2013 年 1 月可转让存单和国库券的利率

资料来源：http：//www. federalreserve. gov/releases/h15/data. htm.

11.4.5　商业票据

商业票据是无担保的商业期票，由企业开具，期限不超过 270 天。由于商业票据是无担保的，因此，只有最大以及最有信誉的企业才能发行商业票据。商业票据的利率反映了发行企业的风险水平。

> 登录 www. federalreserve. gov/release/CP/，找到有关商业票据的详细信息，包括计算商业票据利息的标准、未偿还总量和历史贴现率。

（1）期限和发行。商业票据的初始到期期限总是少于 270 天，这是为了避免美国证券交易委员会对票据发行进行登记的要求。（为了不用在美国证券交易委员会登记，发行的初始到期期限必须少于 270 天，且必须供当期交易使用。）大部分商业票据的到期期限实际上都为 20～45 天。与国债一样，大部分商业票据都以贴现方式发行。

大约有 60％的商业票据由发行人直接出售给购买者，剩下的部分由商业票据市场中的交易商负责出售。商业票据不存在一个强有力的二级市场，如果商业票据的购买者急需现金，交易商将会赎回商业票据，但通常并不需要这么做。

（2）商业票据的历史。自 20 世纪 20 年代以来，商业票据以许多不同的形式被使用。1969 年，紧缩的货币环境使银行持股公司出售商业票据为新的贷款筹集资金。作为回应，为了控制货币供给，1970 年，美联储对银行发行的商业票据施加准备金要求，这些要求使银行发行商业票据的优势不复存在。但是，银行持股公司仍然使用商业票据为租赁业务和消费者融资业务提供资金。

20 世纪 80 年代，由于银行贷款成本增加，商业票据的用途大为拓展。图 11-5 绘出了在 1990 年 1 月到 2013 年 4 月间，商业票据利率与银行基准利率的比较。商业票据之所以成为银行贷款的重要替代方式，主要是因为其成本较低。

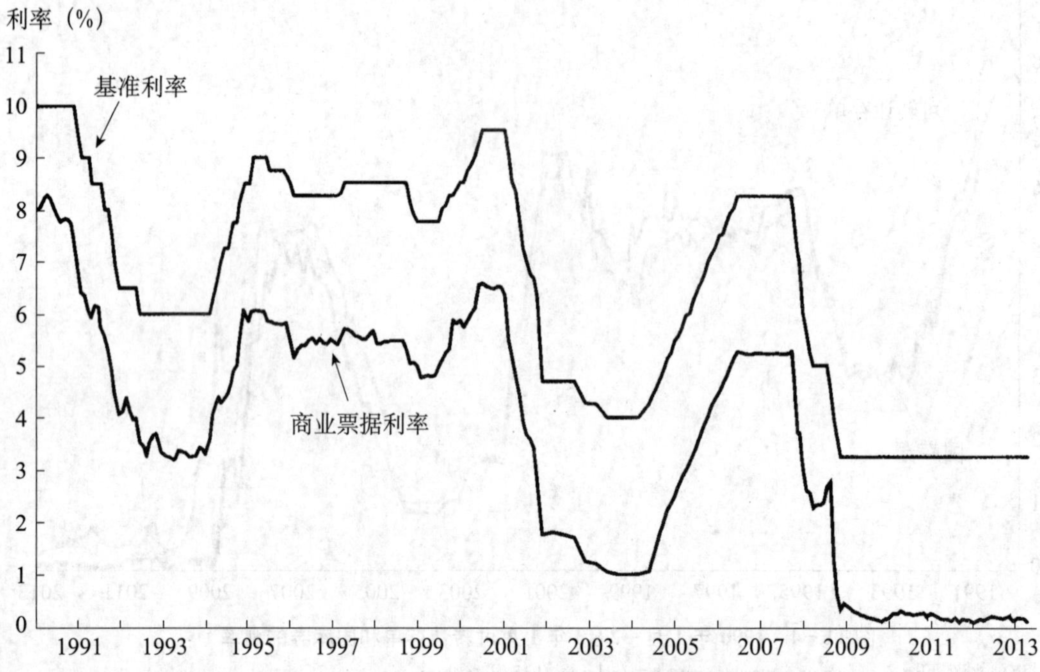

图 11-5　1990—2013 年的商业票据利率和基准利率

资料来源：http://www.federalreserve.gov/releases/h15/current/default.htm.

（3）商业票据市场。非银行企业广泛使用商业票据，为其提供给客户的贷款筹集资金。例如，通用汽车金融服务公司通过发行商业票据借入资金，然后用获得的资金为购买通用汽车的消费者提供贷款。与之类似，GE 资本以及克莱斯勒信贷公司使用商业票据为向客户贷款提供资金。依据利率水平的不同，发行商业票据的公司总数为 600～800 家。其中，大部分企业使用 30 家商业票据交易商之一来完成买卖配对。大型的纽约货币中心银行在该市场中非常活跃。一些大的商业票据发行企业用**直接募集**（direct placement）的方式出售证券。在直接募集中，发行企业绕过交易商将商业票据直接出售给最终投资者。该方法的优点在于，这种发行方式能够节约交易商收取的 0.125%的佣金费用。

大多数商业票据的发行人使用其在银行的信贷额度来为发行这些票据提供偿还保证。这意味着在发行企业不能清偿已到期票据的情况下，银行会向公司提供借款为其还款融资。信贷额度降低了票据购买者的风险，也降低了票据的利率。提供支持信贷额度的银行事先同意，如果需要帮助偿还有待清偿的票据，将向票据发行人提供贷款。银行对这项服务收取 0.5%～1%的费用。发行票据的企业将支付这笔费用，因为它们通过使用该信贷额度，可使承担的利息成本下降，而节约的金额大于这笔费用。

最初，商业银行是商业票据的购买者，如今，该市场已经大为拓展，包括大型保险公司、非金融企业、银行信托部门以及联邦政府养老金。这些公司都是被相对较低的违约风险、较短的到期期限以及由该证券提供的较高收益率所吸引。2013 年，已公开发行的商业票据总额大约为 0.85 万亿美元，见图 11-6。

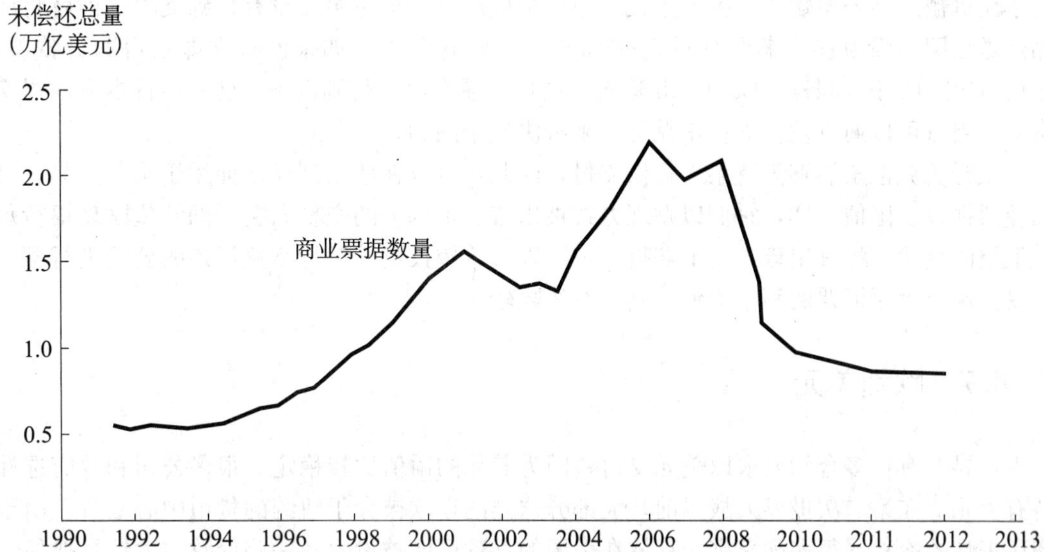

图 11-6 商业票据未偿还总量

资料来源：http：//www. federalreserve. gov/releases/cp/yrend. htm.

（4）资产支持商业票据在金融危机中的作用。作为一种特殊的商业票据，**资产支持商业票据**（asset-backed commercial paper，ABCP）在 2008 年的次贷危机中扮演了重要角色。资产支持商业票据是短期证券，超过一半的到期期限是 1～4 日，平均到期期限是 30 天。资产支持商业票据和传统商业票据的区别在于，它有一揽子资产作为抵押物。在 2004—2007 年，这些抵押资产大部分是证券化的抵押贷款。大多数的资产支持商业票据保证人拥有大型评级机构的信用评级，但对抵押资产却不是很了解。在抵押贷款证券化泡沫破裂之时，资产支持商业票据的规模比 2004 年几乎扩大了一倍，达到了 1 万亿美元。

在 2007—2008 年，当次级抵押贷款的问题暴露出来时，被其保障的资产支持商业票据发生了大规模挤兑。与商业银行存款不同的是，资产支持商业票据并没有存款保险来支撑。投资者试着在饱和的市场上出售它们。问题蔓延到共同基金等货币市场。共同基金的赎回会导致“跌破净值”，在这种情况下基金赎回价不足 1 美元，也许是 90 美分。2008 年 9 月，政府确定了保障计划，以防止货币市场共同基金市场的崩溃，允许共同基金所持有的资产支持商业票据被有秩序地清算。①

11.4.6 银行承兑汇票

银行承兑汇票是一种在某一确定日期向持票人支付指定金额的支付命令。自 12 世纪以来，银行承兑汇票就一直沿用至今。但是，直到 20 世纪 60 年代，随着国际贸易的迅速增长，银行承兑汇票才成为主要的货币市场工具。银行承兑汇票是在商品卖方尚未将商品

① 关于资产支持商业票据更详细的信息及其在次贷危机中的作用，参见联邦储备委员会的工作报告“The Evolution of a Financial Crisis：Panic in the Asset-Backed Commercial Paper Market，” by Daniel Covitz，Nellie Liang，and Gustavo Suarez。

交付给买方的情况下提供的商业信用。例如，假设美国的 Builtwell 建筑公司希望从日本的小松机械产品公司购买一种推土机。小松机械产品公司不愿在没有得到支付之前就将产品运送出国，因为它从来没有听说过 Builtwell 建筑公司，如果没有立即获得购买款项，今后将很难收账。同样，Builtwell 建筑公司也不愿在没有得到设备之前就向日本方面提交贷款。银行可以通过发行银行承兑汇票来解决这个问题。

银行承兑汇票能够为持票人提供支付，因此，可以在票据到期之前用于买卖交易。与商业票据以及国债一样，它们以贴现方式被出售。市场上的交易商会帮助希望贴现银行承兑汇票的企业（将其出售，马上获得支付）以及希望投资于银行承兑汇票的公司进行配对交易。银行承兑汇票的利率很低，其违约风险较小。

11.4.7 欧洲美元

世界上有很多合约要求以美元支付，因为美元的币值比较稳定。很多公司和政府选择持有美元。在第二次世界大战以前，大部分这样的存款被存于纽约的货币中心银行。由于随后来临的冷战，很多国家害怕存放在美国的存款可能被没收，一些伦敦的大银行抓住这个契机，在英国的银行提供以美元计值的存款服务。这些存款被称为欧洲美元（参见全球视野“具有讽刺意味的欧洲美元市场的诞生”）。

欧洲美元市场持续快速发展，主要原因在于存款人在欧洲美元市场上的存款能够获得比国内市场更高的利率。与此同时，借款人在欧洲美元市场上的借款也能得到比国内市场更优惠的利率。这是因为跨国银行和美国国内银行受到不同的管制约束，还因为这些跨国银行愿意并能接受较小的存贷利差。

（1）伦敦银行间同业市场。伦敦的一些大型银行在欧洲美元同业市场中起到代理人的作用。银行利用联邦基金弥补其准备金的暂时性短缺，欧洲美元是对联邦基金的一种替代。世界各国银行都在该市场买卖隔夜资金。在该市场中，银行支付的拆入资金的利率被称为**伦敦银行间同业拆入利率**（London interbank bid rate，LIBID）。在该市场中，用于拆出的资金利率被称为**伦敦银行间同业拆放利率**（London interbank offer rate，LIBOR）。由于大量银行参与这一市场的交易活动，该市场极具竞争性。拆入利率和拆放利率的利差很少会超过 0.125%。欧洲美元存款都是定期存款，这意味着在一段给定的时间内，这些存款都不能被提取。尽管在大多数情况下，普遍的时间期限为隔夜，但也存在一些具有其他到期期限的欧洲美元存款。每种到期期限对应的利率各不相同。

隔夜伦敦银行间同业拆放利率和联邦基金利率非常接近，两者是几近完美的替代品。假设联邦基金利率超过了隔夜伦敦银行间同业拆放利率，需要拆借资金的银行将会选择欧洲美元市场，这样其利率将会提高；同样，有盈余资金的银行倾向于贷给联邦基金，这样联邦基金利率将会降低。供需的作用使得两种利率迅速调整并趋于一致。

过去，大部分可调整利率的短期贷款的利率钉住美国国债利率。然而，欧洲美元市场极具广度和深度，其利率相对于其他工具的利率成为基准利率。例如，美国商业票据市场对其利率的报价是以其与伦敦银行间同业拆放利率的利差形式报出的，而不是参照美国国债利率。

欧洲美元市场现在也不仅限于在伦敦的银行。该市场中的主要经纪公司在世界范围内的所有主要金融中心都设有办事处。

（2）欧洲美元存单。由于欧洲美元是具有固定到期期限的定期存单，因而从某种程度上说，它们是不具有流动性的。与以往一样，金融市场会创造出新的证券种类来解决这个问题。这些新的证券就是可转让存单。大部分欧洲美元存单的期限很短，欧洲美元可转让存单市场因此受限，其占常规欧洲美元存款总额的比重不足10%。可转让存单市场的规模比较小。

（3）其他欧洲货币。到目前为止，欧洲美元市场是世界上最大的短期证券市场，因为在国际贸易中美元非常受欢迎。然而，该市场也不仅限于美元，很有可能在一家伦敦或纽约银行中存在以日元计值的账户，这样的账户被称为欧洲日元账户。类似地，其他货币市场也是存在的。请记住，如果市场参与者需要一种特别的证券，并且愿意购买这种证券，那么金融市场会随时创造出这样的证券。

全球视野 11—1　具有讽刺意味的欧洲美元市场的诞生

资本主义最大的讽刺之一就是欧洲美元市场，该市场是资本家最重要的金融市场之一，但它却是由苏联发起创建的。20世纪50年代早期，在冷战的高峰时期，苏联在美国的银行积累了总量可观的美元存款。苏联人害怕美国联邦政府可能会冻结这些存在美国的资产，他们希望将这些存款转移到欧洲，这样可能比较安全，存款不会被没收（这种恐惧也并非没有道理——考虑到美国在1979年冻结了伊朗的资产，在1990年冻结了伊拉克的资产）。然而，他们还是希望持有美元存款，这些存款可用于国际贸易。解决的途径就是将这些存款转移到欧洲的银行，但存款还是以美元计值。苏联就这么做了，从此欧洲美元诞生了。

11.5　货币市场工具的比较

尽管货币市场证券具有一些共同的特征，如流动性、安全性以及短期期限，但是，在某些方面，它们之间还是存在一定的差异。

11.5.1　利率

图11－7对我们所讨论的几种货币市场工具的利率进行了比较。图中最显著的特征是，所有的货币市场工具的利率看起来都是很紧密地随时间同步变化，所有的货币市场工具都是期限短、利率低。它们都富有市场深度，其价格是通过竞争确定的。此外，这些工具有很多相同的风险和期限特征，它们是非常近似的替代品。如果一种工具的利率与其他工具的利率相比有暂时性的偏离，市场中的供需力量就会很快将其调整过来。值得注意的是，跟随2007—2008年的金融危机，这些利率对全球萧条反应迅速。货币市场利率在五年后依然处于历史低点。

11.5.2　流动性

正如我们在第4章所讨论的，证券的流动性是指证券能够多快捷、方便并低成本地被转

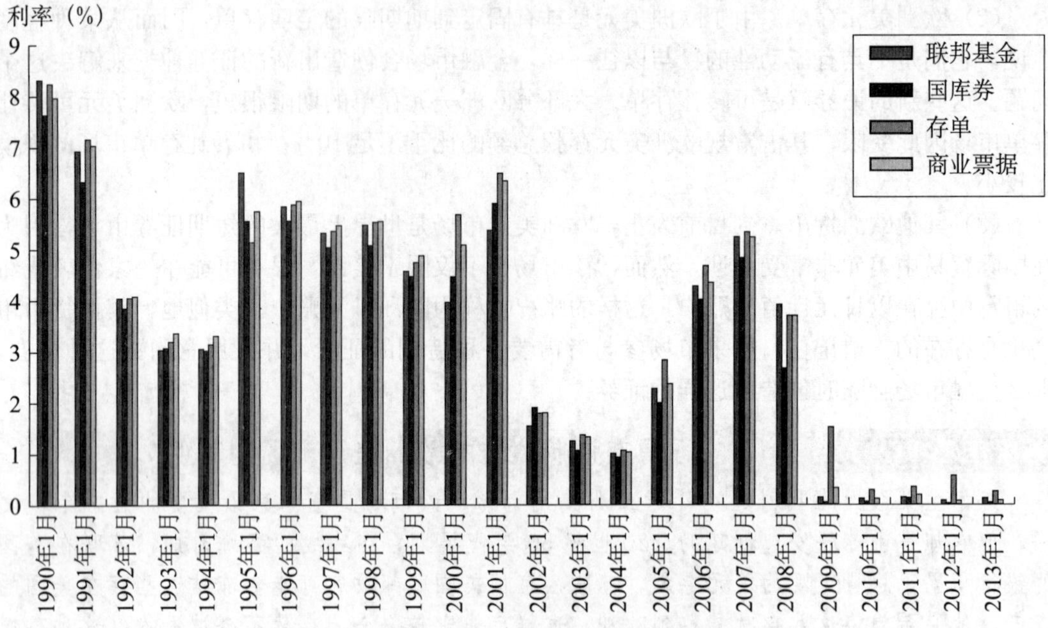

图 11－7　1990—2013 年货币市场证券的利率水平

资料来源：http：//www.federalreserve.gov/releases/h15/data.htm.

换为现金。通常说来，证券二级市场的深度决定了其流动性。例如，国债的二级市场非常大、发展得相当好，因此，国债能够快速并以较低的成本被转换为现金。相反地，商业票据的二级市场没有得到很好的发展，大部分商业票据持有者都会将该证券持有至到期。如果商业票据投资者需要将这些证券售出以获得现金，很有可能经纪人会为此收取相当高的费用。

在某些方面，二级市场的深度对货币市场证券不如对股票和债券这样的长期证券那么重要，这是因为货币市场证券初始都属于短期证券。然而，很多投资者希望进行流动性干预：他们寻找一家金融机构来提供原先并不存在的流动性。这就是货币市场共同基金的一个功能（将在第 20 章讨论）。

表 11－4 对货币市场证券以及这些证券二级市场的深度进行了总结。

表 11－4　　货币市场证券及其市场

货币市场证券	发行人	购买者	到期期限	二级市场
国库券	美国联邦政府	消费者和公司	4 周，13 周，26 周	很好
联邦基金	银行	银行	1～7 天	无
回购协议	工商企业和银行	工商企业和银行	1～15 天	不错
可转让存单	大型货币中心银行	工商企业	14～120 天	不错
商业票据	金融公司和工商企业	工商企业	1～270 天	很差
银行承兑汇票	银行	工商企业	30～180 天	不错
欧洲美元存款	非美国银行	工商企业、政府和银行	1 天～1 年	很差

11.5.3 货币市场工具的定价

假设你为美林公司工作，工作的内容就是在当周提交对国债的报价。你怎么知道该提交何种价格？应该首先确定希望获得的收益率。假设你根据对第 3 章以及第 4 章中关于利率的内容的理解，希望获得 2%的回报率。为了简化运算过程，假设所投标的证券的到期期限为 1 年。我们知道在国债到期时将会得到 1 000 美元，需要计算出我们今天支付多少金额以获得这 1 000 美元。计算现值的过程在第 3 章的例 3—1 中已经讨论过，即

$$PV=\frac{FV}{(1+i)^n}$$

在这个例子中，FV=1 000 美元，i=0.02，到期期限为 1 年，故

$$PV=\frac{1\ 000}{1+0.02}=980.39\text{（美元）}$$

请注意，随着利率的提高，证券价格会发生何种变化。分母变大，当期价格将会降低。例如，如果利率提高到 3%，证券的价格将会跌至 970.87（=1 000/1.03）美元。

这种将未来到期价值贴现回现值的方法是在货币市场证券定价中使用最多的一种方法。

本章小结

1. 货币市场证券是初始到期期限在一年以内的短期投资工具。这些证券在货币市场中进行交易，包括国债、商业票据、联邦基金、回购协议、可转让存单、银行承兑汇票以及欧洲美元。

2. 货币市场证券用于“贮存”资金以备使用。由于这些证券的风险很小，且流动性很高，因此，投资回报率很低。

3. 很多货币市场参与者会同时买卖这些货币市场证券。美国财政部、商业银行、工商企业以及个人都能通过这些低风险的短期投资工具获益。

4. 所有货币市场证券的利率都随着时间的推移而同步变化。国债的利率水平最低，它实际上根本没有违约风险。银行承兑汇票以及可转让存单的利率水平次之，它们都有具备资信的大型货币中心银行为之提供担保。

重要专业术语

资产支持商业票据（ABCP）	无记名票据	记账式债券
竞价招标	深度市场	活期存款
直接募集	贴现	高流动性市场
伦敦银行间同业拆入利率（LIBID）	伦敦银行间同业拆放利率（LIBOR）	
非竞价招标	定期证券	批发市场

习题

1. 货币市场的特征是什么？
2. 29 年前发行、距到期日还剩 6 个月的长期国债是否为货币市场工具？
3. 为什么银行没有放弃对货币市场的需求？
4. 如何区分定期证券以及活期存款？
5. 促使管理当局对银行储备账户制定利率上限的目的是什么？这最终会给货币市场造成什么影响？
6. 为什么美国联邦政府会使用货币市场？

7. 为什么工商企业会使用货币市场？

8. 促使美林公司向其客户提供货币市场共同基金的最初目的是什么？

9. 为什么在货币市场上，由财产和意外伤害保险公司提供的资金多于由人寿保险公司投向货币市场的资金？

10. 何种货币市场证券的流动性最强而风险最小？为什么？

11. 区分国债的竞价招标以及非竞价招标。

12. 联邦基金是由谁发行的？通常发行该基金的目的是什么？

13. 联邦基金利率是否直接由美联储制定？

14. 商业票据由谁发行？目的何在？

15. 为什么银行承兑汇票在国际贸易中非常受欢迎？

定量问题

1. 如果你为购买一种 182 天的国库券支付了 4 925 美元，在国债到期时能够获得 5 000 美元，那么，这种债券的年化贴现率是多少？

2. 如果你为购买一种 91 天期国库券支付了 9 940 美元，在国库券到期时能够获得 10 000 美元，那么，这种债券的年化贴现率为多少？

3. 如果你希望获得 3.5%的年化贴现率，那么，你为购买一种在到期时能获得 5 000 美元的 91 天期国库券支付的最大金额为多少？

4. 如果你为购买一种 91 天期国库券支付了 9 900 美元，在国库券到期时能够获得 10 000 美元，那么，这种债券的年化贴现率为多少？

5.一种 182 天期商业票据的价格为 7 840 美元。如果年化投资收益率为 4.093%，那么，到期时该票据将支付多少金额？

6. 如果你希望获得 1.8%的贴现率，你会为一种 182 天后到期的 10 000 美元国债支付多少金额？

7.一种面值为 8 000 美元的商业票据的现价为 7 930 美元，如果年化贴现率为 4%，该票据将会在何时到期？如果年化投资收益率为 4%，该票据将会在何时到期？

8. 如果你希望获得 3%的贴现率，你会为一种 1 年后到期的 10 000 美元国库券支付多少金额？

9. 一种特别的货币市场工具的年化贴现率为 3.75%，其面值为 20 万美元，51 天后到期。其价格为多少？如果距离到期日还有 71 天，其价格又为多少？

10. 一种 91 天期商业票据的年化收益率为 3%，而 182 天期商业票据的年化收益率为 3.5%。在 91 天后，91 天期商业票据的年化收益率应该是多少？

11. 在一次美国国债拍卖中，拍卖对象是面值为 21 亿美元的 91 天期国库券。下表是提交的各种报价：

报价者	报价总额（百万美元）	价格（美元）
1	500	0.994 0
2	750	0.990 1
3	1.5	0.992 5
4	1.0	0.993 6
5	600	0.993 9

如果只收到这些竞价投标，谁将获得国库券？数量和价格分别为多少？

12. 如果美国财政部还收到了 7.5 亿美元的非竞价投标，谁将获得国债？数量和价格分别为多少？（参考第 11 题中的表。）

网络练习

货币市场

1. 登录 http：//www. federalreserve. gov/releases，可以获得最新的利率数据，找到下列证券的当期利率。

（1）最优惠利率。

（2）联邦基金。

（3）商业（金融）票据。

（4）存单。

（5）贴现利率。

（6）1 月期欧洲美元存款。

将（1）～（3）的利率与表 11－1 中的利率进行比较。整体而言，短期利率水平是升高还是降低了？

2. 美国财政部定期对货币市场上的国债进行拍卖。登录 http：//www. treasurydirect. gov/RI/OFAnnce. htm，并找到拍卖的日程安排。什么时候对下一次 4 周期（4-week）国库券进行拍卖？什么时候对下一次 13 周期（13-week）以及 26 周期（26-week）国库券进行拍卖？这些国库券多久拍卖一次？

第 12 章　债券市场

开篇预览

前一章讨论了在货币市场上进行交易的一些短期证券，本章讨论在资本市场上进行交易的证券。在资本市场上交易的证券的原始到期期限都在 1 年以上。对于每种主要的资本市场证券，包括债券、股票和抵押贷款，我们都将用整章的篇幅加以介绍，之所以如此详细地加以介绍，是因为它们对投资者、工商企业和经济运行都非常重要。本章在进入对债券市场的讨论之前，先概要介绍一下资本市场的运作方式。在第 13 章，将研究股票和股票市场；在第 14 章，将介绍抵押贷款市场的运行和发展。

12.1　资本市场的作用

公司发行资本市场证券以及投资者购买这些证券，其目的与在货币市场上进行买卖操作的交易者不同。公司和个人利用货币市场主要是为了在短期内积聚资金，直到出现重要的资金需求，或者是为了将这笔资金运用于生产性的投资用途。与之相反，公司和个人是出于长期投资目的才进入资本市场的。

假设在仔细考量了公司财务后，公司决定购买某种生产设备来满足不断提高的生产需求，财务分析必须使用能够反映公司当前长期资金成本的利率。现在假设公司选择发行像商业票据这样的货币市场证券来为购买设备融资。如果利率没有提高，一切都很顺利。当这些短期证券到期时，再以同样的利率重新发售。然而，如果利率提高了，就像 20 世纪 80 年代所经历的那样，当短期证券到期时，公司必须以较高的利率重新发售证券，公司就会发现它没有现金流或收入继续供养该设备了。如果使用的是诸如债券或股票这样的长期证券，利率的提高不会对此造成如此严重的影响。个人和企业选择举借长期债务的主要原因是为了降低偿还债务之后的再筹资风险。然而，降低这种风险也必须承担一定的成本。回忆第 5 章的内容，由于风险溢价，在大多数情况下，长期利率都要高于短期利率。尽管在资本市场上借款需要支付更高的利率，但这些市场仍然非常活跃。

12.2 资本市场的参与者

资本市场证券的主要发行人是联邦政府、地方政府和企业。联邦政府发行中长期国债为国家债务融资。州政府和市政府也发行长期债券为资本项目融资，如学校和监狱的建设。政府从不发行股票，它们不能出售所有者权益。

公司既能发行债券，也能发行股票。企业面临的最困难决策之一就是用债务还是权益资本来为公司的发展融资。公司资本在债务和权益之间的分配构成了公司的资本结构。当公司没有足够的资本为投资机会提供资金时，就会进入资本市场。另外，当企业需要保存资本以备不时之需时也会进入资本市场。在这两种情况下，资本市场的有效运行对工商企业保持健康运行状态至关重要。在 2008—2009 年的金融危机中，资本市场有效运行的重要性显现无疑。当债券和股票市场接近崩溃时，经济扩张所需的资金迅速干涸。造成了经济活跃性的减弱、高失业率和缓慢的经济增长。直到市场的信心重新建立，局面才有所好转。

家庭是最大的资本市场证券购买者。个人和家庭经常将资金存放在金融机构，而金融机构则会使用这些资金来购买诸如债券或股票这样的资本市场工具。

12.3 资本市场交易

资本市场的交易在一级市场和二级市场进行。一级市场也称初级市场，是新股票与新债券发行的场所。投资基金、企业和个人投资者都可以购买在一级市场上发行的证券。大家可以把一级市场的交易看作证券发行人实际获得证券销售收入的交易。当公司第一次出售证券时，此次发行叫作**首次公开发行**（initial public offering，IPO）。公司之后再新发股票或债券给公众，只是一级市场的交易，不属于首次公开发售。

资本市场有高度发达的二级市场。二级市场是交易此前已发行证券的场所，许多投资者打算在到期前卖出长期债券，或者最终卖出持有的股票。二级市场的资本证券有两种交易方式：有组织交易和场外交易。大多数货币市场交易通过电话完成，而大多数资本市场交易按规模大小在交易所内完成。有组织的交易所拥有证券（包括股票、债券、期权和期货）交易大厅。交易所规则约束并保证有效、合法地进行证券买卖，交易所董事会经常修正这些规则以保证交易的竞争性。

登录 www.nyse.com，查阅上市公司信息、实时市场指数和当前股票报价等。

12.4 债券的种类

债券是证明其发行人是投资者的债务人的一种证券。债券发行人有义务在特定日期向持有者支付本金，通常还要定期支付利息。债券的票面价值、面额或到期价值是指在债券到期时发行人需要支付的金额。**息票利率**（coupon rate）是债券发行人必须支付的利息对应的利率，这种定期的利息支付通常被称为息票利息支付（coupon payment）。在债券持续期间，息票利率通常保持不变，不随着市场利率的变化而波动。如果发行人到期无法履约，债券持有人有权要求索取债券发行人的资产。见图 12－1，该债券的面值印在右上角。债券的息票利率为 8.625%，在债券表面上多处印制了到期日。

在资本市场上交易的长期债券包括长期政府票据和债券、市政债券以及公司债券。

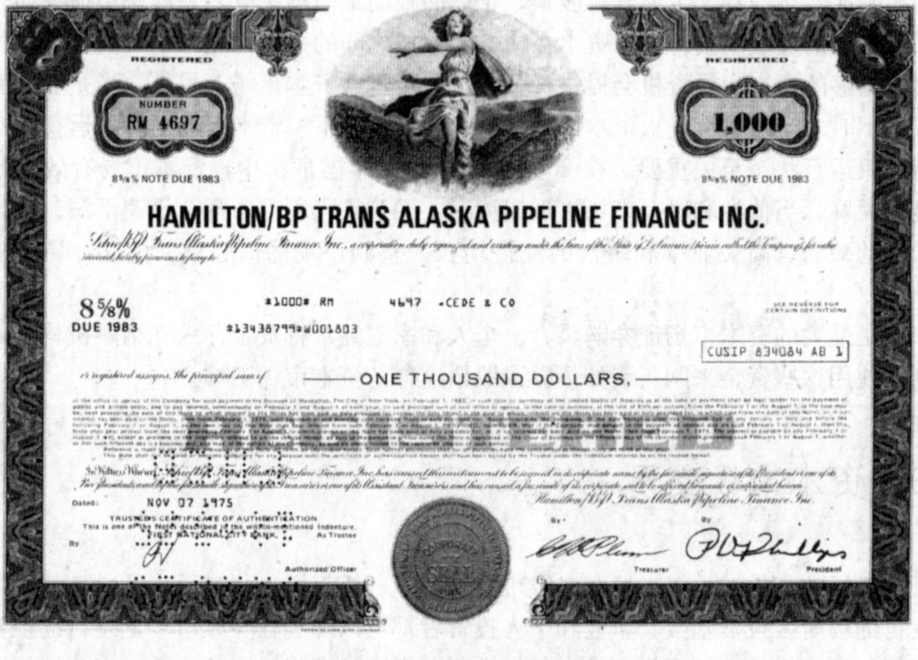

图 12－1　Hamilton/BP 公司债券

12.5 国债

美国财政部发行中期国债和长期国债为国家债务融资，两者的区别在于：中期国债的原始到期期限是 1～10 年，而长期国债的原始到期期限是 10～30 年（回忆第 11 章，国库券的到期期限少于 1 年）。财政部当前发行的国债类型有 2 年期、3 年期、5 年期、7 年期以及 10 年期。2006 年，美国财政部发行了 30 年期国债。表 12－1 对到期期限不同的各种国债的区别进行了总结。国库券、中期国债和长期国债均以每 100 美元面值的百分率标价。

表 12-1 国债

种类	到期期限
国库券	1 年以内
中期国债	1～10 年
长期国债	10～30 年

联邦政府的中长期国债不存在任何违约风险，如果有必要，政府总是可以通过发行货币来偿还债务。① 但是，这并不意味着这些债券就是无风险的，本章稍后将对这些债券的利率风险进行讨论。

12.5.1 长期国债利率

长期国债的利率很低，因为它们没有违约风险。尽管长期国债的投资者们早就发现在有些年里长期国债的收益率低于通货膨胀率（见图 12-2），但在大多数时间里，由于利率风险的缘故，中期国债和长期国债的利率还是高于货币市场证券的利率。

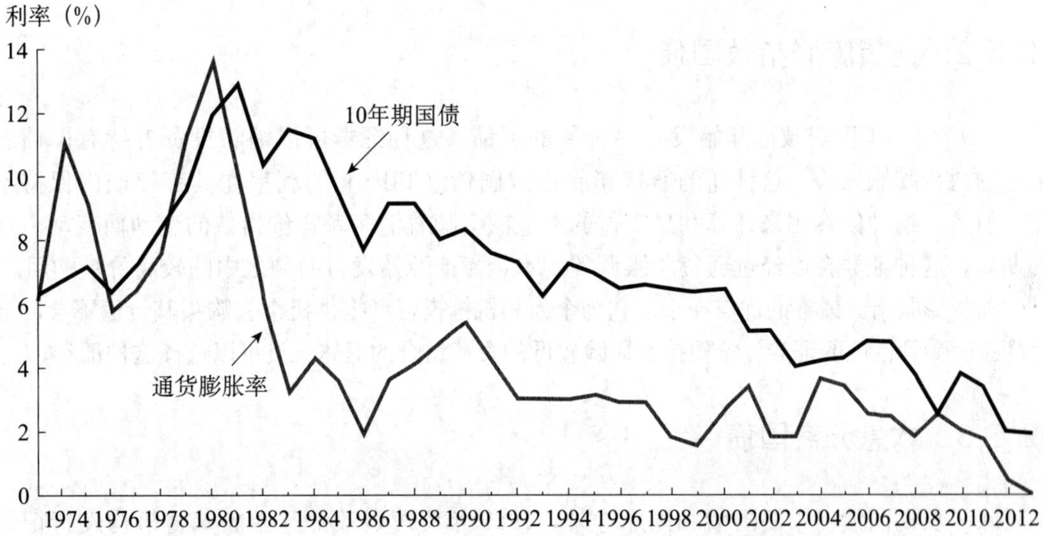

图 12-2 1973—2013 年（每年 1 月）长期国债的利率和通货膨胀率

资料来源：http：//www.federalreserve.gov/releases and ftp：//ftp.bls.gov/pub/special.requests/cpi/cpiai.txt.

图 12-3 表明了 20 年期国债的收益与 90 天期国库券的收益的区别。图中有两点值得注意：第一，在大多数年份，国库券的收益率低于 20 年期国债的收益率；第二，短期利率的波动性比长期利率的波动性大。短期利率更易受到当期通货膨胀率的影响。长期证券的投资者认为，特别高或者特别低的通货膨胀率都将回到一般的水平，因此，长期利率的波动通常不像短期利率的波动那么大。

① 在第 11 章我们注意到，国库券可被看作是无违约风险的，只有在 1996 年、2011 年和 2013 年财政陷入困境时差一点违约。可以认为，中长期国债也没有风险。

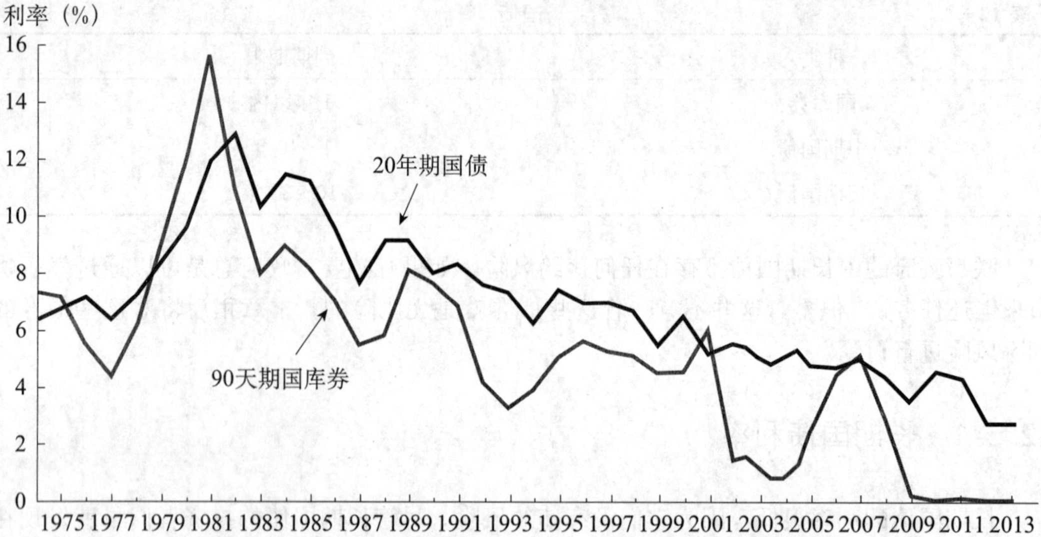

图 12-3　1974—2013 年（每年 1 月）国库券和长期国债的利率

资料来源：http：//www. federalreserve. gov/releases.

12.5.2　通货膨胀指数国债

1997 年，美国财政部开始发行一种新的国债，这种证券可以消除投资者持有国债所承担的通货膨胀风险。这种新的通货膨胀指数国债（TIPS）的利率在其存续期内保持不变。但是，这种债券用来计算利息支付的本金额会随着消费者物价指数的变动而变动。在到期日，这种证券会以经过通货膨胀调整的本金额或原始发行面额之中的较高价被购回。

通货膨胀指数证券的优点在于，它为个人和机构投资者提供机会去购买其价值不会因通货膨胀而受到侵蚀的证券。希望持有风险较低的资产组合的退休人员可以选择这种证券。

12.5.3　本息分离国债

除了长期国债、中期国债和国库券外，1985 年美国财政部开始向储蓄机构发行记账式国债，一种**本金和利息分开交易的记名证券**（Separate Trading of Registered Interest and Principal Securities），通常简称**本息分离债券**（STRIPS）。第 11 章曾提到，以簿记形式被出售意味着没有实物文件记录，作为一种替代方式，债券通过电子化方式被发售并记录下来。本息分离债券将周期性的利息支付与最后的本金偿还分离开来。当本金固定或通货膨胀指数型中长期国债的本息被剥离后，每笔利息支付和本金支付均成为一份单独的零息证券。每一笔支付都有其账户号码，都可以被分别持有或出售。例如，一种距离到期日还有 5 年的中期国债，包括在到期日时一次性的本金偿还以及 10 次利息支付，在 5 年内每半年支付一次利息。当债券被剥离时，这 10 次利息支付以及本金偿还都分别是一只分离式债券。因此，这份中期国债变为 11 份独立的债券，可以各自单独交易。本息分离债券也被称为**零息证券**（zero-coupon securities），投资者在本息分离债券生命周期内唯一能够获得支付的时刻就是其到期日。

在政府推出这些证券之前，私人部门就已间接创造出了这些证券形式。在 20 世纪 80 年代初，美林公司发明了国债投资成长基金票据（TIGRs，发音与单词 tigers 一样）——美林公司购买国债，然后将其剥离，以创建只支付本金的证券和只支付利息的证券。目前，已经公开发售的国债证券超过 500 亿美元。

12.5.4 机构债券

美国国会授权一些机构发行债券，这些机构基本都是政府支持企业（government-sponsored enterprises，GSEs）。尽管政府并没有明确地为这些机构债券提供担保，但是大部分投资者都觉得政府不会允许这些机构所发行的债券出现违约问题。机构债券的发行人包括学生贷款营销协会（萨利美）、农场主住宅管理局、联邦住房管理局、退伍军人管理局、联邦土地银行。这些机构发行债券以筹集资金，将其用于国会认为对国家有利的用途。例如，萨利美发行债券为学生提供贷款以提高大学录取率。

机构债券的风险实际上非常低。它们通常会借助于销售债券所获资金发放的贷款来为这些机构债券提供担保。另外，当这些联邦机构面临困境时，还可以使用其在美国财政部的信用额度来履行还款义务。最后，美国联邦政府也不可能允许这些机构不履行其还款义务。2008 年美国政府对联邦国民抵押贷款协会（房利美）和联邦住房贷款抵押公司（房地美）的救助证实了这一点。在“两房”面对次贷危机即将违约时，政府介入，保证按期偿还。在接下来的案例 12－1 中我们将讨论此次救助。

案例 12—1

2007—2009 年的金融危机以及对房利美和房地美的救助

房利美和房地美的特殊结构——政府支持企业——鼓励过多的冒险行为，注定了悲剧的发生。许多经济学家精确地预测到政府将救助这两家公司，而这意味着美国纳税人背负了潜在的损失。

如果政府的安全性和金融机构相关，那么就需要政府监管以防止这些机构牵涉过多的风险，见第 18 章的讨论。1992 年，联邦立法授权联邦房地产企业监管办公室（OFHEO）来监管房利美和房地美，但是，此监管机构只被授予有限的权力来控制“两房”，明显力不从心。出于自身的利益，这些公司有很强的动机抵制监管，结果可想而知。房利美和房地美因其在国会的游说而成为传奇，其本身也不否认。1999 年，时任房利美首席执行官的富兰克林·雷恩斯（Franklin Raines）说：“我们控制政治风险的强度不亚于对信用风险和利率风险的控制。”* 1998—2008 年房利美和房地美花费在说客身上的资金超过了 1.7 亿美元。从 2000 年到 2008 年，它们捐助的政治选举献金超过了 1 400 万美元。

“两房”的政治游说收到了不错的效果：在克林顿和布什任总统期间，任何试图加强“两房”监管者——联邦房地产企业监管办公室的努力都没有起到丝毫作用。2003 年和 2004 年，“两房”先后爆出会计丑闻，两家公司更改报表来抹平收入，这就是网开一面的证据。直到 2008 年 7 月潘多拉盒子被打开，“两房”陷入严重困境，政府才通过立法设立更强有力的监管机构——美国联邦住房金融局（Federal Housing Finance Agency）来取代联邦房地产企业监管办公室。

羸弱的监管和强大的冒险动机使得房利美和房地美发疯般成长。到 2008 年，“两房”共购买或担保了超过 5 万亿美元的抵押贷款和抵押贷款支持证券。会计丑闻可能推动了它们不惜代价参与更大的冒险。在1992年的立法中，“两房”被赋予了居者有其屋的使命。还有比购买次级抵押贷款和Alt-A抵押贷款或者抵押贷款支持证券更好的方式吗（见第8章的讨论）？会计丑闻使其有更强的动机，因为这些丑闻动摇了对“两房”的政治支持，更进一步推动它们取悦国会，通过购买上述资产以支持居者有其屋计划。到次贷危机爆发时，“两房”账面上有超过1万亿美元的次级贷款和Alt-A贷款。进一步看，“两房”有极低的资本资产比率：其资本资产比率远低于一般金融机构，比如商业银行。

到2008年，大量的次级抵押贷款违约，使得“两房”出现巨额账面损失。可怜的资本缓冲无法对冲这些损失，投资者开始撤出在“两房”的资金。鉴于房利美和房地美在抵押贷款市场的主导作用，如果“两房”破产，政府将无法应付此后果，因为这将对抵押贷款信用带来灾难性的冲击，进而将房地产市场带到毁灭性的边缘。随着银行破产的迫近，财政部介入并许诺，如果需要，将提供2 000亿美元纳税人的资金给“两房”。但是，这笔巨额资金不是免费的午餐。联邦政府接管了房利美和房地美，要求首席执行官下台，通过相应的监管者——联邦住房金融局紧密监管其运作。另外，联邦政府获得了10亿美元的高级优先股，并获得在“两房”恢复之后购买其80%普通股股份的权利。获得救助后，“两房”的股价并没有起色，比它们一年前股价的2%还要低。

“两房”事件说明了政府设立这种有传统利益冲突问题的政府支持企业的危险性。这些公司要为两个主人服务：作为上市公司，它们要实现股东利益最大化；作为政府代理机构，它们需要强制性地为公众利益服务。最终，双方都不会得到满意的结果。随着全美范围内房价的回暖，不动产价值逐步回归，两家公司在2013年均实现了盈利。2013年3月，房利美偿还了1 170亿美元救助金中的594亿美元，包括分红，房利美一共向政府支付了950亿美元。房地美偿还了720亿美元救助金中的370亿美元。

*引自 Nile Stephen Campbell，“Fannie Mae Officials Try to Assuage Worried Investors，” *Real Estate Finance Today*，May 10，1999。

12.6 市政债券

登录 www.bloomberg.com/markets/rates/index.html，查阅关于近期市政债券事件的详细信息、专家视点和分析以及市政债券收益率数据表。

市政债券是由地方、市和州政府发行的债券。市政债券所筹集的款项被用于公益项目，如学校、公共设施和交通运输系统。为公共项目筹资而发行的市政债券可免于缴纳联邦税，这种债券可以使市政当局获得较低成本的借款。由于市政债券可以免税，即使债券利率稍低，投资者也会感到满意。下面计算与应税利率等价的免税利率。

等价免税利率＝应税利率×（1－边际税率）

【例12—1】 市政债券

假设应税公司债券的利率为5%，边际税率为28%。免税的市政债券的利率为4%[①]。你会选择哪种债券？

① 为了说明问题，将例12—1英文原书中的3.5%改为4%，以与本例的分析结论呼应。——译者注

解：

等价免税利率＝应税利率×(1－边际税率)

其中，

应税税率＝0.05

边际税率＝0.28

因此，有

等价免税利率＝0.05×(1－0.28)＝0.036＝3.6％

免税市政债券的利率要比等价免税利率高，因此，选择市政债券。

市场上有两种市政债券：一般责任债券和收益债券。**一般责任债券**（general obligation bonds）既没有特定的资产也没有特定的收入来源作为还债保证，它以发行人“充分的诚信”为保证。这意味着债券的发行人承诺会使用一切可获得的资源来偿还债务。大部分一般责任债券的发行必须经过纳税人的同意，政府的征税权提供了清偿相应债券的保证。

与之相反，**收益债券**（revenue bonds）的清偿由特定的盈利项目所产生的现金流作为支持。例如，为修建一座收费桥梁所发行的收益债券，收取的过桥费可以作为债券清偿的保证。如果项目收益不足以清偿债券，收益债券就可能出现违约，投资者会因此遭受损失。1983 年曾大规模地发生过这类问题。当时华盛顿公共电力服务公司使用收益债券为建设两座核发电厂筹资。由于能源价格不断下降，且在施工期间超支现象严重，这两家工厂都没有投入使用，这些债券的买主共损失了 2 250 亿美元。这创造并保持了最大公共债券违约的记录。收益债券通常比一般责任债券发行得频繁一些，见图 12－4。注意，近几年的低利率促使市政部门发行的债券数量创了纪录。

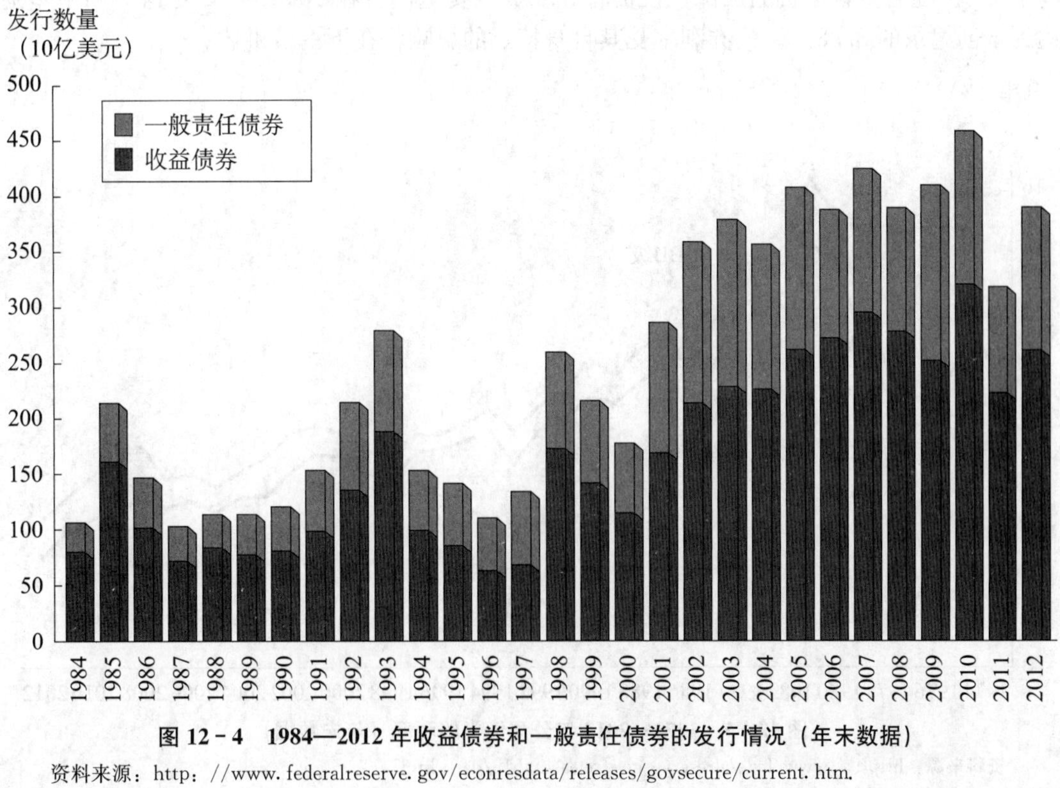

图 12－4　1984—2012 年收益债券和一般责任债券的发行情况（年末数据）

资料来源：http：//www.federalreserve.gov/econresdata/releases/govsecure/current.htm.

12.6.1 市政债券市场的风险

市政债券并非完全没有风险。根据惠誉评级的调查，市政债券的违约率达0.63%。当经济疲软时，违约率上升，表明政府也会陷入财政困境。与联邦政府不同，地方政府不能印钞，而且为了不至于使当地居民因高税率而迁移到别的州去，对于各地政府所能征收的税率的上限也有规定。

12.7 公司债券

当大公司需要借入期限较长的资金时，可以发行债券。大部分公司债券的面值为1 000美元，每半年支付一次利息（每年支付两次）。大多数公司债券都是可赎回的，意味着债券发行人可以在特定的时间后赎回这些债券。

债券契约（bond indenture）是一种说明贷款者权利和借款者义务的合同。任何向债券持有人提供的作为债券担保的抵押均需写入契约书中。

根据发行公司的不同，公司债券的风险程度也不一样，因为违约风险是由公司运行的健康状况所决定的，同时又受很多变量的影响。正如第5章所讨论的，随着风险程度的变化，公司债券的利率水平也不一样。如图12-5所示，风险较低、评级较高（AAA级是最高的等级）的债券所提供的利率水平比更具风险的债券（BBB级）要低一些。不同债券利率的差别在不同的时间有所变化。AAA级和BBB级债券的利率差别的历史平均水平略高于1%。随着金融危机的加深，投资者寻求资金安全使得在2008年12月这一利率差别达到了创纪录的3.38%。债券利率受其自身特点的影响将在下一节讲述。

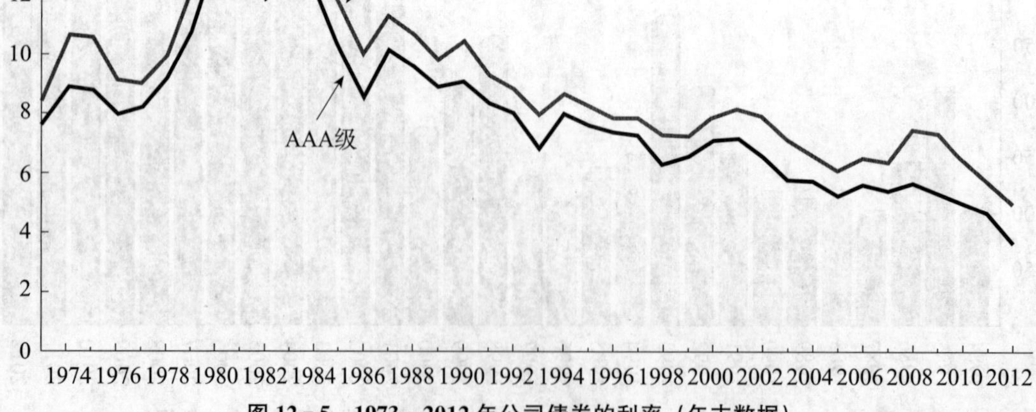

图12-5 1973—2012年公司债券的利率（年末数据）

资料来源：http：//www.federalreserve.gov/releases/h15/data.htm.

12.7.1 公司债券的特征

债券曾以带有息票的形式发售，债券所有者将息票剪下来并邮寄给债券发行公司以获得利息。由于利息是支付给那些持有债券实物的投资者，因此，此类债券被称为不记名公司债券。但是，美国国内税务署不喜欢这种支付方式，因为它使统计利息收入的工作很难进行。现在，不记名公司债券已被有息票的**记名债券**（registered bonds）所取代。此时，债券持有者必须到公司去登记才能获得所支付的利息。国内税务署要求公司上报获得利息收入的债券持有者名单。虽然带有息票的不记名公司债券已被逐步淘汰，但对债券的利息支付仍被称为“息票利息支付”，其利率就是息票利率。

（1）限制性条款。公司财务经理的雇用、解雇以及报酬都是由董事会决定的，董事会代表了公司的广大股东。这种安排意味着相对于公司债券的持有者，财务经理会更加专注于保护股东的利益。在第 2 章的介绍和第 7 章的深入讨论中，我们看到这里存在道德风险。管理层可能不会如公司债券持有者所希望的那样使用由他们购买债券所提供的资金。当公司陷入困境时，债券持有者不能指望管理层来保护他们的权益，因此，必须制定一些针对管理层的规章和约束条款，确保他们同时考虑债券持有者的权益，这就是**限制性条款**（restrictive covenants）。这些条款通常会对公司支付的红利数额以及公司发行额外债务的企图进行限制。其他一些财务政策，如公司合并等，也可能受到限制。限制性条款要被纳入债券契约中。通常说来，限制性条款对公司管理的限制越多，公司债券提供的利率水平将越低，因为投资者认为这些债券更安全一些。

（2）赎回条款。大多数公司的债券契约都包括**赎回条款**（call provision），该条款规定发行者有权要求债券持有者将已发行的债券回售给发行人。赎回条款通常也规定债券发行一段时间后，发行人才可以赎回债券，即存在一个债券原始发行到债券可赎回的等待期。公司债券持有者所获得的支付价格通常被设定为债券面值或比债券面值略高一点（高出的部分通常为 1 年的利息成本）。例如，一种息票利率为 10%、面值为 1 000 美元的债券的赎回价格可能为 1 100 美元。

利率水平降低，债券价格将会提高。如果利率跌至足够低的水平，债券价格将会升至高于赎回价格，因此，公司将赎回这些债券。赎回条款对债券持有者能从债券价格升值中获得的收益水平进行了限制，投资者并不喜欢这种赎回条款。

债券发行人制定赎回条款的第二个原因是，它们能够根据**偿债基金**（sinking fund）条款回购所出售的债券。偿债基金条款是在债券契约中要求公司每年必须还清部分发行债券的条款。它降低了在债券到期时发生违约的概率，该条款对于债券持有者而言很有吸引力。由于偿债基金条款使发行的债券更具吸引力，因此，公司可以据此降低债券的利率。

公司通常只发行可赎回债券的第三个原因是，如果发行债券的某些条款限制公司不能从事对公司股东有利的经营活动，公司可能会放弃发行债券。假设公司需要借入额外的资金来扩展其贮存设备，如果公司已发行的债券限制其继续发行债务，公司将会在发行新债券或借入贷款修建新的仓库之前，回购所有已发行的债券。

最后，公司可能会因为希望调整其资本结构而选择将债券赎回。如果一家拥有过多现金流的公司发现没有好的投资机会，则会希望减少公司的债务负担。

由于公司债券持有者一般不喜欢赎回条款，因此，可赎回债券必须比不可赎回债券具有更高的收益率。尽管成本较高，企业仍愿意发行可赎回债券，因为它为企业提供了更多的灵活性。

(3) 可转换债券。有的债券可以转换为普通股。债券的这种特点允许其持有者在公司股价上涨时，也能分享公司财富增加所带来的收益。大多数可转换债券会在向债券持有人提供的说明书中规定债券可以被转换为普通股的数量。转换比率必须保证在转换发生之前，公司的股票价格有相当大的上涨幅度。

发行可转换债券是公司避免向市场发送负面信息的一种方式。因为公司内部与投资者之间存在着信息不对称，如果公司选择发行股票，市场通常将此举理解为公司的股票价格相对较高，或股价将在未来下跌。市场做出如此预期是因为它相信公司的管理层最关心的是公司现有股东的利益。当公司股票被低估时，公司是不会发行新股的。相反地，如果管理层认为企业未来的业绩很好，则可能发行可转换债券。如果管理层的判断正确且股票价格上涨，可转换债券的持有者就会以相对较高的价格将债券转换成股票。如果管理层对于公司前景的预期错误，债券持有者有权选择不进行转换。

债券持有者喜欢债券的这种转换特征，这类似于只购买了一份债券，却同时获得了债券和股票期权（第 24 章将全面讨论股票期权）。这种债券的价格将会反映期权的价值，因此，比可比较的不可转换债券的价格要高一些。公司对这种债券确定较高的发行价，说明其利率水平较低。

12.7.2 公司债券的种类

公司债券的种类有很多，可根据债券担保抵押物以及当公司违约时债券的偿付顺序进行划分。

(1) 担保债券。担保债券是附有抵押物的债券。抵押债券用于特定项目的融资。例如，可以用一幢建筑物作为所发行债券的抵押物。如果公司无法按照承诺进行偿付，抵押债券的持有者有权清算该财产来获得支付。这些债券拥有指定的财产作为抵押物，比同类无担保债券的风险程度要低，因此，这些债券的利率水平较低。

设备信托证券是由诸如重型设备或飞机这些有形的非房地产财产担保的债券。通常说来，支持这些债券的抵押物比支持抵押债券的房地产更容易交易。与抵押债券一样，抵押物的出现降低了债券的风险，也降低了该种债券的利率水平。

(2) 信用债券。信用债券是指仅以发行人的总体资信为基础而发行的长期无担保债券，没有指定的抵押物保证债券一定获得清偿。如果发生违约，债券持有者必须向法院起诉才能索取资产。信用债券的持有者无法获得质押给其他债务人的抵押物。信用债券通常附有一份合约，合约清楚地表明了债券的条款以及公司管理层的责任。信用债券的附加合约被称为债券合约。如果公司违约，信用债券的偿付优先权比担保债券要低一些。因此，它们的利率水平比同样的担保债券要高一些。

次级债券和信用债券很相似，但其清偿优先权更低一些。这意味着如果发生违约，次级债券持有者必须在非次级债券持有者获得偿付之后，才能够获得偿付。因此，次级债券持有者遭受损失的风险更大。

可变利率债券（可以是有担保的，也可以是无担保的）是 20 世纪八九十年代利率波动加剧时期所催生的一项金融创新。这类债券的利率与某种市场利率（如国债利率）挂钩，定期进行调整。

(3) 垃圾债券。回忆第 5 章的内容，一些信用评级机构会根据违约风险对发行的债券进行评级。这些信用评级机构会研究发行债券的公司的财务特征，判断这些债券违约的概率。AAA 级的评级是债券可获得的最高等级。穆迪的 Baa 级或标准普尔的 BBB 级以上的债券被认为是投资级债券。在这个等级之下的债券通常被认为是投机级债券，见表 12-2。被定为投机等级的债券通常被称为**垃圾债券**（junk bonds）。在 20 世纪 70 年代末之前，投机级债券的一级市场发售非常罕见，几乎所有新发行的债券都被认为是具有投资等级的。然而，当公司陷入财务困境时，其债券评级将会下降。由于没有发展良好的二级市场，这些等级下降的债券的持有者发现，他们很难将这些债券售出。这就是投资者对这类债券非常谨慎的原因，这类债券通常都没有担保物。

1977 年，就职于一家投资银行德崇证券公司的迈克尔·米尔肯（Michael Milken）意识到，如果能够获得更高回报率的补偿，就会有投资者愿意承担更大的风险。首先，米尔肯提出了两个阻碍低等级债券市场发展的问题。第一个问题是，垃圾债券的流动性严重不足。投资级债券的承销商通常在债券发行后继续从事做市交易，而垃圾债券则没有这种做市商存在。德崇证券公司愿意承担垃圾债券做市商的职能，这就有了垃圾债券二级市场。这是投资者考虑的一个重要因素，投资于垃圾债券的投资者很少会将这些债券一直持有至到期。

垃圾债券的第二个问题是，债券发行企业确实有拖欠债券支付的可能性。相比较而言，投资级债券的违约风险可以忽略不计。为了降低损失发生的概率，米尔肯对垃圾债券的发行人所做的更像是商业银行。他重新调整了公司债务或在需要时预先支付资金，以防止公司违约情况出现。米尔肯的努力极大地降低了违约风险，市场对垃圾债券的需求剧增。

表 12-2　债务评级

标准普尔	穆迪	定义
AAA	Aaa	最优质量和最高资信等级。偿付利息和本金的能力极强。投资风险最小。
AA	Aa	高质量。偿付利息和本金的能力很强，略微低于 AAA/Aaa 级。
A	A	偿付利息和本金的能力强。具有许多有利的投资机会，是中上等级债务。对外界形势和经济情况的不利变化更敏感一些。
BBB	Baa	中级债务。安全程度中等。有足够的能力偿付利息和本金。对利息和本金的偿付可能缺乏长期的可靠性和安全性。
BB	Ba	偿付利息和本金的能力中等。具有投机成分，未来不能得到良好的保证。不利的商业、经济和金融形势可能导致偿债能力不足。
B	B	缺乏理想的投资特征。长期偿付利息和本金的确定性较小。不利的形势可能削弱偿债能力。
CCC	Caa	较差的等级。偿付的脆弱性明显，依赖有利的商业、经济和金融形势，适时获得偿付利息和本金的能力。
CC	Ca	代表投机程度很高的债务。债券常常违约，并有其他明显的瑕疵。
C	C	最低等级的债券。达到投资级标准的前景极差。可能已经面临破产申请，但还继续努力偿债。
CI		无息的收益债券。
D		偿付违约，无力清偿债务。
NR		没有要求公开评级。
（+）或者（-）		在 AAA 级到 CCC 级的各级上附加加号与减号，表示在主要评级中的相对位置。

资料来源：*Federal Reserve Bulletin*.

20 世纪 80 年代早期和中期，很多公司利用垃圾债券为公司收购筹集资金。当一家公司发行垃圾债券用于购买其他公司的股票时，其负债水平大幅提高，杠杆倍数放大了债券的风险。它们通常会出售被收购公司的部分资产，以偿还由发行垃圾债券带来的债务负担。在 20 世纪 80 年代，大约有 1 800 家公司进入了垃圾债券市场。

米尔肯和其经纪公司努力工作，获得了丰厚的报酬。米尔肯本人每次从垃圾债券的发行中都能够获得 2%～3%的佣金，在 1987 年，德崇证券公司成为华尔街利润最丰厚的公司。米尔肯本人在 1983—1987 年的收入超过了 10 亿美元。

遗憾的是，米尔肯和德崇证券公司被控参与内部交易，米尔肯因此被捕。由于德崇证券公司无法为垃圾债券市场继续提供支持，在 1989—1991 年，250 家公司出现违约问题。德崇证券公司也在 1990 年因所持的垃圾债券受到损失而破产。米尔肯因在这起丑闻中的行为而被判入狱 3 年。据《财富》（*Fortune*）杂志报道，米尔肯的个人财富仍然超过 4 亿美元。[①]

垃圾债券市场从 1990 年的历史低谷开始逐渐恢复，但 2008 年的金融危机再一次降低了对高风险债券的需求。市场走势表明这样一种现象是合理的，即 2008 年投机级债券的违约率是投资级债券违约率的三倍。

12.8 债券的财务担保

财务状况较差的债券发行人通常会购买**财务担保**（financial guarantee），以降低所发行债券的风险。财务担保能够确保贷款人（债券购买人）在发行人违约时，仍可以得到本金和利息。著名的大保险公司会推出为债券发行人提供支持的保单，有了这样的财务担保，债券购买人就不会再为债券发行公司的财务健康状况担忧，转而只对提供担保的保险公司的实力感兴趣。实际上，对债券保险商的信用评级将取代对债券发行人的信用评级。在风险降低的同时债券投资人要求的利率水平也降低了。当然，债券发行人需要向保险公司支付一定的费用来获得这种担保。只有当保险成本小于由此节约的利息支出时，财务担保才有价值。

1995 年，J. P. 摩根引入新办法为债券提供担保，即**信用违约互换**（credit default swap，CDS）。信用违约互换以一种最简单的形式对信用工具的本金和利息支付的违约做了担保。例如，你购买了通用电气的债券，并希望免除通用电气若出现问题而遭受的损失，可以通过很多途径购买信用违约互换来获取这种保护。

2000 年，国会通过了《商品期货现代化法案》（Commodity Futures Modernization Act），将一些衍生品剔除出法律监管范围，其中包括信用违约互换。此外，国会先于各州对这些种类的债券制定了游戏规则。在该法案的实施框架下，投资者有可能通过推测其并不持有的债券的违约可能性实现投机。试想，一个人可以给他认为不健康的任何人购买人身保险，而保险法抑制了这种投机。保险法规定购买保险的人就是可能受到损失的人。针对证券衍生品，《商品期货现代化法案》排除了这些规定，因此，投机者能够通过合法地

① 关于米尔肯的完整报道参见 *Fortune*（September 30，1996）：80－105。

赌公司或证券未来的命运来进行投机。

在2000—2008年，很多机构投资于信用违约互换，包括美国国际集团、雷曼兄弟和贝尔斯登。信用违约互换迅速扩大，并在2008年创纪录地超过了62万亿美元。为了形象地理解这个数值，可以对比一下，全世界的GDP总和大约为50万亿美元。2008年，雷曼兄弟破产，贝尔斯登被摩根士丹利收购，美国国际集团要求获得1 820亿美元的政府救助。我们将在第21章“保险公司和养老金”中对此进行进一步的讨论。

12.9 债券收益率的计算

第3章介绍了利率，并说明了到期收益率的概念。如果你购买一种债券并持有至到期，你就能获得到期收益率。这是对持有一种债券所能获得的收益率最精确的度量。

12.9.1 当期收益率

当期收益率（current yield）是附息债券到期收益率的近似结果，由于其易于计算，经常被报纸杂志采用。其定义为年息票利息支付金额除以债券价格。

$$i_c = \frac{C}{P} \tag{12—1}$$

式中：

i_c——当期收益率；

P——附息债券的价格；

C——每年息票利息支付金额。

该公式和第3章的公式（3—5）完全一样，表示永续年金到期收益率的计算过程。对于永续年金而言，当期收益率等于到期收益率。期限非常长（如20年或更长）的附息债券与永续年金非常相似。因此，对于长期附息债券而言，当期收益率和到期收益率极其接近，你可以放心使用当期收益率来计算结果，而不必在债券表上查找到期收益率。然而，随着附息债券到期日的迫近（比如不足5年），它与永续年金越来越不同，由当期收益率表示的近似结果会有越来越大的误差。

当债券价格等于其面值时，到期收益率等于息票利率（息票利息支付金额除以债券面值）。当期收益率等于息票利息支付金额除以债券价格，当债券价格等于其面值时，当期收益率同样等于息票利率。由此得出结论：当债券价格等于其面值时，当期收益率等于到期收益率。这意味着随着债券价格接近债券面值，当期收益率将会接近到期收益率。

当期收益率与债券价格负相关。假如息票利率为10%，当债券价格从1 000美元提高到1 100美元时，当期收益率将从10%（=100/1 000）跌至9.09%（=100/1 100）。如第3章的表3-1所示，到期收益率与债券价格负相关，当债券价格从1 000美元提高到1 100美元时，到期收益率从10%下降到8.48%。我们发现，当期收益率和到期收益率始终同向变动，当期收益率提高意味着到期收益率同时提高。

【例12—2】 当期收益率

一种面值为1 000美元、息票利率为10.95%的债券，其当期收益率为多少？该债券的当期市场价格为 921.01 美元。

解：

当期收益率为 11.89%。

$$i_c = \frac{C}{P}$$

式中：

C—— 每年息票利息支付金额($0.1095 \times 1000 = 109.50$ 美元)；

P—— 附息债券的价格(为 921.01 美元)。

因此，有

$$i_c = \frac{109.50}{921.01} = 11.89\%$$

当期收益率（年息票利息支付金额除以债券价格）的一般特征可以归纳如下：债券价格越接近债券面值，期限越长，则当期收益率越接近到期收益率；反之，债券价格越偏离债券面值，期限越短，则当期收益率越偏离到期收益率。不论当期收益率与到期收益率的近似程度如何，当期收益率与到期收益率总是同向变动。

12.10 附息债券的价值

在探讨如何对债券进行定价之前，首先讨论计算一般商业资产价格的原理。幸运的是，我们能够运用相同的方法来确定所有金融资产的价格。金融资产的当期价格等于其未来所有现金流的现值。如果你知道了一种未来现金流的现值，可以通过对现值以贴现率进行投资，复制出未来现金流。例如，如果贴现率为 10%，1 年后获得的 100 美元相当于现值 90.90 美元。投资者对于现在持有 90.90 美元和 1 年后持有 100 美元的两种选择是完全没有差异的。按照 10% 的收益率，投资 90.90 美元在 1 年后能够得到 100（$=90.90 \times 1.10$）美元，这就是价值的实质。债券的当前价格必须使得债券的卖方是卖出债券还是继续持有债券并收取本息不会有区别。

有人可能会提出这样的问题：如果每个人都知道价值是怎么回事，那么，价格为什么会发生波动呢？不是每个人对未来现金流的走势都有同样的预期。下面对债券价值的确定进行总结：

(1) 确定持有债券所产生的现金流。

(2) 确定贴现率，它是投资者持有债券所需获得的补偿。

(3) 用上述贴现率对所估计的现金流进行贴现。

下面集中讨论债券的定价。下一章我们将讨论股票的定价。

12.10.1 确定半年付息债券的价格

债券通常每半年支付一次利息，支付金额等于息票利率乘以债券面值。当债券到期时，持有者还会获得一笔等于其面值的一次性偿付。大部分公司债券的面值都是 1 000 美元。表 12－3 总结了基本的债券术语。

表 12－3 债券术语

术语	说明
息票利率	公布的债券的年利率。通常在债券生命周期内，该利率保持不变。
当期收益率	息票利息支付金额除以债券的当前市价。
债券面额	债券到期时的价值。当债券到期时，债券持有者将从发行人那里获得面值偿付，债券面额就是面值。
债券契约	随附债券的一份合约，它规定了贷款合约的条款，包括对公司管理的约束，被称为限制性条款。
市场利率	当前市场上具有同等风险和到期期限的证券的有效利率。市场利率用于为债券定价。
到期期限	在债券到期且持有者获得面值偿付之前的年数或期数。
面值	与债券面额等价。
到期收益率	以当期市场价格购买债券并将其持有至到期，投资者获得的收益率。

发行债券的公司通常会将息票利率定为发售债券时其他同类流通债券所提供的利率水平。除非是可变利率，否则每期的息票利息支付金额在债券生命周期内保持不变。

确定债券价值的步骤如下：

第一步，确定债券持有者将获得的现金流。债券的价值就是这些现金流的现值。现金流包括利息支付以及最后的面值偿付。

第二步，使用具有相同风险和到期期限的其他债券的收益率所对应的利率，对现金流贴现。

在第 3 章我们讨论过关于一年付息一次的债券定价的细节。下面考察一个现实的例子。大部分债券是每半年支付一次利息，为了调整半年期的现金流支付，将息票利息支付金额除以 2，即半年支付年利息的一半。类似地，半年的有效利率也是把市场利率除以 2。最后，将全部期数乘以 2，即表示每年有两期支付，半年付息债券的价格计算公式见公式 (12—2)。①

$$P_{semi}=\frac{C/2}{1+i}+\frac{C/2}{(1+i)^2}+\frac{C/2}{(1+i)^3}+\cdots+\frac{C/2}{(1+i)^{2n}}+\frac{F}{(1+i)^{2n}} \tag{12—2}$$

式中：

P_{semi}——半年付息债券的价格；

C——年息票利息支付金额；

F——债券面值；

n——距到期日的年数；

i——半年市场利率。

【例 12—3】 半年付息债券

计算最近《华尔街日报》上刊登的克莱斯勒公司发行的某债券的价格。债券的息票利

① 对于使用初始期数所对应的年利率对最后的现金流进行贴现的方法，在理论上存在争议。在出售衍生证券时，本金现金流和利息现金流是分别出售给不同投资者的。事实上，获得半年利息支付的投资者不会对债券本金的现金流产生影响。然而，所有课本上的计算以及电子数据表的计算都使用计算利息支付的现值时所使用的相同的利率和期数对面值现金流进行贴现。为了保持一致，本书也采用此方法。

率为10%，面值为1 000美元（到期时的价值），2年后到期。假设债券半年复利计息，市场利率为12%。

解：用等式求解

（1）确定现金流。用1 000美元乘以0.1计算出息票利息支付金额为100美元。每6个月付息一次，每次支付金额为50美元。最后一笔现金流是偿付本金，即1 000美元的面值。它不会因为半年付息而发生变化。

（2）确定贴现率。我们得知，目前发行的具有相同风险的债券的息票利率为12%，则该债券6个月期的利率为6%。

（3）确定现金流的现值。由于使用的是半年期的复利，付息期数必须乘以2。这意味着要对4期债券利息支付进行贴现。

$$P_{\text{semi}}=\frac{100/2}{(1+0.06)}+\frac{100/2}{(1+0.06)^2}+\frac{100/2}{(1+0.06)^3}+\frac{100/2}{(1+0.06)^4}+\frac{1\,000}{(1+0.06)^4}$$
$$=47.17+44.50+41.98+39.60+792.10=965.35\text{（美元）}$$

解：用金融计算器求解

已知$N=4$，$FV=1\,000$美元，$I=6\%$，$PMT=50$美元。计算可知，债券价格$PV=965.35$美元。

在例12—3中，债券的市场价格低于其面值。当债券的出售价格低于其面值时，就是**折价**（discount）出售；当市场价格超过其面值时，就是**溢价**（premium）出售。

一种债券是以折价还是溢价出售，由什么决定呢？假设你投资于一种债券，息票利率为10%，面值为1 000美元。如果此时有一种风险相同的新债券能提供12%的收益率，你就不愿意用1 000美元购买原债券。原债券的销售商只能降低价格，才能使其成为一种具有吸引力的投资。事实上，销售商将不得不降低该债券的价格，直到债券购买者从该债券上获得的收益率和从新债券上获得的收益率相等。这意味着，随着市场利率水平的提高，固定利率债券的价值将会降低。类似地，当市场上新债券的利率水平降低时，固定利率债券的价值将会提高。

12.11 债券投资

债券是一种广受欢迎的替代股票的长期投资，见图12-6。债券的风险比股票的风险小，它们具有优先偿付权。这意味着，当公司遇到困难且无法履行还款义务时，债券持有者会先于股票持有者获得偿付。另外，如果公司被清算，债券持有者也会先于股东获得偿付。

即使是那些有充足现金流支付给所有债券持有者和股东的、运行健康的企业，其股价的波动性通常也非常大。这种波动性使很多投资者不敢进入股票市场，而债券就成为最受欢迎的替代选择。它们能够提供相对比较安全和可靠的现金偿付。因此，债券是那些退休并希望靠投资收入为生的投资者非常理想的选择。

很多投资者认为，债券是一种风险很小的投资方式，债券提供的现金流支付比较确定。当然，具有高信用等级的债券很少发生违约问题，但债券投资者仍需面对由于经济运行中市场利率变化而导致的债券价格波动。伴随着利率的上升或下降，债券的价值将反向变动。就如我们在第3章中所讨论的那样，由利率变动导致的损失可能性被称为**利率风险**

(interest-rate risk)。距离到期日的时间越长，价格的波动就越大。这不会给持有至到期的债券投资者带来损失，但很多投资者不会将债券一直持有至到期。如果利率提高，出售债券的投资者获得的支付金额将低于其购买价格。在决定是否进行债券投资时，利率风险是一个很重要的考量因素。

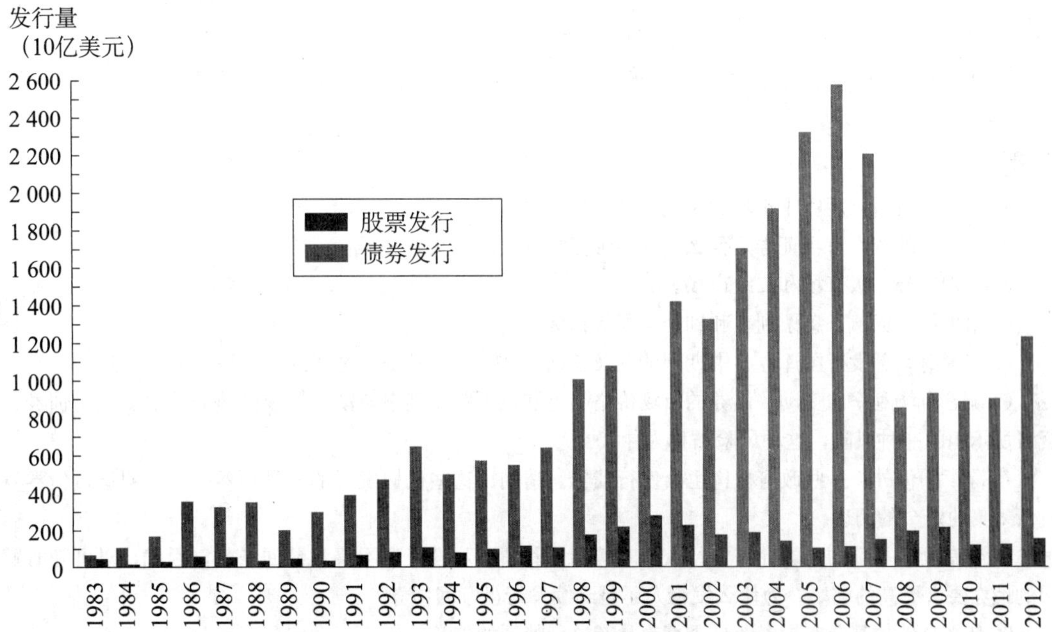

图 12-6　1983—2012 年债券和股票的发行量

资料来源：http：//www. federalreserve. gov/econresdata/releases/corpsecure/current. htm.

本章小结

1. 资本市场的存在提供了长期资本融资。家庭通常以养老金和共同基金的方式投资于资本市场，是资本市场的净投资者。企业、联邦政府和州政府是资金的净使用者。

2. 债券、股票和抵押贷款是资本市场上的三种主要工具。债券代表发行企业的负债。股票代表对发行公司的所有权。抵押贷款是以不动产为担保的长期贷款。只有企业才发行股票。企业和政府都可以发行债券。每年发行债券所筹集到的资金总额远多于发行股票所筹集到的资金总额。

3. 股东雇用的公司管理层必须保护或增加股东的财富。债券持有者依靠债券契约保护自己的利益。债券契约包括一些限制性条款，这些条款将限制公司涉足那些可能会提高风险，从而提高债券违约可能性的经营活动。债券契约还纳入了很多条款，这些条款可能提高或降低债券对投资者的吸引力，其中包括赎回条款、可转换性和偿债基金。

4. 商业资产价值的估算方法与计算资产持有人获得现金流现值的方法一样。对一座商业写字楼价值的估算可以通过计算其现金流的现值来进行。同样，我们可以通过现金流现值的计算得到债券的价值，这些现金流包括定期利息支付和最后的本金支付。

5. 债券价值将随着当期市场价值的变化而变动。如果有一种债券按 5%的息票利率出售，另一种债券按 8%的息票利率出售，那么，不会有投资者购买前一种债券。为了出售前一种债券，卖方将不得不折价出售，直到其收益率达到 8%为止。距离到期日的时间越长，折扣就越大。

重要专业术语

债券契约	财务担保	记名债券
赎回条款	一般责任债券	限制性条款
息票利率	首次公开发行	收益债券
信用违约互换	利率风险	本息分离债券
当期收益率	垃圾债券	偿债基金
折价	溢价	零息证券

习题

1. 比较投资者利用资本市场和利用货币市场的区别。

2. 最主要的资本市场证券是什么？这些证券最主要的购买者是谁？

3. 区别证券一级市场和二级市场。

4. 给出债券面值、息票利率和到期期限等指标的定义。

5. 美国财政部发行国库券、中期国债以及长期国债，这三种证券之间的区别是什么？

6. 随着市场利率的变动，债券的市场价格会上涨或下跌。利率波动所导致的债券价值变化是债券投资者所承担的一种风险，这种风险被称为什么？

7. 除了国债外，一些政府机构也会发行债券。请列出这些机构发行的三种债券，并说明通过债券发行所筹集的资金的用途。

8. 带有赎回条款的债券允许发行人随时赎回这些债券，投资者不喜欢赎回条款，因此，对可随时赎回的债券要求更高的利率。为什么发行人还是继续发行可赎回债券？

9. 什么是偿债基金？投资者是否喜欢具有这种特征的债券？

10. 列出债券条款的文件被称为什么？

11. 说出资本市场证券从发行人流通到公众手中的两条途径。

定量问题

1. 一种债券每年支付 80 美元利息（息票利率为 8%），到期支付 1 000 美元面值，现在距离债券到期还有 5 年。假设贴现率为 10%，债券价格应该为多少？（复习第 3 章和第 12 章的内容。）

2. 一种零息债券的面值为 1 000 美元，将在 20 年后到期，投资者对这些债券要求 10%的年回报率。该债券应该以什么价格出售？（请注意，零息债券不支付任何利息。复习第 3 章的内容。）

3. 考虑下表描述的两种债券：

	债券 A	债券 B
到期期限（年）	15	20
息票利率（半年支付一次）	10%	6%
面值	1 000 美元	1 000 美元

（1）如果两种债券的必要回报率都为 8%，债券价格应该是多少？

（2）请说明，如果债券是折价出售、溢价出售或按照面值出售，各意味着什么？

（3）如果两种债券的必要回报率都提高到 10%，债券价格分别为多少？

4. 一种 2 年期、面值为 1 000 美元的息票债券目前的价格为 819.00 美元。一种 2 年期、面值为1 000 美元的债券当前的价格为 1 712.52 美元。如果你要投资 5 万美元于其中一种债券，哪种债券更合适？（提示：计算每种债券的收益率。）

5. 考虑下表所示的现金流，市场利率都为 12%。

年份	0	1	2	3	4
现金流		160	170	180	230

(1) 你会对这些现金流支付何种价格？如果你在 2.5 年后出售该现金流产品，预计所得的总财富为多少？假设利率水平保持不变。

(2) 这些现金流的存续期是多少？

(3) 在购买该现金流产品后不久，所有的市场利率都降至 11%。那么在 2.5 年后，这对你的总财富的影响是什么？

6. 一种公司债券的收益率为 10%，现以面值出售这种债券，边际税率为 20%。在市场上，还有另一种息票利率为 8.5%的市政债券。哪种债券更适合投资？

7. 如果市政债券的利率为 4.25%，而公司债券的利率为 6.25%。假设投资者对这两种债券的选择是无差异的，边际税率是多少？

8. M&E 公司发行了一种可转换债券，可以转换为 20 股普通股（现在的交易价格为 52 美元/股）。债券还有 5 年到期，面值为 1 000 美元，并带有每年 6%的息票。M&E 公司的直接债务目前以 5%的收益率交易。那么，该可转换债券的最低价格是多少？

9. 假设上题中的债务以 1 035 美元的价格交易。如何根据这种情况获得一种无风险收益（套利）？

10. 一种 10 年期、面值为 1 000 美元、年息票利率为 5%的债券现以 6%的收益率进行交易。当期收益率为多少？

11. 一种面值为 1 000 美元的附息债券距离到期日还有 1 年。当期收益率为 6.713%，到期收益率为 10%。该债券的价格是多少？

12. 一种 1 年期贴现债券的面值为 1 000 美元，并以 900 美元的价格买入。这种债券的到期收益率为多少？贴现收益率又是多少？（参见第 3 章和第 12 章的内容。）

13. 一种 7 年期、面值为 1 000 美元、年息票利率为 8%的债券现以 7.5%的收益率进行交易。债券可以在 2 年后以 1 010 美元的价格被赎回。假设债券被赎回，债券的收益率（也称赎回收益率）为多少？

14. 现有一种 20 年期、面值为 1 000 美元、年息票利率为 7%的债券。10 年后，这种债券会以 1 025 美元的价格被溢价赎回。如果该债券以 6.25%的赎回收益率进行交易，则债券的到期收益率为多少？

15. 如果一种 10 年期、面值为 1 000 美元、息票利率为 9%的半年付息债券的到期收益率为 8.8%，该债券的价格是多少？

16. 你所在的公司拥有如下表所示的几种债券：

债券	市场价格	存续期
A	1 300 万美元	2
B	1 800 万美元	4
C	2 000 万美元	3

如果整体利率水平从 8%提高到 8.5%，那么，公司资产组合的价值变动大致是多少？（复习第 3 章。）

网络练习

债券市场

1. 股票倾向于比债券更受公众注意，很多投资者（特别是临近退休或已经退休的人）发现债券与他们的风险偏好更加一致。有一个网站可以帮助投资者在不同债券间做出选择，见 http://finance.yahoo.com/calculator/index。在退休栏下找到并点击“How should I allocate my assets?”（我应该如何分配我的资产？）在回答网上提出的问题后，看你是否同意其推荐的资产分配方式。

第 13 章 股票市场

开篇预览

我们将资本市场界定为长期证券交易的场所。我们探究了债券市场，并对债券定价进行了讨论。本章将通过研究股票市场进一步探讨资本市场。毫无疑问，股票市场是最受关注且监管严格的金融市场。投资者试图对市场价格的走势进行预测，结果有人赚也有人赔。在过去的 10 年中，我们见证了股票市场史无前例的波动。20 世纪 90 年代末期，在高科技公司的引领下，股票指数创纪录地达到了一个历史高点，又在 2000 年急速下跌。到了 2007 年，股票市场冲到创纪录的高点，2009 年又回落到 1997 年的水平。之后，市场又完全恢复，回到了历史高点。本章将考察这一重要市场的运作机理。

首先，讨论股票交易市场；然后，考察股票估值的基本原理，这些理论对理解股价时涨时跌的动因十分重要。确定股票的价值十分困难，正是这种困难导致了股票市场的剧烈波动。

13.1 股票投资

股票代表对公司的所有权。股东拥有一定份额的公司收益，这一份额同其所拥有的股票占公司发行股票总额的份额相一致。

投资者可以以两种方式从股票投资中获取收益：股票价格随时间上涨或公司向股东发放股息。股东可以经常以这两种方式同时获取回报。股票比债券的风险大。当公司陷入困境时，股东的优先级别低于债券持有人。由于股息发放安排可以轻易变动，因此，股东获得回报的确定性较小，也无法保证股票价格一定上涨。虽然有风险，但股票投资却可能获得巨额收益，这是债券投资无法实现的。股票和债券的另一个区别在于：股票没有到期日。

股票所有权赋予股东某些权利，其中之一就是剩余索取权：在其他的索取权得到满足之后，股东对剩余资产和收入拥有索取权。如果没有任何剩余资产和收入，他们将一无所获。如果公司运营良好，公司股东很可能由此致富。

股东有选举公司管理层和对某些重要事宜表决的权利，如对公司章程的修改以及是否应该发行新股等问题，大部分股东都有投票权。

股票票面上没有到期日、面值和利率，如图 13－1 所示。在第 12 章债券票面的示例上却印有这些信息。

图 13－1　Sapir 联合航空公司股票样本

13.1.1　普通股与优先股

有两种类型的股票：普通股和优先股。普通股表示的是对公司利益的所有权。**普通股股东**（common stockholders）拥有投票权，能够获得股息，并希望所持的股票价格上涨。有很多不同等级的普通股，通常表示为 A 类普通股和 B 类普通股等。遗憾的是，这些类型的公司股票之间并不具有可比性。各种类型股票的区别通常只在于股息的派发和投票权不同。对于股票投资者而言，重要的是要确切知道这些股票究竟有哪些权利。

从法律和税收的角度看，**优先股**（preferred stock）是一种权益资本形式。然而，它在几个重要的方面与普通股不同。首先，优先股股东获得的是永久不变的固定股息，因此，优先股更像债券，而非普通股。其次，因为股息固定不变，优先股的价格相对稳定。再次，除非公司无法对承诺的股息进行支付，否则，优先股股东一般不行使投票权。最后，优先股股东对资产的索取权优先于普通股股东，但其优先级在债券持有者之后。

在新发行的权益证券中，只有不足25%的权益证券是优先股。公司资本总额中只有不足5%的资金通过优先股筹集。这可能是因为公司的优先股股息不能在税前扣除，而债券利息可以在税前扣减而获得免税。因此，尽管优先股和债券有很多共同特征，但公司发行优先股的成本通常比发行债券的成本高。

13.1.2 股票交易

在美国，每天都有数十亿股的股票进行交易。在股票市场上，信息、股票所有权以及资金井然有序地流动，是发展良好的高效金融市场的关键特征。这种效率能够鼓励投资者购买股票，为那些具有发展机会的工商企业提供权益资本。传统上讨论的股票交易是在有组织的证券交易所内或在场外进行的。最近，随着电子交易方式在总量和影响力上的发展，两者之间的区别已经变得很模糊了。

(1) 有组织的证券交易所。历史上最著名的证券交易所是纽约证券交易所（NYSE）。1792年，纽约证券交易所在华尔街成立，最初有24名经纪人交易些许股票。纽约证券交易所至今仍是最大且流动性最强的权益交易所。在传统意义上，证券交易所需要固定的场所，定期集合股票买卖方以公开报价方式进行交易。随着高科技被引入证券交易，这种模式已不经常使用。目前，纽约证券交易所是电子交易和传统交易模式的混合体。2006年3月，纽约证券交易所与一家名为全电子证券交易所（Archipelago）的电子通信网络（ECN）公司合并。2007年4月4日，纽约证券交易所与泛欧证券交易所联合成立纽约泛欧证券交易所（NYSE Euronext）。2009年，纽约泛欧证券交易所完成了对美洲证券交易市场的合并。

登录 www.nyse.com，查找所列公司、成员信息、实时市场指数和当前股票报价等。

世界各国还有一些主要的股票交易所。全球最活跃的交易所是日本的东京证券交易所，其他的主要交易所包括英国的伦敦证券交易所、德国证券交易所以及加拿大的多伦多证券交易所。

为了使股票能在有组织的证券交易所挂牌交易，公司必须提交申请，并且满足交易所为强化交易而制定的各种标准。例如，纽约证券交易所只鼓励最大的公司挂牌交易，因此，交易规模很大。满足最低挂牌要求有多种方式。要在纽约证券交易所挂牌交易，必须满足以下最低要求：年收益不少于1 000万美元，市值达到1亿美元。

有超过8 000家来自世界各地的公司在纽约泛欧证券交易所挂牌交易。上市公司的平均市值为196亿美元。1998年10月28日，纽约证券交易所的交易量首次超过10亿股。[①] 截至2013年，纽约泛欧证券交易所每天的交易量都会超过40亿股，高峰时可以达到70亿股。

在地方性证券交易所（如费城证券交易所）上市更容易一些。有的公司会选择在多家证券交易所挂牌上市，它们认为在多处上市会使得对公司股票的需求增加，能提升股价。很多公司还认为，在主要的交易所挂牌上市能给公司带来声望，这些公司甚至会在其产品推广广

---

① *NYSE Fact Book*, www.nyse.com.

告中对此进行宣传。然而，尚无明确的研究成果证实这种观点。例如，微软公司当时并没有在有组织的交易所挂牌上市，但其股票的总市值在 2013 年底超过了2 500亿美元。

（2）场外交易市场。微软的股票没有在任何场内交易所上市，它在哪里出售公司的股票呢？不在交易所上市的证券将在场外交易市场中进行交易，场外交易市场不是拥有实体交易场所的有组织的市场，其交易通过复杂的电子通信网络实现，其中之一就是全国证券交易商协会自动报价系统（National Association of Securities Dealers Automated Quotation System），简称**纳斯达克**（NASDAQ）。该系统于 1971 年推出，可以为大约 3 000 只交易活跃的证券提供当前的买卖价格。交易商为这些证券"创造了一个市场"：当投资者希望卖出股票时，它们就将其买进作为存货；当投资者希望买入股票时，它们就将股票存货卖给投资者。这些交易商为小股东提供了流动性，这大大强化了市场对这些股票的接受程度。在纳斯达克交易的股票总量比纽约证券交易所的交易总量稍低一些，但纳斯达克的交易一直处于增长中，有时还会超过纽约证券交易所的交易总量。

并非所有公开交易的股票都在有组织的证券交易所或纳斯达克挂牌上市。有些不经常交易或主要在国内某个地区进行交易的证券，通常都由各种经纪行的地方办事处加以处理。这些办事处通常只持有较少的在该地区比较受欢迎的证券存货。交易商为这些交易量很少的股票做市，这对场外交易市场的成功运行非常重要。如果没有这些交易商时时准备买卖股票，投资者就不愿意购买这种由地方性公司或不知名公司发行的股票，从而对于新成立的公司而言，筹集到所需的资金将非常困难。回忆第 4 章所学的内容：一项资产的流动性越强，对其的需求量就会越大。通过为这些股票提供流动性，交易商能够提高对这种交易量很小的股票的需求。

（3）有组织的交易所和场外交易市场的比较。有组织的交易所和场外交易市场的运营方式有很重要的差异。有组织的交易所具有拍卖市场的特征，由专门从事特定股票买卖的场内交易商做市交易。做市商监督并协助完成股票交易。场内交易商代表各经纪行发布买卖指令，他们在交易所的交易区内碰头，了解当前的买卖价格，大声喊出报价。在大约 90%的交易中，做市商能使证券买卖双方的需求恰当匹配。在其余 10%的交易中，做市商会介入，从卖家那里买入股票并获得所有权，或将股票存货卖给买家。做市商的责任就是维持有序的股票市场，即使有时这意味着它们需要在市场下跌时买入股票。

在纽约证券交易所的交易指令中，大约有 1/4 是由场内交易商亲自填写并交给交易所内的做市商，剩下的 3/4 通过超级订单转送及成交回报（SuperDOT）系统得以执行。SuperDOT 系统是一种电子单据安排系统，能够直接将指令传达给股票交易的做市商，此时的交易通信速度比使用场内交易商更快。SuperDOT 系统适用于交易量在 10 万股以下的交易，并能优先处理交易量在 2 100 股以下的交易。在纽约证券交易所，大约有 75%的买卖指令通过此系统进行交易。

在有组织的交易所中，有做市商协助实施交易，而在场外交易市场中也有做市商的存在。场外交易市场通过电子网络进行交易，交易价格由做市商确定，而不是以拍卖的方式实现股票交易。对于某种特殊股票，通常有好几个做市商，每个做市商都会提交买卖报价。一旦输入报价，做市商就有义务以该价格至少买卖 1 000 股。在交易被执行之后，他们就会再次输入新的买卖报价。做市商非常重要，因为它们能够确保每只股票都具有持续的流动性，即使是那些交易量很小的股票。做市商可以从**买价**（bid price，为股票支付的价格）和**卖价**（ask price，出售股票的价格）之间的价差中得到补偿，还能从交易中收取佣金。

尽管纳斯达克、纽约证券交易所和其他交易所都受到严格的管制，但它们仍然是以营利为目的的公立企业，它们有股东、董事以及高级职员，这些人都会关注交易所占有的市场份额以及获利能力。这意味着纽约证券交易所和纳斯达克之间会有激烈的竞争，因为大量的股票交易能够为交易所带来巨额交易费。例如，多年来，纽约证券交易所一直试图说服微软公司离开纳斯达克到纽约证券交易所挂牌上市。

(4) 电子通信网络。近年来，电子通信网络（ECN）一直对纳斯达克和有组织的交易所的地位发起挑战。电子通信网络是一个电子网络，它将主要的经纪人和交易商连在一起，以便他们可以避开中间人相互进行交易。电子通信网络具有一系列优点，这使得它得以快速发展。

- 交易透明。使用电子通信网络的交易商可以审查所有的未填订单。交易商可以根据这些订单情况了解非常有价值的供需信息，并据此制定策略。虽然有的交易所也提供这些信息，但提供的信息不那么及时、完整。
- 成本降低。电子通信网络省去了交易中间人环节和佣金，因此，执行交易的成本得以降低。交易价差通常都可以缩小，甚至为零。
- 执行迅速。电子通信网络是完全自动化的网络系统，因此使用这种网络进行交易匹配以及确认的过程要比人工操作快捷。尽管对很多交易商来说，这并不重要，但对那些试图捕捉价格的小幅波动的交易商而言，这个优点至关重要。
- 闭市交易。在电子通信网络出现之前，只有机构交易商才能在交易所闭市之后继续交易。在主要的交易所闭市之后，会有相关的新闻报道和信息出炉，小投资者无法获得这些数据作为交易参考。电子通信网络永远不会下班，时刻都可以在网络中进行交易。

虽然有这么多优点，但与之伴随的仍有一些缺点。电子通信网络最主要的一个缺点是它们只对大额股票交易提供服务。因此，电子通信网络要求每个卖家必须有相应的买家与之匹配，反之亦然。交易量小的股票很可能在一段时间内没有任何交易发生。路透社的Instinet是最大的电子通信网络之一，主要为机构客户提供服务，Instinet也拥有Island，为个人客户提供交易服务。

大型交易所通过发展自身的自动交易系统来对抗电子通信网络。例如，纽约证券交易所最近宣布要对它的直接订单传递系统进行改革，并与全电子证券交易所合并以确立其市场地位。尽管以股票交易总量和美元价值计，纽约证券交易所在美国证券市场中仍占据统治地位，但再过几年，在技术挑战的压力下，这种现场拍卖模式或许就无法继续存在了。

(5) 交易所交易基金。交易所交易基金（ETF）已成为最新的市场发明，引起了投资者的极大兴趣。自1990年第一次被引入至2010年，已有近1 000只交易所交易基金在市场中进行交易。交易所交易基金最简单的形式是：购入一篮子股票，并以此构造一只股票用于交易，这就是交易所交易基金。虽然交易所交易基金的组成形式和结构在不断演变，但是其基本特征如下：

1）作为单只股票在证券交易所上市并交易。

2）它们并不频繁操作，更像是一种指数。

3）其价值以复制指数的一篮子股票的资产净值为基础。一篮子股票的具体组合内容对公众公开，所以盘中套利使交易所交易基金的价格接近其隐含价值。

交易所交易基金在很多方面类似于股票指数基金，它们复制指数，如标准普尔500指数和道琼斯工业平均指数。不同的是，交易所交易基金像股票那样交易，它们允许发布限价指令、进行卖空交易、发布止损交易指令，并进行保证金交易。交易所交易基金的管理费低于可比的指数型共同基金的管理费。例如，先锋集团公布的交易所交易基金市场报告显示，其费率为0.08%，而公布的指数型共同基金的费率为0.25%。交易所交易基金的另一个优势是：它通常没有最小投资额限制，而共同基金通常要求的最小投资金额为3 000～5 000美元。

交易所交易基金最大的缺点是：因为交易所交易基金像股票一样交易，投资者在每次买入或卖出时都需要交付经纪佣金。对于频繁的小额投资，如通过401K账户的交易，与共同基金相比，交易所交易基金存在成本劣势。

交易所交易基金通常冠以奇特的名称，包括毒蛇（Vipers）、钻石（Diamonds）、蜘蛛（Spiders）和奇比（Qubes）等。这些名称源于其追踪的指数或发行公司的名字。例如，钻石复制的标的指数为道琼斯工业平均指数，蜘蛛的标的指数为标准普尔500指数，奇比追踪纳斯达克指数（代码为QQQQ），毒蛇是先锋集团（Vanguard）旗下的交易所交易基金。通过购买交易所交易基金实现追踪标的指数的范围正迅速扩大到几乎所有行业门类、商品和投资方式（价值型、增长型和资本化等）。随着更多的投资者了解到交易所交易基金是一种有效实现多元化投资的低成本方法，它的流行度将持续升温。

13.2 普通股定价

金融学的一条基本原理是，对任何投资都可以通过计算其未来的所有现金流的现值来得到其价值。例如，一栋商业大厦的售价将由使用期内全部的净现金流（租金—费用）来反映。与此类似，我们将通过普通股产生的所有未来现金流的当前价值对其估值。股东能从股票中赚取的现金流是公司派发的股息以及买卖差价，或两者皆有。

为了推导出股票估值模型，我们从一个最简单的假设入手。假定你购买了一只股票，持有一定期限并获得一次股息，然后将该股票出售，这种情形被称为单期估值模型。

13.2.1 单期估值模型

假设你有一些闲钱可以投资1年。1年后，你需要将这笔投资出售以支付学费。你在电视上看了《华尔街周刊》(*Wall Street Week*) 节目，决定购买英特尔公司的股票。你给经纪人打电话，得知现在英特尔公司的股票售价为50美元/股，且每年支付0.16美元/股的股息。《华尔街周刊》的分析人士预测，1年后，该股票的价格将为60美元/股。那么，你是否应该购买这只股票呢？

为了回答这个问题，你需要确定该股的当前股价是否准确反映了分析人士的预测。为了评估股票的现值，你需要使用第3章的公式（3—1），将预期的现金流（未来的支付）贴现为现值，其中使用的贴现因子应该是股票投资的必要回报率。现金流包括一期股息加上最后的股票售价。当贴回现值时，可以用如下公式计算股票的当期价格：

$$P_0=\frac{Div_1}{1+k_e}+\frac{P_1}{1+k_e} \tag{13—1}$$

式中：

P_0——股票的当前价格，下标 0 表示时间为 0 期或当期；

Div_1——第 1 年末支付的股息；

k_e——投资于股市的必要回报率；

P_1——第 1 期末股票的价格，假设是股票的售价。

【例 13—1】 股票估值：单期估值模型

用前面给出的数据计算英特尔公司股票的价格。需要知道股票的必要回报率，用来将现金流贴现为现值。由于股票的风险大于债券，因而股票要求的回报率要高于债券市场的回报率。假设经过慎重考虑，你对该投资取得 12%的回报率感到满意。

解：

将这些数字代入公式（13—1），可得：

$$P_0=\frac{0.16}{1+0.12}+\frac{60}{1+0.12}=0.14+53.57=53.71\text{（美元）}$$

根据上述分析，你发现该股票价值 53.71 美元。由于该股票目前的价格为 50 美元/股，你决定买入该股票。为什么有人愿意以低于 53.71 美元/股的价格卖出该股票呢？可能是因为其他投资者估计的获取现金流的风险和你估计的不一样，或者估计的现金流比你估计的要低。

登录 http：//stockcharts.com/freecharts/historical，查找详细的股票报价、图表和历史股票数据。

13.2.2 普通的股息估值模型

单期股息估值模型可以扩展到任何期限，它们的基本原理相同。股票价值就是股票未来所有现金流的现值。股票投资者能够获得的现金流只是股息以及股票的最终售价。普通的股票估值公式如公式（13—2）所示：

$$P_0=\frac{D_1}{(1+k_e)^1}+\frac{D_2}{(1+k_e)^2}+\cdots+\frac{D_n}{(1+k_e)^n}+\frac{P_n}{(1+k_e)^n} \tag{13—2}$$

如果你希望使用公式（13—2）确定股票价值，将会意识到：在估计股票的现值之前，你首先要估计未来某几个时点上股票的价值。换言之，为了确定 P_0，必须先确定 P_n。然而，如果 P_n 距离现在的时限很长，就不会对 P_0 产生影响。例如，一只股票在 75 年后的售价为 50 美元/股，使用 12%的贴现率，该股票的现值仅为 1 美分（$50/1.12^{75}=0.01$ 美元）。这意味着股票的当前价值可以通过简单地计算未来股息流的现值来获得。公式（13—3）表示**普通的股息估值模型**（generalized dividend model），式中没有股票的最终售价。

$$P_0=\sum_{t=1}^{\infty}\frac{D_t}{(1+k_e)^t} \tag{13—3}$$

考虑公式（13—3）的含义。普通的股息估值模型说明，股票价格仅由股息的现值决定，除此之外，没有别的因素会对其产生影响。很多股票并不支付股息，那如何给这些股票估值呢？股票的购买者预期公司将会在未来某天为该股票支付股息。在大多数情况下，一旦公司度过快速成长期，就会立即对其股票支付股息。时间越接近股息流开始之时，股票的价格就会越高。

普通的股息估值模型要求计算无限股息流的现值，该计算过程可能很困难，因此，我们演化出简化的模型，以使计算过程简单一些。其中一种模型就是**戈登增长模型**（Gordon growth model），该模型假定股票股息的增长率固定不变。

13.2.3 戈登增长模型

很多公司努力使自己的股息支付水平以一个固定的年增长率稳定增长。公式（13—4）是对公式（13—3）的改写，以反映固定的股息增长率。

$$P_0=\frac{D_0\times(1+g)^1}{(1+k_e)^1}+\frac{D_0\times(1+g)^2}{(1+k_e)^2}+\cdots+\frac{D_0\times(1+g)^\infty}{(1+k_e)^\infty} \tag{13—4}$$

式中：

D_0——最近一期支付的股息；

g——股息的预期固定增长率；

k_e——投资于股市的必要回报率。

用代数知识简化公式（13—4），得到公式（13—5）。①

$$P_0=\frac{D_0\times(1+g)}{k_e-g}=\frac{D_1}{k_e-g} \tag{13—5}$$

给定下述假设条件，该模型对于确定股票价值非常有用：

（1）假定股息一直以固定水平增长。事实上，只要预计股息在未来特定时期内以固定水平增长，戈登增长模型得出的结论就是合理的。远期现金流的误差贴现为现值时会变得非常小。

（2）假定股息增长率低于投资股市的必要回报率。迈伦·戈登（Myron Gordon）在建立模型的过程中证明了这是一个合理的假设。从理论上说，如果股息增长率比公司股票持有者需要的水平高，从长期看，公司将会发展得异常庞大，这是不可能的。

【例 13—2】 股票估值：戈登增长模型

假定可口可乐公司股票的股息以 10.95%的固定比率增长，D_0=1.00 美元，必要回报率为 13%，确定可口可乐公司股票的当期市场价格。

解：

$$P_0=\frac{D_0\times(1+g)}{k_e-g}$$

---

① 从公式（13—4）推导公式（13—5），首先在公式（13—4）的两端同乘以 $(1+k_e)/(1+g)$，并将该结果与公式（13—4）相减，结果如下：

$$\frac{P_0\times(1+k_e)}{1+g}-P_0=D_0-\frac{D_0\times(1+g)^\infty}{(1+k_e)^\infty}$$

假设 k_e 大于 g，上式最右面的一项接近 0，可以忽略不计。这样，上式变为

$$P_0\times\left(\frac{1+k_e}{1+g}-1\right)=D_0$$

下面，整理上式如下：

$$P_0\times\frac{(1+k_e)-(1+g)}{1+g}=D_0$$

$$P_0=\frac{D_0\times(1+g)}{k_e-g}=\frac{D_1}{k_e-g}$$

$$P_0=\frac{1\times 1.1095}{0.13-0.1095}=\frac{1.1095}{0.0205}=54.12(\text{美元})$$

如果关于固定增长率和必要回报率的假设是正确的，那么，可口可乐公司的股票应该以54.12美元/股出售。

13.2.4 市盈率估值模型

从理论上说，最佳的股票估值方法是股息估值法，然而，有时很难运用这种方法。如果公司不支付股息，或者股息的增长率不固定，由此方法得到的结果可能并不令人满意，此时就需要使用其他的股票估值方法。在比较流行的估值方法中，有一种是市盈率法。

市盈率（price earnings ratio，P/E）是受到广泛关注的指标，它衡量的是市场愿意为公司1美元的盈利支付多少钱。高市盈率表明了两点：

（1）高于市场平均水平的市盈率可能意味着市场预期其收益将来会增长。这让市盈率回到更正常的水平。

（2）高市盈率表明，市场认为公司收益所承担的风险低，愿意为它支付一笔溢价。

市盈率可被用来估计公司股票的价值。注意，将市盈率乘以预期收益率就能得到公司的股票价格。

$$P/E\times E=P \tag{13—6}$$

长期来看，同一行业的公司应该具有相似的市盈率水平。一家公司股票的价格可以用行业的平均市盈率乘以该公司的预期每股收益来求得。

【例13—3】股票估值：市盈率法

一家连锁餐馆Applebee的市盈率与行业平均23倍的市盈率很接近。如果预期Applebee股票的每股收益为1.13美元，那么，它的当前价格应该是多少？

解：

用公式（13—6）和给定的数据，可以得到：

$$P_0=P/E\times E$$

$$P_0=23\times 1.13=26(\text{美元})$$

对于私人公司和不支付股息的公司，市盈率法特别有效。使用市盈率法估值的缺点在于：使用行业平均市盈率忽视了那些长期市盈率高于或低于行业平均水平的公司的特有因素。在估算某公司的股价时，有经验的分析师会上调或者下调行业平均市盈率来反映该公司的特点。

13.3 市场如何决定证券价格

假设你参加了一次汽车拍卖会，在拍卖开始之前，每辆车都必须经过检查，而你正好发现了一辆心仪的马自达Miata型汽车。你在停车场试驾了该车，注意到这辆汽车发出了一些奇怪的噪音。你认为合理的价格应该是5 000美元，如果噪音问题变得非常严重，你需要花钱维修。拍卖即将开始，你进入拍卖会等待Miata登场。

假设有另一位买主也看中了Miata。他在试驾之后认为这些噪音只是由于刹车轴磨损而导致的，他自己就能以很低的花费修理好。他认为这辆车值 7 000 美元，并进入了拍卖会场。

谁将以何种价位购得这辆汽车呢？假设只有你们两位对这辆 Miata 感兴趣。你开始报价 4 000 美元，他将你的报价抬高到 4 500 美元，然后你报出自己的最高价 5 000 美元，他以 5 100 美元反击。现在的价格比你愿意支付的价格稍高一点，你停止报价。这辆车将以 5 100 美元的价格卖给这位更懂行的买主。

这个简单的例子揭示了几点。首先，价格由出价最高的买主决定。成交价格未必是商品的最高售价，但比其他买家愿意支付的价格要高。

其次，市场价格将由那些能够充分利用资产的买主决定。得到汽车的买主知道自己能以很低的成本轻而易举地解决噪音问题。正因为如此，他愿意比你出更高的价格购买该汽车。同样的道理也适用于其他资产。例如，一处房产或一幢建筑将被出售给能将该资产用于最具生产性用途的买者。一家公司愿意在现价基础上再追加一笔可观的溢价来获得另一家（目标）公司的所有权。收购公司可能认为它能使目标公司的资产比现在更有效地发挥作用，这就值得它为此支付一笔溢价。

最后，这个例子表明了信息在资产定价中的作用。某项资产的信息优势能够降低风险，从而提高其价值。当你考虑购买一只股票时，其未来现金流存在很多不确定性。如果你能很好地掌握该股票现金流的信息，你就能用一个较低的贴现率对其进行贴现；反之，无法确定现金流的买主则会用一个较高的贴现率对现金流进行贴现。

让我们把上述思想运用到股票估值中。假设你考虑购买一只股票，预期该股票在明年能够支付 2 美元（$D_1=2$）的股息。预计公司明年的增长率为 3%，但不太确定。你对股息流的支付情况以及估计增长率的准确度都不确定。为了获得补偿，你需要 15%的回报率。

现在，假设另一位投资者詹妮弗在与该行业的内部人士交谈之后，对股票现金流的未来走势更加有信心。詹妮弗所感知的风险要比你所感知的风险低，因此，她需要的回报率仅为 12%。另外，巴德和这家公司的 CEO 见过面，他几乎可以确知该公司的实际未来走势。他相信，对未来增长率和现金流的估计值都偏低了。他将这笔投资几乎视为零风险投资，因此，他只需要 7%的回报率。

每位投资者对该股票的估值是多少呢？运用戈登增长模型，可以得到如下表所示的结果：

投资者	贴现率（%）	股票价格（美元）
你	15	16.67
詹妮弗	12	22.22
巴德	7	50.00

你愿意为该股票支付 16.67 美元。詹妮弗愿意支付的价格稍高一些，为 22.22 美元。但是，巴德愿意支付 50 美元。由此看来，感知风险最低的投资者愿意支付最高的价格。如果没有其他交易者，股票的市场价格可能正好在 22.22 美元之上。如果你持有该股票，可以将其卖给巴德。

本节的要点在于，市场的参与者通过竞争建立起市场价格。在有关公司的信息被披露出来之后，预期将会改变，股价也会随之发生变化。新的信息可能会引起市场参与者改变对该公司股票未来股息水平或股息风险的预期。由于市场参与者不断收到新的信息，并不断改变预期，股票价格毫无疑问会不断变化。

13.4 估值误差

我们了解了几种资产估值模型。一项有趣的练习是用这些模型来估算现实公司的股价。在计算之后，读者会发现在大部分时候，计算出的股价和市场价格并不相符。读者经常会质疑这些模型是错误的或是不完整的，是否因为使用方法不当而导致了这种状况。在运用这些模型时，有很多因素会导致误差，其中包括估计增长率、估计风险以及预测股息过程中遇到的问题。

13.4.1 估计增长率的问题

固定增长率模型要求分析人员对公司的固定增长率进行估计。我们可以通过计算股息、销售额或者净利润的历史增长率来估计公司的未来增长率，但这种方法没有考虑公司或整体经济变化对增长率的影响。加州大学金融学教授罗伯特·豪根（Robert Haugen）在其所著的《新金融学》（*The New Finance*）一书中写道，竞争将阻止具有高增长率的公司继续保持其历史增长率。他强调，即便如此，历史上具有高增长率公司的股价也趋于反映一种持续的高速增长水平。结果就是，投资于这些公司的投资者所获得的回报率要低于投资于一些成熟的公司所获得的回报率。这表明，即使是专家，在估计未来增长率时也会遇到麻烦。表 13-1 显示出必要回报率为 15%、股息为 2 美元的某公司在不同增长率水平下的股价范围。股价范围从 1%增长率下的 14.43 美元一直到 14%增长率下的 228 美元不等。13%的增长率与 12%的增长率之间会有 38.33 美元的股价差。

表 13-1　某公司股票价格一览表（回报率为 15%，期初股息为 2 美元，固定增长率如下表所示）

增长率（%）	股价（美元）
1	14.43
3	17.17
5	21.00
10	44.00
11	55.50
12	74.67
13	113.00
14	228.00

13.4.2 估计风险的问题

股息估值模型要求分析师估计公司权益的必要回报率。表 13-2 给出的是初始股息为 2 美元、增长率为 5%的公司在不同的必要回报率情况下的每股股价情况。很明显，股票价格和必要回报率高度相关，尽管还不肯定应该如何确定必要回报率。

表 13-2　某公司股票价格一览表（期初股息为 2 美元，增长率为 5%，必要回报率如下表所示）

必要回报率（%）	股价（美元）
10	42.00
11	35.00
12	30.00
13	26.25
14	23.33
15	21.00

13.4.3　预测股息的问题

即使我们能够准确地估计出公司的增长率和必要回报率，也仍然面临确定公司会将多少盈利用于分红的问题。显然，很多因素会影响股息支付率，包括公司未来的增长机会和管理层对未来现金流的考虑。

将所有这些考量因素放在一起，我们发现：很少有股票分析人员能对股价做出准确的预测，这就是股价剧烈波动的原因所在。例如，有信息显示经济在减速，分析人员随即对增长率预期进行修正。当多只股票发生这种情况时，主要的市场指数可能会发生变化。

这是否意味着你不应该参与股票市场投资？不，这只是意味着股价的短期波动也很正常。从长期看，股价会调整以反映公司的真实收益情况。如果你在资产组合中选择了蓝筹股，随着时间的推移，它们应该为你提供合理的回报率。

案例 13—1

2007—2009 年的金融危机与股票市场

次贷金融危机开始于 2007 年 8 月，引发了几乎近 50 年以来最严重的熊市。运用戈登增长模型对股票价格进行估值分析，可以帮助我们理解次贷危机是怎样影响股票价格的。

次贷危机对经济产生了严重的冲击，它引发了对美国公司成长预期的下行调整。这就降低了戈登增长模型中的股息增长率（g），使公式（13—5）中的分母增大，导致了 P_0 降低，即股价下跌。

美国经济的不确定性增大以及次贷危机导致的信贷利差扩大，导致股权投资所需的必要回报率提高。更高的 k_e 也使公式（13—5）的分母增大，导致 P_0 降低，即股价下跌。

在金融危机的早期，增长预期下降和信贷利差的影响还不太严重，用戈登增长模型预测的股市下跌也不严重。但是，当危机进入恶化阶段时，信贷利差几乎达到顶峰，经济遭受重挫，如戈登增长模型所预测的那样，股市崩盘了。从 2009 年 1 月 6 日到 2009 年 3 月 6 日，道琼斯工业平均指数从 9 015 点跌到 6 547 点。在 2007 年 10 月（14 066 点）至 2009 年 3 月间，市场缩水了 53%。在此后一年内股票指数重回 10 000 点。

案例 13—2

“9·11”恐怖袭击、安然公司丑闻与股票市场

2001 年，两件大事引发了美国股市震动，即“9·11”恐怖袭击事件和安然公司丑闻。使用股票估值分析中的戈登增长模型，有助于我们理解这些事件如何对股票价格产生影响。

“9·11”恐怖袭击事件的发生使得因恐怖袭击而致使美国经济瘫痪的可能性增大。这些担忧导致外界向下调整了对美国公司发展前景的预期。戈登增长模型中的股息增长率 g 降低，使公式（13—5）中的分母变大，P_0 降低，即股票价格下降。

美国经济的不确定性增大，还会使投资于证券的必要回报率提高。较高的 k_e 导致公式（13—5）中的分母变大，P_0 降低，股票价格普遍下跌。正如戈登增长模型所预测的那样，在 2001 年 9 月 11 日之后，美国股市的下跌幅度超过了 10%。

随后，美国成功地反击了阿富汗塔利班组织，消除了未来恐怖袭击发生的可能性，使市场上的忧虑情绪和不确定性相应减少，使得 g 逐步回升而 k_e 下降。因此，公式（13—5）中的分母减小，P_0 提高，股市也在随后的 10 月和 11 月慢慢复苏。然而，2002 年初，安然公司丑闻以及很多公司夸大收益的内幕遭到揭露，致使很多投资者对以往公司收益情况以及股息增长率的乐观预测结果产生了怀疑。由于公司会计信息的不确定性增大，投资者会向下调整 g 并提高 k_e，致使戈登方程式（13—5）中的分母变大，故 P_0 下降，股市的整体股价水平都会降低。不出所料，这些情况确实发生了。股市复苏被搁置，市场又进入了一个向下调整期。

13.5 股票市场指数

股票市场指数被用于监测一组股票的表现。通过考察一组股票的平均表现，投资者能够获得对更大范围股票表现的认识。各种各样的股票市场指数向投资者展示了各类股票的业绩。最常被用到的指数是道琼斯工业平均指数（DJIA），它是根据 30 家大公司的股票表现制定出来的。随后的小案例专栏提供了更多关于此类著名指数的背景知识。表 13 - 3 列出了 2013 年 6 月构成该指数的 30 只股票。

表 13 - 3　　构成道琼斯工业平均指数的 30 家公司

公司名称	股票代码	公司名称	股票代码	公司名称	股票代码
明尼苏达矿业及制造公司	MMM	通用电气公司	GE	耐克公司	NKE
美国运通公司	AXP	高盛集团	GS	瑞辉制药公司	PFE
美国电话电报公司	T	家得宝公司	HD	宝洁公司	PG
波音公司	BA	英特尔公司	INTC	旅行者公司	TRV
卡特彼勒公司	CAT	IBM 公司	IBM	联合健康集团	UNH
雪佛龙公司	CVX	强生公司	JNJ	联合科技公司	UTX
思科公司	CSCO	摩根大通公司	JPM	威瑞森通信公司	VZ
可口可乐公司	KO	麦当劳公司	MCD	Visa 公司	V
杜邦公司	DD	默克集团	MRK	沃尔玛公司	WMT
埃克森-美孚石油公司	XOM	微软公司	MSFT	迪士尼公司	DIS

其他指数如标准普尔 500 指数、纳斯达克综合指数以及纽约证券交易所综合指数对追踪分类股票的表现更有用。图 13－2 展示了从 1980 年以来的道琼斯工业平均指数的变化情况。

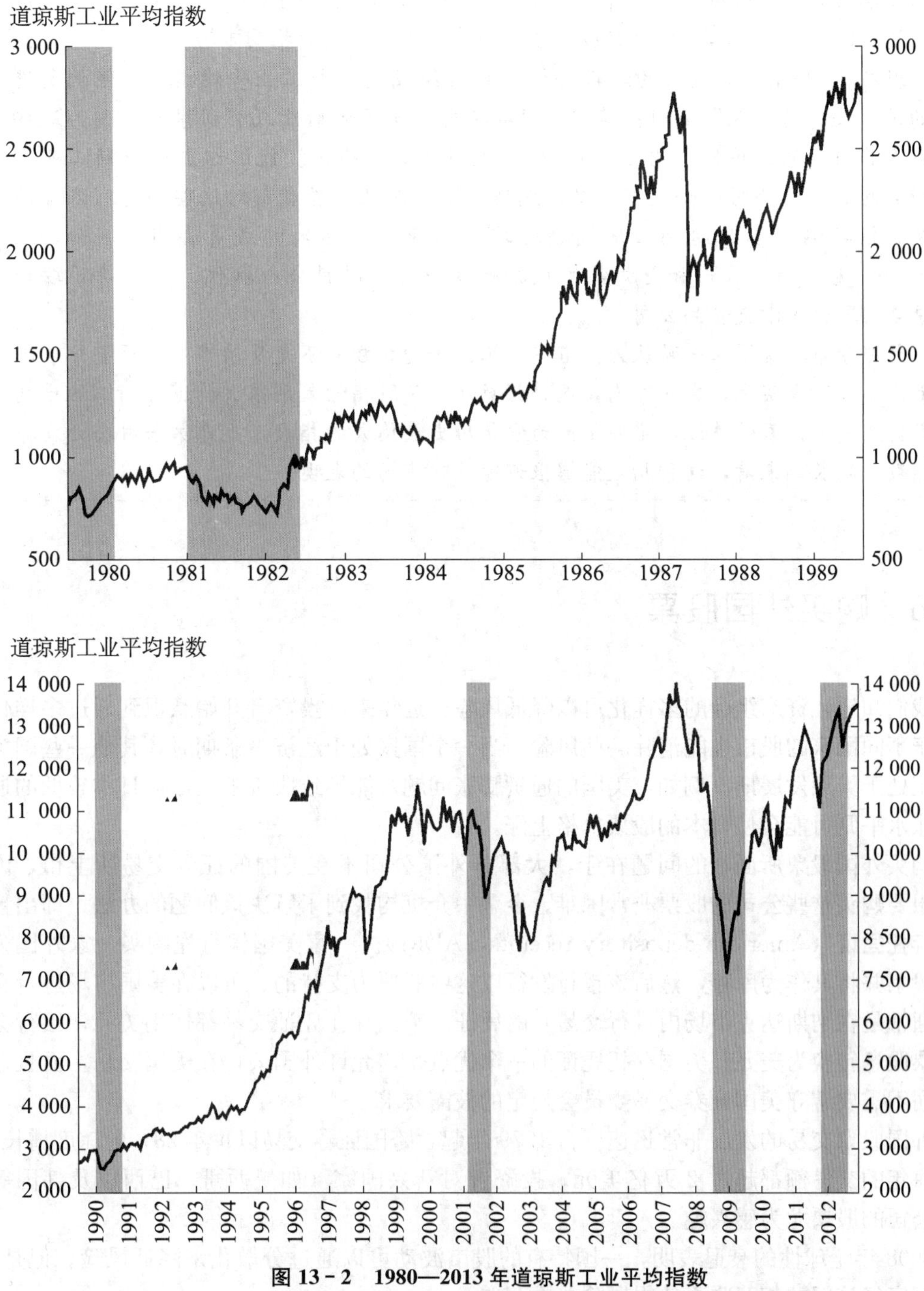

图 13－2　1980—2013 年道琼斯工业平均指数

资料来源：http：//finance.yahoo.com/q/hp?s=%5EDJI&a=09&b=1&c=2007&d=03&e=13&f=2010&g=m.

登录 www.djindexes.com，查阅大量关于当前道琼斯工业平均指数及其历史数据的信息。

小案例 13—1　道琼斯工业平均指数的历史

道琼斯工业平均指数是以 30 家“蓝筹”工业公司的股票为编制对象的一种指数。1896 年，查尔斯·H. 道（Charles H. Dow）将 12 只最有名的股票的价格相加，然后除以股票数量，创造出了一种平均指数。1916 年，在之前的基础上又加入了 8 只股票。随后，在 1928 年，由 30 只股票组成的平均指数首次被推向市场。

现在，《华尔街日报》的编辑会挑选股票组成道琼斯工业平均指数。他们所选择的是广义的“工业”公司：其实，只要公司不属于运输业或公用事业（因为这些行业有其自身的道琼斯平均指数），就可被视为工业公司。能够组成道琼斯工业平均指数的新入选公司，必须有成功的发展历史，而且投资者都对这些公司有浓厚的兴趣。指数编制者会周期性地调整道琼斯工业平均指数的成员公司。例如，在 2009 年，通用汽车公司和花旗集团被旅行者公司和思科公司取代。2012 年，联合健康集团取代了卡夫食品公司。

大部分市场观察家一致认为，道琼斯工业平均指数并不是反映市场每天整体表现的最优指标。事实上，在短期内，这种指数和广义股指的差别很大。道琼斯工业平均指数仍然受到大家的关注，主要是因为它是历史最悠久的指数，也是第一种公开发布的指数。从长期来看，这种指数能够很好地反映市场的表现。

13.6　购买外国股票

我们知道，资产组合的多样化可以降低风险。近年来，投资者开始意识到通过多样化投资于不同国家的股市也能消除一些风险。当一个国家处于经济萧条期时，其他一些国家可能正处于繁荣发展期。例如，美国的通货膨胀问题可能导致股价下跌，但日本较低的通货膨胀水平则可能会使日本的股票价格上涨。

购买外国股票所面临的问题在于，大部分外国公司不在美国的证券交易所上市，因此，想要购买这些公司的股票非常困难。金融中介机构找到了解决该问题的办法，即出售**美国存托凭证**（American depository receipts，ADRs）。一家美国银行先购买一家外国公司的股票并将其作为库存，然后该银行发行以这些股票为支持的、可以在美国市场进行交易（通常是在纳斯达克市场内进行交易）的凭证。美国存托凭证交易都使用美元，银行会将股票股息转换为美元。美国存托凭证的一个优点是，允许外国公司在美国交易，而且这些公司不需要遵守美国证券交易委员会规定的披露要求。

外国股票交易的发展非常迅速。自 1979 年起，跨国证券交易以每年 28%的速度增长，现在每年的交易额都超过 2 万亿美元。投资者对新兴国家（如墨西哥、巴西以及韩国等国）公司的股票尤为感兴趣。

2008 年全球性的衰退表明，一国特有的股市波动可以通过分散化来降低风险。但是，不同国家经济间的相互联系使得风险总是存在。

13.7 股票市场的监管

经济发展进入高级阶段的一大特点就是有一个运作良好的资本市场。为了使经济繁荣发展，公司必须筹集资金，以便利用可能出现的投资机会。公司可以从资本市场筹集资金。要使资本市场恰当地发挥这一职能，投资者必须相信筹资企业所公布的信息。如果没有这种信任，市场可能会崩溃。在美国，最著名的例子就是经济大萧条。20 世纪 20 年代，约有价值 500 亿美元可供出售的新证券，但到了 1932 年，其中有一半都变得毫无价值。公众对资本市场的信心也急剧下挫，立法者认为要恢复经济，必须首先恢复公众的信心。在一系列调查听证之后，国会通过了 1933 年《证券法》，随后不久又通过了 1934 年《证券交易法》。这些法案的主要目的是：(1) 要求企业向公众披露其业务的真实情况；(2) 要求经纪人、交易商和交易所平等地对待投资者。国会成立了证券交易委员会来执行这些法案。

13.7.1 证券交易委员会

在证券交易委员会的网站上有如下内容：

美国证券交易委员会最基本的任务是保护投资者并保持证券市场的完整性。①

证券交易委员会确保投资者能够定期、及时、准确地获得信息，这样投资者就能根据这些信息判定某家公司的证券是不是好的投资选择。因此，证券交易委员会主要是促进信息披露以及减少信息不对称情况的出现，而并不决定某家特定企业的好坏。为了保证提供给投资者的信息的质量，证券交易委员会每年都会处理 400～500 宗针对个人或公司发起的民事诉讼案。

证券交易委员会由 4 个部门以及 18 个办事处组成，大约有 3 100 名雇员。为了更好地理解证券交易委员会如何完成目标，可以考察每个部门被赋予的职责。

● 公司融资监管部负责搜集众多上市公司需要提交的文件，包括公司年报、申请上市登记表、季度报表和其他报告。该部门对这些报告进行审查，以核实它们是否符合各项规定，但不会去核实所提交材料的真实性或准确性。该部门的工作人员还会为公司提供帮助，为它们解释各项规定并推荐可以采取的新规则。

● 证券市场管理部通过对证券市场参与者进行管理来建立和维护一个有序、有效的市场所需的各种标准。该部门会审查并批准新的规章，并对现行的各种规章进行修正。

● 投资活动管理部对投资管理行业进行监督和管理，包括对共同基金行业的监管。正如证券市场管理部制定了许多管理市场的规定一样，投资活动管理部也制定了一系列管理投资公司的规章。

● 调查执行部对任何违反各部门制定的规定和管制条例的行为进行调查。调查执行部还调查各种证券欺诈行为，以及由证券交易委员会各部门提供的涉及内幕消息的交易。证券交易委员会本身只能发起民事诉讼，但是它与各种刑事调查部门有密切联系，在适当的时候，也可以发起刑事诉讼。

---

① 参见 www. sec. gov/about/whatwedo. shtml。

在第 20 章，我们将会讨论一些具体的例子，考察证券交易委员会处理欺诈行为和违反道德标准的情况。

本章小结

1. 市场上有有组织的交易所和场外交易市场。有组织的交易所的特征是，拥有实物大楼，交易商在其中进行交易。场外交易市场主要是通过电话和计算机链接进行操作。虽然也有一些特殊情况，但通常规模较大的公司都在有组织的交易所进行交易，规模较小的公司在场外交易市场进行交易。最近几年，电子通信网络开始夺走一些原本属于股票交易所的市场份额。这些电子网络在将来很有可能成为股票市场非常重要的参与者。

2. 根据发放股息的现值可以对股票进行估值。遗憾的是，我们无法确切地了解这些股息的总额，这会在估值过程中带来较大误差。戈登增长模型是在假定股息将一直以固定比率增长的条件下计算股票价值的一种简化方法。考虑到我们对未来的股息发放情况并不确定，因此，我们通常尽量进行合理假设。

3. 另一种估计股票价格的方法是用公司的每股收益乘以行业的平均市盈率。为了反映公司的具体情况，市盈率可以适当地上调或下调。

4. 在股票市场中，交易商之间相互影响，形成每天的交易价格。由于对公司的现金流有更大的确定性，或者能更好地估计现金流，交易商们对证券有更高的估值，因而愿意为这样的证券支付高价。随着新信息的发布，投资者会校正他们对证券真实价值的估计，比较股票的市场价格和他们的估计值，确定是否应该买卖股票。因为估计增长率或估计必要回报率的微小变动将导致股票价格的大幅波动，因此股票市场频繁大幅波动也就不足为奇了。

重要专业术语

美国存托凭证	普通股股东	纳斯达克
卖价	普通的股息估值模型	优先股
买价	戈登增长模型	市盈率

习题

1. 金融学中能用来对任何投资资产进行估值的基本原则是什么？

2. 说出股票投资者可能得到的现金流。这种现金流的估计值的可靠性如何？比较股票现金流估计和债券现金流估计的问题。你预测哪一种证券有更大的波动性？

3. 对有组织的交易所和场外交易市场之间不同的特征加以讨论。

4. 纳斯达克指的是什么？

5. 股票和债券的区别是什么？

6. 回顾表 13-3 所列出的构成目前的道琼斯工业平均指数的公司。有多少家公司看起来有技术关联？讨论就指数风险而言这一问题究竟意味着什么。

定量问题

易趣公司（eBay, Inc.）在 1998 年 9 月公开上市，其向证券交易委员会提交的招股说明书列出了下列关于公司在外流通股的信息。①

在首次公开发行中，易趣公司发行了 350 万股新股，价格为 18.00 美元/股，发行第一天的收盘价为 44.88 美元/股。

1. 如果投资银行收取 1.26 美元/股的费用，那么，易趣公司获得的净收益是多少？易趣公司所发行新股的总市值为多少？

---

① 本题的信息摘自 http：//www.sec.gov/Archives/edgar/data/1065088/0001012870-98-002475.txt。

2. 首次公开发行中有两个常见的统计指标：抑价和公司上市损失总额。抑价被定义为首次公开发行股票的发行价与上市首日收盘价之间的百分比变化。公司上市损失总额等于首日收盘价与股票发行价的差额乘以发行总股数。计算易趣公司的抑价和公司上市损失总额。这两个指标说明易趣公司上市的效率如何？

3. 人们预期 Misheak 公司的股票可能在未来 12 个月内具有如下表所示的回报率：

回报率（%）	概率
−5	0.10
5	0.25
10	0.30
15	0.25
25	0.10

如果股票现在的售价是 25 美元/股，一年后的预期价格为多少？假设该股票不会派发股息。

4. 假设 SoftPeople 公司现在的股价为 19.00 美元/股，目前派发的年股息为 0.65 美元/股。分析人员预计，1 年后该股的价格有可能在 23.00 美元/股左右。那么，预期回报率为多少？

5. 2004 年 9 月，微软公司的股价为 27.29 美元/股，当时微软公司派发的年股息为 0.32 美元/股。分析人员制定的 1 年目标价位为 33.30 美元/股左右，该股票的预期回报率为多少？

6. LaserAce 公司现在的股价为 22.00 美元/股，最近一次派发的年股息为 0.80 美元/股。如果市场要求 11%的回报率水平，用戈登增长模型预测 LaserAce 公司的股息增长率为多少？

7. Huskie 汽车公司刚为其股票派发了 1.00 美元/股的年股息，公司管理层向股东承诺将以 5%的固定比率增发股息。如果必要回报率为 12%，公司股票的当前股价应该为多少？

8. 假定微软公司的股票价格为 27.29 美元/股，派发的年股息为 0.32 美元/股，是上一年派发股息数额（0.16 美元/股）的两倍。如果预期这种趋势会持续下去，那么微软公司股票的必要回报率是多少？

9. 戈登公司刚为其股票派发了 1.10 美元/股的年股息。分析人员认为，戈登公司将保持 3%的历史股息增长率。如果必要回报率为 8%，预计公司股票明年的股价将为多少？

10. Macro 系统公司为其股票派发了 0.32 美元/股的年股息，预计今后 4 年内，其派发的股息将会翻倍（从 D_1 到 D_4）。在那之后，股息将以比较适度的每年 1%的速度增长。如果必要回报率为 13%，公司股票的现价为多少？

11. Nat-T-Cat 工业公司刚刚上市。作为一家正处于成长期的公司，预计在前 5 年公司都不会派发股息。之后，投资者预计 Nat-T-Cat 公司将会每年派发 1.00 美元/股的股息（也就是说，$D_6=1.00$），且不增长。如果必要回报率为 10%，公司股票的现价为多少？

12. 分析人员预计 CB 铁路公司的每股收益将达到 3.90 美元，如果行业平均市盈率约为 25，那么 CB 铁路公司现在的股价应该为多少？

13. 微软公司宣布股票的每股收益大约为 0.75 美元。如果微软公司所在行业的市盈率为 30～40，那么微软公司估价的合理范围应该是多少？

14. 有四种证券组成了一个指数，其信息如下表所示：

证券	价格		股票发行总数（百万股）
	时间 0	时间 1	
1	8	13	20
2	22	25	50
3	35	30	120
4	50	55	75

如果使用加权平均法，指数从时间 0 到时间 1 的变化为多少？

15. 一种指数在过去 20 年内的平均（几何）均值回报率为 3.886 1%。如果基期指数值为 100，20 年后的指数值为多少？

16. 假设某股票每年派发 1 美元/股的股息，你的要求回报率为 15%，你希望 1 年后以 20 美元/股的价格售出。计算该股票的价格。

17. 某风险投资公司预计的每股收益为 3.50 美元，由该风险投资公司最直接的竞争对手组成的行业的平均市盈率为 21。在经过仔细分析之后，你认为该风险投资公司的风险程度比行业平均水平稍高一些。因此，你认为 23 倍的市盈率能更好地反映市场对该公司的预期。估算该公司股票的当前价格。

网络练习

股票市场

1. 登录 http：//www.forecasts.org/data/index.htm。点击该页面最上方的“Stock Index Data”（股票指数数据），观察道琼斯工业平均指数、标准普尔 500 指数和纳斯达克综合指数。哪种指数的波动性最强？依据哪种指数，你愿意在 1985 年进行投资？你的复利投资结果如何？

2. 可以根据多种指数来观察股票市场的表现。有趣的是，可以观察这些指数彼此之间如何互相追踪。登录 http：//bloomberg.com，点击屏幕顶端的“Charts”（图表）标记，在前面的输入栏中输入想要查看的指标名，如道琼斯工业平均指数、标准普尔 500 指数、纳斯达克指数和罗素 2000 指数。设定时间范围为 5 年，然后点击“Get Chart”（获取图表）。

（1）哪种指数在过去 5 年内的波动性最强？

（2）哪种指数在过去 5 年内的收益最大？

（3）现在将时间范围改为当天。哪种指数在今天的表现最好？哪种指数的波动性最强？

第 14 章　抵押贷款市场

开篇预览

典型的美国梦之一就是拥有自己的房子。现在，平均房价超过了 20.8 万美元，如果我们不能借到这么一笔巨额购房资金，许多人可能直到暮年也买不起房子。同样地，为了给企业进一步发展提供资金，企业对债务资本的依赖远远超过了对股权投资的依赖。许多小企业不能进入债券市场，就必须寻找别的资金来源。回顾一百年前抵押贷款市场的状况，这一市场的出现主要是为了满足企业与有钱人的需要。现在的抵押贷款市场和当时相比有了许多变化。本章的目的就是要讨论这些变化。

第 11 章讨论了货币市场，即短期资金市场。第 12 章和第 13 章分别讨论了债券市场和股票市场。本章则讨论抵押贷款市场，在这个市场中，借款人——个人、企业和政府能够获得长期抵押贷款。从某种角度上讲，抵押贷款市场是资本市场的子市场，因为抵押涉及长期资金。但是，抵押贷款市场又在一些重要的方面区别于股票市场与债券市场。首先，通常资本市场的借款人是政府机构和企业，而抵押贷款市场的借款人通常是个人。其次，抵押贷款有多种数量与期限，具体情况根据借款人的需求而定，这就造成了抵押贷款二级市场发展的问题。

本章将分析典型的住房抵押贷款的特征，讨论抵押贷款的一般期限与类型，考察提供抵押贷款的贷款人。此外，我们还要讨论抵押贷款支持证券市场的发展和第 8 章中初次提到的次级抵押贷款市场最近的危机。

14.1　什么是抵押贷款

抵押贷款（mortgage）是以房地产为担保的长期贷款。一个开发商可以通过获取抵押贷款来建造写字楼，一个家庭也可以通过获得抵押贷款来购买住房。以上两种情况的贷款都要**分期还款**（amortized），即借款人在到期前将逐期偿还本金和利息总额。表 14－1 给出了抵押贷款借款人的分布情况。超过 81%的抵押贷款是为购买住房融资，这将是本章重点讨论的内容。

表 14－1　　2012 年抵押贷款的借款情况

财产类型	抵押贷款发放数量（百万美元）	占总额的比例（%）
单户单体到四户联排住宅	9 920	75.41
多户联排住宅	859	6.53
商业建筑	2 223	16.90
农场	152	1.16

资料来源：http：//www.federalreserve.gov/econresdata/releases/mortoutstand/current.htm.

追溯历史有助于更好地理解现代抵押贷款。起初，许多州的法律不允许银行进行抵押融资，以免银行资金被长期贷款过多地占用。1863 年《国民银行法》进一步限制了抵押贷款。过去，大多数抵押贷款合同都是在个人之间签订的。在律师的协助下，签约双方取得联系并签订字据。这种贷款通常只发放给有钱人和有广泛社会关系的人。然而，随着人们对长期贷款需求的日益增加，市场上出现了越来越多的抵押经纪商。它们经常先从快速发展的西部获取资金，然后出售给东部的储蓄银行和保险公司。

到了 1880 年，抵押贷款银行开始出售债券来筹集发放长期贷款所用的资金，从而使其业务形成了流水线。它们还集合一系列抵押贷款合同，并以其作担保向公众发行债券。许多贷款都用于西部农业大开发的融资。遗憾的是，到了 19 世纪 90 年代，农业不景气造成大量违约，由于土地价格下降，大批抵押贷款银行破产。此后，获得长期贷款变得异常困难。直到第一次世界大战后，全国性的银行被批准发放抵押贷款，情况才有了转机。这项制度变化引起了房地产行业的极大繁荣，抵押贷款迅速扩张。

到了 20 世纪 30 年代，抵押贷款市场再一次陷入大萧条，遭到破坏。数以百万计的借款人因失业而丧失偿还贷款的能力。抵押物和土地拍卖使财产价值暴跌，抵押贷款机构再一次受到沉重打击，纷纷破产倒闭。

造成这么多借款人拖欠还款的一个原因正是他们的抵押贷款的类型。当时的大多数抵押贷款都是**气球式贷款**（balloon loans）：前面 3～5 年，借款人先支付利息，在到期时，一次性归还贷款。贷款人通常愿意通过减少本金来提供展期贷款。但是，如果借款人失业，贷款人就不愿意再提供展期，借款人就只能违约了。

作为从经济萧条中复苏的计划的一部分，联邦政府插手重建抵押贷款市场。政府接管了拖欠的气球式贷款，并允许借款人在更长的期限内偿还贷款。这些新型贷款果然大受欢迎。幸存下来的储蓄贷款协会又开始为购房者提供类似贷款，对房产的大量需求推动了抵押产业迅速复苏。

14.2　住房抵押贷款的特点

现代抵押贷款的贷款人不断地改进长期贷款产品，使其更受借款人的欢迎。即使在过去短短的二十年里，贷款人和工具的性质也发生了很大的变化。最大的变化之一就是抵押贷款合同有了活跃的二级市场。我们先来考察抵押贷款合同的特点，然后研究抵押贷款合同的二级市场。

二十年前，大多数抵押贷款由储蓄贷款协会和大银行的抵押部门发放。一部分抵押贷款留在了这些发行机构手中，另一部分抵押贷款则被卖给少数一些公司。这些公司密切追踪这些贷款的违约情况，它们拒绝从违约率较高的银行购入这类贷款。目前，在房地产抵押贷款领域，有很多提供贷款的事务所相互竞争，其中一部分是银行的附属部门，另一部分是独立机构。竞争的结果是，借款人能够选择不同期限和类型的贷款。许多抵押贷款业务采用原生一分销模式，贷款经纪人发放抵押贷款，并尽可能快地将其出售给投资人。由于在开始时抵押贷款发起人很少关注贷款的实际偿付可能，所以，这种模式强化了委托—代理问题。

登录 www.interest.com，可以查找抵押贷款利率和不同地区的抵押贷款交易价格。

14.2.1 抵押贷款利率

借款人为抵押贷款支付的利率也许是他们选择贷款人及贷款数量时所考虑的最重要的因素。抵押贷款的利率由三个因素决定：当前的长期市场利率、抵押贷款的期限和贴现点。

（1）市场利率。长期市场利率由长期资金的供求决定，也就是要受国际、国内和地区因素的影响。如图 14-1 所示，抵押贷款利率在大多数时间一直高于风险较小的长期国债的利率，但两者的变化趋势一致。

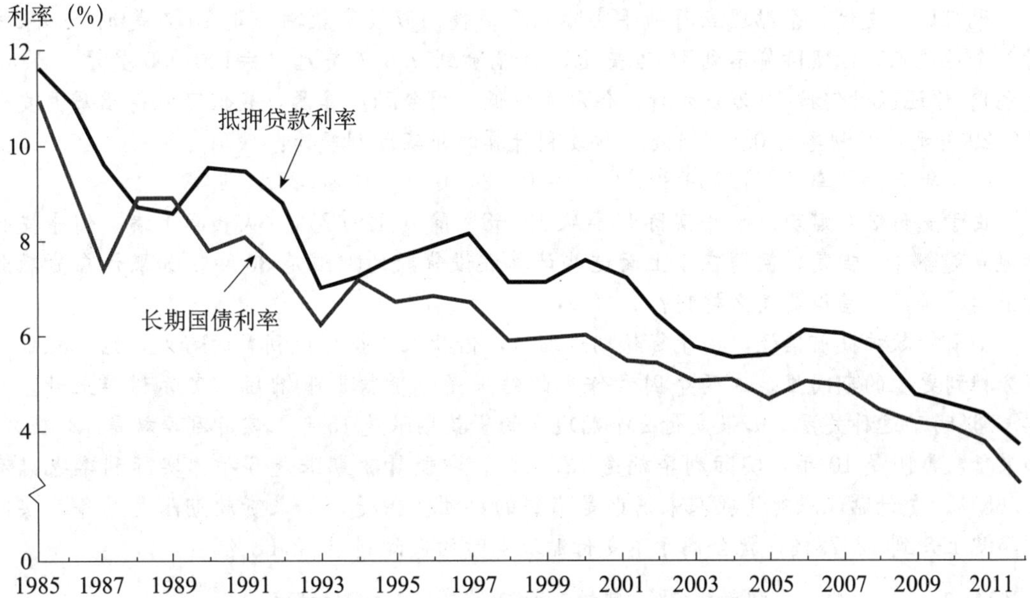

图 14-1 1985—2012 年抵押贷款利率与长期国债利率

资料来源：http：//www. federalreserve. gov/releases/h15/data. htm.

（2）期限。长期抵押贷款的利率水平高于短期抵押贷款。通常的抵押贷款期限为 15 年或 30 年。贷款人也提供 20 年期的贷款，但这种贷款并不常见。由于利率风险随着期限的临近而减小，所以，15 年期贷款的利率远低于 30 年期贷款的利率。例如，2013 年 7 月，30 年期抵押贷款的利率是 3.5%，而 15 年期抵押贷款的利率是 2.62%。

（3）贴现点。**贴现点**（discount points）（简称“点”）是在开始获得贷款时支付的利息。一个贴现点的贷款意味着借款人在贷款交割时需要支付贷款总额的1%，交割时间就是借款人签订借款协议并收到贷款资金的时刻。作为对这一贴现点的补偿，贷款人会降低贷款利率。在考虑是否支付这些贴现点时，借款人应该确定在贷款期限内降低利率的好处是否能够完全弥补所增加的前端成本。为了确定支付贴现点是否合算，借款人必须考虑他将持有这笔贷款多长时间。通常说来，借款人如果在5年内（含5年）还清贷款，就不需要支付贴现点。将5年作为平衡点，是因为美国房产出售的平均周期就是5年。

案例14—1

贴现点的决定

假设你有两种贷款选择：第一种是不支付贴现点，而是支付12%的利率；第二种是支付2个贴现点，但只需要支付11.5%的较低利率。你选择哪一种呢？

要回答这个问题，必须首先计算无贴现点时每年的实际利率。由于贷款按月计算复利，每月支付1%的利率。考虑到复利，年实际利率比简单年利率要高。计算实际利率的方法是：用1与月利率之和的12次方减去1。因此，没有贴现点时的年实际利率为：

$$年实际利率=(1.01)^{12}-1=0.126\,8=12.68\%$$

由于按月计复利，12%的年利率的实际年化利率为12.68%。对于一份30年期、10万美元的贷款，你需要每月支付1 028.61美元。

现在计算支付2个贴现点时的年实际利率。我们假设贷款额仍是10万美元。如果支付2个贴现点，你实际贷不到10万美元，只能贷到9.8万美元（=100 000美元−2 000美元）。你还款时仍按10万美元计，但利率较低。用金融计算器，我们可以得出每月支付990.29美元，月利率为0.980 4%。* 按复利计算的年实际利率为：

$$年实际利率=(1.009\,804)^{12}-1=0.124\,2=12.42\%$$

由于支付2个贴现点，年实际利率从12.68%降到12.42%。从表面上看，似乎支付贴现点更合算。但是，问题在于上面这些计算假设贷款的期限是30年。如果你在贷款到期前卖掉房产，结论会怎么样呢？

如果贷款被提前偿还，由于贷款期限缩短，借款人会获得低利率的好处，贴现点也会被分摊到更短的期间里。这两个因素作用的结果是，贷款期限缩短，实际利率上升。表14-2说明了这种关系。如果支付2个贴现点的贷款期限是15年，实际利率就是12.45%。如果贷款期限是10年，实际利率就是12.52%。即使贷款期限是6年，实际利率也只有12.65%。支付贴现点对借款人来说也是省钱的办法。但是，如果贷款期限是5年，实际利率就上升到12.73%，就会高于不支付贴现点时的实际利率12.68%。**

表14-2　利率为12%、支付2个贴现点的贷款的实际利率

还款年数	实际利率（%）	还款年数	实际利率（%）
1	14.54	6	12.65
2	13.40	7	12.60
3	13.02	10	12.52
4	12.84	15	12.45
5	12.73	30	12.42

* 参见第3章对于贷款支付的计算。

** 例如，如果2年后就提前偿还贷款，为了计算实际利率，求出当 $I=11.50\%$，$PV=100\,000$，$N=360$，$PMT=990.29$ 时的 FV，然后令 PV 等于98 000，计算出 I。将所得的 I 值除以12，再加上1，对这个和求12次方。

14.2.2 贷款期限

抵押贷款合同包括许多法律条款与财务条款，其中，大多数是为了保护贷款人免遭财务损失。

（1）抵押物。抵押贷款的一个共同特征是要求有抵押物作为担保，通常将充当融资目的的房地产作为贷款抵押物。放贷机构通常对抵押物拥有**留置权**（lien），而且这种权利一直保持到贷款全部偿付时。留置权就是一项关于财产权的公开记录，其中标明了该财产是一项贷款的抵押物，并赋予贷款人权利，使其可以在发生债务违约时出售抵押财产。

没有人能够在某项财产的留置权得到清偿之前购买该项财产并获得明确的产权。举例来说，你以某项财产的留置权作为担保，取得贷款用以购买该项资产，贷款人会到公共登记处办理留置权登记。该留置权向全世界表明，如果发生债务违约，贷款人有权获得该项资产。如果你在贷款清偿前试图出售这项资产，留置权将伴随该财产的产权或需要订立契约才能转让。在贷款得到清偿之前，贷款人有权从任何所有人手中拿走留置财产，所以，没有人愿意购买该项财产。房地产留置权的存在说明产权查验是抵押贷款交易的重要一环。在产权查验期间，律师或产权查验机构查阅所有留置权登记档案。购买产权保险可以保证财产不含任何形式的债权，可以确保资产有良好的产权状态，包括排除财产留置权。

（2）首付款。要获得抵押贷款，贷款人还要求借款人支付**首付款**（down payment），即支付购买价格的一部分，购买价格的余额由贷款支付。首付款（与留置权相同）的目的在于减少借款人发生债务违约的可能性。如果不支付首付款，借款人就可以丢下房产和贷款潇洒地走人，而不损失分毫。另外，如果房地产价格下降，即使降得不多，贷款余额也会超过抵押物的价值。正如我们在第 2 章和第 8 章所讨论的那样，首付款减少了借款人的道德风险。首付款的金额取决于抵押贷款的类型。从 21 世纪头十年的中期开始，贷款人所要求的首付款常常被借款人利用二次抵押下的再抵押贷款规避掉了，所以贷款人实际上支付了 100%的贷款。从 2006 年开始的房地产衰退中我们可以看到，许多借款人发现他们的房产价值比他们的贷款价值要少，所以违约率暴涨。

（3）私人抵押贷款保险。贷款人保护自己免遭违约损失的另一种办法是要求借款人购买**私人抵押贷款保险**（private mortgage insurance，PMI）。私人抵押贷款保险是一项保险政策，如果发生违约，它可以保证弥补贷款额与资产价值之间的差额。举例说明，如果在发生债务违约时，你的贷款余额为 120 000 美元，但你的资产价值仅有 100 000 美元，私人抵押贷款保险公司就会向贷款机构支付 20 000 美元。当然，这一违约会记入借款人的信誉记录，而贷款人避免了损失。通常对首付款比例低于 20%的贷款要求购买私人抵押贷款保险。如果由于贷款的偿付或资产价值的升高导致贷款价值比（loan-to-value ratio）下降，借款人可以要求下调私人抵押贷款保险费。对于 100 000 美元的贷款，私人抵押贷款保险费通常为每月 20～30 美元。

理想中的私人抵押贷款保险本应保护抵押贷款投资人免遭风险，但直到近期，这项政策才实至名归。就如我们稍后将要讨论的那样，放松贷款标准导致了抵押贷款市场的高度竞争性。在这个市场上，贷款人为了吸引顾客会采用一些有问题的高风险方案。一种方式是以组合贷款规避私人抵押贷款保险要求。私人抵押贷款保险通常对一级抵押贷款有保险要求。一级抵押贷款提供相当于抵押资产价值80%的贷款，其余20%的贷款由再抵押贷款资金来弥补。这样就不需要购买私人抵押贷款保险了。当然，当借款人违约时，贷款人就有风险了。

(4) 借款人资格。在发放抵押贷款前，贷款人需要确定借款人是否有资格取得贷款。取得抵押贷款的资格不同于取得银行贷款的资格。一直以来，大多数贷款人在二级市场上将抵押贷款出售给一些联邦政府机构。对于在二级市场参与此类交易，这些机构都制定了必须严格执行的明确规定。如果贷款人给那些不符合规定的借款人发放了抵押贷款，则该贷款人就不能在二级市场出售该贷款。这样就束缚了贷款人的资金运用。

核查借款人资格的规则复杂而多变，但一条经验法则是：贷款的月还款额加上税负和保险费不应超过月收入总额的25%。此外，借款人全部贷款——包括汽车贷款与信用卡——的月还款额不能超过月收入总额的33%。例如：你一年能挣6万美元（每月5 000美元），你的利息偿付不能多于5 000×0.25=1 250美元。就借款利率为4%的贷款来说，你最多只能得到20万美元的贷款。

贷款人还将从一家主要的信用评级机构那里获得一份有关借款人的信用评估报告。利用变量加权的信用评分模型，可以有效地预测信用状况。最常见的个人信用评估系统主要是费埃哲（Fair Isaac）公司推出的**FICO评分系统**（FICO scores）。FICO评分系统得出的信用分数在300～850分之间。720分以上被认为是良好，低于660分在贷款时可能会有问题。FICO分值是由你过去的付款记录、未偿债务、信用历史的长短、贷款申请的数目和贷款的类型等因素决定的。有趣的是，仅仅申请及持有一定数量的信用卡就能大大影响你的FICO评分。

随着21世纪头十年中期抵押贷款市场竞争的白热化，各种类型的抵押贷款对传统信贷业务提出了挑战。例如，给借款人提供无收入证明贷款（也称NINJA贷款，意指无收入、无工作、无资产）。这种贷款对贷款申请者没有任何收入或资产要求。这种贷款的逻辑是基于一种错误的信条，即固定资产的价格不会下降，所以抵押物足够偿还贷款。这种类型的贷款在很大程度上放弃了对借款人资格的调查，取而代之的是对贷款量的需求。

14.2.3 抵押贷款的分期偿还

抵押贷款的借款人承诺每月支付一定数额的本金与利息，并在到期前偿还全部贷款。"分期全部偿还"是在贷款到期前偿还全部未偿债务。在贷款初期，贷款人还款中的大部分金额是所支付的贷款利息，少部分是所偿还的本金。借款人惊讶地发现，在还款几年之后，其债务余额并未显著下降。

表14-3列出了期限为30年、总额为130 000美元、利率为8.5%的贷款的本金与利息的分期偿还情况。在第一笔还款中只有78.75美元被算作本金的偿付。2年后，应偿还的余额是127 947美元；在第5年底，应偿还的余额还有124 137美元。换言之，在开始的5年里，在所支付的59 975.40美元中只有5 862.69美元被算作本金的偿付。在整个130 000美元的贷款期中，要支付229 850美元的利息。

表 14-3　　30 年期、利率为 8.5%的 130 000 美元贷款的分期偿还表　　单位：美元

还款期数	期初贷款余额	每月还款额	用于偿还利息的金额	用于偿还本金的金额	期末贷款余额
1	130 000.00	999.59	920.83	78.75	129 921.24
24	128 040.25	999.59	906.95	92.66	127 947.62
60	124 256.74	999.59	880.15	119.43	124 137.31
120	115 365.63	999.59	817.17	182.41	115 183.22
180	101 786.23	999.59	720.99	278.60	101 507.63
240	81 046.41	999.59	574.08	425.51	80 620.90
360	991.77	999.59	7.82	991.77	0

如果将表 14-3 所示贷款的期限由 30 年改为 15 年，每月要多支付 280 美元，即每月共计支付1 279.59美元，但在贷款期内，利息节省了将近 130 000 美元。不难理解，这就解答了为什么借款人更喜欢短期贷款。

14.3　抵押贷款的类型

市场上有许多种类型的抵押贷款。不同的借款人具备不同的借款资质。经验丰富的抵押贷款银行家可以帮助借款人在不同情况下找到最合适的贷款。

14.3.1　担保抵押和常规抵押

抵押贷款分为担保抵押贷款与常规抵押贷款。**担保抵押贷款**（insured mortgage）由银行或其他的抵押贷款人发放，但由联邦住房管理局（FHA）或退伍军人管理局（VA）提供担保。向联邦住房管理局或退伍军人管理局申请贷款担保必须具备一定的资格，如曾为军队服役、收入低于一定水平，而且借款有一定上限。联邦住房管理局或退伍军人管理局担保银行发放贷款的任何损失，也就是说，如果发生债务违约，该机构保证清偿抵押贷款。对于借款人而言，取得联邦住房管理局或退伍军人管理局贷款担保资格的好处就是贷款人要求的首付款金额很低，甚至不需要首付款。

常规抵押贷款（conventional mortgage）的发放者与担保抵押贷款的发放者相同，但没有担保。目前，私人抵押贷款保险公司为许多常规抵押贷款提供保险。正如我们在前面所看到的，很多贷款人要求借款人为所有贷款价值比超过 80%的贷款购买私人抵押贷款保险。

14.3.2　固定利率抵押贷款和可调节利率抵押贷款

在标准的抵押贷款合同中，借款人同意向贷款人定期偿付一定的本金与利息。正如我们在前面所看到的那样，利率对月还款额有很大影响。在固定利率抵押贷款中，利率与月还款额在整个抵押贷款期间保持不变。

可调节利率抵押贷款（ARM）的利率钉住某种市场利率，随着时间的推移而变化。

可调节利率抵押贷款通常限定了在整个贷款期间一年内的利率升高（或降低）幅度，利率上限被称为封顶利率。一般的可调节利率抵押贷款的利率是在国债平均利率水平上加2%，每年的封顶利率为2%，整个抵押贷款期间的封顶利率为6%。借款人更欢迎这种带有封顶限制的可调节利率抵押贷款。

当利率升高时，可调节利率抵押贷款可能带来沉重的经济负担，相对可调节利率抵押贷款，借款人更偏好固定利率抵押贷款。但是，除非借款人愿意再贷款，即以更低的利率获得新贷款，用以偿还之前的贷款，否则，当利率下降时，固定利率贷款对他们没有好处。事实上，人都是厌恶风险的，对贷款负担增加的担心常常超过对节省支出的期待。

相反地，贷款人更喜欢可调节利率抵押贷款，因为可调节利率抵押贷款能够降低利率风险。回忆第3章的内容，利率风险是指利率升高导致债务工具的价值贬值。债务工具的期限越长，利率变动对债务工具价值的影响就越大。由于抵押贷款通常期限较长，其价值对利率变动异常敏感。贷款机构通过发放可调节利率抵押贷款而非标准的固定利率抵押贷款，可以降低资产对利率的敏感程度。

由于贷款人更偏爱可调节利率抵押贷款，而借款人更喜欢固定利率抵押贷款，所以贷款人必须通过提供比固定利率抵押贷款的利率低的利率，用于吸引借款人接受可调节利率抵押贷款。举例来说，2013年7月，30年期固定利率抵押贷款的利率是3.5%，而当时5年期的可调节利率抵押贷款的利率是1.625%。可调节利率抵押贷款的利率要提高1.875%，可调节利率抵押贷款的借款人才会觉得不如固定利率抵押贷款的借款人合算。

14.3.3 其他类型的抵押贷款

抵押贷款市场的竞争日益激烈，贷款人对抵押贷款合同不断创新，以吸引更多借款人。下面探讨一些新型的抵押贷款。

(1) 分级偿还抵押贷款（GPM）。分级偿还抵押贷款适合预期收入增加的购房者。分级偿还抵押贷款在头几年的还款额较低，之后还款额逐渐增加。最初几年的月还款额甚至不足以支付应付利息，在这种情况下，本金的余额会增加。由于借款人的预期收入随着时间的推移而增加，还款额的增加将不会成为负担。

分级偿还抵押贷款的优点是，借款人能够获得比常规贷款数额更大的贷款额度。这使买房人能够尽早购买足够大的住房，而不必等家庭成员增加后再换更贵的住房。缺点是，无论借款人的收入是否增加，还款额都要逐渐增加。

(2) 权益增长型抵押贷款（GEM）。贷款人设计出权益增长型抵押贷款的目的是帮助借款人在较短的时期内清偿贷款。在权益增长型抵押贷款中，最初的还款额与常规抵押贷款相同。此后，还款额随着时间的推移而增加。还款额的增加使得该种贷款要比常规抵押贷款更快地减少本金数量。例如，这种合同要求在头2年等额还款，在接下来的5年内还款额逐年递增5%，在剩余期限中再进行等额还款，最终可以把贷款期限由30年降到17年。

权益增长型抵押贷款受到预期未来收入增加的借款人的欢迎。其优点在于，它既能让借款人在开始阶段偿付较小的数额，又能让他们较早地清偿债务。尽管权益增长型抵押贷款要求偿付额递增，但大多数抵押贷款对提前清偿不收取罚款。对一笔30年期贷款的借款人来说，只要月还款额超过要求的还款数额，并指明超过的部分全部用于本金偿付，就可以创造出权益增长型抵押贷款。

权益增长型抵押贷款类似于分级偿还抵押贷款，两者的区别是，分级偿还抵押贷款的目标是帮助借款人减少开始几年的偿付额，贷款仍在30年内还清。而权益增长型抵押贷款的目标则是让借款人早日偿还贷款。

（3）再抵押贷款（piggyback）。再抵押贷款是用已用于抵押的房地产作担保取得的贷款。再抵押贷款的优先级比初始抵押贷款要低。也就是说，如果发生债务违约，并且有充分的剩余资产，再抵押贷款的债权人要在初始抵押贷款的债权人全部得到清偿之后才能得到偿付。

再抵押贷款有两个目的：首先，可以让借款人以自己住房的产权为担保申请另一笔贷款。再抵押贷款的替代方案是重新融得比现在的贷款金额更大的一笔贷款以偿付购房款。再抵押贷款的成本通常比重新贷款的成本低得多。

再抵押贷款的另一个目的是充分利用中产阶级未用完的税前扣除项。主要居住用房的抵押贷款利息可以在税前扣除（相关税收法律允许对借款人购买居住用房和一所度假屋所支付的贷款利息减免税收），其他类消费都没有这样的优惠条件。许多银行现在提供再抵押担保的信贷额度。在大部分情况下，担保物的价值对银行没有太大意义。消费者更喜欢有担保的信贷额度，这样他们可以通过贷款利息的税前列支减轻税收负担。

如前所述，抵押贷款市场崩溃的原因之一是再抵押贷款减少或免除了首付款要求。借款人没有真正的房屋产权，一旦他们的房产价值下降或他们的收入减少，他们就弃房而去。再抵押贷款的使用改变了一般的借贷行为。过去，借款人必须证明他们有所要求的首付款之后，才能进行贷款。

（4）储备年金抵押贷款（RAM）。储备年金抵押贷款能帮助退休人员依靠自己的住房产权维生。在储备年金抵押贷款合同中，银行每月按计划支付一定的资金给借款人。不断增加的贷款余额由房地产作为还款保证。借款人并不对贷款进行偿付。在借款人去世后，其继承人出售房产来偿还债务。

储备年金抵押贷款的优点在于，退休人员保留了住房的使用权而不必出售产权。对于需要额外生活费的退休老人而言，储备年金抵押贷款是理想的选择。

2004—2008年间，各种各样的抵押贷款被推出，目的是让几乎所有借款人都能满足借款资格。当时的理由是，房屋价格一般是上涨的，如果借款人无法继续负担房贷，他们只要把房子卖掉就行，还能从中获利。当房地产泡沫破裂、房价下跌时，就不是那么回事了，很多贷款都被拖欠了。自2008年以来，抵押贷款行业不再提供这些高风险的有选择权的贷款了。

表14-4总结了各种类型的抵押贷款。

表14-4　　各类抵押贷款一览表

常规抵押贷款	常规抵押贷款没有担保；通常需要私人抵押贷款保险；5%～20%的首付款
担保抵押贷款	担保抵押贷款由联邦住房管理局或退伍军人管理局提供担保；低首付或零首付
可调节利率抵押贷款	利率钉住其他证券，并按期调整；每年的调整幅度有限制
分级偿还抵押贷款	还款额开始时较低，以后逐年增加；30年内分期偿还
权益增长型抵押贷款	还款额逐年增加；贷款偿还期少于30年
再抵押贷款	以房地产二级债务作抵押；通常用于提高信贷额度和住房维修贷款
储备年金抵押贷款	贷款人按月向借款人发放贷款，贷款余额递增；贷款到期时出售房地产还贷

14.4 抵押贷款机构

最初，国会授权成立的储贷协会为家庭提供抵押贷款。国会允许储贷协会支付稍高一些的储蓄利率以吸引储户。多年来，储蓄行业表现良好。储蓄行业通过吸收储户的短期存款来筹集长期抵押贷款资金。早期房地产业的发展要归功于这些储贷协会（我们将在网上课程第 25 章中进一步讨论储蓄行业）。

在 20 世纪 70 年代以前，利率保持相对稳定，发生波动的幅度很小且持续时间不长。但在 20 世纪 70 年代，利率与通货膨胀率都迅速升高，储蓄机构成了利率风险的牺牲品。当市场利率升高时，固定利率抵押贷款的价值下降。蒙受损失的储蓄机构不再作为抵押贷款的主要来源。

早期抵押贷款市场的另一个严重问题是，储蓄机构在国内受到联邦政府的法律限制，不能在全国范围内设立分支机构。同时它们也受到所在州的法律限制，储蓄机构不能将普通贷款发放到距离本机构 100 英里以外的地区。即使某一机构进行多样化经营，提供数以千计的各类贷款，也只能在同一地区发放。当该地区发生经济困难时，许多贷款会同时违约。例如，在 20 世纪 80 年代中期，得克萨斯州和俄克拉何马州由于石油降价而遭遇经济衰退。伴随着房地产价值的下跌、失业率的上升，许多抵押贷款违约。尽管当时美国其他地区的经济运行状况良好，但也帮不到该地区的贷款人。

图 14－2 显示了美国主要的抵押贷款发放机构在全部抵押贷款市场所占的份额。到目前为止，最大的投资商是联邦机构，但是若干年前抵押贷款集合资金信托占有 50％的市场份额。

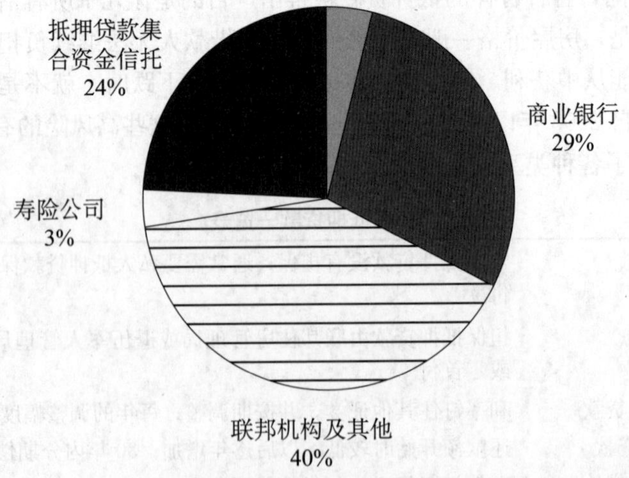

图 14－2　各主要抵押贷款机构占有的市场份额

资料来源：http：//www.federalreserve.gov/econresdata/releases/mortoutstand/current.htm.

14.5 抵押贷款服务

许多发放抵押贷款的机构并不希望持有大量的长期证券资产组合。例如，商业银行获取短期资金并投资于长期贷款，会使它面临无法接受的高利率风险。然而，商业银行、储蓄机构和大多数发放贷款的其他机构通过将贷款打包出售给其他投资者并从中收取费用而获得收益。抵押贷款的服务费一般是贷款额的1%，不同市场间存在差异。

贷款一经发放，许多贷款人就会马上将其出售给其他投资人。借款人甚至可能注意不到原始贷款人已经转移了贷款。通过出售贷款，原始贷款人盘活了资金，以便为其他借款人提供贷款，获得更多收益。

一些贷款机构也提供抵押贷款服务。贷款服务机构向借款人收取还款，将本金与利息交给投资人，并保存必要的交易记录，负责维持**准备金账户**（reserve account）。大部分抵押贷款都要设立准备金账户，贷款人通过该账户为借款人支付税项和保险。贷款人愿意支付这些费用，因为它们可以保障贷款的安全。贷款服务机构通常每年收取贷款总额的0.5%作为自己的服务费。

总而言之，大多数抵押贷款服务有三个明显的要素：

（1）贷款发放者将贷款打包出售给投资者。

（2）投资者持有贷款。

（3）贷款服务机构处理相关文件。

一家、两家或者三家不同的中介机构会执行这些职能。

越来越多的抵押贷款是借助于网络获得的，网络金融“借款人从网上购买抵押贷款”对这种新的获取抵押贷款的途径进行了讨论。

网络金融 14—1

借款人从网上购买抵押贷款

网络对抵押贷款银行业务产生了巨大的影响。此前，借款人只能到当地银行、储贷协会和抵押贷款公司申请获得抵押贷款。这些机构将贷款打包后再出售。最近几年，出现了大量借助于网络运营的抵押贷款银行公司。

抵押贷款市场很适合提供在线服务，原因有以下几点：首先，该市场的业务以信息为基础，不需要实际的发货和库存。其次，不同银行提供的产品（贷款）是同质的。对借款人而言，只要能有效地取得贷款，他不会关心谁提供了资金。再次，买房人购买住房的次数有限，他们对本地的贷款人没有忠诚度可言。最后，在线贷款人一般能够提供成本更低的贷款，因为不需要面对面地与客户交流，能以更低的管理成本实现运营。

借款人在网络抵押贷款市场上更容易逐个比较利率和期限。只需要填写一份申请，各网络服务公司就会提供大量的贷款选择，借款人可以选择最符合自己要求的贷款。

诸如Lending Tree公司之类的在线抵押贷款企业使该领域的市场竞争日益白热化。这促使利率下降且服务质量提高。贷款人经常提供大量五花八门的贷款选择，大多数借款人很难理解它们的区别。这让购买产品的选择过程远非比较利率那么简单。

借款人使用在线服务获取贷款必须注意，骗子们发现这是一个极其简单的获取个人信息的途径。他们建立了一个网站，提供虚假贷款信息，以非常优厚的利率吸引顾客。一旦他们搜集到所需的信息，他们就会删除你的支票、储蓄和信贷账户信息，关闭网站，再建立一个新网站。

14.6 抵押贷款二级市场

联邦政府为抵押贷款设立了二级市场。我们在前面提到，抵押贷款市场在大萧条期间陷于崩溃。为了刺激全国的经济，政府成立了几家机构购买抵押贷款。美国联邦国民抵押贷款协会（房利美）成立后从储蓄机构购买抵押贷款，从而使这些机构能够发放更多的抵押贷款。该机构通过向公众出售债券，获得购买抵押贷款的资金。

几乎与此同时，联邦住房管理局成立，为某些抵押贷款合同提供保险。这样一来，出售抵押贷款就更容易了，因为购买者没有必要关心借款人的资信背景或者抵押物的价值。第二次世界大战后，国家通过退伍军人管理局设立了类似的保险计划，为退伍军人的抵押贷款提供担保。

担保抵押贷款的一个优点是使用标准化的贷款合同。贷款合同的标准化是抵押贷款二级市场发展的一个重要因素。

随着抵押贷款二级市场的形成，新型的中介机构——抵押贷款银行出现了。抵押贷款银行不吸收存款，可以在全国设立分支机构。抵押贷款银行最初使用自己的资本发放贷款。在一批同类贷款被发放完后，它们会被集中打包出售，或者被出售给联邦机构，或者被出售给保险基金或养老金。抵押贷款银行有很多优点。因为规模大，它们能从贷款发放与贷款服务中获取规模经济。它们可以把不同区域的贷款打包，以帮助降低风险。这些中介机构对抵押贷款的竞争日益激烈，借款人由此获得了更低的贷款利率。

14.7 抵押贷款证券化

在试图出售抵押贷款时，中介机构往往面临很多问题：第一，抵押贷款规模很小，无法形成能够批发的金融产品。目前，抵押贷款的平均金额是 25 万美元。该金额远远低于商业票据整批交易所需的 500 万美元的下限。许多机构投资者不愿意经营这种小额业务。

第二，在二级市场出售的抵押贷款不是标准化产品。它们有不同的期限、不同的利率和不同的合同条款，这使得众多的抵押贷款很难集合成一笔大额抵押贷款。

第三，抵押贷款业务的成本相对较高。比较一下抵押贷款与公司债券。抵押贷款的贷款人必须每月收取还款，要缴纳税款和保险费，并且需要维持准备金账户，而公司债券则没有这些要求。

第四，抵押贷款存在未知的违约风险。抵押贷款的投资人不愿意花费大量的时间评估借款人的信用。上述问题催生了**抵押贷款支持证券**（mortgage-backed security）——也称**证券化抵押贷款**（securitized mortgage）——的创新。

14.7.1 什么是抵押贷款支持证券

20 世纪 60 年代末期，抵押贷款二级市场开始萎缩，主要是因为获得担保贷款的退伍军人开始减少。政府重组了联邦国民抵押贷款协会，并成立了两家新机构：政府国民抵押贷款协会（吉利美）和联邦住房贷款抵押公司（房地美）。这三家机构现在既能提供担保抵押贷款支持证券，也能（首次）提供无担保抵押贷款支持证券。

将抵押贷款直接出售给投资人的替代方式是发行新证券，以组合打包的抵押贷款作为这些证券的资产支持（或担保）。托管人如银行或政府机构持有这个抵押贷款包，作为新发行证券的抵押物，这个过程就是资产证券化。最常见的抵押贷款支持证券是**抵押贷款过手证券**（mortgage pass-through），这种证券在将借款人抵押贷款的还款支付给此证券的投资人前先转交给托管人。如果借款人提前还贷，投资人会得到高于预期的本金。例如，投资人购买了一种平均利率为 6%的抵押贷款支持证券。如果利率下降，那么，借款人可以以较低利率再融资以清偿以前的抵押贷款。此时，抵押贷款支持证券就会被提前清偿。在抵押贷款被提前偿还后，投资人只好再寻找其他投资机会，这种投资机会的收益率一般较低，由此形成的风险就是提前清偿风险。

如图 14－3 所示，已经发行而未到期的抵押贷款组合自 1984 年到 2009 年稳步增长。抵押贷款组合如此受欢迎的原因是，可以借此发行新型证券（如抵押贷款过手证券），使抵押贷款投资变得更有效率。例如，机构投资者能够投资于一种由抵押贷款组合资产担保的大额抵押贷款过手证券，而不用投资于众多小额且类型不同的抵押贷款合约。房地产市场衰退和抵押贷款组合投资者的损失导致了 2009 年该资产的迅速收缩。

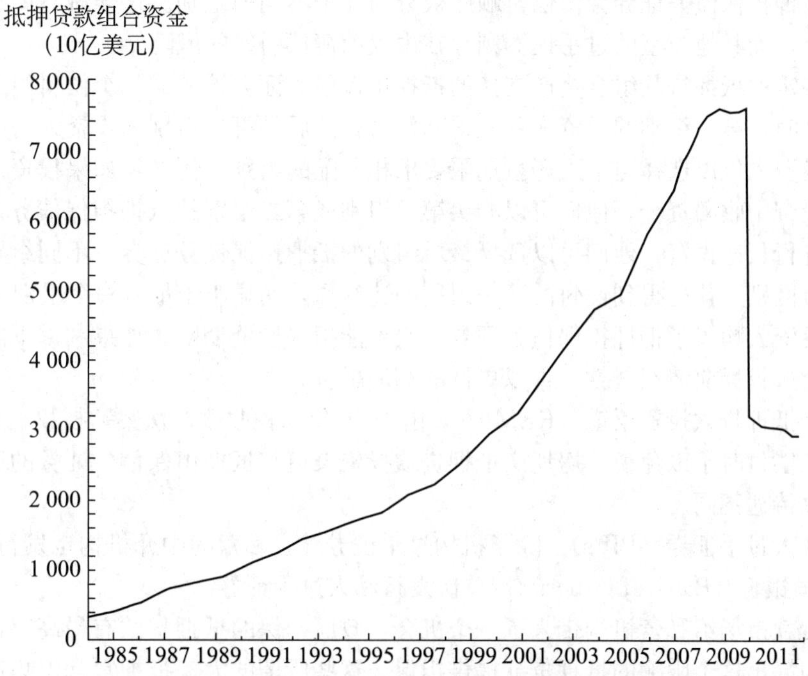

图 14－3　1984—2012 年抵押贷款组合的资产价值

资料来源：http：//www. federalreserve. gov/econresdata/releases/mortoutstand/current. htm.

14.7.2 过手证券的类型

过手证券有许多种类：政府国民抵押贷款协会过手证券、联邦住房贷款抵押公司过手证券以及私人过手证券。

(1) 政府国民抵押贷款协会过手证券。政府国民抵押贷款协会于 1968 年开始为过手证券提供担保。从此以后，这些证券受到极大的欢迎。

各金融中介机构包括商业银行和抵押贷款公司发起由政府国民抵押贷款协会担保的抵押贷款。政府国民抵押贷款协会将这些抵押贷款打包成一个组合资产包，并发行以抵押贷款组合的利息和本金偿付为担保的过手证券。政府国民抵押贷款协会为过手证券的违约提供担保。过手证券通常最小的面值是 25 000 美元，组合资产包的最小规模是 100 万美元。一个组合资产包可能支持许多过手证券。

(2) 联邦住房贷款抵押公司过手证券。联邦住房贷款抵押公司的成立帮助了储蓄贷款协会。这些协会没有资格发起由政府国民抵押贷款协会担保的抵押贷款。联邦住房贷款抵押公司在自己的账户上购买抵押贷款，并发行与政府国民抵押贷款协会类似的过手证券。政府国民抵押贷款协会发行的过手证券被称为抵押参与证书（PC）。联邦住房贷款抵押公司组合资产包与政府国民抵押贷款协会组合资产包的不同之处在于，前者还包括常规的、没有联邦保险（无担保）的抵押贷款，也包括具有不同利率的抵押贷款，数额较大（在几亿美元左右），最小的面值为 10 万美元。

联邦住房贷款抵押公司过手证券的一项创新是**抵押担保债务证券**（collateralized mortgage obligation，CMO）。与传统的抵押贷款支持证券不同，根据提前清偿可能发生的时间，抵押担保债务证券会依偿付顺序被分为几个不同的组别。这样做有助于降低提前清偿的风险，而其他类型的过手证券则存在由提前清偿引发的风险。

某一特定的抵押贷款组合资产支持的抵押担保债务证券被分成几个偿付组别。当本金被提前清偿时，第一组别的投资人首先得到偿付，然后是第二组别的投资人得到偿付，依此类推。投资人可以选择与个人还款期限要求相匹配的组别。例如，如果投资人几年之内就需要从投资中收回资金，他们可以购买第一组别或第二组别的抵押担保债务证券。如果他们希望进行长期投资，他们可以选择最后组别的抵押担保债务证券。不同组别之间也有明显的风险区别，首先得到偿付的第一组别的违约风险明显小于最后一个组别。

即使投资人购买了抵押担保债务证券，也不能担保投资期限。如果利率下降很多，许多借款人会选择提前清偿贷款，再以更低的利率融资。

房地产抵押贷款投资渠道（REMICs）由 1986 年《税收改革法案》授权，贷款发起人在过手利息偿付时予以免税。房地产抵押贷款投资渠道与抵押担保债务证券的区别就在于法律和税收待遇不同。

(3) 私人过手证券（PIPs）。除了机构过手证券外，私营的中介机构也发行过手证券。1977 年美国银行（Bank of America）首次发行私人过手证券。

抵押贷款市场给私营机构带来了一个机会，政府担保的抵押贷款有最高限额，而私营机构可以为高出这个限额的抵押贷款提供担保。这些所谓的大额抵押常常汇集起来组合成资产包，用以支持私人过手证券。

14.7.3 次级抵押贷款和债务抵押证券

次级贷款（subprime loans）是提供给那些没有资格获得常规市场利率贷款的借款人的，他们的信用等级较低，或者贷款额大于由他们的收入决定的偿还能力。有次级车贷或次级信用卡。但是，自 2006 年以来，由于房地产价值的下跌引发的高违约率，次级抵押贷款受到了高度关注。

资产证券化市场可以轻松组合并出售抵押贷款。此前，如果你不符合主要抵押贷款机构之一的贷款条件，就可能不能贷款买房了。贷款资格要被严格审核，每一个环节都需要验证，以确保严格遵守各项条款。当抵押贷款被组合打包出售给其他投资者时，新的贷款规则出现了，这些规则引发了新型抵押贷款——次级抵押贷款的出现。

根据美国抵押贷款银行家协会的记录，2000 年大约 70%的贷款是传统的常规贷款，20%是联邦住房管理局担保的贷款，8%是退伍军人管理局担保的贷款，只有 2%是次级贷款。2006 年，70%仍是传统的常规贷款，但已有 17%是次级贷款，与联邦住房管理局和退伍军人管理局所占的比例大抵相同。FICO 评分针对几乎所有的借款者。这个分数被作为信用评级机构评估信用风险等级的指数。虽然每个机构使用的算法略有不同，但都包括了支付历史、当前负债水平、信用历史长短、所持信用卡的类型以及最新贷款数量等指标的考量，FICO 平均分达到 624 可获得次级贷款，达到 742 才够资格得到常规贷款。

一些创新贷款的尝试导致了对信用等级低的借款人放贷规模的扩大。首先，2/28 可调节利率抵押贷款（也称“诱惑性”利率贷款）开始流行起来。该贷款的利率头两年为固定利率，之后利率通常会大幅上涨。再抵押贷款、无收入证明（No Doc）贷款或无收入、无工作、无资产（NINJA）贷款以及在上一节讨论过的各类分级偿还抵押贷款鼓励借款人借入大于他们实际支付能力的贷款。

许多人认为，为信用等级较低的借款人增加提供抵押贷款是一种进步。如果拥有自己住房的产权是每一个美国人的梦想，那么，放松贷款标准让更多的美国家庭实现了他们的梦想。此外，住房需求量的上升加快了经济发展并促进了建筑业的就业。不利的一面是，市场的竞争导致抵押贷款被推销给了那些缺乏金融知识的借款人，他们往往不能准确地估计自己的还贷能力。此外，放松贷款标准使投机者获得贷款，这是不公平的。

次级抵押贷款的增长部分归因于结构化信贷产品比如债务抵押证券（CDO）的推出。这些证券在第 8 章中提到过，是高风险投资的一个资金来源。抵押担保债务证券和债务抵押证券相似。抵押担保债务证券会按到期偿付顺序对贷款组合进行分级，债务抵押证券则是按风险级别把贷款放入不同的组别，且债务抵押证券可以成为以公司债券、房地产信托投资（REIT）或其他资产作支持的证券，其中，抵押贷款支持证券是最常见的。

如果房地产价值正在迅速增加，而借款人发现自己无法还贷，他们可以出售房产。一旦房地产像 2006 年和 2007 年那样降温，就难以通过出售房产来还贷，许多借款人被迫违约或破产。我们在第 8 章中讨论过，次级抵押贷款是导致 2007—2008 年金融危机的主要原因，并导致了全球的经济衰退。

14.7.4 房地产泡沫

2000—2008年房地产由盛到衰，抵押贷款市场受到严重影响。2000—2005年房价平均每年上升8%，仅2005年一年就上升了17%。引起价格上涨的因素有两个：第一个因素是前面讨论过的次级抵押贷款的增加。随着越来越多的人符合贷款资质，需求大增。注意，到2004年，次级抵押贷款占到所有新型贷款的17%。这意味着，在很短的时间里，许多新的购房人有资格买房了。尽管住房建设不断增加，但仍然无法跟上需求的步伐。

房地产投机是造成价格泡沫的第二个因素。人们开始注意到，购买房地产再转售是快速、容易的赚钱方法。获得零首付贷款使他们很容易用很少的承诺资本来购买房产，然后以高价转售出去。很多开发项目在没有开建之前就已经被售光了。买方都无意拥有产权，只是为了投机。投机公寓很流行，因为不需要怎么打理，到再次出售的时候收拾一下即可。投机者把房产出售给其他投机者，进一步的需求推动了价格上涨。

如同大多数投机泡沫一样，房地产泡沫在泡沫酝酿过程中的某一点完结了。随着次级抵押贷款违约率的上升，投机的程度开始见诸报端。那些在高点接盘的人遭受了巨大损失，包括贷款机构和抵押贷款支持证券的投资者。

在由次贷诱发的金融危机过后，贷款政策又回归到选择有还款能力的借款人。明显的信号是全球债务抵押证券的发行量下降。从2006年高峰时候的5 200亿美元下降到2009年的42亿美元。市场在2012年又恢复到580亿美元。

抵押贷款证券化受欢迎，因为它最初是一种通过卖掉部分抵押贷款以降低贷款人风险的方法。贷款人可以在不保留风险的情况下继续放贷。遗憾的是，它加剧了道德风险。通过对贷款人的风险隔离，发行比证券化的抵押贷款风险更大的贷款行不通。个别公司面临的风险可能减少，但系统性风险却大大增强了。

本章小结

1. 抵押贷款是以房地产为担保的长期贷款，个人与企业都可以获得抵押贷款为购买房地产融资。

2. 由于抵押贷款发放机构之间的竞争，抵押贷款利率相对较低。除了持续的低利率，竞争还导致产生了许多可供选择的具有不同期限和条款的抵押贷款。例如，借款人可以选择30年期的固定利率贷款，也可以选择利率紧钉国库券利率的可调节利率贷款。

3. 抵押贷款的一些特质是为降低借款人违约的可能性而设计的，例如，一般要求支付首付款。这样一来，如果贷款人收回抵押财产，借款人就会遭受损失。如果贷款价值比降到80%以下，大多数贷款人会要求借款人购买私人抵押贷款保险。

4. 各种抵押贷款可以满足大多数借款人的需求。分级偿还抵押贷款的初始还款额较低，但逐步递增。权益增长型抵押贷款的还款额逐期递增，但贷款的偿付期比固定偿还的期限短。共享升值型住房抵押贷款被用于利率与通货膨胀率较高的时期。贷款人提供较低利率的贷款，但要分享房地产升值的利益。

5. 近年来，随着机构投资者不断寻找具有吸引力的投资机会，抵押贷款证券化越来越受欢迎。证券化抵押贷款是以抵押贷款组合资产为担保的证券。该组合中的贷款偿还被转移给了投资人。政府国民抵押贷款协会、联邦住房贷款抵押公司和私营银行都发行过手证券。抵押贷款证券化隔离了贷款人的贷款风险，也导致了高风险贷款的急剧增加。

6. 20世纪90年代，次级贷款的数量在抵押贷款总量中只占一个微不足道的份额，此后不断增加，2006年达到了17%。不合格的借款人及零首付贷款助涨了房地产投机，当违约出现时，公众的实际需求萎缩，最终导致了灾难性后果。

重要专业术语

分期还款	FICO 评分系统	抵押贷款过手证券
气球式贷款	担保抵押贷款	私人抵押贷款保险
抵押担保债务证券	留置权	准备金账户
常规抵押贷款	抵押贷款	证券化抵押贷款
贴现点	抵押贷款支持证券	次级贷款
首付款		

习题

1. 抵押贷款市场与其他的资本市场有什么区别？

2. 大多数抵押贷款曾经是气球式贷款，现在大多数抵押贷款要求分期偿还。气球式贷款与分期偿还的贷款有什么区别？

3. 什么原因促使长期抵押贷款的利率保持在较低水平？

4. 什么是贴现点？为什么一些抵押贷款的借款人选择支付贴现点？

5. 什么是留置权？在贷款发放过程中，在什么情况下使用留置权？

6. 要求借款人在贷款前支付首付款的目的是什么？

7. 如果贷款价值比低于 80%，贷款人通常会要求借款人购买哪种保险？

8. 与其他类型的银行贷款不同，对于抵押贷款客户，贷款人一般对他们的贷款资格不做过多了解。为什么？

9. 区别常规抵押贷款与担保抵押贷款。

10. 假设贷款人标明“随国库券利率加 2 浮动，封顶利率为 2 与 6”，解释这一贷款条款的含义。

11. 分级偿还抵押贷款与权益增长型抵押贷款的每月还款额都随着时间的推移而递增。但是，两种贷款的目的不同。它们背后的动机分别是什么？

12. 许多银行提供由房地产二次抵押（或留置权）担保的信用额度。这种贷款在银行客户中很受欢迎。为什么住房所有者愿意抵押自己的住房作为担保来获得信用额度？

13. 储备年金抵押贷款可以使退休人员凭借自己的房屋产权谋生，而不用出售自己的住房。说明储备年金抵押贷款的运作过程。

14. 什么是抵押贷款证券化？

15. 说明抵押贷款过手证券是如何运作的。

定量问题

1. 计算一笔 30 年期、名义利率为 5.80%的 80 000 美元固定利率抵押贷款的每月还款额。第一年的还款额有多少用于支付本金和利息？

2. 一笔 30 年期的固定利率抵押贷款每月还款 1 100 美元。假设该贷款的名义利率为 9%，计算该贷款的面值。如果首付款要求为 5%，房产的最高价为多少？

3. 考虑一笔 30 年期、名义利率为 9%的 100 000 美元固定利率抵押贷款。如果借款人希望在偿付 12 期后还清抵押贷款余额，那么，抵押贷款余额是多少？

4. 考虑一笔 30 年期、名义利率为 9%的 100 000 美元固定利率抵押贷款。如果借款人每期多还 100 美元，那么抵押贷款需要多长时间还清？

5. 考虑一笔 30 年期、名义利率为 9%的 100 000 美元固定利率抵押贷款。一家储贷协会于 4 月 1 日放款，该抵押贷款形成了该机构资产组合的一部分。然而，4 月 2 日名义抵押贷款利率提高到 9.5%，那么，该笔抵押贷款的价值降低了多少？

6. 考虑一笔 30 年期、名义利率为 9%的 100 000 美元固定利率抵押贷款。该贷款的存续期有多长？

如果贷款发放后，利率马上提高到 9.5%，那么，该贷款对于贷款人的价值是多少？

7. 考虑一笔 5 年期、100 000 美元的气球式贷款。银行要求每月的还款额与名义年利率为 5.5%的 30 年期固定利率贷款的每月还款额相等。在这笔气球式贷款到期时，借款人还欠银行多少钱？

8. 一笔 30 年期的可调节利率抵押贷款在第一年提供低至 2%的“诱惑性利率”，此后的利率变为 4.5%，并根据实际利率水平进行调整。在贷款期内最高利率为 10.5%，且每年利率提高的幅度不能超过 200 个基点。如果抵押贷款总额为 250 000 美元，第一年需要偿还多少？第二年呢？在第四年中，最大还款额为多少？在整个贷款期内的最大还款额又是多少？

9. 考虑一笔 30 年期、名义利率为 6%的 500 000 美元固定利率抵押贷款。每月还款一次和每月还款两次，其偿付差额是多少？

10. 抵押贷款的借款人有如下表所示的选择：

	贷款总额（美元）	利率（%）	抵押贷款类型	贴现点
选择 1	100 000	6.75	30 年期	无
选择 2	150 000	6.25	30 年期	1
选择 3	125 000	6.00	30 年期	2

每种选择的实际年利率是多少？

11. 现有两种抵押贷款选择：6%的 15 年期无贴现点的贷款，5.75%的 15 年期贴现点为 1 点的贷款。假设你不打算提前偿还，选择哪种贷款更合适？假设抵押贷款额为 100 000 美元。

12. 现有两种抵押贷款选择：6%的 30 年期无贴现点贷款，5.75%的 30 年期贴现点为 1 点的贷款。如果选择有贴现点的贷款，你的住房抵押贷款的还款期为多长才比较合适？假设抵押贷款额为 100 000 美元。

13. 现有两种抵押贷款选择：6%的 30 年期无贴现点贷款，5.75%的 30 年期有贴现点贷款。如果你打算在此屋居住 12 年，哪个贷款选择更合适？假设抵押贷款额为 100 000 美元。

14. 一份价值 350 000 美元的住房抵押贷款为了规避私人抵押贷款保险，需要多少首付款？

15. 一笔贷款总额为 250 000 美元的共享升值型抵押贷款，每年还款一次。目前的抵押贷款利率很高，为 13%，年通货膨胀率为 10%。在共享升值型抵押贷款的规则下，一笔 15 年期的抵押贷款利率为 5%。15 年后，必须将房屋出售，银行保留 400 000 美元的房屋销售额。如果通货膨胀率保持在 10%，银行得到的现金流是多少？房主呢？

16. 考虑一笔 30 年期、每年还款一次的 250 000 美元分级偿还抵押贷款。抵押贷款的利率为 6%。但是，第一年还款额是假设在整个还款期贷款利率为 3%来计算的。此后，还款额每年增长 3.151 222%。写出该贷款的分期偿还表，假设初始还款额是基于 30 年期算出的，但该贷款要求 15 年还清。

17. 考虑一笔 250 000 美元、按年支付的权益增长型抵押贷款。该州抵押贷款的利率为 6%，但仅用于计算第一年的还款额。此后，还款额每年增长 5.579 7%。写出该贷款的分期偿还表，假设初始还款额是基于 30 年期算出的，但该贷款要求 15 年还清。

18. 拉斯提・奈尔对其房产有明晰、完整的产权，房产价值 400 000 美元。为了在退休后受益，他从银行获得了一笔储备年金抵押贷款。在 15 年内，银行以其房产价值的 70%、按 5%的利率按月固定拨付贷款。银行在每月月初拨付贷款。请问拉斯提・奈尔每月得到多少款项？

19. 你正在运营一个由 1 000 笔抵押贷款组合成的资产。每笔贷款都是 100 000 美元，且名义利率为 6%，都是 30 年期固定利率分期偿还抵押贷款。现在，抵押贷款的服务费每年为 0.25%，请完成下表。

月份	(1) 期初余额	(2) 要求还款额	(3) 利息	(4) 本金	(5) 预期提前还款额	(6) 服务费	(7) 期末余额
1	100 000 000		500 000	99 551	16 665		
2					33 322		99 750 430

网络练习

抵押贷款市场

1. 你近期可能会有买房的打算，一个常见的问题是：你能承受多大的抵押贷款额？访问 http：//interest. com 并点击“Mortgage”（抵押贷款），选择“calculators”（计算器）。输入你的预期收入，根据计算，你能够承受的最大抵押贷款额为多少？增加负债，看看对你获得抵押贷款额的影响。

2. 对房产所有者而言，困难的抉择之一是，当利率下降时，是否需要对抵押贷款进行再融资。访问 http：//interest. com 并点击标有“Refinance interest savings calculator”（再融资利息节省计算器）的计算器。计算你偿付抵押贷款再融资的利息所需的时间。假设 4 年前你获取了一笔 30 年期、利率为 7％的 130 000 美元的贷款。现在利率下降了，而你的收入提高了。如果你得到一笔 15 年期的新贷款，贷款利率为 6.25％，计算你会节省多少利息。

第 15 章 外汇市场

开篇预览

20 世纪 80 年代中期，相对于外国同行，美国工商企业的竞争力有所减弱。然而，20 世纪 90 年代和 21 世纪初，它们的竞争力又逐渐增强。这种竞争力的摇摆是 20 世纪 80 年代美国企业管理不善而后重整旗鼓的结果吗？事实并非如此。20 世纪 80 年代美国企业竞争力缺失主要是因为以外币计价的美元价值上升，致使美国商品相对于外国商品变得更加昂贵，从而削弱了美国企业的竞争力。到了 20 世纪 90 年代和 21 世纪初，强势美元从 20 世纪 80 年代的币值高点跌落下来，美国商品变得相对便宜，美国企业的竞争力也因此得到增强。

一种货币用另一种货币表示的价格被称为**汇率**（exchange rate）。正如你从图 15－1中所看到的那样，汇率具有很强的波动性。汇率会影响整个经济的运行和人们的日常生活。当美元相对于外国货币升值时，外国商品对美国人而言变便宜了；对外国人而言，美国商品却变贵了。反之，当美元相对于外国货币贬值时，对美国人而言，外国商品变得更加昂贵；对外国人而言，美国商品却更加便宜。

我们将以**外汇市场**（foreign exchange market）为起点展开对国际金融的学习，外汇市场是汇率形成的金融市场。

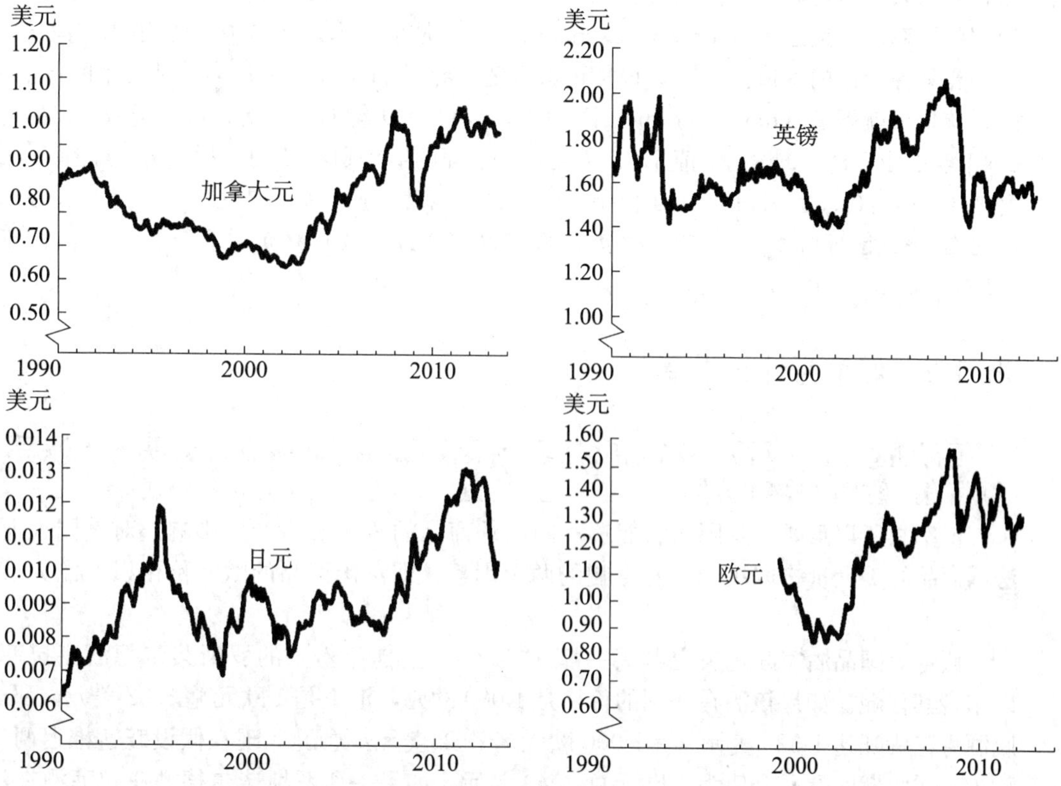

图 15-1　1990—2013 年的汇率

说明：汇率变动剧烈。注意，汇率以所选货币的美元价格表示。图中曲线的上升表明所选货币坚挺（美元疲软）。

资料来源：Federal Reserve：www. federalreserve. gov/releases/h10/hist.

15.1　外汇市场

世界上的大部分经济体都有自己的货币：美国的美元、欧盟的欧元、巴西的雷亚尔、中国的人民币等。国与国之间的贸易涉及不同货币（通常是以不同货币计价的银行存款）之间的相互兑换。例如，当美国企业购买外国的商品、劳务和金融资产时，必须将美元（通常是以美元计价的银行存款）兑换成外国货币，即以外币计值的银行存款。

货币以及用某种货币计价的银行存款的兑换交易在外汇市场进行。在外汇市场进行的交易决定了货币兑换的比率，该比率又决定了购买外国商品和金融资产的成本。

登录 http：//www. newyorkfed. org/markets/foreignex. html/上查阅各种与美国外汇市场有关的详尽信息。

15.1.1　什么是汇率？

外汇交易可分为两种类型：主要的一种是**即期交易**（spot transaction），是指银行存款之间的即期（两天）兑换交易；另一种是**远期交易**（forward transaction），是指银行存款在未来某一特定时间的兑换交易。**即期汇率**（spot exchange rate）是指在即期交易中所使用的汇率；**远期汇率**（forward exchange rate）是指在远期交易中所使用的汇率。

当某种货币的价值提高时，该货币就**升值**（appreciation）了；当某种货币的价值下跌时，该货币就**贬值**（depreciation）了。例如，在1999年初，1欧元可以兑换1.18美元。2013年6月7日，1欧元价值1.32美元，见下面的追踪财经新闻专栏“外汇汇率”，欧元升值了11%：(1.32−1.18)/1.18=0.11=11%。相反地，对于美元而言，其价值从0.85（=1/1.18）欧元降至2013年6月7日的0.76（=1/1.32）欧元，下降了11%：(0.76−0.85)/0.85=−0.11=−11%。

15.1.2 汇率为什么重要?

> 访问 http://quotes.ino.com/chart/，点击“Foreign Exchange”（外汇），获得美元兑其他主要货币的汇率和不同时间的汇率变化。

汇率之所以重要，是因为它能够对国内外商品的相对价格产生影响。对美国人而言，法国商品的美元价格取决于相互影响的两个因素，即法国商品的欧元价格以及欧元/美元汇率。

假定美国品酒家旺达决定购买一瓶1961年（上佳年份）的罗斯柴尔德酒庄拉菲酒，以丰富其窖藏。如果该酒在法国的价格是1 000欧元，汇率是1欧元兑1.32美元，那么这瓶酒将花费旺达1 320美元（=1 000欧元×1.32美元/欧元）。现在假设旺达推迟两个月购买，在此期间欧元升值为1欧元兑1.40美元。如果一瓶罗斯柴尔德酒庄拉菲酒在法国的价格仍维持1 000欧元不变，购买它所花费的美元将从1 320美元上升到1 400美元。

但是，同一货币的升值会导致外国商品在该国的价格下降。例如，如果汇率为1欧元兑1.32美元，购买一台价格为2 000美元的戴尔电脑将花费程序员皮埃尔1 515欧元；如果汇率提高到1欧元兑1.40美元，这台电脑将仅花费皮埃尔1 429欧元。

欧元贬值会降低法国商品在美国的价格，却提高了在法国购买美国商品的成本。如果欧元贬值到1欧元只值1.00美元，则旺达相中的罗斯柴尔德酒庄拉菲酒将只花费旺达1 000美元而不是1 320美元；而皮埃尔购买戴尔电脑则要花费2 000欧元而不是1 515欧元。

由此我们可以得出以下结论：**当一国货币升值（其币值相对于其他货币上升）时，该国商品在国外会变得更加昂贵，外国商品在该国则变得更加便宜（假定两国商品各自的国内价格保持不变）；相反，当一国货币贬值时，其商品在国外就变得便宜，而外国商品在该国则变得更贵。**

货币贬值使国内制造商在海外销售商品更加容易，从而会降低外国商品在本国的竞争力。2002—2013年的美元持续贬值帮助美国商业部门卖出了更多的商品。但是，由于外国商品变得昂贵，因而伤害了美国消费者的利益。法国葡萄酒和奶酪价格的提高、出国度假费用的增加，都是弱势美元带来的结果。

追踪财经新闻 15—1

外汇汇率

报纸和网站（如 www.finance.yahoo.com）每天都会公布汇率数据。一国货币的汇率有两种报价方式，以欧元为例：每单位欧元本币兑多少美元，或每单位美元兑多少欧元本币。比如，2013 年 6 月 7 日的欧元汇率为：1 欧元兑 1.321 8 美元，或 1 美元兑 0.756 5 欧元。美国人通常把美元兑欧元的汇率表示为 1.32 美元/欧元；而欧洲人则通常将其表示为 0.76 欧元/美元。

有的即期汇率下面会紧接着列出未来 1 个月、3 个月和 6 个月的远期汇率。

15.1.3 外汇如何交易?

你不可能到一个集中的场所观察汇率是如何确定的。货币交易不像在纽约证券交易所那样的交易所内进行交易。事实上，外汇市场是一个场外交易市场。在该市场中，众多交易商（大多数是银行）随时准备购买和出售以外币计价的存款。由于这些交易商时刻用电话和电脑保持着联系，因此，这一市场的竞争非常激烈。本质上，它的功能与集中的市场没什么区别。

值得注意的是，当银行、企业和政府在外汇市场上买入和卖出货币时，并不是把大量的美元现钞换成英镑现钞，而只是进行以不同货币计价的银行存款之间的往来。因此，当我们说一家银行在外汇市场买入美元时，实际上是指该银行买入了以美元计价的银行存款。这个市场的交易量很庞大，每天的交易额超过 4 万亿美元。

外汇市场交易包括交易额超过 100 万美元的交易。在追踪财经新闻“外汇汇率”中，决定汇率的市场不是为出国旅游购买外汇的市场。实际上，我们是从美国运通公司或银行这样的零售市场的交易商处购买外汇。由于零售价格比批发价格要高，当我们购买外汇时，1 美元所换取的外国货币的数量较少，也就是说，我们所支付的外国货币的价格高于报纸上公布的汇率。

15.2 长期汇率

与自由市场中任何一种商品和资产的价格形成相同，汇率也由供给和需求的相互作用决定。为了简化自由市场中汇率决定的分析，我们分两个步骤讨论。首先，考察长期汇率的决定；然后，利用长期汇率的决定因素来研究短期汇率的形成。

15.2.1 一价定律

理解汇率决定机制首先要了解一个简单的思想，即**一价定律**（law of one price）。如果两个国家生产相同的商品，交通费用和贸易壁垒的成本忽略不计，无论该商品是哪个国家生产的，其价格在全世界范围内都应该是一样的。假定美国钢材的价格是 100 美元/吨，同样的日本钢材的价格是 10 000 日元/吨。按照一价定律，日元与美元的汇率一定是 1 美元兑 100 日元（即 1 日元等于 0.01 美元）。因此，1 吨美国钢材在日本的售价为 10 000 日元（日本钢材的价格），1 吨日本钢材在美国的售价为 100 美元（美国钢材的价格）。如果汇率是 1 美元兑 200 日元，那么日本钢材在美国的价格将变为 50 美元/吨，即美国钢材价格的一半；而美国钢材在日本的售价为 20 000 日元/吨，即日本钢材价格的两倍。由于美国钢材在两国的售价都比日本钢材贵，而两种钢材是同质的，因此，美国钢材的需求量将减少为零。假定美国钢材的价格不变，只有当汇率下跌到 1 美元兑 100 日元时，美国钢材与日本钢材的价格才会相同，美国钢材的超额供给才会最终消除。

【例 15—1】 一价定律

最近，日本钢材的日元价格相对于美国钢材的美元价格（保持 100 美元不变）提高了 10%（增至 11 000 日元）。若要一价定律继续成立，美元的币值应当提高或降低多少？

解：

为了使一价定律成立，汇率必须提高到 1 美元兑 110 日元，美元升值 10%。

汇率提升至 110 日元，从而使日本钢材的美元价格仍为 100 美元（折合 11 000 日元，因为 1 美元=110 日元）。换言之，日元贬值 10%（美元升值 10%）抵消了日本钢材的日元价格所提高的 10%。

15.2.2 购买力平价理论

在有关汇率决定的理论中，最著名的就是**购买力平价理论**（theory of purchasing power parity，PPP）。根据该理论，任何两种货币之间的汇率都会调整，以反映这两个国家价格水平的变动。购买力平价理论只是一价定律在一国价格水平上的简单应用。

正如例 15—1 所阐述的，如果一价定律成立，日本钢材的日元价格上升 10%将会导致美元升值 10%。将一价定律运用到两个国家的价格水平上就产生了购买力平价理论。根据该理论，如果日本的价格水平相对于美国的价格水平上升了 10%，则美元将升值 10%。**购买力平价理论说明，如果一国的价格水平相对于另一国的价格水平上升，则该国的货币就会贬值（另一国的货币升值）。**

另一种理解购买力平价理论的方式是通过**实际汇率**（real exchange rate）的概念，实际汇率是国内货物交换国外货物的比率。实际上，它是国内货物相对于国外货物的以本国货币计价的价格。例如，在纽约价值 50 美元的一篮子货物，在东京则价值 75 美元，因为当汇率是 1 美元兑 100 日元时，它恰好是 7 500 日元，因此，实际汇率是 0.67（=50/75）。实际汇率小于 1，表示在美国购买这一篮子货物比在日本便宜。在本书出版之际，相对于其他许多货币，美元的实际汇率较低。这就是为什么我们总看到在纽约到处是蜂拥而至的外国旅游购物者。实际汇率表明一种货币是否相对便宜。

另一种对购买力平价理论的描述是，它预计实际汇率总会等于 1。因此，无论是日元、欧元还是其他货币，美元的购买力都会与之趋同。

由图 15 - 2 可见，购买力平价理论的预言在长期得到印证。从 1973 年到 2013 年，英国价格水平相对于美国价格水平上升了 102%。购买力平价理论预言，美元相对于英镑升值，但只升值了 60%，小于购买力平价理论所预计的 102%。

然而，该图也表明，在短期内购买力平价理论不具预测作用。例如，从 1985 年初到 1987 年末，英国价格水平相对于美国价格水平上升，但美元不仅没有像购买力平价理论所指出的那样升值，反而相对于英镑贬值了 40%。因此，尽管购买力平价理论对解释长期汇率的变动有一定的指导作用，但在短期内它却是一种很糟糕的预测理论。为什么购买力平价理论的预测失败了呢？

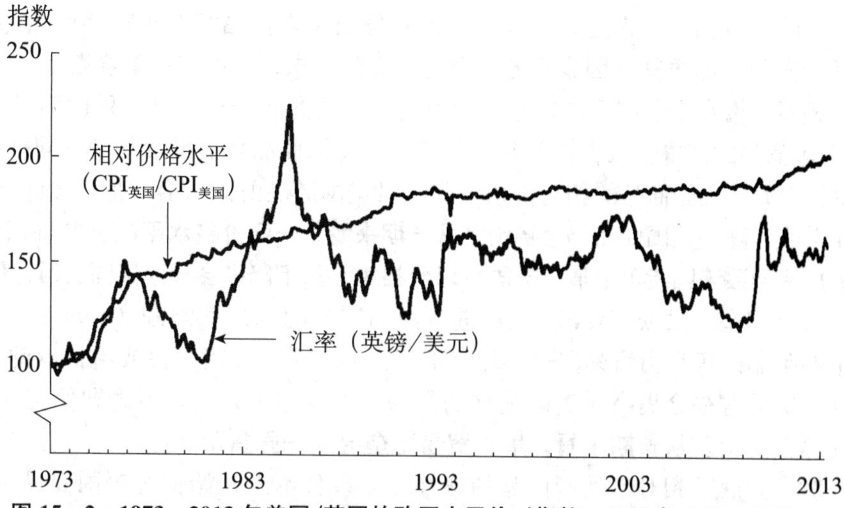

图 15－2　1973—2013 年美国/英国的购买力平价（指数：1973 年 3 月＝100）

说明：在整个期间内，像购买力平价理论所预测的那样，英国价格水平相对于美国价格水平的上涨与美元升值相关。然而，购买力平价关系在短期内并不成立。

资料来源：Federal Reserve Bank of St. Louis FRED database：http：//research. stlouisfed. org/fred2/.

15.2.3　为什么购买力平价理论不能充分解释汇率的波动

购买力平价理论基于如下假定：两国生产相同的商品，且交通费用和贸易壁垒的成本可以忽略不计。在此假定的基础上，得出汇率由相对价格水平的变动决定。如果该假定成立，一价定律说明，所有商品的相对价格（即两国的相对价格水平）将决定汇率水平。对美国钢材和日本钢材来说，商品同质的假定可能不是很离谱。但对美国汽车和日本汽车而言，这还算是一个合理的假设吗？一辆丰田汽车与一辆雪佛兰汽车能算同质商品吗？

由于丰田和雪佛兰显然不同质，它们的价格也不相同。丰田汽车的定价可能要比雪佛兰汽车的定价高，而美国人和日本人仍会选择购买丰田汽车。一价定律并不是对所有商品均成立，丰田汽车相对于雪佛兰汽车的价格上升不一定意味着日元会以相同的幅度贬值。

购买力平价理论也没有考虑到很多商品和劳务并不会跨国销售（但其价格被计入了一国的价格水平）。房产、土地以及像餐饮、美发和高尔夫课程等服务都不能跨国交易。因此，即使这些商品的价格上涨，导致该国相对于其他国家的价格水平上涨，对汇率也几乎不产生直接影响。

15.2.4　影响长期汇率的因素

从长期看，影响汇率的因素主要有四个：相对价格水平、关税和配额、对本国商品相对于外国商品的偏好以及生产率。我们将探究在其他因素不变的情况下每种因素对汇率的影响。

基本的论证步骤如下：任何增加本国商品相对于外国商品需求的因素都可能导致本国货币升值，因为即使本国货币的价值升高，本国的商品仍会畅销。同理，任何可能提高外国商品相对于本国商品需求的因素都可能导致本国货币贬值，因为只有本国货币贬值，本国商品才能继续畅销。换言之，**如果某一因素导致国内商品相对于国外商品的需求增加，本国货币会升值；如果某一因素降低了国内商品的需求，本国货币就会贬值。**

（1）相对价格水平。按照购买力平价理论，美国商品价格上升（外国商品价格保持不变），对美国商品的需求会减少，美元趋于贬值，美国商品才能继续畅销。同样地，如果日本商品价格上升，美国商品的相对价格下降，对美国商品的需求会增加，美元会趋于升值。即使美元币值升高，美国商品仍会畅销。**从长期来看，一国价格水平的上升（相对于外国的价格水平）将导致该国货币贬值；一国相对价格水平的下降则会导致该国货币升值。**

（2）贸易壁垒。**关税**（tariffs，对进口商品所征的税）和**配额**（quotas，对外国商品进口数量的限制）等自由贸易壁垒会影响汇率。假设美国提高关税或给日本钢材以较少的配额，这一贸易壁垒会提高对美国钢材的需求，美元趋于升值，因为即使美元价值升高，美国钢材仍会畅销。**从长期来看，增加贸易壁垒会使一国货币升值。**

（3）对本国商品相对于外国商品的偏好。如果日本人开始偏好美国商品——譬如说，佛罗里达州的柑橘和美国电影——对美国商品（出口）需求的增加会使美元升值。即使美元价值提高，美国商品也会继续畅销。同样地，如果美国人相对于美国汽车更偏好日本汽车，对日本商品（进口）的需求增加，美元就会趋于贬值。**从长期来看，对一国出口商品的需求增加会使该国货币升值；相反，对一国进口商品的需求增加会导致该国货币贬值。**

（4）生产率。如果一个国家的生产率提高，通常是指国内贸易产品生产部门而不是非贸易产品生产部门的生产力提高，这会使得国内生产的贸易产品相对于外国贸易产品的价格下降。因此，对本国商品的需求增加，本国货币趋于升值。然而，如果一个国家的生产率滞后于其他国家，该国的贸易产品将变得相对昂贵，该国货币趋于贬值。**从长期来看，一国相对于其他国家的生产率提高，则该国货币升值。**①

表 15-1 对长期汇率波动进行了总结。我们一般使用传统的汇率报价方法，即货币升值相当于汇率提高。就美国而言，这意味着我们将汇率标记为每 1 美元相当于多少单位的外国货币（譬如，日元/美元）。②

表 15-1　影响长期汇率的若干因素

因素	因素变动	汇率* 的反应
国内价格水平**	↑	↓
贸易壁垒**	↑	↑
进口需求	↑	↓
出口需求	↑	↑
生产率**	↑	↑

*1 美元兑换的外汇数量：↑表示本币升值，↓表示本币贬值。

** 相对于其他国家。

说明：因素变动栏仅列出了各因素上升时的情况，各因素下降对汇率的影响正好相反。

① 一个国家可能规模很小，生产率的变动对本国商品相对于外国商品偏好的改变可能没有影响。在这种情况下，生产率的变动或者对本国商品相对于外国商品偏好的改变会影响本国收入，但不一定能够影响币值。在我们的分析中，假定这些因素能够影响相对价格水平，进而影响汇率。

② 汇率报价既可以是每单位国内货币相当于外国货币的数额，也可以是每单位外国货币相当于国内货币的数额。在专业文献中，许多经济学家将汇率报价看作每单位外币相当于多少单位本国货币，因此本国货币的升值就表示为汇率的下跌。本书采用的却是相反的报价方法，因为这更加直观。

15.3 短期汇率：供求分析

我们已经研究了长期汇率变化及其理论。汇率的长期变化非常缓慢，要理解为什么汇率每天会发生如此大的变动（有时达到几个百分点），我们还必须研究短期汇率（即期汇率）决定理论。

登录 www.federalreserve.gov/releases/，研究美联储报告的多国现汇价格与历史汇率。

理解短期汇率变动的关键是要认识到汇率是以外国资产（以外币计价的银行存款、债券和权益资产等）表示的本国资产（以本币计价的同样资产）的价格。由于汇率是以一种资产表示的另一种资产的价格，所以，在研究短期汇率决定时，我们很自然地要用到第 4 章中研究投资组合选择理论时使用的资产市场法。同时，你会看到，我们上述讨论的长期汇率决定因素在短期资产市场中也起到了很重要的作用。

过去，分析汇率决定的供求分析方法强调进出口需求的作用。在这里，所用的更现代的资产市场法更强调资产而不是短期进出口流量。这是因为，无论在什么时候，进出口交易量相对于国内外资产数量来说都太小了。例如，每年的美国外汇交易量都是美国进出口总额的 26 倍多。因此，在短期内，持有本国资产或者外国资产的决策在汇率决定中所起的作用要比进出口需求量大得多。

15.3.1 国内资产的供给曲线

我们以讨论供给曲线为起点展开研究。在这一分析中，我们将美国看作本国，国内资产以美元计价。为了简化，我们用欧元来代表所有外国货币。外国资产以欧元计价。

美国提供的美元资产数量大致等于美国银行存款、债券和股票资产的总和。实际上，该总额相对于汇率保持刚性。由于在任何汇率下，供给总量保持不变，因此，供给曲线 S 是垂直的，如图 15-3 所示。

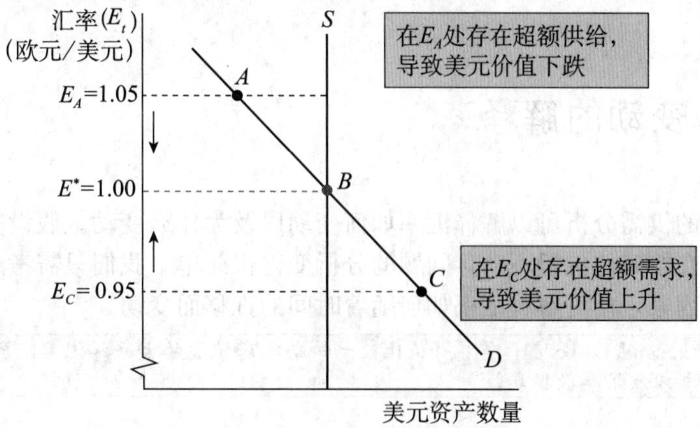

图 15-3 外汇市场均衡

说明：需求曲线 D 与供给曲线 S 相交于 B 点，此时外汇市场达到均衡。均衡汇率 $E^*=1$ 欧元/美元。

15.3.2 国内资产的需求曲线

需求曲线描绘了当其他条件不变特别是预期汇率水平不变时每一汇率水平下的需求数量。我们将现行汇率（即期汇率）记为E_t，将下一期的预期汇率记为E^e_{t+1}。投资组合选择理论表明，最重要的决定国内资产（美元）需求量的因素是国内资产的相对预期回报率。我们来看现行汇率E_t下降时会发生什么。

假设我们从A点开始，现行汇率是1.05欧元/美元，见图15-3。当预期汇率水平保持在E^e_{t+1}时，一个更低的汇率（比如$E^*=1$欧元/美元）表示美元更有可能升值。当预期美元升值时，美元资产（国内）的相对预期回报会升高。投资组合选择理论告诉我们，因为美元资产的持有愿望增强，对美元资产的需求量会增加，如图15-3中的B点所示。若现行汇率低至0.95欧元/美元，则美元的升值预期会更高，从而预期回报率更高，引致对美元资产的更大需求，见图15-3中的C点。把这些点连起来，形成了一条向下倾斜的需求曲线D。这条曲线表明，美元汇率越低（其他条件不变），对美元资产的需求量就越大。

15.3.3 外汇市场均衡

一般供需分析表明，当美元资产的需求量等于供给量时，市场达到均衡。在图15-3中，需求曲线和供给曲线相交于B点，此时的均衡汇率水平为$E^*=1$欧元/美元。

假定汇率为1.05欧元/美元，高于均衡汇率，如图15-3所示，此时美元资产的供给量大于需求量，存在超额供给。既然想要卖出美元资产的人比想要买进美元资产的人多，那么美元的价值就会下跌。只要汇率仍然高于均衡汇率，就会存在美元资产的超额供给，美元价值就会继续下跌，直至达到均衡汇率1欧元/美元。

同样地，如果汇率为0.95欧元/美元，低于均衡汇率，美元资产的需求量就会大于供给量，存在超额需求。既然想要买进美元资产的人比想要卖出美元资产的人多，那么美元的价值就会上升，直到超额需求消失为止，此时的美元价值会回落到均衡汇率水平1欧元/美元。

15.4 汇率变动的解释

对外汇市场的供需分析可以解释汇率如何变动以及为什么变动。假设美元资产供给量不变，供给曲线在给定的位置不动，问题的分析变得很简单。我们只需考虑导致美元资产需求曲线变动的因素，便可解释汇率如何随着时间的推移而变动。

登录 http://fx.sauder.ubc.ca，英属哥伦比亚大学尚德商学院的太平洋汇率服务提供了市场状况如何影响汇率的分析以及汇率数据表。

15.4.1 国内资产的需求变动

我们发现，本国（美元）资产的需求量取决于美元资产的相对预期回报率。为了分析需求曲线如何移动，我们需要研究现行汇率水平保持在 E_t 不变，而其他因素随着时间的推移而变化时，需求量是如何变动的。

要解释需求曲线如何移动，假设我们作为投资者，正在考虑将资金投资于本国（美元）资产。当某一变量发生变动时，令其他变量保持不变，考虑在现行汇率水平上，美元资产相对于外国资产的预期回报率是上升了还是下降了。这一判断决定了你愿意增持还是减持美元资产，进而在任一汇率水平上，对于美元资产的需求是上升了还是下降了。了解到任一汇率水平上需求量的变动方向，也就知道了需求曲线移动的方向。换言之，如果美元资产的相对预期回报率上升，现行汇率不变，需求曲线向右移动；如果相对预期回报率下降，需求曲线向左移动。

（1）国内利率 i^D。假设美元资产的利率为 i^D。当国内美元资产的利率水平 i^D 上升时，保持现行汇率 E_t 和其他因素不变，美元资产的回报相对于外国资产就会增加，人们就会倾向于持有更多的美元资产。对美元资产数量的需求在每一汇率水平都会上升。如图 15－4 所示，需求曲线由 D_1 右移至 D_2。曲线 D_2 和曲线 S 在点 2 处相交，达到了新的均衡，均衡汇率由 E_1 升至 E_2。**国内利率 i^D 的上升使国内资产的需求曲线 D 向右位移，引起本国货币升值（E↑）。**

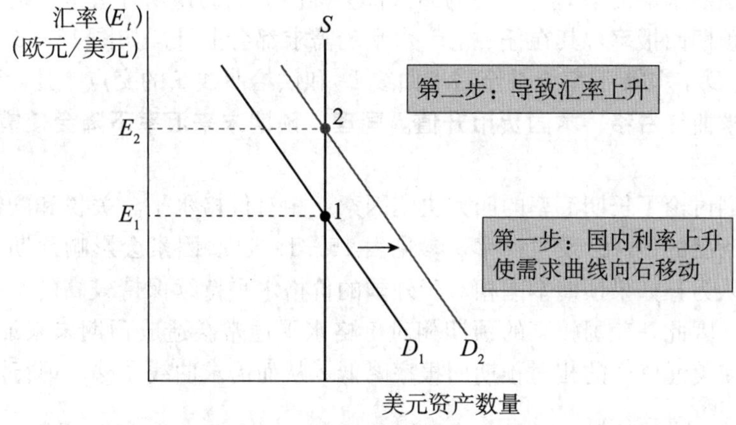

图 15－4　国内利率 i^D 上升的影响

说明：当国内利率 i^D 上升时，国内资产（美元）的相对预期回报率上升，需求曲线右移。均衡汇率由 E_1 升至 E_2。

相反地，如果 i^D 下降，美元资产的相对预期回报率会下降，需求曲线左移，汇率下跌。**国内利率 i^D 的下降使国内资产的需求曲线 D 向左位移，引起国内货币贬值（E↓）。**

（2）国外利率 i^F。假设国外资产的利率水平为 i^F。当国外利率 i^F 上升时，保持现行汇率和其他因素不变，外国资产的回报相对于美元资产会增加，美元资产的预期回报率相对下降。现在，人们倾向于持有更少的美元资产，对美元资产的需求在每一汇率水平都会下降。如图 15－5 所示，需求曲线由 D_1 左移至 D_2。当美元价格下降时，在点 2 达到了新的均衡。相反地，i^F 下降使得美元资产的相对预期回报率上升，需求曲线右移，汇率上升。**总之，国外利率 i^F 上升使需求曲线 D 向左移动，本国货币贬值；国外利率 i^F 下降使需求曲线 D 向右移动，本国货币升值。**

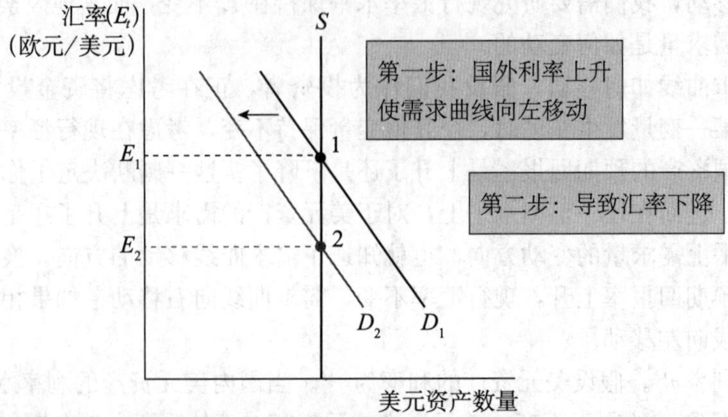

图 15-5　国外利率 i^F 上升的影响

说明：当国外利率 i^F 上升时，国内资产（美元）的相对预期回报率下降，需求曲线左移。均衡汇率由 E_1 降至 E_2。

(3) 预期未来汇率 E_{t+1}^e 的变化。任何对未来汇率的预期都会对当前需求曲线的移动产生重要影响。对本国资产的需求就像对任何耐用品的需求一样，取决于未来的再销售价格。任何导致预期未来汇率 E_{t+1}^e 上升的因素都会提高美元的预期升值率。结果是美元资产有较高的相对预期回报率，其在任一汇率水平的需求都会上升。如图 15-6 所示，需求曲线由 D_1 右移至 D_2，均衡汇率上升至需求曲线 D_2 和供给曲线 S 的交点 2 处。**预期未来汇率上升将导致需求曲线右移、本国货币升值。同理，预期未来汇率下降会使需求曲线左移、本国货币贬值。**

在前面我们讨论了长期汇率的四大决定因素：相对价格水平、关税和配额、对本国商品相对于外国商品的偏好以及生产率，参见表 15-1。这些因素会影响预期未来汇率。购买力平价理论认为，如果预期本国相对于外国的价格水平持续保持较高的水平，美元从长期来看会贬值。因此，美国较高的预期相对价格水平通常会造成预期未来汇率 E_{t+1}^e 下降；与此同时，也使美元资产的相对预期回报率降低，从而需求曲线左移、现行汇率下降。

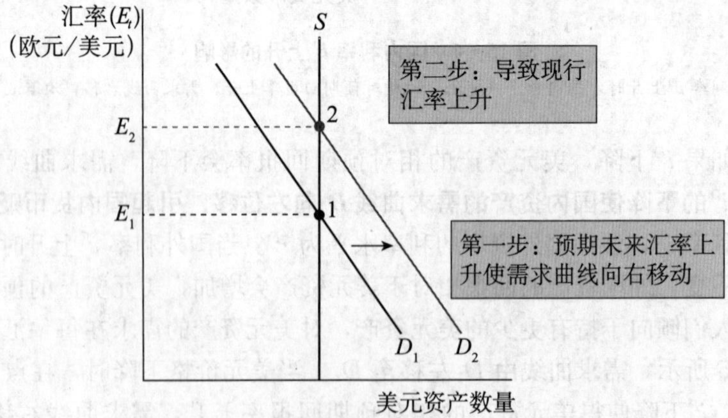

图 15-6　预期未来汇率 E_{t+1}^e 上升的影响

说明：随着预期未来汇率水平的上升，国内资产（美元）的相对预期回报率上升，需求曲线右移，均衡汇率由 E_1 升至 E_2。

同理，其他决定长期汇率的因素也会影响美元资产的相对预期回报率和现行汇率。简言之，以下因素的变化都会使本国商品相对于外国商品的需求增加，使 E^e_{t+1} 提升：①预期美国价格水平相对于外国价格水平下降；②预期美国相对于外国有更多的贸易壁垒；③预期美国进口需求下降；④预期外国对美国出口商品的需求上升；⑤预期美国的生产率相对于外国上升。通过推高 E^e_{t+1}，上述变化都会导致美元资产的相对预期回报率上升，从而使需求曲线右移，导致本币（美元）升值。

15.4.2 概要：汇率变动的决定因素

总结表 15-2 列举了所有使国内资产需求曲线移动的因素，它们引发了汇率的变动。当某因素变化而包括现行汇率在内的其他因素不变时，需求曲线会发生位移。投资组合选择理论再次告诉我们，美元资产相对预期回报率的变化是引起需求曲线移动的根本原因。

回顾表 15-2 中七大因素变化所带来的影响。要理解需求曲线的变动方向，需考虑当某因素变化时，美元资产的相对预期回报率会产生何种变化。当相对预期回报率上升而现行汇率保持不变时，需求曲线右移。当相对预期回报率下降时，需求曲线左移。

(1) 当国内资产的利率 i^D 上升时，美元资产的预期回报率在任意汇率水平都会上升，需求总量增加。因此，需求曲线右移，均衡汇率升高，如表 15-2 第一行所示。

(2) 当国外利率 i^F 上升时，国外资产的回报率上升，所以，美元资产的相对预期回报率下降。美元资产的需求量随之下降，需求曲线左移，汇率下降，如表 15-2 第二行所示。

(3) 当预期价格水平升高时，根据我们对汇率长期决定因素的分析，美元未来将会贬值。美元资产的预期回报率因此下降，从而需求量减少，需求曲线左移，汇率下降，如表 15-2 第三行所示。

(4) 当预期贸易壁垒增加时，美元价值和美元资产的预期回报率在长期都会上升。美元资产的需求量因此增加，从而需求曲线右移，汇率上升，如表 15-2 第四行所示。

(5) 当预期进口需求增加时，从长期来看，预期汇率会贬值，美元资产的预期回报率会下降。在任何现行汇率下，美元资产的需求量都会下降，从而需求曲线左移，汇率下降，如表 15-2 第五行所示。

(6) 当预期出口需求增加时，相反的情况发生了，从长期来看，预期汇率会升值。美元资产的预期回报率上升，从而需求曲线右移，汇率上升，如表 15-2 第六行所示。

(7) 当国内生产率预期上升时，从长期来看，预期汇率会升值。国内资产的预期回报率上升，在任何汇率下的需求量都会因此上升，从而需求曲线右移，汇率上升，如表 15-2 第七行所示。

表 15-2　总结使美元资产需求曲线发生位移及影响汇率的各因素

因素	因素的变化	在任一汇率水平下国内资产需求量的变化	汇率（E_t）的反应	
国内利率（i^D）	↑	↑	↑	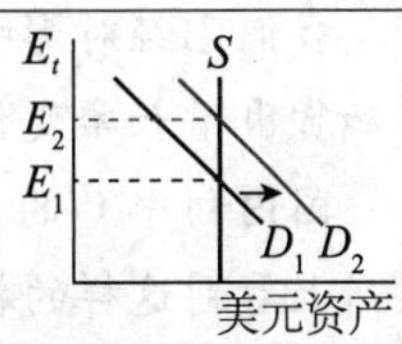

续前表

因素	因素的变化	在任一汇率水平下国内资产需求量的变化	汇率（E_t）的反应	
国外利率（i^F）	↑	↓	↓	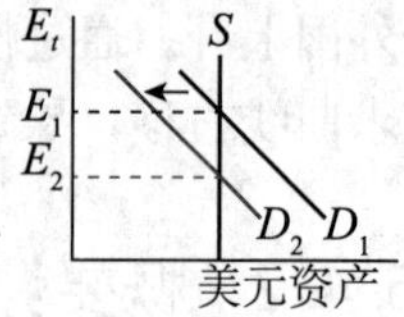
预期国内价格水平*	↑	↓	↓	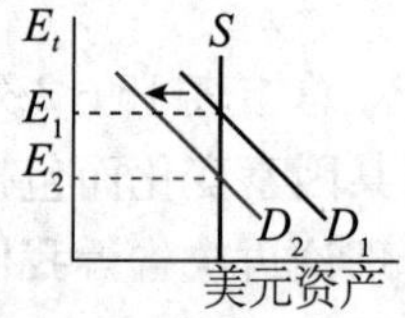
预期贸易壁垒*	↑	↑	↑	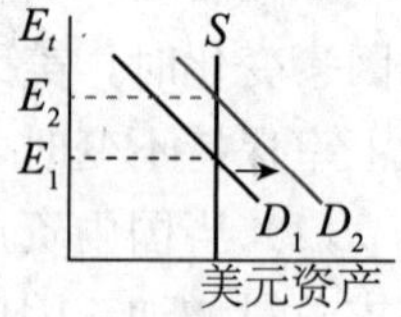
预期进口需求	↑	↓	↓	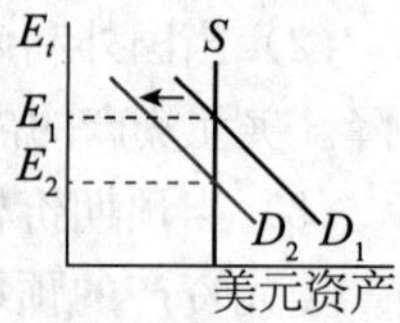
预期出口需求	↑	↑	↑	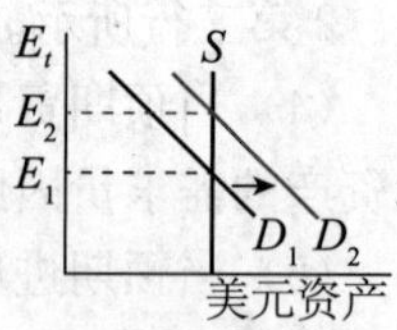
预期生产率*	↑	↑	↑	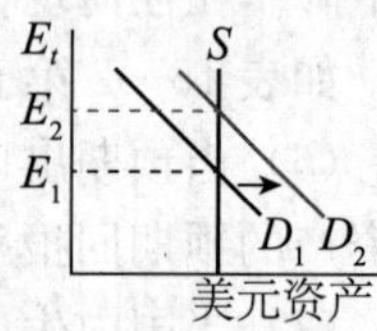

* 相对于其他国家。

说明：仅列出了各因素上升（↑）时的情况，各因素下降时的影响正好相反。

案例 15—1

利率变化对均衡汇率的影响

我们已经对影响均衡汇率的因素做了分析，下面运用上述分析方法详细考察汇率在利率和货币增长率变化时的反应。

国内利率 i^D 的变化通常被认为是影响汇率变动的主要因素。例如，我们经常会在金融报刊上看到这样的标题：《利率触底回弹，美元复苏》。但是，这个标题的观点永远是正确的吗？

事实并不一定如此。要分析利率变动的影响，我们必须仔细辨明变动的原因。费雪方程式（见第 3 章）表明，名义利率（如 i^D）等于实际利率加上预期通货膨胀率：$i=i_r+\pi^e$。费雪方程式说明，利率 i^D 的变化由两个因素导致：实际利率 i_r 的变化，以及预期通货膨胀率 π^e 的变动。这两个因素对汇率的影响很不相同，取决于哪种因素是名义利率变动的根源。

假设国内实际利率上升引起名义利率 i^D 上升，而预期通货膨胀率保持不变。在这种情况下，由于预期通货膨胀率保持不变，假定美元的预期升值率不变是合理的。因此，i^D 的升高会使美元资产的相对预期回报率提高以及任一汇率水平下的美元资产需求量增加，需求曲线右移。图 15-4 对此做了描述。该图假定其他所有因素不变，分析了 i^D 上升的情况。我们的外汇市场模型可以得到以下结论：**如果本国实际利率上升，本国货币就会升值。**

当名义利率随预期通货膨胀率上升而上升时，我们会得出与图 15-4 不同的结论。预期国内通货膨胀率上升导致美元的预期升值率下降，一般认为，预期升值率的下降幅度大于本国利率 i^D 的提高幅度。* 结果是，在任何汇率水平，国内资产（美元）的预期回报率都下降，需求曲线左移，如图 15-7 所示，均衡汇率由 E_1 降至 E_2。我们可以得出如下结论：**当国内利率由于预期通货膨胀率上升而上升时，本国货币会贬值。**

这一结论与实际利率升高引起国内利率上升的情况完全不同，我们在分析利率对汇率的影响时，必须区分名义利率和实际利率。

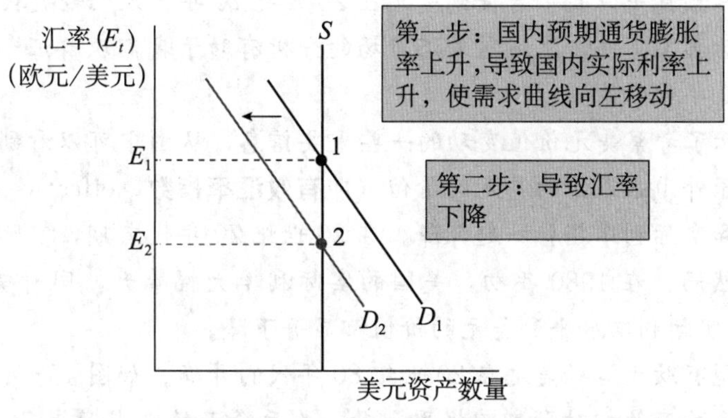

图 15-7　预期通货膨胀率上升导致名义利率上升的效应

说明：由于国内预期通货膨胀率上升导致美元的预期升值率下降幅度大于国内利率的提高幅度，国内资产（美元）的相对预期回报率下降了。需求曲线左移，均衡汇率由 E_1 降至 E_2。

* 这一结论符合决定汇率变动的资产市场模型的准则，参见 Rudiger Dornbusch, "Expectations and Exchange Rate Dynamics," *Journal of Political Economy* 84 (1976): 1061-1076。这也与关于名义利率与预期通货膨胀率的上升不是一一对应的经验证据相一致。参见 Frederic S. Mishkin, "The Real Interest Rate: An Empirical Investigation," *Carnegie-Rochester Conference Series on Public Policy* 15 (1981): 151-200; and Lawrence Summers, "The Nonadjustment of Nominal Interest Rates: A Study of the Fisher Effect," in *Macroeconomics, Prices and Quantities*, ed. James Tobin (Washington, DC: Brookings Institution, 1983), pp. 201-240。

案例 15—2

为什么汇率会剧烈波动？

汇率的大幅波动使很多人感到惊讶。大约 30 年前，经济学家们普遍相信，如果汇率是由自由市场决定的，则它不会发生大幅波动。近年来的事实表明，这一观点并不正确。

回到图 15－1，我们可以看到汇率在 1990—2013 年间的波动非常剧烈。

本章所介绍的汇率决定的资产市场法非常直观地解释了汇率波动现象。由于本国货币的预期升值会影响外国存款的预期回报率，对价格水平、通货膨胀率、贸易壁垒、生产率、进口需求、出口需求和货币供给的预期等因素在汇率决定过程中发挥了十分重要的作用。这些因素中的任何一个的预期值发生变化，根据上述模型，都将直接影响外国存款的预期回报率，进而影响汇率。既然这些变量的预期会随着各种信息的不断变化而变化，汇率大幅波动也就不足为奇了。

由于早期的汇率行为模型主要着眼于商品市场而非资产市场，因此，它们并没有强调预期改变是汇率变动的一个重要原因，也就无法预测汇率的大幅波动。早期模型对波动性的解释乏力，令其难以普及。这里使用的更为现代的方法强调了外汇市场与其他资产市场一样，对未来的预期在市场中发挥了巨大的作用。与股票市场类似，外汇市场的价格波动十分剧烈，而且汇率相当难预测。

案例 15—3

美元与利率

在本章的开篇预览中，我们曾提到美元在 20 世纪 70 年代末比较疲软，在 1980—1985 年大幅升值，此后再次下跌。上述对外汇市场的分析有助于我们理解汇率的变动，以解释美元在 20 世纪 80 年代的波动。

图 15－8 列示了考察美元价值变动的一些重要信息，从图中可以看到实际利率和名义利率以及用一篮子外币来表示的美元的价值（即**有效汇率指数**，effective exchange rate index）。美元价值和实际利率指标一起升降。在 20 世纪 70 年代末期，实际利率水平和美元价值都比较低。然而，在 1980 年初，美国的实际利率大幅攀升，同时美元也大幅升值。在 1984 年以后，实际利率水平和美元的价值都显著下降。

汇率决定模型有助于解释美元在 20 世纪 80 年代的升降。如图 15－4 所示，美元实际利率上升导致美元资产的相对预期回报率上升，美元资产的需求量上升，汇率随之上升。这也正是 1980—1984 年发生的情况。随后，美元实际利率的下降使得美元资产的相对预期回报率下降，汇率下降。

图 15－8 所描绘的名义利率曲线还表明，名义利率和汇率变动之间的关系没有实际利率与汇率变动之间的关系密切。这与我们的分析恰好一致。20 世纪 70 年代末，名义利率的上升并没有相应地引起美元升值。事实上，20 世纪 70 年代末美元价值下跌了。图 15－8 解释了为什么在当时名义利率的上升没有导致美元升值。通过比较 20 世纪 70 年代末期的实际利率和名义利率可知，名义利率的上升反映了预期通货膨胀率的上升，而不是实际利率的上升。根据我们在图 15－7 中所做的分析，由预期通货膨胀率上升引起的名义利率上升将会导致本币贬值，这与实际情况吻合。

从这个例子可以得到以下启发：如果对实际利率和名义利率不加区分，对汇率变动的预测就不准确。美元在 20 世纪 70 年代末期的疲软和在 80 年代初期的升值应该用实际利率的变动来解释，而不能用名义利率的变动来解释。

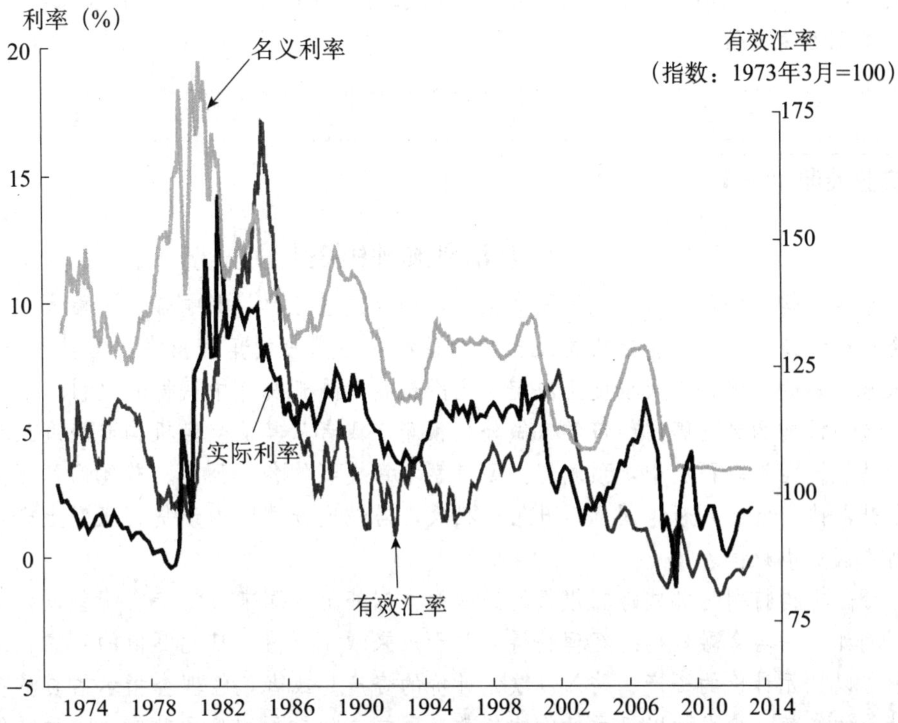

图 15-8　1973—2013 年美元价值与利率

说明：名义利率与汇率变动之间的关系比实际利率与汇率变动之间的关系密切。

资料来源：Federal Reserve Bank of St. Louis FRED database：http：//research.stlouisfed.org/fred2/. www.federalreserve.gov/releases/h10/summary/indexn_m.txt；实际利率来自第 3 章的图 3-1。

案例 15—4

美元与全球金融危机

2007 年 8 月全球金融危机爆发之后，美元开始加速贬值，到 2008 年 7 月中旬，美元相对于欧元贬值了 9%，相对于一篮子货币贬值了 6%。在相对于欧元的价值持续低迷后的 7 月 11 日，美元的价值突然暴涨，到 10 月底相对于欧元上涨了 20%，相对于一篮子货币上涨了 15%。全球金融危机和美元的剧烈波动之间有什么联系呢？

2007 年，全球金融危机对经济活动的负面影响令美国大为头痛，美联储大张旗鼓地降低利率以抵消紧缩效应。从 2007 年 9 月到 2008 年 4 月，联邦基金利率降低了 325 个基点。相反，其他央行诸如欧洲中央银行等并不认为有必要调低利率，尤其是在高昂的能源价格导致通货膨胀汹涌之际。美元资产的相对预期回报率因此下降，如图 15-5 所示，美元资产的需求曲线左移，导致均衡汇率下降。我们对外汇市场的分析解释了在全球金融危机早期美元价值下跌的原因。

我们现在考察美元的升值。从 2008 年夏季开始，全球金融危机对经济活动的影响开始向全世界蔓延。外国中央银行开始调低利率，并且预期会进一步降息，事实的确如此。对国外利率下降的预期使美元资产的相对预期回报率上升，导致需求曲线右移，如图 15-4 所示，美元的价值上升。另一个导致美元升值的因素是，当全球金融危机在 2008 年 9 月和 10 月骤然加剧时，出现了“安全投资转移”。美国人和外国人都希望将他们的资产转移到安全之处——美国国债上。对美元资产需求的增加成了美元资产需求曲线右移的原因，助推美元迅速升值。

执业经理 15—1

从汇率预测中获利

金融机构的经理非常关注未来的汇率，因为这些汇率将影响资产负债表中以外币计价的资产的价值。此外，金融机构从自身利益和服务客户的角度出发，常常参与外汇交易。对未来汇率的预测在很大程度上决定了金融机构从外汇交易中获得的盈利。

金融机构的经理聘用经济学家做外汇预测，或者从其他金融机构或经济预测公司购买预测结果。在汇率预测中，预测者主要考察本章提到的各个因素。若他们预测国内实际利率上升，他们就会判断本国货币升值；相反，若他们预测国内通货膨胀率上升，他们就会判断本国货币贬值。

金融机构特别是那些跨国银行的经理们根据外汇预测来决定持有哪些以外币计价的资产。例如，一名金融机构的经理获得了关于未来欧元升值、日元贬值的可靠预测，该经理会出售以日元计价的资产、购入以欧元计价的资产。或者，经理会指示信贷员多发放以欧元计价的贷款、少发放以日元计价的贷款。同样，如果预测日元升值、欧元贬值，经理则会将以欧元计价的资产转换为以日元计价的资产，并且更倾向于增加日元贷款、减少欧元贷款。

如果金融机构进行外汇交易操作，日元升值的预测意味着金融机构的经理应当示意外汇交易者购入日元。如果预测正确，升值的日元意味着交易者可以在未来售出日元并赚取丰厚的利润。如果预测欧元贬值，交易者就会售出欧元，并在未来以更低的价格将其购回。如果预测正确，金融机构将获利。

精确的外汇预测能够让金融机构的经理为机构赢得可观的利润。遗憾的是，外汇预言者的预测并不比经济预言者的预测精确多少，他们常常出现重大失误。关于外汇预测的报道以及预言者的传奇故事在《华尔街日报》以及《欧元》(*Euromoney*) 杂志中层出不穷。

本章小结

1. 汇率（以一种货币表示的另一种货币的价格）非常重要，它能影响出口到国外的本国商品的价格以及在国内购买外国商品的成本。

2. 根据购买力平价理论，在长期内，两国之间汇率的变动取决于两国之间相对价格水平的变动。在长期内影响汇率的因素还包括关税和配额、进口需求、出口需求以及生产率。

3. 在短期内，汇率取决于国内资产的相对预期回报率的变动，它会导致需求曲线的移动。任何影响国内资产相对预期回报率的因素都会导致汇率变化，这些因素包括国内外资产的利率的变动、任何影响长期汇率进而影响预期未来汇率的因素。

4. 汇率决定的资产市场法可以解释汇率的波动以及 1980—1984 年的美元升值和随后的美元贬值。

5. 预测外汇汇率对于金融机构的经理十分重要，因为这些比率决定了机构应持有以何种外币计价的资产，以及在外汇市场上交易商应当如何执行交易。

重要专业术语

升值	远期汇率	即期汇率
贬值	远期交易	即期交易
有效汇率指数	一价定律	关税
汇率	配额	购买力平价理论
外汇市场	实际汇率	

习题

1. 如果欧元升值，你是更愿意购买加利福尼亚州出产的酒还是法国出产的酒？

2. “如果一国货币疲软（贬值），该国总是会受损。”这种说法是正确的、错误的还是不确定的？对你的答案予以解释。

3. 美元贬值时，美国的进出口会怎样变化？

4. 如果日本的价格水平相对于美国上涨了 5%，根据购买力平价理论，以美元表示的日元的价值会如何变动？

5. 如果在进口关税提高的同时，对该国进口的需求减少，那么在长期内，该国货币的汇率是升高还是降低？

6. 20 世纪 70 年代中后期，尽管日本的通货膨胀率高于美国，但日元相对于美元升值了。日本企业相对于美国企业的生产能力提高了。如何解释这一现象？

预测未来

通过绘制正确的外汇市场图来回答下面的问题。

7. 美国总统宣布，他将启动新的反通货膨胀项目来抑制通货膨胀率。如果公众相信总统，预测美国汇率的变化。

8. 如果英国中央银行通过印制钞票来降低失业率，在短期和长期，英镑汇率会怎样变化？

9. 如果印度政府出人意料地宣布将在一年后提高外国商品的进口关税，印度卢比的价值在当下会怎样变动？

10. 如果美国的名义利率升高，但实际利率下跌，预测美元汇率的变动。

11. 如果美国汽车公司实现了一项技术突破，能够生产出每 60 英里耗油 1 加仑的汽车，美元汇率会怎样变化？

12. 如果墨西哥人大肆消费，对法国香水、日本电视、英国羊毛衫、瑞士手表和意大利酒的购买成倍增长，墨西哥比索会发生怎样的变化？

13. 如果欧洲的预期通货膨胀率下滑，导致利率下跌，预测美元汇率的变化。

14. 如果欧洲中央银行决定收缩货币供给以应对通货膨胀，美元价值会发生怎样的变化？

15. 如果法国工人罢工，因而加大了购买法国商品的难度，欧元价值会发生怎样的变化？

定量问题

1. 一辆德国运动汽车的售价为 70 000 欧元，如果汇率变为 1 美元兑换 0.90 欧元，这辆汽车在美国值多少美元？

2. 一名英国投资者以 987.65 美元的价格购买了 91 天期国库券，当时的汇率是 1 英镑兑换 1.75 美元。到期时，汇率为 1 英镑兑换 1.83 美元，该投资者持有国债的以英镑计价的持有期回报为多少？

3. 一名加拿大的投资者在 1 月 1 日以 93 美元/股购买了 100 股 IBM 的股票。12 月 31 日，IBM 支付了 0.72 美元/股的年度分红。当天股票出售的价格是 100.25 美元/股。1 月 1 日的汇率是 1 加拿大元兑换 0.68 美元，12 月 31 日的汇率是 1 加拿大元兑换 0.71 美元。该投资者的总回报是多少加拿大元？

4. 当前的汇率是 1 美元兑 0.75 欧元，你认为汇率会降到 0.67 欧元/美元。如果以欧元计价的债券收益率为 2%，你期望得到多少美元回报？

5. 6 个月期英镑兑美元的远期汇率为 1.75 美元/英镑。如果美国的 6 个月期利率是 3%，比英国高

150 个基点。请问现汇价格是多少？

6. 如果加拿大元兑美元的汇率为 1.28，英镑兑美元的汇率为 0.62，那么加拿大元兑英镑的汇率是多少？

7. 新西兰元兑美元的汇率为 1.36，而英镑兑美元的汇率为 0.62。如果你发现英镑兑换新西兰元的汇率为 0.49，怎样操作才能获得无风险利润？

8. 1999 年，欧元以 0.90 美元/欧元交易。如果欧元现在以 1.16 美元/欧元交易，欧元价值变化了百分之多少？是升值了还是贬值了？

9. 目前，巴西货币以 1 美元兑换 0.375 雷亚尔的价格进行交易，那么 1 雷亚尔兑换美元的汇率为多少？

10. 现在墨西哥货币以 1 美元兑换 10 比索的价格交易，如果预期第二年美国的通货膨胀率为 2%，墨西哥的通货膨胀率为 23%，1 年后的预期汇率是多少？

11. 美国和英国之间的当期汇率为 1 英镑兑换 1.825 美元。英镑和美元之间的 6 个月远期汇率为 1 英镑兑换 1.79 美元，那么美国和英国的 6 个月当期利率之间的百分比差额是多少？

12. 日元和美元之间的当期汇率为 1 美元兑换 120 日元，如果预期美元相对于日元贬值 10%，新的预期汇率为多少？

13. 如果最近英国的价格水平提高了 20%，美国的价格水平下降了 5%，若购买力平价理论成立，汇率变动了多少？假定当期汇率为 1 美元兑换 0.55 英镑。

14. 1 年期欧洲定期存单目前支付 5%的利率，汇率为 1 美元兑 0.99 欧元。如果你认为汇率在一年之后将变为 1 美元兑 1.04 欧元，请问美元的预期回报率为多少？

15. 日本的短期利率为 2%，美国的短期利率为 4%，当期汇率为 1 美元兑 120 日元，预期的远期汇率为多少？

16. 日本的短期利率为 2%，美国的短期利率为 4%，当期汇率为 1 美元兑 120 日元。如果你能获得 1 美元兑换 115 日元的远期汇率，如何从中套利？

17. 美国的利率为 4%，现在 1 美元可以兑换 1 欧元。预期欧元将会贬值为 1 美元兑换 1.1 欧元。计算德国的利率水平。

网络练习

外汇市场

1. 联邦储备体系的网站提供了美元和许多其他货币之间的汇率。访问 www.newyorkfed.org/markets/foreignex.html，浏览 2000 年之后的历史数据，并找到欧元的相关数据。

(1) 自欧元诞生以来，它与美元之间的汇率的变动比率是多少？

(2) 自欧元诞生以来，每年欧元/美元汇率变动的比率是多少？

2. 国际旅客与商务人士经常需要将一种货币准确地兑换成另一种货币。要找到美元和其他货币兑换的比率十分容易，但要找到美国之外的两个国家货币之间的汇率就没这么方便了。访问 www.oanda.com/convert/classic，该网站能够将任何一种货币兑换成其他货币。当前，用 1 智利比索可以兑换多少立陶宛立特？

第 15 章附录　利率平价条件

正文中所有的结果都源于一个在国际金融中广泛使用的概念。**利率平价条件**(interest parity condition) 反映了国内利率、国外利率和本国货币的预期升值率之间的关系。为了推导出这一条件，我们需要比较国内外资产的预期回报率。

A15.1 国内外资产预期回报率的对比

在本章中，我们将美国当作本国，本国银行资产以美元计价。为简便起见，我们用欧元代表任何其他国家的货币，外国银行资产以欧元计价。在进行深入分析之前，我们假设美元资产的利率为 i^D，且不存在其他资产收益，因此，它的预期回报率是以美元支付的 i^D。同样，外国资产的利率为 i^F，且它的预期回报率是以外国欧元支付的 i^F。为了比较美元资产和外国资产的预期回报率，投资者必须将回报转化为他们所使用的货币单位。

先看这样一种情况，外国投资者弗朗索瓦比较了美元资产和外国资产以其本币欧元计价的回报。当他以欧元来表示美元资产的预期回报率时，他发现回报率等于 i^D。事实上，预期回报率必须根据美元预期的升值或贬值做出调整。例如，假设弗朗索瓦预期美元升值 3%，以欧元表示的美元资产的预期回报率将会比 i^D 高 3%，因为用欧元表示的美元价值上升了 3%。这样，如果美元资产的利率为 4%，美元预期升值 3%，以欧元表示的美元资产的预期回报率就是 7%，即 4%的利率加上 3%的美元预期升值率。相反，如果美元在 1 年内预期贬值 3%，以欧元表示的美元资产的预期回报率就是 1%，即 4%的利率减去 3%的美元预期贬值率。

将现行汇率（即期汇率）表示为 E_t，将下一阶段的预期汇率表示为 E^e_{t+1}，$(E^e_{t+1}-E_t)/E_t$ 就表示美元的预期升值率。我们的推导表明，以外币表示的美元资产的预期回报率 R^D 可以表示为美元资产的利率和美元的预期升值率之和。①

$$\text{以欧元表示的 } R^D=i^D+(E^e_{t+1}-E_t)/E_t$$

然而，对于弗朗索瓦来说，以欧元表示的外国资产的预期回报率 R^F 正好是 i^F。这样，以欧元表示的美元资产的相对预期回报率（也就是美元资产和欧元资产预期回报率之差）可以从上式中减去 i^F 得到：

$$\text{相对 } R^D=i^D-i^F+(E^e_{t+1}-E_t)/E_t \tag{A1}$$

如果美元资产的相对预期回报率上升，外国投资者将会增加美元资产的持有量、减少外国资产的持有量。

下面，我们从美国人艾尔的角度来考察是持有美元资产还是欧元资产。通过同样的推导过程，我们知道，以美元表示的外国资产的预期回报率 R^F 就是外国资产的利率 i^F 加上外币的预期升值率，相当于减去美元的预期升值率，$-(E^e_{t+1}-E_t)/E_t$。

$$\text{以美元表示的 } R^F=i^F-(E^e_{t+1}-E_t)/E_t$$

例如，欧元资产的利率为 5%，美元预期升值 3%，则以美元表示的欧元资产的预期

---

① 这种表达式可以近似描述以欧元表示的预期回报率。要计算更精确的结果，我们需要考虑外国投资者如何投资于美元资产。假定弗朗索瓦决定用 1 欧元投资于美元资产。首先，他买入 $1/E_t$ 美元资产（E_t 是欧元与美元的汇率，是 1 美元兑换欧元的数目），期末他得到 $(1+i^D)(1/E_t)$ 美元。如果他要在期末将预期美元回报兑换为欧元，就要再乘以 E^e_{t+1}。弗朗索瓦 1 欧元初始投资的预期回报就应该是 $(1+i^D)(E^e_{t+1}/E_t)$ 减去他 1 欧元的初始投资，即

$$(1+i^D)(E^e_{t+1}/E_t)-1$$

还可以写成：

$$i^D(E^e_{t+1}/E_t)+(E^e_{t+1}-E_t)/E_t$$

这与正文中的表达式大致相同，因为 E^e_{t+1}/E_t 近似等于 1。要理解这一点，考虑正文中的例子，其中，$i^D=0.04$；$(E^e_{t+1}-E_t)/E_t=0.03$，所以 $E^e_{t+1}/E_t=1.03$。弗朗索瓦美元资产的预期回报率是 $0.04\times1.03+0.03=0.071\,2=7.12\%$，而非正文中的 7%。

回报率为 2%。艾尔得到的利率为 5%，但他预计将损失 3%，这是因为他预计由于美元升值，欧元相对于美元将贬值 3%。

艾尔以美元表示的美元资产的预期回报率 R^D 正好为 i^D。这样，以美元表示的美元资产的相对预期回报率可以从 i^D 中减去上式而得到：

$$相对\ R^D=i^D-[i^F-(E^e_{t+1}-E_t)/E_t]=i^D-i^F+(E^e_{t+1}-E_t)/E_t$$

该式与弗朗索瓦的美元资产的相对预期回报率（以欧元表示）的公式（A1）相同。这里关键的一点是：不论是由弗朗索瓦以欧元计算，还是由艾尔以美元计算，美元资产的相对预期回报率都是一样的。这样，如果美元资产的相对预期回报率上升，外国投资者和本国投资者将做出相同的反应——增加持有的美元资产，减少持有的外国资产。

A15.2　利率平价条件

我们现在生活在一个具有**资本流动性**（capital mobility）的世界里。外国人可以很容易地购买美国资产，美国人也可以很容易地购买外国资产。如果资本流动几乎没有阻碍，不同资产——如外国银行存款和美国银行存款——具有相同的风险和流动性，那么，资产之间完全可替代（受欢迎的程度相同）的假定就是合理的。在资本自由流动和资产完全可替代的前提条件下，如果美元存款的预期回报率高于外币存款，无论外国人还是美国人都只愿意持有美元存款，而不愿意持有外币存款；相反，如果外币存款的预期回报率高于美元存款，美国人和外国人就都不愿意持有美元存款，而只愿意持有外币存款。对于现存的美元资产和外国资产的供给规模而言，两者的预期回报率必然没有差别；也就是说，公式（A1）的相对预期回报率必须等于 0。这一条件可被改写为：

$$i^D=i^F-(E^e_{t+1}-E_t)/E_t \tag{A2}$$

这个公式被称为利率平价条件。它说明，国内利率等于外国利率减去本国货币的预期升值率。换句话说，这个条件可以被更直观地表达为：国内利率等于外国利率加上外国货币的预期升值率。如果国内利率高于外国利率，则这意味着外国货币的预期升值率为正，从而可以补偿较低的外国利率。

【例 A15—1】 利率平价条件

如果美国和日本的利率分别为 6%和 3%，那么，外币（日元）的预期升值率为多少？

解：

外币预期升值 3%。

$$i^D=i^F-(E^e_{t+1}-E_t)/E_t$$

式中：

i^D——美元利率=6%；

i^F——外币利率=3%。

因此，有

$$6\%=3\%-(E^e_{t+1}-E_t)/E_t$$

$$-(E^e_{t+1}-E_t)/E_t=外币的预期升值率=6\%-3\%=3\%$$

我们可以从以下几个方面来考察利率平价条件。首先，我们应当认识到，利率平价意味着美元资产和外国资产的预期回报率是相等的。为了了解这一点，注意利率平价条件

[公式（A2）] 的左边是美元资产的预期回报率，而右边是外国资产的预期回报率，两种预期回报率都是以同一种货币美元来计价的。考虑到国内资产和外国资产完全可替代（受欢迎程度相同）的假设，利率平价条件就是外汇市场的均衡条件。只有当汇率使得国内资产和外国资产的预期回报率相等——也就是说，利率平价成立——时人们才愿意无差别地持有国内资产和外国资产。

经过一些代数推导，我们可以把利率平价条件的公式（A2）改写成如下等式：

$$E_t = E^e_{t+1}/(i^F - i^D + 1)$$

上式与正文中的供需分析的结果吻合：如果 i^D 上升，则分母变小，因此 E_t 上升；如果 i^F 上升，则分母变大，因此 E_t 下降；如果 E^e_{t+1} 上升，则分子变大，因此 E_t 上升。

第 16 章　国际金融体系

开篇预览

随着美国和世界其他经济体之间相互依赖程度的日益加深，国际金融体系在美国经济当中扮演着越来越重要的角色。本章将研究固定汇率制度和有管理的浮动汇率制度如何运作，以及它们怎样为金融机构提供巨大的获利机会。对于资本管制和国际货币基金组织在国际金融体系中的作用，一直存在争议，我们也将对此进行探讨。

16.1　外汇市场干预

在第 15 章中，我们分析了在完全自由市场环境下外汇市场对各种市场压力做出的反应。但是，正如其他市场一样，外汇市场也不能避免政府干预。中央银行通过定期参与国际金融交易来调整汇率的行为被称为**外汇干预**（foreign exchange intervention）。在当前的国际环境下，汇率每天都在波动，中央银行则通过买卖现钞试图影响本国的汇率。我们可以用第 15 章中的汇率分析来解释中央银行对外汇市场的干预及其影响。

16.1.1　外汇干预与货币供给

要理解中央银行干预外汇市场对汇率产生的影响，首要步骤是，研究中央银行在外汇市场出售它所持有的外汇资产［也称**国际储备**（international reserves）］对基础货币以及货币供给的影响。假设美联储决定出售 10 亿美元的外汇资产来换取等值美元现钞。（该交易在纽约联邦储备银行的外汇交易平台进行——参见美联储内幕 16-1“纽约联邦储备银行外汇交易平台的一天”。）美联储购买美元现钞的交易将会产生两方面的影响：第一，美联储所持的国际储备减少 10 亿美元。第二，由于购买的货币是从公众手中转移出来的，流通中的货币减少 10 亿美元。我们可以从下面美联储的 T 型账户中看出这项变动。

联邦储备体系

资产		负债	
外汇资产（国际储备）	−10 亿美元	流通中的货币	−10 亿美元

因为基础货币是由流通中的货币和准备金组成的，因此，这意味着基础货币也将减少 10 亿美元。

如果这些外汇资产的购买者不是用通货进行支付，而是用其在美国国内银行的支票账户进行支付，那么，美联储将从这些银行在美联储的存款账户中减去这 10 亿美元。结果是在美联储的存款（准备金）减少 10 亿美元，如下面的 T 型账户所示。

联邦储备体系

资产		负债	
外汇资产（国际储备）	−10 亿美元	在美联储的存款（准备金）	−10 亿美元

在这种情况下，美联储出售外汇资产并购买美元存款，其结果是准备金减少 10 亿美元，基础货币也减少 10 亿美元，因为准备金也是基础货币的一个组成部分。

由此可知，中央银行出售外汇资产以购买本国银行存款或本币通货，对基础货币的影响完全一致。所以，当我们谈及中央银行购买本币时，并不用区分其购买的是货币还是以本币计值的银行存款。我们得到一个重要结论：**中央银行在外汇市场上购买本币并相应出售外汇资产，将会导致国际储备和基础货币的等量减少。**

我们可以通过更为直接的途径得到相同的结论。中央银行出售外汇资产和通过公开市场出售政府债券并无区别。通过对货币政策的研究可知，公开市场出售将会导致基础货币减少，因此，出售外汇资产也会造成基础货币等量减少。根据相同的论证方法，中央银行通过出售本国货币对所购外汇资产进行支付，与公开市场购买一样，将引起基础货币的等额增加。因此，我们能得出如下结论：**中央银行在外汇市场上出售本国货币来购买外汇资产，将会导致国际储备与基础货币的等额增加。**

美联储内幕 16—1

纽约联邦储备银行外汇交易平台的一天

虽然美国的外汇政策主要由美国财政部负责，但是对外汇市场干预的决策实际上都是由财政部和美联储的联邦公开市场委员会共同制定的。纽约联邦储备银行的外汇交易平台负责干预政策的实施，该部门的办公室紧邻公开市场部，位于其右侧。

纽约联邦储备银行外汇操作的主管负责监督紧密追踪外汇市场发展的交易员和分析人员。每天早上 7：30，纽约联邦储备银行的一名交易员会在黎明时分到达纽约联邦储备银行，向美国财政部的相关人员致电，通报前一晚海外金融市场和外汇市场的最新进展。上午稍晚时（9：30），主管和下属工作人员将联系华盛顿联邦储备委员会的高级官员，共同召开电话会议。下午（2：30）召开第二次电话会议，这次会议将向联邦储备委员会和财政部的官员简要介绍市场状况。依据法令，在制定外汇政策时，由财政部主导，但需要三方达成一致，这三方包括财政部、美联储和纽约联邦储备银行。若三方某一天决定有必要进行外汇干预——一种极少发生的情况，通常美国一年都不会进行外汇干预——主管会指示交易员执行大家一致决定的购买或出售外汇的操作。由于用于外汇干预的资金归财政部（属于外汇稳定资金）和联邦储备体系各自掌管，主管及其下属并不能用纽约联邦储备银行的资金进行交易，因此，他们只充当财政部和联邦公开市场委员会进行外汇交易时的代理人。

在每次联邦公开市场委员会会议之前，外汇交易平台的主管及其下属都会履行职责，整理完整数据、准备详尽的资料以提交给联邦公开市场委员会的成员、其他联邦储备银行行长及财政部的官员。这些资料将详细分析过去五六周国内市场以及外汇市场的动态。这项任务使得外汇交易平台的主管及其下属在每次联邦公开市场委员会会议召开之前都非常繁忙。

在干预中，中央银行允许通过购买或出售本国货币来影响基础货币，这种干预被称为**非冲销式外汇干预**（unsterilized foreign exchange intervention）。但是，如果中央银行不希望通过购买或出售本国货币来影响基础货币，就需要在政府债券市场中采取相反的公开市场操作，用于抵消这种外汇干预的影响。举例来说，美联储购买 10 亿美元并相应出售 10 亿美元外汇资产，这一操作将会使基础货币减少 10 亿美元。美联储可以通过公开市场购买 10 亿美元的政府债券，使基础货币增加 10 亿美元。外汇干预和冲销如下面的 T 型账户所示，基础货币并没有发生变动。

联邦储备体系

资产		负债	
外汇资产（国际储备）	－10 亿美元	基础货币	0 亿美元
政府债券	＋10 亿美元		

通过进行抵消式的公开市场操作以使基础货币保持不变的外汇干预，被称为**冲销式外汇干预**（sterilized foreign exchange intervention）。

现在，我们了解了两种外汇干预方式：非冲销式外汇干预和冲销式外汇干预。下面考察它们如何对汇率产生影响。

16.1.2 非冲销式干预

也许你会觉得，如果中央银行希望提高本国货币的价值，应在外汇市场上购买本国货币并出售外汇资产。确实，在非冲销式干预的情况下，这是正确的。

在上述非冲销式干预中，若美联储决定在外汇市场上通过出售外汇资产购买美元，这种操作的作用就如同通过公开市场购买债券一样。因此，购买美元会导致货币供给下降，进而国内利率上升。这一情形与第 15 章中图 15-4 的分析很相似，在图 16-1 中得到了再现。[①] 货币供给的下降导致了美元资产利率的上升，因此，提高了美元资产的相对预期回报率。需求曲线由 D_1 向右移至 D_2，汇率上升到了 E_2。

通过对外汇市场非冲销式干预的分析，我们可以得到如下结论：**出售外汇资产、购买本国货币的非冲销式干预会使国际储备减少、货币供给减少以及本国货币升值。**

出售本国货币、购买外汇资产的非冲销式干预恰恰相反。出售本国货币、购买外汇资产（国际储备增加）的操作与公开市场购买一样，会使基础货币和货币供给增加。货币供给增加会使美元存款的利率下降，由此导致美元资产的相对预期回报率下降，这意味着人们将会减少对美元资产的购买，需求曲线向左移动且汇率下降。**出售本国货币、购买外汇资产的非冲销式干预会使国际储备增加、货币供给增加以及本国货币贬值。**

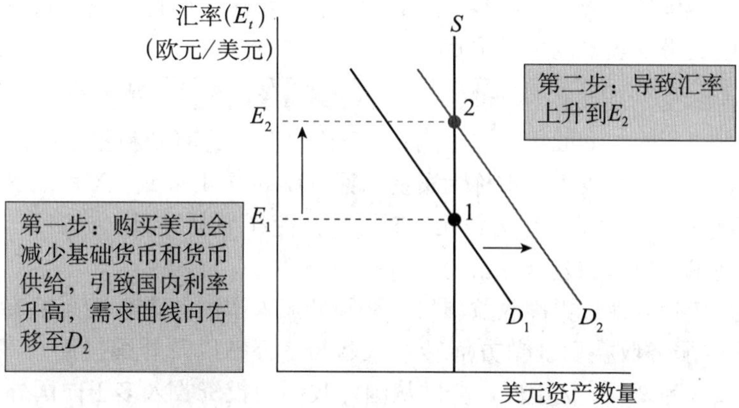

图 16-1　购买美元与出售外汇资产的非冲销式干预的影响

说明：购买美元并随之在公开市场上出售外汇资产将减少基础货币和货币供给，而货币供给减少引致的国内利率升高将会提升美元资产的相对预期回报率。需求曲线由 D_1 向右移至 D_2，均衡汇率由 E_1 升至 E_2。

16.1.3　冲销式干预

关于冲销式干预需要牢记的一点是，中央银行会从事冲销式公开市场操作，因而这种干预对基础货币和货币供给没有影响。此处的汇率决定模型可以直观地证明冲销式外汇干预对汇率没有影响。冲销式干预使货币供给保持不变，不会直接影响利率。[②] 由于美元资产的相对预期回报率并未受到影响，需求曲线仍然保持在图 16-1 中 D_1 的位置，汇率也仍然是 E_1。

可能首先让人不解的是中央银行购买或出售本币的冲销式操作并未引起汇率变动。中

① 美联储购买美元的非冲销式干预会使美元资产减少一些，因为它减少了货币供给，而留在公众手中的政府债券数量保持不变，从而描绘了这样一幅图——美元资产的供给曲线略微左移，提高了汇率，与图 16-1 的结果一样。由于基础货币的减少只会导致美元资产总数的略微减少，因而供给曲线发生的变化几乎难以察觉，这就是图 16-1 中供给曲线不变的原因。

② 冲销式干预造成公众持有的外国证券相对于本国证券的数量的变化，被称为资产组合平衡效应。中央银行通过这一效应能够对国内外资产的利率差异产生影响，从而影响国内资产的相对预期回报率。实证证据并未显示此种资产组合平衡效应是显著的。然而，冲销式干预可以说明中央银行期望未来汇率如何变化，并传达未来的货币政策信号。因此，冲销式干预使得国内需求曲线发生位移，并最终影响汇率。未来的货币政策变化而非冲销式干预是汇率效应产生的原因。对信号效应、资产组合平衡效应以及冲销式干预及非冲销式干预的效应差异的进一步讨论，参见 Paul Krugman and Maurice Obstfeld，*International Economics*，9th ed.（Boston：Addison-Wesley，2012）。

央银行购买本国货币的操作不会提高汇率，因为这一操作不会影响本国的货币供给及利率。因此，汇率的任何上升都意味着美元资产的供给过剩。随着越来越多的人更愿意出售而非购买美元资产，汇率将降至原来的均衡水平，即供给曲线与需求曲线的相交处。

16.2 国际收支平衡表

像外汇干预这样的国际金融交易会对经济产生重大影响，我们很有必要了解此类交易的度量问题。**国际收支平衡表**（balance of payments）是一种簿记制度，记录了国内（私人部门和政府）与国外之间资金直接往来的所有收支情况。因此，我们将研究一些在媒体上常见的国际收支平衡表中的关键项目。[①]

登录 http：//research. stlouisfed. org/fred2，可以获得有关汇率、国际收支和贸易的数据。

经常账户（current account）反映了涉及经常性生产的商品和服务的国际交易。商品进出口的差额，即贸易净收入，被称为**贸易余额**（trade balance）。当商品的进口额大于出口额（2012 年这一差额为 7 400 亿美元）时，就产生了贸易逆差（赤字）；如果出口额大于进口额，就会出现贸易顺差（盈余）。

经常账户还包括其他三类净收益项目（从国外流入本国的现金流大于流出本国的现金流）：投资收入、服务收益以及单方面转移（赠与、补贴以及外国援助）。例如，2012 年美国的净投资收入为 2 240 亿美元，美国从国外收到的投资收入多于向国外支付的投资收入。美国人从国外购买的服务少于外国购买的美国的服务，所以美国服务所产生的净收益达 2 070 亿美元。美国单方面转移到外国的收益远远大于外国单方面转移到美国的收益，美国的单方面转移的净额为－1 300 亿美元。这三项之和加上贸易余额就是经常账户余额，这表明 2012 年的赤字为 4 390 亿美元（－7 400＋2 240＋2 070－1 300＝－4 390）。

国际收支平衡表的另一个重要项目是**资本账户**（capital account），该账户记录了资本交易（例如，购买股票、债券和银行贷款）的净收入。2012 年，资本账户是 580 亿美元，表明流入美国的资本比从美国流出的资本多 580 亿美元，即美国的资本净流入为 580 亿美元。[②] 经常账户和资本账户之和等于**官方储备交易余额**（official reserve transactions balance），2012 年为－3 810 亿美元（－4 390＋580＝－3 810）。经济学家所提及的国际收支盈余或赤字，实际上指的是官方储备交易余额的盈余或赤字。

由于国际收支平衡表必须是平衡的，经常账户加上资本账户的官方储备交易余额应当等于政府（由其中央银行所代表）之间为国际交易融资而转移的国际储备的净额，即

经常账户＋资本账户＝政府国际储备的净变动

这个等式说明了为什么经济学家和媒体非常关注经常账户。经常账户余额反映了美国（私人部门及政府）对外国财富索取权的增减情况。盈余表明美国对外国财富的索取权增加，从而持有的外国资产增加（对美国利好）；赤字（如 2012 年）表明美国正在减少对外

---

① 对国际收支平衡表更详细的讨论见本书网站 www. pearson. highered. com/mishkin _ eakins 上的网络附录。

② 这里资本账户余额的数据包括了统计误差项目，该项目反映走私和其他资本流动等未记录的交易引起的误差（2012 年是－60 亿美元）。许多专家认为，保持国际收支平衡表平衡的统计误差项目的主要内容是大量隐蔽的资本流动，这是它被包括在资本账户余额中的原因。

国资产的持有量且美国对外偿付增加。[①] 近年来，美国经常账户出现了巨额赤字（目前超过了 4 000 亿美元），引起了深切关注，人们担心这会对美国经济产生负面影响（参见全球视野 16—1“经济学家为什么担心美国经常账户的巨额赤字”）。

全球视野 16—1　经济学家为什么担心美国经常账户的巨额赤字

2012 年美国经常账户的赤字已达 4 390 亿美元，占 GDP 的 2.8%。这引起了经济学家的担忧。他们分析了原因：首先，赤字表明在现行汇率下，外国人对美国出口的需求远远低于美国的进口需求。正如我们在前一章所看到的，美国出口的低需求和美国进口的高需求可能导致未来美元价值的下跌。

其次，经常账户赤字意味着外国人对美国资产的索取权正在增加，这些索取权要在未来某个时刻进行偿付。美国人把他们的未来抵押给了外国人。账单到期时，美国人会变得更穷。此外，如果美国人比外国人对持有美元资产有更大的偏好，随着时间的推移，美国财富向外国人的转移会减少对美元资产的需求，也会导致美元贬值。

希望源于巨额经常账户赤字的美元价值下跌是一个缓慢的、持续数年发生的过程。如果美元急剧贬值，可能会扰乱金融市场和伤害美国经济。

16.3　国际金融体系中的汇率制度

国际金融体系中的汇率制度有两种基本类型：固定汇率制度和浮动汇率制度。在**固定汇率制度**（fixed exchange rate regime）下，各种货币的价值钉住一种货币［称为**锚货币**（anchor currency)］，因此汇率是固定的。在**浮动汇率制度**（floating exchange rate regime）下，各种货币之间的比值是波动的。一国试图通过购买或出售货币来影响汇率水平，此时的汇率制度就被称为**有管理的浮动汇率制度**（managed float regime）或者**肮脏浮动**（dirty float)。

16.3.1　固定汇率制度

在第二次世界大战后，战胜国建立起一套固定汇率体系，即**布雷顿森林体系**（Bretton Woods system)，于 1944 年以其签署地新罕布什尔州的布雷顿森林命名，该协议一直持续到 1971 年。

《布雷顿森林协定》创建了**国际货币基金组织**（International Monetary Fund，IMF)，其总部位于华盛顿，1945 年拥有 30 个创始成员，目前成员已超过 185 个。国际货币基金组织的职责是促进世界贸易的增长，制定保持固定汇率的规则，并向国际收支有困难的国家提供贷款。除了监督成员遵守各项规章制度外，国际货币基金组织还负责国际经济数据的搜集与标准化等工作。

---

① 经常账户余额还可以被看作美国总储蓄超过私人部门和政府投资的部分。美国总储蓄等于美国私人部门和政府持有的总财富的增加，总投资等于美国资本存量（美国实际持有的财富）的增加。它们之间的差额就是美国对外国财富索取权的增加。

《布雷顿森林协定》还建立了总部位于华盛顿的国际复兴开发银行，通常被称为**世界银行**（World Bank）。该银行向发展中国家提供长期贷款及其他实物资本，以支持发展中国家修建水坝和道路等，促进其经济发展。这些贷款资金主要通过发放世界银行债券获得，这些债券在发达国家的资本市场上发售。另外，还成立了关税及贸易总协定(GATT)，其总部位于瑞士日内瓦，旨在规范和监督国家之间进行贸易时的行为规则（关税和配额）。关税及贸易总协定逐渐发展成**世界贸易组织**（World Trade Organization，WTO）。

在第二次世界大战之后，美国成为世界头号经济强国，拥有世界上超过半数的制造能力和绝大部分黄金，布雷顿森林体系的固定汇率制度建立在美元可以以35美元/盎司的比价兑换成黄金的基础上（仅针对外国政府和中央银行）。除美国外的各国中央银行通过买卖美元资产即它们的国际储备来干预外汇市场，从而维持这一固定汇率。美元被称为**储备货币**（reserve currency)，其他国家用美元来计算其所拥有的国际储备资产。因此，布雷顿森林体系的一个重要特点是美国作为储备货币国地位的确立。即使是在布雷顿森林体系瓦解之后，美元在大多数国际金融交易中仍保持储备货币地位。1973年，由布雷顿森林体系建立的固定汇率制度终于走到了尽头。从1979年到1990年，欧盟在其成员国间建立了一套固定汇率体系，即欧洲货币体系（ERM)。该体系的汇率机制要求任何两个成员国的货币之间的汇率波动都不得超过一个很窄的范围，这被称为“蛇形波动”。实际上，欧洲货币体系中的所有国家都将本国货币钉住德国马克。

16.3.2 固定汇率制度的运作

我们利用在前面章节所学的供需分析法来研究在实践中固定汇率制度的运行，见图16-2。图16-2（a）说明了本国货币与锚货币之间的汇率被固定在E_{par}的情况。当需求曲线左移至D_1时，因为外国的利率上升，国内资产的相对预期回报率就会降低。在E_{par}处汇率被高估：需求曲线D_1与供给曲线S交于汇率水平为E_1的点1上，在该点，汇率水平低于固定汇率E_{par}。为了将汇率水平保持在E_{par}，中央银行必须通过购买国内资产、出售外汇资产来干预外汇市场。这种操作和公开市场出售一样，意味着基础货币和货币供给都会减少，从而抬升了国内资产的利率i^D。[①] 国内利率的提高抬升了国内资产的预期回报率，使得需求曲线右移。中央银行将会继续购买本国货币，直至需求曲线达到D_2且均衡汇率保持在E_{par}，即图16-2（a）中点2的位置。

我们得到如下结论：**当本国货币被高估时，中央银行必须购买本币以保持汇率固定不变，从而导致国际储备减少。**

图16-2（b）说明的是，由于国内资产的相对预期回报率升高，需求曲线右移至D_1，于是出现了汇率被低估的情况。初始需求曲线D_1和供给曲线S交于高于E_{par}的汇率水平E_1处，在这种情况下，中央银行出售本国货币并购买外汇资产。与公开市场购买一样，此举将会增加货币供给并降低国内资产的利率i^D。中央银行继续出售本国货币以降低i^D，直至需求曲线移至D_2，这时的均衡汇率是图16-2（b）中点2处的E_{par}。可以得出如下结论：**当本国货币被低估时，中央银行必须出售本国货币来保持汇率固定不变，从而导致国际储备增加。**

（1）法定贬值和法定升值。我们可以看到，如果一国的货币被高估，中央银行防止货

① 由于汇率会持续固定在E_{par}，预期未来汇率将不变，因而在分析中无须赘述。

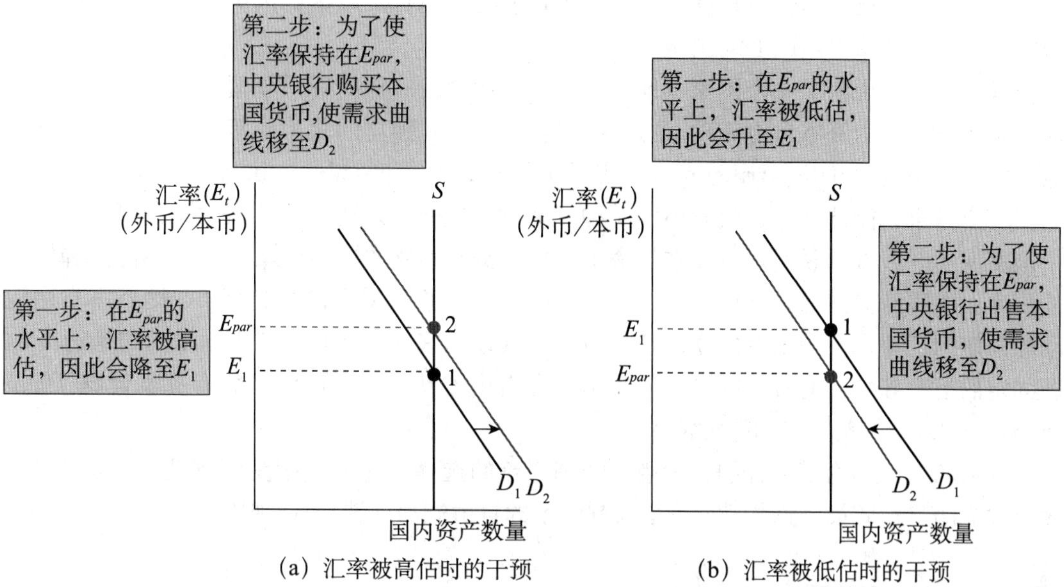

图 16－2　固定汇率制度下的外汇市场干预

说明：在图（a）中汇率 E_{par} 被高估。为了使汇率保持在 E_{par}（点2），中央银行购买本国货币，使需求曲线移至 D_2。在图（b）中，汇率 E_{par} 被低估。中央银行出售本国货币，使需求曲线移至 D_2，确保汇率维持在 E_{par}（点 2）。

币贬值的干预行为将造成国际储备减少。如果中央银行最终耗尽了国际储备，它将无法继续保持货币的价值，从而必然会发生**法定贬值**（devaluation），这意味着汇率平价将会被重新定义在一个较低的水平上。

相反，如果一国的货币被低估，中央银行防止货币升值的干预行为将造成国际储备增加。正如我们即将看到的，中央银行并不希望保有这些国际储备，而是希望将汇率重新定义在一个较高的水平上，即**法定升值**（revaluation）。

（2）完全的资本流动性。假设存在完全的资本流动性，即国内居民购买外国资产或者外国居民购买本国资产都毫无壁垒，冲销式外汇干预不能使汇率保持在 E_{par}，因为正如前面章节所介绍的那样，国内资产的相对预期回报率不受影响。例如，如果汇率被高估，冲销式的本国货币购买并不能使相对预期回报率和需求曲线发生变化——本国货币贬值的压力仍然没有消除。如果中央银行继续通过购买本国货币进行冲销操作，国际储备将持续减少直至完全耗尽，迫使中央银行将货币价值降至较低的水平。

16.3.3　不可能三角

前面的分析说明了一个重要的道理：如果一个国家将其汇率钉住某大国的锚货币，那么，这个国家将无法控制本国的货币政策。如果大国采取紧缩的货币政策，减少货币供给，以降低大国的预期通货膨胀率，大国的货币将会升值，而小国的货币将会贬值。小国将其汇率钉住锚货币，其货币将被高估。因此，需要出售其所持有的锚货币并购买本国货币，以防本币贬值。这种外汇干预将会减少小国的国际储备，使其基础货币紧缩，从而货币供给减少。这种冲销式外汇干预操作并非一个合适的选择，因为这会导致国际储备的持续减少，直至小国货币被迫贬值。小国将不再能控制其货币政策，因为其货币供给的变动将完全由大国货币供给的变动决定。

我们的分析说明了一个国家（地区或者一个像欧盟一样的货币联盟）不能同时执行下面三种政策：(1) 资本自由流动 (2) 固定的汇率 (3) 独立的货币政策。经济学家称之为**政策的三元悖论**（policy trilemma），或**不可能三角**（impossible trinity），如图 16－3 所示。一个国家只能选择三种政策中的两种，即只能选择三条边中的两条边。选择 1 是，一个国家（地区或货币联盟）可以选择资本自由流动和独立的货币政策，但是不能选择固定的汇率。欧盟和美国都是这种选择。中国香港和伯利兹都采用的是选择 2，即资本自由流动和固定的汇率，但是没有独立的货币政策。其他国家（地区）例如中国采用的是选择 3，即固定的汇率和独立的货币政策，但资本不能自由流动，因为这些国家有**资本管制**（capital controls），控制资本的跨境流动。

政策的三元悖论使得各国（地区）面临艰难的选择。它们是接受汇率波动（选择 1）、放弃独立的货币政策（选择 2）还是限制资本的自由流动（选择 3）呢?

16.3.4 货币联盟

几个国家决定使用统一货币，因此，可以把相互之间的汇率固定下来，这种固定汇率制度被称为**货币联盟**（monetary unions）。货币联盟最早的例子是 1787 年 13 个美洲殖民地建立的美国，它们放弃各自的货币，选择了美元。最近的货币联盟是欧盟。1999 年 1 月，欧盟 11 个创始成员国采用了一种新的货币——欧元。

货币联盟最重要的经济优势是使跨境交易更加容易，因为成员国的商品和服务都用同一货币标价。但是，如前所述，采用固定汇率制度和允许资本自由流动，意味着货币联盟的各成员国不能保持自身货币政策的独立性以应对国内的总需求不足问题。货币联盟的这个缺点引出了欧元区是否会继续存在的问题，见小案例 16—1。

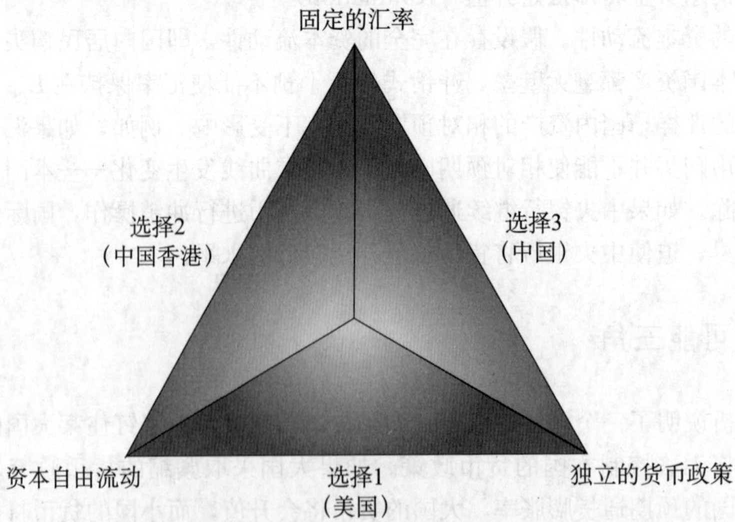

图 16－3 不可能三角

说明：一个国家（地区或货币联盟）不能同时执行下面三种政策：(1) 资本自由流动，(2) 固定的汇率，(3) 独立的货币政策。一个国家只能选择三种政策中的两种。

小案例 16—1　欧元会继续存在吗？

2007—2009 年的全球金融危机引起整个欧洲范围内的经济衰退，欧元区南部的国家受到的打击尤为严重，例如德国，失业率迅速上升。更为严重的是，随着经济的衰退，许多南部的国家发生了主权债务危机，导致投资者大量抛售政府债券，利率迅速上升到极高的水平。如果选择实行宽松的货币政策来刺激经济，将对南部国家的经济崩塌起到很大的缓解作用，但是欧洲中央银行需要从整个欧元区考虑来选择所实施的货币政策，整个欧元区的其他地方并没有遭受到南部国家那么严重的经济危机，因此这种选择不可行。

欧元的限制导致了欧元区南部国家对欧元支持度的下降，且取消欧元的言论与日俱增。北部经济强大的国家对欧元的支持度也下降了，因为它们被要求对南部经济较弱的成员国提供救助。经济强大的国家希望通过取消欧元，限制资金流向经济较弱的国家。而经济较弱的国家希望取消欧元，通过采取宽松的货币政策和货币的贬值来刺激本国经济。欧元区存续的必要性受到了质疑。但是，要想创造一个团结和强大的欧洲，统一使用欧元是重要的一步，并且这项政策强有力地推动了货币联盟的存续。

16.3.5　货币局制度和美元化

小国通常都愿意将汇率与某大国挂钩，这样就能承袭大国较为成型的货币政策，从而将通货膨胀率保持在一个较低的水平。这种战略的一个极端例子就是**货币局**（currency board）制度。在这一制度下，本国货币由外国货币（如美元）作为发行保证，拥有发钞权的中央银行或政府制定一个本币与此种外币兑换的固定汇率，并且保证公众可以随时用本币兑换此种外币。货币局制度已被多个国家或地区采用，如中国香港（1983 年）、阿根廷（1991 年）、爱沙尼亚（1992 年）、立陶宛（1994 年）、保加利亚（1997 年）和波斯尼亚（1998 年）。其中，阿根廷于 1991—2002 年采用的货币局制度最为典型（参见全球视野 16－2“阿根廷的货币局制度”）。一种更为极端的策略则是**美元化**（dollarization），即一国完全放弃本国货币而采用另一个国家的货币，通常采用美元（参见全球视野 16—3“美元化”）。

全球视野 16—2　阿根廷的货币局制度

阿根廷货币不稳定的历史由来已久，通货膨胀率剧烈波动，有时年通货膨胀率超过了 1 000%。为了结束恶性通货膨胀的局面，1991 年 4 月阿根廷采用了货币局制度。阿根廷货币局的运作原理如下：根据阿根廷的货币兑换法律，阿根廷比索/美元的汇率被固定为1∶1，任何人都可以随时到阿根廷中央银行以 1 阿根廷比索兑换 1 美元，或反之，用 1 美元兑换 1 阿根廷比索。

阿根廷货币局制度推行的前几年似乎异常成功，通货膨胀率由 1990 年的 800%降至 1994 年的 5%。经济增长速度加快，1991—1994 年平均达到近 8%。然而，在墨西哥比索危机之后，因担心阿根廷的经济状况，民众从银行挤提存款（存款总额减少了 18%），再用阿根廷比索来兑换美元，引起阿根廷货币供给的紧缩。结果致使阿根廷经济急剧下滑，实际 GDP 减少了 5%以上，1995 年失业率超过了 15%，直到 1996 年，经济才开始复苏。

在货币局制度下，阿根廷中央银行丧失了对货币政策的控制能力，无力抵消源于公众行为的紧缩性货币政策的影响。由于货币局制度不允许中央银行发行阿根廷比索并借给商业银行，阿根廷中央银行无法担当最后贷款人的角色。1995 年，国际货币基金组织、世界银行和中美洲发展银行等国际组织伸出援手，向阿根廷提供了 50 亿美元来支撑银行体系，货币局制度才得以维系。

然而，1998 年阿根廷又陷入了另一次经济衰退，此次衰退的情势严峻，持续时间也很长。截至 2001 年底，其失业率接近 20%，堪比美国在 20 世纪 30 年代的大萧条期间所经历的。其后果是国内动荡和民选政府的垮台，同时，还引发了严重的银行危机和将近 1 500 亿美元的政府债务违约。在货币局制度下，阿根廷中央银行无法控制货币供给，不能采取货币政策来推动经济扩张以摆脱衰退。此外，由于货币局制度不允许中央银行发行阿根廷比索并借给银行，阿根廷中央银行几乎没有资产来充当最后贷款人。2002 年 1 月，货币局制度最终宣告瓦解，阿根廷比索贬值超过 70%。结果是，阿根廷爆发了全面的金融危机（如第 8 章所述），通货膨胀率急剧上涨，出现了极其严重的经济萧条。显然，阿根廷公众已经不像当初那样迷恋货币局制度了。

16.3.6 投机性冲击

布雷顿森林体系和欧洲货币体系的严重缺点在于，它们会导致一国货币发生由**投机性冲击**（speculative attack）造成的外汇危机——大量出售一种疲软货币或大量购买一种坚挺货币所引起的汇率急剧变动。在下面的案例中，我们将利用汇率决定模型来解释 1992 年 9 月发生的动摇欧洲货币体系的汇率危机及其产生的原因。

全球视野 16—3　美元化

美元化是指一国使用另一个国家的货币，通常是美元（也有可能是其他坚挺的货币，如欧元或日元），这是一种比货币局制度还要极端的固定汇率模式。货币局制度可以被废除，也允许货币价值发生变化。但是，在美元化中，货币价值无法变化。无论是在美国还是在美国以外的其他国家，1 美元现钞都永远价值 1 美元。巴拿马在 20 世纪初建国伊始就采用美元化制度，而萨尔瓦多和厄瓜多尔两国则是在近年才开始采用美元化制度的。

美元化和货币局制度一样，可以防止由中央银行造成的通货膨胀。该制度的另一个优点在于，美元化可以完全避免对本国货币（由于压根不存在本国货币）进行投机性冲击的可能性。在货币局制度下，这种情况还是有可能发生的。与货币局制度相似，美元化也不允许一国执行本国的货币政策，也没有最后贷款人。美元化还有一个不同于货币局制度的缺点，即由于采取美元化制度的国家没有本国货币，因此该国政府会损失货币发行收入，即铸币税。由于政府（或中央银行）不用为本国货币支付利息，因此能够通过用本国货币购买能带来收入的资产（比如债券）来赚取收益（铸币税）。以美联储为例，每年这项收入高达 200 亿美元。如果新兴市场国家采取美元化制度，放弃本国货币，就需要通过其他途径来弥补这项损失，但对于一个较为贫穷的国家来说，这并不容易。

案例 16—1

1992 年 9 月的外汇危机

1990 年 10 月德国统一之后，德国中央银行德意志银行面临通货膨胀上升的压力，到 1992 年，通货膨胀率已经由低于 3%的水平加速升至接近 5%。为了控制货币增长、抑制通货膨胀，德意志银行将德国的利率提高到接近两位数的水平。图 16-4 显示了德意志银行在外汇市场上的这些操作对英国货币的影响。在图中，英镑是本币，德国马克（DM，1999 年欧元被采用之前的货币）是外国货币。

德国利率 i^F 的上升降低了英镑资产的相对预期回报率，使需求曲线移至图 16-4 中的 D_2 处。供给曲线和需求曲线的交点 2 所对应的汇率低于当时的汇率下限（2.778 德国马克/英镑，记为 E_{par}）。为了使德国马克相对于英镑的价值降低，并使德国马克/英镑的汇率处于汇率机制的范围之内，英国中央银行英格兰银行采取紧缩的货币政策，使英镑的汇率升高，并使需求曲线移回 D_1 处，在点 1 达到均衡，均衡汇率维持在 E_{par}。或者，德意志银行采取扩张性的货币政策，来降低德国的利率。德国的利率降低会抬高英国资产的相对预期回报率，并使需求曲线移回 D_1 处，从而使汇率保持在均衡水平 E_{par}。

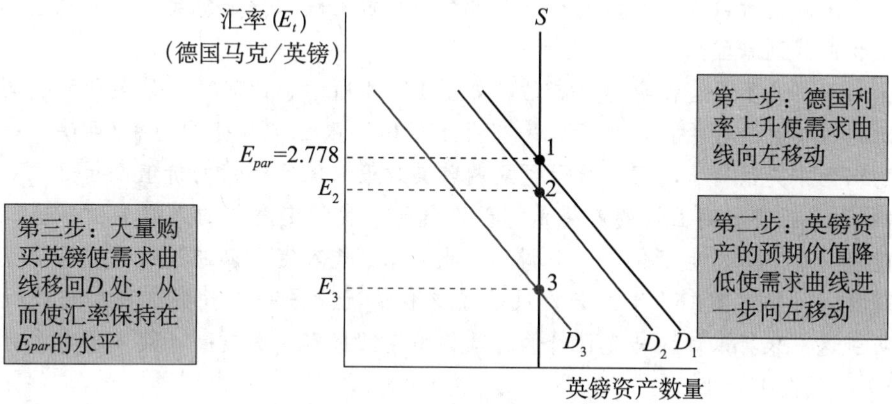

图 16-4　1992 年外汇市场上的英镑

说明：投机者预计英国不久会让英镑贬值，英镑资产的相对预期回报率降低，使得需求曲线由 D_2 左移至 D_3。结果是英国中央银行更多地购回英镑，以提高利率，需求曲线将移回到 D_1，并使汇率保持在 E_{par} 的水平，即以 2.778 德国马克兑换 1 英镑。

问题是，德意志银行的首要目标是应对通货膨胀，因此，不愿意采用扩张性的货币政策；而英国正面临战后最严重的经济萧条，也不愿意通过采取紧缩性的货币政策来提高英镑的价值。当面临来自欧洲货币体系其他成员国的巨大压力时，这种僵局就变得愈加明显了。1992 年 9 月 16 日，在斯堪的纳维亚国家遭受到对其货币的投机性冲击之后，德意志银行只愿将其贷款利率象征性地降低。因此，在不远的将来，英镑的价值降至点 2 的水平。投机者现在知道英镑贬值在即，结果是英镑的预期回报率迅速下降，需求曲线左移到图 16-4 中的 D_3 处。

需求曲线向左大幅移动，导致在平价汇率 E_{par} 处英镑资产的巨大超额供给，投机者大量抛售英镑（购买德国马克）。英国中央银行通过干预来抬升英镑价值的需求变得异常强烈，并要求英国汇率大幅提升。在英格兰银行的努力下，贷款利率从 10%升至 15%仍然不够，最终在 9 月 16 日，英国放弃了努力：无限期地脱离了欧洲货币体系，允许英镑对德国马克贬值 10%。

对其他货币的投机性冲击迫使西班牙比塞塔贬值了 5%、意大利里拉贬值了 15%。为了保卫其货币，瑞典中央银行被迫将日贷款利率提高到天文数字 500%！当危机结束时，英国、法国、意大利、西班牙和瑞典的中央银行所用的干预资金达到了 1 000 亿美元，德意志银行一家就动用了 500 亿美元进行外汇干预。由于外汇危机将导致中央银行所持的国际储备大幅波动，因此会影响国际收支平衡表中的官方储备资产项目，这种危机也被称为**国际收支危机**（balance-of-payments crises）。

对这些国家的中央银行而言，支撑欧洲货币体系的成本并不低。据估计，为了对这次危机进行干预，这些银行总共损失了 40 亿～60 亿美元。

执业经理 16—1

从外汇危机中获利

大型银行和其他金融机构常常会通过外汇交易来赚取可观的利润。例如，在 1992 年 9 月外汇危机来临之时，外汇交易商和投机者都面临黄金般的投资机会。前面对于危机的分析有助于我们找到原因。

德国利率居高不下会使英镑被高估，如图 16－4 所示。此时，如果英国和德国的中央银行不对这种情况进行干预，均衡汇率将低于汇率下限 2.778 德国马克/英镑。一旦外汇交易商意识到中央银行不愿意充分干预或调整其政策以保证英镑的价值高于 2.778 德国马克/英镑的下限，交易商面临的就将是“无论怎样，我肯定赢”的大好局面。他们知道汇率只可能朝一个方向发生变化——下调。因此，几乎能确定可以通过购买德国马克并出售英镑来获利。我们对图 16－4 的分析反映了这种情况。另一种考察这种单边投机的方式是，要明白这意味着以德国马克计价的存款的预期回报率大幅提高，使需求曲线大幅向左移动至 D_3，见图 16－4。

机智的外汇交易商在 1992 年 9 月初听到华尔街的传闻后，就开始出售英镑并购买德国马克。在 9 月 16 日之后，英镑相对于德国马克贬值了 10%，此时，他们获得了巨额利润，他们将原来购买的德国马克以高 10%的价格出售。据报道，在 1992 年 9 月发生外汇危机的一周内，花旗银行的外汇交易商净赚了 2 亿美元。这对一周的时间来说可真是不赖的成绩。但是，与乔治·索罗斯（George Soros）相比，这样的获利水平仍然不值一提。据报道，这位投资基金经理的基金在这次危机中获利 10 亿美元。（然而，索罗斯的利润在 1994 年严重缩水，他承认在对日元进行的交易操作中，遭受了 6 亿美元的损失。）很明显，对金融机构来说，外汇交易可以成为一项高盈利的业务，尤其是在发生外汇危机时。

16.3.7 有管理的浮动汇率制度

尽管随着市场状况的变化，目前的汇率每天都在变动，但中央银行仍不愿放弃对外汇市场进行干预的权力。对汇率大幅波动的抑制有助于在国外购买和出售商品的人更容易对未来做出规划。另外，国际收支为顺差的国家并不希望本国货币升值，这将使其商品在国外更加昂贵，而使外国商品在国内更加便宜。本国货币升值会伤害国内的工商企业，加剧失业。顺差国通常会在外汇市场上出售本国货币以获得国际储备。

国际收支为逆差的国家不希望本国货币贬值，这会使对本国消费者而言外国商品变得相对昂贵，还会刺激通货膨胀。为了将本国币值维持在高水平，逆差国通常会在外汇市场上购入本国货币，放弃部分国际储备。

目前的国际金融体系是固定汇率制度和浮动汇率制度的混合体，汇率随着市场状况的变化而波动，但不仅仅由市场状况决定。并且，许多国家仍维持本国货币与其他国家货币之间的固定汇率。

案例 16—2

中国如何积累起 3 万亿美元的国际储备

到 2013 年底，中国已经积累起超过 3 万亿美元的国际储备，预期其国际储备仍将继续增长。中国怎么处理这一巨额的外汇储备呢？毕竟，中国还不是一个富裕的国家。

答案是中国采取钉住美元的汇率制度，在 1994 年将汇率固定在 8.28 元（人民币）/美元。由于中国的生产率迅速提高，通货膨胀率低于美国，人民币的长期价值提升，提高了人民币资产的相对预期回报率，推动人民币资产的需求曲线向右移动。结果是中国处于图 16－2（b）所描述的情况下，即人民币被低估了。为了防止汇率从该图中的 E_{par} 上升到 E_1 的水平，中国的中央银行大量购买美元资产。目前，中国政府是世界上持有美国政府债券最多的国家之一。

钉住美元的汇率政策给中国政府带来了一些问题：第一，中国现在拥有巨额的美元资产，绝大部分是美国国债，但它的回报率很低。第二，人民币被低估意味着中国商品在国外的价格太低。如果中国政府不允许人民币升值，许多国家就会设置贸易壁垒以排斥这些商品。第三，中国大量购买美元资产极大地扩大了基础货币和货币供给的规模，未来将可能出现较高的通货膨胀率。由于中国政府限制资本的自由流动，因而能够实施对汇率的管制，并保持钉住汇率。但是，它们始终担心通货膨胀。2005 年 7 月，中国终于放松了一些汇率管制，将人民币的价值提高了 2.1%。中央银行也明确表态不再钉住美元，而是钉住一篮子货币。

16.4 资本管制

资本流动是墨西哥和东南亚货币危机中的重要因素，政治家和部分经济学家都赞成新兴市场国家采取资本管制，从而限制资本的流动，以避免金融不稳定的状况。那么，资本管制是一个好主意吗？

16.4.1 资本流出管制

资本流出会导致新兴市场国家金融不稳定的加剧，因为当新兴市场国家的居民和外国人将资金从该国撤出时，资本流出会使其货币贬值。因此，新兴市场国家的政治家们发现资本管制极具吸引力。例如，在 1998 年东南亚金融危机之后，马来西亚总理马哈蒂尔(Mahathir) 使用了资本管制的办法来控制资本外逃现象。

实施资本管制看起来是个好主意，但存在一些问题。首先，实证研究结果显示，在危机期间很难有效实施资本管制，私人部门能够巧妙地规避管制，将资金转移到国外。其次，有证据表明，在实施资本管制之后，由于对政府的信任度下降，资本外逃会更加严重。再次，对资本流出的管制通常会滋生腐败，当国内居民试图将资金转移到国外时，往往会贿赂政府官员以使其袖手旁观。最后，对资本流出的管制可能会令政府忽视对金融体系的改革以控制危机，结果是丧失了提高经济实力的机会。

16.4.2 资本流入管制

虽然大多数经济学家发现，反对资本流出管制很有道理，但对资本流入进行管制的观点却得到了更多的支持。支持者认为，若投机性资本无法流入某国，也就无法突然撤出造成危机。我们在第 8 章对金融危机进行分析时也支持这一观点，资本流入会导致信贷繁荣，银行将会承担更多的风险，有可能造成金融危机。

然而，对资本流入的管制也会产生负面影响，如可能阻碍用于生产性投资的资金流入。尽管资本流入管制能够抑制过度贷款，但久而久之，居民与企业都将试图规避这种管制，从而会造成大量的扭曲和资源的无效配置。事实上，如同资本流出管制一样，资本流入管制亦会滋生腐败。在当今的经济环境中，资本管制是否有效仍受到高度质疑，因为利用贸易及金融工具就能轻松逾越这些管制。

另外，许多有力的案例都支持加强对银行的监管，从而避免资本流入引起信贷繁荣现象，使银行承担过多的风险。例如，限制银行贷款的扩张速度对于限制资本流入有显著影响。此类监管措施更关心金融脆弱性的源头而非症状，因此，能够提高金融体系运作的效率。

16.5 国际货币基金组织的作用

建立在布雷顿森林体系之下的国际货币基金组织最初的目的是为了帮助各国解决国际收支失衡问题，向逆差国提供贷款，从而维持固定汇率制度。随着固定汇率的布雷顿森林体系在 1971 年轰然瓦解，国际货币基金组织又有了新的任务。

尽管国际货币基金组织不再继续鼓励固定汇率制度，但作为国际贷款人，国际货币基金组织的重要性愈加凸显。在 20 世纪 80 年代的第三世界国家债务危机中，国际货币基金组织协助发展中国家偿还贷款，其重要性开始引起公众的关注。在 1994—1995 年的墨西哥金融危机以及 1997—1998 年的东南亚金融危机中，国际货币基金组织为了控制危机扩散并帮助受影响的国家尽早复苏，发放了大量贷款。从 2010 年开始，国际货币基金组织向希腊、爱尔兰和葡萄牙提供了巨额贷款，以帮助这些国家避免政府债务违约。但由国际货币基金组织充当国际最后贷款人来处理金融不稳定问题则备受争议。

16.5.1 国际货币基金组织是否应该充当国际最后贷款人

正如我们在第 8 章看到的，在工业化国家，当金融危机发生时，金融体系失灵，国内中央银行履行最后贷款人的职责可以抑制银行体系的不稳定性。在新兴市场国家，中央银行应对通货膨胀的能力遭到质疑，而债务合同通常都是短期的外币合同，因此最后贷款人的职责是一把双刃剑——既可能加剧金融危机，也可能减缓金融危机。例如，在全球金融危机中（参见第 10 章），美联储充当最后贷款人，市场没有人气，通货膨胀率甚至变得更高。那些反通货膨胀措施的可信度不如美联储的中央银行，在金融危机爆发后，即便作为最后贷款人为金融体系注入资金，人们也担心螺旋式上升、失去控制的通货膨胀会加剧，从而会造成更大幅度的货币贬值和收支状况的进一步恶化。这种情况会触发金融市场中的道德风险和逆向选择，使金融危机愈演愈烈。

新兴市场国家的中央银行充当最后贷款人的能力非常有限。但是，国际最后贷款人所提供的流动性不会带来不良后果，而且有助于稳定国内货币并改善国内收支。另外，国际最后贷款人还能阻止金融危机的蔓延，在新兴市场国家的货币接二连三地遭受投机性冲击的情况下，金融危机将在这些国家持续扩散。由于新兴市场国家常常需要最后贷款人，而其国内中央银行却无法胜任这一角色，所以，非常需要国际机构承担这一职责。事实上，从 1994 年墨西哥金融危机开始，国际货币基金组织和其他国际机构就履行了最后贷款人的职责，当一些国家出现金融稳定性问题时，对其提供紧急贷款。

然而，国际最后贷款人的支持本身也存在风险，尤其是在确知国际货币基金组织会提供帮助时，不负责任的银行金融机构将会铤而走险，从而加大金融危机发生的可能性。在墨西哥金融危机和东南亚金融危机中，陷入危机的国家的政府利用国际货币基金组织所提供的贷款，保护存款者及其他机构债权人免受损失。这种安全保障却引发了著名的道德风险问题，当银行面临巨大的风险时，存款者和其他债权人监督银行经营行为的动力减弱，没有及时取回存款，这反而鼓励了这些金融机构冒更大的风险。

国际最后贷款人必须想办法来限制道德风险问题，否则情况将更加严峻。国际最后贷款人可以明确表示它仅对那些采取适当措施阻止金融机构过度冒险的政府提供流动性。此外，国际最后贷款人可以通过限制政府保护股东和国内金融机构未担保的债权人的能力，削弱金融机构承担风险的动机。一些国际货币基金组织的批评者认为，国际货币基金组织没有对接受贷款的政府施加足够的压力以使它们遏制道德风险问题。

国际货币基金组织等国际机构在充当最后贷款人时面临的一个问题是：如果不提供救助，新兴市场国家有可能陷入严重的经济萧条并引发政治动荡。危机国家的执政者可能会利用国际机构的这种努力，与国际最后贷款人展开博弈，拒绝改革以促使国际货币基金组织让步。在 1994 年墨西哥金融危机中就出现了这样的博弈，这也是东南亚金融危机中国际货币基金组织与印度尼西亚协商过程中的一个重要特征。

16.5.2 国际货币基金组织的运作

如果国际货币基金组织明确表示不参与博弈，结果会好一些。如同纵容一个顽皮的孩子眼下省事，但长期这样做却会助长不良习惯。有批评家担心，国际货币基金组织出于短期人道主义考虑，不太严格。例如，有些批评是针对国际货币基金组织贷款给俄罗斯政府的，因为俄罗斯政府拒绝实施改革以稳定金融体系。

人们对国际货币基金组织强加给东南亚国家的所谓紧缩经济方案提出了批评，该方案强调以紧缩的宏观经济政策而不是微观经济政策来解决金融机构存在的会引起危机的问题。这样的计划可能使国际货币基金组织推行的对新兴市场国家的指导建议遭遇阻力。紧缩经济方案使这些国家的政治家们给类似国际货币基金组织这样的机构贴上了反经济增长的标签。这样的言论有助于政治家动员公众反对国际货币基金组织，以此逃避对国内金融体系的改革。相反，若国际货币基金组织的方案是针对金融机构改革的，那么，国际货币基金组织对于创造更有效的金融体系倒是功不可没。

成功的最后贷款人操作有一个重要的历史特征，即贷款发放的速度越快，实际上贷出的数额越少。一个成功的案例发生在 1987 年 10 月 19 日股市崩盘之后。当天闭市时分，为了提供客户账户服务，证券公司需要借入数十亿美元来维持正常交易。然而，这种情况前所未有，银行对进一步贷款给这些公司感到非常担心。得知这个消息后，美联储立即进行了最后贷款人操作，并明确表示它会向（给证券业贷款的）银行提供流动性。实际上，此次行动最显著的特征是，美联储的快速干预不仅使股市崩盘对经济没有造成太大影响，而且美联储需要提供给经济的流动性规模并不是很大。

在金融体系遭到严重冲击时，美联储在当天就实施了最后贷款人操作，这与国际货币基金组织在最近的危机中提供流动性所花的时间形成了鲜明的对比。最初，国际货币基金组织贷款便利的设计旨在为遭受国际收支危机的国家提供资金，而且对贷款的条件必须进行磋商，在国际货币基金组织实际发放贷款之前往往需要花上几个月的时间。到那个时候，危机已经极度恶化——需要更多的资金来处理危机，国际货币基金组织的资金就不啻杯水车薪了。中央银行比国际货币基金组织发放贷款的速度快的一个原因是，它们在提供贷款之前已经预设了程序，这类贷款的条款和条件也是事先公认的。为了使贷款金额便于管理，国际货币基金组织需要具有快速提供流动性的能力，作为国际最后贷款人，必须具备类似的信贷便利。这样，只要借款人符合条件，比如说银行实施了适当监管或者维持较低的赤字，就能迅速获得资金。由国际货币基金组织充当国际最后贷款人，世界是否会变得更好？关于这一问题的争论，目前成了一个热门话题。舆论普遍关注如何使国际货币基金组织更有效率地扮演这一角色，在建立新的国际金融体系以减少国际金融不稳定性的议题中，对于国际货币基金组织的改革也颇有期待。

本章小结

1. 在中央银行的非冲销式干预中，出售本国货币以购买外汇资产会导致国际储备增加、货币供给增加以及本国货币贬值。然而，相关证据表明，中央银行的冲销式干预操作对汇率几乎没有长期影响。

2. 国际收支平衡表是一种簿记制度，记录了国内（私人部门和政府）与国外之间资金直接往来的所有收支情况。官方储备交易余额是经常账户余额与资本账户各项目的总额，它表示国家间资金流动以融通国际交易的国际储备的数额。

3. 在第二次世界大战之后，布雷顿森林体系和国际货币基金组织的建立旨在推行一种固定汇率制度，美元直接与黄金挂钩。1971年布雷顿森林体系瓦解。现行的国际金融体系包括固定汇率制度和有管理的浮动汇率制度。虽然各国中央银行都会对外汇市场进行干预，但有些汇率天天波动，而有些汇率则保持固定。

4. 赞成对资本流出实施管制的观点认为，它可以在危机期间阻止本国居民和外国人将资本抽离该国并降低币值。对资本流入管制的观点是，如果投机性资本不能流入，那么，这些资金也不可能突然撤出从而造成危机。然而，资本管制的缺点在于：几近无效，滋生腐败，也可能使政府不采取措施进行必要的金融改革来处理危机。

5. 近年来，国际货币基金组织充当了国际最后贷款人的角色。因为新兴市场国家的中央银行不可能成功地实施最后贷款人的操作，因而需要一个像国际货币基金组织这样的国际最后贷款人来阻止金融动荡。然而，这个国际最后贷款人的角色造成了严重的道德风险问题，既可能鼓励过度承担风险，更可能引发金融危机，也会遇到许多政治阻力。另外，为了能够有效地管理贷款资金的数量，国际货币基金组织必须能够在金融危机发生时迅速为金融机构提供流动性。

重要专业术语

锚货币	美元化	政策的三元悖论
国际收支平衡表	固定汇率制度	储备货币
国际收支危机	浮动汇率制度	法定升值
布雷顿森林体系	外汇干预	投机性冲击
资本账户	不可能三角	冲销式外汇干预
资本管制	国际货币基金组织	贸易余额
货币局	国际储备	非冲销式外汇干预
货币联盟（currency union）	有管理的浮动汇率制度（肮脏浮动）	世界银行
经常账户	货币联盟（monetary union）	世界贸易组织
法定贬值	官方储备交易余额	

习题

1. 如果美联储在外汇市场中购买美元，并实施冲销式公开市场操作，对国际储备、货币供给和汇率会产生什么影响？

2. 如果美联储在外汇市场中购买美元，但没有实施冲销式干预，对国际储备、货币供给和汇率会产生什么影响？

3. 下列各项分别属于国际收支平衡表中的哪个项目（经常账户、资本账户或国际储备的净变动）？是收入还是支出？

（1）英国人购买强生公司的股份。

（2）美国人从法国航空公司购买飞机票。

（3）瑞士政府购买美国国债。

（4）日本人购买加利福尼亚柑橘。

（5）向洪都拉斯提供5 000万美元外国援助。

（6）一家美国银行向墨西哥发放贷款。

（7）一家美国银行借入欧洲美元。

4. 为什么美国出现国际收支逆差对国际储备的影响不同于荷兰出现国际收支逆差对国际储备的影响？

5. 在固定汇率制度下，如果英国相对于美国的生产能力提高，对两国的货币供给有什么影响？为什么货币供给的变动有助于维持两国之间的固定汇率？

6. 若1美元可兑换成1/20盎司黄金，1瑞士法郎可兑换成1/40盎司黄金，美元和瑞士法郎间的汇率是多少？

7. 在布雷顿森林体系的固定汇率制度下，如果一国的汇率平价被低估，该国的中央银行将被迫采取何种干预措施？它对国际储备和货币供给的影响如何？

8. 一国巨额的国际收支顺差将如何影响该国的通货膨胀率？

9. “如果一国想阻止汇率变化，必须放弃对货币供给的控制。”这个看法是正确的、错误的还是不确定的？对你的答案给予解释。

10. 为什么国际收支逆差迫使一些国家实施紧缩性的货币政策？

11. “国际收支逆差总会使一国失去国际储备。”这个看法是正确的、错误的还是不确定的？对你的答案给予解释。

12. 美国持续的国际收支逆差如何引发世界性的通货膨胀？

13. 当德国统一时，为什么钉住汇率的制度会引致欧洲货币体系的成员国陷入困境？

14. 为什么在完全的浮动汇率制度下，外汇市场对货币供给没有直接的影响？这意味着外汇市场对货币政策没有影响吗？

15. “1973年后取消固定汇率意味着各国可以寻求更独立的货币政策。”这个看法是正确的、错误的还是不确定的？对你的答案给予解释。

16. 对资本流出的管制是个好主意吗？为什么？

17. 讨论资本流入管制的优点和缺点。

18. 为什么新兴市场国家的中央银行认为，执行最后贷款人操作可能达不到预期目的？这是否会成为国际货币基金组织这样的机构充当国际最后贷款人的基础？

19. 国际货币基金组织是否成功地充当了国际最后贷款人？

20. 为了限制道德风险，国际最后贷款人应当采取怎样的措施？

定量问题

1. 假设美联储以100万美元购买价值为100万美元的外国资产。用T型账户说明此公开市场操作的影响。

2. 美联储购买了价值为100万美元的外国资产，然而为了筹集资金，交易平台出售了100万美元国库券。用T型账户说明此公开市场操作的影响。

3. 如果欧元存款的利率为4%，美元存款的利率为2%，欧元的交易价格为1欧元兑换1.30美元。从现在开始，一年后的市场预期汇率为多少？

4. 如果美元的交易价格为1欧元兑换1.30美元，利率与第3题相同，欧洲央行提高利率水平，从而使欧元存款的利率提高了1%，汇率会发生怎样的变化（假设预期未来汇率保持不变）？

5. 如果经常账户余额增加20亿美元，资本账户减少35亿美元，这会对政府持有的国际储备产生怎样的影响？

网络练习

国际金融体系

1. 国际货币基金组织随时准备帮助面临货币危机的国家。登录www.imf.org，点击“About the IMF”（关于国际货币基金组织）。国际货币基金组织声明的目标是什么？有多少国家加入国际货币基金组织？它是何时建立的？

网络附录

请登录本书的网站www.pearsonhighered.com/mishkin_eakins，阅读第16章的网络附录：

附录：国际收支平衡表

金融学译丛·金融市场与金融机构（第8版）

第六部分

金融产业

第 17 章　银行和金融机构管理

开篇预览

由于银行在将资金转移给具有生产性投资机会的贷款人这一过程中起了很重要的作用，因此它们对于保证金融体系和经济平稳有效运行至关重要。在美国，银行（存款机构）每年提供高达 6 万亿美元的信贷。它们为企业提供贷款，为我们接受大学教育融资，或者为购买新车和住房筹集资金，并为我们提供支票和储蓄账户等服务。

本章将考察银行如何经营以获得尽可能高的利润：银行如何发放贷款，为什么发放贷款，它们如何获得资金并管理资产和负债（债务），以及它们如何获得利润。由于商业银行是最重要的金融中介机构，我们的关注焦点是商业银行，但其原理同样适用于其他类型的金融机构。

17.1　银行的资产负债表

要理解银行如何运作，我们需要先分析它的**资产负债表**（balance sheet），也就是一个银行的资产和负债的列表。顾名思义，该表是平衡的，它有如下特征：

总资产＝总负债＋资本金

登录 http：//investor. bankofamerica. com/phoenix. zhtml? c＝71595&p＝irol-reportsannual&cm_re＝EBZ-Corp_SocialResponsibility-_-About_Us-_-EI38LT000D_About_Us_Reports#fbid＝0CD9gCcbS6u。点击“Annual Reports”（年度报告）查阅资产负债表。

银行的资产负债表列出了银行资金（负债）的来源以及用途（资产）。银行通过借贷和发行其他负债（如存款）来获取资金。然后，它们将这些资金用于获取资产如证券和贷款。银行对其持有的证券和贷款收取的利率高于其负债成本，两者的差额就是银行的利润。2013 年所有商业银行的资产负债表如表 17-1 所示。

表 17-1　　2013 年所有商业银行的资产负债表　　单位：%

资产		负债	
准备金和现金	16	支票存款	2
证券		非交易存款	
美国政府和政府机构证券	14	小额定期存款（<10 万美元）+储蓄存款	58
州和地方政府证券及其他证券	8	大额定期存款	11
贷款			
工商业贷款	11		
房地产贷款	26	其他负债	6
银行同业贷款	1		
消费者贷款	8	借款	12
其他贷款	7	银行资本	11
其他资产（例如，实物资本）	9		
总计	100	总计	100

资料来源：http：//www.federalreserve.gov/releases/h8/Current.

17.1.1 负债

银行通过发行（出售）负债来获取资金（如吸收存款），这些负债是银行的资金来源。通过发行负债筹集的资金被用于购买能获取收益的资产。

（1）支票存款。支票存款是允许账户持有人向第三方开具支票的银行账户。支票存款包括可以开具支票的所有账户：无利息的支票存款（活期存款）、有利息的可转让支付命令账户（NOW 账户）和货币市场存款账户（MMDA）。1982 年，《存款机构法》授权存款机构可提供货币市场存款账户，它与资本市场共同基金有相似的特征，两者都被划入支票存款一类。但是，货币市场存款账户与支票存款的不同之处在于，货币市场存款账户不受法定准备金要求（参见本章后面的讨论）的约束，支票存款必须满足存款准备金要求。表 17-1 表明各种支票存款是银行资金的一个重要来源，占银行负债的 2%。支票存款一度是银行资金最重要的来源（1960 年占银行负债的 60%以上）。随着新的更有吸引力的金融工具例如货币市场存款账户的出现，支票存款占全部银行负债的份额逐渐收缩。

支票存款和货币市场存款账户是见票即付的，也就是说，如果存款人到银行要求取款，银行必须立即支付给存款人。同样，如果一个人收到一张由银行账户开出的支票，将支票提交给银行时，银行必须立即支付资金（或者将资金转入持票人的账户）。

支票存款是存款人的一项资产，因为它是存款人财富的一部分。存款人可以从支票账户提取资金而银行有义务支付，因此，支票存款对银行来说是负债。在银行的资金来源中，通常支票存款的融资成本最低，因为存款人愿意放弃一些利息，以获得随时可变现的资金。银行维护支票存款的成本包括存款利息支付和提供这些账户服务时发生的成本——处理、准备和寄送月对账单；提供高效的出纳设施（人工或其他形式）；维护宏伟的营业大楼和便利的地方分支机构；进行广告宣传和营业推广来吸引顾客把资金存入本银行所花费的费用。近年来，存款（支票存款和非交易存款）的利息占银行总营业费用的 7%，涉及为账户提供服务的成本（员工薪水、房租等）占了总营业费用的大约 50%。

(2) 非交易存款。非交易存款是银行资金的主要来源（如表 17-1 所示，占银行负债的 69%）。持有人不能就非交易存款开具支票，但非交易存款的利率通常比支票存款的利率要高一些。非交易存款有两种基本类型：储蓄账户和定期存款（也称定期存单）。

储蓄账户一度是最普通的非交易存款类型。在这些账户中，资金可以在任何时候被存入或者取出，交易和利息支付情况都会被记录在每月的对账单或者账户持有人持有的银行存折中。

定期存款有固定的到期期限，期限从几个月到超过 5 年不等。如果存款被提前支取，存款人要承担较高的罚金（牺牲几个月的利息）。对于存款人来说，小额定期存款（低于 10 万美元的存款）比存折储蓄的流动性要差，但获得的利息更高。对于银行而言，这是成本较高的一种资金来源。

大额定期存单的面额为 10 万美元及以上，通常由企业或者其他银行购买。大额定期存单可以像债券一样被转让，到期前在二级市场上买卖。由此，企业、货币市场共同基金和其他金融机构都将可转让定期存单作为国库券和其他短期债券的替代性资产持有。自 1961 年它们首次出现以来，可转让定期存单已经成为银行资金的一个重要来源（占 11%）。

(3) 借款。银行还通过向联邦储备体系、联邦住房贷款银行、其他银行和企业借款来获取资金。联邦储备体系的贷款被称为**贴现贷款**（discount loans），也被称为预支款。银行也在联邦基金市场从美国其他银行和金融机构处借取隔夜准备金。银行临时借入隔夜准备金，以便在联邦储备体系中有足够的头寸，满足联邦储备体系的法定准备金要求（联邦基金的名称有点令人困惑，因为这是银行从同业借入的贷款，而不是从联邦政府或者联邦储备体系借入的贷款）。其他借款来源包括：银行的母公司（银行持股公司）所提供的贷款、银行与其他企业之间的贷款安排（如回购协议）以及欧洲美元借款（存在外国银行或者美国银行外国分行的美元存款）。随着时间的推移，借款成为银行资金的一个越来越重要的来源：1960 年借款只占银行负债的 2%，现在借款占银行负债的 12%。

(4) 银行资本。资产负债表负债方的最后一项是银行资本（也称资本金），即银行的净值，它等于总资产与总负债的差额（占银行总资产的 11%，如表 17-1 所示）。银行资本来自新股权（股票）的发行或者留存收益。银行资本是应对其资产价值减少的一个缓冲器，资产价值减少会迫使银行陷入清偿力不足的困境（银行的资产低于其负债，意味着银行可能不得不面临清算）。

17.1.2 资产

银行用发行负债所获得的资金来购买能够获取收益的资产。因此，银行资产在本质上是资金的运用。从资产上获取的利息收入是银行的利润来源。

(1) 准备金。所有银行在联邦储备体系中都有一个账户，并将它们所获资金的一部分作为存款储存在联邦储备体系。**准备金**（reserves）等于这些存款加银行持有的实物形式的通货[称为**库存现金**（vault cash），它通常被储存在银行的金库中]。尽管准备金现在不能取得任何利息，但银行基于以下两个原因要持有准备金：首先，根据**法定准备金要求**（reserve requirements），银行对于每一美元的支票存款，都必须在联邦储备体系中存入一定比例（如 10%）作为准备金。银行必须持有的一定比例的准备金即**法定准备金**（re-

quired reserves)，该比例（如 10%）被称为**法定准备金率**（required reserve ratio）。除了法定准备金以外，银行持有的其他准备金被称为**超额准备金**（excess reserves），由于它们是银行资产中最具流动性的部分，存款人可以直接提取或间接地从其账户开具支票来提取，因而银行以此来履行支付义务。

(2) 托收中款项。假设基于另一家银行账户开具的支票被存入某银行，而该支票所对应的资金还没有从另一家银行收到，那么，该支票就被归入托收中款项项目。这是银行的一项资产，是对另一家银行资金的索取权，银行将会在几天内获得这笔资金。

(3) 银行同业存款。许多小银行在其他大银行都有存款，目的是获取一些服务，如支票兑取、外汇交易和帮助购买证券，这是代理银行业务的一个方面。

准备金、托收中款项以及银行同业存款都被视为现金项目。在表 17-1 中，这些占总资产的 16%，且其比重逐渐下降，在 1960 年其占比达 20%。

(4) 证券。银行持有的证券是一种能获取收益的重要资产。证券（对商业银行而言，它们全部由债务工具组成，因为银行不得持有股票）在表 17-1 中占银行资产的 22%，为商业银行提供的收入占银行总收入的 10%。这些证券可以分为三大类：美国政府和政府机构证券、州和地方政府证券以及其他证券。美国政府和政府机构证券的流动性最强，它们便于进行交易，能以很低的交易成本被转换成现金。由于流动性强，短期美国政府证券也被称为**二级准备金**（secondary reserves）。

银行之所以喜欢持有州和地方政府证券，是因为州政府和地方政府更愿意与那些持有自己证券的银行进行业务往来。州和地方政府证券以及其他证券的市场化程度相对低一些（流动性相对较差，且比美国政府证券的风险更大一些，主要是指违约风险）：证券发行人在证券到期时可能无法支付利息或不能偿还等于证券面值的本金。

(5) 贷款。银行主要通过发放贷款获得盈利。在表 17-1 中，银行资产中有大约 53%以贷款形式存在。近年来，贷款为银行创造的收入占银行总收入的一半以上。对于取得贷款的个人和公司而言，贷款是负债，但对于银行，贷款是资产，它为银行提供收入。贷款一般比其他资产的流动性差，因为在贷款到期之前它们不能被转换成现金。例如，如果银行发放一笔 1 年期的贷款，那么在贷款到期前，银行不能收回其资金。贷款的违约风险也要大于其他资产，由于缺乏流动性以及较高的违约风险，银行从贷款上获得的收益最高。

正如你在表 17-1 中所看到的那样，占商业银行贷款最大比例的贷款是为企业提供的工商业贷款和房地产贷款。商业银行也发放消费者贷款以及在同业间相互提供的银行同业贷款。银行同业贷款中的主要部分是在联邦基金市场中发放的隔夜贷款。各存款机构资产负债表的主要区别就在于发放的贷款类型不同。例如，储蓄贷款协会和互助储蓄银行专门从事住房抵押贷款的发放，而信用社则主要发放消费者贷款。

(6) 其他资产。银行拥有的实物资本（银行的办公楼、计算机和其他设备）被归入这个类别。

17.2 银行的基本业务

在进一步详细学习银行如何管理其资产和负债以获得最高利润之前，应该先对银行的基本业务操作有所了解。

总体而言，银行通过销售具有一系列特征（流动性、风险、规模和回报的特定组合）的负债，然后使用所获得的资金购买具有另一系列特征的资产以获得利润，这个过程通常被称为资产转换。例如，某人持有储蓄存款，银行可以用储蓄存款所提供的资金向他人发放贷款。事实上，是银行将储蓄存款（存款人持有的资产）转换成了抵押贷款（银行持有的资产）。另一种描述这种资产转换过程的方法是，银行“短借长贷”，因为它发放长期贷款，而长期贷款的资金又是通过发行短期存款来筹集的。

资产转换以及提供一系列服务（票据清算、记账和信用分析等）的过程，与任一其他企业的生产过程都很相似。如果银行以较低的成本提供服务并依靠其资产获得可观的收入，它就能盈利；否则，银行就会亏损。

假设简·布朗听说第一国民银行提供优质服务，她用 100 美元开了一个支票账户。现在，她在银行有 100 美元的支票存款，这在银行的资产负债表中表现为一笔 100 美元的负债。银行将她的 100 美元存入金库，这样银行的资产就以库存现金的形式增加了 100 美元。银行的 T 型账户如下所示：

第一国民银行

资产		负债	
库存现金	＋100 美元	支票存款	＋100 美元

由于库存现金也是银行准备金的一部分，因此，我们可以把 T 型账户重写为：

资产		负债	
准备金	＋100 美元	支票存款	＋100 美元

需要注意的是，简的支票账户所导致的银行准备金的增加等于支票存款的增加。

如果简·布朗用在其他银行如第二国民银行的账户开具的一张 100 美元的支票在第一国民银行新开了一个账户，我们也能得到同样的结果，对第一国民银行 T 型账户的初始影响如下：

资产		负债	
托收中款项	＋100 美元	支票存款	＋100 美元

支票存款增加了 100 美元，但现在第二国民银行欠第一国民银行 100 美元。第一国民银行的这项资产现在作为 100 美元的托收中款项被列入 T 型账户中。第一国民银行现在会极力收取第二国民银行所欠的资金，它可以直接到第二国民银行去要求资金支付。如果两家银行在不同的州，索款过程将既费时又费钱。因此，第一国民银行可以将这一支票存入其在美联储的账户中，由美联储从第二国民银行收取资金。结果是美联储将 100 美元的准备金从第二国民银行的账户中转移到第一国民银行的账户中，这两家银行最终的资产负债表情况如下：

第一国民银行

资产		负债	
准备金	＋100 美元	支票存款	＋100 美元

第二国民银行

资产		负债	
准备金	−100 美元	支票存款	−100 美元

由简·布朗的活动引起的过程可以总结如下：当某一家银行账户开具的支票被存入另一家银行的时候，拿到支票的银行获得的准备金等于支票存款额，而开具支票的银行的准备金等额减少。因此，**当银行存款增加时，其准备金等额增加；当银行存款减少时，其准备金等额减少。**

现在，你已经了解了银行准备金是如何增加和减少的，我们可以研究当银行存款发生变动的时候，它是如何重新安排其资产负债表以获得利润的。继续考察第一国民银行收到100 美元支票存款的情况。我们知道，银行有义务将一定比例的支票存款作为法定准备金保存下来。如果此比例（法定准备金率）是 10%，那么第一国民银行的法定准备金增加了10 美元，我们可以将 T 型账户改写如下：

第一国民银行

资产		负债	
法定准备金	+10 美元	支票存款	+100 美元
超额准备金	+90 美元		

让我们看一下，当支票存款增加时，银行该怎么办。银行为增加的这 100 美元支票存款提供的各项服务的成本非常高，银行必须记账、支付出纳工资并支付票据清算费用等等。银行亏本了！如果银行为这笔存款支付利息（像可转让支付命令账户那样），则情况更糟。银行要获得盈利，必须将其拥有的 90 美元超额准备金的全部或者部分用于生产性用途，其中一种方法是将其投资于证券，另一种方法是用它来发放贷款。正如我们所看到的，贷款大约占银行总资产的 2/3。由于贷款人会遇到逆向选择和道德风险所引发的信息不对称问题（在第 7 章中讨论过），银行会采取措施降低这类问题的发生概率和影响程度。银行贷款负责人利用 5C 标准来评估潜在借款人，即在发放贷款前考察以下五个方面：品格、能力（偿还能力）、抵押、条件（所在地区和国家的经济状况）和资本（净值）。（在第 23 章我们会详细讨论银行降低贷款风险的方法。）

假设银行选择不持有任何超额准备金，而是将其全部用于发放贷款，那么 T 型账户如下：

第一国民银行

资产		负债	
法定准备金	+10 美元	支票存款	+100 美元
贷款	+90 美元		

现在银行就能盈利了，因为银行持有像支票存款这样的短期负债，然后用这笔资金来购买长期资产，如具有更高利率的贷款。如前所述，这种资产转换的过程通常被描述为银行从事“短借长贷”业务。举例说明，如果贷款利率是每年 10%，银行从其贷款中每年获得 9 美元的收入。如果 100 美元的支票存款是以一个利率为 5%的可转让支付命令账户的形式存在的，且银行对该账户每年支出 3 美元的服务费用，那么，这笔存款每年的总成本就是 8 美元。银行从这笔新增存款上获得的利润是每年 1 美元加上得到的法定

准备金利息。

17.3 银行管理的一般原则

现在，你已经对银行的运作有了一定的了解，下面我们考察银行为了获取最大利润将如何管理其资产和负债。银行经理主要关心四个方面：第一，当**存款外流**（deposit outflows）时，也就是当存款人提取存款或者要求支付而导致存款减少的时候，确保银行有足够的付款现金。为了保证手头有足够的现金，银行必须进行**流动性管理**（liquidity management），即获得足够的流动资产来履行向存款人付款的义务。第二，银行经理必须通过持有具有低违约风险的资产并多元化其持有的资产［**资产管理**（asset management）］来降低风险。第三，以较低成本获得资金［**负债管理**（liability management）］。第四，经理必须确定银行应该保有的资本量，并获取所需要的资本［**资本充足率管理**（capital adequacy management）］。

为了充分理解银行以及其他金融机构的管理，下面将对银行资产和负债管理的一般原则进行说明，并详细考察一家金融机构如何管理其资产。在第 23 章中，我们将考察一家金融机构的经理如何进行风险管理。具体来说，这些风险是指由于债务人可能违约而产生的**信用风险**（credit risk），以及由于利率波动而导致银行资产的收益和回报率降低的**利率风险**（interest-rate risk）。

17.3.1 流动性管理和准备金的作用

我们考察一家有代表性的银行——第一国民银行如何处理存款人从该银行支票账户或储蓄账户提取现金，或者开具存入其他银行的支票所产生的存款外流业务。在下面的例子中，我们假设银行有充足的超额准备金，所有的存款都有相同的法定准备金率 10%（银行需要将其定期存款和支票存款的 10%作为法定准备金）。假定第一国民银行最初的资产负债表如下：

资产		负债	
准备金	2 000 万美元	存款	1 亿美元
贷款	8 000 万美元	银行资本	1 000 万美元
证券	1 000 万美元		

银行的法定准备金是 1 亿美元的 10%，也就是 1 000 万美元。由于持有 2 000 万美元的准备金，因而第一国民银行拥有 1 000 万美元的超额准备金。如果该银行的存款外流为 1 000 万美元，银行的资产负债表将变成：

资产		负债	
准备金	1 000 万美元	存款	9 000 万美元
贷款	8 000 万美元	银行资本	1 000 万美元
证券	1 000 万美元		

这样一来，银行的存款和准备金各减少了 1 000 万美元，由于银行现在的法定准备金

仅仅是 9 000 万美元的 10%（即 900 万美元），其准备金仍然超过法定准备金 100 万美元。简言之，**如果银行有充足的超额准备金，那么，存款外流并不改变其资产负债表的其他部分。**

当银行持有的超额准备金不足时，情况就完全不同了。假定第一国民银行初始并未持有 1 000 万美元的超额准备金，而是发放了 1 000 万美元的贷款，因此，银行不再拥有超额准备金。银行的初始资产负债表是：

资产		负债	
准备金	1 000 万美元	存款	1 亿美元
贷款	9 000 万美元	银行资本	1 000 万美元
证券	1 000 万美元		

当银行有 1 000 万美元的存款外流时，其资产负债表变成：

资产		负债	
准备金	0 美元	存款	9 000 万美元
贷款	9 000 万美元	银行资本	1 000 万美元
证券	1 000 万美元		

银行的存款减少了 1 000 万美元，因此，准备金减少了同样数额。此时，银行就遇到问题了：它的法定准备金是 9 000 万美元的 10%，即 900 万美元，但它却没有准备金了！为了消除这一资金缺口，银行有四个基本选择：第一种选择是在联邦基金市场向其他银行借款，或者向企业借款，获取准备金以应对存款外流。[①] 如果第一国民银行通过向其他银行或者企业借入 900 万美元资金来弥补本行的准备金缺口，则其资产负债表将变为：

资产		负债	
准备	900 万美元	存款	9 000 万美元
贷款	9 000 万美元	向其他银行或企业借款	900 万美元
证券	1 000 万美元	银行资本	1 000 万美元

这种选择的成本是贷款的利率，如联邦基金利率。

银行的第二种选择是银行出售其证券的一部分，以应对存款外流。例如，它可以卖掉 900 万美元的证券，并将销售收入存入美联储。这样，其资产负债表如下：

资产		负债	
准备金	900 万美元	存款	9 000 万美元
贷款	9 000 万美元	银行资本	1 000 万美元
证券	100 万美元		

当银行卖出这些证券时，银行需要支付一些经纪费用和其他交易成本。被归为二级准备金的美国政府证券具有很强的流动性，销售它们的交易成本比较适中。但是，银行持有的其他证券流动性要差一些，交易成本可能相当高。

---

① 第一国民银行从其他银行或公司借取资金的方式之一是出售银行的可转让存单。我们将在后面的负债管理部分对这种获取资金的方式进行讨论。

银行应对存款外流的第三种选择是通过向美联储借款来获得准备金。在我们的例子中，第一国民银行可以使其持有的证券和贷款不变，而向美联储借入 900 万美元的贴现贷款。其资产负债表将变成：

资产		负债	
准备金	900 万美元	存款	9 000 万美元
贷款	9 000 万美元	向美联储借款	900 万美元
证券	1 000 万美元	银行资本	1 000 万美元

贴现贷款的成本是必须支付给美联储的利率，被称为**贴现率**（discount rate）。

银行的第四种选择是，通过削减 900 万美元的贷款，并将这笔资金存入美联储，从而使银行的准备金增加 900 万美元，来应付存款外流。这一交易使银行的资产负债表变为：

资产		负债	
准备金	900 万美元	存款	9 000 万美元
贷款	8 100 万美元	银行资本	1 000 万美元
证券	1 000 万美元		

由于银行的 900 万美元准备金满足了法定准备金要求，第一国民银行再次恢复了正常的账户状态。

这种减少银行贷款以获得准备金的方法代价最高。如果第一国民银行在很短的期限里有大量的短期贷款需要续借，它可以通过收回贷款迅速减少其总贷款数量（也就是贷款到期后不再续借）。但遗憾的是，对银行来说，这有可能使不能进行贷款续借的顾客感到不满，因为他们并没有做招致如此待遇的事情。事实上，他们以后可能换一家银行，这种结果对银行来说成本非常高。

减少贷款的第二种方法是银行将贷款转售给其他银行。这种方法的成本也很高。由于其他银行并不了解这些贷款客户的情况，因此，可能不愿意以全价购买这些贷款（这就是第 7 章中提到的二手车市场的逆向选择问题）。

上述讨论解释了贷款和证券能带来更高的回报，但银行仍然持有超额准备金的原因。当发生存款外流的时候，持有超额准备金可以使银行免于承担以下活动所引致的成本：①向其他银行或企业借款；②出售证券；③向美联储借款；④收回贷款或者出售贷款。**超额准备金是用于防范与存款外流相关的成本的保险。与存款外流相关的成本越高，银行持有的超额准备金就越多。**

就像我们都愿意向保险公司支付一定的保费，以防范诸如汽车被盗之类的意外损失一样，银行也愿意支付持有超额准备金的成本［机会成本，由于没有持有可获得收入的资产（如贷款和证券等）而放弃的收益］，以防范由于存款外流而招致的损失。由于超额准备金和保险一样有成本，因此，银行也采取了其他措施来保护自己，比如它们可能将其资产更多地转换成流动性更强的证券（二级准备金）。

17.3.2 资产管理

你已经理解了为什么银行有流动性需求，现在我们可以开始分析银行在管理其资产时采用的基本战略。出于利润最大化的考虑，银行必须从其贷款和证券资产上追求尽可能高的回报，同时减少风险，并通过持有流动性资产来保证充足的流动性。银行通过四种基本方法达到这三个目标：

第一，银行尽力寻找愿意支付高利率并不太可能违约的借款者。它们利用广告宣传自己的借款利率，并直接与企业接触来推销贷款。由银行的信贷员确定潜在的借款人能否按时归还利息和本金，即衡量贷款风险的大小（也就是通过挑选贷款人来减少逆向选择问题）。一般来说，银行对其贷款决策都很保守，违约率通常低于1%。但是，很重要的一点是银行不能过于保守，以免失去一些能赚取高利率的诱人的放贷机会。

第二，银行会设法购买具有高回报、低风险的证券。

第三，在管理其资产的时候，银行必须通过资产多元化来降低风险。银行通过购买不同类型的资产（短期债券和长期债券、美国政府证券和市政债券），并将各种类型的贷款发放给众多客户，以便达到多元化的目的。没有很好地利用资产多元化的银行，事后都会为之感到遗憾。例如，在20世纪80年代，一些银行的贷款过度集中于能源企业、房地产开发商和农场主，由于能源、房地产和农产品价格下跌而遭受了巨大损失。实际上，这些银行中有很多都破产了，因为它们“将过多的鸡蛋放入了同一个篮子中”。

第四，银行必须对其资产的流动性进行管理，以便以较低的成本满足法定准备金要求。这意味着，即使银行可以通过持有其他资产获得较高的回报率，也必须持有一些流动性较高但回报率稍低的证券。例如，为了避免存款外流造成损失，银行必须持有一定量的超额准备金。另外，银行还需要持有美国政府证券，作为二级准备金。这样，即使存款外流带来一定的成本，这个成本也不会太高。还要强调的一点是，银行不应该过于保守。如果只通过持有超额准备金来避免所有与存款外流相关的成本，那么一定不合算。因为超额准备金没有利息，而银行负债要花费成本。银行必须在流动性需求和因持有流动性差的资产（如贷款）而获得收益之间做出权衡。

17.3.3 负债管理

在20世纪60年代以前，负债管理非常保守。在很大程度上，银行把负债看成是固定的，而把时间和精力放在资产优化组合上。银行将重点放在资产管理上主要出于以下两个原因：第一，超过60%的银行资金是法律规定不能支付任何利息的支票（活期）存款。因此，银行间不能通过提高利率来争夺存款。对银行而言，其存款实际上是既定的。第二，由于银行间隔夜拆借市场的发展不完善，银行很少从其他银行借款来满足其对准备金的需求。

但是，从20世纪60年代起，一些主要金融中心（如纽约、芝加哥、旧金山）的大银行——被称为**货币中心银行**（money center banks）——开始探讨如何用其资产负债表上的负债项目既满足法定准备金要求又提供流动性。这导致像联邦基金市场这样的隔夜拆借市场的扩张，以及像可转让存单（1961年首次发行）这样的新型金融工具的发展，这使得货币中心银行能够迅速获得资金。[①]

负债管理的灵活性意味着银行能够采用不同的方法进行银行管理。它们不再把支票存

---

① 由于小银行没有货币中心银行出名，并且信用风险较高，它们很难在可转让存单市场融资，因此，也就不那么积极地进行负债管理。

款作为银行资金的主要来源，进而不必将其资金来源（负债）视为既定的。取而代之的是，银行积极地制定资产增长目标，并在需要资金时尽量通过发行债券来获取资金。

例如，当一家货币中心银行发现一个诱人的贷款机会时，它可以通过出售一份可转让存单来获取资金；或者当银行出现准备金短缺时，它可以在联邦基金市场从其他银行借入资金，并且不需要很高的交易成本。银行也可以利用联邦基金市场为其贷款业务融资。随着负债管理的重要性逐渐提高，现在大多数银行同时关注资产负债表的左右两边的项目。

对负债管理的强调能够解释过去 30 年来银行资产负债表构成项目发生的重要变化。近年来，可转让存单和银行借款作为银行资金来源的重要性大大增强（由 1960 年占银行负债的 2%上升到 2012 年底占银行负债的 23%）；支票存款的重要性大大降低了（在银行负债中的比例从 1960 年的 61%下降到 2012 年底的 2%）。在负债管理中，更大的灵活性以及对更高利润的追逐也促使银行提高了所持资产中贷款的比例（从 1960 年占银行资产的 46%提高到 2012 年底占银行资产的 53%），这些贷款能为银行带来较高的收益。

17.3.4 资本充足率管理

出于以下三个原因，银行必须确定它需要持有的资本数量。第一，银行资本有助于防范银行破产——银行不能履行其对存款人和其他债权人的支付义务而停业的情况。第二，资本数量影响银行所有人（股东）的回报率。第三，监管机构对银行资本有一个最低限额的要求（银行资本金要求）。

(1) 防范银行破产的银行资本。我们来看两家银行，它们有相同的资产负债表，高资本金银行的资本资产比率是 10%，而低资本金银行的资本资产比率是 4%。

高资本金的银行

资产		负债	
准备金	1 000 万美元	存款	9 000 万美元
贷款	9 000 万美元	银行资本	1 000 万美元

低资本金的银行

资产		负债	
准备金	1 000 万美元	存款	9 600 万美元
贷款	9 000 万美元	银行资本	400 万美元

假设这两家银行都被卷入了狂热的房地产市场，最后发现，它们所发放的 500 万美元的房地产贷款没有任何价值了。在这些呆账被冲销（清零）后，资产的总价值下降了 500 万美元。因此，银行资本（等于资产减去负债）也减少了 500 万美元。两家银行的资产负债表变为：

高资本金的银行

资产		负债	
准备金	1 000 万美元	存款	9 000 万美元
贷款	8 500 万美元	银行资本	500 万美元

低资本金的银行

资产		负债	
准备金	1 000 万美元	存款	9 600 万美元
贷款	8 500 万美元	银行资本	−100 万美元

高资本金的银行能够应付这 500 万美元的损失，它最初 1 000 万美元的资本金对这 500 万美元的损失起到一定的缓冲作用，之后仍有 500 万美元的净值（银行资本）。但是，低资本金的银行却陷入了困境。银行的资产价值低于负债，净值是－100 万美元。由于银行的净值是负值，它已经资不抵债，即没有足够的资产来偿付全部的负债持有人（债权人）。当银行资不抵债的时候，政府监管机构会关闭银行，其资产会被出售，经理会被解雇。低资本金银行的所有者发现其投资彻底失败了，所以，他们更希望银行有较多的资本金作为缓冲器来冲销损失，就像高资本金银行那样。我们发现，银行维持较高的资本金水平的一个重要理论根据是：**银行持有资本金是为了降低其资不抵债的可能性。**

(2) 银行资本数量对所有者（股东）回报率的影响。由于银行的所有者必须了解他们的银行管理状况是否良好，因此他们需要好的衡量银行盈利性的指标。衡量银行盈利性的基本指标是**资产回报率**（return of assets，ROA），即每 1 美元资产的税后净利润：

ROA＝税后净利润/资产

资产回报率提供了关于银行经营效率的信息，它表明平均每 1 美元的资产能产生多少利润。

但是，银行所有者（股东）最关心的是银行能从权益投资中获得多少收益。另一种衡量银行盈利性的基本指标是**股东权益回报率**（return on equity，ROE），即每 1 美元权益资本的税后净利润：

ROE＝税后净利润/权益资本

资产回报率（衡量银行经营效率）和股东权益回报率（衡量所有者的投资回报）之间有一种直接的关系。这种关系体现在所谓的**权益乘数**（equity multiplier，EM）上，它等于每 1 美元权益资本所能带来的资产数量：

EM＝资产/权益资本

为了弄清楚这一点，我们注意到：

税后净利润/权益资本＝(税后净利润/资产)×(资产/权益资本)

可将其定义如下：

$$ROE = ROA \times EM \tag{17-1}$$

公式（17－1）告诉我们，当银行的资产数量给定时持有资本金数量较少的银行会使股东权益回报率发生怎样的变化。正如我们看到的那样，高资本金银行最初有 1 亿美元的资产和 1 000 万美元的权益，其权益乘数为 10（＝10 000/1 000）。相反，低资本金银行只有 400 万美元的权益，其权益乘数较高，为 25（＝10 000/400）。假设这两家银行的经营状况一样好，两者的资产回报率都是 1%。那么，高资本金银行的股东权益回报率为 1%×10＝10%，而低资本金银行的股东权益回报率为 1%×25＝25%。很明显，低资本金银行的股东要比高资本金银行的股东更高兴，因为他们获得的回报率比后者高出一倍多。现在，我们知道为什么银行所有者不愿意持有太多资本金了。**在资产回报率给定时，银行资本越少，银行股东的回报率就越高。**

(3) 安全性与股东回报间的权衡。我们知道，银行资本既有收益又有成本。银行资本能够降低银行破产的可能性，使股东的投资更为安全，这是资本金的益处。但是，银行资本也有成本，在资产回报率既定时，银行资本越多，股东权益回报率就越低。为了确定银行资本的数量，银行经理必须决定在多大程度上，他们愿意用伴随较高资本金而来的安全性（收益）来换取较高资本金下较低的股东权益回报率（成本）。

在不确定性很大的时候，贷款发生巨额损失的可能性增大，银行经理可能希望持有更多的资本金来保护股东的利益。相反，如果他们有信心使贷款不发生损失，那么，他们可能希望减少银行资本数量，以获得更高的权益乘数，从而提高股东权益回报率。

（4）银行资本金要求。银行持有资本金是监管机构的要求。由于前面所说的原因，持有资本金的成本很高，银行经理通常希望持有比监管机构所要求的数量更少的资本金。在这种情况下，银行资本的数量由银行资本金要求来确定。我们将在第 18 章中讨论银行资本金要求的细节，以及为什么它们是银行监管的重要内容。

执业经理 17—1

银行资本管理战略

莫娜是第一国民银行的经理，她必须确定银行应持有的资本金数量。考察银行的资产负债表，银行资本与资产的比率为 10%（1 000 万美元的资本金与 1 亿美元的资产），莫娜担心巨额的银行资本会导致股东权益回报率过低。她推断银行将会有资本盈余，应该提高权益乘数，以提高股东权益回报率。

为了降低银行资本与资产的比率，以提高权益乘数，她进行了以下三项操作：①回购股票来减少银行资本的数量；②向银行的股东支付较高的红利，减少银行的留存收益，从而减少银行资本的数量；③保持银行资本不变，通过获取更多新的资金（如通过发行存单）来增加银行的资产，用这些资金发放贷款或者购买更多的证券。作为银行经理，莫娜觉得她需要强化她在股东心目中的地位，所以，她决定采用第二种方法——增加第一国民银行股票的红利发放。

现在，假设第一国民银行的情况与低资本金银行相似，其银行资本与资产的比率为 4%。莫娜可能担心相对于资产的资本金太低了，银行没有足够的资金缓冲来防止银行破产。为了提高资本金相对于资产的水平，她有以下三种选择：①银行可以通过发行股票（普通股）来增加银行资本；②可以通过减少发放给股东的红利来增加进入资本金账户的留存收益，从而提高银行的资本金水平；③可以保持资本金不变，通过减少贷款的发放或者出售证券来收缩银行的资产，用所得的收入减少银行的负债。假设目前由于资本市场管制很严格，增加银行资本很困难，或者如果红利减少，股东会抗议，那么，莫娜只有选择第三种方法，决定缩减银行规模。

最近几年来，很多银行经历了资本金不足的困扰，并且在银行资本短缺时，正如莫娜所操作的那样，限制资产增长。这样做给信贷市场造成的严重后果将在后面的案例中加以讨论。

案例 17—1

全球金融危机期间银行的资本金危机如何导致了信贷紧缩

始于 2007 年的金融危机引发了"信贷紧缩"(很难获得信用)。此后,信贷增长停滞。因此,2008 年和 2009 年的经济表现令人十分沮丧。是什么导致了信贷紧缩呢?

我们对银行资本管理战略的分析表明,2008—2009 年的信贷紧缩部分产生于资本紧缩,即因为资本金不足限制了信贷增长。

正如第 8 章所述,房地产市场的繁荣和泡沫破裂导致大量持有住房抵押贷款支持证券的银行蒙受损失,这些损失减少了银行的资本。此外,银行不得不将其发行的结构化投资工具(SIV)纳入资产负债表,这提高了对资本金的要求。致使银行资本减少的损失及被纳入资产负债表的资产都导致资本金的短缺。银行要么增加资本,要么削减贷款来降低资本金需求。银行确实努力增加其资本,但由于经济增长乏力,增加资本十分困难,因此,银行选择提高贷款标准来减少贷款。所有这些举措都是造成 2008 年和 2009 年经济低迷的原因。

17.4 表外业务

传统上,银行关注资产和负债管理,但近年来竞争越来越激烈,各家银行都在积极地通过从事表外业务来获取利润。[①] **表外业务**(off-balance-sheet activities)包括金融工具的交易以及从服务费和贷款出售中获得收入的业务,这些业务影响银行的利润,但不反映在银行的资产负债表中。事实上,表外业务对银行而言越来越重要了。自 1980 年以来,从这些业务中获得的收入占银行资产的百分比几乎翻了一番。

17.4.1 贷款出售

近年来,一项越来越重要的表外业务是银行通过贷款出售来获得收入。**贷款出售**(loan sale)也称二次贷款参与,是指一种合约,该合约规定可以出售某笔贷款的全部或者部分现金流,并将该笔贷款从银行的资产负债表中除去。银行以比原始贷款金额稍高的价格出售贷款来获得利润。尽管较高的价格意味着购买者从这些贷款上获得的利率比贷款原来的利率要低,通常低 0.15 个百分点,但因为这些贷款的高利率很有吸引力,一些金融机构仍愿意购买这些贷款。

17.4.2 服务费收入的产生

另一种类型的表外业务是银行通过为客户提供专业化服务收取服务费,这些服务包

① 其他金融中介机构如保险公司、养老金和金融公司也从事私人贷款业务,我们在这里提出的信用风险管理原则对这些机构也适用。

括：代客户进行外汇交易、代客户收取抵押贷款的本息来对抵押贷款证券进行支付、通过银行承兑为债务证券提供担保（银行承诺，如果证券发行方无法偿还本金和利息，银行代为履约）以及提供备用信用额度。有多种类型的备用信用额度，其中最重要的是**贷款承诺**（loan commitment），是指银行同意在一段规定的时间内，根据客户的请求，为其提供一定额度的贷款，并为此收取一定的费用。有“透支特权”的银行存款者，也有一定的信用额度，这些银行客户可以开具超过其存款余额的支票，实际上就是为自己签发一笔贷款。银行可以收取手续费的其他信用额度包括支持商业票据和其他证券发行的备用信用证以及用于承销欧洲票据（中期欧洲债券）的信用额度——称为票据发行便利（NIFs）和循环承销便利（RUFs）。

涉及证券担保和备用信用额度的表外业务增加了银行面临的风险。尽管证券担保业务并不出现在银行的资产负债表中，但它仍然使银行面临违约风险：如果证券的发行人违约，该银行负有兜底责任，必须向证券持有者支付。备用信用额度也给银行带来了风险，因为银行可能在没有足够的流动性或者借款人的信用等级很差的时候，被强制提供贷款。

17.4.3 交易活动和风险管理技术

> 登录 www.federalreserve.gov/boarddocs/SupManual/default.htm#trading，《联邦储备银行交易和资本市场业务指南》（Federal Reserve Bank Trading and Capital Market Activities Manual）对在交易过程中遇到的风险管理提供了更加详细的讨论。

第 24 章将要讲到，银行试图对利率风险进行管理，为此会从事金融期货交易、债务工具的期权交易和利率互换交易。从事国际银行业务的银行还在外汇市场从事外汇交易。在这些市场上的所有交易都被列入表外业务，它们对银行的资产负债表没有直接影响。尽管这些市场上的交易活动通常能直接降低银行的风险或促进其他银行业务的开展，但银行也试图预测市场走势，进而参与一些投机买卖。这些投机活动的风险可能很大，会导致银行陷入资不抵债的困境。最典型的案例就是 1995 年英国巴林银行的倒闭事件。

尽管交易活动通常有利可图，但风险也很大，这些活动容易让金融机构及其雇员迅速进行巨赌。交易活动管理中的一个特殊问题就是委托—代理问题（在第 7 章中讨论过）。银行的交易员（代理人）能够使用巨额资金进行投机，不管是在证券市场、外汇市场还是金融衍生品市场上进行这样的操作，她都有动机承担过多的风险。如果她的交易策略能够带来巨额利润，她就很有可能获得高薪以及高额奖金；如果她的交易策略带来巨额损失，金融机构（委托人）将不得不来收拾残局。1995 年巴林银行倒闭的案例有力地证明了交易员有可能让一家运作良好的银行很快破产（参见利益冲突 17－1）。

为了减少委托—代理问题，管理者必须制定内部控制机制来防范像巴林银行所经历的事情，这些控制机制包括将从事交易活动与记账业务的人员完全隔离开来。此外，管理者必须对交易员的总交易金额以及机构的风险敞口设定上限，并且必须使用最新的计算机技术来严格审查风险评估程序。方法之一是在险价值（VAR）方法。根据这种方法，机构需要开发统计模型，计算特定时期内资产组合可能承受的最大损失。例如，银行估计在一天内可能有 1%的概率承担最大损失 100 万美元，那么，这 100 万美元就是银行算出的在险价值。另一种方法被称为“压力测试”。根据这种方法，管理者通过模型可以测算危机发生时的情况，即当一系列不寻常的负面事件发生时，机构可能遭受的损失。金融机构使用在险价值方法和压力测试能够评估所面临的风险，并采取相应措施来降低风险。

正如我们将在第 18 章中看到的那样，美国银行监管当局关注到了银行表外业务风险的不断增加，因此，监管机构劝说银行更多地关注风险管理。此外，国际清算银行正根据在险价值计算方法，针对银行的交易活动推出另外的银行资本金要求。

利益冲突 17—1 巴林银行、大和银行、住友商社、兴业银行和摩根大通银行：魔鬼交易员与委托—代理问题

巴林银行有长达一个多世纪的悠久历史，这样一个显赫的银行倒闭了，完全由委托—代理问题所致。由于一位魔鬼交易员的操作，一家有着良好资产负债记录的金融机构在短短一个月内迅速陷入了资不抵债的困境。

1992 年 7 月，巴林银行新加坡分行新任总经理尼克·里森（Nick Leeson）开始对日经指数（Nikkei，一种类似道琼斯股票指数的日本指数）进行投机操作。到 1992 年底，里森损失了 300 万美元，但是，他将这笔账目隐藏在一个秘密账户中，逃避了监管者的核查。由于巴林银行内部控制的疏忽，他甚至还欺骗了上司，让上司相信他为银行赚取了大笔利润。因此，总部允许他负责新加坡交易所的交易，并掌管这些交易的账簿。（任何一个与现金业务打交道的人如酒吧经营者都知道，如果由不止一个人管理现金，发生欺诈的可能性就会降低。交易操作与之类似，你绝不能将后台管理和前台管理混在一起，但是，巴林银行却完全违背了这个原则。）

随后，事情并没有像里森所希望的那样发展。到 1994 年底，他的亏损已经超过 2.5 亿美元。1995 年 1—2 月，他拿银行作赌注。1995 年 1 月 17 日神户发生大地震，他损失了7 500万美元。在同一周末，他又损失了 1.5 亿美元。当 2 月 23 日股市大跌时，他递交辞呈并逃离新加坡。三天之后，他在法兰克福机场现身。当里森结束亡命生涯而被捕时，他共计损失了13 亿美元，他掏空了巴林银行的全部资本金并致其倒闭。由于上述罪行，里森被判有罪并被关入新加坡监狱。1999 年他被释放，并对其所作所为公开致歉。

我们对委托—代理问题进行的信息不对称分析能够解释里森的行为以及巴林银行管理失误招致的危险。银行让里森同时控制交易并管理后台，加剧了信息不对称问题，委托人（巴林银行）对里森交易活动信息的了解就减少了，从而加大了道德风险。银行的这种管理漏洞使里森的行为暴露的可能性大大降低，这也为他以银行的利益为代价进行风险投资提供了机会。此外，一旦他遭受损失，他就有更大的动力进行风险更高的投机。因为一旦他赢了，他就能扭转亏损，并保持良好的经营记录；即使输了，他也不会失去什么，反正他的工作无论如何都保不住。总而言之，他的亏损越多，他越需要通过更大的赌注来赚取更多的收益。这很好地解释了为什么随着他的损失的增大，他的交易量逐步增加。如果巴林银行的管理者当时认识到了委托—代理问题，就会对里森的行为有所警惕，巴林银行就有可能存续到今天。

遗憾的是，尼克·里森并不是那些亏损总额超过 10 亿美元的魔鬼交易员俱乐部中的唯一一位。在过去的 11 年中，大和银行纽约分行高级职员井口俊英（Toshihide Iguchi）也同时控制了证券交易的操作和后台，在此期间，他给银行造成了 11 亿美元的亏损。1995 年 7月，井口俊英向其上司透露了这些亏损，但银行的管理者没有将损失情况报告给监管机构，结果是大和银行被课以 3.4 亿美元的罚款。美国银行监管机构将该银行赶出了美国。

滨中泰男（Yasuo Hamanaka）是这个魔鬼交易员俱乐部中的又一位成员。1996 年 7 月，他打破了里森和井口俊英的纪录，给所在的住友商社——日本顶尖贸易公司造成了 26

亿美元的损失。2008年1月，交易员杰罗姆·科维尔（Jerome Kerviel）进行欺诈交易，给兴业银行造成了巨大的损失，再次刷新纪录，其未被授权的操作总共给该银行造成了72亿美元的损失。2012年，连非常成功的摩根大通银行都无法幸免于难——布鲁诺·依克希尔（Bruno Iksill）使其遭受了超过20亿美元的交易损失。后来，该交易员被形象地称为“伦敦鲸”。

这些故事带给我们的启示是，从事交易活动的公司必须紧密监控交易员的行为来加强管理，以减少委托—代理问题，否则，魔鬼交易员的数量会不断上升。

17.5 银行绩效的衡量

为了了解银行运作得如何，首先需要考察银行的利润表，该表说明了决定银行盈利能力的收入和费用因素。

17.5.1 银行的利润表

表17-2列出了2012年底所有联邦投保商业银行的利润表。

(1) 营业收入。**营业收入**（operating income）是银行进行经营活动所取得的收入，银行营业收入的大部分来自其资产获得的利息，特别是贷款的利息。正如我们在表17-2中所看到的那样，在2012年，利息收入占到了商业银行营业收入的66.2%。随着利率的波动，利息收入也会发生变化。当利率处于顶峰时，利息收入占营业收入的百分比达到最高。这正是1981年的实际情况。那时，利率上升到15%以上，利息收入占整个银行营业收入的比重达到93%。

表17-2　2012年所有联邦投保商业银行的利润表

项目	金额（10亿美元）		在营业收入或费用中的占比（%）	
营业收入				
利息收入		445.4		66.2
贷款利息	352.3		52.4	
证券利息	65.1		9.7	
其他利息	28.0		4.2	
非利息收入		227.4		33.8
对存款账户的服务收费	32.5		4.8	
其他非利息收入	194.9		29.0	
总营业收入		672.8		100.0
营业费用				
利息费用		57.1		11.5
存款利息	36.5		7.3	
联邦基金和回购协议利息	2.2		0.4	
其他	18.4		3.7	
非利息费用		388.5		77.9
薪水和员工福利	173.4		34.8	

续前表

项目	总额（10亿美元）	在营业收入或费用中的占比（%）
租用场地和设备	41.6	8.3
其他	173.5	34.8
贷款损失准备	52.8	10.6
总营业费用	498.4	100.0
净营业收入	174.4	
证券损益	8.9	
非经常项目净值	−0.1	
所得税	−52.6	
净利润	130.7	

资料来源：http：//www2.fdic.gov/SDI/main.asp.

2012年非利息收入占营业收入的33.8%，其中一部分来自为存款账户提供服务收取的费用，大部分来自表外业务，银行可以对这些业务收费或者获取交易利润。这些表外业务对银行利润的增加越来越重要。在1980年，银行从表外业务上获得的非利息收入仅占营业收入的5%，但到2012年，该比重达到了29.0%。

（2）营业费用。**营业费用**（operating expenses）是在经营活动中产生的费用。银行营业费用的一个重要组成部分是负债（特别是存款）所产生的利息支出。与利息收入一样，利息费用也随着利率水平的变化而变化。1981年，当利率达到最高水平时，利息费用占全部营业费用的比重达到74%的峰值。此后，随着利率的逐步降低，2012年该占比下降到了11.5%。非利息费用包括银行业务成本，即支付给出纳和办公人员的工资、银行经营场所的租金、购买办公桌和保险箱等设备的支出以及计算机设备的服务费用等。

所列的营业费用的最后一项是“贷款损失准备”。当银行有一笔呆账或者预期一项贷款在将来可能成为呆账时，可以将此损失记入利润表中的“贷款损失准备”科目下。贷款损失准备与贷款损失准备金直接对应。当银行希望提高其贷款损失准备金账户余额（比如100万美元）时，就会在贷款损失准备项下增加100万美元。贷款损失准备金就因此增加了100万美元。通过在损失还没有发生时就增加费用，可以将收入预先留置下来，以便在将来弥补损失。

近年来，贷款损失准备成为银行利润波动的一个主要因素。20世纪80年代爆发了第三世界债务危机。1986年能源价格急剧下降，导致为能源制造商发放的贷款遭受了巨大损失，房地产市场随之崩溃。因此，20世纪80年代末，贷款损失准备一直非常高，1987年占营业费用的比重达到峰值13%。此后，贷款损失准备开始下降，但2007—2009年金融危机期间又急剧攀升。在2009年，贷款损失准备占营业费用的比重达到新的峰值32.7%。

（3）收入。将2012年6 728亿美元的营业收入减去4 984亿美元的营业费用，就得到1 744亿美元的净营业收入。银行的管理者、银行股东和银行监管机构密切关注银行的净营业收入，因为该指标表明了银行持续经营的好坏。

将两个项目——银行出售证券的收益或损失（89亿美元）和非经常项目净值即不经常和比较少见的业务及交易（−1亿美元）——加到净营业收入中，就得到了1 832亿美元的税前净利润。税前净利润更多地被称为税前利润。减去 526 亿美元的所得税，得到 1 307 亿美元的净利润。净利润更多地被称为税后利润，它直接告诉我们银行的经营状况，它是银行留存收益和股东红利的来源。

17.5.2 银行绩效衡量指标

尽管净利润告诉我们一家银行的经营状况，但它有一个很大的缺陷：不能根据银行规模进行调整，很难在不同规模的银行间就运营状况进行比较。根据银行规模进行调整，衡量银行盈利能力的一个基本指标是本章前面提到的资产回报率，它等于银行净利润除以银行的资产。资产回报率是衡量银行管理者业绩的重要指标，它表明了银行利用其资产获得利润的效率。在 2013 年初，所有联邦投保商业银行的资产共计 133 626 亿美元，使用表 17－2 中的净利润数据 1 307 亿美元，得到的资产回报率为：

资产回报率＝净利润/资产＝1 307/133 626＝0.009 8＝0.98%

尽管资产回报率提供了关于银行盈利能力的有用信息，但我们可以看出这并非银行所有者（股东）最关心的。他们更关心银行为他们的权益投资赚取了多少利润，这可以用股东权益回报率来衡量，它等于每 1 美元股权资本的净收入。2013 年初，所有联邦投保商业银行的股权资本是 15 143 亿美元，因此，股东权益回报率是：

股东权益回报率＝净利润/资本＝1 307/15 143＝0.086 3＝8.63%

另一个普遍使用的银行绩效衡量指标是**净息差**（net interest margin，NIM），即利息收入和利息费用的差值占资产的百分比。

净息差＝(利息收入－利息费用)/资产

正如本章前面所介绍的那样，银行的基本功能之一是发行负债，并用其收入来购买能获得收入的资产。如果银行管理者的资产和负债管理工作做得足够好，银行资产赚取了很多收入，而负债的成本又很低，那么，利润就会很高。银行的资产利息和负债利息成本的差额会影响银行管理资产和负债的绩效。净息差所衡量的正是这种差额的大小。如果银行能够以低利息成本的负债筹集资金，并能获得高利息收入的资产，净息差就会很高，银行就有可能获得很高的盈利。如果银行负债的利息成本相对于其资产的利息收入上升了，那么，净息差会降低，银行盈利能力会下降。

17.5.3 银行绩效衡量的趋势

表 17－3 提供了 1980—2012 年所有联邦投保商业银行的资产回报率、股东权益回报率和净息差的指标值。在 20 世纪 80 年代，因为所有商业银行的股权资本与资产之间保持相当稳定的关系，因此度量银行绩效的资产回报率和股东权益回报率两个指标的变动情况紧密相关，这两个指标都表明从 20 世纪 80 年代早期到 80 年代末，银行盈利能力急剧下降。最右边的一列是净息差，它表明利息收入和利息费用之间的差额。该指标在 20 世纪 80 年代一直相当稳定，到 20 世纪 80 年代后期和 90 年代早期有所提高，这有助于提高银行的盈利。因此，净息差指标告诉我们，在 20 世纪 80 年代后期，银行较差的绩效并不是利率变动的结果。

表 17-3　　**1980—2012 年银行绩效衡量指标**

年份	资产回报率（%）	股东权益回报率（%）	净息差（%）
1980	0.77	13.38	3.33
1981	0.79	13.68	3.31
1982	0.73	12.55	3.39
1983	0.68	11.60	3.34
1984	0.66	11.04	3.47
1985	0.72	11.67	3.62
1986	0.64	10.30	3.48
1987	0.09	1.54	3.40
1988	0.82	13.74	3.57
1989	0.50	7.92	3.58
1990	0.49	7.81	3.50
1991	0.53	8.25	3.60
1992	0.94	13.86	3.89
1993	1.23	16.30	3.97
1994	1.20	15.00	3.95
1995	1.17	14.66	4.29
1996	1.19	14.45	4.27
1997	1.23	14.69	4.21
1998	1.18	13.30	3.47
1999	1.31	15.31	4.07
2000	1.19	14.02	3.95
2001	1.15	13.09	3.90
2002	1.30	14.08	3.96
2003	1.38	15.05	3.73
2004	1.28	13.20	3.54
2005	1.30	12.73	3.50
2006	1.28	12.31	3.31
2007	0.81	7.75	3.29
2008	0.03	0.35	3.16
2009	0.08	0.73	3.49
2010	0.65	5.85	3.76
2011	0.88	7.79	3.60
2012	1.00	8.92	3.42

资料来源：http：//www2.fdic.gov/qbp/2010dec/all1a.html.

20 世纪 80 年代后期，商业银行的绩效较差，原因是，在 20 世纪 80 年代早期发放了过多的高风险贷款，这些贷款随后变成了呆账。在此期间，随之而来的贷款损失准备金的巨额增加直接减少了净利润，导致资产回报率和股东权益回报率降低。（银行盈利能力恶化的原因和它对经济的影响将在第 18 章和第 19 章中讨论。）

自 1992 年开始，银行绩效有了显著改善。股东权益回报率在 1992 年提高到近 14%，1993—2006 年维持在 12%以上的水平。同样，资产回报率从 1990—1991 年期间 0.5%的水平上升到 1993—2006 年期间高于 1%的水平。表 17-3 中的绩效衡量指标表明银行业恢复到了正常状态。然而，随着 2007—2009 年金融危机的爆发，银行的盈利能力急剧下降。

2009 年，股东权益回报率降至 0.7%，资产回报率降至 0.08%。近年来，银行的盈利能力有所提升，但仍未回到危机前的水平。2012 年，股东权益回报率为 8.9%，资产回报率为 1.0%。

本章小结

1. 商业银行的资产负债表可以被看作列出银行的资金来源和资金运用的一张列表。负债是银行资金的来源，包括支票存款、定期存款、从联邦储备体系获得的贴现贷款、从其他银行和企业获得的借款以及银行资本。资产是银行资金的使用，包括准备金、托收中款项、银行同业存款、证券、贷款和其他资产（最主要的是实物资本）。

2. 银行通过资产转换过程获得利润——短借（接受存款）长贷（发放贷款）。当银行吸收额外的存款时，就获得了等额的准备金；当偿还存款时，就失去了等额的准备金。

3. 尽管资产流动性越高，回报率越低，但银行仍希望持有一定的流动性资产。特别地，银行还要持有超额准备金和二级准备金，它们能防范存款外流带来的成本。银行对其资产进行管理，以期实现利润最大化：在贷款和证券资产上追求尽可能高的回报率，同时，尽力降低风险，保证充足的流动性。尽管负债管理一度不受重视，但现在大银行（货币中心银行）都通过出售可转让存单等负债，或者从其他银行和企业借款，积极寻求资金来源。银行对其资本金进行管理，以防止银行破产，并满足监管机构的资本金要求。但它们不愿意持有过多的资本金，这样做会降低股东权益回报率。

4. 表外业务包括金融工具的交易以及从服务费和贷款出售中获得收入的业务，这些业务影响银行的利润，但不反映在银行的资产负债表中。这些表外业务将银行暴露在更多的风险之下。必须注意风险评估程序以及内部控制，限制银行职员从事过多的风险业务。

5. 银行的净营业收入等于营业收入减去营业费用。将净营业收入加上证券损益和非经常项目净值，再减去税收，就得到净利润（税后利润）。其他银行绩效衡量指标包括资产回报率、股东权益回报率和净息差。

重要专业术语

资产管理	利率风险	营业收入
资产负债表	负债管理	法定准备金率
资本充足率管理	流动性管理	法定准备金
信用风险	贷款承诺	法定准备金要求
存款外流	贷款出售	准备金
贴现贷款	货币中心银行	资产回报率
贴现率	净息差	股东权益回报率
权益乘数	表外业务	二级准备金
超额准备金	营业费用	库存现金

习题

1. 按照流动性从高到低排列银行的资产：

（1）商业贷款。

（2）证券。

（3）准备金。

（4）实物资本。

2. 如果一家银行的行长告诉你银行经营良好，永远不会因为存款外流而收回贷款、出售证券或者对外借款，你愿意买这家银行的股票吗？为什么？

3. 如果你的银行没有超额准备金，而此时一位信用良好的客户要求贷款，你是否应拒绝该客户，并向他解释银行没有超额准备金来发放贷款？请解释原因。如果你打算满足这位客户的要求，有哪些方法可供选择？

4. 为什么隔夜贷款市场的发展可以使银行持有较少的超额准备金？

5. 如果你是一个银行家，并预期未来利率会上升，你是愿意发放短期贷款还是愿意发放长期贷款？

6. “银行管理者应该力求从其资产上获得最高的回报率。”这种说法是正确的、错误的还是不确定的？解释你的答案。

7. “由于更活跃的负债管理，银行业已经成为一个更具活力的行业。”这种说法是正确的、错误的还是不确定的？解释你的答案。

8. 为什么非利息收入已经发展成银行营业收入的重要来源之一？

9. 营业费用中的哪一部分波动最大？为什么？

10. 为什么股东更关心股东权益回报率，而不是资产回报率？

11. 净息差衡量的是什么？为什么该指标对银行管理者很重要？

12. 如果一家银行的资本金数量翻倍，而资产回报率不变，那么股东权益回报率如何变化？

13. 如果银行发现它持有的资本金太多，从而导致股东权益回报率太低，银行将如何操作来提高股东权益回报率？

14. 当银行决定增加其银行资本时，银行的收益和成本如何？

15. 如果银行不能满足资本金要求，缺口是 100 万美元，那么，银行可以进行哪四种操作来解决该问题？

定量问题

1. 在 TriBank 的资产负债表中，贷款损失资本为 133 万美元。在这一年内，TriBank 注销了 84 万美元的无价值贷款，重新获得以前注销的贷款 22 万美元，并从当前收入中提取 148 万美元作为贷款损失准备。计算年末的贷款损失准备金总额为多少。

2. X-Bank 公布其股东权益回报率为 15%，资产回报率为 1%。该银行的资本化程度如何？

3. Wiggley 储蓄贷款协会发行了一种标准的 30 年期、抵押贷款利率为 7.8%、价值为 15 万美元的固定利率抵押贷款。在 36 个月后，抵押贷款利率提高到 13%。如果这家银行要出售这笔抵押贷款，预计将损失多少？

4. 接上题。在 1981 年，国会允许储蓄贷款协会将抵押贷款亏本出售，并在抵押贷款有效期内分期摊销这些损失。如果把这些情况放到第 3 题中，如何记录该交易？年度调整为多少？什么时候调整结束？

5. 在下一周，诺贝尔国民银行计划发行 2 500 万美元的抵押贷款，并购买 1 亿美元的 31 天期国库券。预计银行将会吸收 3 500 万美元的新存款，其他资金来源还将带来 1 500 万美元的现金。预计诺贝尔国民银行需要多少资金？

6. 一家银行估计其活期存款的平均规模为 1 亿美元，标准差为 500 万美元。银行希望最低保持存款的 8%作为准备金。在这个月，存款的最高预计水平为多少？需要持有的准备金是多少？使用 99%的置信区间。

下面的问题与 NewBank 第一个月的操作有关。

7. NewBank 第一天的运营有 600 万美元的资本金、1 亿美元的支票存款，发行了 2 500 万美元的商业贷款以及 2 500 万美元的抵押贷款，贷款期限如下所示：

(1) 抵押贷款：100 份标准的 30 年期、名义利率为 5.25%、每份价值为 25 万美元的固定利率抵押贷款。

(2) 商业贷款：3 年期贷款，每月单利为 0.75%。

如果法定准备金率为 8%，银行资产负债表是什么样的？不考虑任何贷款损失准备。

8. NewBank 决定投资 4 500 万美元购买 30 天期国库券。现在，这些国库券每 5 000 美元面值的金融工具以 4 986.70 美元的价格（包括手续费）成交。银行购买了多少国库券？资产负债表如何变化？

9. 在第 3 天的运营中，存款减少了 500 万美元。资产负债表如何变化？这会带来什么问题？

10. 为了解决在上一题中存款减少带来的问题，NewBank 将从联邦基金市场上借入现金。银行管理层决定在本月（现在是 29 天）剩下的日子里借入所需资金。贴现要求得到的收益率为 2.9%。在此交易后，资产负债表如何变化？

11. 在最后一个月的月底来临之际，NewBank 终于从抵押贷款、商业贷款以及国库券上获得所有要求的还款额。它获得了多少现金？怎样记录这些交易？

12. NewBank 偿还了所有借入的联邦资金。它的现金债务为多少？如何记录？

13. NewBank 月底的资产负债表是什么样的？计算缴纳所得税前的情况。

14. 计算 NewBank 第一个月的资产回报率和净息差。假设净利息等于税前利润，NewBank 的税率等级为 34%。

15. 计算 NewBank 的股东权益回报率和最后的资产负债表，考虑纳税情况。

16. 如果 NewBank 要求用商业贷款总额的 0.25%设立一笔贷款损失准备，应如何记录？重新计算 NewBank 的股东权益回报率和最后的资产负债表，考虑纳税情况。

17. 如果 NewBank 的目标股东权益回报率为 4.5%，它应该获得多少收费收入才能达到该目标？

18. 在连续还款 3 年后，一位抵押贷款的借款人对该抵押贷款违约。NewBank 马上占有抵押的房屋并通过拍卖将其以 17.5 万美元的价格出售，法律费用为 2.5 万美元。如果对该笔抵押贷款设立贷款损失准备，如何记录该信息？

网络练习

银行和金融机构管理

1. 本章的表 17－1 给出了美联储网站提供的所有商业银行的资产负债表的总体数据。登录 http://www.bbt.com/bbt/about/investorrelations/default.html，找到 BB&T 银行资产负债表的最新年报，观察 BB&T 的资产组合中贷款的比例，与银行业平均水平相比是高还是低？哪种类型的贷款是最常见的？

2. 由于银行需要披露大量信息，所以，找到银行的最新信息相对比较容易。登录 http://www2.fdic.gov/qbp/，该网站由联邦存款保险公司主办，提供金融机构的数据概况。访问最近一期的银行业季度概览。滚动到底部并打开表 1－A。

（1）在过去几年中，银行的资产回报率是提高了还是降低了？

（2）银行的核心资本增加了吗？与正文中的表 17－1 相比，资本资产比率有何变化？

（3）目前共有多少家机构需要向联邦存款保险公司报告？

第 18 章 金融监管

开篇预览

正如前面章节所讲的，金融体系是经济中受到最严格监管的部门之一，而银行又是金融体系中受到最严格监管的金融机构。本章将从经济学的视角来分析为什么对银行采取这样的监管形式。

遗憾的是，美国和世界上其他国家的银行体系的危机以及其他金融危机的发生表明：监管程序始终没有良好地运行。在此，我们要用银行监管的相关理论解释世界范围内的银行危机，以及如何改革金融监管体系，才能预防未来危机的发生。

18.1 信息不对称和金融监管

我们在前面章节中已经了解到信息不对称（也就是在金融合约中不同的参与者拥有不一致的信息）是如何引发那些对金融体系产生重大影响的逆向选择和道德风险的。信息不对称、逆向选择和道德风险这些概念对于理解为什么美国及其他国家的政府选择目前的这种银行监管模式非常重要。银行监管可以归结为十个基本类别：政府安全网、对资产持有的限制、资本金要求、立即纠正措施、注册与审核、风险管理评估、信息披露要求、消费者保护、对竞争的限制和宏观审慎监管。

登录 www.newyorkfed.org/banking/supervisionregulate.html，参看更多有关银行监管方面的信息。

18.1.1 政府安全网

正如我们在第 7 章中所讲的，银行等金融中介机构特别适合解决逆向选择和道德风险问题，因为它们可以发放私人贷款，这有助于避免搭便车问题。然而，由于存款人缺乏关于私人贷款质量的信息，这种解决搭便车问题的方法又会产生另一种信息不对称问题，从而导致银行体系不能良好运行，具体原因有如下几点：

登录 www.federalreserve.gov/bankinforeg/，参看更多有关联邦储备委员会监管部门的资料。

(1) 银行恐慌和存款保险的必要性。在 1934 年联邦存款保险公司成立之前，**银行倒闭**（bank failure）（银行由于不能对其存款人和其他债权人履行支付义务，不得不停业）意味着存款人必须等到银行被清算后（即只有等到银行资产变现后）才能得到其存款，而且只能收回其存款的一部分。由于不能弄清楚银行管理者是否承担了过大的风险，或者其本身就是个投机者，存款人不愿意把钱存入银行，使得银行更难生存。另外，存款人缺乏关于银行资产质量的信息可能会造成银行恐慌，正如第 8 章所介绍的，这将对经济造成非常严重的不良影响。

我们可以考虑没有存款保险的情况，某种冲击对经济产生了不利的影响，冲击的结果是 5%的银行在贷款业务上蒙受了巨大的损失而变得资不抵债（净值为负，因而破产）。由于存在信息不对称，存款人无法辨别哪些是运行良好的银行，哪些是 5%资不抵债的银行。好银行和坏银行的存款人都认为他们可能无法 100%地收回其存款，于是想从银行提取存款。事实上，由于银行遵循“顺序服务原则”（先到者先接受服务），存款人会有很强的动机最先赶到银行提现，因为如果排在队伍后面，一旦资金被提完，他们将一无所获。总而言之，银行体系运行状况的不确定性能够导致好银行和坏银行同时出现银行挤兑现象，而一家银行的倒闭会加速其他银行的倒闭（这被称为“传染效应”）。如果不采取措施恢复公众信心，银行恐慌就会随之产生。

事实上，银行恐慌是 19 世纪和 20 世纪初美国人所经历的实际情况。在 1819 年、1837 年、1857 年、1873 年、1884 年、1893 年、1907 年和 1930—1933 年，大约每隔 20 年就会出现一次大规模的银行恐慌。即使在 20 世纪 20 年代的繁荣时期，银行倒闭也是一个严重的问题，当时平均每年有 600 家银行倒闭。

政府为存款人设置的安全网能够防止银行挤兑和银行恐慌的发生，通过向存款人提供保护，可以打消其不愿意把资金存入银行的顾虑。政府安全网的一种形式是提供存款保险，如在美国，由联邦存款保险公司提供担保，如果银行破产，存款人在该银行存入的 25 万美元以内的存款都可以得到足额偿付。有了足额存款保险，即使存款人仍担心银行的运行情况，他们也不需要去银行排队取钱，因为无论银行发生什么，其存款都可以 100%地被收回。在 1930—1933 年联邦存款保险公司成立前的几年间，银行倒闭的数量平均每年超过2 000家。从 1934 年联邦存款保险公司成立至 1981 年，银行倒闭的数量平均每年不超过 15 家。

登录 www.fdic.gov/bank/individual/failed/，搜索每年银行倒闭的数据。

联邦存款保险公司主要有两种方法应对银行倒闭：第一种方法被称为偿付法。联邦存款保险公司允许银行破产，并在 25 万美元的保险限额内对存款进行偿付（用参加保险的银行支付给联邦存款保险公司的保险费进行偿付）。在银行被清算后，联邦存款保险公司和其他的银行债权人一样，从清算资产中得到其应得的份额。一般地，当使用偿付法时，存款超过 25 万美元的账户持有者大约能收回其价值的 90%，只不过这个过程可能会耗费几年的时间。

第二种方法被称为收购与接管法。联邦存款保险公司通常找到一家愿意收购倒闭银行的合伙人来对银行进行重组，合伙人接管倒闭银行的所有债务，因而存款人不会有丝毫损失。联邦存款保险公司通过提供补助贷款或者购买倒闭银行的不良资产来向合伙人提供帮助。收购与接管法的结果是，联邦存款保险公司为所有的存款提供了保险，而不仅仅是25万美元限额以下的存款。尽管该方法比前一种方法耗费的成本更高，但在1991年新的银行法出台以前，收购与接管法是联邦存款保险公司处理倒闭银行的最常用的方法。

最近几年，政府存款保险越来越流行，成为世界上其他国家通用的做法，这种方法是否有效，我们将在全球视野18—1“政府存款保险在世界范围内流行是件好事吗?”中具体讨论。

全球视野 18—1　政府存款保险在世界范围内流行是件好事吗?

在美国建立联邦存款保险制度后的头30年中，只有6个国家仿照美国采用了存款保险制度。然而，20世纪60年代后局面开始转变。在20世纪90年代，多达70个国家采用了存款保险制度，这种趋势变得越来越明显。近几年，随着银行危机的频繁爆发，更多的对银行体系稳健性的担忧浮出水面，政府存款保险开始在全世界流行起来（在本章后面会有更多文献资料)。这种存款保险的流行是不是一件好事? 它有助于促进金融体系的健康发展和阻止危机的发生吗?

在大多数情况下，回答是否定的。世界银行曾做过一份调查，发现明确采用政府存款保险的银行往往十分不稳健，发生银行危机的概率也较大。总体而言，它会进一步阻碍金融的发展。但是，存款保险的负面影响往往在制度环境较差的国家才会发生，比如法律法规缺失、监管效率低下以及腐败问题严重。这与预测的完全相同，理由是（后面将会讨论到)：只有健康的制度环境才能减少由于存款保险对银行参与高风险活动的激励而产生的道德风险。但是，问题在于，许多新兴市场国家没有形成完善的制度环境。通过以上分析，我们得出的结论是：在新兴市场国家存款保险并不是提高银行体系的稳定性和效率的良方。

资料来源：参见 World Bank，*Finance for Growth*：*Policy Choices in a Volatile World*（Oxford：World Bank and Oxford University Press，2001)。

(2) 政府安全网的其他形式。存款保险并不是政府为存款人提供保险的唯一办法。在其他国家，即使没有明确的存款保险制度，政府仍然随时准备为面临挤兑的本国银行提供帮助。此外，正如我们在第8章中所讲的，银行并不是唯一造成系统性风险的金融机构。当金融机构变得非常庞大，或者与其他金融机构或市场密切联系在一起时，该机构的破产可能会导致整个金融体系的崩溃。事实上，在2008年的金融危机中，贝尔斯登与雷曼兄弟这两家投资银行以及一家保险公司——美国国际集团的倒闭就是上述观点的最好证明。

政府提供支持的一种方式是向中央银行借款，然后贷给陷入困境的机构，如美联储在2007—2009年金融危机中所做的（在第10章中讨论过)。在这种支持行动中，中央银行充当了“最后贷款人”的角色。在其他情况下，政府会直接向陷入困境的金融机构提供贷款，正如在2007—2009年金融危机最严重的时期（2008年）美国财政部及其他国家政府所做的那样。政府还可以直接收购（国有化）这些机构，并保证所有债权人都可以全额收回其资金。

(3) 道德风险与政府安全网。尽管政府安全网可以保护存款人和防止银行恐慌，防止危机发生或减轻危机的影响，但它也存在弊端。政府安全网最严重的弊端在于道德风险，也就是交易的一方有动机去参与损害另一方利益的活动。一般来说，保险的存在为从事冒险活动提供了更大的激励，而冒险活动会导致保险赔偿，所以，道德风险是保险协议中需要考虑的重要因素。例如，投保了车险的司机更有可能不谨慎地驾驶。投保司机认为，一旦发生事故，保险公司会赔付大部分损失。

道德风险是政府设计安全网时需要重点考虑的问题。在安全网存在的情况下，存款人和债权人知道，如果银行倒闭，他们不会蒙受损失，因此即使他们怀疑银行承担了过大的经营风险，他们也不会按市场规则撤资。结果是，加入政府安全网的金融机构更倾向于冒更大的风险。若冒险失败，则由纳税人买单。因此，金融机构中流行这样一句话："不管怎样我都赢。"

(4) 逆向选择和政府安全网。存款保险等政府安全网的另一个问题在于逆向选择，即那些最有可能产生不利结果的人（会导致银行破产的人）正是那些最想充分利用保险优势的人。例如，驾驶技术差的司机比驾驶技术好的司机更愿意投保免赔额低的汽车碰撞险。由于受到政府安全网的保护，存款人和债权人认为没必要对金融机构施加约束，而那些偏好风险的企业家会发现金融业是极具吸引力的行业，是能够从事高风险活动的行业。更糟糕的是，由于受到保护的存款人和债权人都没有什么理由去监督金融机构的行为，如果没有政府干预，骗子也会发现金融业是一个有吸引力的行业。在这里，他们可以很轻易地逃脱对欺诈和贪污的制裁。

(5)"大而不倒"。政府安全网所导致的道德风险问题和防止金融机构倒闭的愿望将金融监管机构置于进退两难的窘境之中。由于大的金融机构倒闭很容易引致一场大的金融灾难，因此，金融监管机构自然不愿意让大的金融机构倒闭而使存款人和债权人蒙受损失。**"大而不倒"问题**（too-big-to-fail problem）最初出现于1984年，当时作为美国十大银行之一的伊利诺伊大陆银行陷入了资不抵债的境地。联邦存款保险公司不仅为存款人10万美元（当时的存款保险限额）以下的存款提供担保，而且为超过10万美元的存款提供担保，甚至担保该银行的债券持有人不会蒙受损失。不久之后，货币监理署（国民银行的监管机构）在国会听证会上表示，11家最大的银行会享受到与伊利诺伊大陆银行所享受的待遇相同的待遇。尽管货币监理署没有使用"大而不倒"这个术语［这个术语是由国会议员斯图尔特·麦金尼（Stewart McKinney）在听证会上使用的］，但该术语被用来指代这种政策，即政府向大银行的未投保的大债权人提供支付担保，使存款人和债权人不会蒙受损失，哪怕这种担保不是银行主动参与的。联邦存款保险公司通过收购与接管法向资不抵债的银行注入资金，然后找一个愿意收购的合伙人来接管银行及其存款。"大而不倒"政策已经扩展到这11家大银行以外的其他大银行（请注意，"大而不倒"政策有时会引起误解，实际上，当一家金融机构关闭或者被另一家金融机构收购时，其管理者通常会被解雇，金融机构的股东也会失去其投资）。

"大而不倒"政策加大了大银行的道德风险。如果联邦存款保险公司愿意用另一种方法（即偿付法）关闭银行，支付给存款人的最高限额是25万美元，而存款超过25万美元的大储户将会遭受损失，这样大储户就有动力监督银行，密切关注银行业务，一旦银行承担过高的风险，就将资金撤出。为了防止存款人撤资造成损失，银行就会从事一些低风险的活动。然而，一旦大储户知道银行因为太大而不能倒闭，他们就不会监督银行；当银行的风险很高时，他们也不一定去提款，因为无论银行的经营状况如何，他们都不会遭受损失。“大而不倒”政策的结果是，大银行从事高风险活动并提高了倒闭的可能性。类似地，“大而不倒”政策也加大了进入政府安全网的非银行金融机构的道德风险。在知道金融机构会被紧急救助后，债权人就缺乏监控金融机构的动力，也不会因金融机构从事高风险活动而撤走资金。结果是，大的或联系紧密的金融机构从事具有更高风险的活动，导致金融危机发生的可能性大大提高。

事实上，被认为是“大而不倒”的金融机构——包括雷曼兄弟、贝尔斯登和美国国际集团——在全球性金融危机中承担了过多的风险，它们随后的倒闭引发了自大萧条以来最严重的一场金融危机。

(6) 金融合并和政府安全网。随着金融创新以及1994年《里格尔-尼尔州际银行业务和分支机构效率法案》、1999年《格兰姆-里奇-布利利金融服务现代化法案》的通过，金融合并迅速发展，很快形成了更大、更复杂的金融机构。由于政府安全网的存在，金融合并使得金融监管面临两大挑战。第一，金融机构合并后，金融机构的规模不断增大，从而加剧了“大而不倒”问题。大的金融机构的倒闭会导致金融体系面临系统性风险，更多的金融机构会被列入“大而不倒”的金融机构行列，从而加大了大的金融机构的道德风险，使得金融体系更加脆弱。第二，银行与其他金融服务公司的合并意味着政府安全网可能会拓展到新的领域，如证券承销业、保险业和房地产业，就像在2008年金融危机中发生的那样。这会增大在这些领域冒险的激励，削弱金融体系的稳定性。减少对更大、更复杂的金融机构的道德风险激励而需要的立法变化是全球金融危机后银行监管者面临的关键问题之一。

18.1.2 对资产持有的限制

我们已经了解到，与政府安全网相联系的道德风险会鼓励金融机构从事风险更高的活动。对银行持有的资产予以限制，目的就是降低道德风险，避免使纳税人为此付出高额的代价。

即使没有政府安全网，金融机构仍会有冒险动机。如果风险资产得到偿付，金融机构可以得到较高的盈利；如果风险资产无法得到偿付，金融机构将会倒闭，存款人和债权人将一无所获。如果存款人和债权人能够获得银行从事高风险活动的信息，监督银行就会变得容易。一旦银行从事高风险的活动，他们就立即取出存款。为了防止存款流失，银行更愿意减少其风险活动。遗憾的是，获得银行从事风险活动的信息非常困难，且大多数存款人和债权人也无法限制银行从事高风险的活动。因此，在像联邦存款保险制度这样的政府安全网建立起来之前，加强政府监管、降低银行经营风险的诉求非常合乎情理。

由于银行业最容易出现恐慌，因而面临十分严格的监管，不得持有普通股等风险资产。此外，监管体系还鼓励银行提高多样化程度，通过限制特定种类贷款或者向单个借款人贷款的规模，来降低风险。在2007—2009年金融危机期间，政府安全网的范围有所拓展，非银行金融机构持有风险资产会面临更多的约束。但这些法律约束很烦琐，有可能会削弱金融体系的效率。

18.1.3 资本金要求

政府对金融机构施加的资本金要求是降低金融机构的道德风险的另一个办法。当金融机构被迫持有大量股权资本时，一旦投资失败，金融机构就会遭受沉重的损失，也因此更倾向于从事低风险的活动。另外，我们在第 17 章中讲到，当不利冲击发生时，资本金起到了缓冲作用，可以降低金融机构倒闭的可能性，并直接增强了金融机构的安全性和稳健性。

对银行和投资银行的资本金要求有两种形式。第一种基于**杠杠比率**（leverage ratio），也就是银行资本与总资产的比率。资本化程度达到要求的银行的杠杠比率必须高于 5%；杠杠比率较低特别是低于 3%的银行，将会受到严格的立法管制。在 20 世纪 80 年代的大多数年份里，美国设定最低资本金要求的唯一方法是设定一个明确的最低杠杠比率。

在对伊利诺伊大陆银行和储蓄贷款协会采取保护措施之后，美国和世界其他国家的监管机构越来越担忧银行持有风险资产以及**表外业务**（off-balance-sheet activities）的增加。表外业务就是涉及金融工具交易以及从其收费中获得收入的业务，这些业务不出现在银行资产负债表中，但银行必须承担由此产生的风险。工业化国家的银行业官员在协议的基础上成立了**巴塞尔银行监管委员会**（Basel Committee on Banking Supervision）（因由位于瑞士巴塞尔的国际清算银行发起成立而得名），该委员会负责制定《**巴塞尔协议**》（Basel Accord）。这是第二种形式的资本金要求，即基于风险资本的资本金要求。最初针对美国大银行的《巴塞尔协议》后来被包括美国在内的 100 多个国家运用，最初的协议要求银行持有相当于其风险加权资产 8%的资本金。资产和表外业务被分为四类，每一类都按照不同的信用风险分别规定权重。第一类资产的风险权重为零，包括无违约风险的项目，如准备金和由经济合作与发展组织（OECD）国家发行的政府证券。第二类资产的风险权重为 20%，包括经济合作与发展组织国家对银行的债权。第三类资产的风险权重为 50%，包括市政债券和住房抵押贷款。第四类资产的风险权重最大，为 100%，包括向个人和企业发放的贷款。对表外业务则以相同的方式进行分类，评估信用并确定相应的风险权重，进而将其并入表内项目。

随着时间的推移，以风险权重表示的银行风险可能与银行面临的实际风险有很大差异，该协议的局限性越来越明显。这就导致了**监管套利**（regulatory arbitrage）问题：在实际操作中，留在银行资产负债表内的是那些满足相同风险资本金要求但相对更具风险的资产，如向低信用等级企业发放的贷款；同时，在银行资产负债表上将低风险资产剥离出去，如向高信用等级企业发放的贷款。与其初衷相违背，《巴塞尔协议》导致银行承担更大的风险。为了应对这些局限性，巴塞尔银行监督管理委员会出台了新的资本协议，被称为《巴塞尔协议Ⅱ》。在全球金融危机过后，巴塞尔银行监管委员会达成了更新的协议，媒体将其称为《巴塞尔协议Ⅲ》。全球视野 18—2“在全球金融危机后，《巴塞尔协议》将何去何从?”对这些协议进行了描述。

18.1.4 立即纠正措施

如果金融机构的资本金数量降至很低的水平，就会出现两个严重的问题。第一，银行更容易倒闭。当它遭遇贷款损失或资产冲销时，只有很少的资本金用作缓冲。第二，金融机构有“更少的获利机会”，因而会更多地从事高风险活动。换句话说，道德风险会更加严重，银行倒闭的可能性更大，纳税人为之买单的概率更大。为了防止这两种不利影响，1991 年《联邦存款保险公司改进法》采用了立即纠正措施条款，要求联邦存款保险公司在银行陷入困境时尽早干预、积极应对。

根据银行资本，美国的银行被分为五类。第一类为“资本良好型”银行，其资本金大大超过最低资本金要求，并拥有一些特权，比如可以从事证券承销等特许业务。第二类是“资本充足型”银行，其满足最低资本金要求，不受纠正措施约束，但不享受第一类银行的特权。第三类是“资本不足型”银行，其没有满足资本金要求。被归为第四类、第五类的银行分别是“资本明显不足型”银行和“资本严重不足型”银行，这两类银行都不得对其存款支付高于平均利率水平的利息。另外，对于第三类银行，联邦存款保险公司要求采取立即纠正措施，比如，要求银行提交资本恢复计划、限制资产增长以及在开办新的分支机构或开展新的营业项目时必须得到监管机构的同意。低资本化且股权资本占资产的比例不足2%的银行会被归入第五类，联邦存款保险公司必须立即采取行动关闭这些银行。

全球视野 18—2　在全球金融危机后，《巴塞尔协议》将何去何从？

1999年6月，巴塞尔银行监管委员会提出了几项提议，要求修改1988年的《巴塞尔协议》。经过努力，《巴塞尔协议Ⅱ》诞生了，它的核心是三大支柱。

(1) 第一支柱——资本充足率。要求大的活跃的国际性银行的资本充足率与三类实际风险挂钩，即市场风险、信用风险和操作风险。用标准化的评级方法将资产分成不同的类别，并赋予其不同的风险权重。它还允许复杂的银行（通常是大银行）使用自己的信用风险模型，即内部评级方法。

(2) 第二支柱——监管当局的监管。特别是评估银行机构的风险管理质量，以及评估其资本需求决策程序是否合适。

(3) 第三支柱——维护市场纪律。增强信息披露，披露涉及以下方面：银行的信贷风险、准备金和资本金规模、银行高管以及内部评级制度的有效性。

尽管《巴塞尔协议Ⅱ》在限制国际性银行机构从事高风险业务方面向前迈进了一步，但也加大了协议的复杂性。最初的《巴塞尔协议》只有26页，但《巴塞尔协议Ⅱ》最后的文稿就超过了500页。原计划最后一个回合的协商在2001年底完成，新规则在2004年生效。但是，来自银行、交易协会、各国监管者的批评使得协议的生效时间不得不一再延迟，最后的文稿直到2004年6月才出版。直到2008年初，《巴塞尔协议Ⅱ》才被欧洲的银行实行，到2009年才被美国全面实行。只有十几家大型美国银行受《巴塞尔协议Ⅱ》条款的约束，其他银行可以按照一个简化版的标准来操作。

然而，2007—2009年的金融危机暴露了新协议的诸多弊端。首先，《巴塞尔协议Ⅱ》没有要求银行保有充足的资本来抵御危机。其次，以标准化方法确定的风险权重严重依赖于信用评级，但有证据显示，信用评级在金融危机的酝酿阶段十分不可靠。再次，《巴塞尔协议Ⅱ》有明显的顺周期性。在经济形势好的时候要求银行持有较少的资本金，在经济不景气时却要求银行持有更多的资本金，使信用循环恶化。在经济不景气时，违约率和各类型资产的预期损失都会提高，《巴塞尔协议Ⅱ》在银行资本短缺的时候却对资本金提出了更高的要求。在2007—2009年金融危机之后，这个问题十分引人关注。这次金融危机侵蚀了银行的资本金余额，使银行贷款收缩，无疑会对经济产生不利影响，阻碍经济增长。《巴塞尔协议Ⅱ》加剧了贷款的收缩，对经济造成了更大的伤害。最后，《巴塞尔协议Ⅱ》对银行面临的流动性枯竭的危险没有给予足够的重视，流动性枯竭在金融危机中直接导致了金融机构的倒闭。

由于以上弊端，巴塞尔银行监管委员会于2010年制定了一份新协议——《巴塞尔协议Ⅲ》。为了提高资本金标准，该协议不仅要求银行确实提高资本金的数量，而且要求提高资本的质量；建立逆周期的资本金要求，即在经济形势好时提高资本金要求，在经济不景气时降低该要求；依据信用评级结果制定新的规则；要求金融机构保留更稳定的基金以抵御流动性不足的冲击。很多人担心过于严格的资本金要求会制约银行贷款，会阻碍刚经历过金融危机冲击的世界经济的复苏。因此这些新的措施仍遭到了许多非议。目前，《巴塞尔协议Ⅲ》的各项要求正在逐步实施，预计到 2019 年末得以全面贯彻落实。但该协议能否在预计期限内执行到位，并成功抑制金融机构过度承担风险还具有很大的不确定性。

18.1.5 金融监管：注册与审核

对金融机构经营者以及金融机构经营方式的监督，被称为**金融监管**（financial supervision）或者**审慎监管**（prudential supervision），这是减少金融业中的逆向选择和道德风险的重要方法。金融机构可能成为骗子和野心勃勃的企业家们从事投机活动的场所，这些不符合要求的人最想经营一家金融机构。金融机构注册需要获得批准，这是防止逆向选择的一种方法。通过批准才能设立新的金融机构，可以防止不符合要求的人控制金融机构。

常规的现场审查使监管机构可以监督金融机构是否遵循了资本金要求和限制持有资产的规定，以及是否具备降低道德风险的能力。银行审查者给银行做一个“骆驼评级”（CAMELS rating）。CAMELS 是首字母缩写，代表了被评估的六个方面，即资本充足率（capital adequacy）、资产质量（asset quality）、管理（management）、盈利（earnings）、流动性（liquidity）和对市场风险的敏感性（sensitivity to market risk）。掌握了银行活动的上述信息，监管机构就可以通过停业整顿这样的正式行动实施监管，以改变银行的行为。如果银行的“骆驼评级”太低，甚至可以关闭银行。通过防止银行从事高风险投资活动以降低道德风险，有助于进一步减少逆向选择问题。因为缺少从事风险活动的机会，银行业对那些偏好风险的企业家的吸引力就会减小。值得注意的是，在私人金融市场上也有与银行监管者用来处理逆向选择和道德风险问题的方法类似的方法（参见第 7 章和第 17 章）。审核金融机构注册资格类似于对潜在借款人的筛选；对持有高风险资产的限制性规定类似于禁止借款企业从事高风险投资活动的契约；资本金要求类似于对借款企业最低净值的要求；定期审查类似于贷款机构对借款人的监督。

一家商业银行可以在货币监理署（如果申办全国性商业银行）或者州银行监理机构（如果申办州银行）注册领取执照。为了得到营业执照，计划开办银行的人必须提交一份申请，写明将如何运作银行。在评估申请时，监管当局要看该银行的潜在管理质量、银行可能的盈利以及初始资本金的数量，以判定它能否健康运行。在 1980 年以前，注册审查部门比较重视考察社区内是否需要新的银行。如果新建立的银行将对社区内已有的银行造成严重的损害，通常就无法获得批准。如今，注册审查部门的这种反竞争姿态（以防止已有银行的倒闭）不再那么强硬。

一旦银行取得营业执照，就应定期（一般为每季度）向监管机构递交关于其资产与负债、收入与红利、所有权、外汇交易和其他信息的报告。监管机构至少每年要进行一次对银行财务状况的检查。为了避免重复劳动，三家联邦监管机构通常协同工作，并且每家机构通常承认其他两方的检查结果。也就是说，国民银行接受货币监理署的检查；隶属于联邦储备体系的州银行接受美联储的检查；投保的非成员州银行接受联邦存款保险公司的检查。

银行检查者有时会对银行进行突击检查（因此，银行不可能事先“粉饰”）。检查者查阅银行账目，看银行经营是否遵循涉及资产持有的相关法律与规章。如果一家银行持有的债券或贷款风险太大，检查者会迫使银行处理这些资产。如果检查者认为某笔贷款不可能被收回，就会要求银行宣布其没有价值（即冲销该贷款，这会减少银行的资本）。如果检查者认为银行资本不足或银行有不实行为，就会宣布银行为“问题银行”并进行更深入的调查。

18.1.6 风险管理评估

传统上，对金融机构的现场检查主要集中于在某个时点上对金融机构资产负债表的质量评估，考察金融机构是否符合资本金要求和对持有资产的限制性规定。尽管关注的这些问题对减少金融机构的风险非常重要，但仅仅关注这些问题是远远不够的。因为金融创新使得产生了新的市场，衍生出了新的金融工具，这些金融工具使得金融机构及其雇员能够方便快捷地进行投资和投机交易。在这个新的金融环境中，一家在过去某个特定时间运行良好的金融机构，可能很快就因为交易损失而陷入破产的境地，1995 年巴林银行的破产就是证明（在第 17 章中讨论过）。因此，只检查金融机构在某个时点的状况并不是很有效，不能说明未来金融机构是否将承担过多的风险。

金融机构的这种变化导致了世界范围内关于审慎监管程序的思考，比如银行检查者将重点放在评估银行关于风险控制的管理程序是否健全上。这种思维上的转变反映了风险管理的新落点，这在联邦储备体系 1993 年为检查者制定的《交易和衍生工具业务指导手册》中可见一斑。在 1994 年初发行的《交易业务指导手册》中，风险管理被进一步加强和规范化，该手册为银行检查者提供了评估风险管理系统的工具。在 1995 年末，联邦储备体系和货币监理署宣布要对所监管的银行进行风险管理程序评估。现在，银行检查者给出风险管理从 1 级到 5 级的独立评级，作为“骆驼评级”系统管理评级的一部分。风险管理评级中良好的风险管理包括以下四个要件：①董事会和高层管理者的监督质量；②对所有重大风险业务的限制和政策是否恰当；③风险度量和监控系统的质量；④防止雇员欺诈和从事未被授权业务的内部控制是否有效。

这种向关注管理过程转变的趋势也反映在美国银行监管当局应对利率风险而采取的监管指引上。这些监管指引要求银行的董事会建立利率风险限额，指定银行管理者管理这种风险，并管理银行的风险头寸。同时，这些监管指引也要求银行的高层管理者制定风险管理政策和程序，以保证董事会确定的风险限额不被突破，并实施内部控制来监控利率风险和执行董事会的指示。最为重要的是实施**压力测试**（stress testing）——计算当极端情况出现时所遭受的损失——和进行**在险价值计算**［value-at-risk（VAR）calculations］——衡量在既定的概率水平（如 1%）下某资产组合在某段时间内（如两个星期）可能产生的最大损失。除了这些指引，银行检查者在决定资本金要求时仍旧考察利率风险。

18.1.7 信息披露要求

第 7 章所描述的搭便车问题说明，个人存款人和债权人没有足够的动机去搜集关于金融机构资料的信息。为了确保市场掌握更多的信息，监管机构可以要求金融机构遵循一定的通用会计准则，并且充分披露那些有利于市场直接评估金融机构的资产组合和风险头寸的信息。更多关于金融机构和其资产组合质量的公开信息可以使股东、债权人和存款人更好地评估和监管金融机构，制止金融机构过度冒险。

信息披露要求是金融监管的一个重要方面。《巴塞尔协议Ⅱ》特别强调了信息披露要求，并把它作为三大支柱之一。三大支柱对银行机构的信用风险、准备金和资本金提出了严格的信息披露要求，以强化市场纪律。1933 年《证券法》和 1934 年成立的证券交易委员会同样强调公司应该进行信息披露，当然，公开发行证券的金融机构也包含其中。另外，监管机构还要求金融机构披露表外业务的头寸以及资产组合的价值评估信息。

强化信息披露的规则可以限制银行过度承担风险，提高市场上信息的质量，这样，投资者就可根据信息进行决策，市场上的资源配置才有效率。市场有效性的增强有赖于证券交易委员会的信息披露要求，以及对经纪公司、共同基金、交易所和信用评级机构的监管，监管旨在确保所披露信息的可靠性及保护投资者的利益。2002 年《萨班斯-奥克斯利法案》（在第 7 章中讨论过）对信息披露有了更进一步的要求，提出了精确审计公司利润表和资产负债表的激励措施，成立了美国公众公司会计监督委员会（PCAOB）来严格监督审计行业，并出台了限制金融服务行业利益冲突的监管措施。

在全球金融危机之后，尤其引起争议的是**按市价计量**（mark-to-market accounting），也被称为**公允价值计量**（fair-value accounting），该方法按照市场卖价计量资产负债表中资产的价值（参见小案例 18—1“‘按市价计量’与全球金融危机”）。

小案例 18—1　“按市价计量”与全球金融危机

按市价计量引起的争议使会计成为一个热点话题。按市价计量在 1993 年成为美国会计行业的标准做法。按市价计量背后的合理性在于，市场价格为公司资产和资本的价值评估提供了最好的基础。在按市价计量之前，公司依赖传统的历史成本（账面价值）法，该方法用资产的初始购买成本进行价值计量。历史成本法的缺点在于，利率变化或者违约风险所引起的资产和负债价值的波动并没有被考虑在公司权益资本的计量之中。然而，资产和负债的市场价值变化——进而权益资本的市价变化——能够表明一个公司是处于稳健经营状态还是陷入了困境从而易于产生道德风险。

但是，按市价计量存在一个重大缺陷。当市场停滞时，比如在全球金融危机期间，资产变卖价格不能反映其基础价值。也就是说，资产的清算价值有时会大大低于其预期未来现金流的现值。一些人（尤其是银行家）批评，在近期的金融危机中，按市价计量是推动金融危机形成的一个重要推手。他们声称，金融市场缩水导致市场价格大大低于其基础价值。在按市价计量下，金融企业的资产严重缩水。这种资产缩水导致资本短缺，从而使金融企业削减贷款规模，导致资产价格的进一步下跌，进而再次引发贷款削减。这种恶性循环会使金融危机更加严重。对按市价计量的批评有一定的道理，但一些银行家提出的批评就比较片面了。这些批评仅仅提及了资产价格下跌时的情况，此时按市价计量恶化了银行的资产负债表，相反，当资产价格上升时，银行的资产负债表看上去则非常漂亮。

对按市价计量的批评引起了国会的关注，并导致 2008 年《紧急经济稳定法案》的出台。该法案要求证券交易委员会与联邦储备体系以及美国财政部协商后递交一份关于按市价计量在金融机构中的适用性的研究。谁能想到记账法会引起政治家们的关注呢！

18.1.8 消费者保护

信息不对称的存在也预示了消费者可能没有足够的信息去保护自己。对消费者保护的规定有几种形式。1969 年《消费者保护法》（更通俗地讲是《诚实信贷法》）要求所有贷款者——不仅是银行——向消费者提供关于借款成本的信息，包括标准化利率［也称年利率（APR）］和贷款的全部费用。1974 年，《公平信用交易法案》要求债权人（特别是信用卡的发行人）提供评估金融费用的方法和快速解决票据投诉问题。根据 Z 条例，这两个法案都是由联邦储备体系管理的。

国会通过立法减少信用市场的不公平问题。1974 年的《信贷机会公平法》和 1976 年的补充法案都禁止对借款人的种族、性别、婚姻状况、年龄以及国籍加以歧视。美联储根据 B 条例对此进行管理。1977 年《社区再投资法案》（CRA）的实施是为了消除“红线”，即贷款人拒绝给特定地区的人发放贷款（在地图上用假想的红线标出）。《社区再投资法案》要求银行在其获得存款的区域发放贷款，如果银行被发现没有遵守该法案，监管机构可以拒绝其要求合并、设立分支机构和开展其他新业务的申请。

全球金融危机表明，需要进一步加强消费者保护，因为许多借款人不清楚借贷条款，以及所申请的贷款远远超过其偿还能力。结果是大量违约，许多房主失去了住房。由于在这次危机中，弱势消费者保护条例起到了非常重要的作用，所以加强立法保护的呼声日渐高涨。参见小案例 18—2“全球金融危机和《消费者保护法》”。

18.1.9 对竞争的限制

不断增强的竞争也会加大银行从事高风险活动的道德风险。竞争加剧的结果是盈利水平的下降，盈利的下降又促使银行为努力保持先前的利润水平而从事风险更高的活动。因此，许多国家的政府部门都制定了一些使银行免于竞争的规定。过去，在美国，这些规定有两种形式：第一种是对设立分支机构的限制（将在第 19 章中讲述）。这将弱化银行间的竞争，故该规定于 1994 年被废除。第二种是禁止非银行金融机构从事银行业务，禁止其与银行竞争，正如 1999 年被废除的《格拉斯-斯蒂格尔法案》所强调的那样。

尽管对竞争的限制有利于银行业的健康发展，但它们也存在严重的弊端：消费者需要支付高额的费用，同时降低了银行机构的效率，使银行无法获得完全竞争的好处。尽管信息不对称的存在使得反竞争规定看上去是合理的，但这并不意味着这些规定是有益的。事实上，近年工业化国家政府限制竞争的动力逐渐减弱。电子银行的出现又给监管者带来了一系列问题，参见网络金融 18—1“电子银行业务：银行监管的新挑战”对这一挑战的讨论。

小案例 18—2　全球金融危机和《消费者保护法》

由于内生于次级抵押贷款证券化模式之中的委托—代理问题（在第 8 章中讨论过），抵押贷款发放者特别是那些实际未受到监管的抵押贷款经纪人确保次级借款人有偿还贷款能力的激励很小。毕竟，抵押贷款经纪人能从抵押贷款发放中获得高额费用收入，哪怕在经济低迷时期借款人违约并失去房产。正因为有这些激励，抵押贷款经纪人降低其承销标准，创造出次级抵押贷款产品，如无收入证明贷款，可以更形象地把它称为“骗子贷款”，这些贷款无须提供资产或收入的证明文件。一种有名的无收入证明贷款被称为 NINJA 贷款，即为无收入、无工作、无资产的借款人提供贷款。抵押贷款经纪人还有动机把抵押的房产包装成更为复杂的抵押贷款产品，借款人根本不了解这些产品，也偿付不起。在一些案例中，抵押贷款经纪人甚至伪造借款人的抵押申请信息以帮助他们获得抵押贷款。

宽松的消费者保护监管是造成次贷危机的一个重要因素。抵押贷款发放者未被要求向借款人披露信息，帮助他们深入了解复杂的抵押贷款产品以及他们是否有能力偿还。取消抵押品赎回权引起了愤怒，这是推出新立法，要求提供更多抵押贷款借款人信息以及禁止所谓的不公平和欺诈行为的一个重要刺激因素。2008 年 7 月，在《诚实信贷法》的 Z 条例下，联邦储备体系针对次级抵押贷款最终做出以下四点规定：①禁止发放贷款时不考虑借款人基于除房产以外的收入和资产的还款能力；②禁止发放无收入证明贷款；③如果贷款利息支付在最初四年发生变化，禁止实施提前还款处罚（对提前还款的罚款）；④要求贷款人为财产税和按月支付的房产保险建立一个第三者保管账户。另外，对所有的抵押贷款而非仅仅是次级抵押贷款有如下新规定：①禁止抵押贷款经纪人强迫房产评估人谎报房屋价值；②禁止叠加推迟支付的费用，并要求信用消费者的还款日期与收款日期相同；③在提出房屋贷款申请 3 天内，贷款人必须给出善意的贷款成本估计；④禁止大量的误导性广告宣传，包括当偿付额可调整时，不能说利率或偿付额是固定的。

由于有很多事情要去处理，奥巴马政府以及国会正致力于创建一个新的消费者保护机构，并将其作为 2010 年金融改革立法的一部分，这将在本章后面加以讨论。对该机构的授权是为了进一步加强对消费者在次级贷款以及其他金融产品上的立法保护。

18.1.10 宏观审慎监管与微观审慎监管

在全球金融危机爆发前，监管机构主要采用**微观审慎监管**（microprudential supervision）的方式，关注单个金融机构的安全性和稳健性。微观审慎监管孤立地看待各金融机构，评估其面临的金融风险，关注其是否履行义务。更重要的是，该监管方式注重金融机构是否达到资本充足率要求，如果未达到标准，监管机构会如前所述采取立即纠正措施，迫使金融机构提高其资本充足率，或者监督其关闭。

第 8 章对全球金融危机的讨论表明，微观审慎监管不足以防范金融危机。影子银行体系的一系列事件说明，一家金融机构出现问题会损害其他运行稳健的金融机构。当陷入困境的金融机构被迫出售资产以达到目标资本充足率或者头寸要求时，会引发资产价值下跌。这会迫使其他金融机构火速出售其持有的资产，由此导致迅速的去杠杆化过程和系统性危机。在这种情况下，即便是原本运行稳健和资本充足的金融机构，也会陷入困境。

全球金融危机明确提出了对**宏观审慎监管**（macroprudential supervision）的需求，在新的监管机制下，监管机构注重整个金融体系的安全性与稳健性。与原有的关注单个金融机构安全性和稳健性不同，宏观审慎监管通过评估整个金融体系的综合实力，避免系统性的资产出售与去杠杆化。不仅如此，由于许多资本充足的金融机构面临流动性短缺时会缺乏短期资金来源，宏观审慎监管将关注整个金融体系的流动性，而非单个机构的资本充足性。

宏观审慎监管政策有多种形式。**杠杆周期**（leverage cycle）便是全球金融危机后提出的理论之一。该理论认为，信贷扩张会引发资产价格上涨，给金融机构提供更多缓冲资本，在资本金要求不变时能够支持金融机构发放更多贷款，进一步刺激资产价格攀升，进而形成一个反馈回路。当资产泡沫破裂时，资产价格骤然下跌，迫使金融机构削减贷款。为了打破这种循环机制，宏观审慎监管提出了逆周期的资本金要求，即在经济扩张时提高资本金要求，在经济紧缩时下调资本金要求。在杠杆周期的经济上行时期，宏观审慎监管将会要求金融机构提高信贷发放标准甚至直接限制信贷扩张速度。在杠杆周期的经济下行时期，监管机构会要求整个银行体系融入新的资本，从而避免银行削减贷款以缩减资产规模、提高资本充足率的情形。为了确保金融机构保持充足的流动性，监管机构将给金融机构设定一个足够低的净稳定资金比率（NSFR），即短期资金与总资金之比。在此讨论的宏观审慎监管是《巴塞尔协议Ⅲ》框架尚未完成的一部分。

18.1.11 总结

对信息不对称的分析解释了在金融体系中需要怎样的金融监管来减少道德风险和逆向选择问题。然而，明白了监管背后的理论并不意味着金融体系中的监管很容易实行。监管机构难以发挥作用的原因有如下几点：第一，我们将在第 19 章对金融创新的讨论中看到，为了追求更大的利润，金融机构有强烈的动机通过寻找漏洞来规避现有的监管，因此，监管对象是不断变化的。监管机构与金融机构之间不断玩着猫捉老鼠的游戏——金融机构想出聪明的办法来规避监管，而监管机构不断调整其监管活动。监管机构在一个动态的金融体系中不断面临着新的挑战，如果不能对变化做出快速的反应，就无法使金融机构远离高风险活动。金融机构中的精英们不断想出办法来隐瞒他们的行为或绕开金融监管，如果监管机构没有资源和人才来对付这些聪明人，事情就糟糕了。

网络金融 18—1

电子银行业务：银行监管的新挑战

电子银行的到来给银行监管增添了新的忧虑，特别是对安全和隐私的担忧。对电子银行和电子货币安全性的担忧是阻碍其大规模使用的最大障碍。伴随着电子银行的应用，你或许会担心犯罪分子侵入你的银行账户并把你的钱转移到其他账户。随着安全加密技术的发展，阻止该类犯罪的私人解决方案已经出现。然而，由于银行客户对安全加密问题不甚了解，因此政府有责任要求电子银行有可靠的加密程序作为保障。同样的加密问题对电子货币也适用。因此，要求银行加大犯罪分子实施电子造假所面对的阻力就说得通了。为了应对这些挑战，美国的银行检查者会评估一家银行如何处理由电子银行业务引发的安全问题，并对电子银行业务的第三方提供商进行监督。同样，由于客户也想知道电子银行是否正确地处理每笔交易，因此，银行检查者会对提供电子服务的银行的技术及处理问题的能力进行评估。另一个涉及银行客户安全的问题是电子签名的合法性问题。2000 年,《全球及全国商务电子签章法案》规定，在大多数情况下，电子签名与手写签名一样合法。

电子银行引起了人们对隐私问题的担忧。由于电子交易能在数据库中储存，因此银行能获得大量关于客户的信息——资产、信誉和购买力等，能将其出售给其他金融机构或商业机构。这种潜在的侵权可能性令我们十分担心。为了保护消费者的隐私，1999 年《格兰姆-里奇-布利利金融服务现代化法案》限制发布相关数据资料，但该法案没有《欧盟数据保护指令》实施的时间长，后者禁止网上交易信息的传送。在电子化时代，如何保护消费者的隐私是社会面临的一个重大挑战，因而对电子银行进行隐私方面的立法可谓任重道远。

金融监管存在困难还有其他两个原因。在监管游戏中，常常是细节方面出问题。细节上的一些细微差异可能导致意想不到的后果，除非监管机构对监管掌握得恰到好处，否则就不能防止银行承担过大的风险。另外，监管机构可能面临政治压力而不能进行正常的监管。由于以上这些原因，不能保证监管机构能够成功地维持金融体系的健康发展。这些问题使美国和其他国家的监管者一样苦恼，正如全球视野 18—3“国际金融监管”中所阐述的那样。事实上，金融监管并不总是运转良好，美国和世界上其他国家都发生过银行危机。

全球视野 18—3　国际金融监管

由于银行业的信息不对称问题是全世界面临的一个现实问题，其他国家的金融监管与美国的类似。像在美国一样，金融机构受到政府监管机构的审核和监督。在其他发达国家中，对金融机构和上市公司同样提出了信息披露要求。在大多数国家，存款保险也是监管体系的一个重要特征，尽管存款保险覆盖率没有美国广泛，也不刻意宣传。我们也可以看到，在《巴塞尔协议》下，各国的资本金要求逐渐迈入标准化的进程之中。

当一个金融机构同时在许多国家开展业务时，其业务会从一国转移到另一国，此时会产生特定的监管问题。金融监管者严密监视该机构在国内的操作，但由于缺乏知识或没有能力密切关注其在国外的操作，只能依赖于其国内机构的国外附属机构，或者依赖在国内有分支机构的外国机构进行监督。另外，当一个金融机构同时在许多国家开展业务时，哪个国家的监管机构应对防止从事高风险活动负主要责任，并不太明确。

随着国际商业信贷银行（BCCI）的倒闭，国际监管的内生性困难逐渐显露出来。国际商业信贷银行在 70 多个国家（包括美国和英国）同时开展业务，看起来不能胜任监管任务的小国卢森堡承担了监督职责。当众多欺诈行为被发现时，英格兰银行关闭了国际商业信贷银行，但仍旧没能挽回存款人和股东的巨额损失。各国的监管合作和监管要求的标准化为国际金融监管问题的解决提供了可行性方案。全世界都希望通过达成诸如 1992 年 7 月的《巴塞尔协议》这样的一致主张，并朝着这个方向迈进。《巴塞尔协议》要求一家银行的全球运营都要被纳入母国监管者的管控之下，并强化母国监管者获得银行经营活动信息的能力。同时，巴塞尔委员会规定，当监管者感觉到不能实施有效监管时，其他国家的监管者可以实施对外国银行的经营限制。这类合作监管的协议是否可以解决国际金融监管问题，仍是一个广泛讨论的话题。

美国通过了很多有关金融体系的监管法规，很难逐一描述。作为辅助学习，表 18 - 1 列出了自 20 世纪初以来的主要金融立法及其主要条款。

表 18-1　　　　美国主要的金融法规

1913 年《联邦储备法》
建立了联邦储备体系

1927 年《麦克法登法案》
有效禁止银行跨州设立分支机构
国民银行和州银行在同一起跑线上

1933 年《银行法》(《格拉斯-斯蒂格尔法案》) 和 1935 年《银行法》
建立了联邦存款保险公司
在商业银行和证券业之间设立了防火墙
禁止对支票存款支付利息；限定支票存款业务由商业银行办理
对其他存款设置利率上限

1933 年《证券法》和 1934 年《证券交易法》
要求对投资者公布上市证券的信息
禁止证券买卖中的歪曲和欺诈行为
创立了证券交易委员会

1940 年《投资公司法》和 1940 年《投资顾问法》
对投资公司（包括共同基金）实施监管
对投资顾问实施监管

1956 年《银行持股公司法》和《道格拉斯修正案》
认定银行持股公司（BHCs）的地位
赋予美联储监管银行持股公司的责任

1980 年《存款机构放松管制和货币控制法》(DIDMCA)
放宽储蓄机构的业务范围
允许在全国范围内开立可转让支付命令账户和流动账户
分阶段取消存款利率上限
对存款机构实施统一的法定准备金要求
取消贷款利率上限
将存款保险额度提高至每个账户 10 万美元

1982 年《存款机构法》(《加恩-圣杰曼法》)
赋予联邦存款保险公司和联邦储蓄贷款保险公司紧急跨州兼并银行和储蓄机构的权力
允许存款机构开办货币市场存款账户
放宽对储蓄机构经营商业信贷和消费信贷业务的限制

1987 年《银行业公平竞争法案》(CEBA)
向联邦储蓄贷款保险公司注入资金 108 亿美元
制定经济萧条地区的监管自律条款

1989 年《金融机构改革、恢复和加强法》(FIRREA)
提供资金以解决储蓄贷款协会倒闭问题
取消联邦储蓄贷款保险公司和联邦住房贷款银行委员会
成立储蓄机构监理署监管储蓄机构
创立清偿信托公司以解决无力偿债的储蓄机构的问题
提高存款保险保费
对储蓄贷款协会的业务重新施加限制

1991 年《联邦存款保险公司改进法》(FDICIA)
向联邦存款保险公司补充资本金
限制经纪存款和“大而不倒”政策

设定采取立即纠正措施的条款
指示联邦存款保险公司建立基于风险的保险费率制度
加强对银行的检查，强化资本金要求和信息报告制度
实施《外国银行监管加强法》(FBSEA)，加强美联储对外国银行的监管

1994 年《里格尔-尼尔州际银行业务和分支机构效率法案》
取消对跨州银行业务的限制
允许跨州设立分支机构

1999 年《格兰姆-里奇-布利利金融服务现代化法案》
废除《格拉斯-斯蒂格尔法案》，取消银行业和证券业的分业限制

2002 年《萨班斯-奥克斯利法案》
创立美国公众公司会计监督委员会
禁止某些利益冲突
要求首席执行官和首席财务官保证财务报表的真实性并出具证明审计机构独立性的文件

2005 年《联邦存款保险改革法》
合并银行保险基金和储蓄协会保险基金
将个人退休账户的存款保险额度提高到每个账户 25 万美元
授权联邦存款保险公司修正系统性风险溢价

2010 年《多德-弗兰克华尔街改革和消费者保护法案》
创立消费者金融保护局来监管抵押贷款及其他金融产品
要求常规金融衍生工具在中央清算所和交易所进行清算
新的政府决议机构允许政府接管金融控股公司
创立金融稳定监管委员会来管理系统重要性金融机构
禁止银行的自营交易和拥有较高份额的对冲基金

18.2 20 世纪 80 年代的储蓄贷款协会危机和银行危机

在 20 世纪 80 年代之前，美国的金融监管似乎运行得非常好，极大地促进了银行业安全稳健的发展。与 1934 年之前银行频繁倒闭、储户常常受到损失相比，1934—1980 年是银行倒闭极少的时期，平均每年只有 15 家商业银行和不到 5 家储蓄贷款协会倒闭。1981 年以后，这种稳健的局面发生了急剧的变化。商业银行及储蓄贷款协会倒闭的数量是前几年的 10 倍以上，如图 18 - 1 所示。是什么导致了这种情况？为什么看起来健康运营了半个世纪的监管体系会陷入困境呢？[①]

故事始于 20 世纪六七十年代及 80 年代早期爆发的金融创新。如第 19 章所述，金融创新降低了商业银行某些传统业务的盈利能力。如今，银行不仅在资金来源上与新的金融机构如货币市场共同基金的竞争日趋激烈，同时也由于商业票据市场和证券化而不断损失其贷款份额。

随着传统业务盈利能力的下降，到 20 世纪 80 年代中期，商业银行被迫寻找新的、有

① 20 世纪 80 年代储蓄贷款协会危机和银行危机的故事十分引人注目，丑闻不断，甚至涉及了 2008 年总统候选人约翰·麦凯恩（John McCain）。网络教材第 26 章详细讨论了这场危机发生的原因，以及 1989 年和 1991 年为应对这场危机出台的立法。

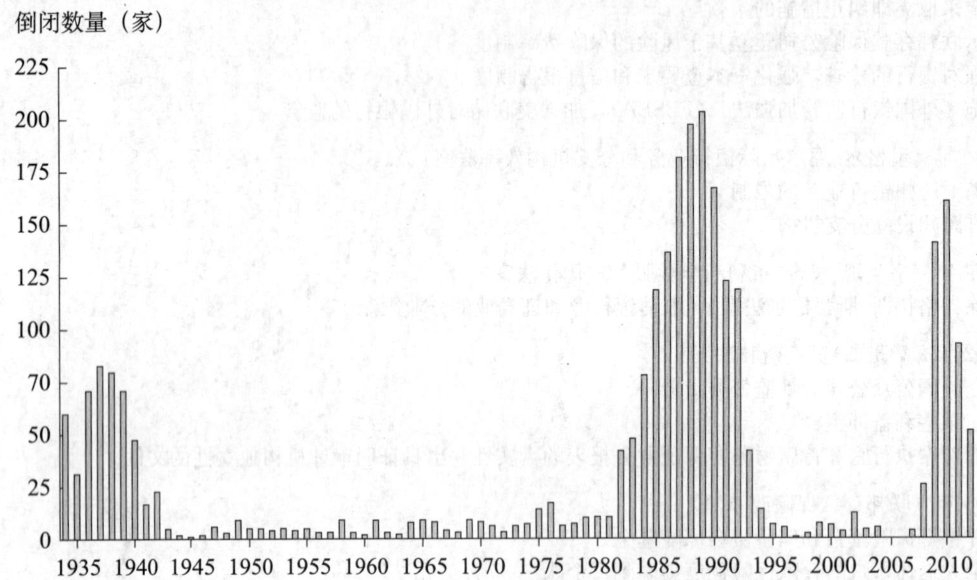

图 18-1　1934—2012 年美国银行的倒闭数量

说明：1934—1980 年间极少出现银行倒闭事件，平均每年只有不到 15 家银行倒闭，但在 1982—1993 年及 2009—2010 年期间，每年银行倒闭的数量上升到 10 倍以上。

资料来源：www.fdic.gov/bank/historical/bank/index.html.

潜在风险的业务以保持其盈利能力，将贷款总额中的较大份额投向房地产、并购和杠杠收购（被称为高杠杠性交易贷款）。存款保险的存在加剧了道德风险，因为有了存款保险，存款人没有动力去阻止银行从事高风险业务。不管银行面临多大的风险，存款保险都保证存款人不会遭受损失。

火上浇油的是，金融创新导致了大量新型金融工具的产生，这些金融工具加大了经营风险。金融期货、垃圾债券、互换和其他金融工具使银行更易于承担额外的风险，从而使得道德风险问题更加严重。在 20 世纪 80 年代初，放松对银行业管制的新立法如 1980 年的《存款机构放松管制和货币控制法》和 1982 年的《存款机构法》（《加恩-圣杰曼法》）给了储蓄贷款协会和互助储蓄银行更大的从事风险业务的权力。此前，这些储蓄机构的贷款业务被完全限制在住房抵押贷款上，现在，其被允许将 40%的资产投资于商业性房地产贷款，将 30%的资产投资于消费者贷款，将 10%的资产投资于商业贷款和租赁。紧接着该立法，储贷协会被允许将 10%的资产投资于垃圾债券或者进行直接投资（普通股、房地产、服务性公司及开办子公司）。

此外，1980 年《存款机构放松管制和货币控制法》将联邦存款保险的规定额度从每个账户 4 万美元提高到每个账户 10 万美元，以及逐步取消 Q 条例规定的存款利率上限。想追求更快发展和从事风险更大的项目的银行及储蓄贷款协会，现在可以通过发行比竞争对手的利率更高的大面额担保存单来吸纳必要的资金。如果没有存款保险，高利率也不会使存款人为高风险的银行提供资金，因为他们有可能无法收回存款资金。但有了存款保险之后，政府实际上担保存款是安全的，所以存款人很愿意将钱存入利率最高的银行。

上述做法的后果是，商业银行承担了过多的风险，从而开始遭受巨额损失。到 20 世纪 80 年代末，银行每年倒闭 200 家。联邦存款保险公司的巨额赔付损失意味着，到 1992

年它已经耗尽了全部银行保险基金，需要重新资本化。1989 年出台的《金融机构改革、恢复和加强法》（见网络教材第 25 章）为储蓄贷款协会注入了 2 000 亿美元纳税人的资金，占到 GDP 的 4%。该法案没有为银行保险基金重新资本化提供资金，也没有特别关注存款保险所引发的逆向选择和道德风险问题。但是，该法案的确授权美国财政部全面研究联邦存款保险体系的改革并提出改革计划。1991 年国会通过了《联邦存款保险公司改进法》，促使银行监管体系进行重大变革。

18.3 1991 年《联邦存款保险公司改进法》

《联邦存款保险公司改进法》条款的设计有两个目的：为了重新资本化联邦存款保险公司的银行保险基金；改革存款保险和监管体系，使纳税人的损失最小化。

通过增加联邦存款保险公司向财政部的借款，《联邦存款保险公司改进法》使银行保险基金重新资本化。该法案同时允许联邦存款保险公司征收较高的存款保险费，直到全部偿还其贷款，同时使其保险费水平达到受保存款的 1.25%。

该法案从几个方面缩小了存款保险的范围，其中最为重要的是大银行“大而不倒”的教条受到了实质性的限制：联邦存款保险公司必须使用成本最小的方法关闭破产银行，因而未受保的储户很可能遭受损失。该条款的一个例外是，如果大银行的倒闭对经济和金融稳定有严重的负面影响，可以被宣布“大而不倒”，这样所有的储户（包括受保的和未受保的）都会得到保护。此外，要获得“大而不倒”政策的保护，必须得到联邦储备委员会和联邦存款保险公司董事会成员 2/3 的多数票赞成，同时还需得到财政部长的同意。另外，如果美联储未能给倒闭银行提供长期贷款而增加了联邦存款保险公司的损失，则美联储应当分担存款保险公司的损失。

《联邦存款保险公司改进法》最重要的特征或许在于设定采取立即纠正措施的条款（如前所述），当银行陷入困境时，联邦存款保险公司应当在早期进行有力的干预。

《联邦存款保险公司改进法》也指示联邦存款保险公司进行以风险为基础的保费厘定。然而，联邦存款保险公司的保险费率系统运行得并不好，因为有超过 90%的银行及其 95%的存款都支付相同的保险费。2005 年的《联邦存款保险改革法》试图弥补上述漏洞。不管银行体系是否稳健运行，也不管受保存款的保险基金水平如何，该法案都要求承担高风险的银行支付更高的保险费。在该法案的规定之下，风险最高的银行支付的保险费可达到低风险银行所支付保险费的 10～20 倍。《联邦存款保险公司改进法》及 2005 年的《联邦存款保险改革法》的其他条款参见表 18-1。

《联邦存款保险公司改进法》沿着正确的方向迈出了重要的一步，因为它加强了银行持有更多资本金的动力，降低了承担过多风险的动机。《联邦存款保险公司改进法》考虑了以风险为基础厘定保险费率。但是，“大而不倒”和其他存款保险方面的问题也使得经济学家和监管者不得不继续探索更深层次的改革，以促进银行体系更加安全和稳定。[①]

① 《联邦存款保险公司改进法》的成效如何，以及其他的关于银行监管体系改革的提议，将在本章附录中做进一步讨论，请登录 www.pearsonhighered.com/mishkin_eakins 查看这些资料。

18.4 近年来世界范围内的银行危机

喜忧参半，倘若告诉你在 2007—2009 年全球金融危机之前，美国并不是唯一一个遭遇银行危机的国家，或许会让你感觉好受些。事实上，如表 18－2 所示，自 20 世纪 80 年代起，银行危机席卷了世界上很多国家，其中许多国家的危机比美国的危机严重得多。

表 18－2　　部分国家救助银行的成本

国家	时间	财政成本占 GDP 的比重（%）
印度尼西亚	1997—2001 年	57
阿根廷	1980—1982 年	55
冰岛	2008 年	44
牙买加	1996—1998 年	44
泰国	1997—2000 年	44
智利	1981—1985 年	43
爱尔兰	2008 年—	41*
马其顿共和国	1993—1995 年	32
土耳其	2000—2001 年	32
韩国	1997—1998 年	31
以色列	1977 年	30
厄瓜多尔	1998—2002 年	22
墨西哥	1994—1996 年	19
中国	1998 年	18
马来西亚	1997—1999 年	16
菲律宾	1997—2001 年	13
巴西	1994—1998 年	13
芬兰	1991—1995 年	13
阿根廷	2001—2003 年	10
约旦	1989—1991 年	10
匈牙利	1991—1995 年	10
捷克共和国	1996—2000 年	7
瑞典	1991—1995 年	4
美国	1988 年	4
挪威	1991—1993 年	3
卢森堡	2008 年—	8*
荷兰	2008 年—	13*
比利时	2008 年—	6*
英国	2008 年—	8*
美国	2007 年	4
德国	2008 年—	1*

*表明仅计算了截止到 2012 年的财政成本。

资料来源：Luc Laeven and Fabian Valencia，“Systemic Banking Crises Database：An Update，” IMF Working Paper No. WP/12/163（June 2012）.

18.4.1 “似曾相识，接连不断”

我们在不同国家的银行危机中看到，历史不断地重演。所有这些国家的银行危机事件都非常相似，给我们留下一种似曾相识的感觉。在银行监管体系和政府安全网还比较脆弱的时候，这些危机伴随着金融自由化和金融创新而发生。总的来说，尽管金融自由化促进了竞争，使金融体系更加有效，但从以上国家中也可以看到，如果监管很松散，银行就会从事高风险活动而加大道德风险，结果就是银行危机。①

然而，在表 18-2 所列的遭受银行危机的国家中，许多国家的存款保险并没有起到重要作用。例如，类似于美国联邦存款保险公司的日本存款保险公司，其规模与联邦存款保险公司相比小得多，在银行体系中并没有起到什么重要作用，在日本首家银行倒闭时就几乎耗尽了它的资金。这说明存款保险不应该对某些银行的危机承担责任。然而，在这里所讨论的国家的共同点是都有政府安全网，不管存款保险是不是监管的一个重要方面，政府都愿意拯救银行。因此，是政府安全网而非存款保险增强了银行从事高风险业务从而引发道德风险的动机。

18.5 2010 年《多德-弗兰克华尔街改革和消费者保护法案》

18.5.1 《多德-弗兰克华尔街改革和消费者保护法案》

全球金融危机提出了建立新的监管框架以避免再次发生危机的要求。在 2010 年 7 月，经过长达一年的讨论，《多德-弗兰克华尔街改革和消费者保护法案》（以下简称《多德-弗兰克法案》）被批准通过。它是自大萧条以来规模最大、最严厉的金融改革法案。它强调了监管领域的五大要点，具体讨论如下：

（1）**消费者保护**。该立法创设了新的消费者金融保护局，尽管该机构是一个完全独立的机构，但它由美联储出资，其办公地点就在美联储的办公楼内。对发行的金额超过 100 亿美元的住房抵押贷款以及向贫困居民发行的金融产品，消费者金融保护局有权对其所有业务进行审核和实施法律制裁。住房抵押贷款的借款人只有在按规定提供相关的收入、信用记录和工作职位的证明文件以此来证明其还款能力后才能获得贷款。禁止经纪人向借款人推荐高定价贷款并以此获取佣金。允许对国民银行实施更严格的消费者保护条款，同时赋予国家检查部门更多的权力，以实施新的消费者金融保护局颁布的规章制度。该法案将联邦存款保险额度永久性地提高到每个账户 25 万美元。

（2）**破产清算授权**。尽管在该立法颁布之前，联邦存款保险公司有能力安顿好倒闭的银行，但对大型金融机构，政府没有类似的清算中心。事实上，对没有挽救雷曼兄弟而是任其破产，美国财政部和联邦储备体系给出的一个理由是，它们没有合法手段去接管并分拆该公司。《多德-弗兰克法案》赋予政府更大的权力，当金融企业给整个金融体系带来风

① 本章网络附录 2 可以在本书网站上找到，网址为 www.pearsonhighered.com/mishkin _ eakins。表 18-2 中列示的一些银行危机的细节在该网站上有详尽的讨论。

险并有可能演变成**系统性**（systemic）风险时，可以令其破产。监管者也有权向违规金融机构征收超过500亿美元的罚款来弥补损失。

（3）**系统性风险监管**。该法案创立了一个隶属于财政部的金融稳定监管委员会，其任务是监管市场的资产价格泡沫以及系统性风险的形成。另外，它还负责判定哪些是**系统重要性金融机构**（systemically important financial institutions，SIFIs）。美联储对这些企业实行更严格的监管标准，比如更高的资本金要求、更高的流动性要求，以及当其陷入金融困境时必须提供有序自救的流动性安排，也就是制定"生前遗嘱"。

（4）**沃尔克法则**。银行开展**自营交易**（proprietary trading）只限于使用自有资金，并且只能持有部分对冲基金和私募股权基金。这些条款是以美国联邦储备委员会前主席保罗·沃尔克（Paul Volcker）的名字命名的，他一贯认为，银行不能在接受联邦存款保险保障的同时从事高风险交易。

（5）**金融衍生工具**。偿付资金流与原始发行的证券相关联的金融工具就是**金融衍生工具**（financial derivatives）。第8章讨论过，金融衍生工具（如信用违约产品）最终都成为"大规模毁灭性武器"，助长了金融崩溃。美国国际集团过度使用信用违约产品使其濒临破产就是最好的例证。为了避免类似情况的发生，《多德-弗兰克法案》要求许多标准化的衍生产品在交易所交易、在清算所清算，以减少交易对手破产带来的违约风险。一些标准化的衍生产品会受制于更高的资本金要求。银行被禁止从事一些衍生工具交易，如涉及较高风险的互换交易。除此之外，《多德-弗兰克法案》对从事衍生工具交易的公司的资本金等会提出更高的要求，并强迫其对相关交易进行信息披露。

18.6 "大而不倒"与未来监管

《多德-弗兰克法案》未涉及未来监管的许多细节，并且无疑我们需要面对"大而不倒"这一问题。我们认为，"大而不倒"正是引发全球金融危机的重要因素。下面讨论如何解决"大而不倒"这一问题以及未来银行监管的发展方向。

18.6.1 如何解决"大而不倒"这一问题?

下面主要讨论三种解决"大而不倒"问题的途径。

（1）拆分大型系统重要性金融机构。解决"大而不倒"问题的途径之一便是确保不存在足以动摇整个金融体系的机构。这样一来监管者就不需要为这些机构兜底，可将其交还给市场规则。重新执行《格拉斯-斯蒂格尔法案》被废除前的规定是缩减这些金融机构的规模的方法之一，这样能够迫使这些大型系统重要性金融机构将其不同的业务分割为更具凝聚力的小规模公司。另一种方法是监管机构规定金融机构的资产不得超过某一最大限制，迫使系统重要性金融机构进行拆分。

毫不吃惊，这两种方法均会遭到大型金融机构的强烈反对。尽管拆分系统重要性金融机构能解决"大而不倒"问题，但是，如果大型金融机构通过协作能够更好地进行风险管理，或提供成本低廉的金融服务，拆分会造成金融体系的效率损失。

（2）提高资本金要求。由于"大而不倒"的机构有动机过度承担风险，因此提高这些机构的资本金要求是降低风险的另一途径。当资本增加时，这些金融机构不仅在遭受损失时拥有了更多的缓冲资本，而且更有能力弥补损失，从而实现风险共担，降低了道德风险和过度承担风险的动机。换句话说，提高资本金要求减少了“大而不倒”机构的风险补偿。另外，因为在经济繁荣时期，系统重要性金融机构会承担更大的风险，因此可在信贷迅速扩张时提高资本金要求，在信贷缩减时则相应降低资本金要求。这样，资本金要求更具逆周期性，有助于抑制经济繁荣—萧条波动下的信贷周期。

瑞士央行一直是这种做法的倡导者：在发达国家中，瑞士对大型金融机构提出的资本金要求是最为严格的，并且在信贷市场泡沫积聚时提高资本金要求。美国国会提议就对大型金融机构设立双倍资本金要求进行立法，该提案再次遭到了大型金融机构的强烈反对。

（3）依靠《多德-弗兰克法案》。另一种观点认为，通过加大美联储救济金融机构的难度，通过对系统重要性机构实施更为严格的监管，以及通过执行“沃尔克法则”，《多德-弗兰克法案》已经有效解决了“大而不倒”问题。事实上，法案的出台人宣称，“如我们所知，《多德-弗兰克法案》将消灭‘大而不倒’问题。”尽管法案中的条款确实能够消除大型系统重要性金融机构过度承担风险的某些动机，但法案能否完全解决这一问题仍然有待考证。

18.6.2 有关未来监管的一些其他问题

《多德-弗兰克法案》没有涉及未来监管的许多细节，也没有强调一些重要的监管问题。下面讨论未来监管需要面对的四个领域：

（1）**金融服务业的薪酬**。正如第 8 章所讲，高额的收费和高管薪酬使金融行业获得了疯狂推出被证明具有更高风险的证券的激励，最终演变成一场灾难。监管者尤其是美联储密切关注金融服务业的监管条例并修正补偿条款，以降低风险。例如，监管者拟对红利支付提出要求，公司只有在获利几年之后且运行一直良好的情况下才能发放红利。这一控制试图鼓励雇员减少所从事活动的风险，从而在未来被支付更多的红利。

（2）**政府支持企业**。《多德-弗兰克法案》的一个重大缺陷在于，没有涉及私人拥有的政府支持企业，如房利美和房地美。如第 8 章所述，这两家公司都陷入了严重的金融困境而被政府接管。这导致了几千亿美元纳税人的钱被用来救助两家公司。为了防止类似事件的再次发生，政府有以下四条路可以选择：

1）撤出政府资金，将其完全私有化，从而去除对其债务的隐性支持。

2）去除私有身份，完全国有化，使其成为政府机构。

3）仍保持其现在的、私人拥有的政府支持企业的组织结构，但对其实行严格的风险限制和提出更高的资本金要求。

4）仍保持其现在的私人拥有的政府支持企业的组织结构，但强迫其缩减规模，以便在公司陷入困境时尽量减少给纳税人带来的损失，同时减少系统性风险。

（3）**信用评级机构**。严格限制信用评级机构的利益冲突，鼓励信用评级机构提供可靠的评级结果，这已成为全球金融危机之后的重中之重。然而，任重而道远。信用评级机构若提供不准确的评估信息，会助长金融体系从事高风险活动的动机，使投资者不能获得对他们的投资有用的可靠信息，在没有充分信息的情况下做出投资决策。鉴于这几年信用评级机构的不良表现，我们不得不重新思考《巴塞尔协议Ⅱ》的资本金要求严重依赖信用评级机构的评估这个问题。

（4）**过度监管的危害**。在全球金融危机爆发之后，人们发现各国的金融监管有差异。尽管很显然我们要实施更严格的监管来防止类似的金融危机再次发生，但是，过多的或者草率制定的监管规章会削弱金融体系的效率。若新的监管条例阻碍了对家庭和企业都有利的金融创新，那么未来经济增长会受到抑制。

本章小结

1. 信息不对称、逆向选择和道德风险等概念有助于解释美国和其他国家金融监管的10个方面：政府安全网、对资本持有的限制、资本金要求、立即纠正措施、注册与审核、风险管理评估、信息披露要求、消费者保护、对竞争的限制和宏观审慎监管。

2. 由于金融创新和放松管制，20世纪80年代逆向选择和道德风险问题大大增加，从而导致了美国的银行危机。

3. 1991年《联邦存款保险公司改进法》使联邦存款保险公司的银行保险基金得到补充，对存款保险和监管制度进行了改革，实现了纳税人损失的最小化。这项立法限制运用“大而不倒”政策，要求采取立即纠正措施以帮助困境中的银行，制定以风险为基础的存款保险费率。这些条款有利于减少银行从事高风险活动的动机，因而有助于降低纳税人的成本。

4. 国家与国家之间的银行危机都非常相似，说明有相同的因素在起作用。

5. 《多德-弗兰克法案》是自大萧条时期以来规模最大、最严厉的金融改革法案，它强调了五个不同领域的监管重点：①消费者保护；②破产清算授权；③系统性风险监管；④沃尔克法则；⑤金融衍生工具。以下五个方面是未来监管要面对的问题：①“大而不倒”问题；②金融企业的薪酬；③政府支持企业；④信用评级机构；⑤过度监管的危害。

重要专业术语

银行倒闭	杠杆比率	监管套利
《巴塞尔协议》	宏观审慎监管	压力测试
巴塞尔银行监管委员会	按市价计量	系统性
公允价值计量	微观审慎监管	系统重要性金融机构
金融衍生工具	表外业务	“大而不倒”问题
金融监管（审慎监管）	自营交易	在险价值计算
杠杆周期		

习题

1. 分别举例说明私人保险中的道德风险和逆向选择问题。

2. 如果保险公司提供没有任何限制的火灾险，可能会导致哪些逆向选择和道德风险问题？

3. 美国设计了怎样的银行监管条款来减少存款保险中的逆向选择问题？效果如何？

4. 美国设计了怎样的银行监管条款来减少存款保险中的道德风险问题？它们能否完全消除道德风险问题？

5. “大而不倒”政策的成本和好处是什么？

6. 对于银行监管机构而言，将遇到怎样的表外业务中的特殊问题？它们是怎样处理的？

7. 为什么限制银行从事风险活动时要加强银行资本金要求？

8. 银行监管一般采取什么形式？它是如何确保银行体系安全的？

9. 1991年《联邦存款保险公司改进法》采取了什么措施以增强联邦存款保险的功能？

10. 为什么银行监管的趋势会从针对资本金要求转移到针对风险管理？

11. 信息披露要求如何限制银行从事高风险的活动？

12. 你认为取消存款保险或限制其保险金额是一个好主意吗？请解释。

13. 你认为取消设立全国性银行体系的障碍对经济有利吗？请解释。

14. 对持有较高风险资产的银行收取较高的存款保险费，对经济有利吗？

15. 对银行的资本金要求实行按市价计量的方法，对经济有利吗？执行起来会有困难吗？

定量问题

1. 现在有一个将要破产的银行。如果联邦存款保险公司使用偿付法，15 万美元的存款值多少钱？如果使用收购与接管法呢？哪一种方法对于纳税人的成本更高？

2. 一家银行的资产负债表如下（单位：百万美元）：

资产		负债	
法定准备金	8	支票存款	100
超额准备金	3	银行资本	6
国库券	45		
商业贷款	50		

计算该银行的风险加权资产。

3. 一家银行的资产负债表如下（单位：百万美元）：

资产		负债	
法定准备金	8	支票存款	100
超额准备金	3	银行资本	6
国库券	45		
抵押贷款	40		
商业贷款	10		

银行通过了一个发放给某商业客户 1 000 万美元的贷款协议。计算这次协议前后银行的资本比率。计算这次协议前后银行的风险加权资产。

第 4～11 题是关于 Oldhat 银行的一系列交易。

4. Oldhat 银行有 900 万美元的初始资本，接受了 1.3 亿美元的支票存款。该银行发行了 2 500 万美元的商业贷款和 5 000 万美元的抵押贷款，具体内容如下：

(1) 抵押贷款：200 份标准的 30 年期、名义固定利率为 5.25%、每份价值为 25 万美元的抵押贷款。

(2) 商业贷款：3 年期贷款，每月单利为 0.75%。

a. 如果法定准备金率为 8%，银行的资产负债表如何？忽略贷款损失准备。

b. 银行如何更好地资本化？

5. 计算 Oldhat 银行初始的风险加权资产和风险加权资本比率。

6. 第二天，负面消息打击了抵押贷款市场，抵押贷款利率上升到 13%。Oldhat 银行抵押贷款的市场价值是多少？Oldhat 银行按市价计算的资本比率是多少？

7. 银行监管机构要求 Oldhat 银行出售其贷款以实现公允的市场价值。账面交易是多少？这将如何影响银行的资本状况？

8. 国会允许 Oldhat 银行在抵押贷款剩余的期限内摊销损失。如果将这项技术运用到这次交易中，交易应如何记录？每年的调整幅度是多大？Oldhat 银行的资产负债表又将如何变化？资本比率是多少？

9. Oldhat 银行决定向商业贷款的超额准备金投放 7 700 万美元。这项举措对资本比率有怎样的影响？

对风险加权资本比率有怎样的影响？

10. 关于抵押贷款的负面消息被当地一家报纸登出，导致一家小银行撤回了 600 万美元的存款。分析一下 Oldhat 银行目前的状况。

11. Oldhat 银行为了满足资本金要求，向隔夜联邦基金市场借入 550 万美元。新的资产负债表是怎样的？银行如何更好地资本化？

网络练习

银行监管

1. 登录 www. fdic. gov/regulations/laws/。该网站报告了自 19 世纪以来银行方面的最重要的法律法规。归纳网址上最新颁布的关于银行监管的法律。

2. 货币监理署负责颁布一些影响银行运作的条款。登录 www. occ. treas. gov/，点击右边一栏“Legal & Licensing”（法律与许可）下方的“Law and Regulations”（法律法规）。点击“12 CFR”，浏览第 1～199 部分，第 1 部分写的是什么？12 CFR 总共有多少部分？打开第 18 部分，看它涵盖了哪些内容，并归纳其大意。

网络附录

请登录本书的网站 www. pearsonhighered. com/mishkin _ eakins，阅读第 18 章的网络附录：

附录 1：评价《联邦存款保险公司改进法》及其他关于银行监管体系改革的建议

附录 2：世界范围内的银行危机

第 19 章　银行业：结构和竞争

开篇预览

世界各地的银行经营（如何获取、使用和管理资金以获利）大致相同。所有国家的银行都是从事盈利活动的金融中介机构。然而，当我们从整体上考虑银行业的结构和经营状况时，美国银行业应该被单独划分为一类。在大部分国家，通常有 4～5 家大型银行控制整个行业，而美国的银行业则大约有 6 200 家商业银行。

这样更好吗？这种多样性是不是意味着美国的银行体系比其他国家的银行体系更具竞争性，且更经济、有效、全面呢？在美国的经济和政治体系中，什么因素能解释这么多银行机构的存在呢？本章将通过研究商业银行的历史发展趋势和整体结构来尝试回答这些问题。

我们从探究银行体系的历史发展开始，详细研究商业银行业。除了研究美国国内的银行体系，我们也探究国际银行业增长背后的推动力，以及它们对美国银行业的影响。最后，我们将研究金融创新如何加强了银行业的竞争，又如何导致银行业发生根本性变革。

19.1　银行体系的历史发展

1782 年，北美银行（Bank of North America）在费城获得特许设立，标志着美国现代商业银行的诞生。随着该银行的成功运营，其他银行相继开业。美国银行业开始形成并发展。由第二次世界大战前美国银行业发展史上最重要的一些日子构成的时间轴，见图 19-1。

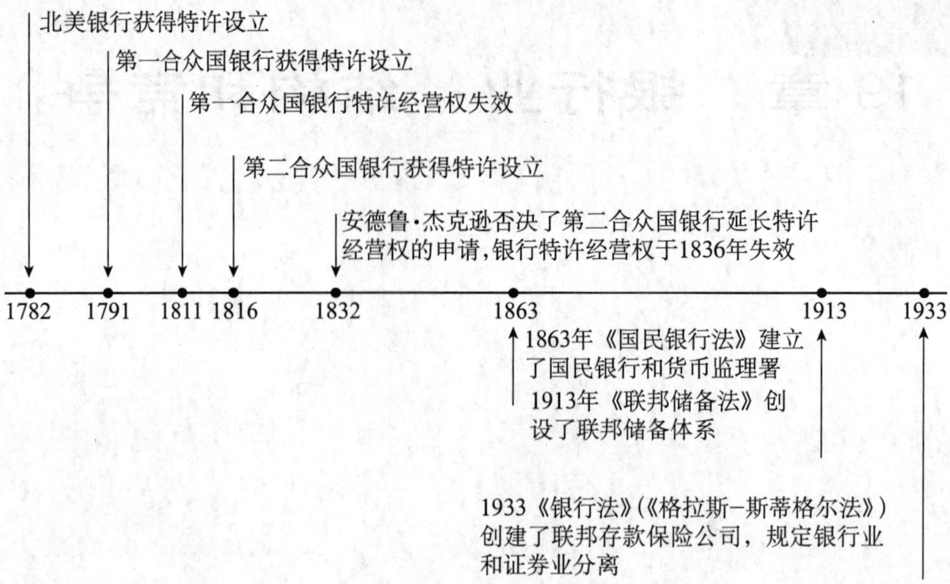

图 19-1　美国商业银行业早期历史的时间轴

说明：二战前美国银行业历史中最重要的日子。

早期关于银行业的一个主要争议在于，应该由联邦政府还是各州政府批准设立银行。联邦制的拥护者特别是亚历山大·汉密尔顿（Alexander Hamilton）倡导应由联邦政府批准设立银行，对银行业实行更强的集中控制。1791 年，他们的努力导致了第一合众国银行（Bank of the United States）的诞生，该银行同时具备私人银行和中央银行的性质，而中央银行是负责整体经济中货币和信贷供给量的政府机构。然而，农业部门和其他利益集团对中央集权持怀疑态度，倡导应由各州批准设立银行。此外，它们对大城市的金钱利益的不信任逐渐拧成了一股取消第一合众国银行的政治压力，并且在 1811 年，它们成功了，第一合众国银行的特许经营权未获得延长。由于州银行滥用职权以及由于 1812 年内战而需要成立中央银行来帮助联邦政府募集资金，1816 年国会创立了第二合众国银行(Second Bank of the United States)。在美国强化银行集中控制的第二次尝试中，中央银行集权的倡导者和反对者之间的紧张气氛时起时伏。随着一位州政权的强力支持者——安德鲁·杰克逊（Andrew Jackson）当选总统，第二合众国银行的命运走到了尽头。1832 年美国大选之后，杰克逊否决了第二合众国银行作为国民银行延长特许经营权的申请，其特许经营权于 1836 年终止。

直到 1863 年为止，美国所有商业银行都由银行所在州的银行委员会批准设立。由于没有国家货币，银行主要通过发行银行券（由银行发行的能兑换黄金的通货）来获得资金。在许多州，对银行的监管极其宽松，经常出现银行由于欺诈或资本金不足而倒闭的情况，它们的银行券也变得一文不值。

为了消除各州批准设立的银行［称为**州银行**（state banks)］的泛滥，1863 年《国民银行法》以及随后的修正案创设了一个新的由联邦政府授权经营的银行［称为**国民银行**(national banks)］组成的银行体系，它由美国财政部的下属部门——货币监理署监管。该法案最初希望通过对州银行发行的银行券强制征税而不对联邦特许银行发行的银行券征税来耗尽州银行的资金来源。但是，州银行巧妙地通过吸收存款来获得资金以逃避关门的命运。结果是，现在美国实行的是**双重银行体系**（dual banking system），即由联邦政府监管的银行与由各州政府监管的银行并存的体系。

直到1913年，美国为了促进更加安全的银行体系形成而设立联邦储备体系（美联储），才重新有了中央银行。所有国民银行都必须成为联邦储备体系的成员，并且服从美联储发布的一整套新规定。州银行可以选择（并非必须）成为美联储的成员，但是，大部分州银行鉴于服从美联储监管并成为成员而产生的高额成本，都拒绝入会。

在1930—1933年的经济大萧条时期，大约9 000家银行倒闭，使得商业银行的许多存款人的存款消失得无影无踪。为了防止银行倒闭而使存款人遭受损失，1933年《银行法》设立了联邦存款保险公司，为银行存款提供联邦保险。联邦储备体系的成员银行必须为它们的存款人购买联邦存款保险公司的保险；非美联储成员的商业银行可以选择购买这种保险（几乎所有银行都会购买）。购买联邦存款保险公司的保险使得银行必须遵守由联邦存款保险公司要求的另一套监管规定。

人们指责商业银行的投资银行业务是导致许多银行倒闭的原因，因此，1933年《银行法》（也称《格拉斯-斯蒂格尔法案》）规定，禁止商业银行从事公司证券承销或证券交易业务（但允许商业银行参与销售新发行的政府证券），并且只允许银行购买银行监管机构批准的债务证券。同样，该法案禁止投资银行从事商业银行业务。《格拉斯-斯蒂格尔法案》有效地将商业银行经营活动从证券业中分离出来。

根据《格拉斯-斯蒂格尔法案》（该法案于1999年被废除），商业银行必须出售它们的投资银行业务。例如，波士顿第一国民银行（First National Bank of Boston）将投资银行部门分拆给第一波士顿公司（First Boston Corporation），该公司现在是美国最重要的投行之一——瑞士信贷第一波士顿的一部分。尽管J. P. 摩根结束了它的投资银行业务并重组成一家商业银行，但投资银行通常选择结束其存款业务。不过，J. P. 摩根的一些高管组建了摩根士丹利（Morgan Stanley），这是目前的另一家大型投资银行。

登录www.fdic.gov/bank/，了解联邦存款保险公司如何收集金融机构和银行业的数据。

19.1.1 多重监管机构

美国的商业银行监管已经发展成一个管辖权重叠的、由多重监管机构构成的混乱体系。货币监理署对商业银行体系中总资产超过半数的1 200家国民银行负有主要监管责任。美联储和各州银行监管当局联合监管800家作为美联储成员的州银行。美联储同时对拥有一家或一家以上银行的公司［称为**银行持股公司**（bank holding companies）］负有监管责任，并对国民银行负有次要监管责任。联邦存款保险公司和各州银行监管当局联合监管4 000家购买了联邦存款保险公司的保险但不是美联储成员的州银行。各州银行监管当局单独监管其余未购买联邦存款保险公司保险的州银行（这些银行持有的商业银行体系的存款资产不足0.2%）。

如果你发现美国的银行监管系统混乱，想象一下接受多重监管机构管理的银行会如何？鉴于此，美国财政部提出相应的措施，通过将所有存款机构的监管权集中到一个独立机构手中来调整上述状况。然而，所有提议在国会都未获通过，未来监管是否会集中仍是非常不确定的。

登录 http://www.fdic.gov/bank/statistical/，了解当前商业银行和储蓄机构的盈利能力及员工数量。

19.2 金融创新和影子银行体系的成长

尽管银行机构仍是美国金融体系中最重要的金融机构，但近年来，依靠吸纳存款来发放贷款的传统银行业务正在逐步收缩。这类业务中的一部分正被**影子银行体系**（shadow banking system）所取代，即银行借贷方式正被证券市场借贷方式取代。

为了了解银行业是怎样随着时间的推移而发展起来的，我们必须首先了解金融创新的过程，金融创新改变了整个金融体系。如同其他行业一样，金融业也通过销售产品赚取利润来开展业务。假如一家肥皂公司察觉到市场对一种添加了衣物柔顺剂的洗衣粉有需求，它将开发这种产品以适应需求。同样地，基于利润最大化考虑，金融机构开发新产品来满足自己以及顾客的需求。换句话说，金融创新（对经济极为有利）是由追求财富的保值和增值的欲望驱动的。对于创新过程的这一观点可以简单表述为：**金融环境改变将刺激金融机构寻找可能有利可图的创新实践。**

自 20 世纪 60 年代以来，金融市场中的个人和金融机构面临着经济环境的急剧变化：通货膨胀率和利率急剧攀升，而且难以预测，这种状况改变了金融市场的需求。而计算机技术的飞速发展改变了供给状况。此外，金融监管越来越严格。金融机构发现，很多旧的经营方式不再有利可图，它们向公众提供的金融服务和产品卖不出去了。许多金融中介机构发现，它们不能通过传统金融工具获得资金，一旦没有这些资金，它们很快将关门大吉。为了在新的经济环境中生存下去，金融机构不得不研究和开发新产品及服务，以满足顾客需求并改进获利能力，这一过程被称为**金融工程**（financial engineering）。在这种情况下，需求是创新之母。

我们对于为什么金融创新会产生的讨论暗示了存在三类金融创新：对需求条件改变的反应；对供给条件改变的反应；规避监管。这三类动机相互作用，导致了各类金融创新的产生。现在，我们已经有了一个理论框架来解释为什么金融机构不断创新，让我们看看金融机构在逐利过程中是如何进行这三类金融创新的。

19.2.1 对需求条件改变的反应：利率波动

近年来，金融产品的需求变化很大，在这一经济环境下，最显著的影响是利率的剧烈波动。在 20 世纪 50 年代，3 个月期国库券利率的波动范围是 1.0%～3.5%；到了 70 年代，波动范围扩大到 4.0%～11.5%；到了 80 年代，利率波动范围扩大到 5%～高于 15%。利率的大幅波动导致巨大的资本增值或损失以及投资回报的不确定性。与利率波动和回报率相关的风险被称为利率风险。利率的波动性越大，利率风险就越大，如同我们在 20 世纪七八十年代所经历的那样。

可以预计，利率风险增大将会扩大对低利率风险的金融产品和服务的需求。因此，这种经济环境因素的改变将刺激金融机构寻求有利可图的创新，并鼓励其创造出一些有利于降低利率风险的新型金融工具。20 世纪 70 年代出现了两个金融创新的产品实例——可变利率抵押贷款和金融衍生工具，这些创新产品印证了上述分析。

（1）**可变利率抵押贷款**。与其他投资者一样，如果利率风险较低，金融机构就会发现贷款业务更具吸引力。它们不希望以10%的利率发放一笔抵押贷款，结果两个月后发现，它们可以用相同的抵押贷款获得12%的利息。为了降低利率风险，1975年加利福尼亚州的储蓄贷款协会开始发放可变利率抵押贷款，即当市场利率（通常是国债利率）变化时，抵押贷款利率随之变化。最初，一笔可变利率抵押贷款的利率可能是5%。6个月后，该利率可能会随着6个月期国库券利率的上升或下降而相应调整，同时贷款的偿付也相应调整。由于可变利率抵押贷款使得贷款发放机构在利率上涨时获得更高的利率，这样，在利率上升时期，这些机构能赚取更高的利润。

可变利率抵押贷款的这种吸引人的特点鼓励了抵押贷款发放机构以低于传统固定利率的初始利率发放可变利率抵押贷款，这在许多家庭中很受欢迎。然而，由于可变利率抵押贷款的抵押支付额可能增加，许多家庭宁愿继续选择固定利率抵押贷款。因此，这两种贷款都较为普遍。

（2）**金融衍生工具**。由于对降低利率风险的需求日益增加，诸如芝加哥商品交易所这样的交易所意识到，如果它们能够开发一种帮助投资者和金融机构保护自己免受利率风险影响的产品，或者说是**套期保值**（hedge）的产品，那么，它们就能通过出售这种新型工具获利。**期货合约**（futures contracts）已经存在了很长时间，它是一种卖方同意在未来某一特定日期、以约定的价格向买方提供某种标准化商品的合约。芝加哥商品交易所的官员意识到，如果他们创造出以金融工具为标的的期货合约——或者称为金融衍生工具——则它们就可被用于对冲风险，将其称为金融衍生工具是因为它们的支付与先前发行的证券挂钩。因此，1975年金融衍生工具诞生了。

19.2.2 对供给条件改变的反应：信息技术

推动金融创新供给条件改变的最重要的源泉是计算机和通信技术的进步。这两种技术统称信息技术，对金融产生了两大影响：第一，它降低了金融交易的成本，使金融机构为公众创造的新型金融产品和服务更具盈利性。第二，它使得投资者易于获取信息，公司发行证券变得容易起来。信息技术的快速发展带来了许多新兴金融产品和服务。

（1）**银行信用卡和借记卡**。信用卡早在第二次世界大战之前就已经存在。许多个体商店（西尔斯百货、梅西百货、戈德华特百货）向客户发行信用卡，这样他们不带现金就可在这些商店内购买商品。直到第二次世界大战后，全美国通用的信用卡才出现，当时大来俱乐部开发出一种能在美国全国各地（以及国外）餐厅使用的信用卡。美国运通公司和卡特·布兰奇公司也开始推行类似的信用卡服务，这些项目的运作成本很高，信用卡只向特定的负担得起昂贵价格的个人消费者和公司发放。

发行信用卡的公司通过向信用卡持有者发放贷款并收取利息以及向商场接受信用卡支付的商户收取费用（购买价格的百分比，比如5%）来获得收益。信用卡业务的成本会因贷款违约、信用卡失窃和信用卡交易过程产生的费用而上升。

银行家们看到了大来俱乐部、美国运通公司以及卡特·布兰奇公司的成功，希望能在信用卡业务上分一杯羹。20世纪50年代有几家商业银行试图将信用卡业务推广到更广泛的市场中，但运营这一业务的成本如此之高，以至于它们的早期尝试都失败了。

20 世纪 60 年代晚期，计算机技术的进步降低了提供信用卡服务的交易成本，使得银行信用卡项目获利的可能性大大提高。银行试图再次进入该行业，这一次它们的努力创造了两个成功的银行信用卡项目：美国银行信用卡［最早由美国银行（Bank of America）发行，目前由一个叫 Visa 的独立组织经营］和万能支付卡［Master Charge，现在的万事达卡（Master Card），由银行卡协会经营］。这些项目异常成功，目前大约有 5 亿张信用卡处于使用状态。事实上，银行信用卡相当有利可图，像西尔斯百货公司（发行了发现卡）、通用汽车公司、美国电话电报公司这样的非金融机构也进入了信用卡业务领域。由于在购物付款时（尤其在国外）信用卡比支票更为广泛地被人们所接受，信用卡持卡人更容易获得贷款，消费者能从中获益。

银行信用卡的成功使这些机构想出一种新的金融创新——借记卡。通常看来，借记卡与信用卡很像，并以相同的方式进行购买支付。然而，信用卡相当于向购买者发放了一笔无须立即支付的贷款，在使用借记卡进行购买支付时，卡中金额会立即从持卡者的账户中被扣除。借记卡交易对业务处理的低成本依赖性更强，其利润全部来源于商家为接受借记卡购买而向银行支付的使用费。近年来，借记卡大受欢迎。

（2）**电子银行**。令人惊叹的现代计算机技术的发展使得银行可以通过顾客与电子银行设施（网络银行）而不是银行人员的交互式交流来开展业务，极大地降低了银行的交易成本。电子银行的一种重要形式就是**自动柜员机**（automated teller machine，ATM）——一种允许顾客取现、存款、转账和查询账户余额的电子机器。自动柜员机的优势在于，它不需要加班工资，也从来不睡觉，1 天 24 小时都能使用。这不仅使银行的交易成本下降，也为顾客提供了更多的便利。由于成本低，自动柜员机可以被设置在银行或者银行分支机构以外的地方，这进一步方便了顾客。自动柜员机的低成本使得它们现在已如雨后春笋般遍布各地。目前，仅在美国就有超过 25 万台自动柜员机。当你在欧洲旅行时，你可以像从本地银行取现一样，从自动柜员机中取出外汇。

随着电子通信成本的降低，银行发展出另一种金融创新，即家庭银行。现在，对银行来说，建立一套电子银行设备，使银行客户可以通过使用电话或者个人电脑与银行计算机连接并执行交易，这种方法非常经济高效。如今，银行客户在足不出户的情况下就能进行许多交易。对客户而言，这种创新的优点在于家庭银行的便捷性；而对于银行来说，这种服务的交易成本比让客户到银行来的成本要低得多。自动柜员机和家庭银行的成功引发了另一项创新，即**自动银行机**（automated banking machine，ABM），它将同一地域的自动柜员机、银行网站以及客户服务中心的电话连接起来。

随着个人电脑价格的下降以及在家庭中的普及程度的提高，我们见证了家庭银行业务的进一步创新，一种没有实体、只存在于网络空间的新式银行机构——**虚拟银行**（virtual bank）出现了。1995 年，位于亚特兰大、现在为加拿大皇家银行所有的安全第一网络银行成为第一家虚拟银行，并在互联网上提供包括接受支票账户和储蓄存款、出售存单、发行 ATM 卡、提供账单支付等一系列银行服务。因此，虚拟银行在家庭银行的基础上更进了一步，使客户能在家中享受 1 天 24 小时的全方位银行服务。1996 年，美国银行和富国银行以及许多其他银行也进入虚拟银行市场。现在，美国银行已经成为美国最大的网上银行。虚拟银行会成为未来银行业的主导形式吗？（参见网络金融 19—1“银行业的‘键盘’能打败‘砖瓦’吗？”）

（3）**电子支付**。平价电脑的发展和互联网的普及使银行可以非常廉价地让客户对账单进行电子化支付。过去，你不得不通过邮寄支票来支付账单，现在只需要登录银行提供的网页，轻轻点击几下，你的电子化支付命令便发送出去了。你不仅节约了邮票的费用，而且基本不花工夫，支付账单现在（几乎）成为一种享受。银行提供的电子支付系统甚至使得你不登录就能进行支付。与此同时，经常性的账单则可以自动从你的银行账户扣除付款额，而不需要你做任何事。这些服务的提供从两个方面增强了银行的盈利性：第一，账单支付电子化意味着银行不需要人工去处理纸质交易。当账单以电子化方式支付而不是以实物支票形式支付时，对于每笔交易，估计银行能节约超过 1 美元的成本。第二，对顾客而言的额外便利意味着顾客将更愿意在该银行开设账户。电子化支付在美国越来越普遍。然而，美国人的电子化支付程度远不如欧洲人，尤其是斯堪的纳维亚人。（参见网络金融 19—2“为何斯堪的纳维亚人领先于美国人使用电子支付和网上银行?”）

网络金融 19—1

银行业的“键盘”能打败“砖瓦”吗?

随着虚拟银行（“键盘”）的出现及其所带来的便利，它们是否会取代人们对有形银行分支机构（“砖瓦”）的需求，从而成为银行经营业务的主要形式，这是人们常问的一个关键问题。独立存在的网络银行真的会成为未来银行的发展趋势吗?

答案似乎是“不会”! 像 Wingspan（由美国第一银行所有）、First-e（总部位于都柏林）和 Egg（由保诚集团所有的一家英国网络银行）这些只从事网络银行业务的银行，其收入增长水平和盈利能力都让人大失所望。结果就是纯网络银行并没有如其支持者所希望的那样大获成功。为什么网络银行令人失望呢?

网络银行面临几大制约：首先，银行存款人希望他们的存款是安全的，对于把钱存入这种缺乏悠久历史的新兴机构总是十分犹豫。其次，客户担忧网上交易的安全性以及交易是否真的具有保密性。在保管私人信息方面，人们认为传统银行更加安全可靠。再次，客户偏好实体银行分支机构提供的服务。例如，银行客户似乎更偏好以面对面的方式购买长期储蓄产品。最后，网络银行存在一些技术难题——服务器崩溃、电话线连接速度过慢、交易中的种种错误等。不过，这些问题可能随着技术的进步而逐渐消失。

未来银行业的发展浪潮似乎并非纯网络银行，而更像是“键盘+砖瓦”式银行，这种银行把网络银行作为传统银行服务的一种补充手段。尽管如此，随着越来越多的银行服务通过网络来传送服务，以及未来有形银行分支机构的数量可能会下降，银行服务的传送方式正经历着巨大的改变。

网络金融 19—2

为何斯堪的纳维亚人领先于美国人使用电子支付和网上银行?

美国是全世界最大的支票使用国。在美国，每年都要签发数以千亿计的支票，超过3/4的非现金交易是使用票据完成的。与此相反，在大部分欧洲国家，超过 2/3 的非现金交易是以电子化方式完成的；其中，芬兰和瑞典拥有世界上最高的网上银行客户群比重。事实上，如果你是芬兰人或瑞典人，你或许更愿意使用个人电脑，甚至使用移动电话进行在线支付而不是签发支票。为什么欧洲人尤其是斯堪的纳维亚人目前在电子支付的应用方面大大地超越了美国人呢？首先，欧洲人在个人电脑出现之前就已经习惯于不使用支票进行支付。欧洲人长期使用一种被称为转账支付的方式，即银行和邮局为客户转移资金来替他们支付账单。其次，欧洲（尤其是斯堪的纳维亚）比美国有更多的移动电话和互联网用户。芬兰是世界上人均拥有移动电话数量最多的国家，而芬兰和瑞典的互联网用户占比名列前茅。也许这种使用模式源于这些国家的低密度人口，以及只能足不出户坐在电脑前度过寒冷的漫漫冬夜。对斯堪的纳维亚人来说，他们宁愿认为他们的高科技文化是他们良好的教育制度、电脑知识高普及率、顶级技术公司［诸如芬兰的诺基亚（Nokia）和瑞典的爱立信（Ericsson）］以及大力推广使用个人电脑的政府政策（诸如瑞典给予向职工提供家用电脑的公司以税收优惠）的产物。结果是，从百分比看来，芬兰和瑞典是网上银行使用率最高的国家。很明显，美国在电子支付方面比它们落后许多，这给美国经济带来了巨大的成本。据估计，如果将签发支票的方式转化为电子支付方式，将为美国经济节约数十亿美元。事实上，美国联邦政府正试图将所有支付款项直接存入银行账户，通过实现所有政府支付电子化以减少开支。美国能否在未来脱离纸质支票转而全面使用高科技电子支付方式呢？

(4) **电子货币**。电子支付技术不仅能够替代支票，而且通过以电子形式存在的货币——**电子货币**（electronic money，e-money）替代现金。电子货币最初以储值卡形式存在。消费者购买一定额度的预设消费金额是最简单的一种储值卡形式。一种更为复杂的储值卡被称为**智能卡**（smart card）。智能卡含有电脑芯片，以便持有者在需要时登录电脑从账户中提取数字现金。智能卡可以从自动柜员机、装有读卡器的个人电脑以及特殊电话设备上登录。

电子货币的第二种形式通常是指**电子现金**（e-cash），一般用于在网上购买商品和服务。消费者通过开立网上银行账户，就能从账户上向电脑上转移电子现金。当她想用电子现金购买东西时，只需要在网上找一家商店，在某物品旁点击“购买”选项，随后电子现金就会从她的电脑上转移到商家的电脑上。商家在货物发出之前就可以将钱从顾客的银行账户上转移到自己的账户上。

鉴于电子货币的方便快捷，你也许会认为，我们将很快步入一个所有支付都能电子化的无现金社会。然而，这种情形并未发生。（参见网络金融 19—3“我们即将步入无现金社会吗?”）

(5) **垃圾债券**。在计算机技术和电子通信技术产生之前，人们很难获得某家想要出售证券的公司的财务状况信息。由于很难分辨出企业信用风险的高低，只有那些信用等级高、组织完善的大公司才有资格发行债券。[①] 在 20 世纪 80 年代以前，只有能够发行信用等级为 Baa 级及以上级别（投资级）债券的公司才能通过发行新债券融资。一些公司先前发行了投资级的长期公司债，但由于企业经营恶化，这些债券的信用等级下降到 Baa 级以下，这样的公司就是所谓的“堕落天使”，信用等级在 Baa 级以下的债券被贬称为“垃圾债券”。

随着 20 世纪 70 年代信息技术的进步，投资者能够越来越容易地获取公司的财务信息，这让投资者更容易分辨出信用风险的高低。因此，投资者更愿意购买那些由知名度较

---

① 第 7 章关于逆向选择问题的讨论对于为什么只有那些信用等级高、组织完善的大公司才有资格发行证券提供了更为详尽的分析。

低的公司发行的信用等级较低的长期债券。随着供给条件的改变，可以预见，一些聪明人将为未获得信用评级的公司（而非堕落天使）首创公募垃圾债券的概念。这正是任职于投资银行德崇证券的迈克尔·米尔肯1977年开始做的事。20世纪80年代晚期，垃圾债券的发行量超过2 000亿美元，垃圾债券成为公司债券市场的重要组成部分。尽管在1989年米尔肯被指控违反了《证券法》，随后垃圾债券市场的发展显著减缓，但到了20世纪90年代和进入21世纪，垃圾债券市场又重新活跃起来。

网络金融 19—3

我们即将步入无现金社会吗？

几十年来，无现金社会的预测甚嚣尘上，但是这些预测都未取得预期结果。例如，《商业周刊》(*Business Week*) 曾经在1975年预测，电子支付手段“将很快使货币这个概念发生革命性变化”。但几年后，它只能自己推翻这种说法。近年来，关于利用智能卡使消费者转换到使用电子货币的尝试也并未取得成功。Mondex卡是英国于1995年发行的一种被广泛吹捧的早期储值卡，现在仅在少数几所英国大学校园内使用。在德国和比利时，尽管数以百万计的人随身携带嵌有电脑芯片的银行卡，并且这些卡使他们能够使用电子货币，但几乎没有人使用这些卡。为何我们迈向无现金社会的步履如此缓慢呢？

尽管电子货币可能比纸质货币支付系统更加便捷有效，但仍存在几个因素阻止纸质系统的消失。首先，要使电子货币成为主要支付手段，需要配备必要的电脑、读卡器以及电子通信网络等硬件设备，但这些设备成本高昂。其次，电子支付手段引发了安全和隐私问题。我们常常听到媒体关于某未经授权的黑客入侵了电脑数据库并且篡改其中储存信息的报道。这种情况并不罕见，这也意味着一些无良的人可以通过入侵电子支付系统内的银行账户，将别人账户中的资金转移到自己的账户中。防止这类欺诈不是一项简单的任务，为了应付这类安全问题，人们开发了一个全新的计算机科学领域。进一步的问题是，使用电子支付手段会留下大量关于使用者购买习惯的个人数据的电子记录。人们担心政府、雇主和厂商能够获得这些数据，侵犯个人隐私。

我们的结论是，尽管电子货币的应用将越来越多，但套用马克·吐温 (Mark Twain) 的话说：“报告金钱死亡的消息实在是太夸张了。”

(6) **商业票据市场**。商业票据是由大型银行和大型公司发行的一种短期债务证券。自1970年开始，商业票据市场经历了快速增长，当时发行在外的票据总额为330亿美元。到2012年末，发行在外的票据总额超过10 000亿美元。事实上，商业票据是发展最快的货币市场工具之一。

信息技术的进步也有助于解释商业票据市场的快速发展。我们已经了解到，信息技术的进步使得投资者更容易辨别信用风险的高低，这使公司发债变得容易。这不仅使公司在垃圾债券市场发行长期债券变得容易，同时意味着公司在商业票据市场通过发行短期债券来融资也变得容易了。很多一向从银行借短期资金的公司，现在则转为经常在商业票据市场上筹集资金。货币市场共同基金的发展是商业票据市场快速发展的又一因素。货币市场共同基金需要持有流动性强、高质量的短期资产（如商业票据），而这些基金持有的资产增长了近26 000亿美元，足以形成一个现成的商业票据市场。另外，投资于商业票据的养老金和其他大型基金的增长也促进了该市场的发展。

（7）**证券化**。基于交易方式和信息技术进步的金融创新的一个重要的例子是证券化，这是过去20年里最重要的金融创新之一，同时也是在20世纪头十年中期次级抵押贷款市场发展过程中发挥重要作用的金融创新。**证券化**（securitization）是将缺乏流动性的金融资产（如个人抵押贷款、汽车贷款和信用卡应收款）——通常是银行机构典型的主营业务——转换为可交易的资本市场证券的过程。正如我们所知，获取信息能力的提高使得出售可交易资本市场证券变得更为容易。同时，随着计算机技术的进步，交易成本降低，金融机构可以以很低的成本将许多小额贷款（通常小于10万美元）捆绑成一个贷款（如抵押贷款）组合，收取组合中抵押贷款的本金和利息偿付，然后将其转移（发放）给第三方。通过将贷款组合划分成标准化的面额，金融机构可以将利息和本金偿付的权益随同标准化了的证券出售给第三方。面值标准化使证券化贷款具有了很好的流动性，贷款组合有利于分散风险，这两点优势使此类证券颇受追捧。出售证券化贷款的金融机构通过为贷款提供服务（收取利息和本金偿付，然后发放出去）并向第三方收取一定费用来获利。

19.2.3 规避现有监管

目前，我们所讨论的金融创新过程与经济社会中其他领域的创新一样，都是适应供需状况变化而产生的。然而，由于金融行业受监管的程度远大于其他行业，政府监管成为行业创新的一个主要推动力。政府监管导致金融创新的机制在于，一些监管条例限制了工商企业的盈利能力，促使这些企业寻求规避这些法规的路径。波士顿学院的经济学家爱德华·凯恩（Edward Kane）将这种规避监管法规的过程描述为“钻空子”。关于创新的经济学分析表明，当经济环境发生变化，导致监管约束变得更为严格，以至于规避这些约束可以获得巨额利润时，钻空子和创新就很可能发生。

在美国，银行业是受到最严格监管的行业之一，钻空子现象极易发生。从20世纪60年代末期到1980年，高通货膨胀和高利率使得对银行的监管约束更为严格，由此导致了金融创新。

有两类法规严格限制了银行的盈利能力：一是法定准备金要求，该规定要求银行将存款的一部分作为准备金（库存现金和存在联邦储备体系中的存款）；二是对存款利率的限制。这些监管法规成为推动金融创新的主要动力，原因如下：

（1）法定准备金要求。理解法定准备金要求导致金融创新的原因，关键是要认识到，这种行为实质上是对存款征税。直到2008年，美联储才开始对准备金付息。在此之前，由于美联储无须为准备金支付利息，持有准备金的机会成本是银行将准备金发放出去可能得到的利息收入。对每一美元存款，法定准备金要求施加给银行的成本就等于银行放贷可能获得的利率i乘以存款的法定准备金率r。实际上，银行所承担的成本$i \times r$就像对银行存款征收了$i \times r$的税。

只要有可能，就要设法避税，这是亘古不变的规律，银行当然也不例外。正如纳税人会想方设法减少报税单上的数目一样，银行会通过钻空子以及金融创新来规避由法定准备金要求对其存款征的税，从而增加利润。

（2）对存款利率的限制。直到1980年，法令才允许大多数州的银行对支票账户中的存款支付利息，而且美联储通过Q条例对可以支付给定期存款的利率水平设定了最高限。

直到今天，银行仍不允许对公司支票账户支付利息。对规避**存款利率上限**（deposit rate ceilings）的强烈渴望是金融创新的原因之一。

如果市场利率上升到超过Q条例所规定的银行可以支付给定期存款账户的最高水平，存款人将从银行撤出资金，投资于能获得更高收益的证券。银行体系存款的流失限制了银行的可贷资金规模——被称为**脱媒**（disintermediation）——导致银行利润降低。银行有强烈的动机绕过存款利率上限，这样可以吸引更多资金来发放贷款并获得利润。

下面将考察规避利率支付上限和法定准备金要求的税收效应如何导致了两种重要的金融创新：

（1）**货币市场共同基金**。货币市场共同基金发行以固定价格（通常是1美元）通过签发支票赎回的股份。举例来说，如果你以5 000美元购买了5 000份货币市场共同基金，该基金就会将这笔资金投资于支付利息的短期货币市场证券（如国库券、存单和商业票据）。此外，你还能对你在货币市场共同基金中持有的股份签发最高额度为5 000美元的支票。尽管货币市场共同基金股份能起到生息和支票存款账户的功能，但它不是法律意义上的存款，因而没有法定准备金要求，也没有利息支付的限制。正因为如此，它们可以获得高于银行存款利率的利率。

第一只货币市场共同基金是由华尔街的两位特立独行者布鲁斯·本特（Bruce Bent）和亨利·布朗（Henry Brown）于1970年创立的。然而，在1970—1977年间，货币市场共同基金的市场利率很低（只比Q条例所规定的5.25%～5.5%的上限略高一点），这使得货币市场共同基金并不比银行存款更有吸引力。1978年初，形势飞速转变，通货膨胀上升，市场利率攀升到超过10%，这比Q条例所规定的存款利率上限5.5%高得多。1977年，货币市场共同基金的资产还不足40亿美元；到1978年，其资产已经提高到超过100亿美元；到1979年，其资产超过400亿美元；到1982年，其资产已经提高到2 300亿美元。目前，货币市场共同基金的资产大约为2.6万亿美元。正如我们本来所预计的那样，至少可以说在20世纪70年代晚期和80年代初期利率飙升到超过Q条例上限的年代，货币市场共同基金是一种成功的金融创新。

具有讽刺意味的是，在2008年金融危机期间，由布鲁斯·本特创立的货币市场共同基金进行的风险投资几乎摧毁了货币市场共同基金行业（详见小案例19—1“布鲁斯·本特与2008年货币市场共同基金的恐慌”）。

（2）**清理账户**。促使商业银行规避法定准备金要求的另一种创新是**清理账户**（sweep account）。在这种安排下，在每个工作日结束时，若一家公司支票账户中的存款超过某一金额，超过的部分会被“扫地出门”，用来投资于有利息收入的隔夜证券。由于这些被“扫地出门”的资金不再被划入支票存款之列，因此，不需要缴纳法定准备金，也就不会被“征税”。清理账户的另一个优点在于，银行能够向这些公司支票账户支付利息，而向一般公司账户支付利息在现有监管法规下是不被允许的。清理账户一经推出，就颇受欢迎，这使得法定准备金的总量降低，降到大部分银行觉得法定准备金要求已不是太大负担的程度，换句话说，银行自愿持有了比要求数量更多的法定准备金。

货币市场共同基金和清理账户这些金融创新非常有意思，它们的出现不仅是为了规避成本很高的监管，也是因为供给条件发生了变化，这里主要是指信息技术的变化。如果不是因为现有的低价电脑能够以低成本处理这些账户所要求的交易，这种创新将无利可图。技术因素通常与其他因素相结合促进了创新的产生。

小案例 19—1　布鲁斯·本特与 2008 年货币市场共同基金的恐慌

在 2008 年秋爆发的金融危机期间，布鲁斯·本特——货币市场共同基金的创始人之一——几乎摧毁了整个货币市场共同基金行业。本特先生在 2008 年 7 月写给他的股东们的信中提到，基金的运作要基于“坚定不移地保护投资者的本金”的原则。他在 2007 年 9 月写信给美国证券交易委员会，信中提道：“安全性和流动性是我在 1970 年初次创建货币市场共同基金时的信条。”他还说道，这些原则“在投资组合经理追逐最高收益时被弃之一旁，他们违背了货币基金的品格”。可叹的是，本特自己也没能遵守自己的原则，他的基金——主要储备基金——购买了巨额风险资产，以使该基金的收益率高于行业平均水平。

在雷曼兄弟于 2008 年 9 月 15 日宣告破产之际，资产超过 600 亿美元的主要储备基金被发现持有了价值 7.85 亿美元的雷曼兄弟公司的债务，而这些债务已经一文不值了。由此造成的损失意味着，在 9 月 16 日，本特的基金不能再以 1 美元的面值赎回基金份额，即“跌破面值”，本特的股东开始从基金撤出资金，导致该基金损失了 90%的资产。

担心上面的一幕在其他货币市场共同基金中重演，基金份额持有者纷纷以惊人的速度撤回资金，整个货币市场共同基金行业看上去摇摇欲坠。为了阻止这种情况发生，美联储和美国财政部在 9 月 19 日发起联合救援行动。美联储设立了一种贷款便利（在第 8 章探讨过），购买货币市场共同基金的商业票据可以享受到美联储的这种贷款便利，从而使得货币市场共同基金能够满足投资者的赎回需求。财政部则对所有货币市场共同基金赎回提供临时担保，恐慌渐渐平息。

毫不奇怪，鉴于政府将安全网扩展到了货币市场共同基金行业，人们呼吁加强对该行业的监管。货币市场共同基金将不会再同过去一样了。

执业经理 19—1

从新的金融产品中获利：对本息分离国债的案例研究

我们已经了解到，高速计算机的出现降低了处理金融交易的成本，导致了诸如银行信用卡和借记卡这样的金融创新。因为金融创新有利可图，所以对于金融机构的管理人员来说，利用计算机技术创造出新的、高获利性的金融产品这种思维意识非常重要。金融机构的管理人员是如何通过金融创新来提高利润的呢？我们来考察本息分离债券的例子。这种金融工具最早由所罗门兄弟公司和美林公司于 1982 年首创。（实际上，这种创新非常成功，美国财政部依样复制，在 1985 年发行了本息分离国债，参见第 12 章的相关讨论。）

长期附息债券的投资者即使计划长期持有，也会遇到一个问题，即由再投资风险带来的债券回报率的不确定性。原因在于，息票利息支付是在债券到期前的 10 年内支付，息票利息支付将会被用于再投资。由于息票利息再投资时的利率是波动的，债券的最终回报率也随之波动。与此相反，由于在债券到期前都不进行现金支付，长期零息债券没有再投资风险。零息债券的持有至到期回报率在购买债券的时刻就已经被确定了。无再投资风险是零息债券吸引投资者的一个特点。因此，投资者愿意为无须承担再投资风险而接受比附息债券稍低的利率。

零息债券的低利率与证券公司利用电脑创造所谓的混合证券（其他标的证券的衍生品）的能力相结合，使得所罗门兄弟公司和美林公司的员工想出了一个赚取利润的高招。

他们利用电脑将长期附息国债分离（剥离）成一组零息债券。举例来说，一份价值为 100 万美元的 10 年期附息国债，可能被分离成 10 份价值 10 万美元的零息债券，这些被分离出来的债券自然被称为本息分离债券。这种更可取的本息分离零息国债的利率水平更低，意味着这些债券的价值之和将会超过标的长期国债的价格，这使得所罗门兄弟公司和美林公司能够通过购买长期国债，将其拆分为本息分离国债，然后将它们作为零息债券出售而赚取差价。

为了更详细地了解这些人的想法是如何实现的，让我们更深入地考察一种息票利率为 10%、到期收益率为 10%、价值 100 万美元的 10 年期附息国债，它以面值出售，这种债券的每期现金支付额见表 19-1 的第（2）列。为了简化起见，假设收益率曲线完全水平，即所有被用于对未来现金支付进行贴现的利率都是相同的。零息债券没有再投资风险，这使得它比 10 年期附息国债更受欢迎，因而零息债券的利率为 9.75%，略低于附息债券 10%的利率水平。

一位聪明又老到的金融机构经理人弗兰是否能计算出通过创造并出售本息分离国债获得的利润呢？第一步，计算本息分离零息国债的出售价格。如果她之前读过这本书的第 3 章，就会发现这很简单。利用第 3 章的公式（3—1），即

$$PV=\frac{CF}{(1+i)^n}$$

她可以很容易地算出每份本息分离零息国债的贴现值。

$$\frac{n\text{ 年的现金支付额}}{(1+9.752\%)^n}$$

每年的计算结果见表 19-1 的第（4）列。当弗兰将所有能从本息分离零息国债中获得的偿付额相加时，她得到 1 015 528 美元，该值大于长期国债 100 万美元的购买价格。只要从财政部获得利息支付并且将其转交给本息分离零息国债持有者的成本低于 15 528 美元——而实际上这非常可能，因为计算机技术的发展使这种金融交易的成本非常低廉——对于她所在的金融机构而言，创造这种本息分离零息国债就是有利可图的。因此，弗兰建议她所在的金融机构开始做这种金融产品。该金融机构能从出售大量本息分离零息国债中获得较高的利润，当然不吝于给弗兰一辆拉风的红色新款宝马汽车以及 10 万美元的奖金了。

表 19-1　10 年期、息票利率为 10%、以面值出售、售价为 100 万美元的附息国债的本息分离零息债券的市场价值

(1) 年	(2) 现金支付（美元）	(3) 零息债券的利率（%）	(4) 零息债券的贴现值（美元）
1	100 000	9.75	91 116
2	100 000	9.75	83 022
3	100 000	9.75	75 646
4	100 000	9.75	68 926
5	100 000	9.75	62 802
6	100 000	9.75	57 223
7	100 000	9.75	52 140
8	100 000	9.75	47 508
9	100 000	9.75	43 287
10	100 000	9.75	39 442
10	1 000 000	9.75	394 416
总计			1 015 528

19.2.4 金融创新与传统银行业的衰落

银行的传统金融中介职能是通过发行短期存款筹资以发放长期贷款，这种资产转换过程通常被称为“借短贷长”。我们在这里讨论一下，金融创新如何将银行业置于一个更具竞争性的环境中，并导致整个行业急剧变化，即传统银行业逐步衰落。

在美国，商业银行作为非金融借款人获得资金的来源的重要性显著下降。如图 19-2 所示，1974 年，商业银行提供了这些资金的近 40%；到 2012 年，银行的市场份额降低到 22%。储蓄机构的市场份额下降得更加显著，从 20 世纪 70 年代末的超过 20%降到目前的大约 2%。

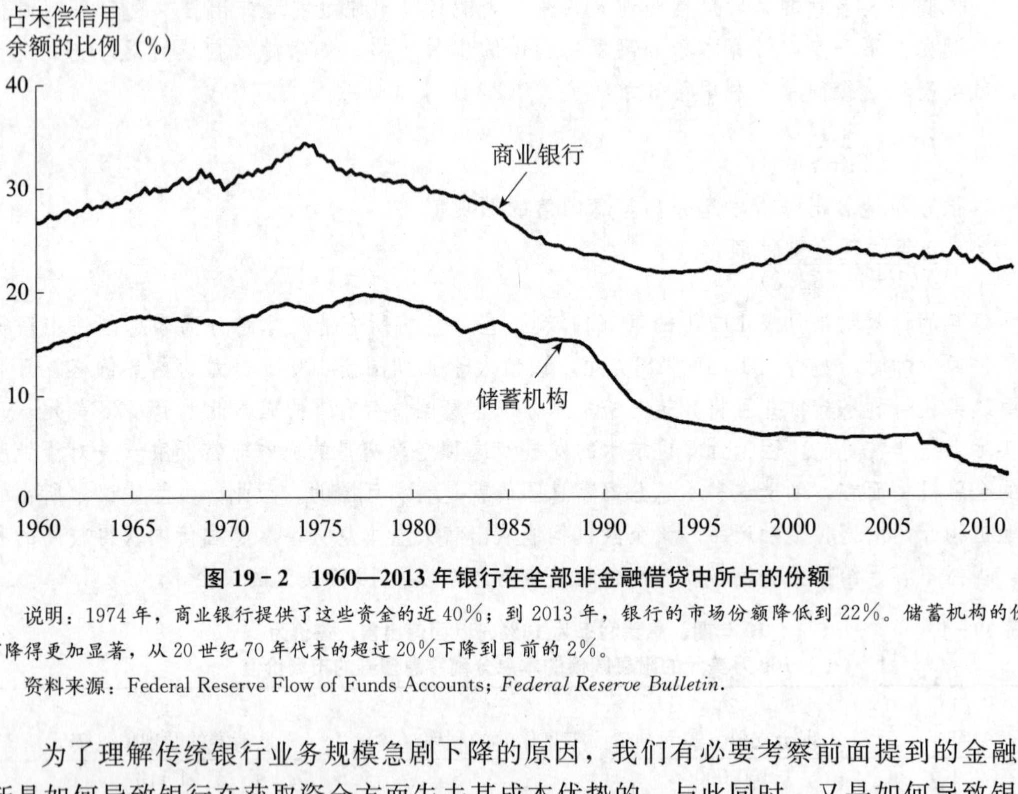

图 19-2 1960—2013 年银行在全部非金融借贷中所占的份额

说明：1974 年，商业银行提供了这些资金的近 40%；到 2013 年，银行的市场份额降低到 22%。储蓄机构的份额下降得更加显著，从 20 世纪 70 年代末的超过 20%下降到目前的 2%。

资料来源：Federal Reserve Flow of Funds Accounts; *Federal Reserve Bulletin*.

为了理解传统银行业务规模急剧下降的原因，我们有必要考察前面提到的金融创新是如何导致银行在获取资金方面失去其成本优势的，与此同时，又是如何导致银行在运用资金方面失去其收益优势的。同时失去成本和收益优势，导致传统银行业的获利能力下降，促使银行努力离开这些传统业务领域而参与新兴的、更有获利能力的业务。

（1）**失去获取资金的成本优势（负债方）**。直到 1980 年，银行都要遵守存款利率上限的规定，这些规定对银行向活期存款支付的利率水平进行了限制，同时（Q 条例）还限制银行不能向定期存款支付超过 5%的利率。到 20 世纪 60 年代，银行的主要资金来源（超过 60%）是支票存款，这些存款的零利息成本意味着银行的资金成本非常低，这些监管条款都对银行非常有利。遗憾的是，这种成本优势并没能长久地持续下去。20 世纪 60 年代末，通货膨胀水平上升导致了利率水平不断上升，投资者对不同资产的收益率差异变得更为敏感。人们开始将资金撤出支票存款和定期存款利率水平都很低的银行，转而开始寻找收益率更高的投资，结果便是脱媒过程。与此同时，绕开存款利率上限以及法定准备金要求的努力导致了货币市场共同基金这样的金融创新产品的产生。存款人现在能够从货币市场共同基金账户上赚取更高的利息，同时获得类似支票存款账户的服务便利，这使银行陷入更加不利的境地。金融体系这些变化的表现之一是，银行的低成本资金来源即支票存款对于银行的重要性显著下降，在银行负债中的占比从60%降到现在的不到5%。

银行越来越难筹集到资金的现实，导致在20世纪80年代银行支持通过立法取消了Q条例的定期存款利率上限，并允许银行向活期存款支付利息。尽管这些监管法规方面的变化有助于银行在获取资金方面保有竞争力，但同时意味着银行融资成本大幅上升，因此，削弱了银行相对于其他金融机构所具有的成本优势。

(2) **失去运用资金的收益优势（资产方）**。美国银行资产负债表上负债方的成本优势丧失只是其竞争力减弱的一个原因，另一个原因是我们在前面讨论过的，即垃圾债券和证券化等金融创新以及商业票据市场地位的上升，对美国银行资产方的收益优势造成了打击。金融创新导致银行在收益方面的劣势，造成了银行市场份额的减少，并导致影子银行体系的快速成长，而正是影子银行利用金融创新使借款者避开传统银行体系获得融资的。

我们知道，信息技术的进步使公司向公众发行证券变得更容易。这意味着许多银行最好的客户发现，比起去银行进行短期借款融资，到商业票据市场融资的成本更低。此外，商业票据市场使得主要依靠商业票据筹集资金的融资公司可以掠夺银行业务以扩展自身的业务。融资公司贷款给同样的银行客户群体，保持了相对于银行贷款的市场份额（大约30%的工商业银行贷款业务）。垃圾债券市场的出现也侵吞了银行的部分贷款业务。信息技术的进步使得公司更易于绕过银行而直接向公众出售债券。《财富》500强公司从20世纪70年代开始使用这种途径融资，而现在，资质较差的公司由于能进入垃圾债券市场融资渠道，也减少了通过银行融资。

我们已经了解计算机技术的进步推动了证券化，通过证券化，诸如银行贷款和抵押贷款这种缺乏流动性的金融资产可以被转换为可交易证券。由于计算机的使用，其他金融机构现在能够运用统计方法准确地评估信贷风险，因而能够发放贷款。与此同时，计算机降低了交易成本，使得将贷款打包作为证券出售成为可能。当能够利用计算机轻易地评估违约风险时，银行在发放贷款方面就不具优势了。尽管银行自己也参与了证券化进程，但随着银行渐渐失去从前的优势，银行在贷款业务方面已经输给其他金融机构了。大部分住房抵押贷款已经被证券化，这对于诸如储蓄贷款协会这样的抵押贷款发行机构来说是一个尤为严峻的问题。

(3) **银行的反应**。在任何行业中，获利能力的下降通常都会导致很多公司从该行业退出（通常因为大范围的公司破产）以及市场份额的萎缩。伴随着大量银行的合并和倒闭，这种情形出现在20世纪80年代的美国（前面的章节已经讨论论过）。

为了生存并维持足够的利润，许多美国银行面临两种选择：第一，它们企图通过进军新式的、高风险的贷款领域以维持传统的贷款业务。例如，美国银行提高了传统上更具风险的贷款种类如商业房地产贷款的投资比重，这提高了风险。此外，银行增加了对公司兼并和杠杆收购的贷款业务，这些都是高杠杆交易。因此，银行传统业务盈利性的下降促生了20世纪80年代到90年代早期的银行危机，以及在第8章讨论过的始于2007年的全球金融危机。

银行寻求维持利润水平的第二种方法就是开展新的更具获利能力的表外业务，表外业务实际上囊括了影子银行体系。美国商业银行的这种做法始于20世纪80年代，它们从表外业务即非利息收入业务中获得的收入翻了一倍多。这种策略使很多人对于究竟什么是适合银行的业务以及是否非传统业务的风险更大进而使银行承担了过度的风险产生了担忧。

银行传统业务的减少驱使银行开拓新的业务领域，这有利于银行业保持活力与健康。事实上，在2007年之前，银行的盈利能力都非常高。非传统业务——表外业务对银行的高利润起了重要作用。这种银行业的新趋势使银行倾向于冒险，这要求监管机构对银行传统业务的减少保持高度警惕。由于监管机构现在需要更加关注银行的表外业务，这给银行监管机构带来了新的挑战，我们已在第18章中进行了讨论。

(4) **其他发达国家传统银行业的衰落**。与美国所遭遇的情况相似，其他发达国家也出现了传统银行业地位下降的情况。在美国以外的其他国家，银行对于存款人而言的垄断力量也在不断丧失。金融创新和监管放松的情况正在全球蔓延，由此产生了很多无论对存款人还是借款人而言都极具吸引力的替代品。例如，在日本，监管放松使公众得以使用一系列新的金融工具，这导致了与美国相似的脱媒过程。在欧洲各国，金融创新逐步侵蚀了传统上保护银行免受竞争的壁垒。

在其他国家，银行同样面临着由证券市场扩张和影子银行体系扩张带来的不断增加的竞争压力。金融监管的放松和基本的经济力量都增强了证券市场信息的可得性，使企业可以更容易地以更低的成本发行证券，而不用再去银行借款。即使在那些证券市场发育还不成熟的国家，由于银行最好的公司客户有更多的途径进入外国资本市场和离岸资本市场（如欧洲债券市场）进行融资，银行贷款业务也在不断流失。在较小的经济体中，如澳大利亚，仍旧不存在发达的公司债券市场和商业票据市场，银行还是在国际证券市场的竞争压力下失去了一部分贷款业务。此外，推动美国证券化进程的驱动力也同样作用于其他国家，并且削弱了这些国家传统银行业的盈利能力。并不是只有美国的商业银行面临日益严峻的竞争环境。尽管传统银行业的衰落在美国的出现早于其他国家，但同样的原因也使得外国传统银行业衰落。

19.3 美国商业银行业的结构

目前，美国大约有6 000家商业银行，该数目远超世界其他国家。如表19-2所示，美国有相当多的小银行，大约有32.1%的银行资产不足1亿美元。加拿大和英国的银行规模分布则有代表性得多，其中5家或更少的银行控制着整个行业。与此相反，美国最大的10家商业银行（如表19-3所示）的资产总和仅占行业总资产的不足60%。

美国大部分行业中的公司数量都比商业银行业中的公司数量少得多，通常这些行业中的大公司对行业的控制程度比商业银行业中的高得多。（想想被微软公司所统治的计算机软件行业，以及由通用汽车公司、福特公司、丰田公司和本田公司所统治的汽车行业。）商业银行业的银行数量众多以及缺少几家支配型企业是否意味着商业银行业的竞争性比其他行业强呢？

表 19-2　**2013 年 3 月 31 日投保的商业银行的规模分布**

资产规模	银行数量	银行所占份额（%）	持有资产的份额（%）
1 亿美元以下	1 954	32.1	0.9
1 亿～10 亿美元	3 607	59.2	7.9
10 亿美元以上	535	8.8	91.2
总额	6 096	100.00	100.00

资料来源：http：//www2. fdic. gov/sdi/main. asp.

表 19-3　**2013 年美国最大的十家银行**

银行	资产规模（百万美元）	占全部商业银行资产的份额（%）
1. 摩根大通银行	1 947.8	14.58
2. 美国银行	1 429.7	10.70
3. 花旗银行	1 319.4	9.87
4. 富国银行	1 284.5	9.61
5. 美国合众银行	349.3	2.61
6. PNC 金融服务集团	294.5	2.20
7. 纽约梅隆银行	281.3	2.11
8. 美国第一资本金融公司	235.2	1.76
9. 美国道富银行	223.2	1.67
10. 多伦多道明银行	212.2	1.59
总计	7 577.3	56.70

资料来源：http：//www2. fdic. gov/IDASP/main. asp?formname=inst.

19.3.1　对开设分支机构的限制

美国有如此多的商业银行，实际上反映了过去限制这些金融机构开设**分支机构**（branches，开展银行业务的其他办事机构）的监管规定。每个州对银行能够开设分支机构的种类和数量都有自己的规定。举例来说，东西海岸各州通常都允许银行在全州开设分支机构。在中部地区，对于银行开设分支机构的规定更加严格。为了使国民银行和州银行受到同等对待，1927 年颁布的《麦克法登法案》（以及 1956 年颁布的《道格拉斯修正案》，它弥补了《麦克法登法案》的漏洞）有效地禁止了银行跨州开设分支机构，并迫使所有的银行遵守其总部所在州关于开设分支机构的规定。

《麦克法登法案》和各州关于设立分支机构的规定使商业银行业缺乏竞争。由于较大的银行被禁止在周边开设分支机构，较小的银行得以存活。如果竞争对社会有利，为什么美国有这种限制开设分支机构的规定呢？最简单的解释是，美国公众在历史上就对大银行怀有敌意。那些对开设分支机构规定最严格的州，通常是那些在 19 世纪反银行情绪最严重的州。（这些州通常都有很多农业人口，当银行对无法偿付债务的农民取消抵押品赎回权的时候，银行与农民之间的关系会出现周期性的恶化。）限制银行开设分支机构的银行体系以及由此产生的过多的小银行是美国 19 世纪的政治遗产。然而，正如本章后面将提到的，美国已经取消了开设分支机构的限制，并且正在向全国性银行体系发展。

19.3.2　对限制开设分支机构的反应

美国银行业的一个重要特征在于监管能抑制竞争却不能完全消除竞争。正如我们在本章开头所分析的，限制性规定的存在刺激银行绕过监管寻求利润而进行金融创新。限制开设分支机构的规定激发了类似的动机，并且促进了两种金融创新的发展：银行持股公司和自动柜员机。

（1）**银行持股公司**。银行持股公司是指拥有几家不同公司的集团公司。这种公司的所有权形式对银行十分有利。因为虽然银行不得开设分支机构，但银行持股公司能同时对几家银行拥有控制权，这相当于使银行规避了限制开设分支机构的规定而开设了分支机构。另外，银行持股公司能从事与银行相关的其他业务，如投资咨询服务、数据处理和传输服务、租赁、信用卡服务以及对其他州的贷款服务。

在过去的30年里，银行持股公司急剧扩张。现在，银行持股公司几乎拥有所有的大银行，超过90%的商业银行存款都归属于银行持股公司所持股的银行。

（2）**自动柜员机**。另一项规避设立分支机构限制条款的金融创新是自动柜员机。银行意识到，如果它们不拥有或租用自动柜员机，而只使用他人所有的自动柜员机，并且它们为每笔交易支付一定的费用，那么，自动柜员机将不被看作银行的分支机构，也不用受银行开设分支机构规定的限制。这正是大部分州的监管机构和法院所达成的共识。因为自动柜员机使银行扩大了市场范围，大量这样的共享设备（如Cirrus和NYC）得以在全国范围内建立。即使自动柜员机为银行所有，各州也通常有特别条款，比起传统意义上的“砖瓦”那样的分支机构，允许银行更广泛地使用自动柜员机。

正如本章前面所述，规避监管不是自动柜员机发展的唯一原因。成本更低廉的计算机和电子通信技术的出现使得银行能以低成本提供自动柜员机，从而使得其成为具有盈利性的创新。这个例子进一步说明了，技术因素常常与规避限制性规定（如开设分支机构的限制性规定）的强烈愿望相结合，促进了金融创新的产生。

19.4 银行合并和全国性银行

在经历了从1934年到20世纪80年代中期的一段平稳发展时期后，商业银行的数量开始急剧下降，如图19-3所示。为什么会发生如此突然性的减少呢？

从20世纪80年代到90年代初期，银行业陷入了低潮时期。1985—1992年和2009—2010年银行以每年超过100家的速度倒闭（将在本章稍后部分详细讨论，也可以参见第18章）。但是，银行倒闭只是银行业衰退的一方面。在1985—1992年间，银行的数量减少了3 000家，这是倒闭银行数量的两倍多。在1992—2007年间，当银行业逐渐恢复元气时，商业银行总共减少了3 800多家，其中倒闭的银行占比不足5%，减少的银行中大部分都是小银行。因此我们发现，在1985—1992年间，银行倒闭对银行数量的减少起着重要而非决定性的作用。从那以后到2007年，银行倒闭对银行数量的减少所起的作用几乎可以忽略不计。不过，2007—2009年的全球金融危机使大量银行倒闭并导致银行数量的进一步减少。

还有什么能解释银行数量的减少呢？答案就是银行合并。银行不断兼并以创造更大的实体或者不断收购其他银行以扩充规模。这产生了一个新问题：为什么近年来出现了银行合并？

正如我们所见，银行寻找监管漏洞的过程降低了银行开设分支机构的有效性，很多州

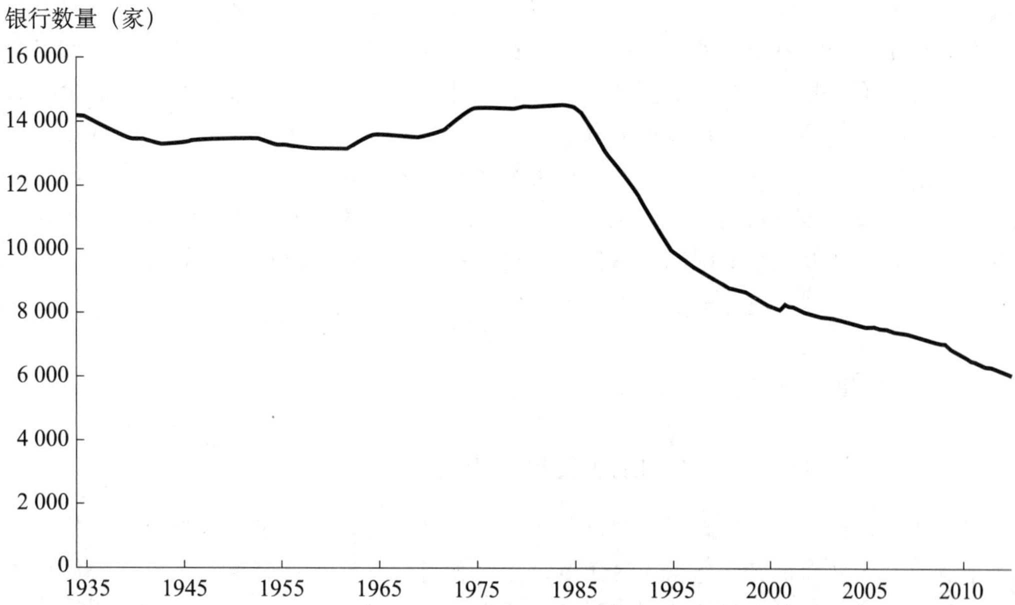

图 19－3　1934—2013 年美国投保的商业银行数量

说明：在经历了从 1934 年到 20 世纪 80 年代中期的一段平稳发展时期后，商业银行的数量开始急剧下降。

资料来源：www2. fdic. gov/qbp/qbpSelect. asp? menuitem＝STAT.

认识到，允许银行跨州拥有其他银行才最符合它们的利益。这样就形成了很多互惠的地区性协议，根据这些协议，一个州的银行被允许拥有本地区内其他州的银行。1975 年，缅因州颁布了第一部州际银行法令，该法令允许州外银行持股公司购买缅因州内的银行。1982 年，马萨诸塞州与新英格兰地区的其他州签订了一项允许建立州际银行的地区性协议。此后，许多其他的地区性协议相继出台，直到 20 世纪 90 年代早期，几乎所有的州都允许建立某种形式的跨州银行。

20 世纪 80 年代初期，跨州设立银行的各种障碍逐渐瓦解，银行能够在很多州而不只是一个州内发放贷款，银行意识到它们能通过多样化经营获得收益。如果某一州的经济情况不好，而其他州的经济情况还不错，通过多样化经营可以减少贷款同时违约的可能性。此外，允许银行拥有其他州的银行，意味着银行可以通过兼并或收购其他州的银行来扩大经营规模，从而获得规模经济优势。兼并和收购解释了银行合并的第一个阶段，这是从 1985 年起银行数量减少的重要因素。放松对跨州设立分行的限制引起的另一个结果是促使了一种新型银行——**跨区域银行**（super regional banks）的发展。这类银行是由于那些总部不在货币中心城市（纽约、芝加哥和旧金山）的银行持股公司企图通过规模扩张以与那些坐落在货币中心城市的银行抗衡而产生的。这种跨区域银行的例子有位于北卡罗来纳州夏洛特市的美国银行和位于俄亥俄州哥伦布市的第一银行。

毫不奇怪，网络的出现以及不断进步的计算机技术是推动银行合并的另一个因素。为金融机构建立信息技术平台需要巨额的前期投资（参见网络金融 19—4“信息技术与银行合并”），银行的规模经济增强了。为了寻求规模经济，银行不断扩大规模，这种发展导致了银行业的进一步合并。信息技术的发展同样增强了**范围经济**（economies of scope），即用一种资源提供许多不同产品和服务的能力。例如，关于公司质量和信誉度的详细信息不仅有助于银行决定是否应该向它们发放贷款，同时对确定这些公司的股票应该以何种价格交易也非常有用。类似地，一旦你向一位投资者顺利推销出一种金融产品，你就很可能知道应该如何推销另一种金融产品。商业人士在描述范围经济时声称，不同商业领域之间存在协同效应，而信息技术则使协同效应出现的可能性变大。这导致合并不仅能使金融机构的规模扩大，还能增强其所提供产品和服务之间的协同性。这种合并造成了两种后果：一是不同类型的金融机构彼此进入相互的业务领域，使它们同质化；二是合并导致银行向美联储所称的大型综合化银行组织发展。废除《格拉斯-斯蒂格尔法案》中对银行和其他金融服务行业之间相互结合的限制条款促进了这种趋势的发展（详见下一节）。

登录 www2. fdic. gov/SDI/SOB，搜集银行业的统计数据。

网络金融 19—4

信息技术与银行合并

要想成功降低成本，就需要向信息技术投入大笔资金；反过来说，如此巨额的投资要求企业具有超大规模的经营范围。这正是近年来信用卡业务发展的真实写照。大规模的技术投资被用于为顾客提供便捷的网络服务，开发更好的交易处理以及信用和欺诈风险分析系统。这导致了大量银行合并的出现：1995 年，发卡量最高的五家银行所发行的信用卡债务占信用卡总债务的比例不到 40%，目前，这个数字已经超过了 60%。信息技术也促进了银行托管业务的合并不断增加。当投资者购买了一种股票或证券时，银行会替他们保管，并向他们提供这些证券的价值数据和投资者所面临的风险等相关信息。由于该业务是计算机密集型业务，因此，为了使银行以更具竞争力的收费标准来提供这些服务，银行需要进行大规模的计算机技术投资。最大的 10 家托管银行的资产占行业总资产的比重已从 1990 年的 40%提高到现在的 90%。

电子金融的重要性不断提高，使银行的产业结构发生了巨大的变化，其中计算机在传送金融服务方面起到了比以往更重要的作用。尽管银行很愿意为其客户提供全面的产品，但它们发现这样做无利可图。银行现在正精简业务，这将导致未来技术密集型银行业务的进一步合并。

19. 4. 1 1994 年《里格尔-尼尔州际银行业务和分支机构效率法案》

1994 年《里格尔-尼尔州际银行业务和分支机构效率法案》的通过进一步刺激了银行合并。该法律将银行经营的区域范围扩大到整个国家，同时推翻了《麦克法登法案》和《道格拉斯修正案》中对州际银行的禁令。这项法案允许银行持股公司收购其他州的银行，而当时所有州立法案都不允许这种情况发生；该法案还允许银行持股公司将其所拥有的银行合并为一家银行，设立跨州分支机构。各州还可以选择不允许在本州设立跨州分支机构，但只有得克萨斯州选择这么做。

《里格尔-尼尔州际银行业务和分支机构效率法案》最终为一个真正的全国性银行体系奠定了基础。尽管在此之前，银行持股公司就可以通过收购州外银行实现跨州银行经营，但在 1994 年以前，由于几乎没有州颁布州际银行法令，因此，州际银行实际上并不存在。很多银行从业人员认为，通过银行持股公司的结构不能充分实现规模经济，因此，允许银行通过发展分支机构经营州际业务变得尤为重要。通过分支机构网络，银行业务协调发展，充分实现了规模经济。

全国性银行开始出现。1998 年，美国银行和国民银行合并后的银行成为了美国第一家在东西海岸都开设有分支机构的银行。银行业内的合并使得银行分支机构遍布几乎所有 50 个州。

19.4.2 美国银行业结构展望

随着全国性银行在美国成为现实，银行合并为银行业带来的好处也显著增加，推动银行业进入合并和收购的下一个阶段，并加速了商业银行总量减少的进程。随着银行业结构发生巨大变化，人们不禁问道：10 年之后，美国的银行业又将如何变化呢？

一种观点认为，美国的银行业将与许多其他国家的银行业结构趋同，最后可能只剩下几百家银行。一种更极端的看法认为，美国银行业将与加拿大和英国的情况一样，最后可能只剩下几家大银行在行业内占统治地位。然而，对该问题的研究却提供了一个不同的答案。美国银行业的结构将继续保持其独特性，但程度不如以往。大多数专家预计，当美国银行的数量接近几千家而不是几百家的时候，合并的浪潮就会平息下来。

银行合并不仅会使银行总数减少，还会使资产从规模较小的银行转移到规模较大的银行，如同大通曼哈顿银行与化学银行之间的合并以及美国银行和国民银行之间的合并所出现的情形。事实上，美国现在已经有几家万亿美元级的银行了，如花旗银行、摩根大通银行和美国银行。

19.4.3 银行合并和全国性银行的利弊分析

全国性银行的倡导者认为，全国性银行的工作效率更高，使银行倒闭的情况减少，有助于银行体系的健康发展。但是，反对银行合并的人担心，合并将消灭小型银行，即**社区银行**（community banks），而这将导致对小公司贷款的减少。此外，他们还担心少数几家银行在银行业中占统治地位，会使银行业缺乏竞争。

大部分经济学家对这些反对银行合并的意见都持怀疑态度。正如我们所见，研究表明：即使在这股合并的浪潮结束之后，美国也仍有很多家银行。银行仍会保持高度的竞争性，甚至比现在更具竞争性。那些以前被保护起来不需要与州外银行竞争的银行，现在为了保护其业务，必须同其他银行展开有力的竞争。

此外，社区银行也不会消失。在纽约州于 1962 年放宽设立分支机构法案的诸多限制之后，曾有很多人担心，偏僻的社区银行将被大型的纽约城市银行驱逐出市场。然而，这种情况不仅没有发生，而且大型银行发现，这些小型银行甚至在当地市场上超越了它们。与此类似，加利福尼亚州长期以来都未对银行开设州内分支机构进行限制，而州内仍有很多欣欣向荣的社区银行。

经济学家看到了银行合并和全国性银行的一些很重要的好处。取消银行业的地缘限制将增加竞争、驱逐低效率银行，从而提高银行部门的效率。银行业朝着大型组织形式转变，也意味着银行利用规模经济和范围经济提高了效率。银行贷款组合的多样化程度提高，可以降低将来出现银行危机的可能性。20 世纪 80 年代和 90 年代初，银行倒闭事件总是发生在经济疲软的州内。例如，在1986年石油价格下跌之后，得克萨斯州内所有原来盈利状况良好的主要商业银行都陷入了困境。当时，新英格兰地区的银行状况都不错，但1990—1991年的经济衰退给了新英格兰地区以沉重的打击，这里的银行纷纷倒闭。如果有全国性银行，银行可以同时在新英格兰地区和得克萨斯州发放贷款，那么银行倒闭的可能性就会减小，因为当贷款在一个地区发生亏损时，可能在另一个地区获利。因此，建立全国性银行是创建健康的银行体系并增强银行对危机的抵御能力的重要举措。

关于银行合并的效果，还存在两点忧虑：一是这可能会导致对中小企业的贷款减少；二是银行都会向新的地缘市场进行扩张，这可能会增大银行倒闭的风险。现在，对这些忧虑还没法给出最终判断，但大部分经济学家认为，银行合并和全国性银行所带来的好处远远超过其成本。

19.5 银行业和其他金融服务业的分业经营

直到最近，美国银行业结构的另一个重要特点是银行业和其他金融服务业（如证券业、保险业和房地产业）的分业经营，这是1933年颁布的《格拉斯-斯蒂格尔法案》所规定的。正如本章之前所指出的，《格拉斯-斯蒂格尔法案》允许商业银行销售新发行的政府证券，但禁止它们承销公司证券或参与股权投资，该法案还禁止银行涉足保险和房地产业务。相应地，该法案也禁止投资银行和保险公司从事商业银行活动，因此，可保护银行免受竞争压力。

19.5.1 《格拉斯-斯蒂格尔法案》的瓦解

尽管被《格拉斯-斯蒂格尔法案》禁止，但对利润的追求以及金融创新的驱动促使银行和其他金融机构规避《格拉斯-斯蒂格尔法案》的诸多限制，不断侵占对方的传统业务领域。随着货币市场共同基金和现金管理账户的发展，经纪公司可以通过发行存款工具进入传统银行业的经营领域。在美联储于1987年利用《格拉斯-斯蒂格尔法案》第20章的一个漏洞即允许银行持股公司承销以前被禁止的证券种类之后，银行开始效仿从事此项业务。只要承销收入不超过一定的数额，获批的商业银行附属机构就可以从事承销业务。这个比例最初是总收入的10%，后来提高到了总收入的25%。在1988年7月，美国最高法院裁定美联储的行为合法之后，美联储允许银行持股公司J.P.摩根公司承销公司债券（1989年1月）和公司股票（1990年9月），后来该特权逐步扩大到其他银行持股公司。再后来，监管机构也允许银行涉足某些房地产和保险领域的业务。

19.5.2 1999年《格兰姆-里奇-布利利金融服务现代化法案》：废除《格拉斯-斯蒂格尔法案》

由于对商业银行从事证券业务和保险业务有诸多限制，美国银行相对于外国银行处于竞争劣势。20世纪90年代，废除《格拉斯-斯蒂格尔法案》的议案出现在几乎所有国会会议上。随着1998年美国第二大银行花旗集团与当时拥有美国第三大证券公司所罗门美邦公司的保险公司旅行者集团的合并，要求废除《格拉斯-斯蒂格尔法案》的压力进一步升级。立法废除《格拉斯-斯蒂格尔法案》最终在 1999 年取得成果。1999 年的《格兰姆-里奇-布利利金融服务现代化法案》允许证券公司和保险公司收购银行，同时也允许银行承销保险和证券并从事房地产业务。根据这项法案，各州保留了对保险业的监管权力，而证券交易委员会继续监管证券活动。货币监理署负责监管从事证券承销的银行子公司，而美联储继续监管从事房地产、保险和大额证券买卖业务的银行持股公司。

19.5.3 金融合并的意义

正如我们所见，1994 年的《里格尔-尼尔州际银行业务和分支机构效率法案》刺激了银行业的合并。1999 年《格兰姆-里奇-布利利金融服务现代化法案》进一步加快了金融合并的进程，因为现在并购不仅在银行间发生，而且可以跨越整个金融服务业。鉴于信息技术增强了范围经济，银行与其他金融服务公司的合并（如花旗集团与旅行者集团的合并）越来越普遍，而且，很可能会有越来越多的巨型银行出现。银行机构不仅向变大的方向发展，也向从事全面金融服务的复杂化机构方向发展。2007—2009 年的全球金融危机进一步加速了这种趋势的发展（参见小案例 19—2“全球金融危机和大型独立投资银行的消亡”）。

小案例 19—2　全球金融危机和大型独立投资银行的消亡

尽管在《格拉斯-斯蒂格尔法案》被废除后，将各种金融服务业务引入大型的、复杂的银行组织的发展趋势不可避免，但没人能预料到这种趋势发展得像 2008 年那样快。2008 年 3—9 月的 6 个月内，5 家最大的独立投资银行全部不复存在。2008 年 3 月，当第五大投行贝尔斯登披露了其投资于次级抵押贷款证券而产生的巨额亏损后，它不得不接受美联储的紧急救助，从而以不足一年前公司价值十分之一的价格被强制出售给了 J. P. 摩根。美联储对贝尔斯登的救助表明，政府安全网已经覆盖到投行。因此未来投行将受到与商业银行类似的更严厉的监管。

下一个轮到的是第四大投行雷曼兄弟，它于 2008 年 9 月 15 日宣告破产。仅仅一天之前，同样由于持有次级证券而遭受了巨额损失的第三大投行美林公司，宣布以低于上年同期价格一半的价格被出售给美国银行。分别是第一大和第二大投资银行的高盛和摩根士丹利，尽管持有的次级证券较少，也难逃厄运。它们意识到，在不久的将来，它们将受到与银行类似的监管，并且成为银行持股公司，以获得一种能吸收更稳定资金来源（投保存款）的渠道。

这是一个时代的结束，大型独立投资银行已成为历史。

19.5.4 世界范围内的银行业和其他金融服务业的分业经营

在美国大萧条之后，并没有很多国家跟随美国将银行业与其他金融服务业分离开来。事实上，过去这种分业经营是美国的银行业监管与其他国家最显著的区别。纵观全世界，银行业和证券业的结构有三种基本框架。

第一种框架是全能银行制。德国、荷兰和瑞士实行这种制度。在全能银行制下，银行业与证券业完全不分离，商业银行提供全方位的银行、证券、房地产和保险服务，所有服务均由单一法人提供。银行可以持有可观的商业公司股份，通常它们也乐于这么做。

第二种框架是英国式全能银行制。英国和与其有紧密联系的国家如加拿大、澳大利亚以及现在的美国都实行这种制度。英国式全能银行可以从事证券承销业务，但它与德国式全能银行有三点不同：一是各项服务普遍由独立法人子公司提供；二是银行持股商业公司较为少见；三是银行和保险公司的结合比较少见。

第三种框架是日本等国的这类由法律规定银行业和证券业分业经营的制度。美国和日本银行体系的主要不同点是，日本允许银行持有商业公司的大量股权，而美国不允许。尽管法律规定银行业和证券业需要分业经营，但商业银行越来越多地被允许从事证券业务。像美国的银行一样，日本的银行越来越像英国式全能银行。

19.6 互助储蓄业：监管和结构

毫不奇怪，储蓄机构（储蓄贷款协会、互助储蓄银行、信用社）的监管和结构与商业银行的监管和结构有很多相似之处。[①]

19.6.1 储蓄贷款协会

正如商业银行实行双轨银行制一样，储蓄贷款协会既可以由联邦政府授权设立，也可以由州政府授权设立。大部分储蓄贷款协会，无论是由州政府授权设立的还是由联邦政府授权设立的，都是联邦住房贷款银行系统（FHLBS）的成员。联邦住房贷款银行系统建立于1932年。与联邦储备体系一样，联邦住房贷款银行系统有12家地区联邦住房贷款银行，这些银行由储蓄机构监理署实施监管。

联邦存款保险公司为每个储蓄贷款协会账户提供最高额度为25万美元的存款保险。货币监理署通过设定最低资本金要求、定期提供报告和审查储蓄贷款协会三种方式，对投保联邦保险的储蓄贷款协会进行监督检查。同时，它也是联邦特许储蓄贷款协会的授权机构，负责这些储蓄贷款协会合并申请的批准以及制定开设分支机构的规定。

对储蓄贷款协会开设分支机构的监管比对商业银行的监管更自由。过去，几乎所有州都允许储蓄贷款协会在本州开设分支机构。从1980年开始，所有州都允许联邦特许的储蓄贷款协会在全州范围内开设分支机构。自1981年以来，美国允许陷入财务困境的储蓄贷款协会进行跨州兼并，储蓄贷款协会在全国范围内开设分支机构已成现实。

联邦住房贷款银行系统像美联储一样为系统成员提供贷款（通过发行债券为此融资）。但是，与美联储发放短期需偿还的贴息贷款相反，联邦住房贷款银行系统提供的贷款在相当长的一段时期内不需要偿还。此外，它对储蓄贷款协会收取的贷款利率通常低于储蓄贷款协会在公开市场上借入资金的利率。通过这种方式，联邦住房贷款银行系统的贷款项目实际上是为与储蓄贷款相关的产业（事实上指房地产业，因为大部分储蓄贷款协会的贷款

---

① 登录 www.pearsonhighered.com/mishkin _ eakins，参见网络教材第26章，以了解对储蓄协会的监管和结构的深入讨论。

都是住房抵押贷款）提供补贴。

正如我们在第 18 章了解到的，20 世纪 80 年代储蓄贷款协会经历了严重的危机。因为储蓄贷款协会从事许多与商业银行相同的业务，因此许多专家认为，对储蓄贷款协会的独立授权和监管已经不合时宜、没有意义了。

19.6.2 互助储蓄银行

美国有 400 多家互助储蓄银行，其中大约一半由州政府特许设立。互助储蓄银行与储蓄贷款协会类似，不同的是，它由存款者共同拥有。尽管互助储蓄银行主要由其所在州的州政府监管，但它们中的大部分为每个账户向联邦存款保险公司购买了最高 25 万美元的联邦存款保险，因此，这些银行同时也遵守大部分联邦存款保险公司对于州立特许银行的监管条例。没有向联邦存款保险公司投保的互助储蓄银行通常由州立保险基金担保。

互助储蓄银行开设分支机构的条例是由其所在州制定的。由于这些条例并不特别严格，互助储蓄银行的资产通常不少于 2 500 万美元。

19.6.3 信用社

信用社是一种小型合作贷款机构，它由特定的具有某种共同关系的一群人组织设立（例如，合作社会员或者某公司的雇员）。信用社可以由州政府授权设立，也可以由联邦政府授权设立，是仅有的免税存款机构。超过一半的信用社是由联邦政府授权设立的。全国信用社管理局（NCUA）负责为联邦注册的信用社颁发执照，并通过设定最低资本金要求、要求定期提供报告和审查信用社三种方式监管联邦特许的信用社。全国信用社管理局的下属机构是全国信用社股份保险基金（NCUSIF），为联邦政府和州政府授权设立的信用社提供联邦存款保险（每个账户的上限为 250 000 美元）。由于信用社发放的主要贷款是到期期限很短的消费者贷款，这些机构与储蓄贷款协会和互助储蓄银行并不相同。

由于成员之间是合伙关系，信用社通常规模很小，大部分信用社的资产规模小于 1 000万美元。此外，由于信用社与某行业或企业密切关联，因此一旦某行业或企业的工人大量失业而无力偿还贷款，信用社倒闭的可能性就会大大提高。近期的监管调整允许独立的信用社为多样化人群提供服务，不再那么严格地界定合伙关系，这促进了信用社规模的扩张，进而降低了未来信用社倒闭的可能性。

通常，一个信用社的股东遍布许多州，有时甚至遍布全世界。联邦特许的信用社允许跨州甚至跨国开设分支机构。例如，海军联邦信用社的分支机构遍布全球，它的股东是美国海军和海军陆战队的成员。

19.7 跨国银行业务

在 1960 年，只有 8 家美国银行在国外设有分支机构，而且，资产总额不超过 40 亿美元。现在，大约有 100 家美国银行在海外设有分支机构，总资产已经超过 3.8 万亿美元。跨国银行业务的惊人发展可归因于三个因素：

首先，1960 年以来国际贸易迅速增长和世界范围内跨国公司迅猛发展。当美国公司在国外经营时，需要银行提供服务来帮助其为国际贸易业务融资。例如，它们可能需要外汇形式的贷款用于在国外经营工厂；或者当它们将商品售往海外时，需要银行帮助其将从销售中获得的外币兑换为美元。尽管这些银行可以使用外国银行来为其提供这些跨国银行服务，但很多公司更愿意同那些与它们建立了长期关系而又了解美国企业习俗和惯例的美国银行合作。随着国际贸易的发展，跨国银行业务蓬勃发展起来。

其次，美国银行通过承销外国证券等业务活跃于全球投资银行业务领域，并赚取了大量利润。另外，它们也在国外出售保险。美国银行从投资银行业务和保险业务中赚取了大量利润。

最后，美国银行一直希望进军海外巨大的美元存款资金池——欧洲美元市场。为了理解美国银行在海外的结构，我们首先来考察欧洲美元市场，这是跨国银行业发展的重要源泉。

19.7.1 欧洲美元市场

当美国银行账户中的存款以美元形式被转移到国外银行账户中时，就创造出了欧洲美元。例如，如果劳斯莱斯公司将一张在美国银行账户中开出的 100 万美元支票存入伦敦一家银行的账户中，并指定该存款以美元支付，就创造出了 100 万的欧洲美元。① 超过 90%的欧洲美元存款都是定期存款，其中一半以上是期限为 30 天或 30 天以上的存单。流通中的欧洲美元总额约为 4.9 万亿美元，这使得欧洲美元市场成为世界经济中最重要的金融市场之一。

为什么像劳斯莱斯公司这样的公司希望在境外持有美元存款呢？首先，美元是在国际贸易中使用得最广泛的货币，劳斯莱斯公司可能希望持有美元存款以进行国际贸易。其次，欧洲美元是“离岸”存款——存款所在国不对这些存款施加诸如法定准备金要求或限制存款自由出入（称为资本管制）的管制约束。②

欧洲美元市场的主要中心是伦敦，一个有着几百年历史的国际金融中心。在欧洲以外，其他能为这些存款提供离岸待遇的地方包括新加坡、巴哈马和开曼群岛。

在欧洲美元市场中，最小的交易规模通常为 100 万美元，其中大约 75%的欧洲美元存款都被存放在银行中。很显然，你和我都不太可能直接与欧洲美元发生联系。但是，欧洲美元市场对美国银行而言是一种重要的资金来源，美国银行从该市场借入的存款超过了7 000亿美元。因此，美国银行认为通过在海外开设分支机构来吸收这些存款，而不是通过中介从外国银行借入这些存款，可以赚取更高的利润。最终，欧洲美元市场大大刺激了美国海外银行业务的发展。

19.7.2 美国海外银行的结构

美国银行大部分的海外分支机构都开设在拉丁美洲、远东、加勒比以及伦敦。伦敦是主要的国际金融中心和欧洲美元市场的中心所在地，美国银行在伦敦的分支机构持有最大

① 注意，伦敦银行将 100 万美元的存款存在美国银行，因此，欧洲美元的出现不会造成美国银行存款量的减少。

② 尽管大部分离岸存款都以美元计价，但也有以其他货币计价的。这些离岸存款整体上被称作欧洲货币。例如，存在伦敦的日元存款被称为欧洲日元。

规模的资产。由于美国与拉丁美洲、远东等地区之间有着重要的贸易关系，因而美国银行在拉丁美洲和远东地区也有很多分支机构。加勒比的部分地区（尤其是巴哈马和开曼群岛）的重要性体现在其作为避税港这一特征上，税赋最低，几乎没有限制规定。实际上，美国银行在巴哈马和开曼群岛地区的分支机构是“壳公司”，其主要功能是簿记中心，并不提供常规的银行服务。

对于在海外经营的美国银行而言，另一种公司结构是建立**《埃奇法》公司**（Edge Act corporation），即主要从事国际银行业务的特殊子公司。美国银行（通过其控股公司）可以拥有外国银行和提供金融服务的外国公司的控制权。美国银行的国际银行业务主要由联邦储备体系制定的 K 条例予以规范。

在 1981 年末，美联储批准在美国境内创立**国际银行设施**（international banking facilities, IBFs），它能够不受法定准备金要求和利息支付限制条件的约束吸收外国人的定期存款，同时可以向外国人发放贷款，但不得向国内居民发放贷款。各州通过免除州和地方税鼓励建立国际银行设施。本质上，国际银行设施与美国银行的海外分支机构享受相同的待遇，不用接受本国规章制度和税收政策的管制。建立国际银行设施的目的是鼓励美国和外国银行多在美国而非国外开展业务。从这个角度来看，国际银行设施非常成功：在成立之初的前两年，国际银行设施的资产总额攀升到了近 2 000 亿美元，而到 2012 年末，资产总额已经达到了 1.3 万亿美元。

19.7.3 美国的外国银行

国际贸易的发展不但鼓励美国银行在海外开设分支结构，也促使外国银行在美国开设分支结构。外国银行在美国的运营极其成功。目前，外国银行持有全美银行资产总量的 28%以上，并且从事相当大一部分美国商业信贷业务，占有美国企业贷款近 20%的市场份额。

外国银行通过其代理处、外国银行下属的美国银行或者外国银行分行在美国从事银行业务。外国银行代理处可以在美国发放贷款并转移资金，但不得接受国内居民的存款。代理处的竞争优势体现在，它不必受适用于提供全面服务的银行机构的条款（例如，要求向联邦存款保险公司投保）的约束。外国银行下属的美国银行与其他任何美国银行一样（它甚至会有一个美国化的名字），受相同的管制规定的约束，但其所有人是外国银行。外国银行分行以外国银行的名称冠名，并且通常提供全面的服务。外国银行也可以以《埃奇法》公司和国际银行设施的形式存在。

在 1978 年以前，外国银行不受对国内银行的诸多规定的约束，比如它们可以跨州设立分行且不需要满足法定准备金要求。然而，1978 年《国际银行法》使外国银行和国内银行的地位更加平等。该法案规定，外国银行只能在其指定的总部所在州以及允许州外银行进入的州开设新的提供全面服务的分行。但是，外国银行被允许在其他任何州设立提供有限服务的分行或者代理处，并且，外国银行可以保留在该法案通过之前所设立的提供全面服务的分行。

银行业国际化——包括美国银行向国外发展，以及外国银行进入美国发展——意味着全世界金融市场越来越一体化了。因此，银行监管的国际合作趋势不断增强。一个例证就是，我们在第 18 章讨论过的 1988 年签订的《巴塞尔协议》制定了工业化国家银行的最低资本金要求。金融市场一体化也促进了海外银行合并。随着 1999 年 8 月宣布合并并于 2002 年完成合并，日本兴业银行、日本第一劝业银行和富士银行的合并创造了第一家万亿美元银行，使海外银行合并达到高潮。另一方面的发展则是，外国银行在国际银行业务中起到了重要作用。2012 年，世界十大银行中有 9 家都是外国银行，如表 19－4 所示。

表 19－4　　2012 年世界十大银行

银行	资产（百万美元）
1. 中国工商银行，中国	2 811 340
2. 汇丰控股有限公司，英国	2 692 540
3. 德意志银行，德国	2 665 400
4. 农业信贷集团，法国	2 660 860
5. 三菱日联金融集团，日本	2 594 820
6. 法国巴黎银行，法国	2 527 220
7. 农业信贷银行，法国	2 441 180
8. 巴克莱银行，英国	2 401 810
9. 摩根大通银行，美国	2 359 140
10. 日本邮政银行，日本	2 291 350

资料来源：http：//www.relbanks.com/worlds-top-banks/assets.

本章小结

1. 从美国银行业发展的历史可以看到，美国的银行体系是由各州批准设立的商业银行和由联邦政府批准设立的商业银行共存的双重银行体系。多重机构监管美国的商业银行，监管机构包括货币监理署、美联储、联邦存款保险公司以及各州的银行监管机构。

2. 经济环境的变化刺激金融机构寻求金融创新。需求条件的改变尤其是利率风险的上升、供给条件的改变尤其是信息技术的进步以及规避高成本监管的强烈愿望是金融创新背后的主要驱动力。金融创新导致银行失去了获取资金的成本优势以及运用资金的收益优势，由此导致了银行传统业务获利能力的下降和传统银行业的衰落。

3. 限制开设分支机构的监管法规以及禁止跨州开设分支机构的《麦克法登法案》导致了大量小型商业银行的存在。美国商业银行的数量众多正是过去缺乏竞争而不是竞争激烈的表现。银行持股公司和自动柜员机的产生对削弱这些限制性法规产生的反竞争效应起到了重要作用。

4. 自 20 世纪 80 年代中期以来，银行合并飞速发展。银行倒闭和开设分支机构的限制性条款引发的低效率导致了第一阶段的银行合并。1994 年《里格尔-尼尔州际银行业务和分支机构效率法案》奠定了全国性银行体系的基础，该法与信息技术进步的共同刺激使银行合并进入第二阶段。当银行合并停止时，美国银行体系中可能有几千家银行。大部分经济学家认为，银行合并和全国性银行利大于弊。

5.《格拉斯-斯蒂格尔法案》将商业银行业和证券业分离开来。然而，1999 年国会立法废除了《格拉斯-斯蒂格尔法案》，同时也结束了证券业与商业银行业分离的时代。

6. 储蓄机构（储蓄贷款协会、互助储蓄银行和信用社）的监管和结构与商业银行业的监管和结构十分相似。储蓄贷款协会主要由货币监理署监管，由联邦存款保险公司提供存款保险。互助储蓄银行由州立监管机构监管，也由联邦存款保险公司提供存款保险。信用社由全国信用社管理局监管，由全国信用社股份保险基金提供存款保险。

7. 自 1960 年以来，随着世界贸易的飞速发展，跨国银行业务急剧增长。美国银行通过开设海外分支机构、拥有外国银行的控股权、成立《埃奇法》公司以及运营位于美国的国际银行设施从事跨国银行业务。外国银行通过拥有所属的美国银行、在美国开设分行或者开设代理处的方式在美国经营业务。

重要专业术语

自动银行机　　自动柜员机　　银行持股公司

分支机构	《埃奇法》公司	证券化
社区银行	电子货币	影子银行体系
存款利率上限	金融工程	智能卡
脱媒	期货合约	州银行
双重银行体系	套期保值	跨区域银行
电子现金	国际银行设施	清理账户
范围经济	国民银行	虚拟银行

习题

1. 为什么美国是最后成立中央银行的主要工业化国家之一？

2. 以下各类商业银行主要由哪些监管机构监管？

(1) 国民银行。

(2) 银行持股公司。

(3) 非美联储成员的州银行。

(4) 作为美联储成员的州银行。

3. “加拿大商业银行比美国商业银行的竞争性小，是因为在加拿大只有几家大型商业银行，而在美国有大约 6 000 家商业银行。”这样的说法是正确的、错误的还是不确定的？解释原因。

4. 为什么新技术导致实施对银行开设分支机构的限制更加困难？

5. 为什么银行持股公司的数量显著上升？

6. 监管机构运用何种奖励措施鼓励跨国银行业务的发展？为什么这么做？

7. 1981 年美联储批准设立国际银行设施这一行为如何减少了欧洲银行业的就业？

8. 如果你开设支票存款账户的银行是由沙特阿拉伯人所有的，你担心这些存款比存在美国人所有的银行中更不安全吗？

9. 如果将来法定准备金要求被废除，正如一些经济学家所倡议的那样，这将对货币市场共同基金的规模产生怎样的影响？

10. 为何近年来银行正逐渐失去获取资金的成本优势？

11. “如果在 20 世纪六七十年代通货膨胀率没有上升，银行业现在或许会更健康。”这种说法是正确的、错误的还是不确定的？解释原因。

12. 为何近年来银行正逐渐失去资产方面的收益优势？

13. “计算机的发明是银行业衰落背后的主要因素。”这种说法是正确的、错误的还是不确定的？解释原因。

14. 竞争如何导致了隔离银行业与证券业的《格拉斯-斯蒂格尔法案》的废除？

15. 《格兰姆-里奇-布利利金融服务现代化法案》可能对金融合并产生怎样的影响？

网络练习

商业银行业：结构和竞争

1. 登录 www2. fdic. gov/SDI/SOB。选择“Historical Statistics on Banking”（银行业的历史统计），然后选择“Commercial Bank Reports”（商业银行报告），最后选择“Number of Institutions, Branches and Total Offices”（机构、分支机构和代理处的数量）。观察银行分支机构的发展趋势，公众获得银行设施服务的渠道看上去是更多了还是更少了？1934 年美国有多少家银行？现在美国有多少家银行？统计表是不是预示着银行合并的趋势仍在持续？

2. 尽管有保护银行不倒闭的监管规定，但一些银行仍旧倒闭了。登录 www2. fdic. gov/hsob/，选择“Bank and Thrift Failures”（银行和储蓄机构倒闭）标签。在最近一年，美国有多少家银行倒闭？倒闭的银行的总资产有多少？1937 年有多少家银行倒闭？

第 20 章　共同基金

开篇预览

假如你决定为退休进行投资，你可能将一些钱投资于某个分散化的股票组合，也可能用一些钱投资于债券，甚至可能持有一些外国公司的股票。现在，假设你的预算只允许每周投资 25 美元，怎样建立你的退休基金呢？因为一次只能花费 25 美元，你可能不能买股票，也没法买债券。解决的方法就是投资于共同基金。

共同基金通过向众多小投资者出售基金份额汇集资金，并运用这些资金购买证券。通过发行小面值份额以购买大量证券的资产转换过程，共同基金可以利用批量购买享受经纪佣金折扣的优势并能购买多样化的证券组合。共同基金使小投资者可以在享受更低交易成本带来的好处的同时，获得多元化投资组合带来的风险减少。

本章将研究为何近年来共同基金变得如此受欢迎、共同基金的种类、共同基金的监管，以及 2001 年以来共同基金中的利益冲突如何导致大量的丑闻、罚款和诉讼。

20.1　共同基金的发展

共同基金已经成为许多投资者的首选投资工具。2013 年伊始，57%的退休金被投资于共同基金，整个美国股票市场 28%的份额被共同基金持有，44%的美国家庭持有共同基金的股份。考虑到这些中介机构的普及性，我们应该知道究竟它们提供了怎样的服务，使得它们的资产规模在仅仅 25 年间就从 2 920 亿美元增长到了超过 14 万亿美元。

20.1.1 第一只共同基金

共同基金的起源可以追溯到 19 世纪中期到晚期的英格兰和苏格兰。将拥有有限资金的投资者的资金汇聚起来，运用这些资金投资于不同证券的投资公司形成了。当这些投资公司开始投资于美国的经济增长，主要是购买美国的铁路债券时，它们受到了极大的欢迎。

1824 年，第一只共同基金在波士顿被推出。随着新资金的加入，这只基金不断发行新的基金份额——这也是目前共同基金的主流形式。这种基金允许不断发行新份额，具备随时变现的能力，并且有一系列保护投资者不受损失的限制性条款。

1929 年的股灾使共同基金的发展倒退了几十年。这是由小投资者对股票投资的普遍不信任尤其是对共同基金的不信任引发的。1940 年《投资公司法》对投资公司的费用和投资政策的披露提出了更为详尽的要求，这为共同基金注入了新的活力，共同基金开始进入一个稳定增长时期。

20.2 共同基金的优点

共同基金吸引投资者的五个主要优点是：

(1) 流动性媒介。

(2) 小面额媒介。

(3) 投资多样化。

(4) 成本优势。

(5) 专业化管理。

流动性媒介意味着投资者能以低成本迅速将其投资转化为现金。如果你购买了一张存单或者一只债券，若想在证券到期之前兑现，就需要支付提前赎回的违约金或者交易费用。此外，如果你购买了一张价值 10 000 美元的存单，即使你只需要 5 000 美元用于当前的需要，你也必须赎回整张证券。共同基金允许投资者在任意时刻购买和赎回任意金额的基金份额。一些基金专门为满足短期交易需求而设计，赎回没有附加费用；另一些基金为长期投资而设计，短期内赎回将产生赎回费用。

小面额媒介意味着允许小投资者购买某些不通过共同基金将无法购买的证券。例如在第 11 章，我们了解到大部分货币市场证券的面额都比较大，通常超过 10 万美元。通过将资金汇集在一起，共同基金可以代投资者购买这些证券。

投资**多样化**（diversification）是投资于共同基金的一个重要优势。正如第 4 章所述，持有多样化证券的投资组合而非有限数量的某只股票能降低风险。单独购买股票的小投资者很难获得不同行业的多种不同证券以获取分散化投资的收益。此外，想要投资于非上市的外国证券是非常困难且极其昂贵的，共同基金提供了一种对外国股票进行多样化投资的低成本方式。

共同基金的投资者可以获得显著的成本优势。机构投资者能通过协商达成比个人投资者低得多的交易费用。此外，10 万股或超过 10 万股的大宗股票交易采用与个人投资者完全不同的收费结构。通过共同基金购买证券，投资者可以分享较低的费用优势。

促使共同基金发展的另一个重要因素是专业化管理。尽管第 6 章的研究结果表明，共同基金并不见得比在市场中随机选择的股票表现更好，但许多投资者仍然偏好依靠专业的基金管理人员来选择股票。鉴于我们关于市场有效性的讨论，共同基金的收益无法超过平均收益率，这个结果并不让人吃惊。对于大部分投资者来说，金融市场仍披着神秘的面纱。这些投资者愿意支付费用让专业人士替他们选择股票。

固定缴款养老金计划数量的增加也是推动共同基金增长的一个重要因素。在过去，大部分养老金计划要么代表员工进行投资并保证获得一定的回报率，要么要求员工投资于本公司的股票。现在，大部分新型养老金计划要求员工自己用养老金投资。人们在每个薪水支付日进行养老金投资，共同基金提供了一条完美的养老金投资渠道。目前，超过57%的养老金投资于共同基金。这个数量很可能随着越来越多的养老金计划的结构转变为固定缴款结构而继续增加。

表 20-1 显示了 1970 年以来总的净资产、基金数量和共同基金账户数量的变化情况。目前，有大约 7 500 只独立的共同基金可供投资者选择。需要特别指出的是，这意味着独立的共同基金数量已经超过了在纽约证券交易所和纳斯达克证券交易所的所有上市股票的数量总和。

在过去的 38 年间，投资于共同基金的资金从 470 亿美元增长到了超过 13 万亿美元。更直观地说，这相当于美国所有商业银行的存款总额。

表 20-1　　行业总的净资产、基金数量和股东账户数量

年份	净资产（百万美元）	基金数量（只）	账户数量（千）
1970	47 618	361	10 690
1971	55 045	392	10 901
1972	59 830	410	10 635
1973	46 518	421	10 331
1974	35 776	431	10 074
1975	45 874	426	9 876
1976	51 276	452	9 060
1977	48 936	477	8 693
1978	55 837	505	8 658
1979	94 511	526	9 790
1980	134 760	564	12 088
1981	241 365	665	17 499
1982	296 678	857	21 448
1983	292 985	1 026	24 605
1984	370 680	1 243	27 636
1985	495 385	1 528	34 098
1986	715 667	1 835	45 374
1987	769 171	2 312	53 717
1988	809 370	2 737	54 056
1989	980 671	2 935	57 560
1990	1 065 194	3 079	61 948
1991	1 393 189	3 403	68 332
1992	1 642 543	3 824	79 931
1993	2 069 960	4 534	94 015
1994	2 155 320	5 325	114 383
1995	2 811 290	5 725	131 219

续前表

年份	净资产（百万美元）	基金数量（只）	账户数量（千）
1996	3 525 800	6 248	149 933
1997	4 468 200	6 684	170 299
1998	5 525 209	7 314	194 029
1999	6 846 339	7 791	226 212
2000	6 964 630	8 155	244 705
2001	6 974 910	8 305	248 701
2002	6 383 480	8 243	251 123
2003	7 402 420	8 125	260 698
2004	8 095 080	8 040	269 468
2005	8 891 110	7 974	275 479
2006	10 396 510	8 117	288 596
2007	12 000 640	8 026	292 590
2008	9 602 600	8 022	264 597
2009	11 120 730	7 691	270 949
2010	11 831 880	7 555	291 299
2011	11 627 360	7 591	275 024
2012	13 045 220	7 596	264 131

资料来源：http：//www.icifactbook.org/fb_data.html#section1.

20.2.1 共同基金的所有权

大约有 5 300 万户或者说 44%的美国家庭持有共同基金。截至 2013 年初，75%的共同基金份额由家庭持有，剩下的份额则由信托机构和其他商业组织持有。而 1980 年仅有 5.7%的家庭持有共同基金，见图 20－1。自 1980 年以来，家庭持有的共同基金份额大幅增长。一个中等的共同基金投资人的基本信息如下：中产阶级，51 岁，已婚，在职，并且拥有大约 19 万美元的金融资产。共同基金投资人中有 48%是大学生。中等家庭收入为 8 万美元。93%的家庭购买共同基金是为了退休做准备。

2013 年初，在美国 19.5 万亿美元的退休金市场中，共同基金为 5.3 万亿美元，或者说占了 27%的份额。它相当于 40%的全部共同基金资产。

进入退休共同基金的存款主要有两个来源：一个是雇主提供的固定缴款养老金计划，特别是 401（k）计划；另一个是个人退休金账户（IRAs）。图 20－2 表明了 401（k）计划共同基金账户的平均资产分配情况。退休计划资产中的大部分是股票基金，紧随其后的是投资担保合约、债券基金和公司股票。

20.3 共同基金的结构

共同基金公司经常提供许多相互独立的共同基金，它们被称为伞形基金，是在统一的管理下，由一组或者多组基金所组成的一个基金组合。对投资者来说，伞形基金的优势在于投资者的投资通常可以在同类的不同基金之间进行快速转换。此外，伞形基金能够汇总

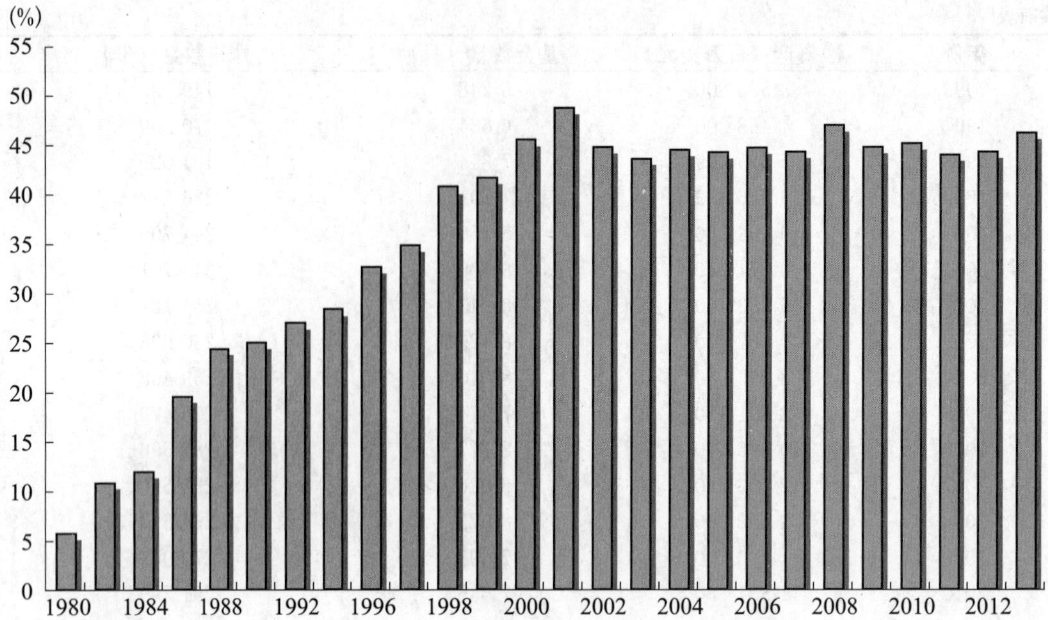

图 20-1　家庭持有的共同基金份额

资料来源：Investment Company Institute，*2012 Investment Company Fact Book*，53rd ed.（Washington，DC：ICI），www.icifactbook.org. 2010—2012 年数据来源于：Table 6.1 in section 6 ICI fact book。

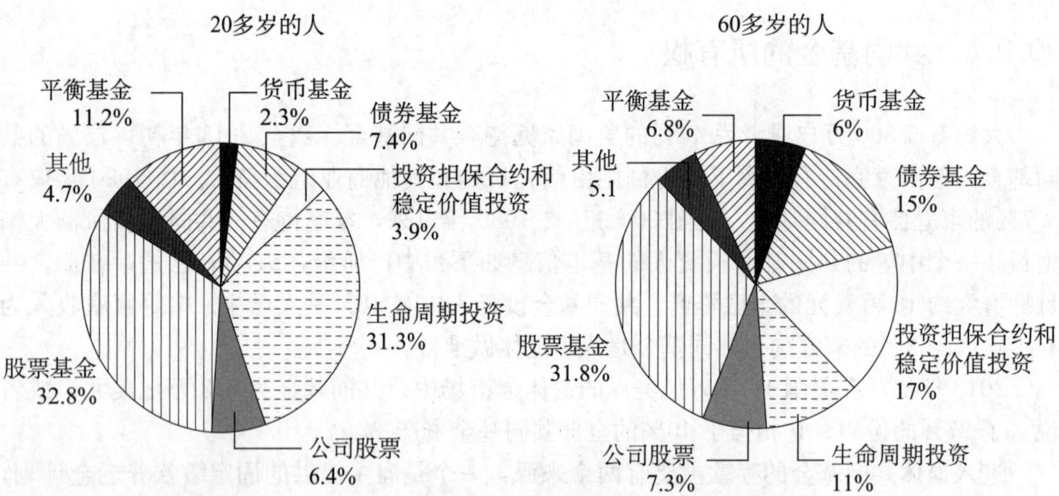

图 20-2　全部 401（k）计划余额的平均资产分配情况

资料来源：Investment Company Institute，*2012 Investment Company Fact Book*，53rd ed.（Washington，DC：ICI），p.104. 转载经许可。

账户信息来帮助投资者进行资产管理。

本节将考察共同基金的构成以及基金投资的不同形式。

20.3.1　开放式基金和封闭式基金

共同基金有两种组织形式：第一种组织形式是**封闭式基金**（closed-end funds）。这种基金发行某一固定数额的不可赎回份额，随后，这些份额在场外交易市场中像股票一样被交易，其市场价格随着该基金所持资产价值的变动而变动。基金份额的市场价值可能高于或低于基金所持资产的价值，这取决于基金经理选择增加基金价值的股票的市场预期。

封闭式基金的问题在于：一旦基金份额被出售，基金就不能吸收更多的投资。因此，为了扩充基金，基金经理必须设立一个全新的基金项目。对于基金经理而言，封闭式基金的优点在于投资者不能撤资。投资者只能通过出售基金份额的方式收回资金。

如今，封闭式基金已被**开放式基金**（open-end fund）大规模取代。投资者可以随时投资于开放式基金，而开放式基金只需增加发行在外的份额。开放式基金的另一个特征是投资者可以随时赎回基金份额。基金公司每日基于基金份额的数量和基金的资产计算基金的资产净值。所有当天购买和出售的份额都按照相同的资产净值进行交易。

开放式共同基金对于共同基金成长的贡献主要体现在以下几个方面：首先，由于投资者可以在任何时间赎回基金份额，因而投资具有非常高的流动性。如前所述，这种流动性媒介对于投资者具有很大的价值。其次，开放式的结构使基金规模不受限制。只要投资者愿意把钱投入基金，基金就能通过扩充规模来容纳它们。例如，先锋标准普尔 500 指数基金的持股量大约价值 1 400 亿美元。这些优势解释了为什么全部共同基金资金的 98%被投资于开放式基金。

20.3.2 组织结构

无论一只基金是开放式基金还是封闭式基金，它都有同样的基本组织架构。基金投资者是股份持有者，可以获得共同基金扣除成本后的收益，正如普通的公司股东获得公司的剩余收益一样。

董事会监督基金活动并制定政策，同时负责任命投资顾问和主承销商。投资顾问一般是一家独立的公司，负责管理投资组合；主承销商负责销售基金份额。美国证券交易委员会要求超过一半的董事会成员独立于共同基金。

投资顾问依据基金制定的目标和政策来管理基金。投资顾问实际上是挑选出基金所持的证券并做出买进或卖出的决定，它们的专业程度将决定基金成功与否。

案例 20—1

计算共同基金的资产净值

如果你投资于一只共同基金，就会定期收到对账户活动加以汇总的报表。报表会显示你的投资账户中新增了哪些基金、赎回了哪些基金以及累计收益的情况。对于理解基金投资表现至关重要的一项指标是**资产净值**（net asset value，NAV）。资产净值是指共同基金中股票、债券、现金以及其他资产的总价值减去负债（如累计费用），然后除以基金发行总份额后的值。我们用一个例子来清楚地说明这个指标。假设一只共同基金的资产和负债如下所示：

股票（当前的市场价值）	2 000 万美元
债券（当前的市场价值）	1 000 万美元
现金	50 万美元
资产总价值	3 050 万美元
负债	—30 万美元
净值	3 020 万美元

将净值除以发行总份额就得到资产净值。假设 1 000 万股在外流通，资产净值就为 3.02（=3 020/1 000）美元。

随着标的资产价值的变动，资产净值也相应地提高或降低。例如，假设在 1 年内，共同基金所持股票组合的价值提高了 10%，而债券组合的价值降低了 2%。如果现金和负债的价值保持不变，新的资产净值将为：

股票（当前的市场价值）	2 200 万美元
债券（当前的市场价值）	980 万美元
现金	50 万美元
资产总价值	3 230 万美元
负债	−30 万美元
净值	3 200 万美元

$$\text{NAV}=\frac{32\ 000\ 000}{10\ 000\ 000}=3.20\text{（美元）}$$

你在共同基金投资中获得的收益率为：

$$\text{收益率}=\frac{3.2-3.02}{3.02}=\frac{0.18}{3.02}=5.96\%$$

当你购买或出售共同基金份额时，将以当前的资产净值进行交易。

除了投资顾问，基金还需要与其他公司合作来提供额外的服务。这些服务公司包括证券承销商、过户代理人以及托管人。合约必须请独立注册会计师来拟定。大型基金公司会安排基金公司内部的部门来执行这些职能中的一部分，而其他基金公司则会聘请外部的公司来提供全部其他服务。图 20-3 描述了共同基金的组织结构。

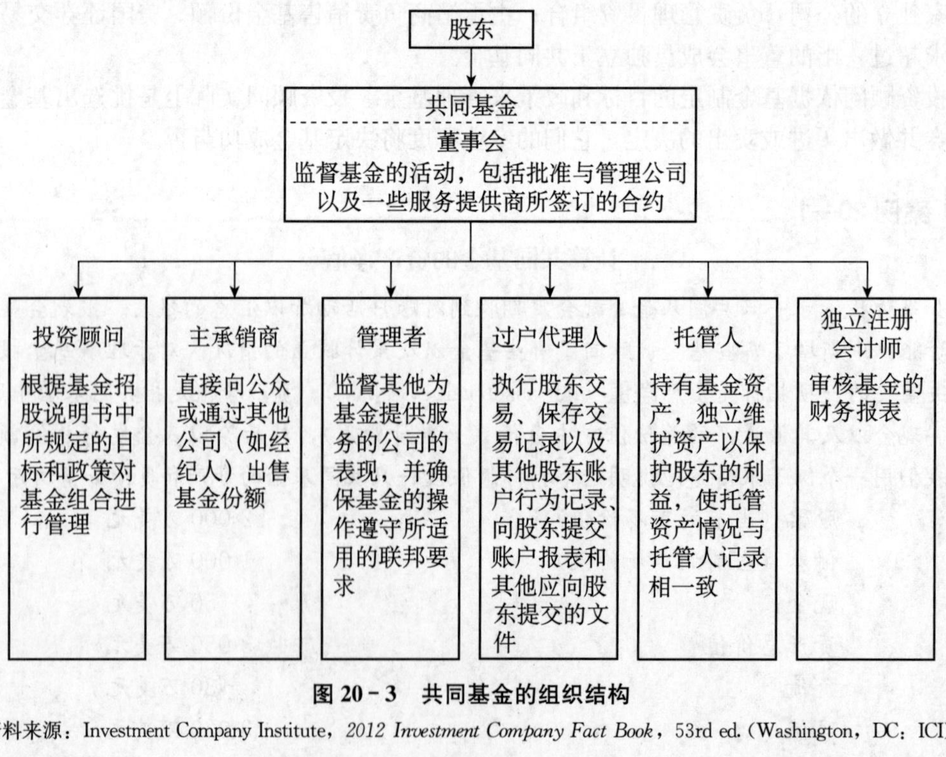

图 20-3　共同基金的组织结构

资料来源：Investment Company Institute，*2012 Investment Company Fact Book*，53rd ed.（Washington，DC：ICI）.

20.4 按投资标的物分类

投资者可以在四种主要的共同基金类别中进行选择，包括：(1) 股票基金（也称股权基金）；(2) 债券基金；(3) 混合基金；(4) 货币市场基金。图 20-4 显示了各类基金的资产分布情况。份额最大的类型是股权基金，其次是债券基金、货币市场基金和混合基金。

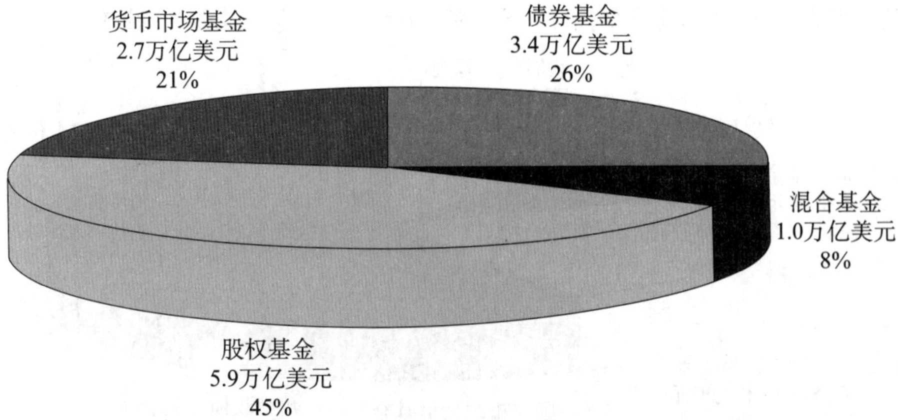

图 20-4 不同类型共同基金的资产分布

资料来源：Investment Company Institute，*2012 Investment Company Fact Book*，53rd ed.（Washington，DC：ICI），http：//www. icifactbook. org/fb _ data. html # section1.

20.4.1 股权基金

股权基金有一个共同主题，即它们都投资于股票。但是，它们可以有不同的投资目的。投资公司协会发布的三类股权基金有资本增值型基金、全球股票基金和完全收益型基金。资本增值型基金是规模最大的基金，在共同基金总资产中占 44%。资本增值型基金追求资本的快速增值（股价上升）而不太关注分红。由于基金经理倾向于投资高成长性公司的股票，许多这样的基金相对而言风险较高。例如，在 20 世纪 90 年代，许多资本增值型基金都重仓投资于高科技和互联网股票。

完全收益型基金在共同基金总资产中约占 29%。完全收益型基金的投资目标是寻求一种当期收益与资本收益的结合。它们既投资于能支付较多红利的成熟型公司的股票，也投资于预期股价会大幅上升的成长型公司的股票。完全收益型基金投资于那些成熟的公司，其风险要小于资本增值型基金。这一点在 2000 年被证实，当时资本增值型基金的亏损率为 16.5%，而完全收益型基金的亏损率仅为 5.7%。

全球股票基金主要投资于外国公司的股票。这些基金为投资者提供了更容易进行国际化分散投资的渠道。许多金融规划师建议投资者在其投资中至少持有小部分外国公司的股票。这些全球股票基金成为提供这种投资的主要载体。

上面介绍的三种股权基金简化了投资者可投资股票基金的范围。例如，先锋系列共同基金提供了 60 多种不同的股票基金，每一种股票基金的投资对象都不相同。一些基金选取特定产业的股票，另一些基金则选取保持某个历史增长率的股票，还有一些基金根据市盈率选择股票。共同基金公司试图为投资者的各种需求提供对应的基金。

20.4.2 债券基金

图 20－5 显示了由投资公司协会划分的各种主要债券基金的资产分布情况。战略型收入债券基金投资于能够带来高水平当期收益的美国公司债券的组合，因而最受欢迎。这些基金的债券质量通常比其他种类基金的债券质量要低一些，但回报率却高一些。投资者牺牲安全性以换取更高的回报。公司债券基金主要投资于高级别公司债券，是第二类最受欢迎的基金。

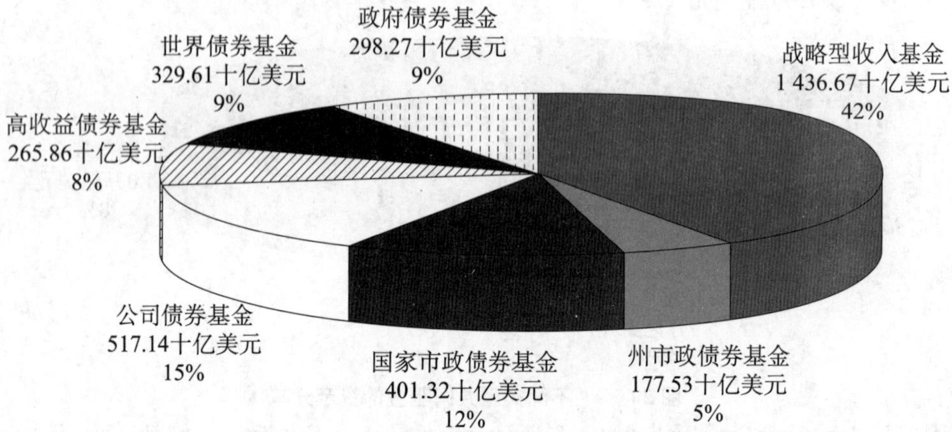

图 20－5 不同类型债券基金的资产分布

资料来源：Investment Company Institute，*2012 Investment Company Fact Book*，53rd ed.（Washington，DC：ICI）.

政府债券也很受欢迎。这类基金本质上没有违约风险，其收益率相对较低。州政府和联邦政府发行的市政债券都是免税的。

债券不像股票的风险那样大，因此，分散投资于多种不同债券对于投资者来说就不像分散投资于多种股票那么重要了。另外，通过二级市场买卖债券相对容易。因此，债券基金持有的资产总额只相当于股票基金总额的一半多一点就不奇怪了。尽管如此，许多投资者还是非常重视债券基金所提供的流动性和自动再投资的特性。

20.4.3 混合基金

混合基金是一种把股票和债券的投资组合在一起的基金，其理念是提供一种能在不同类型证券以及在某类证券的不同发行人中进行分散投资的投资形式。如果某投资者发现一只混合基金持有股票和债券的比例与他需要的比例相匹配，则持有这只基金即可满足其投资需要。尽管有这种显而易见的便利性，但大多数投资者却偏好选择特定的独立基金，混合基金在所有共同基金的总额中仅占大约 7%。

20.4.4 货币市场基金

货币市场基金早在 20 世纪 70 年代就已存在了。1977 年以前较低的市场利率（市场利率水平有时低于或略高于Q条例所规定的5.25%～5.5%的上限）阻碍了货币市场基金相对于银行存款的优势的体现。1978年，美林公司认识到：如果可以提供一种让客户临时存放资金的账户，将会给客户带来更好的服务。在货币市场基金作为小投资者账户被引入之前，客户进行投资时不得不在经纪公司使用支票进行交易，他们在卖出证券后又必须换回支票。然而，持有货币市场基金账户的客户买入股票时只需简单地指示经纪人从这种账户中划出资金来购买股票，卖出证券时就往账户中存入资金，而不再使用支票了。起初，美林公司并没有把货币市场基金作为收入的一个主要来源。

20世纪80年代早期通货膨胀率和市场利率飞涨。Q条例限制银行不能为储蓄账户支付超过5.25%的利率。随着货币市场的利率超过15%，投资者纷纷投资于货币市场基金。图20-6显示了自1975年以来货币市场基金的增长情况。

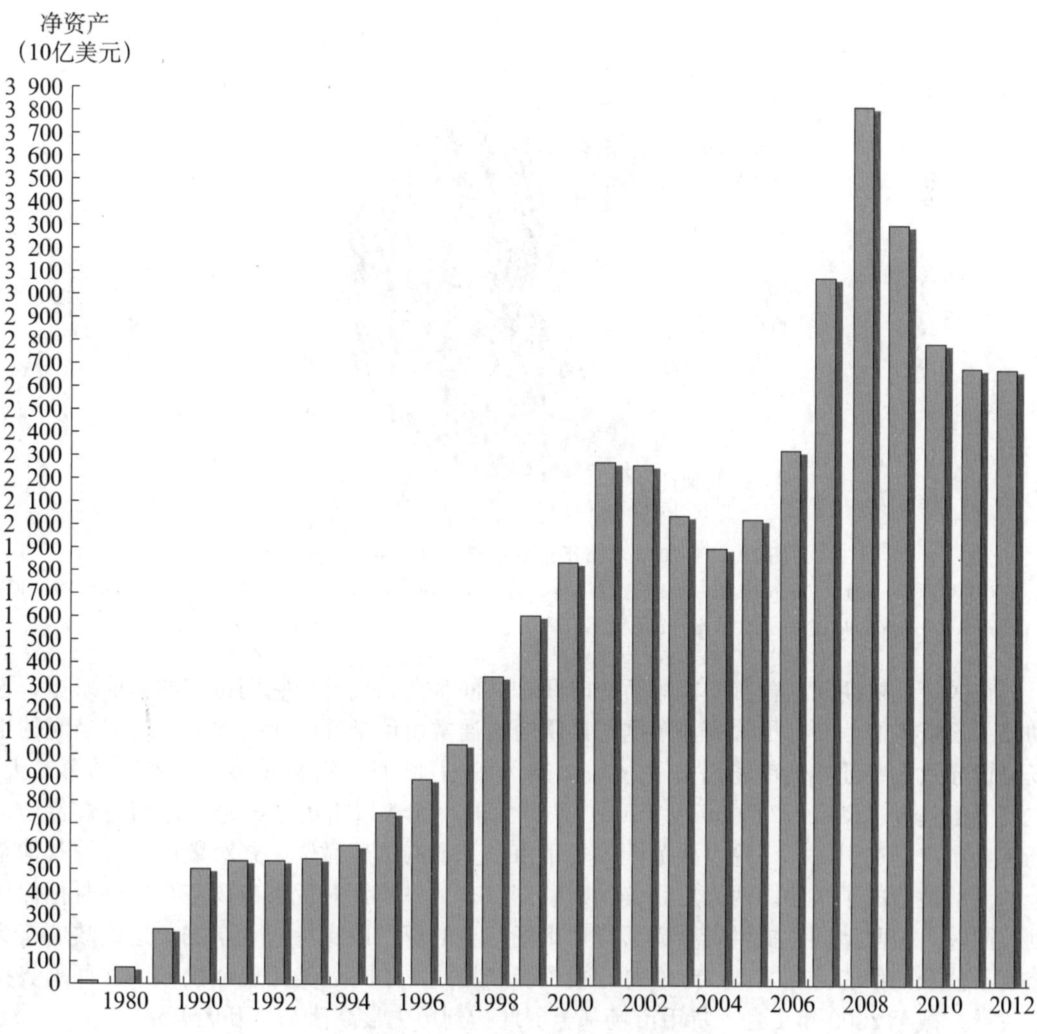

图20-6　货币市场基金的净资产

资料来源：Investment Company Institute，*2012 Investment Company Fact Book*，53rd ed.（Washington，DC：ICI），http：//www.icifactbook.org/pdf/13_fb_table37.pdf.

所有的货币市场基金都是只投资于货币市场证券的开放式基金。大部分货币市场基金对投资者购买或赎回份额不收取任何费用，但基金通常有一个500～2 000美元的最低初始投资额。基金的收益率完全取决于其所购证券的表现。

货币市场基金的一个重要特征是许多此类基金具有签发支票的特权，只要投资者账户中的余额高于某一规定水平，投资者签发支票无须支付任何费用，并且对签发支票金额没有最低限制。这种便利以及市场利率优势使货币市场基金账户在小投资者中非常流行。

投资者常常把钱从那些有联邦保险保障的银行和储蓄机构中取出来，转而投入没有联邦保险保障的货币市场基金中。问题是，他们为什么愿意承担额外的风险呢？原因在于，从历史数据看，这些额外的风险其实非常小。货币市场基金的资金都被投资于货币市场工具。存单、国库券、美国机构债券和回购协议构成这类基金资产的大部分。图 20-7 显示了货币市场基金的资产分布情况。人们认为，这些证券的违约风险非常低，货币市场基金的风险也就很低。正是认识到这一点，投资者才愿意为了更高的回报率而放弃银行的安全性。

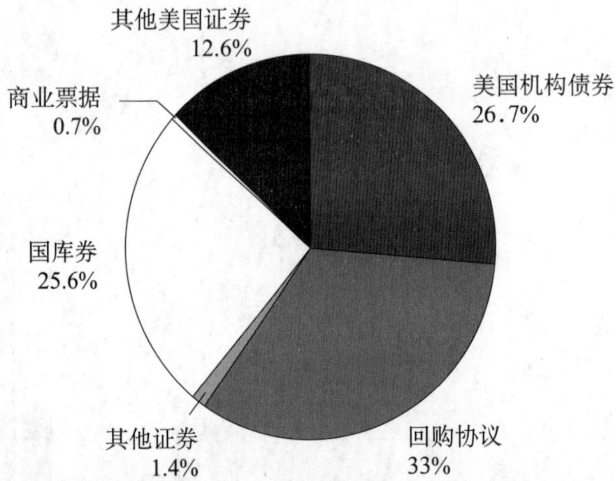

图 20-7　2012 年货币市场基金的资产平均分布情况

资料来源：Investment Company Institute，*2012 Investment Company Fact Book*，53rd ed.（Washington，DC：ICI），http：//www.icifactbook.org/pdf/13_fb_table43.pdf.

在次贷危机期间，曾有一段短暂的时间，共同基金无法兑现它们持有的商业票据，这动摇了投资者的信心。尽管商业票据的期限短且通常由信誉好的大公司发行，但当时的市场恐慌导致这些证券的市场消失了。在 2008 年 9 月 15 日，雷曼兄弟宣告破产的第二天，主要储备基金（Reserve Primary Fund）跌破面值，无法以 1 美元的资产净值兑现货币市场基金账户。这引发了一轮世界范围内货币市场基金的迅速撤资，并对数以百计的其他基金的流动性造成了威胁。两天后，美国财政部宣布了一项针对货币市场基金的临时担保计划。同时，美联储同意提供资金购买货币市场基金的资产以支持商业票据。这些政府行为修复了公众的信心。到 2008 年 10 月，投资者新增了 1 490 亿美元现金投入。这种趋势持续发展，截至 2009 年 1 月，货币市场基金资产达到历史最高值 2.7 万亿美元。

登录 www.ici.org，获取最近的货币市场基金净资产的统计结果。

20.4.5　指数基金

指数基金是不属于前述基金的特殊共同基金，它代表了一种其他投资类型的基金。传统的基金雇用基金经理选择基金组合中的股票和债券。如果我们相信曾在第6章讨论过的市场有效性理论，那么，我们将得出下述结论：基金经理所选择的股票并不会比向《华尔街日报》股票版投飞镖选中的股票表现更好。如果基金经理不是优秀的股票挑选能手，显然我们会问：为什么一个投资者要为基金经理提供的一项可能不产生任何边际效益的服务支付费用呢？

许多投资者希望在不支付基金经理服务成本的条件下获得共同基金的收益，解决问题的方法就是投资于指数基金。一个指数基金包含了构成一个指数的所有股票。例如，先锋标准普尔500指数基金就包含了该指数下的500种股票。这些股票都按照指数中的股票比例被持有，基金价值的改变与指数水平的改变紧密相连。市场上有许多可供投资的复制不同种类股票和债券指数的其他指数基金。

指数基金不需要基金经理选择证券，这类基金通常比其他由基金经理主动管理的主动型基金所需的费用低得多。一些金融专家甚至认为，这些指数基金的表现会比绝大多数基金经理的表现好。原因是，指数基金可以忽略那些影响投资顾问和个人投资者判断的兴趣、趋势、情感和情绪。在一次非常有趣的见面会上，已退休的先锋集团（共同基金公司）的前首席执行官约翰·博格尔（John Bogle）声称，他只是一个“指数投资者”。[①]

20.5 投资基金的费用结构

最初，共同基金的大多数份额是由那些收取佣金的经纪人出售的。由于佣金要在购买时支付且要立即从赎回份额的价值中扣除，所以这些基金又被称为**收佣基金**（load fund）。在投资者建仓时就收取佣金的基金被称为前端收佣基金。大多数前端收佣基金的佣金比率为1%～2%，但有些超过6%。投资者赎回基金份额时才支付的佣金被称为**递延佣金**（deferred load），通常在5年内递减。收取佣金的主要目的是给经纪人提供报酬。对递延收佣基金来说，收取佣金的另一个目的是限制过早地赎回基金存款。

从20世纪80年代起，无须支付佣金（或费用）的基金出现了，这些基金被称为**免佣基金**（no-load fund）。绝大多数免佣基金可以由个人投资者直接购买，不需要中间人提供服务。目前，大约有55%的股票基金和65%的债券基金属于免佣基金。许多投资者意识到，当初始存款减少时需要很长时间才能获得免佣基金所提供的收益。前端收佣基金的份额被称为A类份额，递延收佣基金的份额被称为B类份额，C类份额是免佣基金发行的。

无论是否需要支付佣金，所有的共同基金都存在各种各样的费用。在投资者选择一种共同基金之前，所考虑的最重要因素之一就是基金的收费水平。这些费用在投资组合收入被分配到投资者的账户中之前已经从投资组合收入中被扣除了。由于投资者并非直接被收取费用，许多投资者并没有发现他们已经在此之前被收费了。共同基金通常收取的费用如下：

（1）递延销售费用。该费用是在赎回基金份额时强制收取的一种给金融专业人员的服务费。该费用一般在基金投资的前几年收取，以后就不再收取了。

（2）赎回费。该费用是赎回基金时的一种后端费用。它表示为一定的美元金额或者赎

---

① 先锋集团的创始人和前首席执行官约翰·博格尔在美国商业编辑和作家个人理财工作研讨会（American Business Editors and Writers Personal Finance Workshop）上的主题演讲（Denver，Colorado，October 27，2003）。

回价格的一定百分比。

(3) 交易费用。该费用是在同一个基金公司中，从一种基金向另一种基金转移资金时收取的费用。

(4) 账户维持费。该费用是一些基金收取的用于维持低余额账户运转的费用。

(5) 12b-1 费用。该费用是指从基金资产中扣除的用于支付营销费和广告费的费用或者更为普通地用于支付销售人员工资的费用。按照法律规定，12b-1 费用每年不能超过平均净资产的 1%。

很明显，共同基金经理有很多机会向投资者收费。投资者在投资前应该仔细评估共同基金的收费构成，这些费用的费率从每年 0.25%到每年 8%不等。没有研究表明，那些收取较高费率的基金的投资者会获得更高的回报；相反，大多数高费率的共同基金在扣除费用后并没有表现得比低费率的共同基金好。

在过去的 20 年里，共同基金行业的竞争实际上大幅降低了成本。1980—2012 年股票基金的平均总成本减少了超过 20%，债券基金的成本下降了 31%。毫无疑问，美国证券交易委员会规定共同基金必须清楚地披露投资者需承受的所有费用和成本，是成本降低的因素之一。美国证券交易委员会还要求共同基金在招股计划书中列出一个 1 万美元的标准化样本账户，投资期限分别为 1 年、3 年、5 年和 10 年。这可以向投资者清楚地显示，如果他们选择了一种基金，将面对多少费用。费用披露的规定使投资者更容易对各种基金进行比较，从而加剧了基金间的竞争。

20.6 共同基金的监管

共同基金受四项用于保护投资者权益的联邦法律的监管。1933 年《证券法》规定基金必须进行信息披露；1934 年《证券交易法》设定了涉及基金份额购买和销售的反欺诈条例；1940 年《投资公司法》要求所有基金必须在证券交易委员会注册，并要满足一定的营业标准；最后，1940 年《投资顾问法》对投资顾问进行监管。

作为政府监管的一部分，所有基金必须免费提供两类文件：招股计划书和股东报告书。共同基金的招股计划书描述了基金的目标、费用和支出、投资策略和风险，并提供购买和出售份额的相关信息。美国证券交易委员会要求基金在进行某项投资之前或与之同时向投资者提供附有初始投资确认声明的完整的招股计划书。

股东年报和半年报讨论基金近来的表现，并且包括诸如基金财务状况等有用的信息。通过研究这些报告，投资者可以了解基金是否按照招股计划书所描述的那样有效地执行了投资目标和策略。

此外，投资者还会收到一份由基金公司提供的详细列出联邦税收待遇的年报。正如股东持有证券的纳税方式一样，共同基金的股东也需要对基金收入纳税。同样地，任何免税的基金收入都会直接作为免税收入被分配给股东。

投资基金一般由经纪公司和机构投资者来运营，它们控制了美国超过 50%的股票。超过 70%的股票日交易量是由机构主导的交易。许多共同基金都是由经纪公司运作的，其他的共同基金是由独立投资咨询公司来运作的。由于这些投资者控制的股票数量众多，它们的业务之间面临激烈的竞争。这导致了显著的成本削减和交易方法的更新。例如，电子化交易减少了交易所需的经纪人，同时保证了股票交易活动的持续增长。

在美国，共同基金是唯一有法律强制规定设立独立董事的公司。证券交易委员会相信独立董事在共同基金管理中能发挥关键作用。2001 年 1 月，证券交易委员会采纳了用于提高投资公司董事独立性的实质性条款，可为投资者提供更多的信息用于评估董事的独立性。这些规定包括：

(1) 独立董事的席位至少应该超过一半的基金董事会席位。

(2) 由独立董事挑选和提名其他的独立董事。

(3) 任何独立董事的法律顾问都必须是独立法律顾问。

此外，证券交易委员会公布共同基金董事的详尽信息，包括从业经验以及持有的基金份额等。这种监督共同基金股东权益的系统帮助整个行业避免了系统性问题的产生，显著地增强了广大公众对共同基金的信心。

20.7 对冲基金

对冲基金（hedge funds）是一种特殊类型的共同基金。由于最近长期资本管理公司的破产，对冲基金在近期备受关注。在第 24 章，我们将讨论各种不同情形下金融市场如何使用套期保值的方法来减少风险，但我们不应该将这些减少风险的策略和对冲基金相混淆。尽管对冲基金通常试图保持市场中性，即不受市场整体变化的影响，但它们并不是完全无风险的。

为了演示一个典型的对冲基金交易，我们讨论 1994 年长期资本管理公司所做的一次交易。公司管理者注意到，29.5 年期美国长期国债比 30 年期美国长期国债便宜。基金经理人计算后认为，随着时间的推移，这两种债券的价值将会重合，毕竟 29.5 年期美国长期国债和 30 年期美国长期国债的到期风险差别并不显著，几乎可以认为这些证券具有同样的风险。为了从这些债券价值的暂时性偏离中赚钱，公司购买了 20 亿美元的 29.5 年期美国长期国债，同时卖空了 20 亿美元的 30 年期美国长期国债（卖空意味着需要借入它并不拥有的债券并卖掉这些债券，然后以较低的价格购买债券以补平头寸）。长期资本管理公司的净投资额为 1 200 万美元。6 个月后，公司购买 30 年期美国长期国债平仓，同时卖出 29.5 年期美国长期国债。这次交易获利 2 500 万美元。①

在交易中，基金经理并不关心整个债券市场是升还是跌，从这个意义上说，交易被认为是市场中性的。取得利润唯一需要的是像上述例子中所预期的那样，即债券价格趋同。对冲基金经理在全世界范围内搜寻具有相关关系的证券之间的定价异常。图 20-8 显示的是对冲基金可以投资的一种情况。证券 A 和证券 B 的价格随着时间同步变动。在某一点，其价格出现偏离，这创造了一个投资机会。对冲基金将购买证券 B 并卖空证券 A，因为预期证券 B 的价格可能相对于证券 A 的价格上升。基金经理希望投资于证券 B 的收益高于投资于证券 A 的损失。有时，对冲基金采用一些其他情况下不用的特殊方法去搜寻这些机会，从投资于廉价证券到参与风险投资，都会使用这些方法。

除了使用个人和机构的资金进行投资外，对冲基金常常使用信用贷款的最高限额进行杠杆投资。例如，在上例中，长期资本管理公司以 1 200 万美元的净投资额获得了 2 500

① *Wall Street Journal*, November 16, 1998, p. A18.

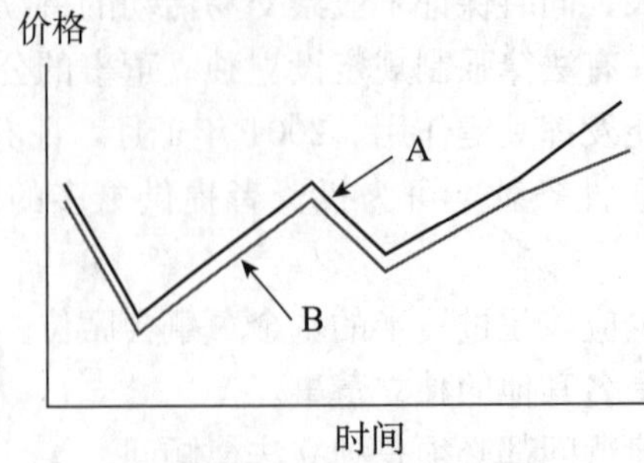

图 20-8　两种相似证券的价格

说明：对冲基金寻找历史上价格同步运动但会出现暂时性偏离的相关证券。在这个例子中，对冲基金将卖空证券 A、买入证券 B。

万美元的利润，回报率高达 108%［=(2 500−1 200)/1 200］。假设 1 200 万美元的净投资额中有一半来自借入资金，不考虑利息成本，投资股权的回报率可达到 317%［=(2 500−600)/600］。长期资本管理公司宣扬其杠杆比率为 20∶1。然而，在危机发生时，这个数字实际上接近 50∶1。小案例 20—1“长期资本管理公司的惨败”讨论了长期资本管理公司是如何最终依靠一个私人拯救计划来避免破产的。

小案例 20—1　长期资本管理公司的惨败

长期资本管理公是由包括 25 名博士、2 名诺贝尔经济学奖获得者的强大经理人团队管理的一家对冲基金公司。在 1998 年 9 月，该公司因需要纽约联邦储备银行组织的私人拯救计划救援而上了新闻头条。

长期资本管理公司的经历证明了对冲基金绝不是毫无风险的，尽管它们总是使用市场中性战略。长期资本管理公司预测长期国债和长期公司债券之间的利差会缩小。然而，全世界的许多股票市场猛跌，引发了安全投资转移，即人们从股票市场撤资，转而投资于更为安全的国债等投资工具。这种现象使得长期国债的价格上涨，同时公司债券的价格下跌。这种情况与长期资本管理公司所预测的情况正好相反。随着损失的累积，长期资本管理公司的债权人要求基金增加股本。

到 1998 年 9 月中旬，长期资本管理公司无法筹集到足够的资金以满足债权人的要求。由于公司面临潜在的破产风险，且公司持有由近 800 亿美元的股权和名义价值超过 1 万亿美元的金融衍生工具组成的高杠杆投资组合，美联储开始介入以防止该基金破产。美联储介入的基本理由是，长期资本管理公司投资组合的突然清算会造成难以承受的系统性风险。数百亿美元缺乏流动性的证券突然被倾泻进已经过度脆弱的市场，将给无数借款人和其他机构带来巨大的损失。一个以银行和投资银行为主要成员的救援小组提供了超过 36 亿美元的资金以防止该基金破产。

尽管没有花费公共资金，但美联储介入长期资本管理公司救援计划的行为还是备受争议。一些批评家认为，美联储的干预增加了道德风险，削弱了市场施加的对于基金经理人的约束。而其他人则认为，基金倒闭导致的巨大经济损失将是无法承受的。

在对长期资本管理公司进行援助后的几年里，对冲基金接连倒闭。2006 年 9 月，Amaranth 咨询公司输掉了在天然气期货合约上的豪赌，在一周内损失了 60 亿美元。

这是迄今为止最大的对冲基金破产案例。其他基金也遭受了巨大损失，其中包括 Advanced 投资管理公司(损失了 41 500 万美元)、Bayou 管理(有限责任) 公司(损失了 45 000 万美元)、Lipper 可转债公司(损失了 31 500 万美元)。对冲基金是富有投资人的高风险游戏。

对冲基金从许多人手中聚集资金，并代表他们进行投资，但对冲基金有几个显著的特征使其区别于传统的共同基金。首先，对冲基金有从 10 万美元到 2 000 万美元数额不等的最低投资金额要求，较为常见的最低投资金额要求是 100 万美元。长期资本管理公司要求 1 000 万美元的最低投资金额。绝大多数对冲基金以有限合伙人形式设立。联邦法律规定对冲基金的有限合伙人不得超过 99 名，这些有限合伙人必须有稳定的 20 万美元或以上的年收入，或者除房屋外净值达到 100 万美元。如果每个投资者的投资额达到 500 万美元，对冲基金有限合伙人的限制可以放宽至最多 499 名投资者。做出这些限制的目的是使得对冲基金在很大程度上不受管制，其理论是富人能够照看好他们的资金。4 000 家基金中的大多数驻留在海外，以逃避所有监管限制。

其次，对冲基金的独特性体现在它通常要求投资者在相当长的时期内投入资金，一般是几年。提出这种要求的目的是给基金经理较为充分的自由空间以安排长期投资战略。

对冲基金通常向投资者收取高额费用，典型的基金每年收取其所管理资产 1%的费用加上利润的 20%，一些基金收取得更多。例如，长期资本管理公司向投资者收取 2%的资产管理费和 25%的利润。

尽管存在对富人不需要通过监管来保护其免受对冲基金的投资风险的冲击这种说法，但证券交易委员会还是在 2006 年通过了要求对冲基金顾问注册的规定。证券交易委员会的两点顾虑促成了新规的出台。第一，它担心对冲基金顾问欺诈行为的增加。第二，它担心对冲基金的“零售化”，从而使越来越多的投资者参与其中。因此，需要加强监管力度。通过要求对冲基金顾问注册，证券交易委员会可以实施现场检查。证券交易委员会声称，对于保护国家的证券市场以及对冲基金投资者，这些检查是必要的。

20.8 共同基金的利益冲突

第 7 章讨论了金融行业中的利益冲突问题，我们得出的结论是，许多近来发生的公司倒闭事件都是由委托—代理关系引起的。本节把这个讨论延伸到共同基金以及它所产生的丑闻、罚款和诉讼问题中。几个顶级的共同基金经理人和首席执行官已被判入狱。

投资者对共同基金产业的稳定性和健全性的信心是非常关键的。目前，大部分人都是自己规划退休方案，而大多数的投资都流入各种基金中。假如这些基金占投资者的便宜，或者无法为投资者提供应得的回报，投资者会发现自己不能退休或者不得不缩减退休计划。没有人认为共同基金能够或必须许诺特定的回报，然而，它们应该平等对待所有投资者，并准确披露风险和费率。它们必须遵从它们宣布的管理基金的条例和办法。

20.8.1 利益冲突的起因

当存在信息不对称以及委托人和代理人的利益不一致时，利益冲突就会产生。共同基金的治理结构产生了这样的问题：共同基金的投资者是股东，他们选举董事以维护投资者的利益。相应地，董事选择投资顾问来实际运作共同基金。但是，如果基金的大多数股东有搭便车的倾向，就会阻碍投资者对董事或者投资顾问的监督。

股东依靠董事去监督投资顾问。遗憾的是，近来的证据表明，董事并没有充分制止滥用特权。补偿投资顾问的激励机制并不能保证他们有动力去最大化股东的财富。在缺乏监督的条件下，投资顾问会全力增加自身的收入和收费，甚至不惜损害股东的利益。例如，假设一个机构投资者为了获得其他投资者不能获得的某种交易特权而把一大笔存款投入基金，既然投资顾问是按其所管理基金的一定比例获得报酬，他们会选择为其提供特殊服务，以此来增加他们的收入。近期共同基金的负面消息都产生于这种不一致的利益关系。利益冲突 20—1“许多共同基金无视道德标准”讨论了一些著名的共同基金丑闻。

利益冲突 20—1　许多共同基金无视道德标准

共同基金行业中的一些著名公司已遭到纽约总检察长办公室和美国证券交易委员会的指责。巴尔的摩的联邦法院汇总了针对 18 家不同公司的超过 300 起诉讼。共同基金渴望解决诉讼并且减少负面宣传。9 家公司同意退还 16 亿美元给投资者，并且附加 8.55 亿美元的费用减免。其中，规模较大的处理情况如下：

- 联合资本管理公司被控允许交易员参与择时交易。公司将减免 3.5 亿美元费用，并且支付 2.5 亿美元作为罚款和给股东的退款。
- 美国银行受金丝雀资本合伙公司延迟交易和择时交易的牵连，同意减免 1.6 亿美元的费用，并且支付 3.75 亿美元的罚款和退款。
- 骏利资本管理有限公司将减免 1.25 亿美元费用，并且支付 1 亿美元的罚款和退款。
- 第五大基金公司——帕特南投资公司同意 1 000 万美元的费用减免，并且支付 1 亿美元的罚款和退款。

除了罚款、退款以及费用减免，一些个人投资经理被控参与犯罪活动。阿尔格管理公司的前任高级执行经理小詹姆斯·康奈利（James Connelly Jr.）因卷入共同基金的内部交易而被判入狱 1～3 年。

资料来源：*Wall Street Journal*，July 14，2004，p. C1.

20.8.2 共同基金的滥用

直到 2001 年，共同基金行业还在吹嘘自己在超过 60 年的时间里“都不曾被各种丑闻玷污”，但当纽约总检察长开始调查共同基金参与的破坏股东信托职责、违背自身原则以及违反美国证券交易委员会规定的各类活动的蛛丝马迹时，这种说法不攻自破。大多数的滥用职权集中在两类活动上——延迟交易和择时交易。这两类活动都是利用共同基金为股东提供日常流动性的开放式基金结构来钻空子。本来所有交易都按照下午 4 点交易关闭时的资产净值进行交易结算。

（1）延迟交易。延迟交易是指允许下午 4 点以后的交易按照 4 点的交易价格进行的做法，而下午 4 点以后的交易本应以第二天的交易价格进行。假定在星期三下午 4 点，一只技术类基金的资产净值是 20 美元。现在，假设交易员在下午 6 点收到新闻，惠普、英特尔和微软在上个季度的收入增长了50%。那些知道这会给行业带来何种影响的交易者想以20美元的价格购买这种基金。他们确信，在星期四早上资产净值会高得多，从而能快速获得利润。一个延迟交易者能够以下午4点的交易价格交易，并在第二天买入或卖出基金以获得利润。

总检察长在国会听证会上报告说："延迟交易好比是一匹马已经冲过了终点线，人们才在这匹马身上下注。"按照证券交易委员会的监管规则，延迟交易是非法的，这种活动之所以多年来不被察觉，是因为某些特定的延迟交易是监管认可和合法的。如果一位经纪人在下午2点接到顾客的买入指令，而这项指令由于没有与其他指令汇合在一起，未能在下午4点以前进入基金交易程序，那么可以进行延迟交易。由于投资者是在闭市以前发出指令的，不能从延迟交易中获利，因此，这种延迟交易只是为投资者赶上指令交易程序提供了一个机会。但是，当大投资者以牺牲其他股东的利益而利用这种特殊交易安排来获利时，这种延迟交易就是违法的。

（2）择时交易。尽管择时交易在技术上是合法的，但仍被认为是不道德的，并在事实上被所有的共同基金政策标准所特别禁止。择时交易涉及利用时差带来的套利机会，尤其体现在外国股票投资上。共同基金使用最新获得的外国价格设定其下午4点的闭市资产净值，然而这些价格也许已经非常滞后了。例如，日本比美国闭市早9个小时。如果一条新闻在日本没有反映到其闭市时的价格上，购买日本闭市价格下的基金就存在套利机会。

大多数共同基金通过设立费用来限制短线交易。然而，如果投资者（如美国银行）把大量的存款放入基金，这些费用就显得微不足道了。这恰恰是爱德华·J. 斯特恩（Edward J. Stern）和他的金丝雀资本合伙公司所做的事情。在2003年9月，斯特恩由于允许美国银行从事延迟交易和择时交易而被总检察长处以4 000万美元的罚款。

为了更好地理解共同基金股东是如何在延迟交易和择时交易中受损的，我们假设一只技术类基金所持股票组合的总市值为350美元。进一步假设你拥有在外流通的10份基金份额中的1份，基金的资产净值为35美元/份。现在假设在市场关闭以后，技术产业宣布收益比预计的要高，市场中的每个人都认为，在明天早上开市时基金的价值会达到400美元。你的基金份额的资产净值将会是40美元。然而，如果拥有特权的投资者被允许在几小时后以35美元的价格购买一份基金，那么你的资产净值就被稀释了。由于市场已经关闭，基金不能再购买股票，基金从特权投资者那里收到的35美元不得不以现金的形式持有。结果是，在第二天早上基金资产的价值是435美元，资产净值是435/11＝39.54美元，而不是原来预计的40美元。所有的基金原始股东每股都损失了0.46美元，而特权投资者赚了4.54（＝39.54－35）美元。

投资者在择时交易和延迟交易中的成本很难估计。没有可靠的统计数据表明这些滥用职权的操作有多么频繁。近期的学术研究估计，长期投资者的损失高达49亿美元。[①] 参见利益冲突20—2"美国证券交易委员会大规模调查共同基金的滥用"，看一看共同基金滥用职权的行为有多么普遍。

利益冲突20—2　美国证券交易委员会大规模调查共同基金的滥用

2003年9月，当纽约州总检察长宣布纽约州司法部门将起诉一批共同基金经理时，他

① 参见Eric Zitzewitz，*Journal of Law，Economics & Organization* 19，no. 2（2003）：245 - 280；Jason Greene and Charles Hodges，*Journal of Financial Economics* 65（2002）：131 - 158；and Goetzmann，Ivkovic，and Rouwenhorst，*Journal of Financial and Quantitative Analysis* 36，no. 3（September 2001）：287 - 309。

让许多监管机构猝不及防。它们的焦点过去集中在公司滥发证券上。有关共同基金行业藏污纳垢的事实被揭发出来后，证券交易委员会迅速召开国会听证会。在这些听证会上，证券交易委员会执法部部长斯蒂芬·卡特勒（Stephen Cutler）呈递的报告显示，共同基金内的非法交易比任何人想象的都要普遍。在88家最大的共同基金公司（代表了90%的行业资产）中，证券交易委员会表示大约25%的经纪人进行了非法延迟交易。另外，一半的基金公司允许某些有特权的股东参与择时交易。最后，调查表明，超过30%的基金承认它们的经理与有特权的股东一同分享了投资信息的利益。

20.8.3 政府对共同基金滥用所采取的措施

证券交易委员会前主席亚瑟·莱维特（Arthur Levitt）承认"丑闻传播之广，后无来者"。事实上，证券交易委员会这个被认为对共同基金行业进行监管的机构，并不是最先调查滥用共同基金权利的机构。纽约州总检察长埃利奥特·斯皮策（Eliot Spitzer）打了证券交易委员会一个措手不及，他起草了针对共同基金行业中许多此类参与者的起诉书。现在，这些问题已经公之于众，证券交易委员会和国会正努力保证这些基金的安全。

（1）**更多独立董事**。截至2006年1月，基金公司必须设立独立董事会主席一职，董事会中75%的席位必须是独立董事席位。另外，独立董事会成员必须举行没有基金公司管理层出席的年度执行会议。法律同时要求这些独立董事会成员有权雇用工作人员协助他们的监督工作。

（2）**强化下午4点估值规则**。通过更为严格地执行下午4点之后的交易按照下一个交易日的资产净值计算的规则，可以杜绝延迟交易行为。然而，这些提议饱受争议，因为此举同时惩罚了由于交易积压而在当天未完成交易的投资者，并且无法阻止跨时区的择时交易套利行为。

（3）**提高并强制收取赎回费**。大部分基金已有针对择时交易的政策，并且对在购买后60天或者90天内出售的份额强制收取赎回费。这些费用通常都是酌情收取，并且这些费用的收取在滥用共同基金权利发生的情况下常常被忽略。强制性收费的问题在于，它们可能惩罚那些由于突发事件而需要进行未预料撤资的投资者。批评者认为，这种惩罚措施减弱了共同基金的吸引力，并且降低了共同基金受欢迎的程度。而争论的结果是，在2005年3月，自愿赎回费规则被采纳。这项规则要求董事会决定公司是否强制收费，以保护股东不受择时交易等权利滥用的伤害。

（4）**提高透明度**。其他规则都在效仿证券交易委员会所采用的最普通的方法——提高运营操作的披露程度。这些规则要求董事更加清晰、公开地披露其与基金所有者和基金经理之间存在的任何关系，并要求投资经理人更加清楚地披露报酬安排和费用收取的情况。另外，规则还要求披露更多关于共同基金和销售经纪人之间的报酬安排的信息。这些策略把管理那些寻求利用利益冲突的公司交给市场了。

本章小结

1. 共同基金在过去20年内迅速发展，这种发展部分归因于需要对自己的退休金账户进行管理的投资者的增加。在其他因素中，流动性增强和多样化程度提高这两个因素也非常重要。目前，有大约7 500

只独立的共同基金，其净资产超过了 13 万亿美元。

2. 共同基金可以是开放式基金，也可以是封闭式基金。封闭式基金在首次发行基金份额后就不再接受额外的资金。而大部分新基金是开放式基金，当有新资金流入时就发行额外的份额。基金份额的资产净值是每日计算的，所有的交易都依据当天的资产净值进行。

3. 共同基金主要分为股票基金、债券基金、混合基金和货币市场基金。股票基金和债券基金可以是由投资经理主动管理的主动型基金，也可以是结构化投资于某些指数（如标准普尔 500 指数）的指数基金。

4. 对冲基金试图利用证券的历史相关关系与当前市场条件之间的偏离来获得收益。

5. 近年来，由于共同基金行业违反美国证券交易委员会的规定和公司内部制度而引起的丑闻被广泛公开。大部分滥用权利的案件集中在利用延迟交易和择时交易为有特权待遇的投资者赚取大笔资金上。基金行业更多地以总资产为标准而不是以回报为标准向管理人员支付报酬的费用结构也是造成利益冲突的部分原因。

重要专业术语

封闭式基金　　对冲基金　　免佣基金
递延佣金　　收佣基金　　开放式基金
多样化　　资产净值

习题

1. 最近 20 年内，共同基金和投资环境的哪些特点导致该行业的迅速发展？
2. 什么是流动性媒介？
3. 回忆第 6 章讨论过的市场有效性理论，讨论你是否愿意向共同基金经理支付高额服务费用。
4. 区分开放式基金和封闭式基金。
5. 讨论为什么一个共同基金系列提供 50 或 60 种不同的股票基金是有益的。
6. 指数基金和主动型基金的区别是什么？
7. 收佣基金是什么？
8. 递延收佣基金通常的结构如何？
9. 对冲基金和其他类型共同基金的区别是什么？
10. 什么因素推动了货币市场基金的发展？
11. 12b-1 费用用于支付什么？这些费用最多可以是多少？
12. 股东和投资管理人之间存在利益冲突，其主要来源是什么？
13. 共同基金中的延迟交易是什么？
14. 共同基金中的择时交易是什么？
15. 为了处理共同基金行业中的滥用权利案件，监管当局采用了哪些监管措施？

定量问题

1. 1 月 1 日下午 4 点，某共同基金持有的股票数量和价格如下表所示：

股票	拥有的股份数	价格（美元）
1	1 000	1.92
2	5 000	51.18
3	2 800	29.08
4	9 200	67.19
5	3 000	4.51
现金	n. a.	5 353.40

股票 3 公布了收益记录，在闭市后的交易中，股票 3 的价格上升到 32.44 美元/股。如果基金（违

法）允许投资者以当前的资产净值购买基金，25 000 美元可以购买多少份额？如果等到价格调整后购买，又能购买多少份额？这种非法交易的收益是多少？假设在外流通的份额为 5 000 份。

2. 一种共同基金征收 5%的前端佣金费加上 1.34%的各种费用。如果投资者计划将该基金持有 30 年，投资者支付的平均年费以百分比的形式表示应该是多少？

3. 一种共同基金可以提供 A 类份额，其前端佣金费率为 5%，各种费用的费率为 0.76%。该基金还可以提供 B 类份额，其后端佣金费率为 3%，各种费用的费率为 0.87%。对于一个考虑在 18 年期限内进行投资的投资者来说，哪类份额更合适？

4. 一种共同基金的年末总资产为 15.08 亿美元，费率为 0.9%。该基金每年收取的总费用是多少？

5. 一只 100 万美元的基金收取的后端佣金费率为 1%，12b－1 费率为 1%，其他费用的费率为 1.9%。在扣除这些费用之前，年末基金价值为多少才能保证投资者盈亏平衡？

第 6～12 题是针对某只共同基金的一系列交易问题。

6. 在 1 月 1 日下午 4 点，一只共同基金拥有的资产和价格情况如下表所示：

股票	拥有的股份数	价格（美元）
1	1 000	1.97
2	5 000	48.26
3	1 000	26.44
4	10 000	67.49
5	3 000	2.59

计算该基金的资产净值。假设该基金有 8 000 份份额在外流通。

7. 一位投资者向该基金提供了一张价值为 50 000 美元的支票。如果没有前端佣金，计算该基金份额的新数量和每份的价格。假设基金经理购买了 1 800 股股票 3，剩余资金以现金方式持有。

8. 在 1 月 2 日下午 4 点的价格如下表所示：

股票	拥有的股份数	价格（美元）
1	1 000	2.03
2	5 000	51.37
3	2 800	29.08
4	10 000	67.19
5	3 000	4.42
现金	n. a.	2 408.00

计算基金的资产净值。

9. 假设新投资者此时出售 420 份基金份额，他的利润是多少？他的年化回报率是多少？基金出售 800 股股票 4 以筹集需要的资金。假设每年有 250 个交易日。

10. 为了阻止对基金的短期投资，该基金现在收取 5%的前端佣金和 2%的后端佣金。该投资者决定将 50 000 美元重新投资于基金。计算新的基金在外流通的份额。假设基金经理用现金买回了之前那么多手的股票 4。

11. 在 1 月 3 日下午 4 点，各种股票的价格如下表所示：

股票	拥有股份数	价格（美元）
1	1 000	1.92
2	5 000	51.18
3	2 800	29.08
4	9 900	67.19
5	3 000	4.51
现金	n. a.	5 353.40

计算新的资产净值。

12. 由于对投资结果不满意，投资者此时卖出了 389.09 份基金。他的利润是多少？新的基金价值是多少？

网络练习

投资银行、经纪公司和共同基金

1. 晨星公司是专门从事共同基金分析与评估的最著名的公司。许多网站发布晨星公司的分析结果。登录 www.quicken.com/investments/mutualfunds/finder，根据你自己的投资偏好使用简易搜索。你能找到在你愿意支付的费率水平下符合你回报预期的基金吗？

2. 共同基金行业公布包括共同基金的历史和当前状况的详尽数据的数据概览。登录 www.ici.org，点击“Research and Statistics”（研究与统计），随后点击“Fact Books”（数据概览）。

（1）第 1 部分提供了共同基金行业的概述。选择并阐述一项本书没有提到的统计数据。

（2）第 2 部分反映了共同基金行业的发展趋势。讨论股票回报率与股权基金的资金流入之间的关系。

（3）根据第 4 章，目前家庭持有的基金资产占基金总资产的百分比是多少？

（4）根据第 4 章，共同基金投资者的年平均收入是多少？

第 21 章 保险公司和养老金

开篇预览

本章将研究两种非银行金融机构——保险公司和养老金，继续对金融机构进行讨论。在美国，保险业是一个很重要的行业，大部分人手中都持有一种或多种不同类型的保单（如健康保险保单、人寿保险保单、房屋所有者保险保单、汽车保险保单和伤残保险保单等），它们给保险公司带来了超过 9 150 亿美元的年收入。与此同时，保险公司也是劳动力市场上主要的雇用者，尤其是在商业领域。图 21－1 给出了 1960—2011 年美国保险业雇用人数的变化情况。从图中可以看到，在 20 世纪六七十年代和 80 年代早期，该数字增长迅速（目前，有超过 200 万的美国人受雇于保险业）。然而，近几年增长速度有所回落，可能有两方面的原因：首先，技术的发展使处理保险申请的过程流水化，从而使得保险业对后勤办公室员工的需求相应减少。其次，来自其他金融机构的竞争（如商业银行和经纪行）可能抢占了一些保险公司的传统保留业务。

保险业的一个主要竞争对手是私有的、公司资助的养老金计划。目前，超过 6 500万人在养老金上都有投资。那些受过更好的教育、预期寿命更长的职工现在把比以往更多的钱投入到养老金中。本章将介绍这些养老金计划。

保险公司和养老金都属于金融中介机构的范畴，主要有如下原因：首先，它们从顾客处获得投资资金。例如，当一个人购买了一份完整的人寿保险时，这个人可以获得人寿保险收益，还可以积攒现金存款。所以，很多人都将保险公司作为他们最基本的投资途径。类似地，私人养老金也能从顾客处获得投资资金。其次，这两种机构都将它们聚集的资金投资于各种能够获得收益的项目。它们不仅发放大量的商业抵押贷款，还投资于股票和债券。这些机构都能从一个部门获得资金并投资于另一个部门，所以，它们也是金融中介机构。

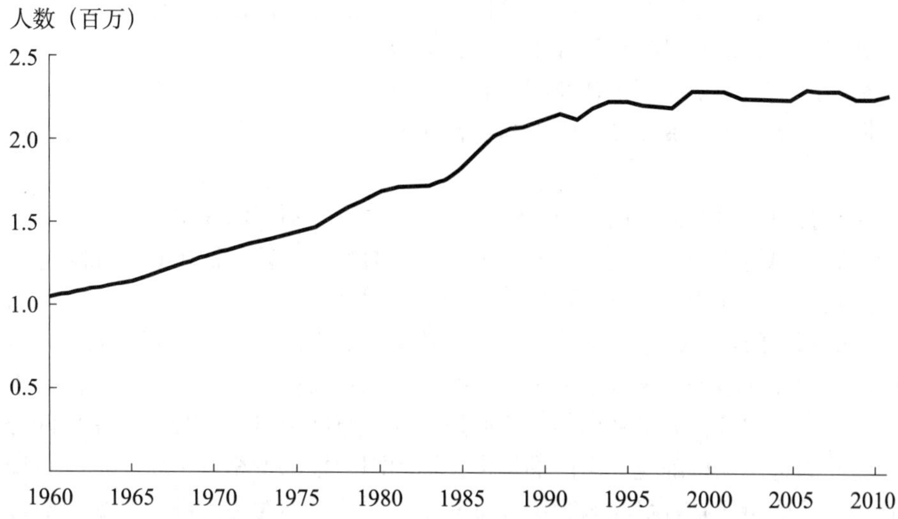

图 21-1　1960—2011 年美国保险业从业人员总数

资料来源：http：//www.acli.com/.

21.1　保险公司

保险公司从事为客户承担风险的业务，并从中收取费用，即保险费（简称保费）。保费的一部分被用来支付客户的预期赔偿额，另一部分成为保险公司的利润。为什么人们明明知道在其购买的保险存续期内，他们支付的保费远比可能遭受的预期损失多，还愿意为保险支付保费呢？这是因为大多数人都是风险厌恶者，他们宁愿支付**确定性等价**（certainty equivalent），即保费，也不愿意承受可能让他们失去房屋或汽车的风险。所以，处于财富损失风险下的人们更偏好购买保险，从而确切地知道自己的财富数量（当前的财富减去保费）。

试想一下，如果无法获得保险，人们的生活将发生怎样的改变。此时，每个人都需要留下准备金来防范风险，而不是在意外发生时依靠保险公司提供帮助。一方面，这些准备金不能被用于长期投资，只能以一种极具流动性的形式持有；另一方面，人们会一直担心他们的准备金不足以应对在灾难性事件（如房屋着火、汽车被盗、支撑家庭的人死亡等）发生时将遭受的损失。所以，保险能够使人们放心：意外事件给大家的生活带来的财务影响是有限的。

21.2　保险的基本原则

尽管保险和保险公司的类型有很多，但所有的保险都要遵循几个基本的原则：

（1）被保险人（保险合同保障的一方）和受益人（如果发生损失，能够获得保险赔付的一方）之间必须存在某种关系，并且受益人必须是可能遭受潜在伤害的人。例如，一个人不能为邻居家的少年驾车者购买保险。这是因为，如果这名少年遇到车祸，这个购买保险者遭受损失的可能性非常小。设定这个原则的出发点在于保险公司不希望人们将购买保险作为一种赌博的方式。我们之后将讨论信用违约互换是如何违背这个原则的。

(2) 被保险人必须向保险公司提供完整、准确的信息。

(3) 被保险人不能从保险责任范围中获利。

(4) 如果有第三方向被保险人赔偿损失，在保险公司的义务赔偿金额中这笔补偿金额会被扣除。

(5) 保险公司必须有大量的客户，这样可以通过很多不同的保险来分散风险。

(6) 损失必须能被量化。例如，石油公司不能为没有开发的油田购买保险。

(7) 保险公司必须能够计算出损失发生的可能性。

制定这些原则的目的是维护保险过程的完整性。如果没有这些原则，人们可能会因为利益的诱惑，利用保险公司对未来的事件进行赌博或者投机。如果这些行为达到极端，就会破坏保险公司保护真正需求者的能力。此外，这些原则给出了一种能够使风险分散于众多保单之间并为每份保单确定一个能够提供预期利润回报的价格的方法。但是，即便遵循这些原则，保险公司还是有可能因为第 2 章介绍过的信息不对称问题而遭受严重的损失。

21.2.1 保险业中的逆向选择和道德风险

如果一个最有可能从某种交易中获利的人正是在积极寻找这种交易机会的人，他很有可能是获得该机会的人，那么，逆向选择的问题就发生了。第 2 章讨论了信用记录最差的借款人正是那些最积极争取贷款的人，这就是逆向选择问题。同样的问题也存在于保险市场中。谁最有可能申请健康保险，是那些很少生病的人，还是那些有慢性病的人呢？谁最有可能申请水灾保险，是那些傍山为生的人，还是那些住在河谷中的人呢？从这两个例子中我们可以看到，最有可能遭受损失的人正是那些最有可能投保的人。逆向选择问题表明，通过总体人口估算出的损失发生概率，可能无法准确反映出那些实际需要保险的人遭受损失的可能性。

逆向选择问题引发了保险公司应该接受哪些保单的问题。由于健康状况不好的人比那些非常健康的人更有可能购买一份辅助性的健康保险，我们可能预计保险公司应该拒绝所有的申请。然而，这种情况并没有发生。保险公司必然已经找到了其他的解决办法。例如，大部分保险公司在发放一份人寿保单之前都要求被保险人进行体检，并且核查该被保险人以前的健康记录。由于避免了逆向选择问题，保险公司通常会为某些群体（如在特定行业中工作的人）提供更优惠的保险赔付比率。

除了逆向选择问题，道德风险问题同样也会困扰保险业。道德风险的发生主要是因为被保险人考虑到已经投保而没有积极为应对可能发生的风险采取事前防卫措施。例如，如果一个车主能够通过投保在车辆被盗后获得赔偿，那么，道德风险可能会使他不锁车。当飓风将要到来时，很多游艇主人并不会拉下游艇的旧帆布船罩，因为他们希望飓风毁坏船罩，这样就能要求保险公司赔偿，从而购买新船罩。

保险公司应对道德风险的一个办法是设定**免赔额**（deductible）。免赔额是指在保险公司赔偿之前，必须由被保险人自己支付的损失金额。例如，如果新的帆布游艇罩的价值为 5 000美元，而船主的免赔额是 1 000 美元，那么，船主必须首先自己承担 1 000 美元的损失，超过的部分（即 4 000 美元）再由保险公司承担。除了免赔额，保险合约中可能还有其他旨在降低风险的条款。例如，已经购买了火灾保险的公司会被要求在建筑地基上安装洒水装置，以减少火灾发生时遭受的损失。

尽管保险合约的条款和免赔额能够帮助缓解道德风险问题，但对于保险公司而言，这仍是很难解决的问题。我们将在本章的执业经理 21—1“保险业的监管”中详细讨论保险业应对道德风险和逆向选择的方法。

21.2.2 保险的销售

对于保险公司而言，另一个普遍的问题是，人们常常无法获得实际所需的全部保险。例如，人类的本性会使人们忽略死亡。与银行服务不同，保险并不是等待客户来购买，而是需要大量的销售人员主动推销保险产品，市场推广费用占保费总额的比重高达 20%。一个好的保险推销员能够说服人们购买保险，而这些保险是人们所需但不会自发购买的。

保险的独特性在于，其代理商出售的是一种使保险公司承担风险的产品。代理商与保险公司之间的关系有多种，其中，独立代理商可以为不同的公司销售保险产品，他们只是为自己的顾客寻求最适合的保险产品，而不会特别地忠于某家保险公司。美国有超过 6 万个独立代理商。专业代理商只为一家保险公司销售产品。

大部分代理商，无论是独立的还是专业的，收入都来自佣金。代理商通常一点也不关注每份保单承受的风险，如果发生赔付，代理商并不会遭受任何损失（佣金很少受到代理商客户索赔要求的影响）。为了控制代理商作为保险公司的代表给公司带来的风险，保险公司雇用了一些**保险商**（underwriters），由它们核查、批准代理商出售的每一份保单：如果它们认为风险不可接受，就有权拒绝保单。如果保险商对客户质量有疑问，它们可能会指示一位独立核查员来核查投保财产或者索要其他的医疗信息。保险公司最终是否接受保单，将取决于核查员提供的报告（参见小案例 21—1“保险代理商：客户的同盟者”）。

小案例 21—1　保险代理商：客户的同盟者

在 1985 年的南加利福尼亚，一位为信诚保险公司工作的保险商负责管理许多出售财产保险的代理商。其中，一位代理商销售了大量的火灾保单，他总是很仔细地拟定保险文件，当被保护的财产中有消防栓时，他会在为被保险人申请保险时附加消防栓的照片。然而有一次，代理商在一份保单中犯了一个错误，他在从不同角度拍摄照片时误将自己的汽车摄入其中。照片显示，在他的汽车敞开的车厢中有一个塑料消防栓。多年来，当他想以一个较低的报价来获得生意的时候，他就会将这个消防栓纳入保单。

这位代理商没有被炒鱿鱼或是被起诉，他只是被建议停手，保险公司仍然继续接受他开出的保单。

21.3 保险公司的发展和组织形式

图 21 - 2 显示了 1950—2011 年人寿保险公司的数量变化。在 1988 年以前，保险公司的数量稳步增长，此后的数量开始平稳下降。我们注意到，保险公司的组织形式可以分为

股份公司或者相互保险公司。**股份公司**（stock company）由股东所有，其目的在于获利。

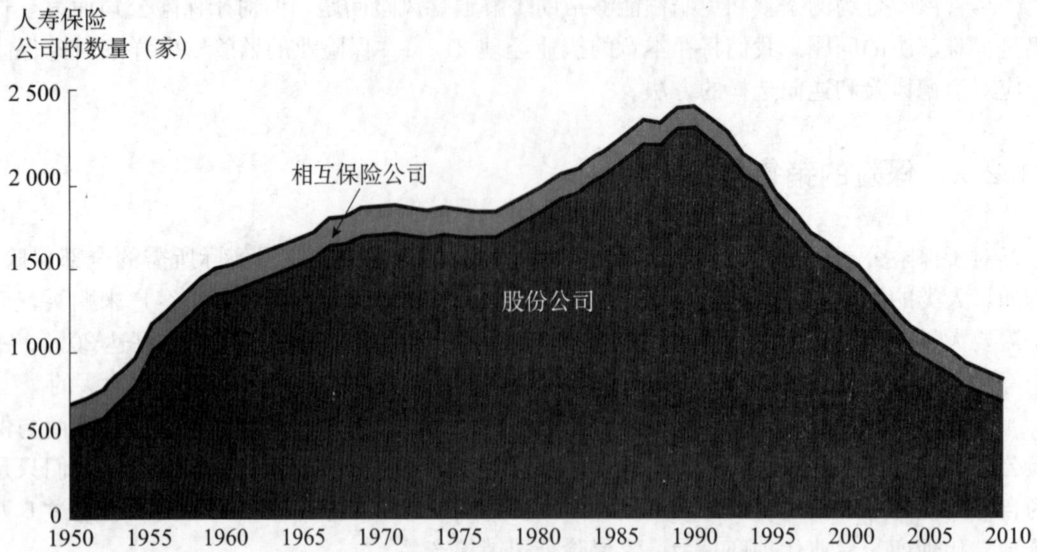

图 21-2　1950—2011 年美国人寿保险公司的数量

资料来源：https：//www. acli. com，*Life Insurance Fact Book*.

相互保险公司（mutual insurance company）由保单持有者所有，其目的是以尽可能低的成本向被保险人提供保险。保单持有者将会获得公司支付的红利，这些红利反映了保费超过成本的差额。由于保单持有者会共同使保险成本减少，因此，也会减轻大部分保险公司所面临的道德风险问题。美国国内税务局（IRS）将这种红利视为一种对保险收费过高的补偿手段，从而共同保险红利不需要像其他类型公司的红利那样必须缴税。

大多数新的保险公司类似于股份公司。如图 21-2 所示，到 2011 年底，804 家保险公司中只有 122 家是相互保险公司。

21.4　保险的种类

将保险按意外事件的种类进行分类，最常见的保险种类是人寿保险、财产和意外伤害保险。最简单的人寿保险会为死者的后代提供补偿。很多保险公司发放提供退休保险和人寿保险的保单。在这种情况下，保费将人寿保险的成本和某种储蓄计划结合起来。人寿保险的成本受到诸如保险者的年龄、预期平均寿命、被保险人的健康状况和生活方式（被保险人是否有吸烟、参与危险活动如跳伞等的爱好）以及保险公司的操作成本等因素的影响。

财产和意外伤害保险保护财产（房屋、汽车和游艇等）免于因意外、火灾、自然灾害以及其他灾难而遭受损失。例如，海事保险就是保护船只及其货物免于遭受损失，这是一种历史悠久的甚至早于人寿保险的保险种类。由于需要经常更新，财产和意外伤害保险通常都是短期合约。财产和意外伤害保险与人寿保险的一个最大的区别是，前者没有储蓄计划。部分财产和意外伤害保险的保费仅取决于遭受损失的可能性。这也是那些曾被开出超速罚单、曾经造成车祸或者生活在高犯罪率地区的司机需要为汽车保险支付更高的保费的原因，这些过往历史都会提高保险公司赔偿的可能性。

21.4.1 人寿保险

人生被认为是由一系列可预计的事件组成的过程：你工作很多年并为退休后的生活存款；然后，你退休后便依靠此前工作时的储蓄为生；到了一定年纪你就会自然死亡。但是，问题在于人也可能很早就会去世，这样就没有时间为所爱的人提供好生活；或者，一个人的寿命可能非常长，以至于耗尽了退休以前所有的储蓄。这两种情况是大多数人都不希望碰到的。人寿保险的目的就是减轻这两种情况给人们带来的忧虑。尽管保险并不能让人们对过早死亡这种残酷的事实欣然接受，但它至少能够让人们放心，因为人们知道自己的后代将足以为生。同时，人寿保险公司也希望帮助人们为退休生活而储蓄，从而为顾客提供一生的服务。

人寿保险公司的几大产品是人寿保险、伤残险、年金和健康保险。当你去世时，人寿保险将进行偿付，因此，能够保护那些靠你的收入为生的人，这些人被称为保单的受益人。如果你遭遇疾病或事故而不能继续工作，伤残险的赔偿金将会成为你生活的一部分来源。**年金**（annuity）能够在你活得比预期的时间长的情况下对你有所帮助。如果你最初支付了一笔固定总额或者定期支付保费，保险公司会同意在你的有生之年为你提供固定金额的保险赔付。如果寿命较短，保险公司支付的金额就比预期的要少；相反，如果你的寿命非常长，保险公司支付的金额将远远超过预期偿付额。

我们注意到，这些不同种类的保险存在一个令人好奇的现象：尽管预测个人的生命期望值或其致残的可能性非常困难，但是当很多人投保时，保险公司应该支付的实际金额却可以被非常准确地预计出来。保险公司将会搜集并分析影响生命期望值、健康索赔、伤残索赔以及其他相关问题的统计数据。

例如，一家人寿保险公司通过使用预测预期寿命的精算保险费用表可以很准确地预测何时需要支付死亡赔付金。表 21-1 列出了在不同年龄水平下人们的预期寿命，比如一位 25 岁的女性预计还能继续活 56.3 年，而一位 25 岁的男性预计只能再活 51.7 年。

表 21-1　　2012 年美国不同年龄水平的预期寿命

年龄	男性	女性	总人口
0	76.2	81.1	78.7
1	75.7	80.5	78.2
5	71.8	76.6	74.3
15	61.9	66.7	64.4
25	52.4	56.9	54.8
35	43.1	47.2	45.3
45	33.9	37.8	36.0
55	25.4	28.8	27.2
65	17.7	20.3	19.2
75	11.0	12.9	12.2
85	5.9	7.0	6.6
100	2.1	2.4	2.4

资料来源：*Life Insurance Fact Book*，2012，Table 12.2（American Council of Life Insurers）.

大数定律（law of large numbers）表明，当很多人投保时，遭受损失的概率将呈正态分布，这种正态分布能够被精确预测。保险公司的投保人数以百万计，大数定律使得保险公司的预测更准确，使公司可能给保单制定一个能够使其盈利的价格。

人寿保险保护了家庭的收入流不受影响。人寿保险产品的种类，包括定期人寿保险、终身人寿保险和万能人寿保险。

（1）**定期人寿保险**。最简单的人寿保险形式是定期人寿保险，该保险是在保单的有效期内，当被保险人去世时，要求保险公司对此进行赔偿。这类保单不包含储蓄成分，一旦过期，没有任何剩余收益。随着被保险人年龄渐高，死亡的概率也相应提高，从而保单的成本也会提高。举例来说，表 21-2 给出了一家主要的保险公司为一位 40 岁的男性不吸烟者 10 万美元的定期人寿保险计算出的年保费。第一年是 134 美元；当被保险人 41 岁时，保费升到 147 美元；当被保险人 42 岁时，保费升到 153 美元，依此类推。到了被保险人 60 岁时，这份价值 10 万美元的人寿保险每年的保费为 810 美元。当然，不同保险公司的费率也不相同，但这些样本费率显示了随着被保险人年龄的增大，定期保单的年成本是如何提高的。

表 21-2　一位 40 岁的男性不吸烟者价值 10 万美元的定期保单的代表性年保费列表

被保险人的年龄（岁）	成本（美元）
40	134
41	147
42	153
45	192
50	286
55	461
60	810

一些定期保单的保费在几年内（通常是 5～10 年）是固定不变的。另外，递减定期保单收取的是固定保费，但保险偿付的总金额每年都会减少。

从历史数据来看，定期保单很难销售出去，因为一旦这些保单到期，保单持有者将无法得到任何保费偿付，这一问题可以由终身人寿保险解决。

（2）**终身人寿保险**。如果保单持有者死亡，终身人寿保险将向其支付死亡偿付金。终身人寿保险通常要求被保险人在保单有效期内支付一定的保费。最初，被保险人支付的保费要高于购买定期人寿保险的保费。这部分超额保费作为现金价值被积累起来，以合理的利率向被保险人提供贷款。

生存给付也有助于现金的积累。当被保险人集合中有人过世，他余下的现金将会由幸存者均分。如果保单持有者一直活到保单到期，就能退出保险并获得现金价值。这些现金价值能够被用于购买某种年金。因此，终身人寿保险因被保险人一生中都能得到保护而易于宣传推广。

（3）**万能人寿保险**。在 20 世纪 70 年代末，终身人寿保险受到了消费者的冷遇，这是因为由保费获得的回报率低于从其他投资中所能获得的回报水平。例如，一位投资者购买了一份定期人寿保险，他将定期人寿保险与终身人寿保险间保费的差额用于投资。如果他在终身人寿保险期限内的每一年都如此操作，他不但能够缴纳定期人寿保险的保费，而且通过投资能够获得的收益比他一开始购买终身人寿保险时获得的收益多。因此，投资顾问和保险代理商开始不建议顾客购买终身人寿保险，销售的宣传变为“购买定期人寿保险并用差额进行投资”。由于保险代理商也会推销其他的投资项目，因此，他们不会受到这种保险计划改变的影响。为了应对资金流出公司的问题，保险公司推出了万能人寿保险。

万能人寿保险结合了定期人寿保险和终身人寿保险的优点，万能人寿保险的主要优势在于现金价值能以更高的比例累积起来。

万能人寿保险由两部分组成：一部分是定期人寿保险；另一部分是储蓄。与其他投资相比，这种保险的优势在于，其账户中的储蓄部分所获得的利息收入在支取前都是免税的。为了保持这种税收优惠待遇，保单的现金价值不能超过死亡时的给付额。

万能人寿保险是在20世纪80年代早期推出的，当时的利率水平达到了一个历史高点。这种保险立即得到了普遍的认可。截至1984年，它占到人寿保险总额的三分之一。随后，由于利率降低，万能人寿保险所占的份额开始下降。

(4) **年金**。如果我们将定期人寿保险看作防范过早死亡的措施，那么，年金则可以被看作防范寿命太长的措施。正如前面所讨论的，人们所面临的风险之一就是预期寿命过长。如果一个人活得要比退休初期预计的年限长得多，就可能花光所有的积蓄并在贫困中死去。避免这种结果的一种方法就是购买年金。一旦投保者以固定金额购买了一种年金产品，这种年金产品将能在受益人有生之年对其进行给付。

年金很容易受到逆向选择问题的影响。当人们退休时，他们比保险公司更了解自己的预期寿命。健康、有家族长寿史且非常注重健康的人有可能活得更久。因此，他们比那些不健康或者平均健康水平的人更希望购买年金产品。为了避免逆向选择问题，保险公司通常会对年金产品的定价偏高一些。大部分年金产品都是出售给大集团公司的成员，所有的职员都会获得一种特殊的养老金计划安排，他们能够自动得到所分派的收益。年金产品的销售都是自动化的，从而有效地消除了逆向选择问题。

(5) **人寿保险公司的资产和负债**。人寿保险公司有两种资金来源：第一，收取保费，它代表着当被保险人死亡时，保险公司未来必须履行的义务；第二，收取将要投入到由保险公司管理的养老金中的保费，这些资金都是长期投入的。

人寿保险的负债都是可预计的，且期限较长，人寿保险公司可以投资于长期资产。图21-3显示了2011年初人寿保险公司的平均资产分布，从图中可以看出，保险公司的大部分资产被用于诸如债券这样的长期投资。

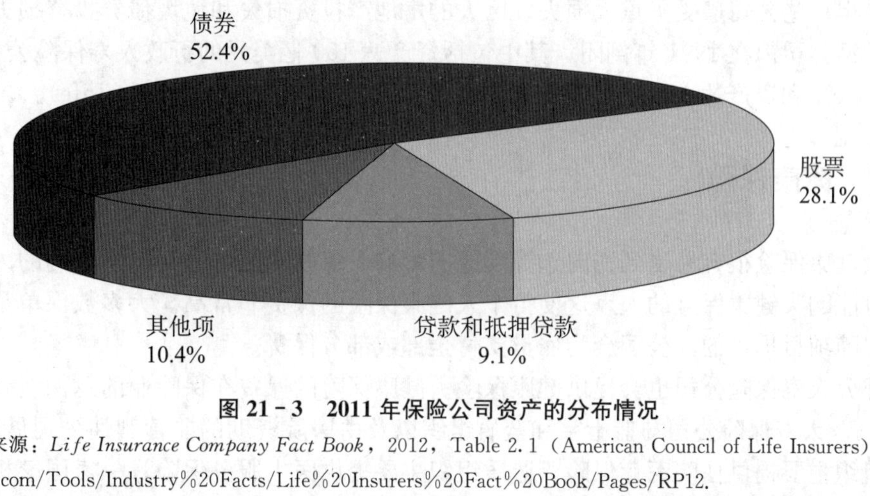

图21-3 2011年保险公司资产的分布情况

资料来源：*Life Insurance Company Fact Book*，2012，Table 2.1（American Council of Life Insurers），http://www.acli.com/Tools/Industry%20Facts/Life%20Insurers%20Fact%20Book/Pages/RP12.

多年来，保险公司也大量投资于抵押贷款和房地产。2012年，人寿保险的资产中大约有 6%投资于抵押贷款或者直接投资于房地产，这一比例比历史水平低很多。图 21－4 显示出 1920—2012 年投资于抵押贷款的资产比重的变化情况，呈下降趋势，这说明资产正在向低风险方向转移。由于保险公司对公司债券和政府证券的投资不断增加，这种下降趋势得到了缓解。

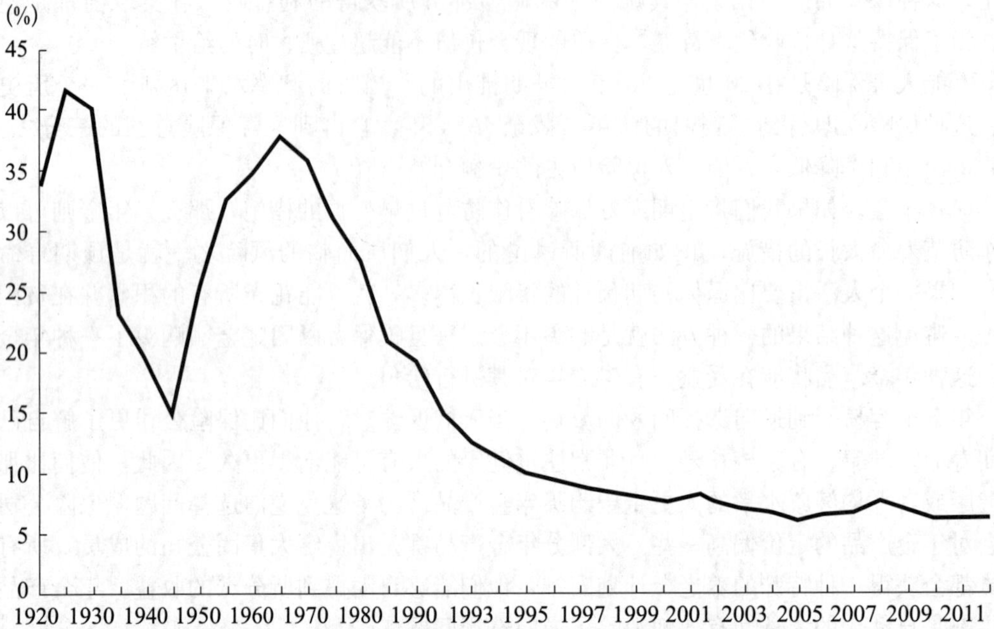

图 21－4　1920—2012 年人寿保险公司资产中投资于抵押贷款的百分比

资料来源：Federal Reserve Flow of Funds Accounts，Table L117；http：//www. federalreserve. gov/releases/z1/Current/z1. pdf.

资产向低风险证券转移可能是由于 20 世纪 80 年代末保险公司遭受了损失。当时，保险公司与共同基金和货币市场基金竞争退休金业务时，需要有回报率更高的投资项目，这使得一些保险公司投资于房地产和垃圾债券。当时美国的房地产市场过度发展，后来不断贬值，使得一些公司遭受了重大损失。巨大的房地产投资损失和垃圾债券投资损失一起造成很多大型公司都在 1991 年倒闭，其中包括资产达 150 亿美元的行政人寿保险公司（Executive Life）和资产达 140 亿美元的互惠人寿保险公司（Mutual Benefit Life）。

21.4.2　健康保险

个人健康保险很容易受到逆向选择问题的影响。那些知道自己很容易生病的人正是那些最有可能购买健康保险的人，这使得个人健康保险的保费非常高。大多数保单是由公司资助的保障项目提供的，公司会为雇员支付全部或部分保费。

大部分人寿保险公司也会提供健康保险。健康保险的保费在保险业的总保费收入中大约占 24%。人寿保险公司与蓝十字和蓝盾组织以及由医院资助的非营利性公司展开竞争。蓝十字组织主要提供住院医疗保险，蓝盾组织主要提供医生服务保险。一家国家机构协调和监管这 73 家蓝十字/蓝盾组织。

美国政府通过医疗保险和医疗补助的形式参与健康保险。医疗保险是提供给老年人的，医疗补助是提供给那些接受福利救济或资产非常有限的人们的。

在1992年的总统选举中，健康保险是一项主要的政治争端，并且一直是立法和争论的主题。在医疗保险方面的辩论如此激烈的原因之一是，卫生保健的费用呈螺旋式增长。在过去十年的大部分时间里，卫生保健费用的增长远快于生活成本和实际工资的增长。更加复杂和昂贵的治疗方法不断被投入使用，是卫生保健费用增长得如此迅速的一个原因。例如，研究显示，降胆固醇药物能够降低大部分人患心血管疾病的可能性。这些药物要花费3美元/天，这在20年前是不存在的。保险公司从许多方面来应对这种不断升高的成本。例如，目前公司资助的保险计划的风险有一大部分是由公司自己承担的，保险公司只是管理保险计划和负担灾难性损失发生时的费用。这使得出资公司在保持健康的劳动力和鼓励员工负责任地使用医疗设施方面的积极性大大提高。例如，许多大公司发现，聘请助理医疗师在现场协助来减少理疗费用和旷工现象是比较划算的。

保险公司试图用来应对不断增长的医疗成本的另一种方法是控制它们。通常的做法是，公司与医疗组就减少成本进行协商，并通过“管理式医疗”（即在提供医疗服务之前需得到批准）降低成本。健康维持组织（HMO）将风险从保险公司那里转移到了医疗提供者身上。保险公司为每个人向健康维持公司缴纳一个固定的费用，从而换取医疗服务。许多人都发现，健康维持公司形式的卫生保健存在一个问题：医疗提供者有动机限制医疗服务。当然，已有一些条例被制定出来以保护人们合理享受医疗的权利，比如有条例规定妈妈们在分娩后至少要在医院休息48小时。

在冗长的并极具争议性的全国性辩论之后，《病人保护和可负担医疗法案》于2010年3月23日被正式签署成为法律。该法案希望扩大医疗保险的覆盖范围，将另外3 200万当前没有医疗保险的美国公民纳入医疗保险体系中。还有一些更具争议性的条款如下：

（1）可以选择通过州健康保险交易所购买保险。

（2）为低收入人群提供补贴以帮助他们购买保险。

（3）对保险公司的保前排除期拒绝保单的行为加以限制。

（4）要求保险公司允许与父母在一起的26岁以下的子女享受父母的医疗保险计划。

（5）要求到2014年每个人都要购买保险，否则要分期处以罚款。

21.4.3 财产和意外伤害保险

财产和意外伤害保险起源于中世纪，是最早的保险形式。当时，商人派遣商船到外国港口进行贸易，他们宁愿贸易无法获利，也不愿意承受商船沉船或者被海盗抢劫的损失。为了降低后者的风险，商人们聚集在一起，为彼此的商船可能遭受的损失投保。随着时间的推移，这个过程变得越来越复杂，保单被签署后便可以在当时主要的商业中心进行交易。

1666年的伦敦大火极大地推动了火灾保险的出现。1680年，全世界第一家火灾保险公司在伦敦成立。美国的第一家火灾保险公司是由本杰明·富兰克林（Benjamin Franklin）带领的一群人于1752年发起创办的。到19世纪初，财产和意外伤害保险公司的资产规模甚至超过了商业银行，从而成为了当时最重要的金融机构。20世纪汽车的出现也极大地推动了财产和意外伤害保险公司的发展。

（1）**今天的财产和意外伤害保险**。财产和意外伤害保险保护的是由于火灾、盗窃、暴雨、爆炸甚至人为疏忽而造成的损失。**财产保险**（property insurance）保护工商企业及其所有者免遭财产损失，它包括那些能够产生收入的资产重置和收益损失，以及房屋所有者的经济损失。**意外伤害保险**（casualty insurance）或**责任保险**（liability insurance）保护被保险人免于遭受因产品缺陷或意外事故对他人造成伤害而带来的损失。例如，你的汽车保险中有一部分是财产保险（如果你的汽车遭到损害，该保险进行赔付），还有一部分是意外伤害保险（如果你造成事故，该保险也进行赔付）。

财产和意外伤害保险与人寿保险不同。首先，财产和意外伤害保险倾向于是短期的，通常期限为一年甚至更短；其次，人寿保险仅为单一事件提供保险，财产和意外伤害保险为很多不同的事件提供保险；最后，财产和意外伤害保险的损失金额比人寿保险的损失金额更难预测。这些特征使得财产和意外伤害保险公司比人寿保险公司持有更多的流动性资产，它们必须保证有足够的流动性来应对较大的损失范围。

财产保险能够提供**指定危险保单**（named-peril policy）或者**综合保险保单**（open-peril policies）。指定危险保单仅为保单中指明的危险提供保险，而综合保险保单则为保单指定排除的危险之外的所有危险提供保险。例如，很多在下游地区拥有房屋的所有者都被要求购买洪水保险。这种保险只对洪水导致的损失承保，因而是指定危险保单。如果房屋所有者的保单可以使房屋所有者免受由于火灾、飓风、龙卷风及其他灾害而造成的损失，这便是一个综合保险保单。

意外伤害保险或者责任保险还可以保护由于人为疏忽而导致的经济损失。不仅生产厂商会购买责任保险来防范因为产品质量缺陷而遭到起诉的损失，很多其他类型的职业也会购买这种保险，如内科医生、律师和建筑承包人等。财产保险所面临的风险相对比较容易预测，因为它通常被限制在财产的价值范围之内，而责任保险的风险就比较难以确定了。

责任保险承担的风险还有较长的时滞（通常被称为"拖尾"），这意味着责任求偿可能在保单过期之后很久才发生。例如，20 世纪 50 年代、60 年代和 70 年代，赛斯纳公司和派珀公司生产了许多飞机，直到今天仍在使用中。当这些已经被使用了 40 年或者 50 年左右的飞机中有一架失事时，公司经常会遭到起诉。因此，在 20 世纪 80 年代，公司的保费负担变得非常大，从而停止了私人飞机的生产。责任保险的成本使飞机价格超过了大部分私人购买者的承受范围。

人们都知道，法律陪审团所判定的赔偿通常比较高，常常超过了保险公司所能预计的范围。责任保险的保费一直在提高。有的州试图对这种责任保险赔偿额加以限制，以抑制保险成本的提高。

（2）**再保险**。**再保险**（reinsurance）是保险公司降低其风险的方法之一。它是指以一部分保费为代价，将一部分风险转移给另一家公司。再保险可以被视为保险公司给自己买的保险。由于保单的一部分实质上是由另一家公司持有的，所以，这种方式使得保险公司可以签订大额保单。

在财产和意外伤害保险中，大约有 10%是再保险。小公司比大公司更多地加入这种保险。

这种保险的发起者比分保者承担的损失要多一些，所以，道德风险和逆向选择问题较少。这意味着关于再保险的风险并不需要太多特定的信息，其合约的标准化程度相对较高。

（3）**2002 年《恐怖主义风险保险法案》**。2001 年 9 月 11 日恐怖袭击的发生使得保险业开始重新思考它们面临的风险，恐怖袭击可能会使一家资本优良的保险公司倒闭。由于保险业不断地游说，2002 年 11 月 26 日美国国会通过了一项新的立法，限制保险公司面对袭击事件时应该赔付的金额。2002 年的《恐怖主义风险保险法案》只对损失超过 500 万美元的国际恐怖主义事件生效。当恐怖主义事件发生时，依据该法案中的规定，政府将会承担损失的 90%。超过 1 000 亿美元的损失就无法得到保险偿付。

21.4.4 保险监管

保险公司受到的联邦政府监管要少于其他金融机构。实际上，1945 年《麦卡伦-福格森法案》明确规定保险业免于联邦机构的监管。保险业最主要的监管机构是美国国内税务局，它会对特殊的税收条例进行监管。

许多州自行对州内的保险业进行监管。保险公司不仅要遵守注册所在州监管部门制定的各种行业标准，还必须接受公司开展业务所在州的监管。其中，纽约州要求在该州开展业务的所有保险公司必须遵守该州的投资标准条例。由于纽约州是一个大州，几乎所有的保险公司都在该州有业务，它们必须遵守纽约州制定的标准，因而纽约州的监管机构几乎相当于国家监管部门了。

大多数监管的目的是防止被保险人由于保险公司无力偿付而遭受损失。为此，保险公司在资本构成和最低资本比率方面都会受到限制。所有的州都要求保险代理商和经纪人获得州发放的许可证才能销售人寿保险、财产和意外伤害保险以及健康保险，从而确保所有代理商或经纪人对其产品有最基本的了解。

执业经理 21—1

保险业的监管

保险公司与银行一样，都从事金融中介业务，为公众将一种类型的资产转换为另一种类型的资产。保险公司将客户支付的保费投资于诸如债券、股票、抵押贷款和贷款这样的资产；然后，保险公司用从这些资产中获取的收益对保单进行偿付。实际上，保险公司就是将诸如债券、股票和贷款这样的资产转换为保单，为客户提供一系列服务（如理赔、储蓄计划和善意的保险代理等）。如果保险公司不仅能在其资产转换过程中以低成本、高效率的方式为客户提供充分的保险服务，还能从公司投资中获得较高的回报率，公司就能获利；否则，公司就会遭受损失。

在第 2 章和第 7 章所介绍的逆向选择和道德风险的概念使我们了解了为什么像保险公司这样的金融机构对经济活动非常重要。在此，我们使用这两个概念对保险特有的管理实践进行诠释。

以保单为例，保险的存在会鼓励被保险人承担风险，这样会使保险需要偿付的可能性提高，即引发了道德风险问题。例如，已经对盗窃损失投保的人可能不会采取一系列预防措施去防止失窃情况的发生。如果他真的被盗，他便能从保险公司处获得一部分偿付。逆向选择的发生是因为那些最有可能获得大额保险偿付的人正是那些最希望购买保险的人。例如，如果一个人患了致命的疾病，他就会想要购买大额人寿和医疗保险，因此，保险公司会面临巨大的潜在损失。逆向选择和道德风险问题造成了更多的保险偿付，所以，最小化它们的风险是保险公司的一个极其重要的目标。我们下面讨论的这些措施都是为了实现这个目标。

1. 甄别

为了减少逆向选择，保险公司必须尽力甄别保险风险，因此，有效的信息搜集程序是保险公司管理的一个重要原则。

当你申请一种汽车保险时，你的保险代理商要做的第一件事就是询问你一系列问题，如驾驶记录（被开出超速罚单和遇到事故的次数）、投保汽车的类型以及一些私人问题（年龄、婚姻状况等）。如果你申请的是一种人寿保险，你也会遇到类似的严格询问过程，只是被问到的问题要更隐私一些，它们与你的健康状况、吸烟习惯以及药品和酒精等使用情况有关。有的人寿保险公司甚至还会要求对被保险人进行一次医疗评估（通常是由独立的第三方进行的），需要抽取血液和尿液进行化验。保险公司使用你的这些信息对你进行风险评级——你有多大的可能性需要保险赔付。根据这些信息，保险公司可以确定是应该接受这笔生意，还是因为你带来的风险太大，可能使公司无法获利，而拒绝你的投保申请。

2. 风险保费制

逆向选择为保险运营提供了一条经过时间考验的重要原则：根据被保险人给保险公司带来的风险收取保费，即风险保费制。

为什么保险公司发现有必要采取风险保费制？首先看一个风险保费的例子。这个例子乍一看似乎并不公平。哈里和萨莉各自申请了一份汽车保险，他们都没有超速罚单或遭遇过事故。哈里 20 岁，萨莉 40 岁。通常说来，由于年轻男性遇到事故的概率要高于中年女性，保险公司向哈里收取的保费应该比萨莉高。假设一家保险公司不根据风险分级标准来制定保费，而是根据平均风险大小来收取保费，那么，萨莉交的保费可能相对较高而哈里交的保费相对较低。于是，萨莉有可能到另一家保险公司以一个较低的费率投保，哈里则会接受这份保险。由于哈里的保费不足以支付当他遇到意外时保险公司应做的赔偿，平均来看，保险公司将会在哈里这单生意上遭受损失。只有依据风险分级制定保费，对哈里收取更高的保费，才能保证公司不会亏损。①

3. 限制性条款

保单中的限制性条款是另一种减少道德风险的管理工具，这些条款禁止被保险人进行可能提高保险索赔可能性的危险性活动。一种限制性条款可以防止保单持有者从使保险公司更易赔付的行为中获利。例如，人寿保险公司在其保单条款中写明，不对因自杀而死亡的行为支付赔偿金。限制性条款还会要求被保险人采取一定的行为来降低赔偿发生的可能性。例如，保险公司会要求一家出租小型摩托车的公司为顾客提供头盔，以减少与租用活动相关的责任。保险中限制性条款的作用与在第 7 章中介绍的债务合约中限制性条款的作用有些相似：两者都是通过排除不受欢迎的行为来减少道德风险问题。

4. 防止欺诈

保险公司还会面临一种道德风险问题：被保险人有动机向保险公司撒谎以获得保险公司的赔偿，即便这种索赔不合理。例如，一位被保险人并没有遵守限制性条款，可能还会

① 你可能会发现这个例子事实上就是第 7 章讨论过的次品车问题。

在损失发生后提交索赔申请。更糟糕的是，有的被保险人甚至在损失没有发生时就提交索赔申请。因此，保险公司的一个重要管理原则就是严防欺诈，只有那些有正当索赔理由的被保险人才能获得赔偿。

5. 取消保单

取消保单是另一种保险管理工具。当被保险人从事提高赔偿可能性的活动时，保险公司可以通过威胁顾客取消保单来阻止这种道德风险。例如，如果保险公司发现一位司机有太多的超速罚单，则保单将会被取消，这位司机超速驾驶的可能性也将降低。

6. 免赔额

免赔额是一笔固定的金额，当保险公司进行赔偿时，可以从被保险人的损失中扣除。例如，如果一份汽车保单的免赔额为 250 美元，这就意味着当你遇到一场事故而损失 1 000美元时，保险公司只向你提供 750 美元的赔偿。免赔额是帮助保险公司减少道德风险的又一管理工具。在向保险公司索赔时，被保险人也要与保险公司一起承担损失，因此，被保险人会更加小心。免赔额会使被保险人与保险公司的利益一致起来，道德风险问题也因此得以减少，保费也将大幅降低。

免赔额的另一个作用是，由被保险人承担一些小型损失可以减少对这些小型损失的保险管理成本。

7. 共保

被保险人与保险公司按照协议安排各自分担损失的一定比例被称为**共保**（coinsurance)。例如，有些医疗保险计划会为被保险人提供医疗费用的 80%，而被保险人需要支付剩余的 20%。共保和免赔额一样，也能够减少道德风险。被保险人需要与保险公司一起承担损失，这样他们就会避免一些不必要的可能导致索赔额很高的行为。例如，没有必要时就不去看医生。因此，共保是保险公司的另一种有效的管理工具。

8. 保额限制

保险管理的另一个重要原则是，对保额设置一定的限制，尽管有些客户愿意支付更多的保额。保额越高，被保险人从可能发生赔偿的风险活动中获得的收益就会越多，道德风险也就越高。例如，如果塞尔达为她的汽车投保的金额超过了汽车的真实价值，她就不会采取合适的预防措施来阻止盗窃事件的发生，如确认钥匙已经拔出或者安装报警系统。如果她的车被偷了，她会非常高兴，因为高于原汽车价值的赔付金额可以使得她购买一辆更好的车。相反地，如果保险赔付金额低于汽车的价值，当汽车被盗时，她就会遭受损失，因此，她会采取合适的预防性措施来防止这种情况的发生。保险公司必须确保为保险提供的赔付金额不能过高，以免因为道德风险而给公司造成巨大损失。

9. 总结

有效的保险管理需要一些操作实践：搜集关于潜在保单持有者的信息并对他们进行甄别、采取风险保费制、设立限制性条款、防止欺诈、取消保单、设定免赔额、共保以及进行保额限制。所有这些操作实践都会通过使被保险人难以从提高赔偿金额和事故发生可能性的活动中获利，来减少道德风险和逆向选择。随着可获利益的减少，风险比较高的被保险人（即那些更有可能从事不利活动的人）会发现，从保险中所能获得的利益减少，这样他们就不大可能刻意地钻空子来寻求这种机会。

21.4.5 信用违约互换

信用违约互换（CDS）在本书中已被多次提到，我们仍需要在保险这一章讨论它。一份信用违约互换是用来抵抗金融工具（常常是证券化债券）违约风险的保险。通常说来，一个债务所有者将会从一家投资公司或是保险公司（如美国国际集团等）购买信用违约互换，从而将违约风险转移给第三方。如果违约的可能性比较低，信用违约互换的成本就比较小。通过违约保险来降低这些债券的风险，债券的市场价格将会上升。

在1995—2009年间，随着市场抵押贷款证券化的发展，信用违约互换的数目急剧增长。它在2008年达到峰值约62万亿美元，而当时全球的GDP大约为60万亿美元。美国国际集团在伦敦的一家子公司发行了大量的信用违约互换。由于大多数参与者没有预计到房地产和抵押贷款债券市场的崩溃，很少有人发现已经流通到全球的信用违约互换的巨大风险。信用违约互换数量增长得如此之快的一个原因是，市场还没有一个实质的监管限制。

在本章的开头，我们就提过一个最基本的原则：人们购买保险是因为可能遭受某种损失。一个人不能因为觉得他的邻居最近身体状况不够好就为其购买保险。但是，信用违约互换允许投机者来做这样的交易。如果他们发现一家公司的运营情况不够好，即便他们对这家公司本身没有多大的兴趣，他们仍有可能购买保险来防范该公司的倒闭。许多人把这种行为当成一种赌博。事实上，国会通过了一条法律，将信用违约互换从州立赌博法案中剔除，而把它放入2000年的《商品期货现代化法案》的规范中。

随着抵押贷款危机逐渐浮现，信用违约互换发行人承担的真正风险开始明晰，美国国际集团濒临破产，最终需要付出1 820亿美元的资金帮助其摆脱困境。

单一险种保险。除了通过信用违约互换，保险公司可能通过更加直接的方式提供信用保险，如利用一些保单。但是，保险监管机构不允许财产和意外伤害保险公司、人寿保险公司或者有多种保险类型的公司再经营信用保险。**单一险种保险公司**（monoline insurance companies）就是只经营信用保险的公司，也是唯一合法的信用保险机构，它承诺当债务发行方违约时，由它及时支付债券的面值和利息。那些像安巴克金融集团和市政债券投资者担保公司（MBIA）这样的大型保险公司为大部分市政债券提供信用保险，在美国市政债券市场上具有举足轻重的地位。在一种评级较低的市政债券（如A级）由单一险种保险公司提供担保后，它的信用评级将等同于这家保险公司的等级（如AAA级）。这样一来，市政当局的利息成本就会降低，因而向保险公司购买这份保单很值。当然，要达成这笔交易，保险公司的信用评级要足够高。当次贷金融危机到来时，不仅单一险种保险公司将遭到信用评级机构的降级处理，同时遭殃的还有市政债券市场（参见利益冲突21—2“次贷金融危机和单一险种保险公司”）。

利益冲突21—1　美国国际集团的崩溃

美国国际集团，简称AIG，是有着万亿美元资产的保险业巨头。2008年以前，它名列世界前20家最大公司之列。美国国际集团的一个小分支机构——金融产品部大规模地从事信用违约互换业务，发行了超过4 000亿美元的证券，其中有570亿美元是次级抵押贷款支持的债务证券。直到雷曼兄弟陷入困境并最终在2008年9月15日破产，显示出次级证券的价值要远远低于它的账面价值，投资者才意识到，上半年美国国际集团遭受的巨大损失已经足以让该公司破产。美国国际集团的债主们报复性地从美国国际集团抽离资金，使得美国国际集团缺乏足够的资金继续顺利地运营下去。

2008 年 9 月 16 日，美联储和美国财政部决定资助美国国际集团，否则，它的倒闭将会引起整个金融体系的崩溃。一方面，这是为了保护那些持有美国国际集团债务的银行和共同基金；另一方面，如果美国国际集团倒闭，它所出售的所有信用违约互换都将会毫无价值，从而给那些购买了信用违约互换的金融机构造成严重的损失。美联储为美国国际集团提供了 850 亿美元（后来提高到 1 820 亿美元）的贷款便利。这次救助行动代价高昂，美国国际集团必须为这些贷款向美联储支付非常高的利率。此外，如果美国国际集团被救助成功，政府将获得该公司 80%的股权。美国国际集团的首席执行官莫里斯·格林伯格（Maurice Greenberg）将美联储的行为描述为美国国际集团的“国有化”。

人们曾经认为，保险公司不会给整个金融体系带来风险，这就是为什么它们由各州的保险委员会自行监管。自从美国国际集团几近使整个美国的金融体系崩溃以来，这样的认识便不复存在了。保险业将要改朝换代了。

利益冲突 21—2　次贷金融危机和单一险种保险公司

次贷金融危机给单一险种保险公司造成了沉重的打击，同时，还给市政债券市场带来了非常大的冲击。遗憾的是，单一险种保险公司不仅为市政债券做担保，还为次级抵押贷款支持的债务证券提供保险。后来，由于抵押贷款违约事件不断增多，单一险种保险公司逐渐蒙受了巨大的损失，从而导致了它们的信用评级从 AAA 级下调，进而使得保险公司逐步下调了其对次级证券甚至市政证券的承诺价值。随着次贷危机的深入发展，市场对单一险种保险公司提供的保险服务的反应更加冷淡，使得市政证券开始只依靠市政当局自身的信用以一个较低的价格出售。市政当局发现，它们的利息成本上升了。次贷金融危机给市政当局带来了两个严重的后果：一是更高的借款成本；二是由于经济不景气，税收也减少了。政府的财政状况恶化，因而不得不降低对公路、学校和医院等的公共支出。

21.5　养老金

养老金计划（pension plan）是指资产在一个人工作期间累积，并在其退休之后被领取。养老金是发展最为迅速的金融中介机构，它的高速增长有如下原因：

第一个原因是，随着美国城镇化的发展，人们逐渐意识到，退休后不能依靠子女来照顾他们。在传统的乡村中，一般一家人都在一起生活，财产代代相传，大家在自己的意识里都觉得年轻的后代应该照顾老人。但是，当家庭成员分散并搬离农场时，老年人获得经济资助的机会和期望就下降了。

第二个原因是，人们的预期寿命更长了，而且退休年龄更加年轻化了。在农村，人们即便到了该退休的年龄，还能保持较好的劳动能力。在美国城市，许多公司都会鼓励年老的员工提早退休。他们的资历比较老，工资相对较高，但生产能力可能并不如年轻员工。退休年龄的提前和预期寿命的延长使得人们的平均退休期间变长。因此，在退休期间需要通过某种方式获得资金来满足生活需求，养老金常常是选择之一。

21.6 养老金的类型

养老金的分类方式有多种，它可以分为固定收益养老金计划和固定缴款养老金计划，也可以分为公共养老金计划和私人养老金计划。

21.6.1 固定收益养老金计划

在**固定收益养老金计划**（defined-benefit plan）下，保险计划发起人向员工承诺，在员工退休后向他们支付一定水平的养老金。支付的金额常常是将员工工作的年限和退休前的最终工资水平代入公式计算而来的。例如，可以用下面这个公式计算一个养老金的给付额：

年给付额=2%×最后 3 年的平均年工资×服务年限

在这个例子中，如果一个雇员已经受雇 35 年，并且最后 3 年的年平均工资为 5 万美元，那么，每年养老金的给付金额应为：

2%×50 000×35=35 000（美元）

固定收益养老金计划给雇主带来了负担，他们必须提供足够多的资金来保证已协议好的给付金额。这就要求养老金计划的外部审计人员确定公司是否能提供足够的资金。如果公司为养老金计划留出了足够的资金，那么，该计划就是**足额保险**（fully funded）；如果留出的资金更多，则这个计划就是**超额保险**（overfunded）；如果留出的资金不足，那么，该计划就是**不足额保险**（underfunded）。例如，如果简·布朗每年在她的养老金计划中存入 100 美元，利率是 10%，那么在 10 年之后，这些投入加上利息的总额是 1 753 美元。[①] 如果在 10 年后，她的养老金计划的固定收益为 1 753 美元或者少于该总额，那么，这个养老金计划就是足额保险，因为她之前的投入和利息的总和能够保证全额支付养老金。但是，如果这个养老金计划的固定收益是 2 000 美元，那么，它就是不足额保险，因为她之前的投入和利息的总和无法支付整个养老金。当雇主无法向养老金计划缴纳足够的费用时，不足额保险就是最常见的情况。令人吃惊的是，如果一家公司发起的养老金计划是不足额的，并不意味着它不合法。

21.6.2 固定缴款养老金计划

正如名称所示的那样，**固定缴款养老金计划**（defined-contribution plan）仅规定了将要存入基金的金额，而没有规定未来支取的金额，退休金的多少完全取决于基金的收益。固定缴款养老金计划常常是在每个支付年度把雇员工资中的一个固定百分比划入养老金中。在某些情况下，雇员也能够自己向养老金供款。保险公司或者基金管理人好比托管人，对基金的资产进行投资。通常说来，雇员有权利指定如何对自己个人账户中的资金进

---

① 第 1 年缴纳的 100 美元到第 10 年年底时的价值为 $100\times(1+10\%)^{10}=259.37$ 美元，第 2 年缴纳的 100 美元在第 10 年年底时的价值为 $100\times(1+10\%)^{9}=235.79$ 美元；依此类推，第 10 年缴纳的 100 美元最后的价值将为 $100\times(1+10\%)=110$ 美元。将这些价值相加，我们可以得到客户缴纳的保费和所获收益在第 10 年年底的总价值是 1 753 美元。

行投资。例如，如果一个雇员是比较保守的投资者，就会比较偏好政府证券；如果另一个雇员是比较激进的投资者，就会比较偏好公司股票。在雇员退休之后，养老金账户中的余额就能转化为年金或者其他一些分配形式。

固定缴款养老金计划变得越来越受欢迎，许多固定收益养老金计划都开始转化为这种形式。目前，许多新的养老金计划就是以固定缴款的形式设立的。固定缴款养老金计划之所以这么受欢迎，很大的一个原因在于，这种计划将考察养老金收益表现的责任分配给雇员，从而减少了雇主的责任。

当然，固定缴款养老金计划也面临一些问题。第一个问题是，参与养老金计划的人可能并不理解对他们的资产进行多样化投资的必要性。例如，许多公司都积极地鼓励员工投资于自己公司的股票，这样做的目的是想更好地让员工的利益与股东的利益相结合。这样做的缺点在于，如果公司倒闭，员工的损失会加倍。首先，他们会失去工作；其次，退休资产组合也将不复存在。安然公司的倒闭引起了人们对这个问题的强烈关注。第二个问题是，很多员工并不熟悉如何投资，从而无法做出明智的长期投资选择。

21.6.3 私人养老金计划和公共养老金计划

私人养老金计划（private pension plans）是由雇主、集团或者个人发起的一种养老金计划。随着人们越来越关心社会保障的有效性，并且能够更加熟练地为退休做准备，私人养老金计划近年的发展十分迅速。在过去，这种养老金计划主要投资于政府证券或者公司债券。目前，尽管这两种金融工具仍是养老金计划中很重要的资产，但公司股票、抵押贷款、公开市场票据和定期存单也已经在养老金计划中占有重要的一席。图 21－5 显示的是私人养老金计划的资产分配情况。现在，私人养老金计划已经成为股票市场中最大的机构投资者。养老金计划的管理人可以对上市公司的管理工作进行控制，他们的影响力非常大（见小案例 21—2“养老金的影响力”）。

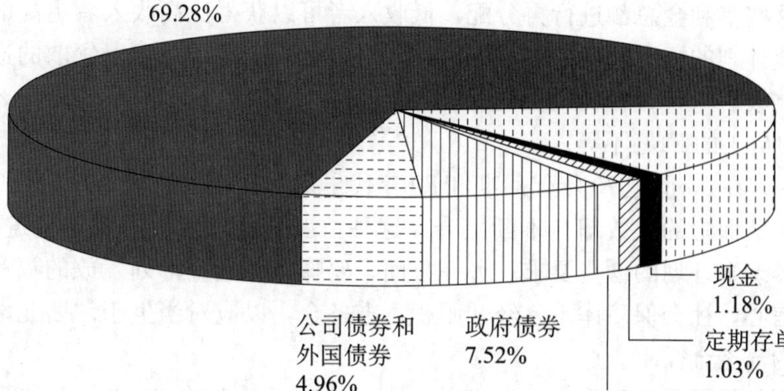

图 21－5　2012 年末私人养老金计划的资产分配情况

资料来源：http：//www.federalreserve.gov/releases/z1/current/z1.pdf，Table L116.

小案例 21—2　养老金的影响力

近年来，养老金计划和其他机构投资者的迅速发展给市场带来了一些复杂的影响，比如这些基金的管理人有能力对上市公司的管理工作进行重大控制。显然，如果一个养老金的管理人持有一个公司的大量股票，当他给这家公司的管理人致电时，对方一定会仔细聆听。有证据表明，养老金管理人会充分利用手中的权力来影响公司的管理工作。例如，最近养老金推翻了霍尼韦尔公司管理层发起的反收购代理提案。而德士古公司同意从加利福尼亚公共雇员退休系统所提供的几个候选人中选出一位来担任公司董事。另外，机构投资者委员会对外宣布的任务是：鼓励托管人以积极的姿态投身到确保公司行为不会以牺牲小股东利益为代价的工作中。这些措施对那些持股量较少且不足以影响控制权的个人投资者而言可能是有益的。将这些个人投资者的资金集聚在一起，由基金管理人进行统一管理，就足以提高他们在公司管理方面所产生的影响。

可以在 www.ssa.gov/上查找有关你的社会保障收益的详细信息。

相对于私人养老金计划，投资者的另一个选择是**公共养老金计划**（public pension plan），这是一种由政府组织发起的养老金计划。

最大的公共养老金计划是联邦老年和伤残保险计划（Federal Old Age and Disability Insurance Program），通常简称为社会保障。该养老金计划于 1935 年建立，目的是为年老的美国人提供安全保障。这是一种现收现付制的养老金，即员工现在缴纳的资金被支付给现在的受益者，未来的一代则向目前缴费的人们支付保险金。许多人担心这个养老金计划不能在他们退休时得到履行。这一担心源于该基金在 20 世纪 70 年代遇到的麻烦，并且人们意识到在美国“婴儿潮”时期有大量的出生人口（生于 1946—1964 年间），这些人将在不远的未来步入退休阶段，会使得养老金的受益人群急剧扩大。

退休人员从社会保障中获得的福利金是由个人的收入历史决定的。首先，员工需要缴纳工资收入的 6.2%（2013 年底的最高工资水平是 113 700 美元），雇主也要缴纳相同的金额。随后，再对这些福利金总额进行再分配，低收入者可以获得比高收入者更高的投资回报率。评估养老金计划的福利总额的一种方法是，对退休职工每个月可以领取的退休金和退休前收入进行比较。这种置换比的变化范围从年薪为 15 000 美元的员工的 49%，到年薪为53 400美元的员工的 24%不等。

图 21－6 说明，在 20 世纪 70 年代后期和 80 年代早期，社会保障基金的总资产有所下降；与此同时，参加保险的人数却在不断上升。这种情况就要求社会保障基金进行重建：一方面，要提高养老金计划的缴费要求；另一方面，要降低养老金计划发放的福利金。为了帮助公众重建信心，社会保障体系已经开始积累准备金，以应对当生于“婴儿潮”时期的人退休时庞大的养老金需求。

社会保障遇到的问题是，1946—1964 年出生的 7 700 万人将在 2011 年开始到达他们正常的退休年龄。同时，供养一个退休者的在职工人数量将从 3.3 人减少到 2035 年的 2.1 人。政府预计，到 2021 年社会保障的成本将会超过收益，导致资产负债表缩水。最近，政府公布了社会保障信托基金全部耗尽的估计日期。许多因素会对这一日期造成影响，目前给出的只是一个时间段的估计。据估计，社会保障信托基金有 95%的可能性将会在 2028—2044 年间耗尽，见图 21－7。从那之后，税收收入仅能负担 75%的福利金。

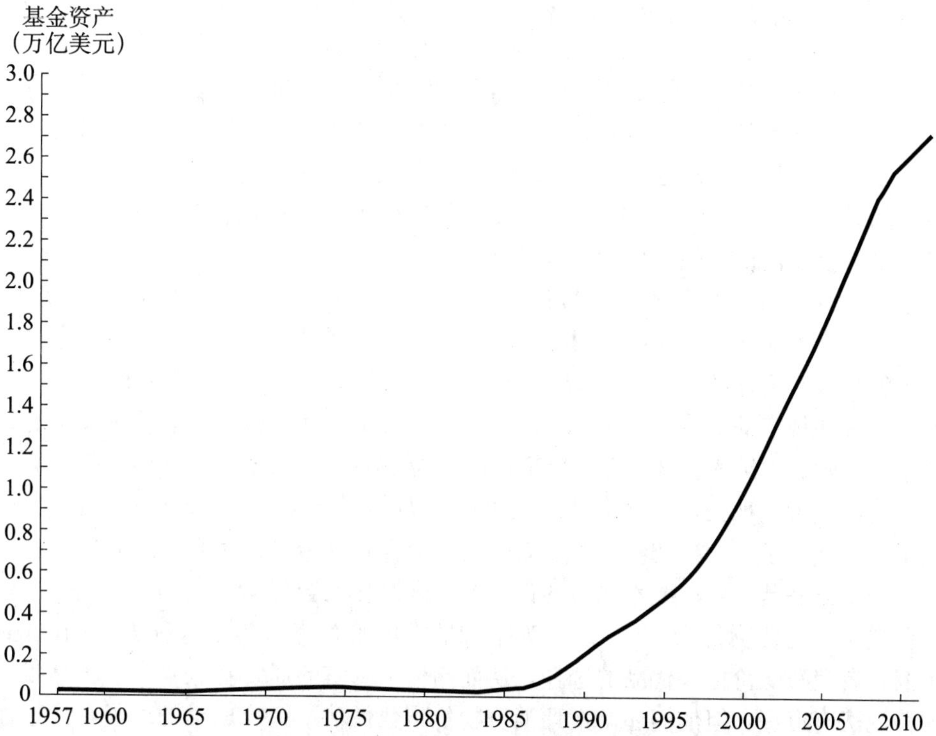

图 21-6　1957—2013 年社会保障基金的资产

资料来源：http：//www. ssa. gov/OACT/STATS/table4a3. html.

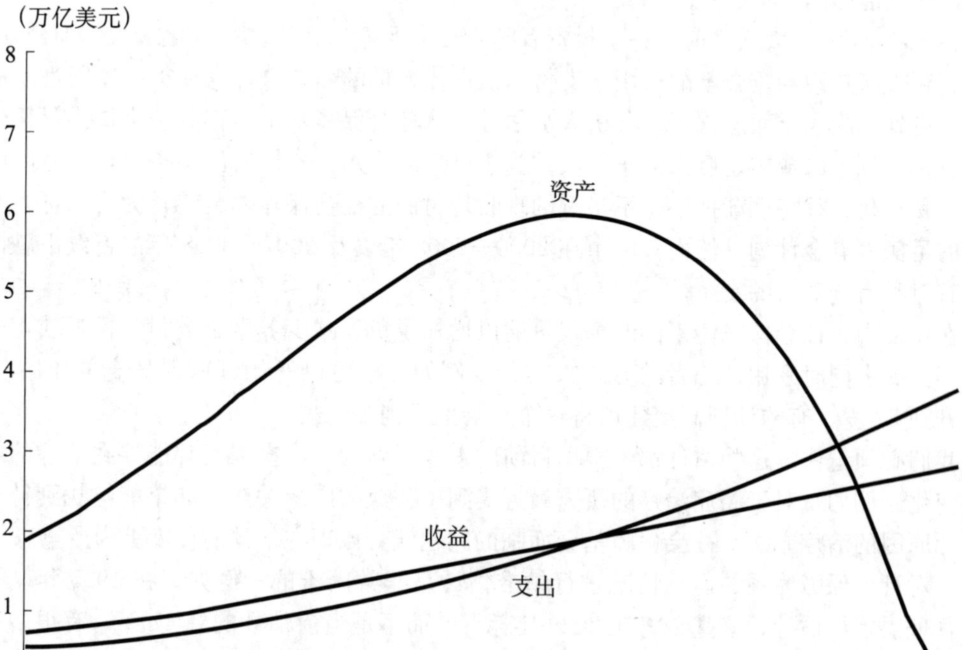

图 21-7　估计的社会保障信托基金的资产

资料来源：http：//www. ssab. gov/documents/whyactionshouldbetakensoon. pdf.

www.ssab.gov是社会保障咨询委员会的网站。该网站提供了关于信托基金何时会耗尽的最新估计结果的报告。

人们提供了很多建议来保证社会保障体系能够在未来继续存活下去。在美国退休人员协会（AARP）投票表决的结果中，反对票最少的建议是：在任何特定年份内提高员工需要向该基金缴纳的最高金额这一上限。2013年，征税的最高工资是113 700美元，这只占所有收入的85%。相对于1983年对收入的90%进行征税的标准来说是下降了。所以，这个领域将来可能要做出一些改变。

一个人可以开始领取退休金的最低年龄是多少？这是另一个可以发生改变的方面。1984年，社会保障基金开始要求逐步提高最低年龄，以使在1960年以后出生的人到了67岁才开始领取全额退休金。追溯到1874年，当时一家铁路公司为其雇用的员工建立了养老金计划，最初规定的退休年龄为65岁，这个年龄被认为是能够安全操作火车的最高年龄。这个规定随后被纳入1934年《联邦铁路退休法案》，并在拟定《社会保障法》时被作为退休年龄的参考。现在，很少有美国人再操作火车，所以，有必要重新制定退休年龄。这种变革的好处在于，小幅调整退休年龄会对社会保障基金的余额产生巨大的影响。

另一项提议是基于生活成本调整的计算方法来改变社会保障支付额。目前，退休金支付额的调整是以消费物价指数（CPI）为基础的。经济学家认为，这种方法的缺陷在于，忽视了消费者消费低价格替代品的选择，从而高估了真实的通货膨胀水平。虽然批评人士承认这种说法有道理，但他们还是批评消费物价指数低估了医疗成本的增长幅度，而医疗成本在退休人员的预算中占据了相当大的比重。

还有一种意见是，鉴于受益人要比过去活得更长，有必要对养老金的支付额进行调整，以使之能够满足更长年限的支付。

在2000年股市大跌之前，许多投资者呼吁社会保障私有化。私有化最大的障碍在于，转移到私人账户中的资金不能被用于支付当前退休人员的养老金，这使得一些隐性问题不但没有得到解决，反而恶化了。分析人员估计，将社会保障基金转移到一个提供足额保险的私有化计划中的成本是巨大的——大约为1 000亿美元。分析人员还指出，随着时间的推移，私有化过程将逐渐把一个不足额的现收现付制的社会保障基金转化为一个拥有实际资产的足额养老金计划。然而，股市在2000—2002年以及2007—2008年的持续下跌削弱了所有对私有化项目的支持。

在短期内，社会保障体系的改革很可能以增加税负、减少养老金支付、推迟获得养老金的年龄或者同时采用这三者的方式来实行。例如，把可以开始领取退休金的年龄从65岁提升到67岁，有的计划甚至建议将这个年龄推迟到70岁。

我们必须记住，这些估计都是根据目前的事实得到的，许多因素都能导致估计的结果发生变化。例如，对于癌症治疗的研究最近受到了公众的广泛关注。如果能够找到针对任何致死原因的治疗方法，社会保障基金面临的问题就会比现在估计的程度更为严重。

要对社会保障体系的运行情况进行精准估计是非常困难的。例如，在1995年，社会保障管理层曾经估计，该基金将在2029年耗尽，而不是当前估计的2041年。有很多原因影响基金的余额，比如预期寿命、出生率，甚至合法和非法的移民。如果这个基金最终失败，对政府而言将是巨大的政治灾难。当前，正处于工作年龄的人也应该意识到，不能将自己的大部分退休现金流投入到该基金中，不能完全依赖这个基金。在未来，这个计划占退休前收入的比例还可能持续下降。

21.7 养老金计划的监管

多年来，养老金计划受到的政府监管相对较少。很多公司将为员工提供的养老金福利作为对他们长期服务于公司的奖励，并将这种福利作为激励员工的手段。这种养老金福利通常都是从当前公司的收入中扣除下来的。当公司倒闭或者被另一家公司兼并时，这种养老金福利也就没有了。在美国大萧条期间，养老金计划大面积的破产使得相关部门加强了对养老金计划的监管，并建立起社会保障体系。

美国最高法院在 1949 年做出了一项重要决定，规定养老金福利为劳资双方就工资问题进行谈判以及工会与雇主就合同进行协商的过程中的一个合法议题。由于工会会向雇主施加压力，要求他们为工会成员建立这样的养老金计划，该决定导致养老金计划数量的增加。

21.7.1 《职工退休收入保障法》

1974 年通过的**《职工退休收入保障法》**（Employee Retirement Income Security Act，ERISA）是对养老金产生影响的最重要也是最全面的立法，它设定了所有养老金计划必须遵循的准则。一个养老金计划如果不遵循这些准则，就可能失去税收优惠待遇。制定该法案的原因在于，许多员工已经向养老金计划缴纳了多年的保费，如果该计划破产，他们将失去所有的福利金。该法案的主要特征包括：

（1）该法案建立了使用资金的指导原则。

（2）该法案为换工作的雇员提供了保护，这些雇员可以将他们的债权福利在不同雇主提供的养老金计划间转移。

（3）该法案要求养老金计划必须规定最低的雇员保留退休金权利要求。保留退休金权利是指一个雇员必须为一家公司工作多久才有资格享受养老金福利。最高可允许的保留退休金权利期间为 7 年，但是，大部分养老金计划允许的保留退休金权利的工作年限都要更短一些。雇员自己缴纳养老金的马上可以获得该权利。

（4）该法案提高了对养老金计划的披露要求，为员工提供了更充分的关于其养老金现状及投资情况的信息。

（5）该法案规定劳工部必须履行对养老金计划的监管职责。

登录 www.pbgc.gov，查找关于养老金给付保证公司运行状况的详细统计资料。

《职工退休收入保障法》还建立了**养老金给付保证公司**（Pension Benefit Guarantee Corporation，PBGC，Penny Benny），该公司执行的职能类似于联邦存款保险公司。如果一家提供不足额保险养老金计划的公司宣告破产，或由于其他一些原因无法履行其支付养老金的义务，养老金给付保证公司就会为养老金福利提供一定限额的保险（目前的标准是每人每年 57 000 美元以上）。为此，养老金给付保证公司向每个养老金计划收取一定的保费，并且它还获得了美国财政部高达 1 亿美元的借款承诺。目前，该公司向来自4 500多起失败的养老金计划的大约 88.7 万人提供退休金福利。

在固定收益养老金计划中，大约 66%的资产被投资于股票。当市场价格非常高时，许多固定收益计划是足额保险。然而，当股市在 2009 年下跌且伴随着低利率和经济低迷的情况时，许多养老金计划就处于危险之中了。因此，在 2012 年，养老金给付保证公司的赤字高达 291 亿美元。

养老金计划的会计制度让人很难弄清楚该基金的资产状况，到底是超额保险，还是不足额保险？账目计算的假设条件一直在不断地修正和争论之中。缺乏现金的公司有强大的动机提供不足额保险的养老金计划，美国国会为避免使公司面临更大的倒闭风险，也不愿意强制执行更高支付水平的要求。

养老金给付保证公司在远未达到它应有的影响力之前，就已经面临融资危机了。由于参与者预期寿命的延长、医疗费用的增加以及公司收入的减少等原因，很多固定收益养老金计划陷入了极大的困境中，从而很难保持履行足额保险的义务。当前，航空和钢铁行业要对养老金给付保证公司面临的大量偿债负担负责。例如，美国联合航空公司在 2005 年就结束了它的固定收益计划。从那之后，养老金给付保证公司已经向 122 000 名参与者支付了超过 76 亿美元的退休金。图 21－8 显示了从 1980 年开始，养老金给付保证公司对破产的养老金计划的参与者的年度赔偿额。

许多采用固定收益养老金计划的公司发现，它们很难与那些采用成本较低的固定缴款养老金计划的公司竞争，这种竞争劣势使得这些公司可能更加无法偿付其赤字。例如，通用汽车公司每辆汽车的利润率为 0.5%，如果不用承担养老金和退休医疗保健的成本，公司的利润率将达到 5.5%。据摩根士丹利公司估计，通用汽车公司生产一辆汽车的福利成本是 1 784 美元，而丰田汽车公司生产一辆汽车的福利成本只有 200 美元。

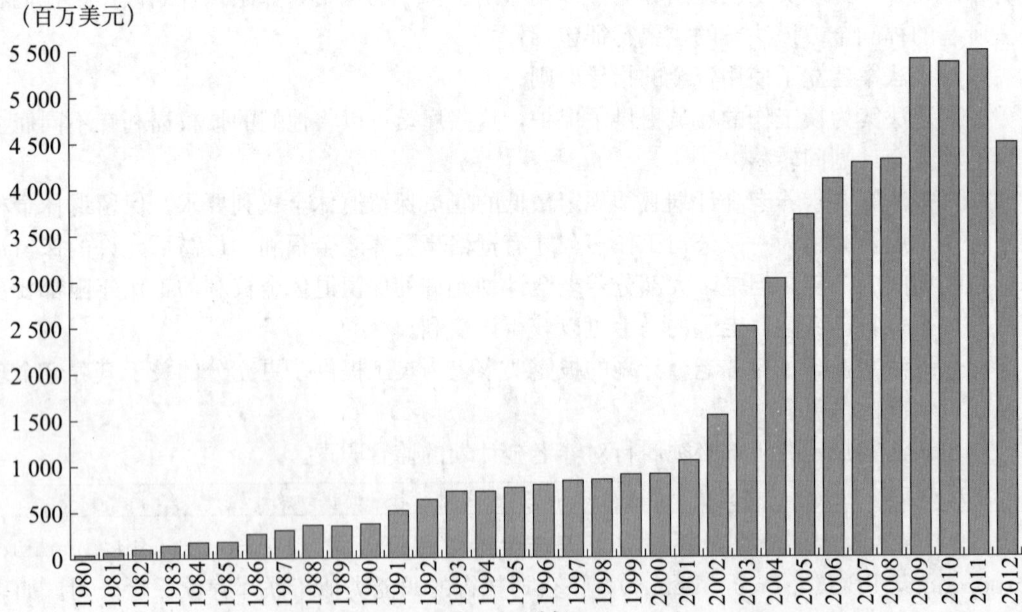

图 21－8　养老金给付保证公司的总赔付金额

资料来源：http：//www.pbgc.gov/documents/2012-annual-report.pdf#page=7.

当公司面临成本劣势时，通常都会倒闭。由于包括养老金义务在内的成本过高，伯利恒钢铁公司、LTV 钢铁公司和国家钢铁公司都在 2002 年登记破产，并终止了养老金计划。养老金给付保证公司现在要为 20 万名钢铁工人支付养老金福利。美国国际钢铁集团公司（ISG）收购了这些老牌钢铁公司的厂房，现在成了美国国内最大的钢铁制造商，每年向雇员提供的固定收益养老金的成本为 4 500 万美元。而在伯利恒钢铁公司破产之前，每年需要支付 5 亿美元的养老金福利。

如果采用固定收益计划的养老金公司持续倒闭，养老金给付保证公司将被迫承担这些公司养老金计划的支付责任。如果经济持续低迷，这些义务总额可能很快超过养老金给付保证公司所能获得的金融资产数量。这样一来，可能让纳税人弥补这一资金差额。

政府并没有严格地对养老金给付保证公司负有支持义务，然而，大部分观察者认为，如果政府对本应获得养老金的人失去福利这一事件视而不见，可能会造成不利的政治局面。临时性的处理措施是允许公司在计算养老金时使用较高的利率水平，这样可能减轻一些养老金责任负担。人们希望经济能够复苏，股票价格会上涨，利率也会相应提高。同样的方法（称为监管宽容）曾在 20 世纪 70 年代用于拯救储蓄贷款协会危机。我们只是希望该方法这一次也能奏效。

2006 年的《养老金保护法》是为了解决不足额保险和濒临破产的养老金计划日益严重的问题而通过的。这个立法为建立一个具有更完备的养老金条例和更高的透明度以及更加坚固的养老金保险体系做准备。

21.7.2　个人退休金计划

1978 年《养老金改革法》更新了 1962 年的《自雇者个人退休纳税法案》，批准成立**个人退休金账户**（individual retirement accounts，IRAs）。个人退休金账户允许那些没有被其他养老金计划覆盖的人（如那些自我雇佣者）向一个递延所得税储蓄账户缴费。1981 年和 1982 年通过的法令拓展了进入这些账户的资格范围，使其几乎适用于所有人。事实证明，个人退休金账户非常受欢迎，以至政府损失了非常可观的税收收入。这导致美国国会在 1986 年的《税收改革法案》中纳入许多条款，以大幅缩减有资格申请这种账户的人群。

基奥计划是可供自我雇佣者选择的一种退休储蓄方案。退休基金可以被存入一家存款机构、人寿保险公司或者证券公司。通常说来，基奥计划的所有者对如何运用这些资金进行投资拥有一定的自主权。

1997 年 1 月 1 日，1996 年制定的《小企业保护法案》开始生效。这个法案为只有 100 名以下（包括 100 名）雇员的公司提供了所谓的简单个人退休保险账户计划和 410（k）计划。简单退休计划现在非常流行，尤其是在小企业中。

21.8　养老金展望

我们能够预见，随着人口的持续增长以及老龄化的到来，养老金将会继续发展并广泛普及。员工们在职业生涯初期就会讨论很多关于退休投资计划的话题。大家对为将来做准备的关注度越来越高，必然会导致未来养老金的规模越来越大、种类越来越多，人们的选择也会日渐丰富。我们还将预见，随着养老金所控制的公司股票数量越来越多，它们对各大公司的控制力也会不断增强。

本章小结

1. 保险存在的原因在于，人们都是风险厌恶的，人们习惯将风险转移出去。保险的好处在于，它能减少人们不得不为可能的生命或财产损失预留的那部分资金。

2. 逆向选择和道德风险问题是保险公司内部固有的问题。许多保险单的条款，包括免赔额的制定、投保申请的甄别和风险保费制，都旨在减少这两种问题带来的影响。

3. 保险通常被分为两种基本类型：人寿保险、财产和意外伤害保险。很多人寿保险也可以被作为储蓄工具使用，它的年限通常要长于财产和意外伤害保险。

4. 人寿保险的负债是可以预期的，保险公司能够将资金投资于长期资产。但是，财产和意外伤害保险公司必须保持更大的流动性，以应对无法预计的损失的发生。

5. 养老金计划的飞速发展是由于人们活得更长、退休得更早。

6. 养老金计划有两种基本类型：固定收益养老金计划和固定缴款养老金计划。前者是根据提前制定的公式来计算应支付的退休金；后者会确定应该储蓄多少金额，而退休金取决于该计划的投资回报。

7. 最大的公共养老金计划是社会保障基金。这是一种现收现付制的体系，即当前的退休人员从正在工作的人那里获得退休金。很多人担心，随着退休人数的上升，社会保障基金收取的总额将不足以支付它需要支出的退休金总额。

8. 大多数私人养老金计划都由养老金给付保证公司提供保险，即当养老金发起人破产或者不能支付退休金时，养老金给付保证公司将为这些退休人员提供养老金福利。

重要专业术语

年金
意外伤害保险（或责任保险）
确定性等价
共保
免赔额
固定收益养老金计划
固定缴款养老金计划
《职工退休收入保障法》
足额保险
个人退休金账户
大数定律
单一险种保险公司
相互保险公司
指定危险保单
综合保险保单
超额保险
养老金给付保证公司
养老金计划
私人养老金计划
财产保险
公共养老金计划
再保险
股份公司
不足额保险
保险商

习题

1. 为什么人们选择购买保险，即使他们预计所承担的损失要小于向保险公司支付的保费？
2. 为什么保险公司不允许人们为与其无关的风险购买保险？
3. 什么是信息不对称？它会对保险公司产生怎样的影响？
4. 区分保险行业中的逆向选择和道德风险。
5. 保险公司如何保护自己免受由逆向选择和道德风险带来的损失？
6. 区分保险行业中的独立代理商和专业代理商。
7. 大部分保险公司是以相互保险公司还是以股份公司的形式建立的？
8. 保险公司如何能够正确预估它们因索赔而遭受的损失，以便对产品进行定价，从而获得利润？
9. 定期人寿保险和终身人寿保险的区别是什么？
10. 财产和意外伤害保险是保护人们免于什么风险？
11. 再保险的目的是什么？
12. 区分固定收益养老金计划和固定缴款养老金计划。
13. 为什么私人养老金计划近年的增长如此迅速？
14. 什么是现收现付制的养老金计划？
15. 为什么社会保障基金最后会陷入破产的危险中？

定量问题

1. 研究表明，在你所在的城市，每年有100万辆汽车因盗窃或撞车等原因而遭受无法挽回的损失，损失总额达2.5亿美元。如果保费中有30%被用于支付这些费用，那么，应该对汽车所有者收取多少保费？

2. 假设美国人的预期寿命服从均值为73年、标准差为9年的正态分布，那么，你的寿命超过100岁的概率是多少？

3. 你的一位富有的叔叔去世了，留给你一份价值10万美元的保险。保险公司还为你提供了一种选择，就是连续20年每年从该公司获得8 225美元，第一笔支付现在就可以获得。你会选择哪种方式呢？

4. 一家国内生产商估计每年每件产品因缺陷而被起诉的可能性为1%，如果这家公司当前生产了20件产品，那么，在任意一年内，这家公司不会遭到起诉的可能性是多少？

5. 基奥·奥特菲特根据过去的经验估计出不同损失对应的可能性如下表所示：

损失（美元）	可能性（%）
30 000	0.25
15 000	0.75
10 000	1.50
5 000	2.50
1 000	5.00
250	15.00
0	75.00

基奥遭受5 000美元及以上损失的可能性有多大？如果一家保险公司提供了一份免赔额为1 500美元的保单，那么，基奥最多需要支付多少？

6. 一位客户在制订退休计划时可能需要一些帮助，下面是他的一些情况：

(1) 这位客户名叫戴夫，今年21岁，65岁退休。

(2) 戴夫每个月的可支配收入是2 000美元。

(3) 戴夫选择的个人退休金账户的年回报率为8%。

如果戴夫每个月可以将他可支配收入的一半存入该账户，到了戴夫65岁退休时，这笔钱的价值是多少？如果他想在65岁时账户中有500万美元，那他每月应该缴纳多少钱？

7. 当投资者开设个人退休金账户时，他有两种选择。如果开设的是常规个人退休金账户，一开始并不需要为缴纳的资金缴税，但当从该账户中提款时，则需要缴税。如果开设的是罗斯个人退休金账户，一开始需要为缴纳的资金缴税，但在退休提款时就不需要再缴税了。如果一位投资者希望向个人退休金账户缴纳15 000美元（税前），那么30年后，这两种选择下的账户余额的差额是多少？假设投资者目前的边际税率为25%，个人退休金账户每年可以获得6%的回报率。

8. 一位雇员每年向养老金计划缴纳200美元（在每年年底）。5年之后，他缴纳的总金额以及账户价值各是多少？假设在这段时间内，该计划的年收益率为15%。

9. 保罗的汽车在结冰的路面上打滑了，因为汽车受损，他遭受了2 500美元的损失，他本人也因此受了伤，花费了1 300美元。他购买的汽车保险的免赔额是500美元，保险公司将为剩余损失进行全额支付。他的健康保险有100美元的免赔额，并会对医疗（总）成本的75%进行偿付。那么，保罗需要为该事故支付的实际成本是多少？

网络练习

保险公司和养老金

1. 有许多网站可以帮助计算你所选择的退休计划是否合适。一个较好的计算工具是Quicken，你能在 http://cgi.money.cnn.com/tools 上的“Retirement”（退休）列表中找到它。

你是否留下了足够的退休金在退休后使用？你准备得越早，就越容易。通常说来，你的退休金来自四种渠道：

- 养老金计划
- 社会保障
- 延税储蓄
- 基本（应征税）储蓄

使用该工具来预估你的前两种收入，然后确定为了达到你的目标退休余额，需要储蓄多少。

2. 网上提供了许多计算器来帮助消费者评估各种各样的金融服务。当你使用这些工具时，你必须记住它们是由那些希望向你推销产品的金融中介机构提供的。登录 www. finaid. org/calculators/lifeinsuranceneeds. phtml，计算你需要多少人寿保险。你是否还拥有其他的人寿保单？使用计算器来计算那份保单是否足够满足你的需求。

第 22 章　投资银行、证券经纪人和经销商以及风险投资公司

开篇预览

如果你决定利用刚刚从室友那里打听来的股票内幕信息，那么你可能需要跟一家证券公司打交道。同样地，作为糖果生产企业 WWCF 的新任首席财务总监，你可能需要证券公司的帮忙，以协助你完成债券销售或者增发新股的工作。如果你的祖父决定向公众出售他的公司，你可能需要与证券公司里的投资银行家合作，以便帮助祖父达成愿望。最后，如果你需要一笔资金来发展一家规模不大但已经成功创建起来的公司，你就可能需要风险投资公司的帮助。

证券市场是债券和股票进行交易的场所，它包含了许多金融机构，如证券经纪人和经销商、投资银行以及风险投资公司等，正是因为这些金融机构的参与，证券市场的交易才得以顺利进行。事实上，我们在第 2 章讨论的金融中介机构执行的是发行债务来筹集资金并用其购买资产的中介职能，上述那些金融机构都没有被纳入这个范畴。然而，它们在将资金从储蓄者手中转移到投资者手中的过程中起到了非常重要的作用。

为了解证券市场如何运作，回顾一下第 2 章讨论过的关于一级市场和二级市场的区别。公司或政府是资金的最终使用方，它们将新发行的证券在**一级市场**（primary market）上出售给购买者。然后，这些新发行的证券在**二级市场**（secondary market）上进行交易（即将证券转手卖出）。投资银行在一级市场上帮助完成证券的销售，证券经纪人和经销商在二级市场上协助投资者买卖已发行的证券。最后，风险投资公司为那些还无法向公众发行证券的公司提供资金。

22.1 投资银行

在汤姆·沃尔夫（Tom Wolfe）所著的《虚荣的篝火》（The Bonfire of the Vanities）中，投资银行家被称为“宇宙的主宰”。他们是华尔街的精英阶层，因其所提供的各类金融服务而享有美誉。**投资银行**（investment bank）最广为人知的功能是帮助公司筹集资金。然而，这样的认识过于狭窄，无法准确地描述投资银行所提供的众多极具价值且尖端的服务（虽然投资银行的名称中有“银行”二字，但它并不是通常意义上的银行，即它不是吸收存款、发放贷款的金融中介机构）。投资银行除了承购、包销股票和债券的首次公开发行之外，还在许多领域扮演着非常重要的角色，比如并购领域的交易商、买卖公司的中介和富人的私人经纪人等。目前，比较知名的投资银行有摩根士丹利、美国银行、美林证券、瑞士信贷集团以及高盛集团等。

与股票经纪人和经销商依靠股票交易收取佣金不同，投资银行通常是向客户收取服务费，这是按照交易金额的固定百分比来提取的。因为投资银行参与的交易经常涉及巨额资金，所以，它们从中获得的服务费是相当可观的。对于大额交易而言，服务费所占的百分比要小一些，大约为3%；而对于规模较小的交易来说，服务费所占比重较大，有时甚至超过10%。

22.1.1 背景

在19世纪早期，美国大部分证券都必须在欧洲销售。因此，许多证券公司都是由将证券业务当成副业的商业公司发展起来的。例如，摩根公司是从铁路建造项目中赚得公司的第一桶金。为了帮助公司筹集资金来扩大铁路建造业务，J.P.摩根的父亲定居伦敦，并向欧洲投资者销售摩根公司的铁路证券。随着时间的推移，证券业务的盈利能力渐渐凸现出来，公司的证券业务也随之扩大了。

在美国大萧条之前，纽约许多大型的货币中心银行在经营传统银行业务的同时都在出售证券。在大萧条时期，大约有1万家银行倒闭（大约占银行总数的40%），这使得美国通过了**《格拉斯-斯蒂格尔法案》**（Glass-Steagall Act），将商业银行业务和投资银行业务分离开来。

《格拉斯-斯蒂格尔法案》规定，商业银行为其客户购买或出售证券的业务是非法的。这项立法的根本原因在于，要将商业银行业务与证券业务中固有的巨大风险隔离开来，还有一部分原因是，担心利益冲突会使商业银行铤而走险地去扩大风险。举例来说，假设商业银行中的一位投资银行家在给新股发行定价时犯了一个错误，他向发行公司承诺将以20美元/股的价格发售新股，然而股票没有卖出去。这位投资银行家就有动机走入商业银行投资银行部的大厅，要求其帮他摆脱困境。这可能导致存款者面临因为银行投资失败而带来的风险。

监管当局认为，这里还有另一种问题。假设通过上述方式，投资银行家仍不能把所有的股票以20美元/股的价格卖光，他可能给银行客户打电话，主动向他们提供全额贷款以供其购买部分新发行的股票。如果未来股价上涨，这不会造成任何问题。但是，如果未来股价下跌，证券的价值将低于贷款总额，客户可能就不会觉得有义务偿还这笔贷款。很多产业观察员认为，大萧条期间一些银行的倒闭部分归因于这种交易。然而，一些银行说客辩解道，只有大型银行才参与证券发行业务，大多数倒闭的银行都是规模比较小的。

当《格拉斯-斯蒂格尔法案》将商业银行业务和投资银行业务分离开来时，许多新的证券公司成立了。这些证券公司不但提供证券经纪商服务（向公众出售已有的证券），同时还提供投资银行服务（向公众出售新的证券）。

自20世纪80年代以来，商业银行和投资银行之间的法律界限迅速消失。一个非常显著的趋势是商业银行对投资银行的收购活动。例如，在1997年，银行家信托公司收购了亚历克斯·布朗公司，后者是美国历史最悠久的投资银行。后来，德意志银行意图建立自己的投资银行部门，它花费了大量的资金，并最终收购了银行家信托公司。又如，美国银行收购了罗伯逊·史蒂芬公司，国民银行收购了蒙哥马利证券公司。在2009年金融危机期间，美国银行收购了美林证券，J.P.摩根收购了贝尔斯登，巴克莱银行收购了雷曼兄弟的部分剩余资产。

22.1.2 股票和债券的承销

当一家公司想要借款或者筹集资金时，它可能决定发行长期债券或者权益证券。这家公司通常会雇用一家投资银行协助公司的证券发行以及后续的销售工作。投资银行可能会承销证券发行，在这个过程中，就要求证券公司以预先商定的价格购买发行的所有股票或债券，然后在市场上将其售出。在整个承销过程中，投资银行提供了许多种类的服务。

（1）**给出建议**。大多数公司都不会经常发行资本市场证券，超过80%的公司扩张都是使用公司前期收益中的留存收益。因此，大多数公司的财务管理人员都不太熟悉如何进行新证券的发行。而投资银行每天都参与资本市场，它们可以为打算发行证券的公司提供建议。例如，一家公司可能不清楚自己应该通过发行股票还是应该通过发行债券来融资，此时，投资银行家可能提供帮助。比如他们可能指出，目前市场对公司所在行业的股票估价较高（历史上较高的市盈率），而当前债券利率也相对较高（因而价格较低）。

公司可能需要得到关于何时发行证券的建议。例如，如果竞争者最近发布的收益报告显示，该竞争者的收益情况很糟糕，公司最好在发售证券前等待一段时间，这样就可能在市场处于高价时出售股票。投资银行家每天都要与证券市场打交道，他们应能为公司何时发行证券提供建议。

在投资银行家提供的建议中，最困难的可能是证券应该以何种价位出售。在这个问题上，投资银行家和发行公司的动机在某种程度上是有差异的。首先，考虑一家想要在最高价位出售股票的公司。假设你创立了一家公司，并成功地经营了20年，现在希望向公众出售这家公司，以便退休后到塔希提岛生活。如果以10美元/股的价格发行50万股票，你将会收到500万美元。如果你能够以12美元/股的价格出售，你将收到600万美元。

然而，投资银行家并不希望把股票价格定得过高。在大部分承销合约中，投资银行需要以协定价格买下所有新发行的股票，然后通过自己的经纪行将这些股票卖出去，出售的价格一般要比它们向发行公司支付的价格略高一些，由此获得利润。如果发行价定得过高，投资银行有可能无法顺利出售股票，从而遭受损失。

如果一家公司之前发行的股票目前正在市场上交易——被称为**增发**（seasoned issues）——对这家公司的股票进行定价并不是一件困难的事情。如果一家公司第一次发行股票——被称为**首次公开发行**（initial public offering，IPO）——此时要为证券确定正确的价格就困难得多了。投资银行将会使用它所有的技能和专业知识为证券确定一个最合适的发行价格。如果发行公司和投资银行能够就某一价格达成共识，投资银行家就可以协助公司进行下一步的工作：准备需要的文件。

（2）**准备文件**。除了为公司提供建议，投资银行家还会协助公司准备**美国证券交易委员会**（Securities and Exchange Commission，SEC）要求的文件。为了确保未来投资者能够获得充足的信息，1933年和1934年颁布的《证券交易法》创立了证券交易委员会，对投资银行业务以及初级市场的运行进行严格监管。公开发售证券（1年内的发行总额超过150万美元，并且期限在270天以上的证券）的发行人必须向美国证券交易委员会提交有价证券**申请上市登记表**（registration statement）。登记表必须包含公司财务状况、管理层情况、竞争环境、行业现状和公司经历等信息。公司还需要公开这次筹集资金的用途以及管理层对证券的风险评估结果。然后，在将申请上市登记表提交给证券交易委员会后，发行人必须等待20天才能出售证券。证券交易委员会将审查申请上市登记表，如果证券交易委员会在20天的等待期内没有提出任何反对意见，那么公司就能发行证券了。

美国证券交易委员会进行审查并不代表它认可证券的发行，只能说所有要求的报告和应披露的信息都已经被纳入登记表了。美国证券交易委员会的批准也不代表这些信息都是准确的。但是，如果因为登记表中的信息不实而使投资者遭受损失，发行公司的管理层将可能卷入法律诉讼中。在极端的例子里，信息不实有可能导致刑事诉讼。

有价证券申请上市登记表中的一部分内容会被复制，以供投资者查阅。这种广泛传阅的文件被称为**招股说明书**（prospectus）。根据法律规定，当投资者投资于一种新发行的股票时，公司必须向他们提供招股说明书。

在申请上市登记表等待审批的过程中，投资银行家还有一些零星的工作需要做。对于债券发行，投资银行家必须进行以下工作：

- 从一家或多家信用评级机构（如标准普尔公司或穆迪公司）获得公司的信用评级资料。
- 雇用一位债券法律顾问，他将发布一份声明来证实这次发行的合法性。
- 选择一位托管人，负责监督发行公司是否履行了在证券合约中规定的义务。
- 印制并准备发行证券。

对于股票发行，投资银行家可能安排证券在一家证券交易所上市。显然，投资银行家能够在证券实际发行之前，为发行公司提供很大的帮助。

（3）**承销**。一旦所有的书面工作都完成，投资银行家就能进行实际的证券发行承销工作了。在事先确定好的时间点，发行公司将会以协定的价格将所有的股票或者债券出售给投资银行。投资银行必须以更高的价格将证券出售给公众，从而获得收益。表22-1列出了2013年美国前十大承销商。

通过承销证券发行，投资银行向公众传递了一个信息，即它们认可这次发售股票的资质。我们又一次看到了信息不对称是如何引发公众对中介机构的需求的。投资者在购买某只股票前，并不愿意花费一周又一周的时间对公司进行艰难的技术研究，也不愿意相信公司内部人员能够对公司情况做出准确的报告。然而，他们依赖投资银行搜集公司信息的能力，并利用这些信息来准确评估公司的价值。由于投资银行在承销过程中用实际购买公司股票的方式向公众证明了它们的观点，所以，投资者相信投资银行的评估结果。投资银行家们也意识到他们有责任准确、诚实地报告这些信息，因为若失去了投资者的信任，他们将再也无法进行这样的交易了。

表 22-1　　2013 年美国前十大全球债券和股票发行承销商

排名	承销商	收入（百万美元）
1	高盛集团	5 218.4
2	摩根士丹利	5 036.7
3	J.P. 摩根	3 879.1
4	美银美林	3 870.9
5	巴克莱资本	3 652.9
6	瑞士信贷集团	2 993.4
7	花旗银行	2 110.6
8	瑞银投资银行	987.2
9	德意志银行	431.5
10	贝雅资本	270.0

资料来源：Renaissance Capital.

在这一点上，投资银行明显承担了巨大的风险，组建**辛迪加**（syndicate）是减少风险的一种方法。所谓辛迪加就是若干投资银行组成承销团，每家投资银行购买一部分所发行的证券，并只负责销售自己所承担的份额。鉴于这种方式能够有效地在几家不同的公司之间分散风险，大部分的证券销售都是以辛迪加的方式进行的。

投资银行将在商业刊物上为即将发行的股票做宣传，传统的方式是在该报纸的金融版面登一整版的广告。因广告的版面很像一个墓碑，并且投资银行在广告中列出了所有辛迪加成员的名单，所以这些广告被称为**墓碑广告**（tombstone）。

投资银行在向公众发售证券之前，持有证券的时间越长，因证券价格负向运动而带来损失的风险就越大。投资银行加速出售手中证券的方法之一是，在投资银行实际获得证券的所有权之前就招揽一些投资者购买证券。然后，在证券被推向市场之后，就能马上提交订单，将证券迅速转移到最终购买者手中。

大多数投资银行都要依附于更大的经纪行（多功能证券公司），这些经纪行在全国范围内都设有营业部。在证券发行日之前，投资银行会与经纪行的每家营业部都取得联系，并且销售代理人会联系他的客户，询问他们是否有意愿阅读新发证券的招股说明书。进行联系的目的就是实现这次发行的**全额认购**（fully subscribed）。全额认购发行是指在发行日之前，所有可供销售的证券都已被口头预定。当然，证券发行也可能**认购不足**（undersubscribed），在这种情况下，销售代理人无法让他的客户对该证券产生足够的兴趣，从而无法在发行日之前卖出所有的证券。证券发行还可能**超额认购**（oversubscribed），在这种情况下，求购订单超过了可供销售的证券总量。

这里有一个很诱人的假设：超额认购是投资银行最好的选择，但实际上，超额认购会使得投资银行的客户疏远投资银行。假设你要首次公开发行一种证券，并与投资银行协商，最终以 20 美元/股的价格出售 50 万股新股。如果现在你发现这次发行是超额认购的，那么，你可能感觉到投资银行家的定价太低了，使你遭受了损失。也许股票可以以 25 美元/股出售，这样你就会多筹到 250 万[(25－20)×500 000＝2 500 000)] 美元。因此，你和其他发行公司以后就不大可能再次雇用这家投资银行了。

然而，认购不足的发行的后果同样严重。为了将所有的股票都卖出去，可能有必要将证券的卖出价格降到投资银行支付给发行人的价格之下。这样一来，因证券量大，投资银行会遭受数额极大的损失。例如，当谷歌公司上市时，有超过 2 400 万股股票待发售。如果每股的价格下降 0.25 美元，将会有超过 600 万美元的损失。投资银行家承担的高风险解释了他们为何是华尔街收入最高的、顶级的精英人士，许多人年薪百万美元。

(4) **代销**。一种可以取代证券承销的方式是提供证券代销服务。在代销协议中，投资银行家以收取佣金的形式销售证券，并且不保证能够以发行公司可接受的价格成功出售证券。对投资银行家而言，代销的好处在于不承担对证券错误定价的风险，而且不需要花时间去确认证券的市场价值，投资银行家只需简单地以客户报出的价格出售证券。如果无法出售证券，这次发行就会被取消。

(5) **私募**。另一种发行证券的方式是私募。在私募中，证券只被出售给有限的投资者，而不是面向社会公众。私募的好处是，只要满足了特定的限制性要求，证券的发行就不用经过美国证券交易委员会的登记注册。虽然私募过程不一定需要投资银行的参与，但它们常常通过向发行公司提出恰当的与发行条款相关的建议，以及甄别潜在购买者的方式协助私募发行。因此，投资银行家也经常参与私募交易。

私募证券的购买者必须拥有足够的资金，一次性购买大量的证券，这意味着购买者通常是保险公司、商业银行、养老金和共同基金。私募发行债券要比私募发行股票更加普遍。高盛集团是私募市场上最活跃的投资银行。

向公众公开发行证券的过程如图 22－1 所示。

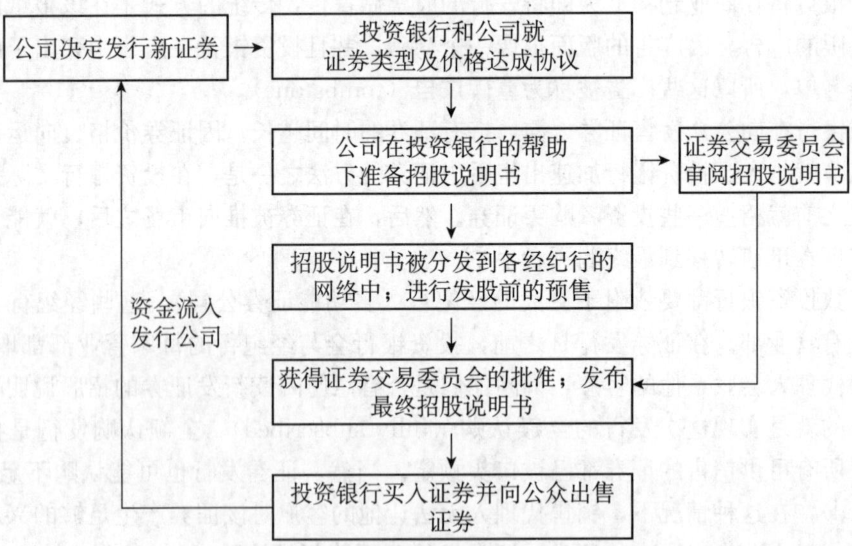

图 22－1　利用投资银行向公众发行证券

22.1.3　股权出售

投资银行提供的另一种服务是帮助企业出售企业或者企业的部门。例如在 1984 年，由于美泰玩具公司的电子分公司遭受了严重损失，美泰玩具公司无法偿还银行贷款，陷入濒临倒闭的危险境地。因此，美泰公司求助于德崇证券。企业重建的第一步是抛售公司所有的非玩具业务，随后美泰公司的经营状况好转。直到1999年，由于收购了一家软件公司，美泰公司又遇到了麻烦，于是在2000年，美泰公司再次在投资银行的帮助下将这家子公司出售。

任何股权出售的第一步都是由卖方确定公司的价值。投资银行将会提供对当前市场上同类公司的详细分析报告，并应用各种复杂的模型来确定公司的价值。与一袋洗衣粉或者一包糖果不同，一家正在运营的公司并没有现成的价格，其价格取决于购买者如何使用它。如果购买者只是对其实物资产感兴趣，公司的价值可能是一个价格；如果购买者从这家公司身上看到这家公司与另一家公司可能产生的协同效应，那么，公司的价格可能与前者完全不同。尽管评判标准有弹性，但投资银行家发明了许多工具，为企业主提供公司的价值区间。

贴现现金流的数量在很大程度上取决于谁要对这家公司竞标，投资银行家会提供帮助。他们将开展详细周全的调查工作，摸清市场上会有谁对这笔生意感兴趣。另外，他们将提供一份**保密备忘**（confidential memorandum），上面会列出想要参与购买的潜在购买者所需的详细财务信息。所有的潜在购买者都需要签订一份保密协议，该协议明确要求他们不能用这些信息去和第三方展开竞争或者共谋。投资银行将会对购买者进行甄别，确保只会向有资格的购买者提供这些信息。

股权出售的下一步将是由潜在购买者发出**意向书**（letter of intent）。这份文件是向卖方发出求购意愿的信号，并列出初步的交易条款。投资银行家将会从卖方的利益出发，与潜在购买者就销售条款进行协商，并帮助卖方对竞争性报价进行分析和分类，甚至还帮助卖方进行结构融资来为卖方获得一个更优的报价。

一旦卖方接受了意向书，**尽职调查**（due diligence）阶段就开始了。在20～40天的尽职调查期间，购买者将要证实保密备忘中所包含信息的准确性。尽职调查的结果将形成**最终协定**（definitive agreement），这种协定将尽职调查期间搜集的信息和随后各方的协商结果转换为具有法律效力的合法契约。

从上述讨论可以看出，公司的股权出售是一项需要广泛的专业技能的工作。为了满足这些需求，投资银行常常会派出由各种专业技术人才组成的专家小组，包括律师、金融分析师、会计和行业专家，与客户就项目展开合作。

22.1.4 兼并与收购

20世纪60年代以来，投资银行在**并购市场**（mergers and acquisitions market）上一直都非常活跃。所谓合并是指两家公司联合起来组成一家新的公司。两家公司都支持合并，且新公司的管理层由这两家公司共同挑选，以形成新的管理团队。股东将他们的股票转换成新公司的股票。所谓收购是指一家公司通过购买股票获得另一家公司的所有权。在一般情况下，收购的过程都非常友好，两家公司都认同公司资源整合能够带来一定的经济效应。但是，因遭受财务危机而去寻求别的公司来收购的例子并非不常见。有时，被收购的公司可能会抵制该过程，这种受到抵制的收购被称为敌意收购。在这种情况下，收购方试图购买足够多的目标公司股份，以获得董事会的大多数席位。然后，董事会成员将能投票同意目标公司与收购方合并。

收购方和目标公司都能得到投资银行的服务。收购方需要投资银行帮助其确定具有吸引力的目标公司，请求目标公司的股东出售股票（这个过程被称为要约收购），以及筹集必需的资金来完成这次交易。目标公司可以雇用投资银行帮助其抵挡那些不受欢迎的收购企图。

并购市场要求非常专业的知识及技能。在该市场中的投资银行家都训练有素，他们的高报酬可不是偶然的。并购领域最著名的投资银行家是任职于德崇证券的迈克尔·米尔肯，他因发明了垃圾债券而闻名，我们在第12章已经对此进行了讨论。垃圾债券是具有高风险、高收益的债券，主要用于满足收购意图带来的融资需求。因为垃圾债券能使公司筹集大量资金，所以，即便是小公司也能够收购大公司。在20世纪80年代，正当米尔肯活跃于垃圾债券市场时，并购活动也发展到了顶峰。1990年2月13日，由于所持垃圾债券投资组合的违约率不断升高、经济发展缓慢以及监管机构迫使储贷行业退出垃圾债券市场等因素的共同影响，德崇证券只能宣布破产。米尔肯被控犯有证券欺诈罪，并被判入狱。

20世纪90年代早期，由于德崇证券的倒闭以及垃圾债券市场的崩溃，并购活动的发展也放缓了。到了20世纪90年代后期，随着经济的复苏以及监管制度改革的进行，以商业银行为代表的金融机构重新恢复了生机。但是，在2001年和2008年的经济衰退中，并购活动再次降温。

在2008—2009年的抵押贷款危机和信用危机中，许多最著名的投资公司面临严重的资金困难。造成这种困境的主要原因有：首先，一些投资公司持有它们自己发行的债券组合（这些债券是由次级抵押贷款证券化而来的）。当市场发现这些证券的价值并不足以支撑它们的价格时，投资公司发觉自己已经无法卖出这些证券了。其次，当信贷市场的资金基本上被冻结时，一些投资公司陷入了流动性危机。虽然它们手中有一些比较成熟的证券工具可以用来融资，但资金来源已经没有了。

2008年4月，在联邦政府的帮助下，J. P. 摩根公司以290亿美元收购贝尔斯登。同年9月，美国银行收购美林证券。因为这次收购，在随后的几个月内，美国银行都遭受了重大损失。与此同时，作为主要的投资银行之一，雷曼兄弟第一个宣布破产，它的大多数资产都被巴克莱银行收购。显然，如果不是政府的积极干预，将会有更多的投资银行倒闭。

22.2 证券经纪人和经销商

证券经纪人和经销商在二级市场上引导交易的进行。经纪人是纯粹的中间人，他们充当投资者买卖证券的代理人，其功能是使买卖双方达成交易，并由此获得经纪佣金。

与经纪人不同，经销商通过随时准备以给定的价格购买或出售证券的方式将买者和卖者联系起来。因此，经销商持有证券存货，它们以稍高于买价的价格出售该证券，也就是它们从买家和卖家的价差中获得收益。这里的买价是指经销商买入证券存货时所出的价格；卖价是指经销商卖出证券时所接受的价格。经销商需持有证券，其价格可能上涨也可能下跌，这项业务的风险很高。近年来，几家专门经销债券的公司都倒闭了。相反地，经纪人不会面临这些风险，他们并不会持有业务往来中的相关证券。[①]

22.2.1 证券经纪人

证券经纪人提供如下几种服务：

（1）证券指令。如果你给一家证券经纪行打电话，要求它为你购买某一只股票，你将与接受你指令的经纪人对话。你可以使用三种基本的交易方式：市价指令、限价指令和卖空。

最常见的两种证券交易指令是市价指令和限价指令。当你发出一个**市价指令**（market order）时，你是在命令代理人以当前的市场价格买入或卖出证券。由于证券的价格很可能与你决定投资时的价格差得很远，因此这种交易方式存在一定的风险。例如，你正要购买某只股票，如果它的价格下跌了，对你倒没有实质性的损害；但是，如果价格上升了，你可能会为你的决策而后悔。1987 年 10 月 19 日的股灾就是最好的例子，从发布股票指令到执行交易这段时间，因股价巨变，无法实现交易。惊慌的投资者告知他的经纪人马上卖出股票，由于当天的交易量非常大，很多投资者的指令在发出几个小时后都没有被执行。到了这些指令被执行时，股票价格已经下跌，远远低于发出指令时的价格水平了。

市价指令的一个替代性选择是**限价指令**（limit order），此时买入指令会规定一个最高可接受的价格，卖出指令会规定一个最低可接受的价格。例如，你可以发出一个限价指令：以 100 美元的价格出售所拥有的 100 股 IBM 公司的股票。如果 IBM 公司当前的股价低于 100 美元，该指令不会被执行。未执行的指令将会被上报给交易所内经营这只股票的做市商，当股票价格的变动使得限价指令被激活时，就由该股票的做市商着手完成这项交易。

止损指令（stop loss order）与限价指令类似，但只针对你已经拥有的证券，该指令是告知你的经纪人在股票价格达到某一确定价格时就将其售出。例如，假设你以 20 美元/股的价格购入某只股票，然后你发出一个价格为 18 美元/股的止损指令，以免在这只股票上损失太重。在最近曝光的玛莎·斯图尔特（Martha Stewart）案件的审判中，止损指令得到了人们极大的关注。她被怀疑在对英克隆公司股票进行交易的过程中使用了内幕信息。她辩解道，出售该公司的股票是因为她之前发出了一个价格为 60 美元/股的止损指令。最终，玛莎被宣判有罪，这表明法庭并不相信她真的发出了这样的指令。

如果投资者相信股票价格将来会上涨，他们会买入这种股票并将其持有至真正上涨，然后他们将股票售出并由此获利。如果投资者确信股价将在未来下跌，应如何应对呢？解决的办法就是卖空。**卖空**（short sell）要求投资者从经纪行那里借入股票并卖出，同时，承诺将来通过购买该股票的现货来偿还。假如你刚刚试用了一款新的苹果笔记本电脑，并认为这款电脑很不理想（事实上，1995 年苹果公司不得不召回所有的 Powerbook 型号的笔记本电脑，以解决出现的问题）。你会认为，当市场上其他人获悉这种电脑质量较差时，苹果公司的股票将会下跌。为了从这种机会中获益，你可以指示你的经纪人卖空 100 股苹果公司的股票。然后，你的经纪人会为你从其他投资者手中借入 100 股苹果公司的股票，

① 如果你将汽车经销商和房地产经纪人联系起来，就能很容易地理解经销商和经纪人之间的区别。汽车经销商拥有这些汽车的所有权并向公众销售这些汽车。而房地产经纪人没有房产的所有权，只是起到中间人的作用。

并以当前的市场价格卖出。当然，你并没有真正地拥有这些股票，它们是你借来的，在未来的某个时点，你将被要求以新的市场价格购买 100 股该股票来偿还。如果你的预计是正确的，苹果公司的股票真的下跌了，你将能以低于此前出售股票的价格买入股票并获利。当然，如果你的预计是错误的，股票价格上涨了，你将会遭受损失。

市价指令和限价指令使你能够利用股价上涨的机会获利，卖空使你能够利用股价下跌的机会获利。分析人员将某只股票卖空头寸的数量作为衡量那些认为该股票将会下跌的投资者数量的一个指标。

(2) 其他服务。除了证券交易，股票经纪人还提供很多其他服务。通常说来，投资者会让经纪人保管其购买的证券。如果将证券交给经纪人保管，一家联邦政府机构——证券投资者保护公司（SIPC）将会为这些证券提供保险。这种保险并不是为价值损失提供保障，而是为证券本身的损失提供保障。

经纪人也提供**保证金贷款**（margin credit），即经纪行发放的用于帮助投资者购买证券的贷款。例如，假如你确信在英特尔公司推出最新的芯片后，英特尔公司的股价将会迅速上涨，那么你就可以向经纪人借入资金来增持英特尔公司的股票。如果你有 5 000 美元，再借入5 000美元，那么你就能买入价值 10 000 美元的股票。然后，如果股票价格如你预计的那样上涨了，那么你可以赚取的金额几乎是你未借款时的两倍。美联储规定了经纪行所能借贷的金额占股票购买价格的百分比。保证金贷款的利率通常比最优惠利率水平高1～2个百分点（最优惠利率是为大型的、信誉卓越的公司借款人提供的利率水平）。

正如第 19 章所提到的，竞争使得经纪公司开始提供传统商业银行所提供的服务以及从事传统商业银行所从事的业务活动。1977 年，美林证券推出了现金管理账户（CMA），该账户提供包括信用卡、紧急贷款、签发支票特权、用出售货币市场基金的证券所得进行自动投资，以及统一簿记服务在内的一揽子金融服务。随后，很多其他的经纪公司也采用了现金管理账户，这种账户得到迅速传播。很多这样的账户具有签发支票权，并提供 ATM 卡和借记卡功能。经纪公司以这种方式直接与银行展开竞争。

经纪行现金管理账户的优势在于它们使买卖股票更加容易。当投资者要购买某只股票时，股票经纪人可以从账户中提取资金；而当投资者出售证券时，经纪人可以将资金存入该账户。

(3) 全面服务经纪公司与贴现经纪公司的比较。实际上，在 1975 年 5 月 1 日之前，所有经纪行都对交易收取相同的佣金。一家经纪行有别于其他经纪行的特点主要在于它们的研究基础和客户关系。1975 年 5 月，美国国会认为，固定佣金制度不利于竞争。因此，国会在 1975 年通过了《证券法修正案》，废除了固定佣金制度。现在的经纪行可以收取任意水平的费用，因此产生了两种不同的经纪公司：全面服务经纪公司和贴现经纪公司。

全面服务经纪公司为客户提供研究报告和投资建议，通常每周或每月都会给客户邮寄市场报告和推荐意见，建议客户投资于某些证券。例如，当经纪公司的投资银行承接首次公开发行业务时，经纪人将联系那些他们认为会对这只股票感兴趣的客户，并向他们提供招股说明书。全面服务经纪公司试图与客户保持长期关系，并帮助客户建立与他们的财务需求和风险偏好情况相一致的投资组合。当然，这种额外服务的成本很高，因此必须对发起交易收取更高的费用。美国银行—美林证券是最大的全面服务经纪公司，大约拥有 1.7 万名财务顾问、2.2 万亿美元客户资产。

贴现经纪人只是简单地执行客户所要求的交易。如果你想购买某种特定的证券，可以打电话联系贴现经纪人并提出你的要求，贴现经纪人一般不提供投资建议或研究报告。经营一家贴现经纪公司的成本明显低于经营一家全面服务经纪公司的成本，因此，贴现经纪公司收取的交易费用较低，只相当于全面服务经纪公司收费的一部分。嘉信理财集团是最有名的贴现经纪公司。很多贴现经纪公司为大型商业银行所有，这些商业银行以前是不得提供全面服务经纪业务的。

无论你选择哪种类型的经纪公司，该公司都必须在主要的证券交易所拥有席位，并必须与纳斯达克（全美证券交易商协会自动报价系统，NASDAQ）进行计算机联网。假设你向当地的美林证券营业部发出购买 10 000 股 IBM 公司股票的指令，你的经纪人将向美林证券驻纽约证券交易所（NYSE）的场内交易员发出电子信息，要求他在你的名下买入 10 000 股 IBM 公司的股票。在纽约证券交易所的场内，有一个圆形的区域聚集着交易所内上市交易的每只股票的专家经纪人（specialist），每个专家经纪人负责几只股票。美林证券的场内交易员知道负责 IBM 公司股票的专家经纪人在哪里，他会到该经纪人处帮你提交购买指令。然后，购买确认的指令又会被传回给你的当地经纪人，这位经纪人会通知你交易完成了（参见小案例 22—1“使用限价指令簿”）。交易数量较少的指令将会由电脑系统直接匹配买者和卖者来完成。

小案例 22—1　使用限价指令簿

假设纽约证券交易所的某位交易员是专门负责 Circuit City 公司股票的经纪人。限价指令簿如下表所示：

未完成的 Circuit City 公司股票限价指令

购买指令		出售指令	
37.00	100		
37.12	300		
37.25	100		
		37.37	200
		37.50	500
		37.62	100

在购买指令下面列出的是投资者愿意为股票支付的最高价格，在出售指令下面列出的是股票持有者出售该股票愿意接受的最低价格。目前，价格没有交集或不相等，不会发生交易。换句话说，现在没有人愿意在任何一个买方愿意支付的价格下出售 Circuit City 公司的股票。

现在，假设该专家经纪人接到一个购买 200 股股票的市价指令，该指令要求以目前可获得的最佳市场价格完成交易。因此，这个专家经纪人将会参考出售指令栏并以 37.37 美元/股的价格完成指令。

接着，这位专家经纪人又接到一个以 37.12 美元/股出售 300 股的限价指令。因此，该专家经纪人需要参考购买指令栏。该限价指令将会以 37.25 美元/股的价格出售 100 股股票并以 37.12 美元/股的价格出售 200 股股票而被执行。

下面假设专家经纪人收到一个以 36.88 美元/股的价格购买 500 股股票的限价指令。由于没有相同数量的出售指令，因而该指令会被记入簿记栏中。此时，该簿记栏的记录如下表所示：

未完成的 Circuit City 公司股票限价指令

购买指令		出售指令	
36.88	500		
37	100		
37.12	100		
		37.50	500
		37.62	100

22.2.2 证券经销商

证券经销商持有证券存货，它们将这些证券出售给希望购买证券的客户，同时，也从希望出售证券的客户手中购入证券。

经销商对美国金融市场的稳定运行起着非常重要的作用。投资者在购买某种证券之前需要什么呢？除要求得到合理的回报之外，投资者还希望获悉该投资具有流动性，即当该投资不再适合投资者的资产组合时能够被很快出售。假如一家规模较小、相对不太知名的公司试图向公众出售证券，投资者可能会被吸引去购买这家公司的证券。但是，如果这些证券不能很容易地被再次卖出，那么，投资者们就不太可能在它们上面冒险。在这种情况下，经销商就变得尤为关键。它们随时准备为证券做市，也就是说，它们确保投资者总是能够买入或卖出某种证券。因此，经销商也被称为**做市商**（market makers）。当某位投资者有意卖出一种交易量比较小的股票时（这只股票没有活跃的二级市场），不太可能有另一位投资者同时在寻找购买该证券的机会。经销商的出现解决了这种非同步交易的问题：它们可以从投资者手中买入证券并将其作为存货持有，直到有另一位投资者打算购买它时再出售。了解到经销商能够提供这种服务，投资者就愿意购买那些其本不愿意接受的证券。在金融市场发展相对不完善的国家，经销商通常都不会为不太流行的证券做市，这就使得对于那些规模较小的、新兴的区域性公司而言，筹集资金的难度非常大。证券经销商对美国小企业的健康发展非常重要。

22.3 证券公司的监管

许多金融公司同时从事经销商、经纪人和投资银行所从事的业务。美国最大的金融公司是美林证券，其他的知名公司还有摩根士丹利和所罗门美邦——花旗集团的子公司。美国证券交易委员会不仅对这些公司的投资银行业务进行监管，还会限制经纪人和经销商发布关于证券的不实信息以及利用内幕消息（即只有公司管理层才知道的信息）进行交易。

当我们讨论金融监管时，很重要的一点是，要意识到公众对金融市场正直程度的信心对于经济增长以及各公司继续利用金融市场筹集新资本的能力是至关重要的。如果公众相信市场上有些强大的投资者掌握着内幕信息，从而可以侵占较小投资者的利益，那么该市场将无法从小投资者手中获得资金。最后，整个市场将完全崩溃。

> 登陆证券交易委员会官方网站 www.sec.gov，在该网站上可以查找监管动态、公告以及解释条款等更多内容。

由于信息不对称，投资者不会像公司内部人员那样了解那么多关于公司所要发行证券的相关信息。如果所有证券的平均价格是基于这种信息不充分的情况形成的，那么优质证券将会退出市场，只有那些表现平平和定价过高的证券会继续等待出售。由于市场上仅有这些证券被推出，因此证券的平均价格会下降，任何价值高于这种新的平均价格的证券都将退出市场。最终，随着新推出证券质量的一直下降，证券的市场价格也会一直下跌，市场将陷入崩溃。解决"次品车"问题的方法之一就是进行政府监管，要求公司全面披露自身的信息，减少信息不对称问题。

证券法的设立出于两个目的：一是保护市场的公正性；二是限制证券公司之间的竞争，以降低它们破产的可能。1933 年和 1934 年通过的两部法案为当前证券市场的监管提供了基础。这些法案是在美国大萧条后不久通过的，当时有很多人都觉得国家这次遭遇的经济危机一部分是由于证券市场的那些弊端，这些法案的推出主要是对公众谩骂声的回应。1933 年和 1934 年法案的主要条款如下：

（1）建立美国证券交易委员会，该委员会根据各种证券法规对下属机构进行管理。

（2）要求发行人登记新发行的证券，并向潜在投资者披露所有相关信息。

（3）要求所有公开上市的公司必须向证券交易委员会提交年报或半年报；公开上市的公司还必须在发生任何对投资者有"显著利益"影响的事件时提交报告。

（4）要求内部人员对任何买卖证券的交易都提交报告。

（5）禁止任何形式的市场操纵行为。

在这些法案通过之前，市场存在许多弊端。例如，1933 年的一项调查显示，仅在 1932 年这一年内就发生了 127 起"联合投资组织"操作。联合投资组织形成的目的就是操纵市场。一群投资者聚集在一起，散布一些虚假但具破坏性的消息，造成公司股价下跌。此时，该投资组织的成员就开始购买股票。一旦他们以这种人为的低价购入并持有公司股票，该组织的成员又开始散播对公司有利的消息。显然，该投资组织的成员能够赚取巨额利润，而不知情的小投资者就会遭受损失。1933 年和 1934 年推出的证券法案规定，这样的操作是不合法的。

正如我们在私募发行中所看到的，并不是所有的证券发行都受到证券交易委员会的监管，有三种情况不需要在证券交易委员会登记：一是每年发行证券的金额不超过 150 万美元；二是证券期限不超过 270 天；三是由美国政府或大部分市政部门发售的证券。

对证券公司来说比较重要的法案还包括：1993 年的《格拉斯-斯蒂格尔法案》，该法案将商业银行业务和投资银行业务分离开来（其中的大部分规定被《格兰姆-里奇-布利利金融服务现代化法案》所废除）；1940 年的《投资顾问法》，该法案要求投资顾问在证券交易委员会注册登记；1970 年的《证券投资者保护法案》，建立了证券投资者保护公司，为证券公司客户的现金账户所遭受的损失投保 10 万美元，为证券文件损失投保 50 万美元。我们在第 18 章对其他一些针对银行但与证券公司相关的监管法案也进行了讨论。

22.4 证券公司与商业银行的关系

多年来，商业银行一直在游说立法机构免除对它们的各种限制，以使其能够与证券公司展开竞争。我们看一看银行业的业务是如何被逐渐侵占的。在美林证券创建现金管理账户之前，只有银行能提供支票账户。美林证券的现金管理账户不仅提供了一种低成本的支票账户，而且向这些账户支付的利息高于法律允许银行支付的利息。证券公司不只是可以发放贷款、提供信用卡和借记卡、提供柜员机，还可以销售证券。此外，证券公司还能出售某些类型的保险。这就不难理解为什么银行家们觉得灰心了。各种规章、条例使他们无法与证券公司展开竞争，却没有相关法律对证券公司的竞争行为加以限制。

商业银行在国会山上大声疾呼，要求一个"平等的竞争空间"。正如我们在第 18 章中所提到的，1980 年和 1982 年对商业银行管制的放松在相当程度上缓解了资金从商业银行流向证券公司的速度；然而，商业银行依旧不能销售证券。当然，这种情况正在慢慢地改变。

22.5 私募股权投资

当人们谈论投资时，通常都在讨论股票和债券。这两种证券都是面向公众并且受美国证券交易委员会监管的。证券经纪人和经销商持有的大多数证券都是这些公开发行的证券。然而，除了投资于上市公司，私募股权投资也是一种替代方式，即并非通过向公众出售证券的方式筹集资本，而是建立一个有限合伙制组织，从少数非常富有的投资者手中获得资金。在全世界各种各样的私募股权投资中，最常见的两种方式是风险投资基金和**资本收购**（capital buyouts）。在许多情况下，同一公司在这两种类别的业务中都很活跃。私募股权投资行业最主要的投资者包括 KKR 集团、贝恩资本和黑石集团。

22.5.1 风险投资公司

假设你准备开发一种新产品并为它开创市场，你感觉成功的概率非常大。但是，该产品是全新的且无法确知前景，你很难从传统途径获得资金。由于没有确定的现金流可用于偿还贷款，商业银行不会为你提供贷款。由于公司历史太短，并且无法证实它能否成功，你也很难通过投资银行向公众出售股票。在无法获得来自其他途径的资金时，你伟大的设想即便非常新颖，也无法真正得以实现。此时，风险投资公司会为新兴企业提供所需的资金，帮助它们在市场中立足。

(1) **风险投资业的定义**。风险资本通常被定义为提供给新兴企业的资金。在绝大多数情况下，这种资金通过有限合伙人筹集，再由普通合伙人投资于未来有望带来高回报的企业。

自 20 世纪 40 年代中期开始，风险投资公司培育了美国的高新技术企业并促进了这些企业的发展。风险投资公司的活动创造了很多工作机会，促进了经济增长，并增强了国际竞争力。在20世纪八九十年代，风险资本家向很多最成功的高科技公司提供了支持，其中包括苹果电脑公司、思科公司、基因泰克公司、微软公司、网景公司以及太阳微系统公司。还有一些服务性公司如史泰博公司、星巴克公司以及天使冰王公司（TCBY）等也从风险投资中获益。事实上，20世纪八九十年代所经历的经济增长在很大程度上是由风险投资业所提供的资金支持带来的。风险投资基金在20世纪90年代经历了爆炸式的增长，随后，在2001年和2009年随着市场陷入萧条状态而呈现急速下降趋势，见表22-2。

表22-2　1990—2012年的风险资本投资

年份	获得资金的公司数（家）	投资总额（百万美元）
1990	1 317	3 376.21
1991	1 088	2 511.43
1992	1 294	5 177.56
1993	1 151	4 962.87
1994	1 191	5 351.18
1995	1 327	5 608.30
1996	2 078	11 278.60
1997	2 536	14 903.00
1998	2 974	21 090.60
1999	4 411	54 203.70
2000	6 342	104 986.80
2001	3 787	40 686.70
2002	2 617	21 824.00
2003	2 414	19 678.30
2004	2 571	22 117.40
2005	2 646	22 765.80
2006	3 746	26 315.36
2007	4 027	30 518.26
2008	3 985	27 992.29
2009	2 795	17 680.25
2010	3 625	23 311.33
2011	3 964	29 551.45
2012	3 770	26 874.14

资料来源：http://www.nvca.org/index.php?option=com_content&view=article&id=78&ltemid=102.

（2）**风险资本家能减少信息不对称**。新兴企业通常都伴有不确定性及信息不对称问题，尤其是在高新技术产业内。这些公司的经理们可能会从事一些浪费性的支出活动，比如租借昂贵的写字楼。管理者从这些支出中获得的收益与他们的投入不成正比，他们不用承担全部的成本。外部投资者很难获知发展早期的高科技公司的信息，这为投资者带来了其他类型的成本。例如，一位生物科技公司的创始人要对研发进行投资，但这些研发工作在早期只对他自己有价值，无法给投资者带来任何可观的回报。由于存在这些信息不对称问题，外部融资的成本可能非常高，而且融资比较困难，甚至无法获得资金。

风险投资公司可以减少信息隔阂问题，从而使公司能够获得在其他地方无法得到的资金。首先，相对于银行贷款或者债券融资，风险投资公司在所投资企业中拥有的是股权利益。这些企业的股份通常由私人持有，因此股票不能公开交易，股份的流动性非常差。所以，风险资本投资着眼于长远。合伙人并不期盼在投资后的几年（通常长达10年）内取得回报。与此相反，大部分股票投资者都很期待每年都通过股票升值或发放红利获得收益。他们通常不愿意等待数年去考察一个新的创意、生产过程、创新或发明是否能够获得利润。与此类似，大部分债券投资者也不愿意等待数年直到利润增长到某一个水平时，公司才能支付利息。因此，风险资本填补了其他资本渠道所剩下的融资缺口。

风险资本可以减少信息不对称的第二种方法是：风险资本的进入通常会附带一些条件，最主要的一个条件是风险投资公司的合伙人会在所投资公司的董事会中任职。风险投资公司不是消极的投资者，而是积极地通过建议、援助和提供商业合同等方式来提升所投资公司的价值。风险资本家可能将两家经营活动可以互补的公司联合起来。然后，风险投资公司将会利用它们的专业知识帮助公司解决各种融资的且与公司发展相关的问题。公司董事会的风险投资合伙人将会对公司的支出情况和管理工作进行认真的监督，以保护对该公司的风险投资。

为了对公司的管理工作进行控制，风险资本家可能会在公司实现最终目标的过程中，根据公司表现出的进展，分阶段向其提供资金，这是最有效的方法之一。如果公司的发展停滞不前或市场状况发生改变，投资者会撤回资金以减少损失。

风险资本融资常常意味着高风险和高回报。风险投资公司会在几百家公司中非常仔细地搜寻，试图找到几家具有实际增长潜力的公司。尽管风险投资公司非常努力地挖掘，但那些真正被选中的新兴公司常常除了一个独特且很有前途的发展理念之外并无其他表现。一方面，风险资本家通过同一只基金投资于由多家新兴公司组成的投资组合来减少风险；另一方面，很多风险投资合伙企业会同时管理好几只基金。通过将风险分散在许多新兴企业身上，风险投资公司遭受损失的风险显著地降低了。

(3) **风险资本的来源**。麻省理工学院（MIT）的校长卡尔·康普顿（Karl Compton）和一些当地的商业领袖于 1946 年共同创立了美国研究与发展公司（ARD)，这是第一家真正意义上的风险投资公司。他们巨大的成功可以追溯至对一家新兴公司——数字设备公司投资了 7 万美元，这笔启动资金在接下来的 30 年内增值至 3.55 亿美元。[①]

在 20 世纪五六十年代，大部分风险投资基金都被用来推动房地产和石油行业的发展。到了 60 年代末期，资金开始向新兴科技公司转移。目前，高科技公司仍然是主要的投资领域。

风险投资基金的资金来源已经开始由富裕的个人向养老金和大公司转移。1979 年，美国劳工部阐明了**谨慎人规则**（prudent man rule）（之前限制养老金从事高风险投资)，明确允许养老金投资于一些高风险资产。因此，大量的养老金开始投向风险投资项目。

由于很多大公司开始削减本公司内部的研发投资经费，转而投资于外部的新兴公司，因此，由大公司为风险投资项目提供的融资资金不断增加。如果投资项目成功了，大公司就会收购新兴公司。这种变化趋势从很多现状都能看出来：许多来自大公司内部研发中心的新理念都被搁置不用，或者被那些从大公司跳槽到新公司的员工运用到商业用途中。领薪水的员工没有企业家那样的积极性，企业家们会坚持从新颖的点子中捕获大量的收益。通过投资于新兴公司，大公司从这些新发现中获益，以保持企业的活力。

(4) **风险投资公司的结构**。绝大多数早期的风险投资公司都是以封闭式基金的形式建

---

① 部分讨论基于 “The Venture Capital Revolution,” by Paul Gompers and Josh Lerner, *Journal of Economic Perspectives*, no. 2 (Spring 2001): 145 - 168。

立起来的。封闭式基金向投资者发售固定数量的股份，一旦所有的股份都被卖出，就不能再筹集额外的资金。如果想再筹集资金，就需要建立一只新的风险投资基金。这种组织结构的优点在于，它为风险投资提供了所需的长期资金。投资者不能像投资于开放式基金那样随时将资金撤出。

20 世纪七八十年代，风险投资公司开始以有限合伙制的形式建立起来。这种组织结构可以免受证券法规的管制，即便是 1940 年《证券投资法》规定的各种烦琐的信息披露要求也不能限制它。目前，虽然封闭式基金和有限合伙制两种组织形式都存在，但大多数风险投资公司采用了有限合伙制形式。

(5) **风险投资的生命周期**。大部分风险投资交易遵循相似的生命周期。在第一阶段，以有限合伙制设立风险投资公司，并筹集资金。在第二阶段，将资金投入新兴企业。在第三阶段，风险投资公司退出投资。

接下来，我们详细讨论一下交易过程。

1) 筹集资金。一开始，风险投资公司会招揽投资者向公司投入资金。前面已经提到，这些投资者通常是养老金、大公司和富人。风险投资公司会有一个它们试图筹集的投资组合目标数额。一般的风险投资基金只会接纳很少的投资者，通常在 100 人以内。风险投资的最小承诺投资额通常都很高，一般的个人投资者很难参与其中。

一旦风险投资基金开始运行，它就会要求有限合伙人履行付款承诺。这些资本有时被称为“到位资本”或者“实收资本”。风险投资公司通常只在有需要的时候才会要求合伙人提供资本金。

有限合伙人明白，投资于风险资本是一个长期的过程，可能需要等待数年才能获得投资的第一笔回报。在很多情况下，资本金会被占用 7～10 年。潜在的投资者必须仔细考虑这种投资在流动性上的缺陷。

2) 投资。一旦合伙人承诺的资金到位，风险投资基金就进入投资阶段。风险投资基金要么专门投资于一两个产业，要么进行一般化投资，寻求任何可能的投资机会。风险投资基金通常集中在有限的地区内投资，这样比较容易对公司的经营活动进行审查和监督。

风险资本家经常在公司拥有实际产品之前，甚至在公司真正成立之前就进行投资，这被称为**种子投资**（seed investing)。如果是投资于生命周期稍晚于种子期的公司，则被称为**初期投资**（early-stage investing)。还有些基金集中于**晚期投资**（later-stage investing)，主要是提供资金帮助企业扩大规模，从而吸引公众资金。

通常说来，大约有 60％的风险投资基金被用于种子投资，25％被用于初期投资，15％被用于晚期投资。

3) 退出投资。风险资本投资的目的是培育一家公司，直到该公司能够获得其他形式的资金投入。风险投资公司希望在 7～10 年的时间内退出投资。晚期投资可能只会持续几年。一旦风险投资公司退出投资，合伙人就能依据股份获得利润，此时基金就解散了。

风险投资基金有很多种方式从一项投资中成功退出，其中最具吸引力且最明显的方式是通过首次公开发行上市退出。在股票的公开发行中，风险投资公司作为内部人将获得公司的股票，但在数年内，风险投资公司如何销售或盘活这些股票都要受到监管和限制。一旦股票可以自由交易，通常在两年之后，风险投资基金就会将股票分发给有限合伙人，由他们自己决定是继续持有还是卖出。在过去的 25 年内，有超过 3 000 家获得风险资本投资的公司最后都进行了首次公开发行。在高峰期，有 258 家由风险资本支持的公司进行了首次公开发行。

风险资本退出还有一种常见的类型，即通过并购的方式退出，它不像通过首次公开发行退出那样明显。在这种情况下，风险投资公司从收购公司那里获得股票或者现金。然后，这些收益将会被分配给有限合伙人。2000年，在由风险资本支持的公司中，有269起公司并购交易。

(6) **风险资本的获利能力**。由于大部分的新兴企业都不成功，风险投资面临的风险极高。尽管风险投资公司会仔细监督新兴公司的经营管理，但是要将一个创新理念或点子付诸实践并取得成功，需要克服重重困难。当然，如果风险投资极具风险性，它也同样有可能获得高回报，并以此吸引投资者继续提供资金。

从历史数据看，尽管风险很高，但风险投资公司的盈利能力非常强，20年的平均回报率为23.4%。20世纪90年代对风险投资而言是一个黄金时代，这10年的平均回报率达到了30%。从1995年到2000年，平均回报率甚至超过了50%。

在20世纪90年代后期，风险投资的回报持续保持在一个不寻常的高点上。例如，1999年的投资回报率超过了165%。遗憾的是，随着市场对技术产业的反应慢慢淡下来，风险投资的回报率也降低了。2000年之前风险投资的平均回报率为37.5%；而到了2001年，风险投资公司的报告显示，其第一季度竟损失了8.9%。在2008年和2009年的经济衰退中，风险资本市场也遭受了沉重的打击，损失达到了16.5%。网络金融22—1“网络公司给风险资本家造成损失”讨论了风险投资公司遭受损失的原因。

22.6 私募股权收购

我们在上一节了解到，一家新兴公司常常通过风险投资公司来筹集自身发展所必需的资金。随后，这家私人企业成长起来，盈利能力有了保障，最后就能向公众发行股票来募集资金了。在一个**私募股权收购**（private equity buyout）中，不是私人企业逐渐面向公众，而是一家上市公司逐渐被私有化了。

在典型的私募股权收购中，为了达到收购目的而建立起来的有限合伙制公司会购买目标公司公开发行的股票。由于这些股票随后被注销，所以目标公司再也不用像其他上市公司那样接受公众的掌控和监督，也不用再去满足各种各样的股东要求了。

22.6.1 私募股权收购的优点

私募股权合伙人和私人企业的经理列举了许多私有股权所有制结构的优点。首先，私人公司不受2002年《萨班斯-奥克斯利法案》中那些具有争议性的监管法规的管制。许多经理和首席执行官都抱怨，满足《萨班斯-奥克斯利法案》的要求是很烦人的事，这挤占了大量从事生产性活动的时间。

其次，上市公司的首席执行官们都觉得每季度报告利润的压力很大。在私人公司里，首席执行官们常常有更多的时间和灵活性来改变那些表现低于平均水平的公司。不像上市公司那样，需要使成千上万的各种各样的投资者相信某些特殊的决策是明智的，私人公司的首席执行官们只需要使私募股权公司中的执行合伙人确信就行了。由于工作的自由度高，许多非常有名的公司领导者都被吸引到这个行业中来，如通用电气的原首席执行官杰克·韦尔奇（Jack Welch）、迪士尼公司的原首席执行官迈克尔·艾斯纳（Michael Eisner）、IBM 公司的原首席执行官路易斯·郭士纳（Louis Gerstner），以及安泰勒和杰普公司的原首席执行官米勒德·德雷克斯勒（Millard Drexler）。顶级首席执行官们被吸引到私人公司的原因之一是：他们更容易获得公司的所有者权益，这算是对于他们来到私人公司的一种补偿。一般来说，这些首席执行官们被招聘进公司，会拿到一份数额不高的现金薪水，以及可以用自己的钱投资于公司的机会，这个比例常常可以达到公司股份的 20%。因此，有些人认为，这种特点使得首席执行官们与私募股权合伙制企业的利益更具一致性。

网络金融 22—1

网络公司给风险资本家造成损失

在 20 世纪 90 年代后半期，风险资本家能够使用的资金总额在大幅扩张，见表 22－2。很多投资都集中于网络公司的融资。这种现象引发了两个严重的后果：第一，在同一段时间内，很可能只有很少的项目具有融资价值。当很多资金在寻找数量很少的交易时，这些新兴公司就能获得在正常情况下其融资需求可能会遭到拒绝的资金。因此，风险投资基金组合的平均质量在下降。

第二，合伙人提供的监督的质量水平下降了。思考 Webvan 公司的案例，这家网络食品杂货商获得了超过 10 亿美元的风险资金。尽管这家公司得到了很多资深金融机构的支持，如高盛公司和红杉资本公司，但该公司的商业计划却存在根本缺陷。在 Webvan 短暂的寿命中，它花费了超过 10 亿美元的资金来购建自动化仓库和昂贵的技术设备。高额的管理费用使得该公司无法在平均利润率为 1%的食品杂货行业中与同行竞争。如果投资银行家曾经积极监督 Webvan 公司的经营活动，就会阻止其进行这样的基础设施建设。这种投资规格意味着每个仓库每天要有 4 000 份订单才能收支相抵。毫不奇怪，2001 年 7 月 Webvan 公司宣布破产。

由于承担了购买业绩不佳公司的风险，私募股权合伙制企业的投资人可以期望获得丰厚的风险补偿。合伙人通常收取 1.5%的私募股权投资管理佣金。同时，当出售公司或者公司重新上市时，合伙人还可获得利润分成，一般为 20%的比例。首席执行官和合伙人在领取薪水时需要缴纳 35%的税，而在私募股权投资中，他们仅需付出 15%的资本利得，这构成了另一项额外待遇。

22.6.2 私募股权收购的生命周期

在一次典型的私募股权收购中，首先要建立合伙制企业并联系投资者，确保其参与该企业的投资。每一位投资者通常都承诺将投入不低于 100 万美元的资本金，并且同意所有资金在未来的一段时间（通常是 5 年或 5 年以上）内都由合伙制企业管理。

然后，合伙制企业识别出当前表现较差但通过改善经营能够变好的公司。运用合伙人投入的资金，目标公司就能回购自己公开发行的股票。经挑选的新首席执行官和董事会将会经营这家公司，与此同时，执行合伙人也会逐渐变成公司管理的积极参与者。

最后，一旦公司发展起来，显示出较高的收益和盈利能力，它就会被卖出或者通过首次公开发行成为上市公司，这些都是私募股权投资者获得回报的渠道。现在，公司越来越强大了，能以比当初购买价格高得多的价格被卖出。

本章小结

1. 投资银行是协助上市公司在一级市场上首次发行证券的公司，同时，作为证券经纪人和经销商，协助参与者在二级市场上（有些是在交易所内）交易证券。美国证券交易委员会在证券市场上监管金融机构并确保投资者能够获得充分的信息。

2. 承销要求投资银行先从发行人手中购入所有的股份，获得股票发行的所有权，然后投资银行再在市场上将这些股票售出。根据发行价格制定得是否合理，发行可分为超额认购、认购不足和全额认购。

3. 投资银行家通过为发行公司提供建议、准备文件和帮助公司处理交易问题等，协助公司发行股票。投资银行还经常协助公司的并购和私募活动。

4. 证券经纪人起到交易中介的作用，通常并不拥有证券。证券经销商买卖证券，并通过这样的操作为证券做市。由于经销商总是在出售证券，并愿意买入证券，它们确保了市场具有一定的流动性。

5. 投资者可能发出市价指令，即要求以当前市场价格购买证券。投资者也可能发出限价指令，即制定其愿意出售证券的最低价格和愿意购买证券的最高价格。

6. 一些证券经纪公司除代表客户进行交易之外，还提供研究和投资建议服务，它们被称为全面服务经纪公司。贴现经纪公司只是发出指令。经纪公司还会存储证券，向客户发放贷款以便其购买证券，为客户提供现金管理账户。

7. 私募股权投资包括风险资本投资以及对上市公司的资本收购。一个典型的风险资本投资包括从投资者手中筹集资金，投资于新兴企业，直至它们能够公开上市。在资本收购中，仍需从投资者手中筹集资金，但它们被用来买入公开上市公司的股份，然后上市公司被私有化。

重要专业术语

资本收购	限价指令	申请上市登记表
保密备忘	保证金贷款	增发
最终协定	做市商	二级市场
尽职调查	市价指令	美国证券交易委员会
初期投资	并购市场	种子投资
全额认购	超额认购	卖空
《格拉斯-斯蒂格尔法案》	一级市场	止损指令
首次公开发行	私募股权收购	辛迪加
投资银行	招股说明书	墓碑广告
晚期投资	谨慎人规则	认购不足
意向书		

习题

1. 立法机构制定法令将商业银行业务和投资银行业务分离开来的动机是什么？

2. 哪部法律将投资银行业从商业银行业中分离出来？

3. 当谈及投资银行会承销某一种证券的发行时意味着什么？这与代销有何区别？

4. 投资银行为将要发行证券的公司提供的最基本的服务是什么？

5. 如果一种证券通过了美国证券交易委员会的审查，这是否意味着投资者可以购买该证券而无须担心投资损失？

6. 为什么投资银行经常会组成辛迪加来向社会公众出售证券？

7. 全额认购和超额认购中哪一个对证券发行更好一些？

8. 为什么投资银行家会建议公司采取代销而不是承销的方式发售证券？

9. 敌意收购和合并的区别是什么？

10. 为了使市场便于进行交易并具有流动性，经销商提供了哪些有价值的服务？

11. 市价指令和限价指令的区别是什么？

12. 如果你知道某只证券的价格在将来会下跌，是否能借此机会获利？怎么操作呢？

13. 为什么商业银行反对允许经纪行提供多种传统的商业银行业务？

14. 私募股权收购的主要优点是什么（通常被认为是发生这种交易的动机）？

定量问题

亚马逊公司在 1997 年 5 月进行首次公开发行。该公司在最终的招股说明书中列出了下列关于首次公开发行之前在外流通股股数的信息（见下表）。

姓名及地址	具有实质受益权的股票数量	持股比例（%）	
		发行前	发行后
杰弗里·P. 贝索斯 c/o Amazon. com，Inc. 1516 Second Avenue，4th Floor Seattle，WA 98101	9 885 000	7.5	41.4
L. 约翰·多尔 Kleiner Perkins Caufield & Byers 4 Embarcadero Center，Suite 3520 San Francisco，CA 94111	3 401 376	16.4	14.3
汤姆·A. 阿尔伯格	195 000	*	*
斯科特·D. 库克	75 000	*	*
帕特里夏·Q. 斯通斯弗	75 000	*	*
全部管理层（14 人）	15 688 925	72.5	63.5
总的发行股数	20 858 702	100.0	—

在首次公开发行中，公司发行了 300 万股新股。发行价为 18 美元/股，投资银行保留了 1.26 美元/股作为承销费用。第一天的收盘价为 23.5 美元/股。

1. 在这次发行中，总收益是多少？亚马逊公司自己能够保留多少收益？投资银行又能保留多少收益？两者占发行新股的百分比各是多少？

2. 凯鹏华盈风险投资公司的多尔先生持有大量该股票。在第一天结束后，这些股票的价值是多少？

3. 作为一家上市公司，亚马逊在第一天结束后的总市值是多少？

4. 回顾第 13 章的易趣公司首次公开发行的案例。易趣公司支付的费用占总筹集资金的比例是多少？这是一种新的模式吗？

5. 为了进一步证实这个问题，我们再来看看蓝色尼罗河公司的首次公开发行。我们可以在美国证券交易委员会的网站（http：//www. sec. gov/Archives/edgar/data/1091171/000089161804001024/v97093b4e424b4. htm）上找到相关信息。发行价是多少？承销商能够保留的比例是多少？

6. 对于蓝色尼罗河公司，预期回报是多少？是确定的吗？你做了什么假设？你如何证实它？

7. 你想以 50 美元/股的价格购买 100 股正在交易的股票。你的经纪公司规定初始保证金为 50%，维持保证金为 25%，这意味着什么？如果你以 53.5 美元/股平掉手中的头寸，你的回报是多少？

8. 一个限价指令簿如下页表所示：

未完成的限价指令

购买指令		出售指令	
25.12	100	25.36	300
25.20	500	25.38	200
25.23	200	25.41	200

场内专家经纪人收到如下指令，按顺序排列：

- 卖出 300 股的市价指令。
- 以 25.38 美元买入 100 股的限价指令。
- 以 25.30 美元买入 500 股的限价指令。

这些指令如何尽可能地被执行？加入这些指令后，限价指令簿变成了什么样子？

网络练习

投资银行、证券经纪人和经销商以及风险投资公司

1. 在首次公开发行中，公司证券是第一次面向公众发售。前往 http：//www. renaissancecapital. com/ipohome/marketwatch. aspx。这个网站列出了各种各样关于首次公开发行市场的统计数据。

（1）从筹集资金总金额的角度来看，近期最大的首次公开发行是哪一起？

（2）即将进行首次公开发行，向公众发售股票的是哪一起？

（3）在近四年中，一共发生了多少起首次公开发行？

2. 美国证券交易委员会担负监管证券公司的责任。登录 www. sec. gov，这是证券交易委员会的官方网站，运用网页上的信息回答以下问题：

（1）什么是 EDGAR？

（2）设立证券交易委员会的目的是什么？

（3）用一句话总结最近发布的证券交易委员会监管条例。

金融学译丛·金融市场与金融机构（第8版）
金融学译丛·金融市场与金融机构（第8版）

第七部分 金融机构管理

第 23 章　金融机构的风险管理

开篇预览

金融机构的管理从来都不是一项简单的工作，再加上近几年经济环境的不确定性越来越大，这项管理工作变得更加困难。利率的波动性增大，导致金融机构所得利润以及所持资产和负债的价值也随之发生剧烈波动。此外，正如第 5 章所述，贷款和其他负债工具的违约风险显著增大，导致了金融机构的巨额损失。对于由利率波动和借款人违约行为带来的风险问题，考虑到近几年的发展变化，金融机构管理者对此倾注更多的关注就显得理所当然了。

本章研究金融机构管理者如何应对由借款人的违约行为引起的信用风险以及由于利率波动而产生的利率风险。我们还将考察管理者用来度量风险的工具以及降低风险的策略。

23.1　信用风险管理

金融机构主要包括银行、保险公司、养老金以及金融公司，它们的主要业务是发放贷款。这些机构若要获得高额利润，就必须保证发放的贷款能够全额回款（即有较低的信用风险）。逆向选择和道德风险的概念（在第 2 章和第 7 章介绍过）提供了一个框架，可以帮助我们理解金融机构的管理者最小化信用风险和成功发放贷款所必须遵守的准则。

信贷市场存在逆向选择问题，那些排队申请贷款的人往往是信用风险高的人（最有可能违约的借款者）。换言之，那些最有可能造成不利结果的借款者往往是被选中并被提供贷款的人。对于那些打算从事高风险投资项目的借款者而言，他们的投资项目一旦成功，他们便可以获得丰厚的回报，因此他们是最渴望获得贷款的借款者。显而易见，他们是最不受欢迎的借款者，较其他借款者而言，他们不能偿还贷款的可能性要高得多。

由于借款者有冲动去从事不受贷款人欢迎的活动，所以在信贷市场上存在道德风险问题。在这种情况下，贷款人似乎承担着更多的违约风险。一旦借款者获得了贷款，他们更倾向于从事高风险的投资项目——这些项目一旦获得成功，借款者将获得高额回报。但是，这些高风险大大降低了借款人偿还贷款的可能性。

为了获利，金融机构必须克服更有可能引发贷款违约的逆向选择和道德风险两大问题。金融机构为了解决这些难题做了努力，形成了信用风险管理所需遵循的准则：甄别和监督、建立长期客户关系、贷款承诺、抵押物、补偿性余额要求以及信贷配给。

登录风险管理协会的网站（www.rmahq.org），上面有关于年度报表研究、网上出版物等有用的信息。

23.1.1 甄别和监督

由于贷款人对借款者的投资机会以及投资活动知之甚少，所以，在信贷市场上存在信息不对称。这种情况导致了金融机构进行两类信息生产活动：甄别和监督。

(1) **甄别**。由于信贷市场上存在逆向选择问题，所以，贷款人需要通过甄别，将高风险贷款剔除，以确保贷款业务能够盈利。为了保证甄别工作的有效进行，金融机构必须搜集潜在借款者的可靠信息。有效的信用甄别和信息搜集共同构成了信用风险管理的一条重要准则。

当你向金融机构申请一项消费者贷款（例如，汽车贷款或者住房抵押贷款）时，金融机构首先要求你填写关于个人财务信息的表格。你需要提供的信息包括：薪水状况、银行账户状况、其他资产（例如，汽车、保单和家具设备）以及未偿贷款；贷款记录、信用卡和赊购账户还款情况；工作年限以及雇主的情况。你还会被问及一些个人信息，如年龄、婚姻状况以及子女情况等。金融机构根据这些信息计算你的“信用得分”（根据你填报的信息得到的一种统计指标，该指标能够预计你在还款方面是否会遇到困难），从而评估你的信用风险状况。根据你的信用风险状况做出贷款决策并不是完全科学的，金融机构还会考虑对其他相关方面进行评判。决定你是否能够获得贷款的信贷员会致电你的雇主或者你提供的保荐人。信贷员还会将你的行为举止甚至你的外表作为评判的依据之一。

当金融机构为企业提供贷款时，甄别和搜集信息的程序与提供个人贷款的情况类似。需要搜集的信息包括企业的利润和损失以及资产和负债情况。金融机构还会评估企业的潜在盈利能力。因此，除了获得诸如销售数据之类的信息外，信贷员还会询问企业的未来计划、贷款用途以及行业内竞争情况。信贷员还会亲访企业，以便获得企业运营的第一手资料。无论是个人贷款还是企业贷款，金融机构至少要善于调查必要的信息。

(2) **贷款的专业化经营**。金融机构放贷的一个令人不解的特征是，这些贷款通常会投向当地企业，或者某个特定的行业如能源行业。在某种意义上，金融机构的这种行为显得出人意料，因为金融机构似乎并没有使其贷款组合多样化，因而会承担更大的风险。然而，从另一个角度来看，这种专业化放贷有其道理。逆向选择问题的存在要求金融机构能够辨别出具有高信用风险的贷款。与搜集远距离公司的信息并对其进行信用评估相比，金融机构搜集当地企业的信息并对其进行信用评估要容易得多。同样地，通过向特定行业发放贷款，金融机构会对该行业更加了解，也能更好地预测这些借款企业能否按期偿还债务。

(3) **限制性条款的监督和落实**。一旦获得一笔贷款，借款者往往有动机从事风险较高的投资活动，从而降低还贷的可能性。为了减少道德风险，金融机构必须坚持信用风险管理的准则：在贷款合约中加入一些限制性条款，以防止借款者从事风险过高的活动。通过监督借款者的投资活动来考察他们是否遵守这些限制性条款。当借款者不遵守这些条款时，强制他们遵守。这样一来，金融机构的管理人员就可以确保借款者不会拿金融机构的资金进行过度的高风险投资。金融机构从事甄别和监督工作的需要能够解释为什么成功的金融机构会将很多资金用于审计和信息搜集活动。

23.1.2 长期客户关系

金融机构管理者获得借款者信息的另一种渠道是建立长期客户关系，这是信用风险管理的另一条重要准则。

如果一位潜在的借款者长期以来在金融机构开有一个支票或储蓄账户，或者有贷款记录，信贷员就可以考察其账户的过往活动情况，并对该借款者有更多的了解。支票账户和储蓄账户的余额能够向信贷员披露借款者的潜在流动性特征，以及在什么时候该借款者会有强烈的现金需求。审查借款者支票账户的签发记录，可以发现借款者的供应商情况。如果此人以前从金融机构贷过款，该机构就会有此笔贷款的还款记录。因此，长期客户关系降低了搜集信息的成本，使得通过甄别来排除高信用风险变得更加容易。

金融机构需要实施监督，故长期客户关系变得更加重要。如果借款者曾经从金融机构获得过借款，该金融机构就已建立起监督该客户的程序。监督长期客户的成本要低于监督新客户的成本。

长期客户关系无论对客户还是金融机构都有好处。与金融机构建立起长期关系的企业更容易以较低的利率获得贷款，因为金融机构更容易判定该借款者是否拥有良好的信用记录，且监督该借款者的费用也会低一些。

对金融机构而言，长期客户关系还有另一个优点。当限制性条款被列入贷款合约中时，没有一个金融机构的管理人员能够考虑到所有可能的情况，总会把有些借款者可能从事的风险活动排除在外。为了在日后以较低的利率获得贷款，借款者希望建立与金融机构之间的长期客户关系，该关系意味着什么呢？此时，借款者有动机避免从事可能会使金融机构不满的高风险活动，即使这些风险活动没有被特别地列于贷款合约中。事实上，如果金融机构的管理人员不喜欢借款者从事的一些活动，即使借款者没有违背任何限制性条款，管理人员也仍然有权通过威胁借款者以后不再为其提供新的贷款来劝阻借款者从事该活动。因此，长期客户关系使金融机构的管理人员能够应对那些偶然发生的甚至完全无法预料的道德风险。

23.1.3 贷款承诺

银行有一种特殊工具可使长期客户关系制度化，被称为**贷款承诺**（loan commitment)。贷款承诺是指一家银行承诺，(在未来某一特定的时期内）按照与某一市场利率挂钩的一个利率向企业提供约定数量的贷款。大部分工商业贷款都有贷款承诺。对企业来说，这种贷款承诺的好处在于，当企业需要贷款时能够获得资金；而对银行来说，这种承诺的好处在于，能够建立长期客户关系，反过来又有利于搜集信息。除此之外，贷款承诺合约中的规定要求企业不断为银行提供关于企业收入、资产负债情况和企业活动等的信息。贷款承诺是一种能非常有效地降低银行甄别和搜集信息成本的方法。

23.1.4 抵押物

贷款的抵押物要求是管理信用风险的重要工具。附有抵押物要求的贷款通常被称为**抵押贷款**（secured loan）。当借款者违约时，抵押物就作为一种补偿归贷款人所有，抵押物能够降低由于借款者违约而给贷款人带来的损失，因此，能够减轻逆向选择的不利影响。抵押物还可以减轻道德风险的不利影响，借款者一旦违约，将会失去更多。如果有抵押物的借款者违约，贷款人就能将抵押物售出，并利用所得收入弥补贷款损失。因此，抵押物为金融机构的贷款业务提供了重要保障，这也是在金融机构所提供的贷款中抵押物要求极其普遍的原因。

23.1.5 补偿性余额

当银行发放商业贷款时，会要求借款者提供一种特殊形式的抵押物，被称为**补偿性余额**（compensating balance）。获得贷款的企业必须按照要求在其银行的支票账户中保持一定数量的最低资金额。例如，一家企业借入 1 000 万美元的贷款，可能会被要求在其支票账户中至少保持 100 万美元的补偿性余额。如果该企业违约，银行就可以获得补偿性余额中的这 100 万美元作为贷款损失的补偿。

除了可以作为抵押物，补偿性余额还有助于提高贷款归还的可能性。这些补偿性余额能帮助银行监督借款者，从而减少道德风险，以达到提高贷款归还可能性的目的。特别地，通过要求借款者使用银行的支票账户，银行可以观察企业的支票支付情况，从中可以得到很多有关借款者财务状况的信息。例如，如果借款者的支票账户余额大幅减少，这说明借款者遇到了财务问题，或者账户活动可能意味着借款者正在从事风险投资活动。此外，供应商的变更也许意味着借款者正在涉足新的经营领域。借款者支付记录的任何显著变化都是提醒银行应该进行调查的信号。因此，补偿性余额使银行对借款者的行为进行有效监督变得更加容易，从而成为又一种重要的信用风险管理工具。

23.1.6 信贷配给

金融机构处理逆向选择和道德风险问题的另一种方法是**信贷配给**（credit rationing）。它是指，即使借款者愿意支付约定好的甚至更高的利率，贷款人也会拒绝向其提供贷款。有两种形式的信贷配给：第一，即使借款者愿意支付更高的利率，金融机构仍然拒绝向借款者发放任何数量的贷款；第二，金融机构愿意发放贷款，但会限制贷款规模，向借款者提供的贷款金额会比其希望得到的数量少。

首先，你可能会对第一种信贷配给情况感到迷惑不解。毕竟，即使借款者有一定的信用风险，为什么金融机构不以较高的利率发放贷款呢？对这一疑问的解答是存在逆向选择问题。那些打算从事高风险投资项目的个人和公司恰恰就是愿意支付最高利率而获得贷款的人。如果进行高风险投资的借款者获得成功，借款者就会发财，但金融机构可不想发放这种高风险的贷款。更可能的一种情况是，高风险项目失败，银行颗粒无收。收取更高的利率只会使金融机构面临更严重的逆向选择问题，即它提高了金融机构将贷款发放给具有高信用风险借款者的可能性。因此，金融机构不愿意以较高的利率水平发放贷款，转而采取第一种信贷配给方案，并拒绝贷款要求。

采取第二种信贷配给的金融机构是为了防止道德风险问题。银行发放贷款，但少于借款者所希望获得的贷款数额。贷款数额越大，借款者能够从道德风险中获得的收益就越大，因此这样的信贷配给是必需的。举例来说，如果金融机构向你提供一笔价值1 000美元的贷款，你可能会千方百计地偿还这笔贷款，因为你不想损害自己未来的信贷记录。但是，如果金融机构借给你1 000万美元，你就很有可能远走高飞，去哪里庆祝一下。你获得的贷款数额越大，就越有动机从事一些使你的还贷可能性降低的活动。当贷款数额较小时，顺利还款的人更多一些。金融机构通过向借款者提供少于他们希望获得数额的贷款来进行信贷配给。

23.2 利率风险管理

在20世纪80年代，由于利率波动性增强，金融机构的管理人员越来越关心所面临的利率风险，以及因利率波动而导致收益减少的风险。事实上，我们从第18章描述的美国储蓄贷款协会危机中可以很清楚地看到，由于无法有效地对利率风险进行管理，许多储蓄贷款协会倒闭，带来了巨大的风险。为了了解利率风险究竟是什么，我们来看一看第一国民银行的资产负债表（见下表）：

第一国民银行

资产（百万美元）		负债（百万美元）	
准备金和现金	5	活期存款	15
证券		货币市场存款账户	5
1年以内	5	储蓄存款	15
1～2年	5	存单	
2年以上	10	可变利率	10
住房抵押贷款		1年以内	15
可变利率贷款	10	1～2年	5
固定利率（30年期）贷款	10	2年以上	5
商业贷款		联邦基金	5
1年以内	15	借款	
1～2年	10	1年以内	10
2年以上	25	1～2年	5
实物资本	5	2年以上	5
		银行资本	5
总计	100	总计	100

银行管理人员评估利率风险的第一步是，确定哪些资产和负债具有利率敏感性，也就是哪些资产和负债的利率将会在年内被调整（重新定价）。值得注意的是，利率敏感性资产和负债之所以会在年内被重新定价，是因为债务工具将在年内到期，或者是因为这种再定价的行为会自动发生，比如可变利率的抵押贷款。

就很多资产和负债而言，可以直接确定它们是否具有利率敏感性。在我们的例子中，最明显的利率敏感性资产是到期日在一年以内的证券（500 万美元）、可变利率的抵押贷款（1 000 万美元）以及到期日在 1 年以内的商业贷款（1 500 万美元），资产总计为 3 000 万美元。然而，有些看起来利率固定的资产，其利率在年内不会被重新定价，但实际上，在这些资产中有一部分具有利率敏感性。例如，尽管固定利率的住房抵押贷款可能到期期限长达 30 年，但房主可能会通过出售房屋来提前偿还抵押贷款，或以其他方式偿还抵押贷款。这意味着，在年内，这些固定利率的抵押贷款的一部分将被偿还，这部分贷款的利率将会被调整。银行的管理人员根据过去的经验知道，20%的固定利率住房抵押贷款会在一年内被提前偿还，这意味着在这些抵押贷款中有 200 万美元（1 000 万美元的 20%）要被确认为是对利率敏感的。银行的管理人员将这 200 万美元添加到我们已经算出的 3 000 万美元利率敏感性资产中，总计有 3 200 万美元利率敏感性资产。

银行管理人员现在通过相同的步骤来确定利率敏感性负债的总额。显而易见，利率敏感性负债是货币市场存款账户（500 万美元）、可变利率存单和到期期限在 1 年以内的存单（2 500 万美元）、联邦基金（500 万美元）以及到期期限在 1 年以内的借款（1 000 万美元），共计 4 500 万美元。银行可以随时改变活期存款和储蓄存款的利率水平，尽管银行通常都习惯在一段相当长的时期内使利率保持不变。因此在这些负债中只有一部分属于利率敏感性负债。银行管理人员估计存款的 10%（150 万美元）以及储蓄存款的 20%（300 万美元）应被视为对利率敏感。将这 150 万美元和 300 万美元添加到 4 500 万美元中，得到利率敏感性负债的总额为 4 950 万美元。

现在，银行的管理人员可以分析，如果利率提高 1 个百分点，比如从 10%提高到 11%，会发生什么。从资产上获得的收入将会增加 320 000 美元（=1%×3 200 万美元利率敏感性资产），而对负债的支付将会增加 495 000 美元（=1%×4 950 万美元利率敏感性负债）。第一国民银行的利润现在会减少 175 000 美元（320 000 美元−495 000 美元=−175 000 美元）。考察这种情况的另一个方法是利用第 17 章所介绍的净息差概念，即利息收入减去利息支出然后除以银行资产。在这个例子中，利率提高 1%引起净息差下降 0.175%（=−175 000 美元/1 亿美元）。相反，如果利率下降 1%，通过类似的推导过程可以得到，第一国民银行的收入会增加 175 000 美元，而其净息差将会提高 0.175%。这个例子说明，如果一家金融机构利率敏感性负债的规模大于利率敏感性资产的规模，那么利率提高将导致净息差和收入下降，利率下降则会提高净息差和收入。

23.2.1 收入缺口分析

测量银行收入相对于利率变动敏感性的一种简单快捷的方法是**缺口分析**（gap analysis），也被称为**收入缺口分析**（income gap analysis），这种方法是用利率敏感性资产减去利率敏感性负债。*GAP* 的计算公式如下：

$$GAP = RSA - RSL \tag{23—1}$$

式中：

RSA——利率敏感性资产；

RSL——利率敏感性负债。

在我们的例子中，银行计算出的 GAP 为：

$$GAP=3\ 200-4\ 950=-1\ 750 \text{（万美元）}$$

将 GAP 乘以利率的变动，可以直接得到银行收入的变动效应：

$$\Delta I=GAP\times\Delta i \qquad (23—2)$$

式中：

ΔI——银行收入的变动；

Δi——利率的变动。

【例 23—1】 收入缺口分析

用公式（23—1）计算出缺口为－1 750 万美元。当利率提高 1%时，收入变动多少？

解：

收入变动了－175 000 美元。

$$\Delta I=GAP\times\Delta i$$

式中：

GAP——$RSA-RSL=-1\ 750$（万美元）；

Δi——利率的变动＝0.01。

因此，有

$$\Delta I=-1\ 750\times 0.01=-17.5 \text{（万美元）}$$

上面进行的是基本缺口分析，它存在的问题是，许多非利率敏感性资产和负债的到期期限是不同的。一种解决该问题的精确方法——到期日分类法通过分别衡量几个不同到期时间段的缺口，计算出利率在整个考察期内变动的总效应。

【例 23—2】 收入缺口分析

第一国民银行的经理注意到，银行的资产负债表使他能够将资产和负债按照更加精确的到期日分类，这样他就可以估计在未来一两年内银行收入的潜在变化。在这段时期内，利率敏感性资产包括 1～2 年内到期的 500 万美元的证券、1～2 年内到期的 1 000 万美元的商业贷款以及银行预期会得到偿付的另外 200 万美元（固定利率抵押贷款的 20%）。在此期间，利率敏感性负债包括：500 万美元的 1～2 年期存单、500 万美元的 1～2 年期借款、150 万美元的活期存款（银行管理人员估计在此期间利率敏感性活期存款占活期存款的 10%），以及另外的 300 万美元储蓄存款（估计为储蓄存款的 20%）。计算在未来 1～2 年内，当利率提高 1%时缺口和收入的变动。

解：

1～2 年内的缺口为 250 万美元。

$$GAP=RSA-RSL$$

式中：

RSA——利率敏感性资产，为 1 700 万美元；

RSL——利率敏感性负债，为 1 450 万美元。

因此，有

$$GAP=1\,700-1\,450=250\text{（万美元）}$$

如果利率提高1%，那么，在第2年，收入将增加25 000美元。

$$\Delta I=GAP\times\Delta i$$

式中：

GAP——$RSA-RSL=250$（万美元）；

Δi——利率的变动$=0.01$。

因此，有

$$\Delta I=250\times 0.01=2.5\text{（万美元）}$$

通过使用更加精细的到期日分类法，银行的管理人员能够计算出在今后的几年内当利率发生变动时银行收入的变化。

23.2.2 久期缺口分析

到目前为止，我们所研究的缺口分析只关注利率变动对收入的影响。很明显，金融机构的所有者和管理人员不仅关心利率变动对收入的影响，也关心利率变动对金融机构净资产市值的影响。[①]

测量利率风险的另一种方法是**久期缺口分析**（duration gap analysis），它考察的是金融机构的净资产市值对利率变动的敏感性。久期分析以麦考林（Macaulay）提出的久期概念为基础，度量的是证券支付流的平均期限（正如第3章所述）。久期是一种非常有用的概念，因为使用下面的公式可以非常近似地估计证券的市值对利率变动的敏感性，尤其是当利率变动很小的时候。

$$\%\Delta P\approx -DUR\times\frac{\Delta i}{1+i} \tag{23—3}$$

式中：

$\%\Delta P$——$(P_{t+1}-P_t)/P_t$（即证券市值的变化）；

DUR——久期；

i——利率。

在确定了银行资产负债表中所有的资产和负债的久期之后，银行管理人员就能利用该公式，估算出由利率变动导致的每一项资产和负债的市值变动，进而估算出其对净值的影响。但是，还有一种更简单的方法能够达到此目的。根据我们在第3章了解的关于久期的基本特征：久期是可加的，也就是说，证券投资组合的久期是每种证券久期的加权平均。其中，权重反映出投资组合中投资于每种证券的比重。这意味着银行管理人员可以通过计算资产和负债的平均久期得到利率变动对净资产市值的影响，并用这些结果来估算利率变动的效应。

为了了解银行管理人员是如何完成这项工作的，我们回过头来看一下第一国民银行的资产负债表。银行管理人员已根据我们在第3章列出的步骤，算出了每种资产和负债的久

① 值得注意的是，会计净值是以历史成本（账面价值）为基础计算得出的。这意味着资产和负债的价值依赖于它们的初始价格。然而，账面净值并不能完全反映公司的真实价值。这就是久期缺口分析关注当利率变动时净资产市值而非账面价值变化的原因。

期，见表 23－1。然后，管理人员算出每种资产的加权久期，这是通过将每个久期乘以资产金额并除以总资产得到的。在本例中，总资产等于 1 亿美元。举例来说，对于到期期限在 1 年以内的证券，银行管理人员将 0.4 年的久期乘以 500 万美元并除以 1 亿美元，得到 0.02 的加权久期（注意，实物资本没有现金支付，因此久期为 0 年）。对每种资产进行这样的运算，并把得到的久期相加，银行管理人员会得到资产的平均久期为 2.70 年。

表 23－1　第一国民银行的资产和负债的久期

	总额（百万美元）	久期（年）	加权久期（年）
资产			
准备金和现金	5	0.0	0.00
证券			
1 年以内	5	0.4	0.02
1～2 年	5	1.6	0.08
2 年以上	10	7.0	0.70
住房抵押贷款			
可变利率	10	0.5	0.05
固定利率（30 年）	10	6.0	0.60
商业贷款			
1 年以内	15	0.7	0.11
1～2 年	10	1.4	0.14
2 年以上	25	4.0	1.00
实物资本	5	0.0	0.00
平均久期			2.70
负债			
活期存款	15	2.0	0.32
货币市场存款账户	5	0.1	0.01
储蓄存款	15	1.0	0.16
存单			
可变利率	10	0.5	0.05
1 年以内	15	0.2	0.03
1～2 年	5	1.2	0.06
2 年以上	5	2.7	0.14
联邦基金	5	0.0	0.00
借款			
1 年以内	10	0.3	0.03
1～2 年	5	1.3	0.07
2 年以上	5	3.1	0.16
平均久期			1.03

管理人员对负债采取相似的计算步骤。注意，除了资本之外，负债的总额为 9 500 万美元。举例来说，活期存款的加权久期可以通过将 2 年的久期和 1 500 万美元相乘并除以 9 500 万美元的负债总额得到，其加权久期为 0.32。将所有这些加权久期相加，管理人员将得到负债的平均久期为 1.03 年。

【例 23—3】 久期缺口分析 1

银行管理人员想知道，当利率从 10%提高到 11%时会发生什么情况。总资产的价值为 1 亿美元，总负债的价值为 9 500 万美元。使用公式（23—3）来计算资产和负债的市值变化。

解：

当总资产为 1 亿美元时，资产的市值下跌了 250 万美元（=1 亿美元×0.025）。

$$\%\Delta P \approx -DUR \times \frac{\Delta i}{1+i}$$

式中：

DUR——久期=2.70；

Δi——利率的变动=0.11−0.10=0.01；

i——利率=0.10。

因此，有

$$\%\Delta P \approx -2.70 \times \frac{0.01}{1+0.10} = -0.025 = -2.5\%$$

当总负债为 9 500 万美元时，负债的市值下跌了 90 万美元（=9 500 万美元×0.009）。

$$\%\Delta P \approx -DUR \times \frac{\Delta i}{1+i}$$

式中：

DUR——久期=1.03；

Δi——利率的变动=0.11−0.10=0.01；

i——利率=0.10。

因此，有

$$\%\Delta P \approx -1.03 \times \frac{0.01}{1+0.10} = -0.009 = -0.9\%$$

结果是银行的净值会减少 160 万美元［−250 万美元−（−90 万美元）=−160 万美元］。

银行管理人员可以通过计算下式所定义的久期缺口更快地得到答案：

$$DUR_{gap} = DUR_a - \frac{L}{A} \times DUR_l \tag{23—4}$$

式中：

DUR_a——资产的平均久期；

DUR_l——负债的平均久期；

L——负债的市值；

A——资产的市值。

【例 23—4】久期缺口分析 2

根据例 23—3 提供的信息，使用公式（23—4）来计算第一国民银行的久期缺口。

解：

第一国民银行的久期缺口是 1.72 年。

$$DUR_{gap} = DUR_a - \frac{L}{A} \times DUR_l$$

式中：

DUR_a——资产的平均久期=2.70；

L——负债的市值=95；

A——资产的市值=100；

DUR_l——负债的平均久期=1.03。

因此，有

$$DUR_{gap}=2.70-\frac{95}{100}\times1.03=1.72(\text{年})$$

为了估算利率变动时的波动情况，银行管理人员利用 DUR_{gap} 的计算公式（23—4）来获得净资产市值占总资产的百分比的变动水平。换言之，净资产市值占总资产的百分比变动可以根据下式算出：

$$\frac{\Delta NW}{A}=-DUR_{gap}\times\frac{\Delta i}{1+i} \tag{23—5}$$

【例 23—5】 久期缺口分析 3

如果利率从 10%提高到 11%，净资产市值占总资产的百分比变动多少？[使用公式(23—5)。]

解：

利率从 10%提高到 11%将导致净资产市值占总资产的百分比变动−1.6%。

$$\frac{\Delta NW}{A}=-DUR_{gap}\times\frac{\Delta i}{1+i}$$

式中：

DUR_{gap}——久期缺口=1.72；

Δi——利率的变动=0.11−0.10 =0.01；

i——利率=0.10。

因此，有

$$\frac{\Delta NW}{A}=-1.72\times\frac{0.01}{1+0.10}=-0.016=-1.6\%$$

例 23—5 说明，当资产总额为 1 亿美元时，净资产市值将减少 160 万美元。它与例 23—3 的计算结果相同。

正如上例所示，收入缺口分析和久期缺口分析表明，第一国民银行将会因为利率上升而遭受损失。事实上，在上例中，我们发现当利率从 10%提高到 11%时，净资产市值将会减少 160 万美元，这是银行初始资本额的 1/3。因此，银行管理人员意识到，银行面临巨大的利率风险，因为利率的提高将可能造成其资本的巨额损失。显而易见，收入缺口分析和久期缺口分析都是非常有用的工具，它们能够向金融机构的管理人员展示机构所面临的利率风险的程度。

23.2.3 非银行金融机构实例

到目前为止，我们关注的都是银行机构的例子，这类机构具有借短贷长的特征。这样，一旦利率提高，机构的收入和净值都会下降。值得重视的是，收入缺口分析和久期缺口分析也适用于其他类型的金融机构。需要注意的一点是，有些金融机构的收入缺口和久期缺口的符号与银行正好相反。因此，当利率提高时，它们的收入和净值将会提高而非下降。为了更完整地了解收入缺口分析和久期缺口分析，我们来考察一家非银行金融机构——Friendly 金融公司，这家公司专业提供消费者贷款。

Friendly 金融公司的资产负债表如下表所示：

Friendly 金融公司

资产（百万美元）		负债（百万美元）	
现金和存款	3	商业票据	40
证券		银行贷款	
1 年以内	5	1 年以内	3
1～2 年	1	1～2 年	2
2 年以上	1	2 年以上	5
消费者贷款		长期债券和其他长期债务	40
1 年以内	50	资本	10
1～2 年	20		
2 年以上	15		
实物资本	5		
总计	100	总计	100

Friendly 金融公司的管理人员计算出利率敏感性资产的总额等于 500 万美元到期期限在 1 年以内的证券加上 5 000 万美元到期期限也在 1 年以内的消费者贷款，因此，利率敏感性资产总计 5 500 万美元。然后，管理人员计算出利率敏感性负债等于 4 000 万美元的商业票据（到期期限都在 1 年以内）加上 300 万美元到期期限在 1 年以内的银行贷款，总计 4 300 万美元。计算出的收入缺口为：

$$GAP=RSA-RSL=5\ 500-4\ 300=1\ 200(\text{万美元})$$

为计算利率提高 1%对收入的影响，管理人员用 1 200 万美元的 GAP 乘以利率的变动值，可得：

$$\Delta I=GAP\times\Delta i=1\ 200\times1\%=120\ 000(\text{美元})$$

管理人员发现，当利率提高 1%时，金融公司的收入将会增加 120 000 美元。与之相反，如果利率提高，第一国民银行将会遭受损失。金融公司从利率提高中获利的原因是，Friendly 金融公司有一个正的收入缺口，其资产的利率敏感度比负债的利率敏感度高。

像银行管理人员那样，Friendly 金融公司的管理人员也想知道，利率提高 1%对公司的净资产市值会产生什么影响。他们计算了公司资产负债表中各项的加权久期，然后把它们加总起来，见表 23－2，最后，得到资产的久期为 1.14 年，而负债的久期为 2.77 年。久期缺口为：

$$DUR_{gap}=DUR_a-\frac{L}{A}\times DUR_l=1.14-\frac{90}{100}\times2.77=-1.35(\text{年})$$

表 23－2　Friendly 金融公司的资产和负债的久期

	总额（百万美元）	久期（年）	加权久期（年）
资产			
现金和存款	3	0.0	0.00
证券			
1 年以下	5	0.5	0.03
1～2 年	1	1.7	0.02
2 年以上	1	9.0	0.09

续前表

	总额（百万美元）	久期（年）	加权久期（年）
消费者贷款			
1 年以内	50	0.5	0.25
1～2 年	20	1.5	0.30
2 年以上	15	3.0	0.45
实物资本	5	0.0	0.00
平均久期			1.14
负债			
商业票据	40	0.2	0.09
银行贷款			
1 年以内	3	0.3	0.01
1～2 年	2	1.6	0.04
2 年以上	5	3.5	0.19
长期债券和其他长期债务	40	5.5	2.44
平均久期			2.77

Friendly 金融公司的久期缺口是负值，管理人员意识到，当利率从 10%提高到 11%（即提高 1 个百分点）时，公司的净资产市值将会提高。管理人员可以通过估算净资产市值占总资产的百分比的变动水平来加以核算。

$$\frac{\Delta NW}{A}=-DUR_{gap}\times\frac{\Delta i}{1+i}=-(-1.35)\times\frac{0.01}{1+0.10}=0.012=1.2\%$$

如果资产为 1 亿美元，计算结果说明，净资产的市场价值将增加 120 万美元。

虽然收入缺口分析和久期缺口分析的结果表明，当利率提高时，Friendly 金融公司会获益，但管理人员仍然意识到，如果利率发生相反的变化，公司的收入和净资产市值都会遭受损失。因此，与银行管理人员一样，金融公司的管理人员也明白机构面临着巨大的利率风险。

23.2.4 收入缺口分析和久期缺口分析的一些问题

你可能认为，收入缺口分析和久期缺口分析已经很复杂了，但是还有一些更复杂的因素会加大金融机构管理人员的工作难度。

我们在讨论收入缺口分析和久期缺口分析时都使用了一个前提假设，即在利率水平发生变动时，所有期限的利率都按照完全相同的幅度一致变动，也就是说，这些分析都是在假定收益率曲线的斜率保持不变的情况下进行的。事实上，对久期缺口分析来说，要求会更加严格，在计算久期缺口的时候，假设所有期限的利率都是相同的，换句话说，假定收益率曲线是水平的。然而，我们在第 5 章对利率期限的讨论表明，收益率曲线并不是水平的，其斜率会发生变动，而且当利率发生变动时，收益率曲线的斜率也有变化。因此，为了更精确地评估利率风险，金融机构的管理人员需要考察当利率变动时收益率曲线的变动情况，并在估计利率风险时，将这些信息考虑在内。另外，久期缺口分析是基于公式（23—3）这个近似公式，因而只能较好地反映利率的小幅波动带来的影响。

正如我们所看到的，收入缺口分析存在的一个问题是，它要求金融机构的管理人员必须估计出，在假设的固定利率的资产和负债中有多大比例的资产和负债对利率敏感。这涉及估计在利率发生变动时有多大可能性会出现贷款的提前偿还和客户存款的转出。要做出这种估计并不容易，因此，金融机构的管理人员对收入缺口的估计并非十分精确。类似的问题也出现在计算资产和负债的久期上，因为很多现金支付并不确定，对于久期缺口的估计也不精确。

这些问题的出现是否意味着，银行和其他金融机构的管理人员不应将缺口分析作为度量利率风险的工具呢？金融机构确实采取了很多更加复杂的方法来测量利率风险，比如情景分析法和在险价值分析法，这些方法大量使用计算机，能够更精确地度量因利率变动而导致的资产价格的变化。然而，收入缺口分析和久期缺口分析仍然为金融机构的管理人员提供了一个简单明了的分析框架，有利于他们对利率风险做出基本的评估。因此，在金融机构管理人员的工具箱中，它们仍是有用的工具。

执业经理 23—1

利率风险管理策略

金融机构的管理人员进行久期缺口分析和收入缺口分析，在此基础上，他们需要决定采取哪些可供选择的应对策略。如果第一国民银行的管理人员坚定地相信利率在未来将会下降，由于了解到银行的利率敏感性负债比利率敏感性资产要多，他们不会采取任何措施，因为银行能从预期的利率下降中获利。但是，银行的管理人员也明白，第一国民银行仍然面临巨大的利率风险，因为未来的利率也有可能提高而非下降，正如我们所见，这种结果可能使银行破产。管理人员也许会试图通过购买到期期限较短的资产，或者将固定利率贷款转换为可调节利率贷款，来缩短银行资产的久期，以提高利率敏感性。此外，银行的管理人员还可以延长其负债的久期。通过对银行资产和负债的调整，银行受利率波动的影响将会减少。

举例来说，银行的管理人员也许会决定，通过将利率敏感性资产的总额增至 4 950 万美元，使之与利率敏感性负债的总额相等，来消除收入差距。或者管理人员也可以将利率敏感性负债总额削减至 3 200 万美元，使之与利率敏感性资产相等。在这两种情况下，收入缺口都是零。因此，利率的变动将不会对未来的银行利润产生影响。

此外，银行的管理人员也许会决定把银行资产和负债的久期缺口调整为零，以使银行的净资产市值不受利率风险的影响。为了达到此目的，管理人员可以令公式（23—4）中的 DUR_{gap} 为 0，并求解 DUR_a，即

$$DUR_a = \frac{L}{A} \times DUR_l = \frac{95}{100} \times 1.03 = 0.98$$

该计算过程表明，管理人员可以将银行资产的平均久期缩减至 0.98 年。为了检验久期缺口确实已经被设定为 0，计算过程如下：

$$DUR_{gap} = 0.98 - \frac{95}{100} \times 1.03 = 0$$

在这种情况下，运用公式（23—5），当利率发生变动时，净资产市值将会保持不变。另外，银行的管理人员可以计算出负债的久期，以使久期缺口为零。为了求得负债的久期，可以令公式（23—4）中的 DUR_{gap} 为 0，并求解 DUR_l，即

$$DUR_l = DUR_a \times \frac{A}{L} = 2.70 \times \frac{100}{95} = 2.84$$

该计算过程表明，可以通过将银行负债的平均久期延长至 2.84 年来消除利率风险。管理人员还可以通过下面的计算过程，证明久期缺口确实等于 0。

$$DUR_{gap}=2.70-\frac{95}{100}\times 2.84=0$$

通过调整金融机构的资产负债表来消除利率风险的一个问题是，在短期内，这样做的成本很高。金融机构将会因其专业领域的局限而受困于特定的资产和负债久期。幸运的是，最近发展起来的一批金融工具（如金融期货、期权以及利率互换）都有助于金融机构对利率风险进行管理，而不需要重新调整其资产负债表。我们将在下一章讨论这些工具以及如何使用它们来对利率风险进行管理。

本章小结

1. 逆向选择和道德风险的概念能够解释许多涉及贷款活动的信用风险管理准则，这些准则包括甄别和监督、建立长期客户关系、贷款承诺、抵押物、补偿性余额要求和信贷配给。

2. 由于近年来利率的波动性逐渐增强，金融机构越来越关注其所面对的利率风险。收入缺口分析和久期缺口分析能够让金融机构知道，是其利率敏感性资产比利率敏感性负债少（在这种情况下，利率的提高将会使收入减少，而利率的下降将会使收入增加），还是其利率敏感性资产比利率敏感性负债多（在这种情况下，利率的提高将会使收入增加，而利率的下降将会使收入减少）。金融机构可以通过调整资产负债表以及使用新的金融工具来管理利率风险。

重要专业术语

补偿性余额	久期缺口分析	贷款承诺
信贷配给	缺口分析（收入缺口分析）	抵押贷款

习题

1. 如果限制性条款没有被写入贷款协议，金融机构能否阻止借款者从事高风险活动？

2. 为什么对金融机构而言，抵押贷款是一项重要的贷款准则？

3. “如果在现行利率水平上有更多的消费者希望借得资金，那么，金融机构可以通过提高贷款利率来增加利润。”这种说法是正确的、错误的还是不确定的？请给出答案并予以解释。

4. 为什么对银行家而言，善于打听是一种优秀的品质？

5. 银行几乎总是要求企业在银行保有补偿性余额。为什么？

6. “因为多样化对于规避风险来说是一种很好的策略，所以，金融机构专门提供某种特定类型的贷款总是没有道理的。”这种说法是正确的、错误的还是不确定的？请给出答案并予以解释。

定量问题

1. 银行发放 10 万美元的 30 年期可变利率抵押贷款，其名义年利率为 4.5%。如果半年后要求的利率降为 4%，这会给第一年的利息收入带来什么影响？

2. 银行发放 10 万美元的 30 年期固定利率抵押贷款，其名义年利率为 4.5%。如果在银行发放抵押贷款后，利率立即跌至 4%，这会给抵押贷款的价值带来什么影响？

3. 计算名义年利率为 7%的 10 万美元的 30 年期固定利率抵押贷款的久期。如果在银行发放抵押贷款后，利率立即跌至 6.5%，贷款价值的预期百分比变动为多少？

4. 当利率从 5%提高到 6%时，10 万美元的 30 年期固定利率抵押贷款的价值将减少到 89 537 美元。那么，该抵押贷款的近似久期为多少？

5. 计算一种商业贷款的久期。贷款面值为 200 万美元。该贷款要求每年计息，其年利率为 8%。贷款会在 4 年后到期，当前这种贷款的市场利率为 8%。

6. 银行的资产负债表包括 2.8 亿美元的利率敏感性资产和 4.65 亿美元的利率敏感性负债。计算其收入缺口。

7. 一家金融机构有 2 000 万美元的利率敏感性资产和 4 800 万美元的利率敏感性负债，计算其收入缺口。如果利率从 4%提高到 4.8%，收入的预期变动多少？

8. 给定以下项目，计算其收入缺口：

(1) 800 万美元准备金。

(2) 2 500 万美元可变利率抵押贷款。

(3) 400 万美元活期存款。

(4) 200 万美元储蓄存款。

(5) 600 万美元两年期存单。

9. 下表是当年的财务报表。根据以往的经验，你知道每年提前偿还的固定利率抵押贷款占 10%。你还预计有 10%的活期存款和 20%的储蓄存款具有利率敏感性。

第二国民银行

资产（美元）		负债（美元）	
准备金	1 500 000	活期存款	15 000 000
证券		货币市场存款	5 500 000
1 年以内	6 000 000	储蓄存款	8 000 000
1～2 年	8 000 000	存单	
2 年以上	12 000 000	可变利率	15 000 000
住房抵押贷款		1 年以内	22 000 000
可变利率	7 000 000	1～2 年	5 000 000
固定利率	13 000 000	2 年以上	2 500 000
商业贷款		联邦基金	5 000 000
1 年以内	1 500 000	借款	
1～2 年	18 500 000	1 年以内	12 000 000
2 年以上	30 000 000	1～2 年	3 000 000
建筑物等	2 500 000	2 年以上	2 000 000
总计	100 000 000	银行资本	5 000 000
		总计	100 000 000

现在，第二国民银行的收入缺口是多少？如果利率下降 75 个基点，银行的净利息收入会发生怎样的变化？

10. 芝加哥大道银行拥有的资产如下表所示：

资产	价值（美元）	久期（年）
短期国债	100 000 000	0.55
消费者贷款	40 000 000	2.35
商业贷款	15 000 000	5.90

芝加哥大道银行资产组合的久期是多少？

11. 银行现在将一种债券添加到其资产组合中。债券的久期为 12.3 年，成本为 1 109 美元。在购买该债券之后，银行预期市场利率会从 8%提高到 8.75%。那么，债券价值的预期变化为多少？

12. 资产的平均久期为 3.6 年，负债的平均久期为 0.88 年。当利率从 5%提高到 5.5%时，计算资产和负债的市值变化。

13. 斯普林格郡银行的资产总额为 1.8 亿美元，久期为 5 年；负债总额为 1.6 亿美元，久期为 2 年。如果利率从 9%下降 75 个基点，银行的资本总额比率会如何变化？

14. 泰勒银行信托公司的管理人员需要管理以下资产（见下表）：

资产	价值（美元）	久期（年）
长期债券	75 000 000	9.00
消费者贷款	875 000 000	2.00
商业贷款	700 000 000	5.00
负债	价值（美元）	久期（年）
活期存款	300 000 000	1.00
储蓄存款	??	0.50

如果管理人员希望久期缺口为3.00，银行的储蓄账户中应该保持多少存款？假定资产和负债之间的任何差额都采取现金形式（久期=0）。

15. 下表是某银行当年的财务报表。在阅读数据后，计算该银行的久期缺口。

第二国民银行

	资产（美元）	久期（年）		负债（美元）	久期（年）
准备金	5 000 000	0.00	活期存款	15 000 000	2.00
证券			货币市场存款	5 000 000	0.10
1年以内	5 000 000	0.40	储蓄存款	15 000 000	1.00
1～2年	5 000 000	1.60	存单		
2年以上	10 000 000	7.00	可变利率	10 000 000	0.50
住房抵押贷款			1年以内	15 000 000	0.20
可变利率	10 000 000	0.50	1～2年	5 000 000	1.20
固定利率	10 000 000	6.00	2年以上	5 000 000	2.70
商业贷款			银行间贷款	5 000 000	0.00
1年以内	15 000 000	0.70	借款		
1～2年	10 000 000	1.40	1年以内	10 000 000	0.30
2年以上	25 000 000	4.00	1～2年	5 000 000	1.30
建筑物等	5 000 000	0.00	2年以上	5 000 000	3.10
			银行资本	5 000 000	
总计	100 000 000		总计	100 000 000	

在第16～23题中，假定第一国民银行的原始资产负债表如本章第二节所示，初始利率水平为10%。

16. 如果第一国民银行出售1 000万美元到期期限在2年以上的证券，并用到期期限在1年以内的证券来替换它们，银行的收入缺口为多少？如果利率降低3个百分点，第二年银行的利润将会发生怎样的变化？

17. 如果第一国民银行决定将500万美元的固定利率抵押贷款转换为可变利率抵押贷款，利率风险会如何变化？用缺口分析法进行解释。

18. 如果第一国民银行的管理人员在年内将可能偿还的抵押贷款比例从20%修正为10%，修正后银行所面临的利率风险的估计结果是什么？如果利率降低2个百分点，第二年银行的利润将会发生怎样的变化？

19. 如果第一国民银行的管理人员将活期存款中的利率敏感性活期存款所占的比重从10%修正为25%，那么，修正后银行所面对的利率风险的估计结果是什么？如果利率提高5个百分点，第二年银行的利润将会发生怎样的变化？

20. 根据表23-1对久期的估计，如果利率提高10个百分点，银行的净值将会如何变化？银行还能继续经营吗？

21. 如果第一国民银行的管理人员将银行资产的久期修正为 4 年，并将负债的久期修正为 2 年，利率提高 2 个百分点对银行的净值会有怎样的影响？

22. 根据第 21 题中对久期的估计，银行应如何调整资产的久期，以使银行的净值不受利率变化的影响？

23. 根据第 21 题中对久期的估计，银行应如何调整负债的久期，以使银行的净值不受利率变化的影响？

在第 24～29 题中，假定 Friendly 金融公司的原始资产负债表如本章正文所示，初始利率水平为 8%。

24. 如果 Friendly 金融公司的管理人员决定出售 1 000 万美元的消费者贷款，其中一半是在 1 年以内到期，而另一半的到期期限在 2 年以上，公司用所得的资金购买 1 000 万美元的国库券，那么，公司的收入缺口是多少？如果利率下降 5 个百分点，第二年的利润会发生怎样的变化？公司应如何调整其资产负债表，以使银行的净值不受利率变化的影响？

25. 如果 Friendly 金融公司增加 2 000 万美元的商业票据，并使用该资金来发放 2 000 万美元的消费者贷款，利率风险会如何变化？在这种情况下，公司应如何调整其资产负债表以消除收入缺口？

26. 根据表 23-2 对久期的估计，如果利率提高 3 个百分点，Friendly 金融公司的净值将会如何变化？金融公司还能继续经营吗？

27. 如果 Friendly 金融公司的管理人员将资产的久期修正为 2 年，并将负债的久期修正为 4 年，利率提高 3 个百分点对银行的净值会有怎样的影响？

28. 根据第 27 题中对久期的估计，Friendly 金融公司应如何调整资产的久期，以使银行的净值不受利率变化的影响？

29. 根据第 27 题中对久期的估计，Friendly 金融公司应如何调整负债的久期，以使银行的净值不受利率变化的影响？

网络练习

金融机构的风险管理

1. 本章讨论了金融机构通过借款给有较好信用的借款者，以控制信用风险。如果你损害了自己的信用等级，那么，在你需要借款的时候，你会发现自己无法获得贷款。登录 http：//quicken. intuit. com/support/help/managing-your-credit/winning-back-your-finances-how-to-increase-your-credit-score-in-6-months-/INF24303. html，并评估自己的信用等级。你能采取哪些方法提高自己对于贷款者的吸引力？

2. 联邦存款保险公司非常关注银行的风险管理。高风险银行更有可能倒闭，从而需要联邦存款保险公司偿付。联邦存款保险公司定期审查各银行，并使用 CAMELS 系统对这些银行进行评级。登录 http：//www. frbsf. org/econrsrch/wklyltr/wklyltr99/e199-19. html。首字母缩写 CAMELS 代表什么？讨论在监管环节如何使用 CAMELS 评级。

第 24 章 利用金融衍生工具进行套期保值

开篇预览

自 20 世纪 70 年代起，全球范围内的金融机构面临越来越大的风险，这种情况在 20 世纪八九十年代愈演愈烈。利率的波动范围不断扩大，债券市场和股票市场的波动性也在不断增大。随着金融市场的发展，金融机构的管理人员更加关注降低机构所面临的风险。这种降低风险的需求日益增强，第 19 章曾经讨论过金融创新过程，它创造出了许多能够帮助金融机构管理人员有效控制风险的新型金融工具。这些被称为**金融衍生工具**（financial derivatives）的工具对冲风险的能力与已发行的证券有关，它们是非常有效的避险工具。

本章将考察金融机构的管理人员用来降低风险的几种最重要金融衍生工具：远期合约、金融期货、期权和互换。除了探究这些金融衍生工具的市场运作，我们还将研究金融机构的管理人员是如何使用各种金融衍生工具来降低风险的。

24.1 套期保值

金融机构能够运用金融衍生工具进行**套期保值**（hedge）来规避风险，即从事某项金融活动来降低或消除风险。当金融机构购买一项资产时，就称该机构建立了**多头**（long position，也称为多头头寸），如果该资产的回报率具有不确定性，该金融机构就会面临风险；如果该机构出售某种资产，允诺在未来的某个时点将其交割给对方，就称其建立了**空头**（short position，也称为空头头寸），这同样会使金融机构面临风险。遵循下面的套期保值基本原则，就能利用金融衍生工具来降低所面临的风险：**套期保值避险是指在金融交易中，通过增加空头头寸来冲抵多头头寸，或者通过增加多头头寸来冲抵空头头寸。**换言之，如果金融机构买入一种证券，并因此建立一个多头头寸，它可以通过签约承诺在未来某个日期出售该资产（建立一个空头头寸）来实现套期保值避险。与此相对应，如果金融机构卖出一种证券，需要在未来某个日期交割该证券，从而建立一个空头头寸，那么，它也可以通过签约承诺在未来某个时期购买该种证券（建立一个多头头寸）来实现套期保值避险。我们首先研究该原则如何被运用于远期合约。

登录风险管理机构网站（www.rmahq.org）。该网站提供了许多有用的信息，如年度报告、网上公告等。

24.2 远期市场

远期合约（forward contracts）是指交易双方达成的在未来某个时刻进行某项金融交易的一种协议。在本节，我们关注的是与债务工具相关的远期合约，称为**远期利率合约**（interest-rate forward contracts）。后面还将讨论远期外汇合约。

24.2.1 远期利率合约

远期利率合约涉及一种债务工具的远期交易，它包括几个方面的内容：①将在未来某个时刻交割的债务工具的种类；②债务工具交割的数量；③债务工具的交割价格（利率）；④交割日期。举一个远期利率合约的例子：第一国民银行承诺在1年以后向洛克索力（Rock Solid）保险公司出售面值为500万美元的2032年到期的6s长期国债（在2032年到期、息票利率为6%的附息债券），价格就定在与该债券能产生的收益率相同的水平，即6%。因为洛克索力公司将在未来某个时期购买证券，因此它是建立多头，而出售证券的第一国民银行是建立空头。

执业经理 24—1

利用远期合约规避利率风险

为了弄清楚为什么第一国民银行要进行远期合约交易，假设你是第一国民银行的管理人员，并且购买了500万美元的2032年到期的6s长期国债，这些长期国债现在可以以面值出售，因此其到期收益率也为6%。由于是长期国债，你知道自己面临着巨大的利率风险，担心如果未来的利率水平提高，债券的价格会下跌，这样会造成巨大的资本损失，你可能会为此丢了工作。那么，如何规避这种风险呢？

根据套期保值避险的基本原则，你知道，这些债券的多头头寸必须通过远期合约的一个空头头寸加以冲抵。也就是说，你需要签订合约——在未来某个时期以当前面值出售这些债券。因此，你和另一方——在本例中为洛克索力保险公司达成一项协议，即在1年后以面值向它们出售这500万美元的“2032年到期的6s长期国债”。通过签订远期合约，你可以锁定债券的未来价格，因此可以消除第一国民银行所面临的因利率变动而带来的价格风险。换句话说，你成功地规避了利率风险。

为什么洛克索力保险公司愿意和第一国民银行签订远期合约呢？洛克索力公司预期在1年后获得500万美元的资金，并希望将其投资于“2032年到期的6s长期国债”，但担心在今年到明年的这段时间内，债券的利率水平会下降。通过使用远期合约，它就能够锁定这些长期国债（第一国民银行会将其出售给洛克索力公司）6%的利率水平。

24.2.2 远期合约的优缺点

远期合约的优点是灵活性很强，可以满足交易各方的不同需求。这意味着像第一国民银行这样的金融机构能够完全规避其资产组合中某种证券所面临的利率风险，正如这里的例子所示。

然而，远期合约有两个问题严重制约了它的应用。第一个问题是，像第一国民银行这样的机构很难找到交易的另一方（称为符合条件的契约方）来签订合约。会有一些经纪人促成第一国民银行和洛克索力保险公司的交易合作，但很少有机构愿意参与只针对“2032年到期的6s长期国债”的远期合约交易。这意味着，当第一国民银行这样的金融机构希望进行某种特定的远期合约交易时，它可能发现无法找到符合条件的契约方。此外，即使它找到了符合条件的契约方，也可能无法获得预期的价格，因为找不到其他公司可以与之交易。在远期利率合约市场上，一个十分严重的问题就是金融合约很难达成，或者交易即便达成，交易者也只能被迫接受一个相当不利的价格。用金融术语来说，这个市场存在着流动性缺乏的问题。（注意，当用流动性描述市场时，其范畴要比用流动性描述资产稍微广一些。资产的流动性是指某种资产能够转化为现金的难易程度；然而，市场的流动性是指在其中进行金融交易的难易程度。）

远期合约的第二个问题在于它们面临着违约风险。如果1年后利率水平提高，使“2032年到期的6s长期国债”的价格降低，此时洛克索力保险公司可能会决定不履行与第一国民银行签订的远期合约，因为它现在可以以低于远期合约所商定价格的价格购买这种债券。又或者洛克索力保险公司可能并非稳如磐石，它在1年内倒闭，因此也就不再有能力履行这份远期合约。由于没有外部组织保证合约的履行，第一国民银行唯一的追索权就是到法院起诉洛克索力保险公司，但是这个过程花销巨大。此外，如果洛克索力保险公司已经破产，第一国民银行肯定会遭受损失。银行无法以与洛克索力保险公司商定的价格出售“2032年到期的6s长期国债”，而只能以比此价格低的价格将其出售，因为这些债券的价格已经下跌了。

远期合约违约风险的存在意味着，对这些合约的交易各方必须进行严格的审查，以确保符合条件的契约方不仅具有良好的财务状况，而且诚实守信、认真履约。由于此举成本很高，还存在前面章节讨论过的逆向选择和道德风险问题，因此，违约风险是影响远期利率合约使用的主要障碍。一旦违约风险问题和流动性缺乏结合起来，对于金融机构而言，这些合约的作用将大打折扣。因此，尽管存在远期利率合约市场，尤其是国债和抵押贷款支持证券的远期市场，但这种市场的规模远不及我们即将讨论的金融期货市场大。

24.3 金融期货市场

由于远期利率合约市场中存在违约风险和流动性问题，需要有另外的解决途径来规避利率风险。1975 年，芝加哥交易所推出的金融期货合约为此提供了一种解决方法。

24.3.1 金融期货合约

金融期货合约（financial futures contract）与远期利率合约类似，它也规定在未来某个确定的时间，交易一方必须向另一方交付某项金融资产。然而，在克服远期市场的流动性和违约等问题上，它与远期利率合约是不同的。

为了了解金融期货合约的构造，我们考察一种交易范围最广的期货合约，即在芝加哥交易所内交易的长期国债期货合约（对如何制定这些合约价格的说明，参见追踪财经新闻 24—1“金融期货”）。合约价值就是债券的面值 100 000 美元。合约的报价单位是点，每个点等于 1 000 美元，合约价格的最小变动是 1 个点的 1/32（即 31.25 美元）。该合约规定了交割日距离到期日的期限至少为 15 年（且在 15 年内没有偿付，即不能被财政部任意赎回）的债券。如果为履行期货合约而交割的国债的息票利率不等于期货合约所规定的 6%，那么，可以对交割债券的数量进行调整，以反映交割债券与息票利率为 6%的附息债券之间的价值差。为了和远期合约中所用的术语相一致，购买期货合约，即同意购买债券（获得交割债券）的一方被称为建立多头；出售期货合约，即同意出售（交割）债券的一方被称为建立空头。

为了更具体地理解该合约，举例说明当你购买或出售一份长期国债期货合约时所发生的情况。在 2 月 1 日，你以 115 的价格（即 115 000 美元）出售一份 6 月份到期、价值为 100 000 美元的合约。在出售这份合约后，你同意在 6 月底以 115 000 美元的价格将面值为 100 000 美元的长期国债交割给合约的另一方。而通过以 115 的价格购买合约，买方承诺在 6 月底你交割这些面值为 100 000 美元的债券时，为其支付 115 000 美元。如果长期债券的利率提高，当合约在 6 月底到期时，债券价格就会跌至 110（面值为 100 000 美元的债券，其价格为 110 000 美元），合约的买方将会损失 5 000 美元。因为他需要为债券支付 115 000美元，却只能以市场价格 110 000 美元将这些债券售出。但是，作为合约的出售方，你将会由此赚取 5 000 美元，你现在可以以 115 000 美元的价格将债券出售给买方。此时，若在市场上购买该债券，只需为其支付 110 000 美元。

在期货合约的到期日，合约的价格等于被交割标的资产的价格。如果我们能够弄清楚这个事实，就能弄清楚合约买方和卖方的损益变动情况。为了理解为什么会出现这种情况，考察一份 6 月份到期的合约，其标的资产是面值为 100 000 美元的长期国债，价格为 110（110 000 美元）时，在 6 月底将会发生什么。如果到了 6 月底，期货合约的出售价格低于 110，比方说 109，交易商就能以 109 000 美元购买到该合约，从而获得可供交割的债券，然后马上以 110 000 美元的价格将其出售，于是，立即获得 1 000 美元的收益。由于这样的获利情况没有任何风险，因此很多人都愿意进行这样的交易。这就意味着所有人都试着购买这种合约，从而导致该合约的价格上升。只有当合约价格升至 110 时，这种获利机会才不复存在，购买的压力才会消失。相反，如果期货合约的价格高于 110，比方说 111，每个人都希望出售该合约。到 6 月底，出售者可以通过出售期货合约获得 111 000 美元，却只需向合约买方交割价值 110 000 美元的长期债券。这 1 000 美元的差值就是所能获得的利润。这样的获利情况没有任何风险，交易者将会继续出售期货合约，直到期货合约的价格跌回 110，即不存在任何的套利机会时为止。这种消除了在期货市场上获得无风险利润机会的行为被称为**套利**（arbitrage），它的存在保证了在到期日时，期货合约的价格与被交割标的资产的价格相等。①

追踪财经新闻 24—1

金融期货

各种报刊和网站比如 finance. yahoo. com 每天都会发布标的物为债务工具的金融期货合约的价格。以芝加哥交易所 10 万美元 2013 年 6 月 19 日到期的国债期货为例，一个典型的栏目会包含如下信息（见下表）：

	Open	High	Low	Settle	Change	Open Interest
June	140 - 13	140 - 26	140 - 04	139 - 29	−21	10 288
Sept.	139 - 17	139 - 27	137 - 12	138 - 00	−1 - 18	554 632

报价信息中连字符右边的数字的单位是 1/32。

Open：开盘价格。每点相当于面值 1 000 美元——140 13/32 就是指 6 月份到期合约的开盘价格为 140 375 美元。

High：当天的最高交易价格。140 26/32 就是指 6 月份到期合约的最高价格为 140 812 美元。

Low：当天的最低交易价格。140 4/32 就是指 6 月份到期合约的最低价格为 140 125 美元。

Settle：结算价格。当天的收盘价格——139 29/32 就是指 6 月份到期合约的收盘价格为 139 906 美元。

Change：当天的结算价格相对于前一个交易日的变动额——−21 1/32 就是指 6 月份到期合约当天的价格变动为 656. 25 美元。

Open Interest：未平仓合约数量。有 10 288 份 6 月份到期的合约，面值总计为 10. 3 亿美元（=10 288×100 000 美元）。

了解到这个事实，即在到期日，期货合约的价格与标的资产的价格相等，就更容易理解当利率变动时，哪一方能够获利，而哪一方又会受损。当利率提高从而在 6 月底的到期日长期国债的价格变为 110 时，6 月份到期的长期国债合约的价格也是 110。如果你在 2 月份以 115 的价格购买了这个合约，你就损失了 5 个点，即 5 000 美元（100 000 美元的

① 在现实中，期货合约有时会对标的资产的交割施加一些条件，这会造成在到期日时，期货合约的价格和标的资产的价格略有差别。因为这种价格差额极小，本章对此忽略不计。

5%)。但是，如果你在2月份以115的价格出售了该期货合约，债券价格跌至110意味着你的利润为5个点，即5 000美元。

执业经理 24—2

利用金融期货规避风险

作为第一国民银行的管理人员，你也能使用金融期货来规避所持有的500万美元"2032年到期的6s长期国债"所面临的风险。

为了了解如何进行操作，假设在2014年3月，由于"2032年到期的6s债券"是长期债券，故可以在芝加哥交易所进行1年后（即2015年3月）到期的长期国债期货合约的交割。同时，假定这些债券的预期利率在下一年仍保持为6%。因此，"2032年到期的6s长期国债"以及期货合约会以面值被出售（也就是说，500万美元的债券以500万美元的价格被出售，而10万美元的期货合约以10万美元的价格被出售）。规避风险的基本原则表明，你需要用一个空头头寸来冲抵这些债券的多头头寸，因此，你需要出售该期货合约。你应该出售多少期货合约呢？规避利率风险所需的合约数量等于将资产的数量除以用于规避风险的每份合约的美元价值，如方程（24—1）所示：

$$NC = VA/VC \tag{24—1}$$

式中：

NC——用于规避风险的合约数量；

VA——资产价值；

VC——每份合约的价值。

【例 24—1】 利用利率期货合约规避风险

由于2032年到期的6s债券是长期债券，故可以在芝加哥交易所中对1年后（即2015年3月）到期的长期国债期货合约进行交割。预期这些债券的利率在下一年中仍保持为6%，因此，"2032年到期的6s长期国债"以及期货合约都会以面值被出售。第一国民银行应该出售多少份合约来转移其所持有的500万美元"2032年到期的6s长期国债"面临的利率风险？*

解：

VA＝500万美元

VC＝100 000美元

因此，有

NC＝500万美元/100 000美元＝50

你需要出售50份长期国债期货合约来规避这些利率风险。

现在，假设在第二年内，由于存在通货膨胀率升高的威胁，利率提高到8%。第一国民银行所持的"2032年到期的6s长期国债"** 的价值将在2015年3月跌至4 039 640美元。因此，这些债券的多头头寸承担的损失为960 360美元，如下所示：

2015年3月的价值（利率为8%）	4 039 640美元
2014年3月的价值（利率为6%）	－5 000 000美元
损失	－960 360美元

然而，50 份期货合约的空头头寸要求你在 2015 年 3 月履行交割 500 万美元“2032 年到期的 6s 长期国债”的义务。在交割日，在利率提高到 8%后，期货合约的价值就等于 500 万美元债券的当前价值。正如我们在上面所见，其价值为 4 039 640 美元。然而，在你卖出期货合约后，在到期日，购买者有义务向你支付 500 万美元。因此，这些合约的空头头寸所能获得的收益是 960 360 美元，如下所示：

2014 年 3 月达成协议，在 2015 年 3 月支付给你的金额	5 000 000 美元
2015 年 3 月交割债券的成本（利率为 8%）	−4 039 640 美元
收益	960 360 美元

因此，第一国民银行的净收益为零，说明规避风险的操作成功。

* 在现实世界中，设计规避风险的方案通常比此例的情况稍微复杂一些，因为被用于交割的债券可能并不是“2032 年到期的 6s 长期国债”。

** 可以用金融计算器算出债券的价值，即 FV=5 000 000 美元，PMT=300 000 美元，I=8%，N=19，PV=4 039 640美元。

这里阐述的规避风险的套期保值方案也被称为**微观套期保值**（micro hedge），因为它是金融机构针对其持有的特定资产规避利率风险。金融机构使用的另一种套期保值方案是**宏观套期保值**（macro hedge），这种套期保值被用于规避金融机构整体投资组合的风险。例如，如果银行所拥有的利率敏感性负债比利率敏感性资产多，那么正如我们在第 23 章中所讨论的，利率的提高将会使银行的净资产价值降低。当利率提高时，通过出售利率期货合约将能获利。银行可以对冲由于利率提高而给整体投资组合带来的损失，最终规避利率风险。①

24.3.2 金融期货市场的交易组织形式

在美国，金融期货合约是在有组织的交易所内进行的，如芝加哥期货交易所、芝加哥商品交易所、纽约期货交易所、中美商品交易所以及堪萨斯城期货交易所。这些交易所之间都是高度竞争的，每个机构都试图通过设计合约并制定规则来增加期货交易的数量。

期货交易所和所有在美国进行的金融期货交易都要接受商品期货交易委员会（CFTC）的监管。商品期货交易委员会创立于 1974 年，从农业部手中接过了对期货市场的监管功能。商品期货交易委员会对期货交易和期货交易所进行监督，以确保期货市场的价格不会被操纵。它会对经纪人、交易商以及交易所进行登记及审计，以杜绝欺诈行为，并确保交易所的金融秩序。另外，商品期货交易委员会负责批准被设计出的金融期货合约，以确保它们能够为公共利益服务。表 24－1 中列出了《华尔街日报》上刊登的交易最广泛的金融期货合约，以及进行这些期货合约交易的交易所。此外，还给出了 2013 年 7 月已公开发行的合约数量，也被称为**未平仓合约**（open interest）。

最近几年来，金融市场出现了全球化趋势，因此，在金融期货市场上出现了来自国外的竞争压力。

① 登录本书网站 www.pearsonhighered.com/mishkin_eakins，查看本章的附录，可以找到更多关于如何利用金融期货来规避利率风险的详细介绍和例子。

表 24-1　广泛交易的金融期货合约

合约种类	合约规模	交易所	未平仓合约（2013 年 7 月）
利率合约			
长期国债	$100 000	CME	576 609
中期国债	$100 000	CME	2 342 207
5 年期中期国债	$100 000	CME	1 611 675
2 年期中期国债	$200 000	CME	840 701
联邦基金	$5 000 000	CME	311 772
欧洲美元	$1 000 000	CME	8 933 577
股票指数期货			
标准普尔 500 指数	$250×index	CME	165 532
道琼斯工业指数	$10×index	CBT	14 436
纳斯达克 100 指数	$100×index	CME	405 306
货币合约			
日元	¥12 500 000	CME	172 270
欧元	€125 000	CME	227 631
加拿大元	C$100 000	CME	111 336
英镑	£62 500	CME	152 076
瑞士法郎	SF 125 000	CME	36 147
墨西哥比索	MXN 500 000	CME	101 051

说明：交易所简称：CBT，芝加哥期货交易所；CME，芝加哥商品交易所。

资料来源：GME Group：www.cmegroup.com/market-data/volume-open-interest/index.html.

24.3.3 金融期货市场的全球化

美国期货交易所是金融期货的诞生之地，在 20 世纪 80 年代早期，它们在金融期货交易中占据了统治地位。例如，在 1985 年，前十大期货交易全都是在美国的交易所中进行的。随着金融期货市场的快速发展，以及美国交易所由此获得高额收益，国外的交易所也发现了这个获利机会，并开始进入该领域。到 20 世纪 90 年代，在伦敦国际金融期货交易所中交易的欧洲美元合约、在东京证券交易所中交易的日本国债以及欧洲日元合约、在法国国际期货及期权市场中交易的法国国债合约以及在大阪证券交易所交易的日经 225 指数合约等，是世界上交易最广泛的几种合约。甚至发展中国家也开始进入该市场，希望分得一杯羹。1996 年，7 个发展中国家（也称新兴市场国家）建立了期货交易所，而且预计该数字将在几年内翻倍。

来自国外的竞争同样引发了很多非常流行的金融期货合约的产生，这些合约是美国制造的复制品。这些在国外交易所内交易的合约与在美国交易的合约实际上完全相同。它们的优势在于，可以在美国闭市的时候进行交易。全球电子交易系统的出现进一步推动金融期货在一天 24 小时内随时交易。这种系统允许全世界的交易者在交易所非官方开市的时间内进行期货交易。因此，金融期货交易开始完全国际化，美国交易所和外国交易所之间激烈的竞争态势在未来还将持续下去。

24.3.4 期货市场成功的原因

在 2013 年 7 月 19 日，长期国债合约的未平仓合约数量为 576 609，总价值超过 570 亿美元（=576 609×100 000 美元）。这一事实表明，标的物为长期国债的金融期货市场获得了巨大的成功。金融期货合约与远期合约之间及其市场组织形式之间存在几点差异，这有助于解释为什么像长期国债期货市场这样的金融期货市场会如此成功。

期货合约的几个特点是为了解决远期合约所固有的流动性问题而设计的。第一个特点是，与远期合约不同，期货合约的交割数量和交割日期都是标准化的，这让不同的交易方可以很容易地在期货市场中找到交易对象，从而提高市场的流动性。在长期国债合约的例子中，交割产品是面值为 10 万美元的国债，交割日期是 3 月、6 月、9 月和 12 月的最后一个交易日。第二个特点是，在最后交割日到来前的任何一个时点上，那些已经买进或卖出的合约还能反复参与交易（即反复卖出或买进）。相反，远期合约双方一旦达成协议，通常就不能再交易了。第三个特点是，不同于远期合约，期货合约到期时，可以进行交割的标的资产并不局限于某种特定的国债。相反地，任何到期期限超过 15 年且在 15 年内没有清偿的国债都可被用于交割。允许交易连续进行，可以用一系列而不是某种特定的国债进行交割，这些措施都提高了期货市场的流动性。

期货合约指定一种以上的债券进行交割的另一个原因是，防止出现某个人垄断市场并对合约卖方形成“逼空”的现象。为了在市场上获得垄断地位，有人会买入所有可用来交割的证券，这样具有空头头寸的投资者在到期日就无法购入按合约规定必须交割的证券。因此，具有垄断地位的投资者就可以为这些必须购买证券以履行期货合约的投资者设定一个非正常的高价。获得垄断地位的人从中谋利，而空头投资者则需要承担可怕的损失。显而易见，在金融市场上出现垄断情况的可能性将使人们不愿意持有空头头寸，并可能因此缩小市场的规模。通过允许交割很多种类的证券，想要获得垄断地位的投资者就必须购入更多的证券，因此，人们就很难在该市场上获得垄断地位。垄断问题并不只是一种理论上的可能性，正如小案例 24—1“亨特兄弟与白银危机”所示，监管当局以及设计期货合约的正规交易所都对此问题给予了特别关注。

为了解决在远期市场中存在的违约风险问题，期货市场中的交易组织形式和远期市场中的不大相同。在两种市场中，每个合约都会有持有多头头寸的买方和持有空头头寸的卖方。然而，期货合约的交易并不是在买方和卖方之间直接进行的，而是通过与期货交易相关联的清算所完成的。这一安排意味着，期货合约的买方不用像远期合约的买方那样担心卖方的财务状况和资信质量；反之亦然，卖方也不用担心买方的财务状况和资信质量。只要清算所的财务稳健，期货合约的买卖双方就不用担心违约风险。

为了确保清算所的财务状况良好，以及它不会因为财务危机而危害客户合约的安全，期货合约的买卖双方必须预先在经纪公司的保证金账户中存入一笔初始存款，被称为**保证金要求**（margin requirement），如每份国债合约的保证金为 2 000 美元。另外，**逐日盯市**（marked to market）意味着在每一个交易日结束时都要按照期货合约价值的变动相应地增加或扣减保证金账户的金额。假设在星期三上午，以 115 的价格购入一种国债合约，在该天闭市时，其收市价格（清算价格）跌至 114，这样你就损失了 1 个点，即 1 000 美元。按照合约的规定，向你出售合约的出售方将会获得 1 个点的收益，即 1 000 美元。这 1 000

美元的收益将被添加到出售方的保证金账户中，因此该账户的总额变为 3 000 美元。而你的账户要扣减这 1 000 美元的损失，因此，在你的保证金账户中只剩下 1 000 美元。如果该保证金账户的金额跌至低于保证金要求（该水平可以与初始保证金一致，但通常会略低一点），交易者就会被要求向该账户存入金额。例如，如果维持保证金要求也为 2 000 美元，你就会被要求向该账户存入 1 000 美元，以维持保证金账户余额达到 2 000 美元。保证金要求和逐日盯市使交易商违约的可能性大大降低，能够保护期货交易免遭风险。

相对于远期市场来说，期货市场的最后一个优势在于，大多数期货合约在到期时并不会发生标的资产的实际交割，而远期合约却需要进行实际交割。出售期货合约的交易商可以通过期货合约的对冲式购买，避免在到期日交割标的物。同时持有多头头寸和空头头寸，意味着交易者实际上是将债券交割给自己。根据交易所的规定，该交易商可以平掉两份交易的仓位。相对于远期市场，在期货市场，允许交易商以这种方式取消合约，可以降低进行交易的成本。期货交易者可以避免实物交割的成本，而这对于远期合约而言就不那么容易了。

小案例 24—1　亨特兄弟与白银危机

1979 年初，两位得克萨斯州的亿万富翁——W. 赫伯特·亨特（W. Herbert Hunt）以及他的兄弟纳尔逊·邦克·亨特（Nelson Bunker Hunt）决定大举进入白银市场。赫伯特声明，他购买白银的原因是：“我确信美国的经济现在处于疲软状态。我坚信，投资于贵金属的决策是明智的……因为通货膨胀的情况很严重。”尽管他们声称购买白银的理由是选择一个不错的投资策略，但其他人却觉得他们的实际动机是要垄断白银市场。亨特兄弟和其他几位合伙人（其中有几位来自沙特阿拉伯皇室家族）一起购买了将近 3 亿盎司的白银，其中部分采用银条实物的形式，另一部分则采用白银期货合约的形式。结果是，白银价格从 6 美元/盎司提高到 1980 年 1 月的 50 美元/盎司。

监管当局和期货交易所听到风声，察觉出亨特兄弟的目的，决定采取行动。通过限制单个交易者所能持有的最大合约数量——2 000 份，消除这种垄断的可能性。这种规定相当于限制单个交易者只能持有 1 000 万盎司的白银，该数额相对于亨特兄弟所持有的总量微乎其微，致使他们只能被迫出售白银。随后，白银市场就完全崩溃了。白银价格跌至不到 10 美元/盎司的水平。据估计，亨特兄弟的损失超过 10 亿美元。不久，他们就发现自己遇到了财务问题，他们所欠的债务总计达 11 亿美元。除了将其家族所持有的普拉希德石油公司拿来作抵押，他们还抵押了 75 000 头牛、许多纯种马匹、名画、珠宝，甚至还抵押了一些像灌溉水泵和草坪修割机这样的普通日用品。最后，亨特兄弟被迫宣布个人破产，这也是美国历史上规模最大的个人破产案例，两人也因此声名狼藉。

纳尔逊和赫伯特为他们在白银市场上的冒险付出了高昂的代价。但是，至少纳尔逊还保留着幽默感。在白银市场崩溃后，当被问及其对这种损失的感受时，他答道：“这 10 亿美元已经不再是以前的那 10 亿美元了。”*

* 引自 G. Christian Hill, “Dynasty's Decline: The Current Question About the Hunts of Dallas: How Poor Are They?” *Wall Street Journal* (November 14, 1984): c28。

执业经理 24—3

利用远期合约和期货合约规避外汇风险

正如我们在第 15 章中所讨论的那样，近年来外汇汇率的波动性增强。汇率的巨大波动使得金融机构以及其他工商企业需要面对很大的外汇风险，因为这会给他们带来巨大的收益或损失。幸运的是，对金融机构的管理人员而言，本章讨论的各种金融衍生工具——远期合约和金融期货合约——用于规避这些外汇风险。

为了了解金融机构的管理人员如何管理外汇风险，我们假设在 1 月份时第一国民银行的客户——Frivolous 奢侈品公司将在两个月后收到 1 000 万欧元，这是该公司刚刚在德国出售的价值 1 000 万美元商品的货款。Frivolous 奢侈品公司担心，如果欧元的价值从现在的 1 欧元兑换 1 美元的水平急剧下跌，公司将会遭受很大的损失。到那时，1 000 万欧元将不再等于 1 000 万美元。因此，该公司的首席执行官萨姆给他的朋友——第一国民银行的管理人员莫娜打电话，要求她为 Frivolous 奢侈品公司规避其所面临的外汇风险。我们来考察一下银行的管理人员该如何使用远期合约和金融期货合约来避险。

1. 利用远期合约规避外汇风险

商业银行和投资银行广泛地参与外汇交易，并大量使用这些交易来规避外汇风险，这也极大地推动了外汇远期市场的发展。莫娜明白，她可以利用该市场来为 Frivolous 奢侈品公司规避外汇风险。这样的避险方式对她而言非常容易执行。两个月后获得欧元支付意味着在那个时候，萨姆将持有欧元的多头头寸。莫娜知道，规避风险的基本原则是：她应该用一个空头头寸来对冲这个多头头寸。因此，她将购入一份远期合约，该合约要求她在两个月后出售 1 000 万欧元，以当前的远期利率（即 1 美元兑换 1 欧元的价格）兑换美元。*

两个月后，当她的客户获得这 1 000 万欧元时，远期合约确保这笔货款以 1 美元兑 1 欧元的汇率被兑换为 1 000 万美元。不管未来的汇率如何变化，Frivolous 奢侈品公司都能确保该笔 1 000 万美元的贸易收入。莫娜给她的朋友萨姆打电话，告诉他，现在他的公司不会受到任何汇率波动的影响，他非常感激她的帮助。

2. 利用期货合约规避外汇风险

作为替代方案，莫娜还可以利用货币期货市场来规避这种外汇风险。在这种情况下，她发现：芝加哥商品交易所有一种欧元合约，合约面值为 125 000 欧元，兑换汇率为 1 美元兑 1 欧元。为了规避风险，与使用远期合约一样，莫娜必须出售总额为 1 000 万欧元的 3 月份到期的期货合约。

【例 24—2】利用外汇期货合约规避风险

为了规避 3 月份收到 1 000 万欧元货款所面临的外汇风险，莫娜需要出售多少份芝加哥商品交易所的 3 月份到期的欧元期货合约？

解：

使用公式（24—1），可得：

VA＝1 000 万欧元

VC＝125 000 欧元

因此，有

$$NC=1\ 000\ \text{万欧元}/125\ 000\ \text{欧元}=80$$

莫娜需要出售 80 份芝加哥商品交易所的欧元期货合约来规避这种风险。

给定 1 美元兑换 1 欧元的汇率价格，出售合约将获得 80×125 000 欧元＝1 000 万美元。因此，利用期货规避风险也能帮助莫娜为 Frivolous 奢侈品公司锁定汇率风险，故公司能够获得1 000万美元的货款支付。

利用期货市场的一大优势在于，每份合约的规模都为 125 000 欧元，价值 125 000 美元，这与远期合约的最小规模相比很小，因为每份远期合约的价值通常都为 100 万美元或更多。在本例中，银行管理人员需要进行的交易规模足够大，因此，她可以选择使用远期市场或期货市场。她将根据两个市场中哪个市场的交易成本更小来进行选择。如果第一国民银行在远期市场上比较活跃，该市场的交易成本可能会更低。如果第一国民银行很少进行外汇远期合约的交易，对银行管理人员而言，利用期货市场可能会更好一些。

* 远期汇率很可能与当前的即期汇率 1 美元兑换 1 欧元稍有差别。因为欧洲和美国的利率可能并不相等。在这种情况下，如第 15 章附录的公式（A2）所示，未来的预期汇率将不等于当前的即期汇率；同样，远期汇率也不等于当前的即期汇率。由于年利差通常都小于 6%（以双月计为 1%），预期两个月的欧元升/贬值率不到 1%，故远期汇率通常很接近当前的即期汇率。因此，我们在本例中所做的假设即远期汇率和即期汇率相等是比较合理的。

24.4 股指期货

我们已经了解到，金融期货市场对于规避利率风险非常有用。然而，金融机构尤其是共同基金、养老金和保险公司等机构的管理人员还要担心由股价波动而导致的**股票市场风险**（stock market risk）。为了满足管理股票市场风险的需要，股指期货在 1982 年问世。现在，它已经成为所有期货合约中交易最广泛的合约之一。

小案例 24—2　程式交易和投资组合保险：它们是否应该为 1987 年的股市崩盘负责？

1987 年 10 月 19 日，“黑色星期一”，股票市场价格在一天之内下跌了 20%。在此之后，包括股指期货在内的交易策略被认为是造成股灾的罪魁祸首（布兰迪委员会尤其坚信这一点，该委员会是由里根总统任命的专门研究股票市场的一个团体）。其中一种策略——被称为程式交易——是指由计算机指示，在股指期货和股票（其价格反映在股指中）之间进行交易。程式交易是一种套利形式，执行这种套利操作可以使股指期货与股票价格彼此一致。例如，当股指期货合约的价格远低于指数中标的股票的价格时，程式交易就会自动买入指数期货，因此提高其价格，同时出售股票，从而使股票价格降低。程式交易的评论家们声称：在“黑色星期一”，股指期货价格的急速下跌导致当天股票市场上出现大量抛售现象，这样股票价格才能和股指期货的价格保持一致。

一些专家还指出，投资组合保险也扩大了这次股灾的影响。他们认为，当股市开始下跌时，市场的不确定性也随之增加，人们希望规避股票风险的意愿加强，会导致在市场上出现大量抛售股指期货的情况。由此导致股指期货合约的价格大幅下降，这又使程式交易商大量出售股票以保持两者的价格一致。

反对股指期货的人们将程式交易和投资组合保险视为造成 1987 年 10 月美国股市崩溃的原因。因此，他们支持对这样的交易进行限制。作为响应，某些经纪公司以及有组织的交易所都对程式交易施以一定的限制。例如，当道琼斯工业平均指数在一天之内的变化超过 50 点时，纽约证券交易所就会禁止通过计算机操作的程式交易继续进行。然而，一些卓越的金融学者［包括诺贝尔经济学奖获得者、芝加哥大学的默顿·米勒(Merton Miller)］并不接受这种说法。他们认为，股指期货的价格基本上反映出那些推动股票价格发生变化的经济动因，即市场对标的股票价值的潜在评估结果的变化。

24.4.1 股指期货合约

为了理解股指期货合约，我们观察标准普尔 500 指数期货合约（见追踪财经新闻 24—2“股指期货”），这是在美国交易最广泛的股指期货合约（标准普尔 500 指数度量的是 500 种交易最为广泛的股票的价值）。股指期货合约与大多数其他金融期货合约的不同之处在于，它是以现金而非证券交割的。现金交割赋予了股指期货合约高流动性的优点，也排除了任何人垄断市场的可能性。以标准普尔 500 指数合约为例，在最后的交割日，现金交割额为该指数的 250 倍。因此，如果在最后交割日指数为 1 000，应付总额将为 250 000 美元。该合约的报价也是以指数点位的形式给出的，指数变化 1 点代表期货合约的价值变化了 250 美元。

为了理解这些信息都意味着什么，我们考察一下当你买入或卖出这种期货合约时所发生的情况。假设在 2 月 1 日，你以 1 000 的价格（即 250 000 美元）出售了 1 份 6 月份到期的合约。通过出售合约，你同意的应付交割总金额等于 250 美元乘以 6 月底到期日的标准普尔 500 指数。通过以 1 000 的价格买入该合约，买主同意支付 250 000 美元的交割总金额。如果股市下跌，标准普尔 500 指数在到期日跌至 900，合约的买主将会损失 25 000 美元，因为他同意为合约支付 250 000 美元，而应收交割总金额仅为 225 000 美元（=900×250 美元）。你作为合约的出售方将会获利 25 000 美元，因为你根据协议应该从该合约中获得 250 000 美元的购买价格，此时应付交割总金额仅为 225 000 美元。应付金额和应收金额可以相互冲抵，只有 25 000 美元实际被转手。作为合约的出售方，你将从买主处获得 25 000 美元。

追踪财经新闻 24—2

股指期货

报刊和网站比如 finance. yahoo. com 每天都会发布股指期货合约的价格。以 2013 年 6 月 19 日芝加哥商品交易所标准普尔 500 指数合约为例，一个典型的栏目会包含如下信息（见下表）：

	Open	High	Low	Settle	Change	Open Interest
June	1 650.50	1 652.50	1 628.00	1 629.60	−21.50	168 467
Sept.	1 646.80	1 648.70	1 620.60	1 623.70	−21.50	130 647

每份合约的信息都呈现在该栏目中，如下所示（以6月份到期的标准普尔500指数合约为例）。

Open：开盘价格。每点250美元乘以指数——1 650.50，是指每份合约的价格为1 650.50×250美元=412 625美元。

High：当天的最高交易价格——1 652.50，即每份合约的价格为413 125美元。

Low：当天的最低交易价格——1 628.00，即每份合约的价格为407 000美元。

Settle：结算价格。当天的收盘价格——1 629.60，即每份合约的价格为407 400美元。

Change：当天的结算价格相对于前一交易日的变动额——21.50点，即5 375美元。

Open Interest：未平仓合约数量——168 467，当天面值总计为686亿美元（=168 467×407 400美元）。

执业经理 24—4

利用股指期货对冲股市风险

金融机构的管理人员可以利用股指期货合约来降低股市风险。

【例 24—3】 利用股指期货规避风险

假设在2014年3月，洛克索力保险公司的资产组合管理人员莫特持有一个股票资产组合，其价值为1亿美元，该资产组合是根据标准普尔500指数按百分比复制的。假设2015年3月份到期的标准普尔500指数合约目前的销售价格为1 000，莫特应该出售多少份合约以规避该资产组合明年可能遇到的股市风险？

解：

莫特现在持有多头头寸，使用套期保值的基本原则，他必须通过出售标准普尔500指数期货，以获得空头头寸来冲抵其持有的多头头寸。下面使用公式（24—1）来计算他需要出售的合约数。

VA=1亿美元

VC=250美元×1 000=250 000美元

因此，有

NC=1亿美元/250 000美元=400

所以，莫特需要出售400份2015年3月份到期的期货合约来规避风险。

如果标准普尔500指数降低10%至900，那么，价值1亿美元的资产组合将会损失1 000万美元。然而，根据协议，他可以以每份合约1 000的价格获得250 000美元的支付金额。在到期日，需交割金额仅为225 000美元（=900×250美元）。每份合约所能获得的25 000美元的利润乘以400份合约，得到的利润总额为1 000万美元。从期货合约中获得的这1 000万美元的利润正好能够抵消洛克索力保险公司的股票资产组合所遭受的损失，因此，莫特成功地规避了股票市场风险。

为什么当股市上涨时，莫特愿意放弃利润呢？原因之一是，他可能担心股市马上会步入熊市，他希望能够保护洛克索力保险公司的资产组合免受股价下跌的影响，也因此保全了自己的工作。*

*登录本章附录的网址 www.personhighered.com/mishkin_eakins，可以获得更多关于如何使用期货合约来规避股市风险的详细介绍。

24.5 期权

另一种规避利率风险和股市风险的方法是使用金融期权。**期权**（option）是一种合约，它赋予期权买方在某个特定时期（有效期）内，以特定的价格——被称为**执行价格**（exercise price）或**行权价**（strike price），买进或卖出标的金融工具的选择或权利。只要期权所有者执行出售或购买期权的权利，期权出售者（期权的卖方）就有义务去购买或向购买者出售金融工具。期权合约有几个非常重要的特点，在这里强调一下：期权的所有者或购买者并不一定需要行权，他可以任由期权到期而不行使它。因此，期权的所有者并没有义务进行任何操作，只是当他选择执行期权时，有执行期权的权利。与之相反，期权的出售者在整个过程中没有选择，如果期权的所有者行权，他就有义务购买或出售金融工具。

这种可以按确定价格买进或卖出某项金融工具的权利具有一定的价值，因此，期权的所有者愿意为此支付费用，即**期权费**（premium）。有两种类型的期权合约：一是可以在合约到期日或到期之前的任一时刻执行的**美式期权**（American option）；二是只能在合约到期日执行的**欧式期权**（European option）。

期权合约的签发基于现有的金融工具。以单只股票为标的物的期权被称为**股票期权**（stock option），这种期权的存在已有很长的历史。以金融期货为标的物的期权被称为**金融期货期权**（financial futures options），通常被称为**期货期权**（futures options），它产生于 1982 年，如今已成为交易最广泛的期权合约。

你可能会觉得奇怪：为什么期权合约多是以金融期货为标的物，而不是以诸如债券或存单这样的债务工具为标的物呢？正如本章前面所述，由于存在套利行为，在到期日，期货合约的价格和应交割债务工具的价格应该是相同的。看起来，投资者以债务工具为标的物所签发的期权和以期货合约为标的物所签发的期权之间似乎是无差异的。然而，由于金融期货合约的设计比较完善，其市场通常比债务工具的市场具有更强的流动性，投资者更愿意拥有以流动性更强的金融工具（在这里当然是期货合约）为标的物的期权合约。这就能解释为什么最受欢迎的期权多是以表 24-1 所列出的期货合约为标的物。

对期权市场的监管分为两部分：美国证券交易委员会负责监管股票期权；商品期货交易委员会负责监管期货期权。对期权的监管主要集中于确保期权出售者有足够的资金来履行其合约义务；对交易商和交易所进行监督，避免欺诈行为，并确保市场不会被操纵。

24.5.1 期权合约

看涨期权（call option）是赋予所有者能够以执行价格、在约定的期限内购买某种金融工具的权利的合约。**看跌期权**（put option）是赋予所有者能够以执行价格、在约定的期限内出售某种金融工具的权利的合约。要记住哪种合约是看涨期权、哪种合约是看跌期权并不总是那么简单。为了便于掌握，只需要记住，拥有看涨期权去购买一种金融工具，相当于你有权利要求这种工具以指定的价格交割给你。拥有看跌期权去出售一种金融工具，相当于你有权利提供这种工具并要求交易的另一方将其买下来。

24.5.2 期权和期货合约的收益与损失

为了更深入地理解期权合约，我们首先研究下表所列示的2月份到期的长期国债期货合约的期权。

长期国债期货合约的期权

面值为100 000美元；最小变动价位为1/64点

	看涨期权结算时的期权费			看跌期权结算时的期权费		
行权价	2月	3月	4月	2月	3月	4月
110	1-39	1-52	1-29	0-02	0-15	0-49
111	0-45	1-05	0-57	0-08	0-32	1-13
112	0-09	0-34	0-32	0-36	0-61	…
113	0-02	0-13	0-16	1-28	1-40	…
114	0-01	0-04	0-07	…	2-31	…
115	0-01	0-01	0-03	…	3-28	…

如果你以115（即115 000美元）的价格购买这种期货合约，就意味着当这种面值为100 000美元的长期国债在2月底交割时，你同意为其支付115 000美元。如果你以115的价格出售这种期货合约，就意味着你同意在2月底当这种面值为100 000美元的长期国债到期时，把它交割出去并获得115 000美元。以长期国债期货合约为标的物的期权合约有几个重要的特点：①期权合约和标的期货合约的到期日相同；②它是美式期权，可以在到期日之前的任何时刻被执行；③与期货合约相同，期权费（期权的价格）的报价也采用点位形式，每个点相当于1 000美元。如果期权费为2 000美元，当你以115的行权价购买了一份2月份到期的长期国债期货合约的看涨期权合约时，就相当于以115（每份合约115 000美元）的价格购买了一种买入（要求获得）2月份到期的长期国债期货合约的权利，你可以在2月底到期日之前的任何时间买入该期货合约。类似地，如果期权费为2 000美元，当你以115的行权价购买了一份2月份到期的长期国债期货合约的看跌期权合约时，就相当于以115（每份合约115 000美元）的价格购买了一种出售（提供）2月份到期的长期国债期货合约的权利，你可以在2月份到期日之前的任何时间出售这种期货合约。

期货期权合约稍微有点复杂，因此，为了探究这些期货合约的看涨期权是怎样运作的，以及如何使用期货期权来规避风险，我们首先考察一下2月份到期的长期国债期货合约的看涨期权的盈亏是如何分布的。在 11 月份，我们的老朋友、投资者欧文以 2 000 美元的期权费，在 115 的行权价上购买了一份价值为 100 000 美元、2 月份到期的长期国债期货合约的看涨期权合约（我们假设，如果欧文选择行权，他只会选择在 2 月底期权到期时行权，而不会提前行权）。在 2 月底的到期日，假设期货合约的标的物长期国债的价格为 110，我们可以回忆一下，在到期日，套利行为迫使期货合约的价格与标的债券的价格相等，因此，在 2 月底的到期日，期货合约的价格也为 110。如果欧文选择行权，以 115 的行权价买入期货合约，那么他的购买价格为 115，但只能以较低的市场价格将其售出，因此会遭受损失。欧文非常精明，他不会行权，而只是失去了 2 000 美元的期权费。在这种情况下，标的金融工具的价格低于行权价，这种看涨期权被称为折价期权。当价格为 110（低于行权价）时，欧文会损失为期权合约支付的 2 000 美元期权费。该损失在图 24-1（a）中被标记为 A 点。

在到期日，如果期货合约的价格为 115，看涨期权就是平价期权，此时欧文行权购买期货合约与放弃行权是无差异的。当市场价格也是 115 时，以 115 的价格行权既不会带来收益，也不会造成损失。由于他支付了 2 000 美元的期权费，当价格为 115 时，他的合约还是会带来 2 000 美元的净损失，如 B 点所示。

如果在到期日，期货合约的价格是 120，该期权就是溢价期权了。欧文可以从行权操作中获利：他以 115 的行权价购买期货合约，然后以 120 的价格将其售出，由此可以从 100 000 美元的长期国债合约中获得 5%的收益（5 000 美元的收益）。欧文为期权合约支付了 2 000 美元的期权费，他的净收益为 3 000（=5 000−2 000）美元。在价格为 120 时所获得的 3 000 美元收益被标记为 C 点。类似地，如果期货合约的价格提高到 125，期权合约将能获得 8 000 美元的净收益（行权所获得的 10 000 美元减去 2 000 美元的期权费），记为 D 点。将这些点连起来，我们可以得到一条非线性的看涨期权收益曲线，如图 24-1（a）所示。

假设欧文没有在 11 月买入期货期权，而是决定以 115 的价格购买价值为 100 000 美元、2 月份到期的长期国债期货合约。如果在 2 月底的到期日，债券的价格降至 110，这意味着期货合约的价格也降至 110，欧文损失了 5%，即 5 000 美元。在价格为 110 时，期货合约所遭受的 5 000 美元损失在图 24-1（a）中被标记为 A' 点。当到期时，如果价格为 115，欧文从这份期货合约中获得零收益，记作 B' 点。当价格为 120 时，欧文将从这份合约中获得 5%的收益率，即 5 000 美元（C' 点）；当价格为 125 时，收益率将提高到 10%，即 10 000 美元（D' 点）。将这些点连起来，我们可以得到如图 24-1（a）所示的一条线性（直线）的期货合约收益曲线。

现在，我们可以分析期货合约与期权合约之间存在的主要差异。正如图 24-1（a）中的期货合约收益曲线所示，期货合约具有线性的收益函数，即标的金融工具价格的提高会带来期货收益的等额增加。相反，拐折的期权合约收益曲线呈现出高度的非线性，它意味着期权合约的收益与标的金融工具价格的变动幅度通常不相等。造成这种非线性的原因在于，看涨期权能够保护欧文免于承担超过 2 000 美元期权费的损失。与期权相反，如果在到期日价格跌至 110，欧文在期货合约上的损失将为 5 000 美元。此外，如果价格继续下跌，他的损失还将继续扩大。期权合约的这种类似于保险的性质能够解释为什么期权费被看作保险费。一旦标的资产的价格高于行权价，欧文的收益就会呈线性提高。如果欧文购买的是一份期权而非期货合约，他就放弃了一些收益。正如我们从图 24-1（a）中所到

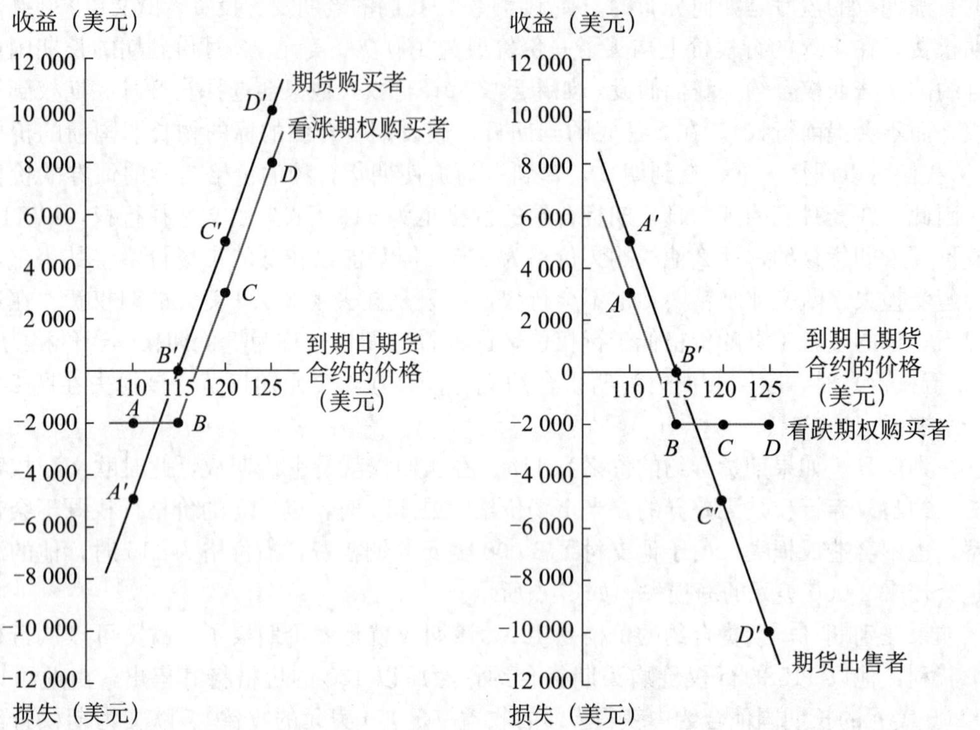

(a) 看涨期权购买者和期货购买者的盈亏情况　(b) 看跌期权购买者和期货出售者的盈亏情况

图 24-1　期权和期货合约的盈亏情况

说明：期货合约是价值为 100 000 美元、2 月份到期的长期国债合约；期权合约的标的物为这份期货合约，行权价为 115。图 24-1（a）显示出看涨期权购买者和期货购买者的盈亏情况；图 24-1（b）显示出看跌期权购买者和期货合约出售者的盈亏情况。

的，当标的金融工具的价格涨至高于行权价时，欧文的收益水平正好比期货合约带来的收益少了期权费 2 000 美元。

图 24-1（b）绘出了相同的收益计算过程。此时，欧文并未购买看涨期权，而是购买了一份看跌期权（出售的权利），其行权价为 115，期权费为 2 000 美元；同时，欧文出售而非买入期货合约。在这种情况下，如果在到期日，国债期货的价格高于 115 的行权价，那么看跌期权就是"折价"期权。此时，欧文不会对看跌期权行权。在低于市场价格的价位上对看跌期权行权，他需要出售所拥有的期货合约并承担损失。因此，他不会行权，故只会失去 2 000 美元的期权费。一旦期货合约的价格跌至低于 115 的行权价，欧文就能从对看跌期权行权的操作中获利。他可以以 115 的价格出售期货合约，然后以更低的价格再将其买入。在这种情况下，标的金融工具的价格低于行权价，看跌期权是"溢价"期权。随着期货合约价格的降低，欧文获得的收益将会呈线性提高。图 24-1（b）表示的看跌期权的收益曲线是一条折线，表明欧文可以使自己免遭超过期权费的损失。出售期货合约的收益曲线和图 24-1（a）中期货合约的收益曲线正好是反向的，也是线性的。

图 24-1（b）再次确认了从图 24-1（a）得出的结论，即期权合约的收益是非线性的，而期货合约的收益是线性的。

需要注意的是，期货合约和期权合约还存在其他两点区别。首先，合约的初始投资不同。如本章前面所述，当投资者买进一份期货合约时，投资者必须在保证金账户中存入一笔固定数额的款项，即保证金。而当投资者买进一份期权合约时，初始投资则是为购买合约而必须支付的期权费。其次，由于期货合约采取了逐日盯市的方式，要求资金按日结算；期权合约只是在执行合约时才发生资金的支付行为。

24.5.3 影响期权费的因素

以下是几个关于期权费如何定价的有趣事实。第一个事实是，合约的行权价（执行价格）越高，看涨期权的期权费就越低，而看跌期权的期权费就越高。例如，随着合约的行权价从 112 提高到 115，一份 3 月份到期的看涨期权的期权费从 1 45/64 降至 16/64，而 3 月份到期的看跌期权的期权费则从 19/64 提高到 1 54/64。

从图 24－1 可以看出，对期权合约收益函数的理解有助于解释这一事实。如图 24－1（a）所示，标的金融工具（在此例中是长期国债期货合约）的价格相对于期权行权价要低一些，这会使看涨（购买）期权的收益减少。因此，行权价越高，看涨期权合约所能获得的收益就越低。像欧文这样的投资者只愿意为其支付较低的期权费。类似地，如图 24－1（b）所示，标的金融工具的价格相对于期权费要低一些，这会使看跌（出售）期权的收益增加，因此，较高的行权价会提高收益，并提高期权费。

第二个事实是，随着期权距离到期日的期限的延长，看涨期权和看跌期权的期权费都会相应提高。例如，当行权价为 112 时，看涨期权的期权费从 3 月份到期期权的 1 45/64，提高到 4 月份到期期权的 1 50/64，再到 5 月份到期期权的 2 28/64。与之类似，看跌期权的期权费从 3 月份到期期权的 19/64，提高到 4 月份到期期权的 1 43/64，再到 5 月份到期期权的 2 22/64。期权费随着到期期限的延长而提高，这个事实也可以用期权合约非线性的收益函数加以解释。随着距离到期日的期限的延长，标的金融工具的价格在到期日变得极高或极低的概率就会变大。如果价格变得很高，甚至高于行权价，看涨期权就会获得较高的收益；如果价格变得很低，甚至低于行权价，所带来的损失却比较小，因为看涨期权的所有者可以选择不行权。随着距离到期日的期限的延长，标的金融工具的价格波动幅度增大的可能性会提高看涨期权的平均收益水平。

同样，该原理也能说明，随着距离到期日的期限的延长，看跌（出售）期权也将变得更有价值。随着距离到期日的期限的延长，标的金融工具价格波动幅度增大的可能性也会提高。出现低价的可能性变大会提高看跌期权获得高收益的概率。但是，出现高价的可能性变大却不会给看跌期权带来巨大的损失，因为期权所有者可以选择不行权。

另一种对该原理的理解是：要意识到期权合约具有的一个性质，即“硬币正面朝上，我赢；硬币正面朝下，我也不会输太多”。在到期日，价格的波动幅度变大，将提高两种期权的价值。距离到期日的期限越长，在到期日价格波动幅度变大的可能性越大，从而会提高期权的价值。

上面阐述的原理同样可被用来解释期权费的另一个重要事实，即标的金融工具的价格波动幅度越大，看涨期权和看跌期权的期权费就越高。较大的价格波动幅度意味着，对于给定的到期日，到期时价格的可变性会更大一些。期权这种“硬币正面朝上，我赢；硬币正面朝下，我也不会输太多”的性质意味着，在到期日，可能出现的价格波动幅度增大会提高期权的平均收益，从而使投资者愿意为其支付的期权费水平也相应提高。

24.5.4 总结

通过分析标的金融工具的价格波动对期权收益的影响，在期权合约的期权费决定因素方面，我们可以得到以下结论：

（1）当其他条件保持不变时，行权价越高，看涨（购买）期权的期权费就越低，而看跌（出售）期权的期权费就越高。

（2）当其他条件保持不变时，距离到期日的期限越长，看涨期权和看跌期权的期权费都会越高。

（3）标的金融工具价格的波动幅度越大，看涨期权和看跌期权的期权费都会越高。

我们得到的这些结论在标准的模型（如布莱克-斯科尔斯模型）中也有反映。布莱克-斯科尔斯模型（Black－Scholes Model）分析了期权费的定价过程，你可以在金融学相关课程中学习这些模型。

执业经理 24—5

利用期货期权合约规避风险

在本章的前面部分，我们已经明白了，像第一国民银行的管理人员莫娜这样的金融机构管理人员如何通过出售 500 万美元的长期国债期货（50 份合约），来规避银行持有的 500 万美元“2032 年到期的 6s 长期国债”所面临的利率风险。利率的提高和由此引致的债券价格及债券期货合约价格的降低，能使银行用通过出售期货合约所得到的收益冲抵银行持有“2032 年到期的 6s 长期国债”所遭受的损失。

如图 24－1（b）所示，金融机构的管理人员为避免机构受利率提高及因此导致的债券价格降低的影响，可采用的另一种可行的方法是购买 500 万美元长期国债期货的看跌期权。期权合约规模的大小和期货合约一样（10 万美元的债券），购买看跌期权合约的数量和出售期货合约的数量是相等的，都是 50 份。与图 24－1（b）中绘出的一样，只要行权价和当前价格相差不太大，利率的提高和债券价格的降低就会使期货合约以及期货看跌期权获利，所获得的收益可以冲抵 500 万美元长期国债所遭受的损失。

使用期权合约而非期货合约存在一个问题：由于第一国民银行需要为期权合约支付期权费，因此为了规避利率风险，银行的收益水平就会降低。然而，为什么银行的管理人员仍愿意使用期权合约而非期货合约来规避风险呢？答案就是：期权合约不同于期货合约，当利率降低、债券价格提高时，它可以使第一国民银行获得收益。如果使用期货合约来避险，第一国民银行就无法从债券价格的提高中获利，因为债券所获得的收益会被出售期货合约所带来的损失完全抵消。利用看跌期权来规避风险时，情况将大为不同：一旦债券价格上升，超过行权价，银行的期货合约将不会遭受任何额外损失，如图 24－1（b）所示。与此同时，银行所持有的长期国债的价值将会提高，银行将能因此获利。选择期权合约而不是期货合约来进行微观套期保值，可以让银行在保护自己免受利率上升影响的同时，也能在利率降低时获得利益（尽管收益总额要减去期权费）。

出于同样的原因，银行的经理人员可能更愿意使用期权进行宏观套期保值来保护银行整体资产组合免受利率风险的影响。当然，使用期权合约而非期货合约的策略存在一个缺陷：第一国民银行必须为这些期权合约支付期权费。相应地，使用期权允许银行在利率下降时获得收益（银行资产相对于负债的价值将会提高），因为这些收益将不会被期权合约的巨大损失抵消。

在宏观套期保值的例子中，还有另一个原因可以解释为什么银行更倾向于使用期权合约而非期货合约。期货合约的盈亏会给银行带来会计记账问题。在会计上银行不得用其余资产组合中未实现的盈亏来冲抵眼前这些盈亏。考虑利率降低的情况，如果第一国民银行出售期货合约进行宏观套期保值，当利率降低而长期国债价格提高时，这些合约将会遭受巨大的损失。这些损失是可以用银行其他资产组合中未实现的收益加以冲抵的，但在会计报表中，银行不得对这些损失进行冲抵处理。因此，虽然宏观套期保值能够实现其目标，即保护银行的资产组合免受利率风险的影响，但当利率降低时，银行还是会遭受巨大的会计损失。事实上，当完美有效的利率期货造成巨额会计损失时，这些银行的管理人员就会丢了工作。毫不奇怪，出于这种原因，银行的管理人员不会使用金融期货来进行宏观套期保值。

然而，期货期权可以拯救银行和其他金融机构的这些管理人员。假设第一国民银行购买看跌期权而不是出售长期国债期货来进行宏观套期保值。如果利率降低而债券价格上升至超过行权价，银行并不会在期货期权合约上遭受巨大的损失，因为它可以选择不行权。银行不会遇到使用金融期货所碰到的会计问题。因为使用期货期权进行宏观套期保值具有这种会计优势，对金融机构的管理人员来说，期权合约是非常重要的规避利率风险的工具。*

* 登录本书网站 www.pearsonhighered.com/mishkin_eakins，查看本章的附录，可以找到更多关于如何使用期货期权来规避利率风险的详细介绍。

24.6 利率互换

除了远期合约、期货和期权之外，金融机构还会使用其他的金融衍生工具来管理风险。**互换**（swap）是指互换各方就彼此拥有的现金流进行相互交换的一种金融合约。互换有两种基本类型：一种是**货币互换**（currency swap），是指以一种货币表示的现金流与以另一种货币表示的现金流之间进行的交换；另一种是**利率互换**（interest swap），是指以一种货币表示的利息支付流与其他的以同种货币表示但利率不同的利息支付流之间进行的交换。我们将重点分析利率互换。

24.6.1 利率互换合约

利率互换是一种管理利率风险的重要工具，1982 年在美国首次出现。我们已经知道，当时的美国对能够降低利率风险的金融工具的需求正在不断增加。最基本的利率互换（也称普通香草互换）包括以下几个部分：①互换利率的确定；②付息方式（浮动或固定）；③**名义本金**（notional principal），计算利息时依据的本金额；④互换的期限，即可以持续进行互换的期限。还有其他一些更加复杂的互换形式，包括远期互换和期权互换（也称互换期权，swaptions），但我们在这里只考察以下最基本的利率互换类型。图 24-2 对中西部储蓄银行与 Friendly 金融公司之间进行的一个利率互换的例子作了说明。中西部储蓄银行同意在今后 10 年内，以 5%的固定利率向 Friendly 金融公司支付名义本金额为 100 万美元的利息；而Friendly金融公司则承诺在同一期限内，以1年期国库券利率加上1%的利率水平，向中西部储蓄银行支付这100万美元本金的利息，如图24－2所示。

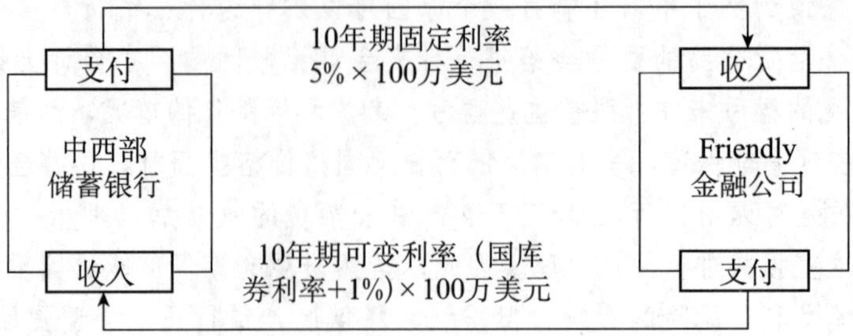

图24－2　利率互换的收付情况

说明：在这份互换协议中，名义本金额为100万美元，期限为10年，中西部储蓄银行将向Friendly金融公司支付5%×100万美元的利息，而Friendly金融公司则同意向中西部储蓄银行支付（1年期国库券利率加上1%）×100万美元的利息。

执业经理24—6

利用利率互换规避风险

你可能会疑惑，为什么两家金融机构的管理人员都觉得完成这项互换协议对双方都有利呢？答案就是：它能够帮助双方规避利率风险。

假设中西部储蓄银行倾向于在抵押贷款市场中借短贷长，其持有的利率敏感性资产要比利率敏感性负债少100万美元。我们在第23章已经了解到，这种情况意味着，当利率提高时，资金（负债）成本的提高要大于从资产中获得的利息水平的提高，因为很多资产的利率都是固定的。利率水平的提高会使中西部储蓄银行的净息差缩水，并使其盈利能力降低。正如我们在第23章所见，为了避免利率风险，中西部储蓄银行的管理人员希望将公司价值100万美元的固定利率资产转换为100万美元的利率敏感性资产，实际上是使利率敏感性资产等于利率敏感性负债，消除缺口。这就能解释为什么她会参与这种利率互换。通过用100万美元的固定利率收入交换100万美元的利率敏感性国库券收入，她就能将这100万美元固定利率资产的收入转换为100万美元利率敏感性资产的收入。现在，当利率水平提高时，利率敏感性资产收入的提高正好等于其负债方利率敏感性资金成本的提高，因此，可以使净息差和银行获利能力保持不变。

Friendly金融公司的管理人员通过发行长期债券筹集资金，再用这些资金来发放短期贷款，然而他发现Friendly金融公司所处的情况正好与中西部储蓄银行相反：Friendly金融公司拥有的利率敏感性资产比利率敏感性负债多100万美元。因此，他担心利率的降低会导致资产收入的降低幅度远大于负债方资金成本的降低幅度，从而使公司的利润减少。通过进行利率互换，管理人员能够消除这种利率风险。管理人员将100万美元的利率敏感性收入转换为100万美元的固定利率收入。现在，Friendly金融公司的管理人员发现，即使利率水平降低，利率敏感性收入的下降幅度也会减小，与负债方利率敏感性资金成本的降低相匹配，使获利能力保持不变。*

* 登录本书网站 www.pearsonhighered.com/mishkin_eakins，查看本章的附录，可以找到更多关于如何使用利率互换来规避利率风险的详细介绍。

24.6.2 利率互换的优点

为了消除利率风险，中西部储蓄银行和 Friendly 金融公司可以不用参与利率互换，只要通过将固定利率资产转换为利率敏感性资产或相反的操作来重新调整其资产负债表。然而，出于几个原因，这样的策略对于两家金融机构来说成本都太过昂贵。首先，当金融公司调整其资产负债表时，将导致高昂的交易成本。其次，不同的金融机构在向一些具有不同到期期限偏好的客户发放贷款时，具有信息优势。为了消除利率风险而调整资产负债表会丧失这种信息优势，而这种信息优势又是金融机构不愿放弃的。利率互换有助于金融机构解决这些问题。通过利率互换，金融机构可以在不影响资产负债表的前提下把固定利率资产转换为利率敏感性资产。这避免了大量的交易成本，也使金融机构能够继续在其拥有信息优势的领域发放贷款。

我们知道金融机构也会使用别的金融衍生工具，如期货合约和期货期权来规避利率风险。与其他金融衍生工具相比，利率互换有一个很明显的优势，即它们可被用于一个很长的时间段，有时可长达 20 年。而金融期货和期货期权通常只有一个很短的存续期，大多不超过 1 年。如果金融机构需要在较长的时间内规避利率风险，金融期货和期权市场可能并不理想。此时，金融机构就可以转而求助于互换市场。

24.6.3 利率互换的缺点

虽然利率互换因其突出的优点而受到金融机构的普遍青睐，但也存在一些缺陷制约着它的应用。与远期市场一样，互换市场也面临着缺乏流动性的问题。现在，我们回到中西部储蓄银行和 Friendly 金融公司之间互换的例子。与远期合约一样，中西部储蓄银行可能很难找到像 Friendly 金融公司这样的机构来安排互换交易。此外，即使中西部储蓄银行可以找到像 Friendly 金融公司这样的交易方，双方也可能协商不出满意的结果，又无法找到其他机构参与协商。

与远期合约相同，互换合约也面临着违约风险。如果利率水平提高，Friendly 金融公司可能希望退出互换合约，因为它所获得的固定利率支付比公司在公开市场上可以获得的支付金额要少一些。因此，它会选择违约，而这会使中西部储蓄银行遭受损失。或者，Friendly 金融公司可能会破产，这意味着互换合约条款可能无法全部实现。

由于名义本金额不用交换，因此互换的违约风险与名义本金的全额违约风险并不相同，认识到这一点十分重要。如果 Friendly 金融公司有一笔 100 万美元的 1 年期贷款发生违约，致使它无法向中西部储蓄银行支付利息，中西部储蓄银行也会停止向 Friendly 金融公司支付利息。如果利率下降，中西部储蓄银行将获益，因为它宁愿获得高于当前利率水平的 5%的固定利率的利息支付，而不愿接受现在降低了的浮动利率的利息支付。因此，互换合约发生违约并不一定意味着另一方就会遭受损失。只有当违约发生时利率提高，中西部储蓄银行才会因此遭受损失。即使在这种情况下，损失的程度也远远小于名义本金额，利息支付额远比名义本金额小得多。①

① 如果互换仍然有效，银行的实际损失将等于其应收到的利息支付与银行实际收到的利息支付的差额的现值。

24.6.4 利率互换交易中的金融中介机构

正如我们所见，金融机构必须弄清楚因互换违约而导致损失的可能性有多大。与远期合约一样，互换各方必须掌握有关交易对手的详细信息，以确保合约能够履行。对交易方信息的需求和流动性问题可能会限制互换市场发挥作用。然而，正如我们在第 7 章所见，当某个市场出现信息和流动性问题时，金融中介机构就会出来帮忙解决，这种情况也会发生在互换市场。金融中介机构，如投资银行，尤其是大型商业银行，有能力以低廉的成本获取互换各方的信息，进而帮助完成互换交易。因此，一些大型商业银行和投资银行已经建立起由自己充当中介的互换市场。

24.7 信用衍生工具

近几年，一种规避信用风险的新型衍生工具问世了。就像其他金融衍生工具一样，**信用衍生工具**（credit derivatives）对已发行证券提供风险补偿，但因此也承受了信用风险。在过去的 10 年里，信用衍生工具市场正以惊人的速度迅猛发展，并且信用衍生工具交易的名义金额已高达上万亿美元。信用衍生工具包含以下几种类型。

24.7.1 信用期权

信用期权（credit options）就像本章前面介绍的期权工具一样：购买者缴纳一定的费用（期权费），就有权利从一种标的证券或者利率的价格波动中获利。假设你购买了 100 万美元的通用汽车债券，却担心可能出现的越野车销售额下降将会引起信用评级机构调低通用汽车债券的评级（降低信用级别）。正如我们在第 5 章中所述，这种信用降级事件将会导致通用汽车债券的价格下跌。为了保护你的利益，你可以购买一份价值 15 000 美元的看跌期权，约定以现时价格作为该 100 万美元债券的执行价。通过使用这项策略，即使通用汽车债券的价格下跌，你也不会遭受任何损失，因为你可以执行这项期权，并以约定好的价格将债券售出。另外，如果通用汽车债券升值，你还可以从中获利。

第二种类型的信用期权将利润与利率的变化联系起来，比如信贷利差（具有特定信用等级的平均债券的利率减去无风险债券的利率——美国国债利率）。假设你的公司信用等级为 Baa，计划在三个月内发行 1 000 万美元的一年期债券，并且期望能够获得 1%的信贷利差（即这种债券将以高于一年期国债利率 1%的利率来付息）。你担心市场反应会倾向于认为，Baa 等级的公司会在未来的几个月内面临更大的风险。在未来三个月内，如果这件事情恰好在你准备发行债券的时候发生了，你需要支付的利率将比国债利率加上 1%还要高，这样你的发行成本将会增加。为了防止你承担这样的高成本，你可以花 2 万美元的信用期权费，购买标的物为 1 000 万美元 Baa 级债券的信用期权。这种期权将会就这 1 000 万美元债券向你支付 Baa 级债券的市场平均信贷利差减去 1%的信贷利差之后的差额。如果信贷利差提高到 2%，你将会通过该期权获得 10 万美元 [=(2%－1%)×1 000 万美元]，这样就可以冲抵由于 1%的利率上升而引致的 10 万美元的融资成本上升。

24.7.2 信用互换

假设你在休斯敦管理一家名叫石油钻机银行（ODB）的银行，该银行的业务是向当地的一种特定产业即石油钻机公司提供贷款。另一家银行是土豆农业银行（PFB），该银行的业务是向爱达荷州的土豆农场主提供贷款。石油钻机银行与土豆农业银行同时面临这样一个问题：它们的贷款组合都不够多样化。一旦石油市场崩溃，为了保护石油钻机银行免遭由此导致的石油钻机公司的贷款违约风险，你可以与土豆农业银行达成协议。这项协议的内容是：以你的价值1亿美元的石油钻机贷款与土豆农业银行的价值1亿美元的土豆农业贷款进行互换交易。在这种交易下，贷款的风险偿付对调，被称为**信用互换**（credit swap）。因此，石油钻机银行和土豆农业银行贷款组合的多样性增加了，风险降低了。每家银行贷款偿付中的一部分都来自不同类型的贷款。

信用互换的另一种形式被称为**信用违约互换**（credit default swap），它的功能更类似于保险。在信用违约互换交易中，想规避信用风险的一方需要向信用违约互换出售者支付一定的费用，一旦出现信用类事件，比如某家公司破产或者信用评级机构调低该公司的信用等级，信用违约互换的购买者将会据此获得偿付。例如，你可以利用信用违约互换来规避你所持的价值100万美元的通用汽车债券的信用等级下降所带来的损失，在支付1 000美元的年费后，一旦通用汽车债券的信用等级被调低，你便可获得1万美元的补偿。如果信用类事件发生了，通用汽车债券的等级被调低而导致其债券价格下降，你收到的这笔钱就会正好弥补你以较低的价格出售债券所遭受的损失。

24.7.3 信用联结票据

另一种信用衍生工具是**信用联结票据**（credit-linked note），它是一种债券和信用期权的结合。正如其他公司债券一样，信用联结票据承诺定期支付息票（利息），在票据到期时偿还本金。如果在票据交易中确定的一项关键变量发生了变化，那么票据的发行人有权调低该票据的付息额。例如，通用汽车公司可以发行息票利率为5%的信用联结票据。如果越野车的销售额指数下降了10%，那么，通用汽车公司就有权将该票据的息票利率降低2%，使之变为3%。这样一来，通用汽车公司就可以达到降低风险的目的。当通用汽车公司遭受越野车销售额下降所带来的损失时，信用联结票据较低的付息额可用以抵消一部分损失。

案例 24—1

全球金融危机中的教训：金融衍生工具什么时候会成为全球的定时炸弹?

尽管金融衍生工具能够有效地对冲风险，然而第8章讨论过的美国国际集团的破产事件表明：金融衍生工具对金融体系的确有杀伤力。事实上，沃伦·巴菲特将金融衍生工具称为“金融界的大规模杀伤性武器”。人们特别担心的是，衍生工具交易量的名义总额惊人——在全世界范围内，超过了500万亿美元。如果金融衍生工具真的会成为一颗定时炸弹而摧毁全球金融体系，那么，最近的全球金融危机教会了我们什么呢?

关于金融衍生工具，主要存在两种担忧：第一，金融衍生工具使得金融机构提高其杠杆成为可能，也就是说，这些金融机构实际上持有的标的资产总量比它们需要支付的资金总额要大好几倍。杠杆的提高使它们能够进行巨额投机活动，一旦它们投机失败，将会导致机构倒闭。遗憾的是，这正是美国国际集团进入信用违约互换市场之后遇到的情况。更严重的问题是，美国国际集团在信用违约互换市场的投机具有摧毁整个金融体系的潜力。从全球金融危机中学到的教训是：在衍生工具市场中，参与者持有过多的头寸是相当危险的。

第二，银行持有的金融衍生工具的名义总额巨大，尤其是在利率和货币互换市场，名义总额大大超过了银行资本的数量，因此，这些衍生工具会使银行直面极大的倒闭风险。银行实际上是金融衍生工具市场尤其是利率互换和货币互换市场上的主要参与者。从前面的分析可知，它们是天然的做市商，它们可以在互换市场交易双方之间起到中介的作用，没有它们，交易将无法完成。然而，只关注银行的利率互换和货币互换的名义总额，会误解其承担的风险程度。因为银行在互换市场上只是起中介的作用，它们通常只面对信贷风险，即契约方违约所引致的风险。与贷款不同，这些互换并不涉及名义总额的支付，而只需根据名义总额进行数额较小的利息支付。例如，在7%的利率下，对于一份价值100万美元的互换，利息支付只需要7万美元。银行参与衍生工具活动所面临的信用风险不同于参与其他金融活动所面临的风险。审计总署发布的一项分析报告表明：衍生工具合约给银行带来的信用损失规模非常小，只占其总信用风险的0.2%。事实上，在此次全球金融危机中，金融体系承受着很大的压力，银行面临的由衍生工具引致的风险并不算一个严重的问题。

总之，近期发生的金融事件表明，金融衍生工具使金融体系面临风险，但是，其中的一些风险被夸大了。最大的风险存在于金融机构的交易活动中，尤其是信用衍生工具，正如我们在美国国际集团参与信用违约互换交易中所看到的那样。第18章曾讨论过，监管机构越来越关注这样的风险，并且对应该如何进行衍生工具交易制定出新的信息披露要求和监管指南。特别需要关注的是金融机构对衍生工具合约风险敞口的披露。这样，监管机构就能确保大机构没有在该市场中起大的作用，并且能够确保它们的衍生交易的风险敞口相对于其资本而言不会太大，就像美国国际集团那样。另一个需要关注的是，对衍生工具尤其是信用衍生工具需要建立起更加完善的清算机制。这样，一个机构的倒闭就不会拖垮那些尽管持有大量的对冲头寸但净衍生工具头寸很少的机构。通过在像期货市场这样的有组织的交易所内进行这些衍生工具交易，或者通过独立于交易的清算机构，可以实现更好的清算。监管机构如纽约联邦储备银行正致力于在这些方面提出可行的建议。

在运用规避信用风险的标准方法的同时，由金融机构的管理人员和金融机构的监管者共同监管，利率衍生工具所引致的信用风险似乎是可控的。

随着全球金融危机的发生，针对衍生工具市场的新监管条例会陆续出台。整个行业也对衍生工具潜在的风险有了更深刻的认识。希望市场参与者和监管者做出的恰当努力能够解除衍生工具这颗定时炸弹带来的危机。

本章小结

1. 远期利率合约是承诺在未来（远期）某个时点出售一份债务工具的合约，它能被用来规避利率风险。远期合约的优点是它非常灵活，缺点是它面临违约风险，而且其市场不具有流动性。

2. 金融期货合约与远期利率合约相似，它也规定在未来某个确定的时间，交易的一方必须向另一方交付某项债务工具。然而，同远期合约相比，它具有无违约风险以及更具流动性的优点。远期合约和期货合约都可以被金融机构用于规避利率风险。

3. 股指期货是一种金融期货，其标的金融工具是像标准普尔 500 指数这样的股票市场指数。股指期货合约可以通过降低资产组合的系统性风险或锁定股票价格来规避股市风险。

4. 期权合约赋予所有者以执行价格（行权价）、在约定时间内购买（看涨期权）或出售（看跌期权）某种金融工具的权利。期权的收益函数是非线性的——收益并不会随着给定的标的金融工具价格的变化而发生相同幅度的变化。期权的非线性收益函数可以解释为什么它们的价值（体现为它们所支付的期权费）与看涨期权的行权价负相关，与看跌期权的行权价正相关，与看涨期权和看跌期权距离到期日的期限正相关，与看涨期权和看跌期权的标的金融工具价格的波动幅度正相关。金融机构使用期货期权来规避利率风险的方式与其使用金融期货和远期合约来规避利率风险的方式相似。宏观套期保值操作更倾向于使用期货期权，因为期货期权带来的会计问题比金融期货要少。

5. 利率互换是指一种利息支付流和另一种利息支付流之间进行的交换，它具有与远期合约相似的违约风险和流动性问题。因此，在使用利率互换时，经常需要诸如商业银行和投资银行这样的中介机构为其做市。金融机构发现利率互换是一种用来规避利率风险的有效方法。相较于金融期货和期权，利率互换有一个很大的优势：它们可被用于一个非常长的时间段。

6. 信用衍生工具是一种新型的衍生工具，它可以从具有信用风险的已发行证券中获取利润。这些衍生工具——信用期权、信用互换和信用联结票据可被用来规避信用风险。

7. 对金融衍生工具的危险性有以下两种担忧：金融衍生工具能使金融机构轻而易举地提高其杠杆并投入巨资进行投机（使它们所持的标的资产总量超过需要支付的资金总额）。对金融机构的管理人员来说，理解起来有些复杂，它们使金融机构面临巨大的信用风险，因为金融衍生合约的名义总额非常大，大大超过了这些机构所持资本金的数量。后一种危险似乎被夸大了，但不断提高的杠杆所引致的风险是确实存在的。

重要专业术语

美式期权
套利
看涨期权
信用违约互换
信用衍生工具
信用联结票据
信用期权
信用互换
货币互换
欧式期权
执行价格（行权价）
金融衍生工具
金融期货合约
金融期货期权（期货期权）
远期合约
套期保值
远期利率合约
利率互换
多头
宏观套期保值
保证金要求
逐日盯市制度
微观套期保值
名义本金
未平仓合约
期权
期权费
看跌期权
空头
股票市场风险
股票期权
互换

习题

1. 为什么较低的行权价意味着看涨期权的期权费会比看跌期权的期权费高？

2. 如果你管理的金融公司有正的 500 万美元的缺口（即利率敏感性资产比利率敏感性负债要多 500 万美元），请说明如何用利率互换消除公司的收入缺口。

定量问题

1. 如果从现在开始的 6 个月内，你所管理的养老金会有 1.2 亿美元的资金流入，为了锁定当前的利率，你会使用哪种远期合约？

2. 假设你所管理的资产组合持有 2 500 万美元的“2032 年到期的 6s 长期国债”，其价格为 110。为了规避该债券今后可能遇到的利率风险，你会使用哪种远期合约?

3. 如果在到期日，可交割的长期国债的出售价格为101，长期国债期货合约的出售价格为102，那么，期货价格会发生怎样的变化？请对你的答案进行解释。

4. 假设你以108的价格购买了一份价值为10万美元、2月份到期的长期国债合约。在到期日，如果应交割国债的价格为102，那么，购买这份合约的盈亏情况如何?

5. 假设从现在开始的1年内，你所管理的养老金会有1亿美元的资金流入。你希望将这些资金投资于长期债券，并确保获得等于当前利率水平（8%）的回报率。你将如何利用期货市场来实现这种目的?

6. 你应如何利用期权市场来实现与第5题相同的目的？使用期权合约而非期货合约的优点和缺点分别是什么?

7. 如果你购买了一份看跌期权，其标的物是价值为10万美元的长期国债期货合约，行权价为95。在到期日，长期国债的价格为120，这份合约是折价期权、溢价期权还是平价期权？如果期权费是4 000美元，那么，购买这份合约的盈亏情况如何?

8. 假设你购买了一份看涨期权，其标的物是价值为10万美元的长期国债期货合约，行权价为110，期权费为1 500美元。如果在到期日，期货合约的价格为111，那么，购买这份合约的盈亏情况如何?

9. 请解释为什么较大的波动幅度以及较长的距离到期日的期限将提高看涨期权和看跌期权的期权费。

10. 假设你管理的储贷协会有−4 200万美元的缺口。请说明如何利用利率互换消除储贷协会所承担的由利率变化带来的收入风险。

11. 如果你的公司在1年后需要偿付2亿欧元，在这次偿付中，你应如何使用125 000欧元的期货合约来规避外汇风险?

12. 如果你的公司需要在3个月后（即6月份）向一家德国公司支付1 000万欧元，在这次偿付中，你该如何使用125 000欧元的期货合约来规避外汇风险?

13. 假设在6个月后你的公司将会获得3 000万欧元，当前欧元的售价为1欧元兑换1美元。如果你想规避这次支付的汇率风险，你会使用哪种远期合约?

14. 一位避险者以98 5/32的价格对5份国库券期货合约进行空头操作。每份合约的本金额为10万美元。当了结该头寸时，价格为95 12/32。这项交易的损益情况如何?

15. 一家银行发行了一种价值为10万美元的可变利率30年期抵押贷款，其名义年利率为4.5%。如果在6个月后利率跌至4.0%，这会对第一年的利息收入产生怎样的影响？假设银行用一个181天期的国库券期货的空头头寸来规避这种风险。一份面值为10万美元的合约的初始价格为97 26/32，最后价格为98 1/32，这种操作能规避其风险吗?

16. 一位债券组合的管理人员劳拉管理一个价值1 000万美元的债券组合。当前债券组合的久期为8.5年。劳拉希望通过使用国库券期货将该组合的久期缩短为6年。国库券期货的久期为0.25年，交易价格为975美元（面值=1 000美元）。该如何完成这样的避险交易?

17. 3个月期国库券期货合约的规模为100万美元。如果你以96.22的价格持有其多头头寸，再以96.87的价格将合约售出，那么，该交易的净损益为多少?

18. 芝加哥银行与信托公司的资产为1亿美元，负债为8 300万美元。资产的久期为5.9年，负债的久期为1.8年。为了完全规避所面临的利率风险，银行需要使用多少份期货合约？可供使用的长期国债期货合约的久期为10年，面值为100万美元，售价为97.9万美元。

19. 一家银行发行了一种价值为300万美元的商业抵押贷款，其名义年利率为8%。这是一笔10年期的分期贷款，要求每月偿付。银行计划在2个月后出售该贷款。如果贷款被出售后，要求的名义年利率提高了45个基点，那么银行会招致何种损失?

20. 假设上一题中的银行是以100 20/32的价格出售3份10年期中期国债期货合约来部分规避抵押贷款的风险。每份合约的价值为100万美元。在2个月后，期货合约的价格跌至98 24/32。那么，这项交易的损益情况如何?

21. 斯普林格郡银行的总资产为1.8亿美元，久期为5年；总负债为1.6亿美元，久期为2年。银行管理人员预计，不久后，利率将从9%降到8.25%。现在可以用一份长期国债期货合约进行套期保值。期货合约的久期为6.5年，当前的价格为99 5/32。斯普林格郡银行需要多少份合约才能规避这种预期利率变化的风险？假设每份合约的面值都是100万美元。

22. 在上一题中，利率确实如预期的那样降低了，现在长期国债的价格为103 5/32。如果斯普林格郡银行对期货头寸执行了平仓操作，其损益情况如何？这种操作对股价波动的抵消效果怎样？

23. 一家银行发行了一种价值10万美元的固定利率30年期抵押贷款，其名义年利率为4.5%。如果在抵押贷款发行后，利率马上跌至4.0%，这对抵押贷款的价值会有怎样的影响？假设银行用两份10年期长期国债期货的空头头寸对抵押贷款的头寸进行套期保值操作。一份面值为10万美元的合约的初始价格为64 12/32，到期价格为67 16/32。这些期货的收益为多少？对银行的总影响如何？

24. 一位银行客户将在6月到伦敦购买10万英镑作为新存货。当前的即期汇率和远期汇率如下表所示：

汇率（美元/英镑）

时期	利率
即期	1.534 2
3月	1.621 2
6月	1.690 1
9月	1.754 9
12月	1.841 6

该客户使用一个6月到期的期货头寸来完全规避其风险。到了6月，实际汇率为1.725美元兑换1英镑。那么，她节约了多少钱？

25. 考虑一份长期国债的看跌期权，其行权价为101 12/32。合约的债券本金额为10万美元，期权费为750美元。在到期日，实际长期国债的价格跌至98 16/32。该头寸的盈亏情况如何？

26. 考虑一份长期国债的看跌期权，其行权价为101 12/32。合约的债券本金额为10万美元，期权费为750美元。当前的实际长期国债价格为100 1/32。你应如何从这种情况中套利？

27. 一位银行工作人员决定发放2年期、价值为500万美元的商业贷款，预期银行会在30天内履行合约。利率会按照当时的利率来确定。目前，这种商业贷款的利率为7.5%。为了规避利率下跌的风险，银行购买了一份30天期的利率保底期权，名义总额为1 000万美元，贷款的利率下限为7.5%。30天后，实际利率下跌至7.2%。该贷款每年的预期利息收入为多少？该期权需要支付多少？

28. 一位信托基金管理人员管理着一个价值为1亿美元的股票组合，她希望使用道氏看跌期权来最小化短期股价下跌的风险。期权将在60天后到期，行权价为9 700，期权费为50美元。道氏看跌期权现在的价格为10 100。她应该使用多少份期权？应该使用多头头寸还是空头头寸？成本为多少？如果现在股票组合和道氏看跌期权完全相关，那么，当期权到期时，股票组合包括期权费在内的价值为多少？

29. 一份互换协议要求杜宾工业公司每年以1年期国库券利率加上1.5%的利率水平进行利息支付，当前的国库券利率为6%。作为互换，杜宾公司每年以6%的固定利率获得利息支付。互换协议的名义本金额为5万美元。在协议签订后的1年内，杜宾公司获得的净利息为多少？

30. 北方—西北银行（NNWB）在发行可变利率抵押贷款上具有一些优势，但该银行不希望面对此类贷款所带来的风险。银行现有一种价值为2 500万美元的抵押贷款资产组合，其年利率为最优惠利率+150个基点，并且每个月都会调整其利率水平。当前的最优惠利率为4%。一家投资银行为北方—西北银行安排了一种互换，将这种可变利率利息收入转变为名义总额为2 500万美元、固定利率为6.5%的利息支付。如果北方—西北银行同意这么做，第1个月银行获得和提供的利息支付额各为多少？如果最优惠利率突然提高了200个基点，情况又如何？

网络练习

利用金融衍生工具进行套期保值

1. 可以使用下面网站的资料来论证期权的特性是如何对其价格产生影响的。登录 http://www.hoadley.net/options/bs.htm。点击期权计算器。请说明在下列各种情况下，期权的价格将会发生怎样的变化：

（1）行权价提高。

（2）利率水平提高。

（3）波动性增大。

（4）期权距离到期日的期限延长。

网络附录

请登录本书的网站 www.pearsonhighered.com/mishkin_eakins，阅读第 24 章的网络附录：

附录：更多关于利用金融衍生工具进行套期保值的资料

常用符号指南

符号	术语
Δ	变量变化
π^e	预期通货膨胀
标准差	σ
债券需求	B^d
B^s	债券供给
C	每年息票利息支付金额
D	需求曲线
DUR	久期
DUR_{gap}	久期缺口
E	即期汇率
$(E_{t+1}^e - E_t)/E_t$	本币预期升值率
EM	权益乘数
GAP	收入缺口
i	利率（到期收益率）
i^D	美元资产利率
i^F	外国资产利率
i_r	实际利率
P_t	t 时刻的证券价格
R	回报
R^D	美元存款的预期回报
R^F	外国存款的预期回报
ROA	资产回报率
ROE	股东权益回报率
RSA	利率敏感性资产
RSL	利率敏感性负债
S	供给曲线

术语表

预付款（advances）：参见“贴现贷款”。

逆向选择（adverse selection）：由于信息不对称而在交易发生之前引发的问题：人们认为那些最不诚信的人是最想参与金融交易的人。

代理问题（agency problem）：由于代理人与委托人存在利益与目标的不一致，从而出现的代理人损害委托人利益的道德风险问题。

代理理论（agency theory）：针对信息不对称问题对经济行为的影响所进行的理论研究。

美国存托凭证（American depository receipts, ADRs）：一种由托管机构持有的外国股票凭证。此凭证可取代实际股票在美国证券交易所进行交易。

美式期权（American option）：在合约规定的到期日之前的任何时间都可以行权的一种期权。

分期还款（amortized）：在一段时期内分阶段还款。贷款的每笔偿还额都包括应付利息和应还本金的金额。在各期还款被付清后，贷款才会被结清（分期偿还贷款）。

锚货币（anchor currency）：使用固定汇率制度的国家所钉住的一种货币。

年金（annuity）：一种提供固定支付的保险产品。

升值（appreciation）：一种货币的价值提高。

套利（arbitrage）：消除市场中的无风险获利机会。

卖价（ask price）：做市商出售股票的价格。

资产（asset）：一种金融权益或者某项具有价值贮藏功能的财产。

资产支持商业票据（asset-backed commercial paper, ABCP）：以一揽子资产作为抵押的短期证券。

资产管理（asset management）：通过获得具有较低违约风险的资产以及将所持资产多样化来提高利润水平。

资产市场法（asset market approach）：用资产的存量而不是流量来决定资产的价格。

资产价格泡沫（asset-price bubble）：由投资者心理因素导致的资产价格超过自身基础经济价值的现象。

资产转换（asset transformation）：金融中介机构通过创造并出售满足人们各种风险偏好的金融资产，将出售资产所获得的资金用于购买其他一些风险性更高的资产的过程。

信息不对称（asymmetric information）：在交易中，交易双方掌握信息的不平等性。

审计（audits）：由会计师事务所证实一家公司确实遵守标准的会计准则。

自动银行机（automated banking machine, ABM）：一种将同一地域的自动柜员机、银行网站以及客户服务中心的电话连接起来的电子机器设备。

自动柜员机（automated teller machine，ATM）：一种可以让客户取现、存款、转账和查询账户余额的电子机器设备。

国际收支平衡表（balance of payments）：国际收支平衡表是一种簿记制度，它记录了国与国之间有关资金直接往来的所有收支。

国际收支危机（balance-of-payments crisis）：由于一国的国际收支出现问题而引发的外汇危机。

资产负债表（balance sheet）：该表列出了银行（或公司）的资产和负债：总资产＝总负债＋资本金。

气球式贷款（balloon loan）：前期偿还部分贷款、最后一次偿还额度较大的剩余借款额的一种长期贷款。

银行倒闭（bank failure）：银行无法向其存款人和其他债权人履行还款义务，并因此而倒闭。

银行持股公司（bank holding companies）：拥有一家或多家银行的公司。

银行恐慌（bank panic）：在金融危机期间，许多银行同时倒闭的情况。

银行监管（bank supervision）：对银行经营者及其经营活动进行监督。

银行承兑汇票（banker's acceptance）：由一家公司开出的短期票据，为该公司购买的商品提供支付，该票据由一家银行提供在到期日时的支付担保。通常在国际贸易中使用。

银行（banks）：接受存款并对外发放贷款的金融机构。

《巴塞尔协议》（Basel Accord）：该协议要求银行最低持有相当于风险资产8%的资本金，以降低银行的流动性风险。

巴塞尔银行监管委员会（Basel Committee on Banking Supervision）：该委员会因由位于瑞士巴塞尔的国际清算银行发起成立而得名，负责制定银行监管标准。

无记名票据（bearer instrument）：证券的持有者或者持票者出具该票据时即可获得支付，而无须任何所有权证明。

行为金融学（behavioral finance）：该研究领域运用来自其他社会科学如人类学、社会学尤其是心理学的概念来解释证券价格的表现。

买价（bid price）：做市商买入股票的价格。

联邦储备委员会（Board of Governor of the Federal Reserve System）：该委员会由7名委员（包括联邦储备委员会主席在内）组成，他们在美联储制定决策时起着重要的作用。

债券（bond）：一种承诺在特定的时期内周期性地对持有者予以支付的债务证券。

债券契约（bond indenture）：债券所附带的文件，其中注明了债券发行的一些细节，如限制性条款和偿债基金条款。它还规定了贷款者的权利和特权以及借款人的义务。

记账式债券（book entry）：一种记录证券所有权的体系。在记账体系中，债券的发行人对发行在外的证券进行记录，通常是以电子化的形式保持这些记录，而不是发行任何债务凭证。

分支机构（branches）：银行为开展经营活动而开设的办事处。

布雷顿森林体系（Bretton Woods system）：1945—1971年所使用的国际货币体系。在该体系下，汇率被固定，美元直接与黄金挂钩（只能由外国政府和中央银行进行美元与黄金的兑换）。

经纪人（brokers）：投资者的代理人，他们帮助证券的买者和卖者实现匹配。

泡沫（bubble）：资产的价格背离其基础市场价值的情况。

看涨期权（call option）：能赋予持有者以指定价格去购买一种证券的权利的合约。

赎回条款（call provision）：只是一种权利，通常被纳入债券条款之中，这些条款规定发行人能够在债券到期之前赎回在外流通的债券。

资本（capital）：用于生产更多财富的货币或实物性财富。

资本账户（capital account）：该账户记录了美国和其他国家之间的资金往来。

资本充足率管理（capital adequacy management）：确定银行应该维持的资本金数量并对获取必要的资金进行管理。

实收资本（capital call）：在一份风险资本协议中，要求有限合伙人根据其参与承诺提供的资金。

资本管制（capital controls）：对资本跨境自由流动的限制。

资本市场（capital market）：交易较长期限债务（期限在一年以上）和股权工具的金融市场。

资本流动性（capital mobility）：在这种情况下，外国人可以很容易地购买一国的资产，而该国居民也能轻而易举地购买外国的资产。

集团财务公司（captive finance company）：这种财务公司由一家工商企业所有，该公司专门为购买集团商品的客户提供贷款。

现金流（cash flows）：现金收入和现金支出之间的差额。

意外伤害（责任）保险［casualty（liability）insurance］：专门针对因疏忽而导致的金融损失的保险品种。

中央银行（central bank）：它是监管银行体系的政府机构，负责管理经济中的货币数量和信贷供给。美国的中央银行就是联邦储备体系。

中央流动性便利机构（Central Liquidity Facility，CLF）：信用社的最后贷款人，依据1978年《金融机构改革法案》创建。

确定性等价（certainty equivalent）：一笔确定性的收入或支出金额。支付的保费就是确定性等价，因为它排除了未预期支付的风险。

封闭式基金（closed-end fund）：这种共同基金只出售固定数额的股份，不接受后续投资。

共保（coinsurance）：被保险人和保险公司按照协议安排各自分担损失的一定比例的保单。

抵押物（collateral）：当借款人不能偿付债务时，用于向债权人保证支付的财产。

债务抵押证券（collateralized debt obligation，CDO）：由次级抵押贷款支持证券的收益流提供偿债支付的证券。

抵押担保债务证券（collateralized mortgage obligation，CMO）：根据提前清偿可能发生的时间和偿付顺序分组，投资者按需要选择与其要求的偿还期限匹配的组别进行投资。

共同联合会员制（common bond membership）：要求信用社成员必须建立在某种共同联系的基础上，如为同一个雇主工作。

普通股（common stock）：这种证券的持有者获得了股票发行公司的所有权。该所有权包括对剩余资金的索取权和对重大问题的投票权。

普通股股东（common stockholders）：这些人拥有公司利益的所有权，并借此分红和对公司重大问题行使投票权。

社区银行（community banks）：地区的小银行。

补偿性余额（compensating balance）：获得贷款的企业必须在其银行的支票账户中保持一定数量的最低资金额度。

竞价招标（competitive bidding）：在国债拍卖中与其他潜在买主展开的竞价。

保密备忘（confidential memorandum）：该文件列出了想要参与购买企业的潜在买家所需要的详细财务信息。

利益冲突（conflicts of interest）：一种道德风险的表现，在这种情况下，金融合约的一方有动机为了自身的利益而非对方的利益行事。

常规性货币政策工具（conventional monetary policy tools）：美联储使用三种货币政策工具——公开市场操作、贴现贷款和法定准备金要求——控制货币供给和利率。

常规抵押贷款（conventional mortgage）：由银行和其他抵押贷款者发起的抵押贷款合约，它们并未获得联邦住房管理局或者退伍军人管理局所提供的担保。通常由私人抵押贷款保险公司提供担保。

昂贵的状态检验（costly state verification）：监督公司的行为，这种监督需要付出大量的时间和金钱。

附息债券（coupon bond）：在到期日之前，这种债务工具将每年向债券持有者支付定额利息，在到期日偿还本金。

息票利率（coupon rate）：以附息债券面值的百分比表示的每年的利息支付金额。

信用评级机构（credit-rating agencies）：根据违约概率对公司债券和市政债券的质量进行评估的投资咨询公司。

信贷繁荣（credit boom）：金融机构迅速扩张信贷额形成的信用繁荣现象。

信用违约互换（credit default swap）：在信用违约互换交易中，想规避信用风险的一方需要向信用违约互换出售者支付一定的费用。一旦出现信用类事件，如某家公司破产或者信用评级机构调低对该公司的信用评级，违约互换的购买者将会据此获得偿付。

信用衍生工具（credit derivatives）：对已发行证券提供风险补偿，但因此承受了信用风险。

信贷宽松（credit easing）：通过调整美联储资产负债表的结构，以改善信贷市场中特定部分的功能。

信用联结票据（credit-linked note）：它是一种债券与信用期权相结合的信用衍生工具。

信用期权（credit options）：购买者缴纳一定的费用（期权费），就有权利从一种标的证券或者利率的价格波动中获利。

信贷配给（credit rationing）：这是指即使借款者愿意支付约定好的甚至更高的利率，贷款人也会拒绝向其提供贷款，或将贷款的规模限制在少于其需要的金额之内。

信用风险（credit risk）：由于借款人可能违约而引发的风险。

信贷利差（credit spread）：即风险溢价，有违约风险的债券与像国债这样没有违约风险的债券之间的利率差异。

信用互换（credit swap）：贷款的风险偿付相互对掉的交易。

信用社（credit union）：一种专门为其成员的银行和贷款需求提供服务的金融机构，社员之间必须有某种共同关联。

全国信用社协会（Credit Union National Association，CUNA）：一家中央信用社组织，其职能是鼓励建立信用社并为其成员提供信息。

全国信用社扩展局（Credit Union National Extension Bureau，CUNEB）：一家建立于1921年的中央信用社组织，后来被全国信用社协会所取代。

债权人（creditor）：贷款人或债务的持有者。

货币局（currency board）：一种货币汇率制度，即本国货币由外国货币（如美元）作为发行保证，拥有发钞权的中央银行或政府制定一个与此外币进行兑换的固定汇率，并且保证公众可以随时用本国货币兑换此种外币。

货币互换（currency swap）：以一种货币表示的现金流与以另一种货币表示的现金流之间进行的交换。

货币联盟（monetary unions）：几个国家决定使用统一货币的情形。

经常账户（current account）：该账户反映经常性生产的商品和服务的国际贸易。

当期收益率（current yield）：一种到期收益率的近似值，它等于每年的息票利息支付金额除以附息债券的价格。

经销商（dealers）：通过以给定价格买卖证券而将买卖双方联系起来的人。

债务紧缩（debt deflation）：价格水平大幅下降，债务负担增加，引起企业的净值进一步恶化的情形。

免赔额（deductible）：在保险公司赔偿之前，必须由被保险人自己支付的一部分损失金额。

深度市场（deep market）：在该市场中同时有许多参与者和大量交易，确保证券可以迅速地以合理的价格被出售。

违约（default）：这种情况是指债券的发行人不能支付利息，或在债券到期时无法清偿本金。

无违约债券（default-free bonds）：没有违约风险的债券，像美国政府债券。

违约风险（default risk）：贷款客户可能无法履行所承诺的贷款偿还义务的风险。

防御性公开市场操作（defensive open market operations）：一种公开市场操作，用于抵消其他因素变动对银行准备金和基础货币的影响。

递延佣金（deferred load）：共同基金投资的费用，该项费用只有在投资者赎回基金份额时才需要支付。佣金数额随着投资留在基金中时间的延长而下降。

固定收益养老金计划（defined-benefit plan）：无论投资表现如何，都按照事先规定好的养老金给付的养老金计划。

固定缴款养老金计划（defined-contribution plan）：这种养老金计划仅仅规定了将要缴入基金的金额，而支付的退休金额完全取决于基金的收益。

最终协议（definitive agreement）：详细确定有关一家公司收购另一家公司的条款和条件的具有法律效力的契约。

去杠杆化（deleveraging）：当金融机构资本金不足时进行的减少负债的活动。

需求曲线（demand curve）：该曲线表明当所有其他经济变量保持不变时需求数量和价格之间的关系。

活期存款（demand deposit）：由银行持有的必须随时向存款人支付的存款。通常活期存款又被称为支票账户。

存款便利（deposit facility）：是欧洲央行的经常性便利，银行以低于目标融资利率100个基点的利率从该存款便利中获取固定利息。

存款外流（deposit outflows）：存款人提取存款或者要求支付而导致银行存款减少。

存款利率上限（deposit rate ceilings）：对存款可以支付的最高利率的限制。

贬值（depreciation）：货币的价值降低。

法定贬值（devaluation）：一国货币的汇率平价被重新设定在一个较低的水平上。

直接募集（direct placement）：发行企业绕过交易商等中介直接将证券出售给投资者。

肮脏浮动（dirty float）：一种汇率制度，在该制度下，汇率每天都在波动，但是中央银行试图通过买卖货币来影响本国的汇率水平。

折价（发行）（discount）：以低于债券面值的价格出售债券。

贴现债券（discount bond）：一种信贷市场工具，以低于面值的价格被购买的债券，在到期日被偿付面值。这种债券不会获得利息偿付，也被称为零息债券。

贴现贷款（discount loans）：银行从联邦储备体系获得的借款，也被称为预支款。

贴现点（discount points）：在获得抵押贷款时就偿还全部贷款的一个百分比，贴现点支付可以降低贷款利率。

贴现率（discount rate）：美联储向银行发放贴现贷款所收取的利率。

贴现窗口（discount window）：联邦储备体系向银行发放贴现贷款的业务。

贴现（discounting）：证券的购买价格比其到期时的面值要小，投资者以此获得合理的回报率。

脱媒（disintermediation）：流入银行体系的资金流减少，造成金融中介机构的可贷资金减少的现象。

多样化（diversification）：投资于一组资产（资产组合），以降低单个资产的价格波动风险。

股息（dividends）：对股票持有者进行的定期偿付。

美元化（dollarization）：一种货币战略，即一国完全放弃本国货币而采用另一国货币，一般为美元。

首付款（down payment）：借款人支付财产原始购买价格一定比例的款项，这样借款人才能拥有该资产的权益，将其作为贷款抵押物。

双重银行体系（dual banking system）：美国的银行体系，由联邦政府监管的银行与由各州政府监管的银行并存的体系。

双重授权（dual mandate）：中央银行肩负同等重要的双重任务，即稳定物价和增加就业。

尽职调查期（due diligence period）：企业的买方用20～40天的时间来证实保密备忘中所包含信息的真实性。

久期（duration）：债券支付流的平均生命周期。

久期缺口分析（duration gap analysis）：考察银行的资产负债市值对利率变动敏感性的指标。

能动性公开市场操作（dynamic open market operations）：目的在于改变银行准备金和基础货币的公开市场操作。

初期投资（early-stage investing）：在一家公司的发展初期，风险投资公司就对其进行投资。

宽松的货币政策（easing of monetary policy）：降低联邦基金利率。

电子现金（e-cash）：专门用于网上支付的货币。

计量模型（econometric model）：运用统计方法对各方程进行估计。

规模经济（economies of scale）：通过扩大规模以降低单个产品的成本的经济模式。

范围经济（economies of scope）：利用一种资源生产出许多不同产品和服务的能力。

《埃奇法》公司（Edge Act corporation）：美国的银行中主要从事国际银行业务的特殊子公司。

有效汇率指数（effective exchange rate index）：反映一篮子有代表性的外汇的价值的一种指数。

有效市场假说（efficient market hypothesis）：该假说认为，金融市场中的证券价格完全反映了所有可以获得的信息。

电子金融（e-finance）：利用电子手段提供金融服务的新方式。

电子货币（electronic money，e-money）：以电子形式存在的货币，也可以替代现金。

新兴市场经济体（emerging market economies）：处于市场发展的早期阶段，刚刚向世界开放其商品、服务和资本市场的国家。

《职工退休收入保障法》（Employee Retirement Income Security Act，ERISA）：1974年通过的一部综合法案，它制定了所有养老金计划必须遵守的标准规则。

股票（equities）：对公司净收入或资产的股份的索取权（如普通股）。

股权资本（equity capital）：参见“净值”。

权益乘数（equity multiplier）：单位美元股权资本所能带来的资产数量。

欧洲债券（Eurobond）：不以发行地的货币为面值出售的债券。

欧洲货币（Eurocurrencies）：一国存在母国之外银行中的本国货币。

欧洲美元（Eurodollars）：存在美国以外的银行或外国银行的美国分支机构中的美元。

欧式期权（European option）：只能在合约到期时行权的一种期权。

超额需求（excess demand）：需求数量超过供给数量的情况。

超额准备金（excess reserves）：银行准备金中超过法定准备金的部分。

超额供给（excess supply）：供给数量超过需求数量的情况。

汇率（exchange rate）：以一种货币表示的另一种货币的价格。

交易所（exchanges）：证券的买者和卖者在二级市场进行集中交易的场所。

执行价格（exercise price）：期权的购买者有权购买或出售标的金融工具的价格，也称行权价。

预期理论（expectations theory）：该理论认为，长期债券的利率等于同时期短期债券利率的平均值。

预期回报率（expected return）：在未来一段时间预计的资产的回报水平。

面值（face value）：票据上标明的金额。

保理（factoring）：出售其他公司的应收账款，承担收账责任。

公允价值计量（fair-value accounting）：资产负债表中的资产价值以市场公允价值计价的会计准则。

《联邦信用社法案》（Federal Credit Union Act）：1934年通过，该法案允许联邦政府为各州的信用社授予特许经营权。

联邦基金（federal funds）：用于银行间拆入和拆出的短期存款。

联邦基金利率（federal funds rate）：联邦储备中隔夜拆借贷款的利率。

1932年《联邦住房贷款银行法案》（Federal Home Loan Bank Act of 1932）：该法案创立了联邦住房贷款银行委员会和地区性住房贷款银行网络。

联邦住房贷款银行委员会（Federal Home Loan Bank Board，FHLBB）：该机构负责监管和控制储蓄贷款协会。1989年被《金融机构改革、恢复和加强法》所撤销。

联邦公开市场委员会（Federal Open Market Committee，FOMC）：该委员会制定有关公开市场操作的决策。它由7名联邦储备委员会委员、纽约联邦储备银行行长以及其余的联邦储备银行行长（轮流担任）中的4名组成。

联邦储备银行（federal reserve banks）：联邦储备体系内的12家地区银行。

联邦储备体系（Federal Reserve System，the Fed）：美国负责货币政策的中央银行机构。

联邦储蓄贷款保险公司（Federal Savings and Loan Insurance Corporation，FSLIC）：该机构为储蓄贷款协会的存款提供保险，其方式类似于联邦存款保险公司为商业银行提供保险。在1989年，联邦储蓄贷款保险公司被关闭。

FICO评分系统（FICO scores）：被用来评估潜在借款者信用度的信用历史记录。

金融危机（financial crisis）：以资产价格急剧下跌为特征的金融市场严重崩溃，以及许多金融和非金融企业大量倒闭的情况。

金融衍生工具（financial derivatives）：这种工具的获利情况与对应的已发行证券相关，是可以减少风险的重要工具。

金融工程（financial engineering）：能满足顾客需求并改善获利能力的新型金融产品和服务的研发活动。

金融摩擦（financial frictions）：信息不对称问题阻碍金融市场有效地将资金从储蓄者手中转移到具有生产性投资机会的家庭和企业手中。

金融期货合约（financial futures contract）：一种期货合约，其标准化产品是一种特定的金融工具。

金融期货期权（financial futures options）：以金融期货为标的物的期权。

金融全球化（financial globalization）：向其他国家逐步开放资本市场和金融企业的过程。

财务担保（financial guarantee）：该合约能够保证债券购买人在发行人违约时仍可以得到本金和利息的偿付。

金融创新（financial innovation）：新金融产品与金融服务的发展。

《金融机构改革法案》（Financial Institutions Reform Act）：1978年通过的一项法案，该法案创建了中央流动性便利机构来担任信用社的最后贷款人。

《金融机构改革、恢复和加强法》（Financial Institutions Reform，Recovery，and Enforcement Act）：1989年通过的一项法案，该法案旨在阻止储蓄和贷款业的损失。它修正了许多业内违反规定的情况，包括1982年《加恩-圣杰曼法》中的一些规定。

金融工具（financial instrument）：参见"证券"。

金融中介机构（financial intermediaries）：从储蓄者手中借入资金，然后贷给他人的机构（如银行、保险公司、共同基金、养老金和金融公司）。

金融中介（financial intermediation）：利用金融中介机构进行间接融资的过程。

金融自由化（financial liberalization）：取消对金融市场的限制。

金融市场（financial markets）：资金能够在资金盈余者和亏绌者之间进行转移配置的市场。

金融恐慌（financial panic）：金融市场以及经济中的中介机构大范围崩溃的情况。

银行监管（financial supervision）：监督由谁来经营银行以及怎样经营银行，也被称为审慎监管。

抛售（fire sales）：迅速出售资产以筹集所需要的资金。

费雪效应（Fisher effect）：当预期通货膨胀率提高时，利率水平会随之上升。这种效应由费雪发现并由此命名。

固定汇率制度（fixed exchange rate regime）：在这种汇率制度下，中央银行通过买入或卖出货币使该国的汇率保持在一个固定的水平上。

固定支付贷款（fixed-payment loan）：一种信贷市场工具，为借款者提供一笔资金，在若干年内，借款者需要定期（比如每个月）等额偿付一定的本金和利息。

浮动汇率制度（floating exchange rate regime）：在这种汇率制度下，各种货币与另一种货币之间的比值是波动的。

外国债券（foreign bonds）：在外国出售的债券，并以所在国货币计值。

外汇干预（foreign exchange intervention）：一种国际金融交易，即中央银行通过购买或出售货币以影响汇率水平。

外汇市场（foreign exchange market）：进行外汇买卖的市场，由此决定汇率水平。

外汇汇率（foreign exchange rate）：参见"汇率"。

远期交易（forward contracts）：交易双方达成的在未来某个时刻进行某项金融交易的一种协议。

远期汇率（forward exchange rate）：远期交易所使用的汇率。

远期利率（forward rate）：根据期限结构的预期理论得到的下一期的预期利率。

远期交易（forward transaction）：不同币种的银行外汇存款在未来某一特定时间的汇兑交易。

搭便车问题（free-rider problem）：当有人免费利用其他人付钱获得的信息时所产生的问题。

分期偿还贷款（fully amortized loan）：是一项固定支付贷款，贷款人为借款人提供一笔资金，在若干年内，借款人定期等额偿付本金和利息。

足额保险（fully funded）：为到期给付预留了足够资金的养老金计划。

全额认购（fully subscribed）：在发行日之前所有可供销售的证券全部都已经被订购。

期货合约（futures contract）：卖方同意在未来某一特定日期、以约定的价格、向买方提供某种标准化商品的合约。

期货期权（futures options）：参见"金融期货期权"。

缺口分析（gap analysis）：一种测量银行收入对利率变动的敏感性的方法，通过从利率敏感性资产中减去利率敏感性负债得到，也被称为收入缺口分析。

一般责任债券（general obligation bonds）：以发行人的充分诚信为保证的债券，比如以市政当局的征税权为保证。

普通的股息估值模型（generalized dividend model）：仅仅通过计算未来股息的现值来得到股票的价值。

《格拉斯-斯蒂格尔法案》（Glass-Steagall Act）：该法案明确商业银行向公众发售证券为不合法行为。

目标独立性（goal independence）：中央银行确立货币政策目标的能力。

戈登增长模型（Gordon growth model）：一种假定股息的增长率固定不变来计算股票价值的简单模型。

折让（haircuts）：要求贷款者的抵押物价值大于所贷资金额。

套期保值（hedge）：保护自己免受风险。

对冲基金（hedge funds）：一种特殊类型的共同基金，基金份额仅被销售给富人，与一般共同基金相比受到较少的监管。

分层授权（hierarchical mandate）：中央银行的首要任务是稳定物价，在物价稳定的基础上可以追求其他目标。

混合基金（hybrid funds）：由股票和债券构成的共同基金。

不可能三角（impossible trinity）：参见"政策的三

难困境”。

激励相容（incentive-compatible）：合约双方的动机被紧密地结合在一起。

收入缺口分析（income gap analysis）：参见“缺口分析”。

指数基金（indexed fund）：这种共同基金由某些流行的股票指数（如标准普尔 500 指数）所包含的证券构成。设计该种基金的目的是为了获得标的指数的回报。

指数债券（indexed bonds）：这种债券的利率和本金支付额都随着价格水平的波动而调整，因此其利率可以作为实际利率的直接度量指标。

个人退休金账户（individual retirement accounts）：这种退休金账户允许那些没有被其他养老金计划覆盖的人群以税前收入投资于该账户。

通货膨胀目标制（inflation targeting）：一种货币政策战略，公开发布通货膨胀的中期数量目标。

首次公开发行（initial public offering，IPO）：公司首次向公众发售股票。

资不抵债（insolvent）：在这种情况下，企业或银行的资产低于其负债，因此破产。

分期偿付贷款（installment credit）：这种贷款要求借款人在规定的贷款期内等额偿还。

工具独立性（instrument independence）：中央银行确定货币政策工具的能力。

担保抵押贷款（insured mortgage）：由联邦住房管理局或退伍军人管理局提供担保的抵押贷款。这些机构保证，如果债务人违约，银行不会遭受任何损失。

利率平价条件（interest parity condition）：本国的利率等于外国的利率加上外国货币的预期升值率。

利率（interest rate）：借贷的成本，或所付的融资租赁价格，通常以每年的百分比形式表示。

远期利率合约（interest-rate forward contracts）：与债务工具相关的远期合约。

利率风险（interest-rate risk）：由于利率变化而导致的回报率降低的可能性。

利率互换（interest-rate swap）：以一种货币表示的利息支付与其他的同种货币但不同利率的利息支付流之间进行的交换。

中介目标（intermediate target）：美联储试图干预的对就业和价格水平有直接影响的任何变量，如货币总量和利率。

中期（intermediate-term）：对债务工具而言，中期指的是到期期限为 1～10 年。

国际银行设施（international banking facilities）：在美国境内创立的银行机构，可以接受外国居民的定期存款，但不受法定准备金要求和利息支付限制的约束。

国际货币基金组织（International Monetary Fund，IMF）：《布雷顿森林协定》创建的国际组织，其目的是通过向国际收支有困难的国家提供贷款，促进世界贸易的增长。

国际储备（international reserves）：中央银行持有的以外国货币计价的资产。

倒挂的收益率曲线（inverted yield curve）：向下倾斜的收益率曲线。

投资银行家（investment banker）：推动证券从初始发行者向公众转移的证券交易商。

投资银行（investment bank）：在一级市场中帮助证券实现首发的企业。

一月效应（January effect）：从 12 月到次年 1 月间股票价格异常上涨的情况。

垃圾债券（junk bonds）：债券评级机构给予低于 BBB 级评级的债券。垃圾债券并不是投资级债券，被视作投机级债券。它们通常有较高的收益率，以补偿投资者所承担的过高风险。

大型综合化银行组织（large，complex banking organizations，LCBOs）：提供银行业服务以及很多其他金融服务的大型公司。

晚期投资（later-stage investing）：风险投资公司投资于一家公司，帮助该公司扩大规模以吸引公众投资。

大数定律（law of large numbers）：当很多人投保时损失的概率呈正态分布的现象。

一价定律（law of one price）：该原理是指，如果两个或两个以上国家生产同一种商品，那么无论该商品是由哪个国家生产的，其价格在全世界范围内都应该是相同的。

租赁（leasing）：一方向另一方付费，从而获得在一段预先确定的时间内使用一项资产的权利。

最后贷款人（lender of last resort）：在没有其他人提供资金以防止金融危机时，能为金融机构提供储备资金的机构。

意向书（letter of intent）：这份文件向卖方发出求购意愿的信号，并列出初步的交易条款。

杠杆周期（leverage cycle）：先是信贷扩张，然后是信贷紧缩。

杠杆比率（leverage ratio）：银行的资本金除以其资产总额。

负债（liabilities）：金融索取权（IOU）或债务。

负债管理（liability management）：以低成本获得资本金来提高利润。

留置权（lien）：如果某些贷款无法如约偿还，一种给予贷款人止赎权利或者允许其获取该财产的合法索取权。

限价指令（limit order）：客户发出的指令，要求购买一种证券，但是给出了最高限价；或者要求出售一种证券，但给出了最低可接受的价格。

流动的（liquid）：能够很容易地被兑换成现金。

高流动性市场（liquid market）：指该市场上的证券买卖能够以较低的交易费用快速成交。

流动性（liquidity）：一项资产能够兑换为现金的速度和难易程度。

流动性管理（liquidity management）：银行制定的维持充分流动性的资产决策，以履行向储户的付款义务。

流动性偏好理论（liquidity preference framework）：由约翰·梅纳德·凯恩斯发展起来的一套模型，它能够根据货币供给预计均衡利率水平。

流动性溢价理论（liquidity premium theory）：这种理论认为，长期证券的利率等于该证券到期之前短期利率预期的平均值加上一个正的期限（流动性）溢价。

流动性风险（liquidity risk）：企业没有足够的现金来支付账单和维持企业运营的风险。

流动性服务（liquidity services）：使顾客能够更容易进行交易的服务。

收佣基金（load fund）：在进行基金申购或赎回时需要支付费用的一种共同基金。

贷款承诺（loan commitment）：银行承诺（在未来某一特定的时期内）按照与某一市场挂钩的利率向企业提供约定数额的贷款。

贷款出售（loan sale）：该合约（也称二次贷款参与）规定可以出售某笔贷款的全部或部分现金流，并因此将该贷款从资产负债表上抹去。

伦敦银行间同业拆入利率（London interbank bid rate，LIBID）：大型国际银行间对隔夜贷款所收取的利率。

伦敦银行间同业拆放利率（London interbank offer rate，LIBOR）：大型国际银行间买入或卖出短期资金所收取的利率。

多头（long position）：要求接受所交割的标的金融工具的一项契约性义务。

长期（long-term）：对债务工具而言，长期指的是到期期限在10年及以上。

长期再融资操作（long-term refinancing operations）：是欧洲中央银行的第二类公开市场操作手段，它与美联储直接购买证券类似。

宏观套期保值（macro hedge）：规避金融机构整体投资组合的利率风险。

宏观审慎监管（macroprudential regulation）：影响信贷市场总体情况的监管政策。

宏观审慎监管（macroprudential supervision）：注重整个金融体系的安全性和稳健性的监管。

主要再融资操作（main refinancing operations）：涉及每周的反向交易，即以合格的资产为抵押，通过回购或信贷业务，购买或出售合格的资产，该交易在两周内进行反向操作，是欧洲中央银行主要的货币政策工具。

有管理的浮动汇率制度（managed float regime）：在当前的国际金融环境中，汇率每天都在波动，中央银行试图通过买入或出售货币来影响本国的汇率水平，也被称为肮脏浮动。

管理咨询服务（management advisory services）：会计师事务所有时向客户提供的审计和非审计咨询服务。

预期管理（management of expectations）：美联储承诺长期保持联邦基金利率为零，以达到降低市场对未来短期利率的预期的目的，由此导致长期利率下降的一种策略。

保险金贷款（margin credit）：它是指经纪公司发放的用于帮助投资者购买证券的贷款。

保证金要求（margin requirement）：要求必须存放在经纪公司的账户（保证金账户）中的一笔总额。

边际贷款便利（marginal lending facility）：这是欧洲中央银行的经常性贷款便利，即银行可以按边际贷款利率向国家中央银行进行隔夜拆借（对符合条件的抵押物），边际贷款利率被设定在高于目标融资利率100个基点的水平。

边际贷款利率（marginal lending rate）：在提供边际贷款便利时，欧洲中央银行收取的贷款利率。

按市价计量（mark-to-market accounting）：资产负债表中的资产以市场价值计价的会计方法。

逐日盯市（marked to market）：在每个交易日结束时都要按照期货合约价值的变动相应地对保证金账户中的金额重新计价并清算。

市场均衡（market equilibrium）：人们愿意购买（需求）的数量和愿意出售（供给）的数量相等时的情形。

市场基本面（market fundamentals）：那些直接影响证券未来收入流的因素。

做市商（market maker）：购买证券或从自己的证券存货中出售证券的经销商，由此确保总是存在一个投资者可以购买或出售证券的市场。

市价指令（market order）：客户发出的指令，要求以当前的市场价格买入证券。

市场细分理论（market segmentation theory）：该理论认为，期限不同的债券的市场是完全独立和分割的。因此，具有特定到期期限的债券的利率完全由该期限债券自身的供求状况决定。

买卖匹配交易（matched sale-purchase transaction）：是指联邦政府在卖出证券的同时承诺在一段时间后购回证券的交易，也被称为逆回购协议。

到期期限（maturity）：一种债务工具距离到期日的时间。

均值回归（mean reversion）：今天回报率低的股票在将来变为回报率高的股票的现象，反之亦然。

并购市场（mergers and acquisitions market）：一种非正式且无组织的市场。在该市场中，公司被其他公司所收购、出售或者与其他公司合并。

微观套期保值（micro hedge）：规避特定资产所面临的风险。

微观审慎监管（microprudential supervision）：关注单个金融机构的安全性和稳健性的监管。

基础货币（monetary base）：美联储的货币性负债（流通中的货币和银行准备金）和美国财政部的货币性负债（流通中的国库现金，主要是铸币）之和。

货币中性（monetary neutrality）：这一命题认为，在长期中，如果货币供给量以及所有其他经济变量（如利率等）保持不变，那么货币供给一定比例的提高将导致价格水平的同比例上升。

货币政策（monetary policy）：对货币供给和利率水平的管理。

货币目标（monetary targeting）：中央银行的一项货币政策战略，中央银行往往宣布一个年度货币总量增长率要达到的一个特定目标值。

货币联盟（monetary unions）：几个国家决定使用统一货币的情形。

货币（money）：被广泛接受的能进行商品购买和服务偿付或能偿还债务的任何东西，也被称为货币供给。

货币中心银行（money center banks）：在一些重要的金融中心的大型银行。

货币市场（money market）：交易短期债务工具（到期期限在一年以内）的金融市场。

货币市场共同基金（money market mutual funds）：很多人将资金聚集在一起，并投资于类似短期国债或商业票据这样的短期证券所形成的基金。

货币市场证券（money market securities）：初始到期期限在一年以内的证券，如短期国债、商业票据和银行承兑汇票以及可转让存单。

货币供给（money supply）：参见“货币”。

道德风险（moral hazard）：交易的一方从事一些不利于另一方的活动从而给另一方带来的风险。

抵押贷款（mortgage）：由房地产作为抵押物的长期贷款。

抵押贷款支持证券（mortgage-backed security）：由一组抵押贷款作为抵押物的证券，也被称为证券化抵押贷款。

抵押贷款过手证券（mortgage pass-through）：该证券在将原借款人的抵押贷款的还款支付给此证券的投资人之前先转交给托管人。

互助银行（mutual bank）：由存款人所有的银行。

相互保险公司（mutual insurance company）：由保单持有者所有的保险公司，其目的在于，以尽可能低的成本向被保险人提供保险。

指定危险保单（named-peril policy）：仅为保单中指明的危险提供保险的保单。

纳斯达克（National Association of Securities Dealers Automated Quotation System，NASDAQ）：一种计算机网络系统，它将全世界的交易商联结起来，并提供证券场外交易的报价。

国民银行（national banks）：联邦政府批准成立的银行。

1970年《全国信用社法案》（National Credit Union Act of 1970）：该法案建立了美国国家信用管理局，是一家独立的联邦机构，负责监督联邦注册的信用社，并监督州注册且接受联邦存款保险的信用社。

全国信用社股份保险基金（National Credit Union

Share Insurance Fund, NCUSIF)：由 1970 年《全国信用社法案》建立起来的一家机构，它由美国国家信用管理局控制，为所有信用社存款提供每个账户 10 万美元的保险。

自然失业率（natural rate of unemployment）：与充分就业一致的失业率水平，此时，劳动力的需求等于劳动力的供给。

可转让存单（negotiable certificates of deposit）：银行发行的一种可交易的短期证券，它可以就特定数额的存款签发存单，并确定该存款的利率和到期日。

资产净值（net asset value）：一只共同基金的总价值减去负债，然后除以该基金流通在外的总股数。

净息差（net interest margin，NIM）：利息收入和利息费用之差占资产的百分比。

净值（net worth）：一家公司的资产（它所有的或者应收的）与其负债（它所欠的）之差，也被称为权益资本。

免佣基金（no-load fund）：在进行基金申购或赎回时无须支付费用的一种共同基金。

名义锚（nominal anchor）：是一个名义变量，如通货膨胀率、汇率和货币供给量，它是货币政策制定者用以抑制价格水平的控制变量。

名义利率（nominal interest rate）：未经通货膨胀调整的利率。

非银行业银行（nonbank banks）：只能提供有限服务的银行，这些银行或者不能提供商业贷款，或者不能吸收存款。

非竞价招标（noncompetitive bidding）：只报出购买国债的数量，购买价格是根据所接受的同一次竞价招标的价格的加权平均值确定的。

非常规性货币政策工具（nonconventional monetary policy tools）：有三种刺激经济的非利率工具：(1) 流动性供应；(2) 资产购买；(3) 对未来货币政策的承诺。

名义本金（notional principal）：互换合约中计算利息所依据的本金额。

表外业务（off-balance-sheet activities）：包括金融工具的交易以及从服务费和贷款出售中获得收入的银行业务，这些业务不会反映在资产负债表上。

官方储备交易余额（official reserve transactions balance）：经常账户和资本账户之和。

开放式基金（open-end fund）：这种共同基金能够吸收投资并允许投资者在任何时候赎回基金。每份基金的价值与基金投资资产的价值相关。

未平仓合约（open interest）：流通在外的合约数。

公开市场操作（open market operation）：指中央银行通过在公开市场上买卖政府证券以影响利率和银行体系的准备金数量。

综合保险保单（open-peril policies）：参见“指定危险保单”。

营业费用（operating expenses）：银行进行经营活动所产生的费用。

营业收入（operating income）：银行进行经营活动所获得的收入。

操作工具（operating instrument）：对央行工具做出反应的一个变量，并表明货币政策立场，又被称为政策工具。

机会成本（opportunity cost）：放弃持有其他替代性资产而牺牲的利息（预期回报）。

期权（option）：赋予期权的买者在某个特定时期（有效期）内、以特定的价格（被称为执行价格或行权价）购买或出售金融工具的权利的合约。

发起并出售模式（originate-to-distribute model）：在这种模式下，不同的人（通常是抵押贷款经纪人）是抵押贷款的发起人，之后抵押贷款作为证券的标的资产被分销给投资者。

超额保险（overfunded）：养老金计划预留出超过到期时所需给付的金额，该养老金计划就是超额保险。

隔夜资金利率（overnight cash rate）：指欧洲银行间隔夜拆借的利率。

超额认购（oversubscribed）：要求购买的合约超过了可供销售的证券数量。

场外交易市场（over-the-counter market，OTC）：一个二级市场，在该市场中，位于不同地点的经销商拥有证券存货，随时准备与愿意接受其报价的人进行证券买卖交易。

存折储蓄账户（passbook savings account）：由商业银行支付利息的生息储蓄账户。

优序融资理论（pecking order hypothesis）：该理论认为，企业的规模越大、越成熟，就越有可能通过发行证券筹集资金。

养老金给付保证公司（Pension Benefit Guarantee Corporation，Penny Benny）：这个政府机构执行的职能类似于联邦存款保险公司。如果一家提供不足额保险的养老金计划的公司宣告破产，养老金给付保证公司就会为其提供一定限额内的保险。

养老金计划（pension plan）：在个人工作年限内积累起来的资产的集合，在个人退休后的非工作时期内用以向个人支付。

永续年金（perpetuity）：既没有到期日也不需要偿付本金，永久支付固定的息票利息。

政策工具（policy instrument）：对央行工具做出反应的一个变量，并表明货币政策立场（参见“操作工具”）。

政策的三元悖论（policy trilemma）：一个国家不能同时执行三种政策：（1）资本自由流动；（2）固定的汇率；（3）独立的货币政策。（参见“不可能三角”。）

政治性商业周期（political business cycle）：在选举之前，由扩张性的政策引致的商业周期。

资产/投资组合（portfolio）：一组资产的集合。

潜在产出（potential output）：自然失业率下的产出水平，也被称为自然产出率。

优先聚集地理论（preferred habitat theory）：该理论假设，投资者会偏爱具有某一到期期限的债券并更愿意投资于该债券，他们偏好的债券到期期限即为优先聚集地。

优先股（preferred stock）：在支付普通股红利之前支付固定数额红利的股票，这种股票通常没有到期期限，其持有者也没有投票权。

溢价（发行）（premium）：以高于债券面值的价格出售债券。

折现值（present discounted value）：参见“现值”。

现值（present value）：当利率水平为 i 时，未来将会获得的收入流的当前值，也被称为折现值。

市盈率（price earnings ratio，PE）：衡量市场愿意为公司 1 美元的盈利支付多少钱。

价格稳定（price stability）：指价格水平较低且通货膨胀率较稳定。

一级交易商（primary dealers）：与联邦公开市场交易平台进行交易，而不是与私营企业和商业银行进行交易的政府证券的交易商。

一级市场（primary market）：新发证券被出售给初始投资人的市场。

委托—代理问题（principal-agent problem）：由于动机不同，当控制企业的管理者（代理人）从自身利益出发，而非按企业所有者（委托人）的利益行事时所产生的道德风险问题。

私募股权收购（private equity buyout）：指一家上市公司变成一家私人公司。

私人抵押贷款保险（private mortgage insurance，PMI）：一种能够保护贷款人免遭抵押贷款违约损失的保险。

私人养老金计划（private pension plans）：由雇主、团体或个人发起的养老金计划。

财产保险（property insurance）：保护被保险人免受火灾、盗窃、暴雨、爆炸以及疏忽所造成的损失的保险。

自营交易（proprietary trading）：指金融机构用自有资金交易。

招股说明书（prospectus）：向美国证券交易委员会提交的上市登记说明书的一部分内容，这部分内容供投资者查看。

审慎人规则（prudent man rule）：该原则要求那些负责为他人进行投资的人必须审慎、明智地进行操作，并考虑资本金和收入的安全性。

公共养老金计划（public pension plan）：由政府发起的养老金计划。

看跌期权（put option）：一种能赋予持有者以特定价格出售证券的权利的期权合约。

量化宽松（quantitative easing，QE）：导致了资产负债表以及基础货币的扩张的美联储的资产购买活动。

配额（quotas）：对一国可以进口的外国商品数量的限制。

随机漫步（random walk）：在给定当前某变量的价值的情况下，未来它既可能下跌也可能上升，这种无法预测该变量未来变化的情形被称为随机漫步。

资本增值率（rate of capital gain）：证券价格相对于初始购买价格的变动。

回报率（rate of return）：参见“回报”。

实际汇率（real exchange rate）：指国内商品可交换外国商品的数量，是国内商品价格与用本币表示的外国商品价格的比值。

实际利率（real interest rate）：根据预期价格水平的变化（通货膨胀）调整后的利率，可以更加准确地反映借款的真实成本。

实际价格（real terms）：反映一个人可以购买的实际商品和服务的价格。

记名债券（registered bonds）：债券持有者必须到

公司去登记，才能获得所支付的利息。目前不用登记的不记名公司债券绝大部分已被有息票的记名债券所取代。

申请上市登记表（registration statement）：当证券到期期限在270天以上时，在证券公开发售之前，需要向美国证券交易委员会提交有关公司财务状况、管理、竞争情况、行业和经历的信息。

Z条例（regulation Z）：要求贷款人披露向借款人所提供贷款的全部成本；也称“真实借贷”条例。

监管套利（regulatory arbitrage）：银行资产负债表内保留的是那些满足相同的风险资本金要求但相对更具风险的资产，同时将低风险资产剥离出去，以此规避监管的资本金要求。

监管宽容（regulatory forbearance）：监管机构并未行使让资不抵债的储贷协会破产的监管权利。

再保险（reinsurance）：以一部分保费为代价，将一部分风险转移给另一家公司。

再投资风险（reinvestment risk）：将短期投资收益以未来不确定的利率进行再投资时所面临的利率风险。

收回抵押物（repossession）：当借款人违约时收回贷款所抵押的资产。

回购协议（repurchase agreement）：贷款的一种形式，借款人在出售证券时签署一份合约，并按照合约要求或者在指定的日期回购这些证券。

法定准备金率（required reserves ratio）：美联储要求的银行存款中作为准备金的比例。

法定准备金（required reserves）：美联储要求银行将存款的一部分作为准备金，该准备金即为法定准备金。

准备金账户（reserve account）：该账户被用于为有财产担保的抵押贷款支付保费和税费。每个月贷款偿付额的一定比例被转入准备金账户。

储备货币（reserve currency）：一种被其他国家用于对其所持的国际储备资产进行计价的诸如美元之类的货币。

贷款损失准备金（reserve for loan losses）：由贷款人根据预计损失计提出来以弥补贷款违约损失的准备金。

法定准备金要求（reserve requirements）：要求存款机构必须将其存款的一定比例作为准备金存放于美联储的规定。

银行准备金（reserves）：银行在美联储的存款加上由银行持有的实物通货（库存现金）。

重组信托公司（Resolution Trust Corporation, RTC）：由《金融机构改革、恢复和加强法》创建的一个临时性机构，设立的目的是负责清算破产储贷协会的资产。

限制性条款（restrictive covenants）：合约中规定借款人能够以及不能从事的各种具体活动的条款。

回报（return）：证券所有者获得的利息支付加上证券价值的变动占其购买价格的百分比，更精确的称谓是回报率。

资产回报率（return on assets, ROA）：每1美元资产的税后净利润。

股东权益回报率（return on equity, ROE）：每1美元权益资本的税后净利润。

法定升值（revaluation）：一国货币的汇率平价被重新设定在一个较高的水平上。

收益债券（revenue bonds）：用于支付债券利息和本金的收入来源有特定的渠道，如收费公路或发电厂。尽管发行这些债券的市政机构的运作情况良好，但如果这种收入渠道不足以对债务进行偿付，债券就可能违约。

反向交易（reverse transaction）：欧洲中央银行以合格的资产为抵押，通过回购或信贷业务，购买或出售合格的资产，该交易在两周内进行反向操作。

风险（risk）：投资者获得资产回报的不确定性。

风险溢价（risk premium）：有违约风险的债券和无违约风险的债券之间的利差。

风险分担（risk sharing）：金融中介机构创造并出售人们觉得风险适中的各种资产，然后用出售这些资产所获得的资金来购买其他风险更高的资产。

利率的风险结构（risk structure of interest rates）：具有相同到期期限的各种债券的利率之间的关系。

滚动还债（roll over）：以新债还旧债。

增发（seasoned issues）：证券公开交易的时间足够长，能让市场清楚地为其定价。

二级市场（secondary market）：在该市场上，以前发行的证券可以被重新出售。

二级准备金（secondary reserves）：由银行持有的美国政府和政府机构证券。

有担保债务（secured debt）：有抵押物担保的债务。

抵押贷款（secured loan）：有抵押物担保的贷款。

证券化（securitization）：将不具流动性的金融资产转换为可交易的资本市场工具的过程。

证券化抵押贷款（securitized mortgage）：参见“抵押贷款支持证券”。

证券（security）：对借款人未来收入的索取权，这一索取权由借款人出售给贷款人，也被称为金融工具。

种子投资（seed investing）：风险投资公司在企业生产出实际产品或者真正组成企业以前对其进行的投资。

本息分离债券（Separate Trading of Registered Interest and Principal Securities，STRIPS）：这种债券将周期性的利息支付与最后的本金偿还分离开，两种现金流被出售给不同的投资者。

影子银行体系（shadow banking system）：在该体系中，银行借贷被证券市场借贷所取代。

股金提款单账户（share draft account）：信用社账户，类似于银行的活期存款账户。

上架登记（shelf registration）：美国证券交易委员会的一种安排，允许填写一份登记文件来申请批准多个证券的发行。

空头（short position）：交割一种标的金融工具的契约性义务。

卖空（short sale）：经纪人借入证券并出售的安排，随后经纪人用购买的证券偿还借入的证券。卖空使投资者能够在证券价格下跌时获取利润。

短期（short-term）：对债务工具而言，短期指到期期限在一年以内。

普通贷款（simple loan）：这种信贷市场工具是指贷款人为借款人提供一笔资金，借款人必须在到期日向贷款人偿还本金并支付利息。

偿债基金（sinking fund）：在很多债券合约中，都有一个条款要求公司每年必须留出一部分资金作为债券最后到期偿还的基金，它可以确保投资者在到期日时获得偿付，该基金即为偿债基金。

智能卡（smart card）：一种更加复杂的、带计算机芯片的储值卡，可以使其所有者在任何有需要的时候，通过登录电脑从账户中提取数字现金。

特别提款权（special drawing right，SDRs）：由国际货币基金组织发行，充当国际储备，可用于替代黄金的票据。

投机冲击（speculative attack）：指投机者大量卖出一种货币的情况。

违规派送新股（spinning）：在富有吸引力的股票首次公开发行中，承销商将部分股票按优惠条件分配给其他公司的管理层，以便获得他们的投资银行业务。

即期汇率（spot exchange rate）：即时（翌日）交易的汇率。

即期利率（spot rate）：给定时刻的利率。

即期交易（spot transaction）：用不同货币计值的银行存款之间的即时兑换。

标准差（standard deviation）：用来衡量资产风险的一个统计指标。

经常性贷款便利（standing lending facility）：在这种贷款便利下，稳健的银行可以从中央银行借到全部所需资金。

州银行（state banks）：由各州批准成立的银行。

国有银行（state-owned banks）：由政府所有的银行。

冲销式外汇干预（sterilized foreign exchange intervention）：通过进行抵消式的公开市场操作以使基础货币保持不变的外汇干预。

股票（stock）：对公司的收益和资产拥有索取权的证券。

股份公司（stock company）：一种保险公司的组织形式，发行股票并有为公司股东获取利润的目标。

股票市场风险（stock market risk）：由股票价格波动带来的风险。

股票期权（stock option）：一种以股票为标的的期权。

止损命令（stop loss order）：该指令告知经纪人在股票价格到达某一确定价格时就将其买入或出售。该指令的目的在于限制某一证券头寸所遭受的损失。

压力测试（stress testing）：测量在极端情景下的损失。

行权价（strike price）：参见“执行价格”。

结构化信用产品（structured credit products）：基于潜在资产的现金流和风险特征而设计，能满足具有不同风险偏好的投资者的需求。

次级贷款（subprime loans）：在正常贷款利率下由于信用等级低或者贷款过多而得不到贷款的人最终所获得的贷款。

次级抵押贷款（subprime mortgages）：那些由于信用记录不良而在一般利率水平下不能获得贷款的人所获得的抵押贷款。

跨区域银行（superregional banks）：规模与货币中心银行类似的银行控股公司，其总部不设在货币中心城市（纽约、芝加哥和旧金山）。

供给曲线（supply curve）：该曲线表明了当其他经济变量保持不变时供给量和价格之间的关系。

互换（swap）：规定各方就彼此拥有的支付流进行交换的一种金融合约。

清理账户（sweep account）：在这种账户下，在工作日结束时，若一家公司支票账户中的存款超过某一金额，超过的部分会被"扫地出门"，被用来投资于有利息收入的隔夜证券。

辛迪加（syndicate）：为了发行某种证券，若干投资银行聚集成一个团体。辛迪加能够在其成员之间分散发行证券的风险。每家投资银行都会努力为证券做市并分担损失。

系统性（systemic）：由于金融机构经营失败而造成损失蔓延，最终导致整个金融体系面临风险。

系统重要性金融机构（systemically important financial institutions，SIFIs）：被金融稳定监管委员会判定为具有系统重要性的金融机构，美联储对这些企业实行更严格的监管标准。

T型账户（T-account）：一种简化的资产负债表，形似字母T，在账户中只列示从初始资产负债表头寸开始资产负债各项发生变化的情况。

目标融资利率（target financing rate）：欧洲中央银行在欧元区的隔夜现金借贷利率和银行间极短期的拆借利率。

关税（tariffs）：对进口商品征收的税。

定期证券（term security）：具有明确到期日的证券。

利率的期限结构（term structure of interest rate）：具有不同到期期限的债券的利率之间的关系。

有效资本市场理论（theory of efficient capital markets）：该理论认为，金融市场中的证券价格完全反映了所有可获得的信息。

投资组合选择理论（theory of portfolio choice）：该理论告诉我们在投资组合中持有多少特定资产。

购买力平价理论（theory of purchasing power parity，PPP）：该理论表明，任何两个国家之间的汇率都会调整，以反映两个国家价格水平的变动。

储蓄机构（thrift institutions，thrifts）：储蓄贷款协会、互助储蓄银行以及信用社。

紧缩的货币政策（tightening of monetary policy）：提高联邦基金利率。

时间不一致问题（time-inconsistency problem）：当货币政策的制定者任意执行扩张性政策时，这种政策在短期内可能有效，但长期会导致不良结果。

墓碑广告（tombstone）：在财经报刊上登出的大版面广告，宣传某种证券将由一家或多家承销商提供发售。

"大而不倒"问题（too-big-to-fail problem）：由于大的金融机构倒闭很容易引致一场大的金融灾难，因此，金融监管机构自然不愿意让大的金融机构倒闭而使存款人和债权人蒙受损失。

商会（trade association）：由很多信用社组成的信用社组织，它能够为大量信用社提供服务。

贸易余额（trade balance）：商品出口与进口的差额。

交易成本（transaction costs）：在交易金融资产、商品或服务时所花费的时间和金钱。

国债（treasury bills，T-bills）：由联邦政府发售的到期期限在一年以下的证券。这些证券通常被视为风险最小的证券。

不足额保险（underfunded）：一项养老金计划的保费及其收益不足以偿付到期时所需给付的金额。

认购不足（undersubscribed）：认购证券的订单比发售证券的总额少。

承销商（underwriters）：为发行证券的公司提供价格保证，并将这些证券出售给公众的投资银行。

承销（underwriting）：为发行证券的公司提供价格保证，并将这些证券出售给公众。

未被利用的获利机会（unexploited profit opportunity）：在该情况下，人们能够获得高于正常水平的回报率。

无担保债务（unsecured debt）：没有抵押物担保的债务。

非冲销式外汇干预（unsterilized foreign exchange intervention）：中央银行允许通过购买或出售本国货币来影响基础货币的一种外汇干预。

美国中央信用社（U.S. Central Credit Union）：1974年建立的、针对信用社的中央银行，为州立中央信用社的银行业务提供服务。

高利贷（usury）：对一笔贷款收取过高的利率。

在险价值计算［value-at-risk（VAR）calculation］：在既定概率水平（如1%）下，某投资组合在某段时间（如两个星期）内可能产生的最大损失。

库存现金（vault cash）：银行所持有的实物形式的通货，它们被保存在银行的金库中。

风险投资公司（venture capital firm）：将所有合伙人的资源聚集在一起，用这些资金帮助企业家创立新公司的金融中介机构。

虚拟银行（virtual bank）：没有实体，只存在于网络空间的银行。

财富（wealth）：个体所拥有的所有资源，包括所有的资产。

批发市场（wholesale market）：在该市场中进行的都是大规模的交易，比如货币市场基金和外汇的交易。

世界银行（World Bank）：即国际复兴开发银行，这是一家国际组织，为发展中国家提供长期贷款，用于修建水坝、道路以及对发展中国家有利的其他实物资本。

世界贸易组织（World Trade Organization, WTO）：在一国（地区）与另一国（地区）之间进行贸易时，监督它们遵循既定关税和贸易规则的机构。

收益率曲线（yield curve）：根据特定类型债券的到期期限和对应利率之间的关系绘制的曲线。

到期收益率（yield to maturity）：使信贷市场工具所获得的支付额的现值等于当前价值的利率。

零息债券（zero-coupon bond）：参见“贴现债券”。

零息证券（zero-coupon securities）：参见“本息分离债券”。

零下限问题（zero-lower-bound problem）：中央银行无法进一步降低利率，因为利率已经触及零这个下限了。

译后记

《金融市场与金融机构（第8版）》是由美国著名经济学家弗雷德里克·S. 米什金和斯坦利·G. 埃金斯所著的全球经典金融学著作。米什金教授主要从事金融学理论和政策研究，著述颇丰。埃金斯教授有非常丰富的金融从业经验。两人合著的这部经典金融学名作正是理论和实践的完美结合，非常适于金融从业人员系统地学习金融知识，了解金融焦点和热点问题；也适于金融学专业本科生和研究生层面的学生认真研读，特别是本书提供的参考资料、网页链接以及为教师和学生准备的教辅资源库，极大地延伸了本书的知识边界，提高了本书使用的附加价值。因此，本书成为全球商科学院首选的金融学教材。

本书分为七个部分，共计24章。第一部分为“概览”，说明为什么要学习金融市场与金融机构，介绍了金融体系的概况和结构。第二部分为“金融市场基础”，对利率的内涵、特性、形成和变动规律进行了探讨，并对金融市场的有效性进行了阐述。第三部分为“金融机构基础”，介绍了各国的金融结构及其机构行为和矛盾，包括利益冲突；分析了历次大的金融危机产生、发展和恶化的全过程及其成因。第四部分为“中央银行和货币政策的实施”，主要介绍了美国联邦储备体系的结构、运作，以及中央银行货币政策的制定、操作和传导机制。第五部分为“金融市场”，分别从货币市场、债券市场、股票市场、抵押贷款市场和外汇市场等金融子市场入手，研究了市场参与者和市场工具以及价格的形成和交易机制，并总括分析了国际金融体系的概况、结构和运作。第六部分为“金融产业”，介绍了商业银行业、共同基金产业、保险产业和养老金产业以及包括投资银行、证券经纪人和经销商以及风险投资公司等的金融中介服务业的运营和发展，特别是系统分析了金融业监管的组织、制度、模式和立法。第七部分为“金融机构管理”，介绍了金融机构风险管理的思想和方法，以及如何运用金融衍生工具和市场实现金融业务的风险规避。

2007—2009年的全球金融危机产生了一系列重大影响，改变了金融体系的结构和中央银行的运作方式，并对全球金融体系的演变产生了深远的影响。因此，围绕这一深刻命题，《金融市场与金融机构（第 8 版）》做了重要更新，包括在第 10 章“货币政策实施：工具、目标、战略和策略”中增加了危机后央行在实施货币政策方面的重大调整。全书新增了大量资料、讨论专题、案例和应用，具体调整的内容在本书前言中有详细列示。

有幸翻译这本金融学名著，受益之余多有忐忑，恐译时学力不逮，唯全力以赴。本书的最后校译和出版得到了中国人民大学出版社的支持和帮助，在此表示衷心的感谢！本书的初稿由中央财经大学金融学院研究生胡聂风、古加西、蒲炜、姜运晟、尹晗和王晓娟同学完成，感谢他们的努力！

囿于水平有限，多有乖谬，敬请读者朋友批评并将意见反馈给我们，以便今后改正。

译者

关于注册估值分析师（CVA）认证考试

CVA 考试简介

注册估值分析师（Chartered Valuation Analyst，CVA）认证考试是由注册估值分析师协会（CVA Institution）组织考核并提供资质认证的一门考试，旨在提高投资估值领域从业人员的实际分析与操作技能。本门考试从专业实务及实际估值建模等专业知识和岗位技能进行考核，主要涉及企业价值评估、并购估值及项目投资决策。考试分为实务基础知识和 Excel 案例建模两个科目，内容包括：会计与财务分析、公司金融、企业估值方法、并购分析、项目投资决策、信用分析、财务估值建模七个部分。考生可通过针对各科重点、难点内容的专题培训课程，掌握中外机构普遍使用的财务分析和企业估值方法，演练企业财务预测与估值建模、项目投资决策建模、上市公司估值建模、并购与股权投资估值建模等实际分析操作案例，快速掌握投资估值基础知识和高效规范的建模技巧。

● **实务基础知识**——是专业综合知识考试，主要考查投资并购、估值领域的理论与实践知识及岗位综合能力，考试范围包括会计与财务分析、公司金融、企业估值方法、并购分析、项目投资决策、信用分析这 6 部分内容。本科目由 120 道单项选择题组成，考试时长为 3 小时。

● **Excel 案例建模**——是财务估值建模与分析考试，要求考生根据实际案例中企业历史财务数据和假设条件，运用 Excel 搭建出标准、可靠、实用、高效的财务模型，完成企业未来财务报表预测、企业估值和相应的敏感性分析。本科目为 Excel 财务建模形式，考试时长为 3 小时。

职业发展方向

CVA 资格获得者具备企业并购、项目投资决策等投资岗位实务知识、技能和高效规范的建模技巧，能够掌握中外机构普遍使用的财务分析和企业估值方法，并可以熟练进行企业财务预测与估值建模、项目投资决策建模、上市公司估值建模、并购与股权投资估值建模等实际分析操作。

CVA 注册估值分析师的持证人可胜任企业集团投资发展部、并购基金、产业投资基金、私募股权投资、财务顾问、券商投行部门、银行信贷审批等金融投资相关机构的核心岗位工作。

证书优势

岗位实操分析能力优势——CVA 考试内容紧密联系实际案例，侧重于提高从业人员的实务技能并迅速应用到实际工作中，使 CVA 持证人达到高效、系统和专业的职业水平。

标准规范化的职业素质优势——CVA 资格认证旨在推动投融资估值行业的标准化与规范化，提高执业人员的从业水平。CVA 持证人在工作流程与方法中能够遵循标准化体系，提高效率与正确率。

国际同步知识体系优势——CVA 考试采用的教材均为 CVA 协会精选并引进出版的国外最实用的优秀教材。CVA 持证人将国际先进的知识体系与国内实践应用相结合，推行高效标准的建模方法。

配套专业实务型课程——CVA 协会联合国内一流金融教育机构开展注册估值分析师的培训课程，邀请行业内资深专家进行现场或视频授课。课程内容侧重行业实务和技能实操，结合当前典型案例，选用 CVA 协会引进的国外优秀教材，帮助学员快速实现职业化、专业化和国际化，满足中国企业“走出去”进行海外并购的人才急需。

企业内训

CVA 协会致力于协助企业系统培养国际型投资专业人才，掌握专业、实务、有效的专业知识。CVA 企业内训及考试内容紧密联系实际案例，侧重于提高从业人员的实务技能并迅速应用到实际工作中，使企业人才具备高效专业的职业素养和优秀系统的分析能力。

- 以客户为导向的人性化培训体验，独一无二的特别定制课程体系
- 专业化投资及并购估值方法相关的优质教学内容，行业经验丰富的超强师资
- 课程采用国外优秀教材，完善科学的培训测评与运作体系

考试专业内容

会计与财务分析

财务报表分析，是通过收集、整理企业财务会计报告中的有关数据，并结合其他有关补充信息，对企业的财务状况、经营成果和现金流量情况进行综合比较和评价，为财务会计报告使用者提供管理决策和控制依据的一项管理工作。本部分主要考核如何通过对企业会计报表的定量分析来判断企业的偿债能力、营运能力、盈利能力及其他方面的财务状况，内容涵盖利润的质量分析、资产的质量分析和现金流量表分析等。会计与财务分析能力是估值与并购专业人员的重要的基本执业技能之一。

公司金融

公司金融用于考察公司如何有效地利用各种融资渠道，获得最低成本的资金来源，形成最佳资本结构，还包括企业投资、利润分配、运营资金管理及财务分析等方面。本部分主要考查如何利用各种分析工具来管理公司的财务，例如使用现金流折现法（DCF）来为投资计划进行评估，同时考察有关资本成本、资本资产定价模型等基本知识。

企业估值方法

企业的资产及其获利能力决定了企业的内在价值，因此企业估值是投融资、并购交易的重要前提，也是非常专业而复杂的问题。本部分主要考核企业估值中最常用的估值方法及不同估值方法的综合应用，诸如 P/E，EV/EBITDA 等估值乘数的实际应用，以及可比公司、可比交易、现金流折现模型、杠杆收购等估值方法的应用。

并购分析

并购与股权投资中的定量分析技术在财务结构设计、目标企业估值、风险收益评估的应用已经愈加成为并购以及股权专业投资人员做必须掌握的核心技术，同时也是各类投资者解读并购交易及分析并购双方企业价值所必须掌握的分析技能。本部分主要考核企业并购的基本分析方法，独立完成企业并购分析，如合并报表假设模拟，可变价格分析、贡献率分析、相对 PE 分析、所有权分析、信用分析、增厚/稀释分析等常见并购分析方法。

项目投资决策

项目投资决策是企业所有决策中最为关键、最为重要的决策，就是企业对某一项目（包括有形、无形资产、技术、经营权等）投资前进行的分析、研究和方案选择，适合大型企业的项目投资决策，也适合 PPP 项目投资决策。本部分主要考查项目投资决策的程序、影响因素和投资评价指标。投资评价指标是指考虑时间价值因素的指标，主要包括净现值、动态投资回收期、内部收益率等。

信用分析

信用分析是对债务人的道德品格、资本实力、还款能力、担保及环境条件等进行系统分析，以确定是否给与贷款及相应的贷款条件。本部分主要考查常用信用分析的基本方法及常用的信用比率。

财务估值建模

本部分主要在 Excel 案例建模科目考试中进行考查。包括涉及 EXCEL 常用函数及建模最佳惯例，使用现金流折现方法的 EXCEL 财务模型构建，要求考生根据企业历史财务数据，对企业未来财务数据进行预测，计算自由现金流、资本成本、企业价值及股权价值，掌握敏感性分析的使用方法；并需要考生掌握利润表、资产负债表、现金流量表、流动资金估算表、折旧计算表、贷款偿还表等有关科目及报表勾稽关系。

考试安排

CVA 考试每年于 4 月、11 月的第三个周日举行，具体考试时间安排及考前报名，请访问 CVA 协会官方网站 www. CVAinstitute. org

CVA 协会简介

注册估值分析师协会（Chartered Valuation Analyst Institute）是全球性及非营利性的专业机构，总部设于香港，致力于建立全球金融投资估值的行业标准，负责在亚太地区主理 CVA 考试资格认证、企业人才内训、第三方估值服务、研究出版年度行业估值报告以及进行 CVA 协会事务运营和会员管理。

联系方式

官方网站：http：//www. cvainstitute. org

电话：4006 - 777 - 630

E - mail：contactus@cvainstitute. org

新浪微博：注册估值分析师协会

协会官网二维码

微信平台二维码

经济科学译丛

序号	书名	作者	Author	单价	出版年份	ISBN
1	经济理论和方法史(第五版)	小罗伯特·B. 埃克伦德等	Robert B. Ekelund. Jr.	88.00	2017	978-7-300-22497-8
2	经济地理学	威廉·P. 安德森	William P. Anderson	59.80	2017	978-7-300-24544-7
3	博弈与信息:博弈论概论(第四版)	艾里克·拉斯穆森	Eric Rasmusen	79.80	2017	978-7-300-24546-1
4	MBA宏观经济学	莫里斯·A. 戴维斯	Morris A. Davis	38.00	2017	978-7-300-24268-2
5	经济学基础(第十六版)	弗兰克·V. 马斯切纳	Frank V. Mastrianna	42.00	2017	978-7-300-22607-1
6	高级微观经济学:选择与竞争性市场	戴维·M. 克雷普斯	David M. Kreps	79.80	2017	978-7-300-23674-2
7	博弈论与机制设计	Y. 内拉哈里	Y. Narahari	69.80	2017	978-7-300-24209-5
8	宏观经济学精要:理解新闻中的经济学(第三版)	彼得·肯尼迪	Peter Kennedy	45.00	2017	978-7-300-21617-1
9	宏观经济学(第十二版)	鲁迪格·多恩布什等	Rudiger Dornbusch	69.00	2017	978-7-300-23772-5
10	国际金融与开放宏观经济学:理论、历史与政策	亨德里克·范登伯格	Hendrik Van den Berg	68.00	2016	978-7-300-23380-2
11	经济学(微观部分)	达龙·阿西莫格鲁等	Daron Acemoglu	59.00	2016	978-7-300-21786-4
12	经济学(宏观部分)	达龙·阿西莫格鲁等	Daron Acemoglu	45.00	2016	978-7-300-21886-1
13	发展经济学	热若尔·罗兰	Gérard Roland	79.00	2016	978-7-300-23379-6
14	中级微观经济学——直觉思维与数理方法(上下册)	托马斯·J·内契巴	Thomas J. Nechyba	128.00	2016	978-7-300-22363-6
15	环境与自然资源经济学(第十版)	汤姆·蒂坦伯格等	Tom Tietenberg	72.00	2016	978-7-300-22900-3
16	劳动经济学基础(第二版)	托马斯·海克拉克等	Thomas Hyclak	65.00	2016	978-7-300-23146-4
17	货币金融学(第十一版)	弗雷德里克·S·米什金	Frederic S. Mishkin	85.00	2016	978-7-300-23001-6
18	动态优化——经济学和管理学中的变分法和最优控制(第二版)	莫顿·I·凯曼等	Morton I. Kamien	48.00	2016	978-7-300-23167-9
19	用Excel学习中级微观经济学	温贝托·巴雷托	Humberto Barreto	65.00	2016	978-7-300-21628-7
20	宏观经济学(第九版)	N·格里高利·曼昆	N. Gregory Mankiw	72.00	2016	978-7-300-23038-2
21	国际经济学:理论与政策(第十版)	保罗·R·克鲁格曼等	Paul R. Krugman	89.00	2016	978-7-300-22710-8
22	国际金融(第十版)	保罗·R·克鲁格曼等	Paul R. Krugman	55.00	2016	978-7-300-22089-5
23	国际贸易(第十版)	保罗·R·克鲁格曼等	Paul R. Krugman	42.00	2016	978-7-300-22088-8
24	经济学精要(第3版)	斯坦利·L·布鲁伊等	Stanley L. Brue	58.00	2016	978-7-300-22301-8
25	经济分析史(第七版)	英格里德·H·里马	Ingrid H. Rima	72.00	2016	978-7-300-22294-3
26	投资学精要(第九版)	兹维·博迪等	Zvi Bodie	108.00	2016	978-7-300-22236-3
27	环境经济学(第二版)	查尔斯·D·科尔斯塔德	Charles D. Kolstad	68.00	2016	978-7-300-22255-4
28	MWG《微观经济理论》习题解答	原千晶等	Chiaki Hara	75.00	2016	978-7-300-22306-3
29	现代战略分析(第七版)	罗伯特·M·格兰特	Robert M. Grant	68.00	2016	978-7-300-17123-4
30	横截面与面板数据的计量经济分析(第二版)	杰弗里·M·伍德里奇	Jeffrey M. Wooldridge	128.00	2016	978-7-300-21938-7
31	宏观经济学(第十二版)	罗伯特·J·戈登	Robert J. Gordon	75.00	2016	978-7-300-21978-3
32	动态最优化基础	蒋中一	Alpha C. Chiang	42.00	2015	978-7-300-22068-0
33	城市经济学	布伦丹·奥弗莱厄蒂	Brendan O'Flaherty	69.80	2015	978-7-300-22067-3
34	管理经济学:理论、应用与案例(第八版)	布鲁斯·艾伦等	Bruce Allen	79.80	2015	978-7-300-21991-2
35	经济政策:理论与实践	阿格尼丝·贝纳西-奎里等	Agnès Bénassy-Quéré	79.80	2015	978-7-300-21921-9
36	微观经济分析(第三版)	哈尔·R·范里安	Hal R. Varian	68.00	2015	978-7-300-21536-5
37	财政学(第十版)	哈维·S·罗森等	Harvey S. Rosen	68.00	2015	978-7-300-21754-3
38	经济数学(第三版)	迈克尔·霍伊等	Michael Hoy	88.00	2015	978-7-300-21674-4
39	发展经济学(第九版)	A.P. 瑟尔沃	A. P. Thirlwall	69.80	2015	978-7-300-21193-0
40	宏观经济学(第五版)	斯蒂芬·D·威廉森	Stephen D. Williamson	69.00	2015	978-7-300-21169-5
41	资源经济学(第三版)	约翰·C·伯格斯特罗姆等	John C. Bergstrom	58.00	2015	978-7-300-20742-1
42	应用中级宏观经济学	凯文·D·胡佛	Kevin D. Hoover	78.00	2015	978-7-300-21000-1
43	计量经济学导论:现代观点(第五版)	杰弗里·M·伍德里奇	Jeffrey M. Wooldridge	99.00	2015	978-7-300-20815-2
44	现代时间序列分析导论(第二版)	约根·沃特斯等	Jürgen Wolters	39.80	2015	978-7-300-20625-7
45	空间计量经济学——从横截面数据到空间面板	J·保罗·埃尔霍斯特	J. Paul Elhorst	32.00	2015	978-7-300-21024-7
46	国际经济学原理	肯尼思·A·赖纳特	Kenneth A. Reinert	58.00	2015	978-7-300-20830-5
47	经济写作(第二版)	迪尔德丽·N·麦克洛斯基	Deirdre N. McCloskey	39.80	2015	978-7-300-20914-2
48	计量经济学方法与应用(第五版)	巴蒂·H·巴尔塔基	Badi H. Baltagi	58.00	2015	978-7-300-20584-7
49	战略经济学(第五版)	戴维·贝赞可等	David Besanko	78.00	2015	978-7-300-20679-0
50	博弈论导论	史蒂文·泰迪里斯	Steven Tadelis	58.00	2015	978-7-300-19993-1

经济科学译丛

序号	书名	作者	Author	单价	出版年份	ISBN
51	社会问题经济学(第二十版)	安塞尔·M·夏普等	Ansel M. Sharp	49.00	2015	978-7-300-20279-2
52	博弈论:矛盾冲突分析	罗杰·B·迈尔森	Roger B. Myerson	58.00	2015	978-7-300-20212-9
53	时间序列分析	詹姆斯·D·汉密尔顿	James D. Hamilton	118.00	2015	978-7-300-20213-6
54	经济问题与政策(第五版)	杰奎琳·默里·布鲁克斯	Jacqueline Murray Brux	58.00	2014	978-7-300-17799-1
55	微观经济理论	安德鲁·马斯-克莱尔等	Andreu Mas-Collel	148.00	2014	978-7-300-19986-3
56	产业组织:理论与实践(第四版)	唐·E·瓦尔德曼等	Don E. Waldman	75.00	2014	978-7-300-19722-7
57	公司金融理论	让·梯若尔	Jean Tirole	128.00	2014	978-7-300-20178-8
58	经济学精要(第三版)	R·格伦·哈伯德等	R. Glenn Hubbard	85.00	2014	978-7-300-19362-5
59	公共部门经济学	理查德·W·特里西	Richard W. Tresch	49.00	2014	978-7-300-18442-5
60	计量经济学原理(第六版)	彼得·肯尼迪	Peter Kennedy	69.80	2014	978-7-300-19342-7
61	统计学:在经济中的应用	玛格丽特·刘易斯	Margaret Lewis	45.00	2014	978-7-300-19082-2
62	产业组织:现代理论与实践(第四版)	林恩·佩波尔等	Lynne Pepall	88.00	2014	978-7-300-19166-9
63	计量经济学导论(第三版)	詹姆斯·H·斯托克等	James H. Stock	69.00	2014	978-7-300-18467-8
64	发展经济学导论(第四版)	秋山裕	秋山裕	39.80	2014	978-7-300-19127-0
65	中级微观经济学(第六版)	杰弗里·M·佩罗夫	Jeffrey M. Perloff	89.00	2014	978-7-300-18441-8
66	平狄克《微观经济学》(第八版)学习指导	乔纳森·汉密尔顿等	Jonathan Hamilton	32.00	2014	978-7-300-18970-3
67	微观经济学(第八版)	罗伯特·S·平狄克等	Robert S. Pindyck	79.00	2013	978-7-300-17133-3
68	微观银行经济学(第二版)	哈维尔·弗雷克斯等	Xavier Freixas	48.00	2014	978-7-300-18940-6
69	施米托夫论出口贸易——国际贸易法律与实务(第11版)	克利夫·M·施米托夫等	Clive M. Schmitthoff	168.00	2014	978-7-300-18425-8
70	微观经济学思维	玛莎·L·奥尔尼	Martha L. Olney	29.80	2013	978-7-300-17280-4
71	宏观经济学思维	玛莎·L·奥尔尼	Martha L. Olney	39.80	2013	978-7-300-17279-8
72	计量经济学原理与实践	达摩达尔·N·古扎拉蒂	Damodar N. Gujarati	49.80	2013	978-7-300-18169-1
73	现代战略分析案例集	罗伯特·M·格兰特	Robert M. Grant	48.00	2013	978-7-300-16038-2
74	高级国际贸易:理论与实证	罗伯特·C·芬斯特拉	Robert C. Feenstra	59.00	2013	978-7-300-17157-9
75	经济学简史——处理沉闷科学的巧妙方法(第二版)	E·雷·坎特伯里	E. Ray Canterbery	58.00	2013	978-7-300-17571-3
76	管理经济学(第四版)	方博亮等	Ivan Png	80.00	2013	978-7-300-17000-8
77	微观经济学原理(第五版)	巴德,帕金	Bade, Parkin	65.00	2013	978-7-300-16930-9
78	宏观经济学原理(第五版)	巴德,帕金	Bade, Parkin	63.00	2013	978-7-300-16929-3
79	环境经济学	彼得·伯克等	Peter Berck	55.00	2013	978-7-300-16538-7
80	高级微观经济理论	杰弗里·杰里	Geoffrey A. Jehle	69.00	2012	978-7-300-16613-1
81	多恩布什《宏观经济学(第十版)》学习指导	鲁迪格·多恩布什等	Rudiger Dornbusch	29.00	2012	978-7-300-16030-6
82	高级宏观经济学导论:增长与经济周期(第二版)	彼得·伯奇·索伦森等	Peter Birch Sørensen	95.00	2012	978-7-300-15871-6
83	宏观经济学:政策与实践	弗雷德里克·S·米什金	Frederic S. Mishkin	69.00	2012	978-7-300-16443-4
84	宏观经济学(第二版)	保罗·克鲁格曼	Paul Krugman	45.00	2012	978-7-300-15029-1
85	微观经济学(第二版)	保罗·克鲁格曼	Paul Krugman	69.80	2012	978-7-300-14835-9
86	克鲁格曼《微观经济学(第二版)》学习手册	伊丽莎白·索耶·凯利	Elizabeth Sawyer Kelly	58.00	2013	978-7-300-17002-2
87	克鲁格曼《宏观经济学(第二版)》学习手册	伊丽莎白·索耶·凯利	Elizabeth Sawyer Kelly	36.00	2013	978-7-300-17024-4
88	微观经济学(第十一版)	埃德温·曼斯费尔德	Edwin Mansfield	88.00	2012	978-7-300-15050-5
89	国际宏观经济学	罗伯特·C·芬斯特拉等	Feenstra, Taylor	64.00	2011	978-7-300-14795-6
90	卫生经济学(第六版)	舍曼·富兰德等	Sherman Folland	79.00	2011	978-7-300-14645-4
91	宏观经济学(第七版)	安德鲁·B·亚伯等	Andrew B. Abel	78.00	2011	978-7-300-14223-4
92	现代劳动经济学:理论与公共政策(第十版)	罗纳德·G·伊兰伯格等	Ronald G. Ehrenberg	69.00	2011	978-7-300-14482-5
93	宏观经济学(第七版)	N·格里高利·曼昆	N. Gregory Mankiw	65.00	2011	978-7-300-14018-6
94	宏观经济学:理论与政策(第九版)	理查德·T·弗罗恩	Richard T. Froyen	55.00	2011	978-7-300-14108-4
95	经济学原理(第四版)	威廉·博伊斯等	William Boyes	59.00	2011	978-7-300-13518-2
96	计量经济学基础(第五版)(上下册)	达摩达尔·N·古扎拉蒂	Damodar N. Gujarati	99.00	2011	978-7-300-13693-6
97	《计量经济学基础》(第五版)学生习题解答手册	达摩达尔·N·古扎拉蒂等	Damodar N. Gujarati	23.00	2012	978-7-300-15080-8
98	计量经济分析(第六版)(上下册)	威廉·H·格林	William H. Greene	128.00	2011	978-7-300-12779-8
99	国际贸易	罗伯特·C·芬斯特拉等	Robert C. Feenstra	49.00	2011	978-7-300-13704-9

经济科学译丛

序号	书名	作者	Author	单价	出版年份	ISBN
100	经济增长(第二版)	戴维·N·韦尔	David N. Weil	63.00	2011	978-7-300-12778-1
101	投资科学	戴维·G·卢恩伯格	David G. Luenberger	58.00	2011	978-7-300-14747-5
102	宏观经济学(第十版)	鲁迪格·多恩布什等	Rudiger Dornbusch	60.00	2010	978-7-300-11528-3
103	金融学(第二版)	兹维·博迪等	Zvi Bodie	59.00	2010	978-7-300-11134-6
104	博弈论	朱·弗登博格等	Drew Fudenberg	68.00	2010	978-7-300-11785-0

金融学译丛

序号	书名	作者	Author	单价	出版年份	ISBN
1	金融市场与金融机构(第8版)	弗雷德里克·S. 米什金等	Frederic S. Mishkin	86.00	2017	978-7-300-24731-1
2	兼并、收购和公司重组(第六版)	帕特里克·A. 高根	Patrick A. Gaughan	79.00	2017	978-7-300-24231-6
3	债券市场:分析与策略(第九版)	弗兰克·J·法博齐	Frank J. Fabozzi	98.00	2016	978-7-300-23495-3
4	财务报表分析(第四版)	马丁·弗里德森	Martin Fridson	46.00	2016	978-7-300-23037-5
5	国际金融学	约瑟夫·P·丹尼尔斯等	Joseph P. Daniels	65.00	2016	978-7-300-23037-1
6	国际金融	阿德里安·巴克利	Adrian Buckley	88.00	2016	978-7-300-22668-2
7	个人理财(第六版)	阿瑟·J·基翁	Arthur J. Keown	85.00	2016	978-7-300-22711-5
8	投资学基础(第三版)	戈登·J·亚历山大等	Gordon J. Alexander	79.00	2015	978-7-300-20274-7
9	金融风险管理(第二版)	彼德·F·克里斯托弗森	Peter F. Christoffersen	46.00	2015	978-7-300-21210-4
10	风险管理与保险管理(第十二版)	乔治·E·瑞达等	George E. Rejda	95.00	2015	978-7-300-21486-3
11	个人理财(第五版)	杰夫·马杜拉	Jeff Madura	69.00	2015	978-7-300-20583-0
12	企业价值评估	罗伯特·A·G·蒙克斯等	Robert A. G. Monks	58.00	2015	978-7-300-20582-3
13	基于Excel的金融学原理(第二版)	西蒙·本尼卡	Simon Benninga	79.00	2014	978-7-300-18899-7
14	金融工程学原理(第二版)	萨利赫·N·内夫特奇	Salih N. Neftci	88.00	2014	978-7-300-19348-9
15	投资学导论(第十版)	赫伯特·B·梅奥	Herbert B. Mayo	69.00	2014	978-7-300-18971-0
16	国际金融市场导论(第六版)	斯蒂芬·瓦尔德斯等	Stephen Valdez	59.80	2014	978-7-300-18896-6
17	金融数学:金融工程引论(第二版)	马雷克·凯宾斯基等	Marek Capinski	42.00	2014	978-7-300-17650-5
18	财务管理(第二版)	雷蒙德·布鲁克斯	Raymond Brooks	69.00	2014	978-7-300-19085-3
19	期货与期权市场导论(第七版)	约翰·C·赫尔	John C. Hull	69.00	2014	978-7-300-18994-2
20	固定收益证券手册(第七版)	弗兰克·J·法博齐	Frank J. Fabozzi	188.00	2014	978-7-300-17001-5
21	国际金融:理论与实务	皮特·塞尔居	Piet Sercu	88.00	2014	978-7-300-18413-5
22	金融市场与金融机构(第7版)	弗雷德里克·S·米什金 斯坦利·G·埃金斯	Frederic S. Mishkin Stanley G. Eakins	79.00	2013	978-7-300-18129-5
23	货币、银行和金融体系	R·格伦·哈伯德等	R. Glenn Hubbard	75.00	2013	978-7-300-17856-1
24	并购创造价值(第二版)	萨德·苏达斯纳	Sudi Sudarsanam	89.00	2013	978-7-300-17473-0
25	个人理财——理财技能培养方法(第三版)	杰克·R·卡普尔等	Jack R. Kapoor	66.00	2013	978-7-300-16687-2
26	国际财务管理	吉尔特·贝克特	Geert Bekaert	95.00	2012	978-7-300-16031-3
27	金融理论与公司政策(第四版)	托马斯·科普兰等	Thomas Copeland	69.00	2012	978-7-300-15822-8
28	应用公司财务(第三版)	阿斯沃思·达摩达兰	Aswath Damodaran	88.00	2012	978-7-300-16034-4
29	资本市场:机构与工具(第四版)	弗兰克·J·法博齐	Frank J. Fabozzi	85.00	2011	978-7-300-13828-2
30	衍生品市场(第二版)	罗伯特·L·麦克唐纳	Robert L. McDonald	98.00	2011	978-7-300-13130-6
31	跨国金融原理(第三版)	迈克尔·H·莫菲特等	Michael H. Moffett	78.00	2011	978-7-300-12781-1
32	统计与金融	戴维·鲁珀特	David Ruppert	48.00	2010	978-7-300-11547-4
33	国际投资(第六版)	布鲁诺·索尔尼克等	Bruno Solnik	62.00	2010	978-7-300-11289-3

Authorized translation from the English language edition, entitled Financial Markets and Institutions, 8e, 9780133423624 by Frederic S. Mishkin; Stanley G. Eakins, published by Pearson Education, Inc., Copyright © 2015, 2012, 2009 by Frederic S. Mishkin.

All rights reserved. No part of this book may be reproduced or transmitted in any form or by any means, electronic or mechanical, including photocopying, recording or by any information storage retrieval system, without permission from Pearson Education, Inc.

CHINESE SIMPLIFIED language edition published by CHINA RENMIN UNIVERSITY PRESS Co., LTD., Copyright © 2017.

本书中文简体字版由培生教育出版公司授权中国人民大学出版社合作出版，未经出版者书面许可，不得以任何形式复制或抄袭本书的任何部分。
本书封面贴有 Pearson Education（培生教育出版集团）激光防伪标签。无标签者不得销售。

图书在版编目（CIP）数据

金融市场与金融机构/（ ）弗雷德里克·S. 米什金，（ ）斯坦利·G. 埃金斯著；杜惠芬译．—8版．—北京：中国人民大学出版社，2017.8

（金融学译丛）

ISBN 978-7-300-24731-1

Ⅰ.①金… Ⅱ.①弗… ②斯… ③杜… Ⅲ.①金融市场 ②金融机构 Ⅳ.①F830.9 ②F830.3

中国版本图书馆 CIP 数据核字（2017）第 185712 号

金融学译丛

金融市场与金融机构（第 8 版）

弗雷德里克·S. 米什金
斯坦利·G. 埃金斯 著

杜惠芬 译

Jinrong Shichang yu Jinrong Jigou

出版发行	中国人民大学出版社		
社　　址	北京中关村大街 31 号	邮政编码	100080
电　　话	010－62511242（总编室）		010－62511770（质管部）
	010－82501766（邮购部）		010－62514148（门市部）
	010－62515195（发行公司）		010－62515275（盗版举报）
网　　址	http://www.crup.com.cn		
经　　销	新华书店		
印　　刷	涿州市星河印刷有限公司		
规　　格	185 mm×260 mm　16 开本	版　　次	2017 年 8 月第 1 版
印　　张	36.5 插页 1	印　　次	2021 年 12 月第 6 次印刷
字　　数	867 000	定　　价	86.00 元

版权所有　侵权必究　　　印装差错　负责调换

Pearson

尊敬的老师：

您好！

为了确保您及时有效地申请培生整体教学资源，请您务必完整填写如下表格，加盖学院的公章后传真给我们，我们将会在2～3个工作日内为您处理。

请填写所需教辅的开课信息：

采用教材			□ 中文版 □ 英文版 □ 双语版
作　者		出版社	
版　次		ISBN	
课程时间	始于　　年　月　日	学生人数	
	止于　　年　月　日	学生年级	□ 专科　□ 本科 1/2 年级 □ 研究生　□ 本科 3/4 年级

请填写您的个人信息：

学　校			
院系/专业			
姓　名		职　称	□ 助教 □ 讲师 □ 副教授 □ 教授
通信地址/邮编			
手　机		电　话	
传　真			
official email（必填） （eg：×××@ruc. edu. cn）		email （eg：×××@163. com）	
是否愿意接受我们定期的新书讯息通知：　□ 是　□ 否			

系/院主任：______________（签字）

（系 / 院办公室章）

____年____月____日

资源介绍：

——教材、常规教辅（PPT、教师手册、题库等）资源：请访问 www. pearsonhighered. com/educator。　（免费）

——MyLabs/Mastering 系列在线平台：适合老师和学生共同使用；访问需要 Access Code。　（付费）

100013　北京市东城区北三环东路 36 号环球贸易中心 D 座 1208 室

电话：(8610) 57355003　　传真：(8610) 58257961

Please send this form to：elt. copub @ pearson. com

Website：www. pearson. com